本丛书系国家社科基金“一带一路”建设研究专项“‘一带一路’沿线国别研究报告”（批准号：17VDL002）成果，并得到上海社会科学院“一带一路”建设专项经费资助。

智库 中社

总主编　王振

副总主编　王健　李开盛

“一带一路”国别研究报告

（摩洛哥卷）

主编　张玉友　孙德刚

The Belt and Road Country Studies

(The Kingdom of Morocco)

中国社会科学出版社

图书在版编目（CIP）数据

“一带一路”国别研究报告．摩洛哥卷／王振总主编；张玉友，孙德刚主编．—北京：中国社会科学出版社，2020．11

ISBN 978－7－5203－6034－0

Ⅰ．①一…　Ⅱ．①王…②张…③孙…　Ⅲ．①政治—研究报告—世界②政治—研究报告—摩洛哥　Ⅳ．①D52②D741．6

中国版本图书馆 CIP 数据核字（2020）第 032453 号

出 版 人　赵剑英
责任编辑　赵　丽
责任校对　王佳玉
责任印制　王　超

出　　版　中国社会科学出版社
社　　址　北京鼓楼西大街甲 158 号
邮　　编　100720
网　　址　http://www.csspw.cn
发 行 部　010－84083685
门 市 部　010－84029450
经　　销　新华书店及其他书店

印　　刷　北京明恒达印务有限公司
装　　订　廊坊市广阳区广增装订厂
版　　次　2020 年 11 月第 1 版
印　　次　2020 年 11 月第 1 次印刷

开　　本　710×1000　1/16
印　　张　48．25
插　　页　2
字　　数　816 千字
定　　价　269．00 元

凡购买中国社会科学出版社图书，如有质量问题请与本社营销中心联系调换
电话：010－84083683

总　　序

自习近平总书记于2013年分别在哈萨克斯坦和印尼提出建设“丝绸之路经济带”和“21世纪海上丝绸之路”以来，“一带一路”倡议得到了沿线国家的积极呼应，以政策沟通、设施联通、贸易畅通、资金融通、民心相通为合作框架的“五通”成为联接中国与世界的新桥梁、新通道。习近平总书记在第二届“一带一路”国际合作高峰论坛开幕式上的主旨演讲中，特别提出，共建“一带一路”，顺应经济全球化的历史潮流，顺应全球治理体系变革的时代要求，顺应各国人民过上更好日子的强烈愿望。面向未来，我们要聚焦重点、深耕细作，共同绘制精谨细腻的“工笔画”，推动共建“一带一路”沿着高质量发展方向不断前进。

上海社会科学院自2014年以来积极推进“一带一路”倡议研究和国别数据库建设。2017年4月第一届“一带一路”国际合作高峰论坛召开之际，我们与中国国际经济交流中心紧密合作，联合推出了智库型的“丝路信息网”。在创建“一带一路”数据库过程中，我们深感学术界、智库对“一带一路”沿线国家的国情研究，明显存在广度、深度不足问题。传统的区域国别研究或以历史、语言为背景，或主要局限于国际问题研究领域，往往缺乏国情研究的多学科特点和专业性调研范式，对于“一带一路”建设的实际需求，也考虑较少。“一带一路”沿线国家各有其不同的历史文化和国情特征。只有深入了解和认识这些国家之间的国情特征，才能为“一带一路”建设和相关决策提供较为扎实的智力保障和知识依托。

全国哲学与社会科学工作办公室为推进“一带一路”国情研究，于2017年专门设立了“一带一路”国别与数据库建设研究专项，并组织上海社会科学院、中国人民大学国家发展与战略研究院、兰州大学中亚研究所三家智库组成联合课题组，系统开展“一带一路”国别研究。2018年正式启动第一期研究，三家智库根据各自专业优势各选择6个国家开展国别研究，并在合作交流中逐步形成了体现国情研究特征的国别研究框架体系。

上海社会科学院高度重视“一带一路”研究，在张道根院长、于信汇书记的支持下，由副院长王振研究员牵头，组成了跨所跨院的研究团队。既集中了本院国际问题研究所、世界经济研究所、应用经济研究所、城市与人口研究所、宗教研究所、社会学研究所、“一带一路”信息研究中心等相关研究所的科研骨干，还特邀上海外国语大学、同济大学、上海对外经贸大学等上海高校的国别研究权威学者加盟，并担任国别研究的首席专家。在各位首席专家的牵头下，不仅有我院各个领域的科研骨干加入各国别研究小组，还组织国内外的各路专家学者参与国别研究，真正形成了多学科、社会化的合作研究格局。

为深化“一带一路”国别研究，有力推动“一带一路”国情数据库建设，我们在充分评判和总结已有各类研究文献的基础上，特别强调，要突出国情研究的特定类型和方式，要考虑国情数据库内容需要的全面性、积累性、长期性特点。一是内容的相对全面性。即除了研究各个国家的资源禀赋、对外开放、经济成长、地域政治外，还要研究各个国家的中长期战略、产业结构、市场需求、投资政策、劳动政策、科教文化、政党生态、宗教影响等，还要研究重点城市、产业园区等。二是调研的一线性。要收集、整理来自各个国家政府部门、智库的最新报告，同时动员这些国家的专家参与其中的部分研究，增强客观性和实地性；要收集、整理国际组织、发达国家智库最新的各类国别研究报告，增强多角度判断。三是观察的纵向时序性。要有发展轨迹的纵向梳理和评价，同时还要对未来的发展有个基本的展望和把握。四是数据库建设内容更新的可持续性。要研究国情信息来源渠道的权威性、多样性和长期性，确保国情研究和数据库建设的基础内容需要；研究如何把汇集起来的大量国情内容，经过专业人员的分析研究，形成更加符合政府需要、企业需要和学者需要的国情产品。

在国别研究过程中，课题组多次开会讨论、反复推敲，最终形成了包括基本国情、重大专题和双边关系三篇的基本研究框架，并致力于在以下三方面形成研究特色。

一是通过跨学科协作，突出基本国情研究的综合性。在第一篇基本国情，我们组织了来自经济学、地理学、人口学、政治学、国际关系学、宗教学等学科和领域的专家，分别从综合国力、人口结构、资源禀赋、基础设施、产业结构、政治生态、民族宗教、对外关系等方面对沿带沿路国家的基本国情进行深度剖析。

二是结合“一带一路”建设需要，突出重大专题研究的专业性。本书第二篇重大专题，采取“3+X”模式。“3”即为各沿带沿路国别均须研究的内容，包括国家中长期战略、投资与营商环境、中心城市及其区域影响力。“X”即为基于各国特定国情以及“一带一路”建设在该国的特定需要而设置的主题。例如，关于以色列，我们就比较关注科技体制及其创新战略、巴以冲突和海外离散犹太人等问题。

三是着眼于务实合作，突出双边关系研究的纵深度。第三篇双边关系，同样采取“3+X”模式。“3”即为各国别均须研究的内容，包括：历史与前瞻、中国观、“一带一路”与投资贸易关系。我们认为，这三部分对了解中国与沿带沿路国家双边关系的历史与现实有着重要的意义。“X”则是着眼于具体双边关系的特色，突出每对双边关系中不同优先领域，如匈牙利卷我们关注金融合作、波兰关注物流合作、土耳其关注反恐合作、希腊关注人文交流、摩洛哥关注港口合作等。

根据上述研究框架，从2017年底开始，到2019年初，大约用了一年多一点的时间，我们完成首批六个沿带沿路国家的国别研究报告，它们是：波兰、匈牙利、希腊、土耳其、以色列和摩洛哥。在全国哲学与社会科学工作办公室的支持下，我们正总结经验、推广布局，着手开始第二批沿带沿路国家国别报告的研究工作。我们期待，在不长时间里，我们能够完成主要沿带沿路国家的国别研究报告，为政府和企业决策提供相关的基础性信息，为促进我们对沿带沿路国家的了解添砖加瓦，为推动“一带一路”建设尽绵薄之力。

在此首批成果推出之际，要特别感谢全国哲学与社会科学工作办公室智库处。“一带一路”建设研究专项是国家社科基金重大专项之一，有幸入选这一专项并得到持续支持，是我们研究不断推进的根本动力。还要特别感谢各个国别研究小组的首席专家，在他们的组织和专业背景支持下，形成了具有开创性价值的国别研究成果；感谢各个领域的专家们，有了他们深厚的专业造诣和齐心协力，才能确保研究的顺利完成。另外还要感谢跟我们一起入选这一专项的中国人民大学和兰州大学研究团队，我们在各自擅长的领域共同研究、分别推进，这种同侪间的交流拓展了我们的视野，让我们获益良多。最后，要感谢中国社会出版社给我们提供权威的出版平台，他们的努力是让这套丛书能够尽早与读者见面的直接保证。

王　振

上海社会科学院副院长

2019 年 5 月 30 日

本卷作者

卷首语：孙树忠，中国前驻摩洛哥王国大使，南京大学顾问、教授

第一篇

第一章，周琢，上海社会科学院世界经济研究所副研究员

第二章，周海旺，上海社会科学院城市与人口发展研究所副所长、研究员；葛佳，上海社会科学院城市与人口发展研究所研究生

第三章，叶琴，上海社会科学院信息研究所助理研究员

第四章，马双，上海社会科学院信息研究所助理研究员

第五章，卢晓菲，上海社会科学院产业经济学博士

第六章，来庆立，上海社会科学院中马所副研究员

第七章，王亚庆，上海外国语大学中东研究所博士研究生

第八章，魏敬斯，上海外国语大学阿语系研究生

第九章，张玉友，西北大学中东研究所博士后；拉希德·乌代圭，新南方政策中心高级研究员

第二篇

第一章，张玉友，西北大学中东研究所博士后；萨马尔·哈姆利齐，摩洛哥学者

第二章，李佳欣，上海外国语大学中东研究所研究生

第三章，邓智团，上海社会科学院城市与人口发展研究所研究员；康姣姣，上海财经大学城市与区域科学研究院博士生

第四章，刘冬，中国社会科学院西亚非洲研究所副研究员

第五章，张婧姝，大连外国语大学阿语系讲师；王彤彤，上海外国语大学

阿语系研究生
第六章，於荣，浙江师范大学教师教育学院教授
第七章，卢秋怡，上海外国语大学中东研究所博士研究生；查龚斐，中国政法大学国际关系学院博士研究生
第八章，高文洋，郑州大学历史学院讲师；法德玛·阿伊特·穆斯，摩洛哥哈桑二世大学人文学院教授
第九章，俞梦娇，上海外国语大学阿语系研究生；张玉友，西北大学中东研究所博士后
第十章，李林漶，中央广播电视总台记者

第三篇

第一章，古萍，扬州大学阿语系讲师
第二章，古萍，扬州大学阿语系讲师
第三章，孙德刚，复旦大学国际问题研究院研究员；吉哈尼·吉达（Jihani Jdaa），上海外国语大学新闻传播学院研究生
第四章，哈夫提·尤瑟夫，摩洛哥穆罕默德五世大学特约研究员
第五章，张玉友，西北大学中东研究所博士后
第六章，张帅，上海政法学院政府管理学院讲师
第七章，金梅，吉林大学公共外语教育学院讲师
第八章，廖大为，上海外国语大学研究生

卷首语　中国和摩洛哥共建“一带一路”的战略机遇

2018 年 11 月 1 日是中国与摩洛哥建交 60 周年。整整一个甲子年，中摩两国友好合作根深叶茂，硕果累累。国之交在于民相亲，民相亲在于往来勤。摩洛哥是北非阿拉伯国家，虽与中国远隔千山万水，但有着悠久的友好交往合作史。早在 1346 年，阿拉伯人，也是摩洛哥伟大的旅行家、中摩友好交往的先驱伊本·白图泰，根据先知穆罕默德“求知哪怕远在中国”的教诲，艰难跋涉抵达中国，逗留了 3 年多。他详细考察了当时中国社会的各个方面，并在其游记《异域奇游胜览》中向世界，尤其是向阿拉伯人民介绍了中国古老文明和发达的经济社会状况，在古丝绸之路上留下了千古传诵的一段佳话。当然，中摩友好交往史也要提到中国元朝时期的民间航海家汪大渊。1330 年和 1336 年，年仅 20 岁和 26 岁的汪大渊搭中国泉州远洋商船，从泉州港出海，历时 4 年，经马六甲、苏门答腊、波斯、阿拉伯、埃及，再横渡地中海抵达北非的摩洛哥，并编写了《岛夷志》，把两次航海所察看到的各国社会经济、奇风异俗记录成章，作为资料保存下来。

中国位于丝绸之路的东端，摩洛哥位于非洲西北端和丝绸之路的西端，与欧洲隔直布罗陀海峡而望，是古丝绸之路西端重要的一站。中国的茶叶、瓷器、丝绸等物品受到摩洛哥当地人民的青睐，并通过摩洛哥源源不断地运往欧洲。经过千百年的融合，茶和茶道已经不知不觉地融入摩洛哥的文化血脉。多年来，仅有 3000 多万人口的摩洛哥稳居中国绿茶第一大进口国，“尚中贵和”的茶文化像无形的纽带，将中摩两国人民紧紧联系在一起。

重温中摩友好交往的不朽记忆，正是为展望两国关系更加美好的未来。当前，中国人民正在为实现中华民族伟大复兴的中国梦而努力奋斗。摩洛哥正积极致力于发展经济、改善民生。在担任中国驻摩洛哥大使四年任期里，我深切地感受到，不断扩大各领域务实合作、进一步提升中摩双边友好合作关系水平是两国人民的共同愿望。

中摩务实合作潜力巨大。摩洛哥前国王哈桑二世曾说，摩洛哥犹如一棵参天大树，它的根深扎在非洲的土地，枝叶却延伸到了欧洲大陆。摩洛哥发挥其独特的区位优势，积极推行对外开放，不断改善投资环境，着力打造西北非的加工制造基地和物流中心。摩洛哥与欧盟、美国等55个国家和地区签署的自贸协议或优惠贸易安排，覆盖了近10亿人口的大市场。卡萨布兰卡（达尔贝达）航空港通往非洲近30个国家。全球约20%的集装箱经丹吉尔地中海港转运，其中40%的货物来自中国。一批保税区、工业园区在摩沿海港口城市拔地而起。我相信，无论是推进“一带一路”建设，还是推动落实“461”中非合作框架，摩洛哥都是中国的重要合作伙伴。

中摩人文交流方兴未艾。摩洛哥自然风光旖旎，人文传统独特，犹如一块色彩斑斓的马赛克。越来越多的中国游客慕名而来，在卡萨布兰卡感受电影《卡萨布兰卡》的浪漫，在非斯、梅克内斯、拉巴特、马拉喀什四大皇城穿越历史，在浩瀚的撒哈拉沙漠寄语星空，在热情奔放的大西洋海滨享受阳光。与此同时，“汉语热”在摩洛哥持续升温。设立于拉巴特、卡萨布兰卡和丹吉尔的三所孔子学院，散落在四面八方乡村小学的汉语课堂，为摩洛哥人民了解中国打开了一扇大门。

“海洋傍左右，两洲在眼底。俯仰天地宽，当惹世无匹。”50多年前，时任副总理兼外长的陈毅同志在访问摩洛哥时写下了这一豪迈诗篇，称赞摩洛哥地理位置优越。摩洛哥是中阿合作论坛与中非合作论坛的重要参与方，是中国对阿拉伯国家和非洲国家整体外交的重要依靠力量，成为南南合作的典范，也是建设“一带一路”的战略伙伴。新时期，中摩各领域合作实现优势互补，进入快速发展的轨道。

2016年，摩洛哥国王第二次正式访问中国，签署了中摩战略合作伙伴关系协议和共建摩洛哥中摩工业园区等16个合作协议。2017年底，中摩签署了共建“一带一路”合作备忘录。2018年9月3日，参加本届北京中非论坛峰会的摩洛哥政府首脑，在首脑圆桌会议上介绍了中摩合作成果。他说，在过去的三年时间里，中摩双边贸易额增长了50%，中国成为摩洛哥第三大贸易伙伴，中国在摩洛哥的投资额稳居非洲地区第二位。摩洛哥2016年实施对中国公民免签证政策，一年时间，来摩洛哥旅游、留学、学术交流、投资考察的中国公民人数增长了10倍，达13万人。他提出，摩洛哥希望中摩双边关系提高到全面战略伙伴关系。

新时代，中摩合作关系迅猛发展的理由和原因是什么？简单地说，双方具备了良好的合作愿望和可靠的合作条件。但我认为最为重要的是，中国对外合作理念和政策奠定了双边合作的基础。

一是以平等互利为基础的合作理念。中国对外合作始终坚持真诚友好、平等相待的原则。不干预合作伙伴探索符合国情的发展道路，不干涉内政，不把自己的意志强加于人，不在对外援助中附加任何政治条件，不在对外投资融资中谋取政治私利。我与摩洛哥国王的外交顾问有过一次令我感触万分的谈话。他说，他在读中国国家主席习近平的著作《习近平谈治国理政》，其中有一段话使他明白了中国为什么坚定不移地贯彻执行外交政策五项基本原则。中国国家主席习近平说，“履不必同，期于适足；治不必同，期于利民”。世界上没有放之四海而皆准的唯一标准。也就是说，鞋子合适不合适，只有脚最清楚。为什么中国人受到合作伙伴的尊重，首先是中国人尊重合作伙伴，从来不认为自己高人一等，当教师爷。中国也从来没有把自己的价值观强加给别人。中国反对强权政治，反对霸权主义。中国古代思想家孔子有一句经典妙句，“己所不欲，勿施于人”。这就是中国为什么会成为可靠而值得信赖的合作伙伴，尤其是发展中国家，穷国的好伙伴、好朋友、好兄弟。这是一个国家的外交政策，而不是个人行为。

二是遵循合作谋求实效，互利促进双赢的经济合作理念。中国始终秉持真实亲诚理念和正确义利观。中国坚持把合作服务于双方人民利益放在首位，为人民的福祉而推进合作。中摩大规模的经济合作起步较晚。2013年我作为中国驻摩洛哥大使到任时，摩洛哥的工贸大臣问我，为什么中国对摩洛哥投资合作项目很少。我说双方都应该查找原因。中方的问题是，2000年中国开始实施“走出去”投资战略，当时中国对外投资处于起步阶段。但我相信，随着中国的发展和产业结构的升级换代，中国有能力在产业领域进行投资。当然，当时摩洛哥方面也存在一些投资的障碍，首先是在北京办签证很困难，一年入境摩洛哥的中国公民仅 1 万人次左右。此后，中摩双方进行了政策沟通，并采取了有效的措施，双边合作初见成效。

中摩友好合作顺利推进有几个关键点。

第一，文明交流互鉴，拉近两国人民情感纽带。两国民众共同认为，2000 多年前的古丝绸之路，是以中国古都长安为起点，连接亚洲、欧洲和非洲的商业路线，东西方的“交通走廊”。这条路的形成，不是靠国与国之间的战争与征服，而是靠彼此的自然往来交流，表明不同种族、不同信仰、不同文化背景的国家完全可以共享和平，共同发展。中摩是古代海上丝绸之路的东西两端，文化交流源远流长，人民友好情谊深厚。今天，两国文明交流呈现出新的时代风貌。

第二，发展战略对接，分享经济社会发展经验和成果。面对中摩经贸合作的新形势，中国不断完善机制、创新理念、拓展领域，提高合作质量和水平。在产业合作层面，中国和摩洛哥的合作首先是发展战略的对接。摩洛哥在国王的亲自过问下，制定了“2014—2020 年工业加速发展战略”，明确工业产业新增 50 万个就业岗位，提升工业在国民经济中 9% 的比重，达到 23%，重点发展太阳能和风能发电、港口、铁路以及汽车和航空制造，加快出口加工业发展，尽快完善工业制造和生产体系。这第一个世界大战略还确定主要国际合作伙伴是中国。这几年，中国在摩洛哥实施了一些技术含量高，非常出色的合作项目。中国、摩洛哥和西班牙三方合作，建设努奥 2 光热发电项目，采用槽式技术，装机 200 兆瓦和努奥 3 电站采用塔式熔盐技术开发，装机 150 兆瓦，已在今年 3 月建成并网。这是世界上发电量最大，最先进的光热发电装置。中国公司建造了摩洛哥首都拉巴特环城高速公路的一座斜拉公路桥，是非洲大陆最大的钢缆斜拉桥。该桥主塔设计独特，主梁设计简洁，在世界上的同类斜拉桥中，柔度、跨度均为世界第一。中国公司修建了沿大西洋能源港口和码头，还将在拉巴特建造高达 250 米的综合性大楼，这将是北非，甚至是非洲大陆的地标性建筑。中国公司扩建摩洛哥杰拉达电厂，首次选用了中国生产的 350 兆瓦超临界空冷燃煤机组，使用最先进除尘环保装置，2017 年已成功并网发电。中国公司参与摩洛哥高铁的路基线路，通信建设，这也是非洲

第一条高速铁路，中国还将帮助摩洛哥发展高铁网络建设。中国公司将在摩洛哥投资生产电动汽车、汽车配件、光伏发电装备等。可见，中摩的经济合作，中国的投资和产能转移都是在一个高水平上。并不像一些不负责任的媒体所说，中国转移落后产能，污染企业。中摩的合作是战略性合作，搭建一个中摩 + N 的三方合作平台，面向非洲、欧洲和海湾地区。2016 年摩洛哥国王访问中国时签署了“建设中摩工业合作园区”。现已确定在摩洛哥北方城市丹吉尔建设园区，规划用地 2000 公顷，开发投资 110 亿美元。为奖励中国企业投资入住工业园区，国王设立了 20 亿美元的奖励基金。

第三，中国、摩洛哥共建“一带一路”合作平台，构建命运共同体。“一带一路”倡议顺应了经济全球化的时代潮流，也反映了有关国家的共同利益。摩洛哥是唯一一个连接地中海和大西洋的非洲和阿拉伯国家，具有连接欧亚非的区位优势。因此，无论是从陆上还是海上，摩洛哥与“一带一路”有效对接，能发挥辐射作用。中摩可以加强港口、铁路等基础设施建设，将摩洛哥临海港口城市与“海上丝绸之路”串起来，通过海上互联互通、港口城市合作机制以及海洋经济合作等途径，将摩洛哥打造成新丝绸之路西端的商贸和物流中心。

摩洛哥能成为“一带一路”合作的重要平台，原因不局限于地缘战略和区位优势，更重要在于开放友善的投资环境和稳定的政治社会基础。摩洛哥作为投资目的国受到青睐，最关键是政局和社会的稳定与安全。2011 年的“阿拉伯之春”造成西亚北非地区政局动荡，经济滑坡，而摩洛哥在国王领导下，坚持稳定、发展、改革道路，成为该地区的“稳定之岛”，经济社会得到长足发展，也成为外商投资的热土。中东和阿拉伯地区的安全和发展问题长期以来受到困扰。安全和发展问题相互影响，互为因果。解决安全问题要表里兼治，要从根本上解决安全问题，要铲除恐怖组织，尤其是恐怖主义和思潮，必须要解决绝对贫困问题。摩洛哥堪称是西亚北非治国理政的楷模。我们发现，在西欧制造恐怖袭击的罪犯主要来自北非或北非的移民，有一些就来自摩洛哥，或摩洛哥移民的后裔。但是，自 2011 年在摩洛哥第一大城市卡萨布兰卡发生过一次恐怖爆炸案后，在摩洛哥国内再也没有发生恐怖袭击，而据摩洛哥国土安全局的通报，在其国内几乎每周都清查出恐怖分子及其组织。目前摩洛哥是西欧国家主要的反恐合作伙伴。

如何评价中国—摩洛哥新时代的友好合作关系，今天可以说，中摩关系已上升到建设“一带一路”战略合作伙伴水平。

从新时代中摩经贸合作路径、成果和前景中，可以得出一些启示。

第一，西亚北非地区最需要的是和平、安全与稳定，地区国家要致力于维护国家的稳定和发展，这是第一要务。域外国家不能以一己之私，搞乱地区形势，破坏地区格局，最终该地区的动荡也将向外溢出，影响全球。国际社会要积极推动和介入维护地区稳定和友好合作。

第二，地区合作已是当今世界大趋势。国家间的争端只有通过和平谈判得到公正解决，只有形成地区合作，才能促进地区的安全和稳定，但前提是要有地区的和平。

第三，“一带一路”倡议是促成地区合作的有效中国方案。中国和地区国家资源禀赋各异，经济互补性较强，彼此合作潜力和空间很大，通过政策沟通、设施联通、贸易畅通、资金融通和民心相通等方式，促进政治互信，深化利益融合，进一步激发地区国家的发展活力与合作潜力。无论是推进“一带一路”建设，还是推动落实“461”中非合作框架，摩洛哥都是中国的重要合作伙伴。相信中摩各领域合作一定能实现优势互补，进入快速发展的新时期。

前　言

本书的内容主要来自上海社会科学院王振研究员主持的国家社科基金“一带一路”建设研究专项“‘一带一路’沿线国别研究报告”子课题“摩洛哥国别研究报告”。课题组根据总课题要求，组建一支全球摩洛哥研究队伍，近20位国内外摩洛哥问题专家参与撰写，他们当中既有中国前驻摩洛哥大使孙树忠先生，又有摩洛哥本国专家学者，还有中国高校、研究机构和科研院所的中青年才俊，上述作者不仅精通英语、法语和阿拉伯语，而且不少在摩洛哥做过长期的田野调查，有扎实的学术基础和摩洛哥国别研究基础，为本书按时按质完成奠定了学术基础。

本书主体内容主要分为三大部分，分别为基本国情研究、重大专题研究和双边关系研究。在基本国情部分，本书细致地梳理和分析了摩洛哥的综合国力、人口发展、资源禀赋、基础设施、产业发展、政治生态、女性社会地位、移民发展和外交关系九个方面；在重大专题研究部分，本书深入研究了摩洛哥的国家中长期发展战略、投资营商环境、城市发展、工业发展战略、高等教育、可再生能源开发、西撒哈拉问题、柏柏尔问题和中东剧变以来正义与发展党的表现九个方面；在双边关系部分，本书基于中国视角，分析了中摩关系的历史渊源、人文交流合作机制、图书出版、摩洛哥的中国观、战略伙伴关系、港口建设合作、农业合作、旅游合作以及体育合作九个方面。

本书由西北大学中东研究所张玉友和复旦大学国际问题研究院孙德刚设计、统编、审定、修改和校对。各章撰稿者分别是：卷首语由中国前驻摩洛哥大使孙树忠先生执笔；第一部分“基本国情研究”共九章，第一章至第六章分别由上海社会科学院周琢副研究员、周海旺研究员（与上海社会科学院葛佳联合完成）、叶琴助理研究员、马双助理研究员、卢晓菲博士、来庆立副研究员完成，第七章由上海外国语大学王亚庆博士完成，第八章由上海外国语大学魏敬斯完成，第九章由西北大学中东研究所张玉友与摩洛哥新南方政策中心高级研究员拉希德·乌代圭共同执笔；第二部分“重大专题研究”共十章，张玉友撰写第一章（与摩洛哥学者萨马尔·哈姆利齐联合完成），第二章至第十章分别由上海外国语大学李佳欣、上海社会科学院邓智团（与上海财经大学康姣姣联合完成）、中国社会科学院刘冬、大连外国语大学张婧姝（与上海外国语大学王彤彤联合完成）、浙江师范大学於荣、上海外国语大学卢秋怡（与查龚斐联合完成）、郑州大学高文洋（与摩洛哥哈桑二世大学法德玛·阿伊特·穆斯联合完成）、上海外国语大学俞梦娇（与张玉友联合完成）和中央广播电视台李林漶；第三部分“双边关系研究”共八章，扬州大学古萍撰写第一章和第二章，第三章至第八章分别由孙德刚（与上海外国语大学吉哈尼·吉达联合完成）、穆罕默德五世大学哈夫提·尤瑟夫、张玉友、上海政法学院政府管理学院张帅、吉林大学金梅和上海外国语大学廖大为完成。附录共有六个部分，其中附录一和附录二由古萍整理完成，附录四 2011 年摩洛哥宪法全文由上海外国语大学杜若瑜和张玉友联合翻译完成。

本书在撰写过程中得到了来自上海社会科学院、上海外国语大学中东研究所、西北大学中东研究所、中国社会科学院西亚非洲研究所、北京外国语大学、浙江师范大学、吉林大学、复旦大学、大连外国语大学、扬州大学、穆罕默德五世大学、哈桑二世大学等学者的鼎力支持，在此对他们及其工作单位深表谢意。

本书是近年来国内首部全面展示摩洛哥政治、经济、外交、社会、产业和文化等方面的国别报告，限于研究资料和团队研究能力，一定存在诸多不足之处，请各位前辈、专家、学者以及广大读者不吝赐教。

目　录

第一篇　基本国情研究

第二篇　重大专题研究

第三篇　双边关系研究

第一篇
基本国情研究

第一章　综合国力评估

摩洛哥王国，国土面积45.9万平方千米（不含西撒哈拉26.6万平方千米），位于非洲西北端。[①] 东南接阿尔及利亚，南部为西撒哈拉，西濒大西洋，北隔直布罗陀海峡与西班牙相望，扼地中海入大西洋的门户，海岸线1700多千米。截至2018年8月，摩洛哥人口为3624万人，其中阿拉伯人约占80%，柏柏尔人约占20%。[②] 阿拉伯语为国语，通用法语，信奉伊斯兰教。首都拉巴特，最大城市卡萨布兰卡。现任国家元首是穆罕默德六世国王，于1999年7月30日登基。

第一节　基本国情

自公元788年伊德里斯一世（Idris I）建立第一个伊斯兰王朝以来，摩洛哥一直由独立王朝统治。11—12世纪，摩洛哥在穆拉比特王朝与穆瓦希德王朝的统治下达到顶峰，领土横跨伊比利亚和非洲西北部的部分地区。1631年阿拉维（Alaouite）王朝夺取政权并统治至今，现任国王是该王朝第22位君主。1904年10月法国和西班牙签订协定，瓜分两国在摩洛哥的势力范围。1912年摩洛哥沦为法国殖民地。同年，法国同西班牙签订《马德里条约》，摩洛哥北部和南部地区划为西班牙殖民地。1956年3月2日摩洛哥重新获得独立，保持相对稳定和繁荣。

摩洛哥声称原西班牙撒哈拉沙漠为该国的南部省份。虽然阿拉伯国家联盟、法国和非盟一些国家明确承认西撒哈拉是摩洛哥的领土，但其在西

---

① 摩洛哥政府强调，西撒哈拉是摩洛哥王国领土不可分割的一部分。

② 该数据为摩洛哥官方数据，在民间，一般认为柏柏尔人占总人口比例至少达到40%。

撒哈拉的权利一直未被国际上任何国家所认可。另外，摩洛哥认为与其接壤的梅利利亚及休达应为其领土，但实际上是由西班牙管辖。

摩洛哥是一个统一的主权国家，也是一个拥有民选议会的君主立宪制国家。摩洛哥国王拥有广泛的行政和立法权，特别是在军事、外交政策和宗教事务方面。行政权由政府行使，而立法权属于政府和议会两院。国王可以发布名为"诏令"（Dahir）的具有法律效力的法令。在与首相和法院院长协商后，国王还可以解散议会。摩洛哥是阿拉伯联盟、地中海联盟和非洲联盟的成员，也是非洲第六大经济体。

摩洛哥的主要宗教是伊斯兰教，其官方语言为阿拉伯语和柏柏尔语。柏柏尔语是7世纪被穆斯林征服之前的当地语言，于2011年成为官方语言。摩洛哥文化受柏柏尔人、阿拉伯人、西班牙犹太人、西非人和欧洲人的影响。

一　地理气候

摩洛哥是北非国家，位于大西洋沿岸，通过直布罗陀海峡进入地中海。它与北部的西班牙接壤，东部邻阿尔及利亚（边界于1994年关闭），南部为西撒哈拉。由于摩洛哥控制着西撒哈拉的大部分地区，因此事实上，其南部边界毗邻毛里塔尼亚。它是世界仅有的三个（另外两个为西班牙和法国）同时拥有大西洋和地中海海岸线的国家之一。

从国土面积来看，摩洛哥面积为45.9万平方千米（不包括西撒哈拉地区），是世界第57大国家，领土很大一部分是山区。阿特拉斯山脉主要位于该国的中心和南部，从东北向西南延伸至该国的脊梁。里夫山脉位于该国北部，从西北到东北延伸到地中海沿岸地区。山区主要由柏柏尔人居住。

摩洛哥拥有典型的地中海气候，该国北部和中部山脉拥有茂密的森林，东南部的内陆沙漠则比较干燥。即使在夏季，摩洛哥沿海温度也十分温和。在里夫和阿特拉斯山脉，拥有高海拔的潮湿温带气候，有足够的水分，可以生长不同种类的橡树、苔藓、桧木和大西洋冷杉。由于肥沃的土壤和高降水量，摩洛哥山谷中生长着茂密的森林。在较高的海拔，气候变得寒冷，成为极好的滑雪胜地。在阿特拉斯山脉的东南部靠近阿尔及利亚边境，气候变得非常干燥而炎热，夏季漫长且酷热。摩洛哥东南部地区包括撒哈拉沙漠的部分地区，有着大片沙丘和岩石，点缀着茂密的绿洲。

与南部的撒哈拉地区相比，该国中部和北部地区的沿海平原是一片肥沃的土地，并且是该国的主要农业产区，摩洛哥95%的人口居住在该地区。摩洛哥森林覆盖率约占全国的12%，耕地占18%，大约5%的摩洛哥土地被用于农业灌溉。

二　历史

摩洛哥最早的居民是柏柏尔人。从卡萨布兰卡出土的文物表明，大西洋沿岸最早的人类文明可以追溯到前80万年，这也是在北非地区发现的最古老的人类遗迹。在前1600年铜器时代，柏柏尔牧民在阿特拉斯高地的岩石上刻下了许多图案，如匕首、矛、盾和斧头，这些都是游牧时代的人们从事狩猎和捕鱼的工具。44年，罗马帝国攻陷了毛里塔尼亚王国（Berber Kingdom of Mauretania）①，并将其作为罗马的一个省。在3世纪，部分区域又重新被柏柏尔牧民夺回。直到429年，罗马统治才彻底被汪达尔人推翻。

7世纪阿拉伯人进入摩洛哥，并于8世纪建立第一个伊斯兰王国。682年，倭马亚王朝于北非征服将军奥克巴（Uqba Bin Nafi），将伊斯兰教带到了摩洛哥。尽管当时的王国出现了多种宗教的分歧，但是伊斯兰教在摩洛哥却得到了发展和巩固。740年，包括摩洛哥在内的北非地区爆发了一场针对巴格达哈里发权力的柏柏尔人暴动，逐渐从倭马亚王朝的控制下脱离，陷入地方割据的局面，形成了米克纳萨（Miknassa）、西吉尔马萨（Sijilmassa）和巴尔贾瓦塔（Barghawata）等诸侯国。788年，伊德里斯·本·阿卜杜拉（史称“伊德里斯一世”）在马格里布地区建立第一个伊斯兰王朝——伊德里斯王朝（788—971年）。根据传说，伊德里斯一世是第四任哈里发本·阿里的嫡系后裔。② 791年，伊德里斯一世逝世，他的儿子伊德里斯二世继承王位，伊德里斯王朝一直持续到971年。

从11世纪开始，出现了一系列柏柏尔王朝，如穆拉比特王朝、穆瓦希德王朝和马林王朝。

穆拉比特王朝（1040—1147年）起源于西撒哈拉的桑哈贾部落，在

---

① 注：与当今的毛里塔尼亚伊斯兰共和国不是一个概念。

② ［法］亨利·康崩：《摩洛哥史》（上册），上海人民出版社1975年版，第33页。

阿拉伯语中意思是“武僧”。1062 年，王朝定都在马拉喀什，并进一步统一了整个国家，强化了伊斯兰教义。在尤素福·伊本·塔什芬的领导下，穆拉比特王朝的领土迅速扩张，统治从塞内加尔河到安达卢西亚的大片领土。1106 年，尤素福之子阿里（1106—1143 年）继位后，穆拉比特国力开始衰弱。在经历了塔什芬（1143—1145 年）、易卜拉欣（1145—1147 年）等三位君王后，穆拉比特最后一位统治者伊沙克于 1147 年向穆瓦希德王朝投降并被刺死，标志着该王朝的终结。

穆瓦希德王朝（1121—1269 年）起源于大阿特拉斯地区的廷迈尔（Tinmel），起初作为一个带有宗教性质的政治运动组织在马格里布地区发家，由宗教领袖伊本·图马尔特（Ibn Tumart）创立。1147 年，图马尔特的门徒阿卜德·穆明（Abd al-Mu'min，1130—1163 年）攻占马拉喀什后自封为哈里发，成为穆瓦希德王朝的第一位君主。在阿卜德·穆明统治的前 15 年，他统一了除埃及之外的整个北非地区和整个伊斯兰伊比利亚半岛地区。[①] 但是在准备全面攻打西班牙的准备过程中，1163 年阿卜德·穆明于萨累突然去世。[②] 死后，在阿布·雅各布·尤素福（Abu Ya'qub Yusuf，1163—1184 年在位）和阿布·尤素福·雅各布（Abu Yusuf Ya'qub，1184—1199 年在位）两位哈里发的统治下，穆瓦希德王朝达到巅峰。彼时，自封为“曼苏尔”的雅各布将伊比利亚半岛的建筑、文化和艺术带到了马拉喀什，也使当时的马拉喀什成为北非地区的文化重镇。但是，雅各布·曼苏尔死后，后来的继承者无力维持帝国的运行，导致了王国的分裂以及宗教体系的瓦解。

1244 年，起源于扎纳塔柏柏尔部落的巴尼·巴林人建立了马林王朝（1244—1465 年），定都非斯。他们利用穆瓦希德的衰落占领了非斯、拉巴特以及赛斯（Saiss）的肥沃平原。1269 年，马林王朝第一位苏丹阿布·尤素福·雅各布（Abu Yusuf Yaqub，1269—1286 年在位）攻占了马拉喀什，结束了穆瓦希德王朝。作为马林王朝历史上伟大的苏丹，阿布·哈桑（Abu al-Hasan，1331—1348 在位）在 1331 年曾尝试重组帝国，但

---

① Bernard Lugan, *Histoire du Maroc: des origines à nos jours*, Ellipses Édition Marketing S. A., 2011, pp. 103 - 113.

② C. Richard Pennell, *Morocco: From Empire to Independence*, Oneworld Publications, 2013, p. 53.

是1340年和1347年在分别攻打西班牙和凯鲁万的战争中失利。随着西班牙和葡萄牙海军力量大增后介入摩洛哥事务，以及宫廷内部的权力斗争和腐败，马林王朝逐渐衰弱。

1465年，马林王朝最后一位君主阿布杜·哈齐（Abd al-Haqq，1420—1465在位）被刺杀后，横跨三个世纪的帝国覆灭。1472年，同样来自扎纳塔部族，在马林王朝时期移居在里夫地区的巴尼·瓦塔斯人穆罕默德·谢赫（Muhammed al-Shaykh，1472—1504年在位）成功夺取非斯，建立了摩洛哥地区的最后一个柏柏尔王朝——瓦塔斯王朝（Wattasid dynasty，1472—1554年）。在瓦塔斯王朝统治时期，摩洛哥相继丢失了大量领土：西班牙占领了梅利利亚（1497年），葡萄牙占领了阿加迪尔（1505年）、萨菲（1507年）、阿兹穆尔（Azemmour，1513年）、马扎甘和安法（1513年）①，也就是说西班牙和葡萄牙占领了摩洛哥几乎所有的地中海和大西洋海岸城市。由于瓦塔斯王朝苏丹在抵御基督教入侵方面的失败，自称来自阿拉伯谢里夫家族，定居于摩洛哥南部德拉河流域的萨阿德人开始以“圣战”的形式向摩洛哥全境发起进攻。1527年，迫于萨阿德人的强大攻势，瓦塔斯王朝通过《塔德拉条约》（Treaty of Tadla）承认萨阿德在南部的统治合法性。

随着萨阿德对多数葡萄牙占领地的收复，萨阿德王朝（1549—1659年）的奠基者穆罕默德·谢赫（Mohammed ash-Sheikh，1544—1554年在位）于1549年占领非斯后，定都马拉喀什，开启了伊德里斯王朝后新的谢里夫统治。穆罕默德·谢赫死后，经历了残酷的“三王之战”②，艾哈迈德·曼苏尔（Ahmed al-Mansur，1578—1603年）继位，萨阿德王朝到达巅峰。萨阿德王朝时期设计了众多制度，如“马赫赞”（Makhzan）、常备军（Jaysh）以及中央政府与部落酋长之间的联盟关系等。曼苏尔死后，摩洛哥又陷入王位之争，腐败严重，最终导致王朝终结。

17世纪中期，来自南部塔菲拉勒特阿拉维家族的势力逐渐扩大，并于1631年称王，其后逐步夺取非斯和马拉喀什等整个摩洛哥地区。1672

---

① 分别为今天的杰迪达和卡萨布兰卡。

② 三王分别是萨阿德王朝两位王子：马图·瓦克勒和其叔叔阿卜德·马利克，以及葡萄牙国王塞巴斯蒂安。

年，穆莱·伊斯玛仪·伊本·谢里夫（Mawlay Ismail Ibn Sharif，1672—1727 年在位）继承苏丹之位，秉承了先人们创立的基业。他于 1684 年从英国人手中收复了丹吉尔，并于 1689 年将西班牙人从拉腊什驱逐出境。他开始建设梅克内斯市，并作为阿拉维王朝首都。他还修建了边境堡垒，派士兵把守看管。伊斯玛仪后来把精力和时间都放在了发展与其他国家的外交关系上。1727 年伊斯玛仪逝世。1757 年穆罕默德三世继位。他是一位温和善良的穆斯林信徒，登基后立即宣布削减税赋，推行开明的政策，很受民众欢迎。他在位期间，于 1777 年第一个承认新生的美利坚合众国为独立的国家。1786 年签署的《摩洛哥—美国友好条约》是美国历史最悠久的友好合作条约。

随着欧洲随后进入工业化进程，非洲西北部因其殖民化潜力而越来越受到重视。早在 1830 年，法国就对摩洛哥表现出浓厚的兴趣，不仅是为保护其阿尔及利亚领土和边界安全，而且还因为摩洛哥在地中海沿岸和大西洋上的战略地位十分显要。1904 年，法国和西班牙在摩洛哥划分了势力范围。1912 年《非斯条约》使法国成为摩洛哥的保护国，西班牙则将势力范围继续保持在沿海地区、南部地区以及撒哈拉北部。在 1921 年至 1926 年，里夫山脉的柏柏尔人爆发起义，建立了里夫共和国，但遭到了法国和西班牙的镇压。1943 年，摩洛哥独立党成立，该党为随后民族主义运动培养了大部分运动领袖。

1956 年 3 月，法国保护国地位结束，摩洛哥重新独立，成立“摩洛哥王国”。一个月后，西班牙将摩洛哥北部的大部分保护区返还，但保留了沿海地区两处飞地（梅利利亚和休达）。苏丹穆罕默德五世于 1957 年成为摩洛哥国王。

三　政治

摩洛哥实行君主立宪制，国王拥有最高权力。穆罕默德六世国王于 1999 年即位后，坚持君主立宪制、多党制等既定政策，注重发展经济，强调依法治国，优先解决贫困、就业等社会问题。同时加大反恐力度，积极参与国际反恐组织合作。在 1998 年 3 月的选举之后，由人民力量社会主义联盟领袖尤素非领导的、主要由来自反对党的部长组成的联合政府成立。在阿拉伯世界的现代政治历史中，这是第一个主要来自反对党的政府，也是社会党、左翼和民族主义政党联盟的第一次胜利。

宪法赋予国王崇高的权力。作为先知穆罕默德的直系后裔，他既是世俗的政治领袖又是“信士的长官”。他主持部长会议，在议会选举中获得最多席位的政党中任命首相，并根据首相的建议，任命政府内阁成员。2011 年，穆罕默德六世国王主动进行全面宪法改革。改革后，摩洛哥国王下放了一部分行政权力，同时首相的权力有所扩大。2011 年 7 月 1 日，摩洛哥全民公投通过新宪法；11 月 25 日，摩洛哥举行众议院选举，伊斯兰政党——正义与发展党获胜，该党总书记本·基兰随即被国王任命为政府首脑。2012 年 1 月，摩洛哥新政府成立，2013 年 10 月政府改组。2016 年 10 月，摩洛哥举行新宪法颁布后的第二次众议院选举，伊斯兰政党再次成为众议院第一大党，但该党总书记本·基兰组阁迟迟未果，2017 年 3 月，国王解除本·基兰的职务，任命正义与发展党全国委员会主席、前外长奥斯曼尼出任新政府首脑。4 月，摩洛哥新政府成立。

自 1996 年宪法改革以来，立法机构由上下两院组成。摩洛哥代表大会有 325 名成员当选，任期五年，295 名议员产生于多议席选区，30 名议员仅由妇女组成。议员大会有 270 名成员，任期九年，由地方议会（162 个席位），专业分庭（91 个席位）和工薪阶层（27 个席位）选举产生。议会的权力虽然相对有限，但在 1992 年、1996 年以及 2011 年的三次宪法修订中进一步扩大，包括预算事项、批准法案、质疑部长以及设立特设调查委员会以调查政府的行为，而且议会下院可以通过不信任投票解散政府。

目前，摩洛哥政局总体稳定，国王地位稳固。但摩洛哥区域发展不均衡，失业率较高，游行、罢工等事件时有发生，加之利比亚和阿尔及利亚局势动荡在摩洛哥产生一定外溢效应，地区恐怖势力日益坐大，给摩洛哥的局势稳定带来隐忧。

四　经济

摩洛哥奉行自由市场经济。1983 年，摩洛哥开始实行经济改革，推行企业私有化和贸易自由化。摩洛哥是非洲经济事务的主要参与者，2017 年国内生产总值（GDP）总量在非洲排名第六（在尼日利亚、南非、埃及、阿尔及利亚和安哥拉之后），北非排名第三。[1] 从2000年到2017年，摩洛哥经济增长率每年稳定在4%—5%。2014年摩洛哥启动“2020工业加速发展计划”，2017年，摩洛哥国内生产总值约1100亿美元，人均国内生产总值3141美元，经济增长率达4.4%，通货膨胀率为0.7%，失业率达10%。

摩洛哥经济主要来源是农业、磷酸盐和旅游业。农业占GDP的14%左右，将近一半的摩洛哥劳动力在农业部门工作。农业虽有一定基础，但摩洛哥粮食尚不能实现自给自足。摩洛哥渔业资源丰富，产量居非洲首位。磷酸盐为摩洛哥主要矿产资源，估计储量1100亿吨，占世界储量的75%，位列世界第一。摩洛哥是仅次于中国和美国的世界第三大磷生产国，国际市场上磷酸盐的价格波动会对摩洛哥的经济产生重大影响。其他矿产资源有铁、铅、锌、钴、锰、钡、铜、盐、磁铁矿、无烟煤、油页岩等。其中油页岩储量1000亿吨以上，含原油60亿吨。

旅游业是摩洛哥经济中最重要的部门之一，是摩洛哥仅次于磷酸盐产业的第二大外汇收入来源。摩洛哥强大的旅游资源集中于该国的海岸、文化和历史。2013年摩洛哥吸引了超过1000万名游客。2010年，摩洛哥政府大力投资旅游业，并且启动2020年愿景，计划将摩洛哥发展为世界前20大旅游目的地国，并计划在2020年吸引超过2000万名国际游客，旅游业收入占比上升到GDP的20%。摩洛哥靠近欧洲，大多数游客是欧洲人，其中法国人占所有游客的20%。由于靠近西班牙，西班牙南部沿海地区的游客可以前往摩洛哥进行一至三天的游览。摩洛哥和阿尔及利亚之间的航线已经建立，许多阿尔及利亚人前往摩洛哥购物，探访家人和朋友。摩洛哥拥有良好的公路和铁路基础设施，将主要城市、旅游目的地与港口、国际机场连接起来。近年来，摩洛哥旅游业越来越注意介绍摩洛哥的古老文化，例如古老的罗马和伊斯兰遗址。卡萨布兰卡是摩洛哥的主要邮轮港口，拥有摩洛哥最发达的旅游市场。摩洛哥中部地区的马拉喀什也是一个极受欢迎的旅游目的地。阿特拉斯和里夫山脉的活动和探险旅游是摩洛哥旅游业增长最快的地区。从每年3月下旬到11月中旬，这些地点

---

① “List of African Countries by GDP (Nominal)”, IMF World Economic Outlook (WEO), April 2018.

拥有绝佳的步行和徒步旅行机会。

1996年同欧盟签署“联合协议”后，摩洛哥进一步优化经济结构，扩大内需，改善投资环境，加强基础设施建设，扶持纺织、旅游等传统产业，发展信息技术、清洁能源等新兴产业，积极吸引外资，经济继续保持增长。摩洛哥同90多个国家和地区有贸易往来，主要贸易伙伴为欧洲国家，占摩洛哥进出口总额约70%。西班牙和法国是摩洛哥重要的贸易伙伴国。2004年，摩洛哥与突尼斯、埃及、约旦签署了“阿加迪尔协定”，宣布成立四国自由贸易区。同年，摩洛哥分别与美国和土耳其签署双边自由贸易协定。2006年1月，摩—美自贸协定正式生效。2008年，摩洛哥获得欧盟给予的优先地位（介于成员国与联系国之间），2010年摩与欧盟建立自贸区。

尽管摩洛哥存在结构性贸易逆差，但这通常被旅游业的大量服务收入和海外侨汇流入所抵消，而且该国的经常账户盈余通常较小。

五　军事

摩洛哥皇家武装部队建于1956年5月14日，并于1957年和1960年分别建立空军和海军。5月14日为建军节。摩洛哥没有国防部，政府只设立了国防行政管理机构，主管国防行政事务。陆、海、空三军均设有总监（将军、大臣级），由国王直接指挥。穆罕默德六世国王为军队最高统帅兼总参谋长。1966年7月，摩洛哥开始实行义务兵役制，兵役期18个月，自2006年9月起义务兵役制正式停止，而预备役义务则持续到50岁。

摩洛哥三军总兵力19.58万人，宪兵和辅助部队4万人。装备主要来源于美国、法国等。其中陆军17.5万人，编有3个司令部，4个机械化旅，2个伞兵旅，11个机械化团等。海军1万人，包括1500人的陆战部队，拥有4个海军基地，29艘作战舰艇，装备有导弹驱逐舰、护卫舰、海防舰艇、两栖舰艇、支援舰艇。空军1.35万人，有6个中队，96架作战飞机，装备有战斗机、侦察机、武装直升机、训练机、地空导弹、空空导弹等。还有预备役15万人，准军事人员4.2万人。

六　教育

摩洛哥视教育为国家发展的根基，强调教育普及化、教材统一化、教师摩洛哥化和教学阿拉伯化。摩洛哥实行的是小学阶段免费义务教育。每年教育预算约占国家预算总支出的1/4。全国文盲率已从1960年的87%降至2015年的25.4%。6岁儿童入学率为95%，7—12岁儿童入学率为94.5%，12—14岁少年入学率为73%。摩洛哥有40多所大学，高等院校和理工学院分散在全国各地的中心城市。最著名的高等学府为穆罕默德五世大学，它是该国规模最大的大学，在卡萨布兰卡和非斯都设有分支机构。大、中、小学教师已全部摩洛哥化，大学教师97%为摩洛哥人。

七　文化

摩洛哥是一个受多种文化和文明滋养的国家。在摩洛哥发展史上，它融入了许多来自东方（腓尼基人、犹太人和阿拉伯人），南方（撒哈拉以南非洲人）和北方（罗马人、安达卢西亚人）的文明。所有这些文明都影响了摩洛哥当今的社会结构和社会习俗。来自世界各个角落的人们不分年龄、种族来到摩洛哥成家立业，他们也融入摩洛哥，同当地人一起成为整个社会的主流。摩洛哥独特的风俗习惯、文化传统、民族信仰一直以来影响着当地文化并使之具有独特而多元的文化认同感。

伊斯兰教是摩洛哥的官方宗教，且与其他宗教互融互通。在伊斯兰教传统斋月期间，摩洛哥人进行斋戒。

本土柏柏尔人和一系列外国入侵者以及宗教和文化影响塑造了摩洛哥的建筑风格。摩洛哥本土建筑风格多样，从华丽的大胆色彩到简洁明快的大地色调。来自阿拉伯世界、西班牙、葡萄牙和法国的影响在摩洛哥建筑中都有所体现，使该国建筑既有自己的风格，又有柏柏尔和伊斯兰风格。在古老的城镇中，坐落着殖民化遗留下来的法国风格古镇，并与错综复杂的清真寺相交。

语言的多样性也成为摩洛哥文化重要的一部分而广受赞誉。除了在摩洛哥语言教育、官方媒体使用的传统阿拉伯语外，还有柏柏尔方言。不过大多数摩洛哥人讲法语，还有一些讲西班牙语和英语。

摩洛哥艺术家以其复杂的木工品而声名远播，他们手中的工艺品大多经过复杂的雕刻和华丽的着色。陶罐经过柏柏尔艺术家华丽的修饰上色在来往的游客中间非常受欢迎。摩洛哥华丽的地毯尤其著名，每一条毯子都反映了摩洛哥文化和当地人民生活的一段故事。

摩洛哥文化中多民族文化特点在他们的舞蹈和音乐表现上发挥得淋漓尽致。在摩洛哥，占主导地位的阿拉伯文化给摩洛哥音乐注入了甜美流畅的阿拉伯音调。除此之外，摩洛哥当地各式各样的音乐，如柏柏尔人的乡村音乐、宗教礼乐、带有摇滚风格的音乐、带有阿尔及利亚特色的音乐以及撒哈拉以南地区带有幽郁神秘感觉的音乐都表明了摩洛哥是一个多元文化、多种文明交融的国家。

第二节　综合国力评价

综合国力评价是对一个国家基本国情的总体判断，也是我们进行国与国之间比较的基础。在本节中，我们拟通过数量化的指标体系对摩洛哥的综合国力进行评价。

一　指标体系构建原则

指标体系构建的原则是为反映一国在一个时期内的综合国力。本节在参考国际上的指标体系和竞争力指标的基础上，立足于“一带一路”国家的特点，提出了“一带一路”国家综合国力指数，旨在揭示“一带一路”国家的综合国力和基本国情，以便我们可以更好地判断“一带一路”的现实。

合理地选取指标和构建“一带一路”国家综合国力指数评价体系，有利于真实、客观地反映“一带一路”国家质量与综合水平。本书在回顾既有研究成果的基础上，聚焦“国情”和“综合”，结合“一带一路”国家发展实践，提出“一带一路”国家综合国力指数的构建原则，并据此构建一套系统、科学、可操作的评价指标体系。

本节的构建方法如下：第一步，本章将原始数据进行标准化处理；第二步，本章按照各级指标进行算术加权平均；第三步，得出相应数值，进行排名。

本指数的基础数据主要来源于世界银行数据库，世界竞争力报告数据和欧洲统计局。

二　指标体系构建内容

本章拟构建一个三级指标体系对一个国家的综合国力进行评估。

1. 一级指标

一级指标体系包括四个“力”和一个“环境”，分别为基础国力、消费能力、贸易能力、创新能力和营商环境。

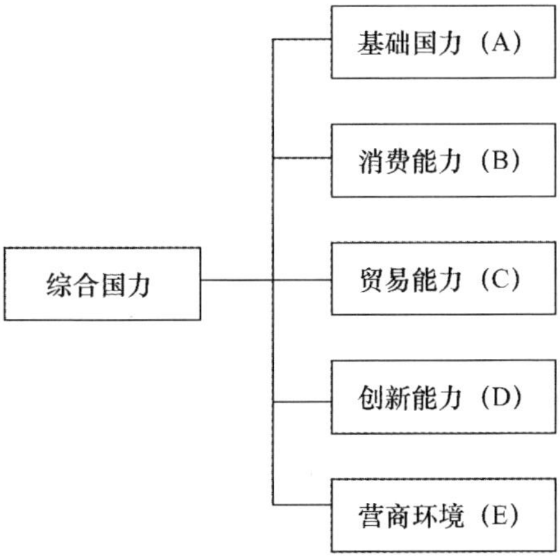

图Ⅰ-1-1　“一带一路”国家综合国力的一级指标

2. 二级指标

在基础国力（A）中间，本章设置了四个二级指标，分别是资源禀赋（A1）、人口状况（A2）、教育水平（A3）和基础设施（A4）。

在消费能力（B）中间，本章设置了两个二级指标，分别是消费总量（B1）和消费结构（b2）。

在贸易能力（C）中间，本章设置了两个二级指标，分别是进口能力（B1）和出口能力（B2）。

在创新能力（D）中间，本章设置了三个二级指标，分别是创新人才（D1）、研发投入（D2）和创新成果（D3）。

在营商环境（E）中间，本章设置了四个二级指标，分别是制度环境（E1）、投资安全（E2）、外商政策（E3）和公共服务。

3. 三级指标

本章的三级指标共有 139 个，具体见表 I－1－1：

表 I－1－1　　“一带一路”国家综合国力指标列表

一级指标	二级指标	三级指标	三级指标代码
基础国力	资源禀赋	地表面积	A101
		可再生内陆淡水资源总量	A102
		耕地面积	A103
	人口状况	总人口数	A201
		城市人口数	A202
		农村人口数	A203
		少儿人口抚养比	A204
		老龄人口抚养比	A205
	教育水平	中学教育入学率	A301
		教育体系的质量	A302
		数学和科学教育质量	A303
		管理类教育质量	A304
		学校互联网普及程度	A305
		基础教育质量	A306
		基础教育入学率	A307
	基础设施	总体基建水平	A401
		公路长度	A402
		铁路长度	A403
		港口效率	A404
		空中运输	A405
		航线客座千米（百万/每周）	A406
		电力供应	A407
		手机普及程度（每百人）	A408
		固定电话数（每百人）	A409
消费能力	消费总量	GDP（PPP）百万美元	B101
		国内市场规模指数	B102
	消费结构	人均消费（底层 40% 的人口）[美元/天]	B201
		人均消费（总人口）[美元/天]	B202
		人均实际消费年化增长率（底层 40% 的人口）[%]	B203
		人均实际消费年化增长率（总人口）[%]	B204

续表

一级指标	二级指标	三级指标	三级指标代码
贸易能力	进口能力	保险和金融服务（占商业服务进口的比例）[%]	C101
		商业服务进口［美元（现价）］	C102
		运输服务（占商业服务进口的比例）[%]	C103
		旅游服务（占商业服务进口的比例）[%]	C104
		货物进口［美元（现价）］	C105
		农业原料进口（占货物进口总额的比例）[%]	C106
		食品进口（占货物进口的比例）[%]	C107
		燃料进口（占货物出口的比例）[%]	C108
		制成品进口（占货物进口的比例）[%]	C109
		矿石和金属进口（占货物进口的比例）[%]	C110
		通信、计算机和其他服务（占商业服务进口的比例）[%]	C111
	出口能力	保险和金融服务（占商业服务出口的比例）[%]	C201
		商业服务出口［美元（现价）］	C202
		运输服务（占商业服务出口的比例）[%]	C203
		旅游服务（占商业服务出口的比例）[%]	C204
		货物出口［美元（现价）］	C205
		农业原料出口（占货物出口总额的比例）[%]	C206
		食品出口（占货物出口的比例）[%]	C207
		燃料出口（占货物出口的比例）[%]	C208
		制成品出口（占货物出口的比例）[%]	C209
		矿石和金属出口（占货物出口的比例）[%]	C210
		通信、计算机和其他服务（占商业服务出口的比例）[%]	C211
创新能力	创新人才	高等教育入学率	D101
		留住人才能力	D102
		吸引人才能力	D103
		科学家和工程师水平	D104
		每百万人中 R&D 研究人员［人］	D105
		每百万人中 R&D 技术人员［人］	D106
	研发投入	研发支出占 GDP 比例	D201
		最新技术有效利用程度	D202
		企业的科技运用能力	D203
		科学研究机构的质量	D204

续表

一级指标	二级指标	三级指标	三级指标代码
创新能力	研发投入	企业研发投入	D205
		产学研一体化程度	D206
		政府对高科技产品的采购	D207
		FDI 和技术转化	D208
		互联网使用者（占总人口的百分比）	D209
		固定宽带用户（每百人）	D210
		互联网带宽	D211
		移动互联网用户（每百人）	D212
	创新成果	非居民专利申请数［个］	D301
		居民专利申请数［个］	D302
		商标申请（直接申请，非居民）［个］	D303
		商标申请（直接申请，居民）［个］	D304
		商标申请合计［个］	D305
		高科技产品出口［美元（现价）］	D306
		在科学和技术学术期刊上发表的论文数［篇］	D307
		高科技产品出口占制成品出口的比例［%］	D308
		工业设计应用数量，非居民［个］	D309
		工业设计应用数量，居民［个］	D310
		非居民商标申请［个］	D311
		居民商标申请［个］	D312
		中高技术产品出口占制成品出口的比例［%］	D313
营商环境	制度环境	有形产权保护	E101
		知识产权保护	E102
		公共基金的多样性	E103
		政府公信力	E104
		政府的廉政性	E105
		公正裁决	E106
		政府决策偏袒性	E107
		政府支出效率	E108
		政府管制负担	E109
		争端解决机制的法律效率	E110
		改变陈规的法律效率	E111
		政府政策制定透明程度	E112
		审计和披露标准力度	E113
		公司董事会效能	E114

续表

一级指标	二级指标	三级指标	三级指标代码
营商环境	制度环境	金融服务便利程度	E115
		金融服务价格合理程度	E116
		股票市场融资能力	E117
		贷款便利程度	E118
		风险资本便利程度	E119
	投资安全	公安机关的信任度	E201
		恐怖事件的商业成本	E202
		犯罪和暴力的商业成本	E203
		有组织的犯罪	E204
		中小股东利益保护	E205
		投资者保护（0—10 分）	E206
		银行的安全性	E207
	外商政策	当地竞争充分程度	E301
		市场的主导地位	E302
		反垄断政策力度	E303
		税率对投资刺激的有效性	E304
		总体税率（税收占总利润的百分比）	E305
		开办企业的步骤	E306
		开办企业的耗时天数	E307
		农业政策成本	E308
		非关税壁垒的广泛程度	E309
		关税	E310
		外资企业产权保护	E311
	公共服务	当地供应商数量	E401
		当地供应商质量	E402
		产业集群发展	E403
		自然竞争优势	E404
		价值链宽度	E405
		国际分销控制能力	E406
		生产流程成熟度	E407
		营销的能力	E408
		授权的意愿	E409
		劳动和社会保障计划的覆盖率（占总人口的百分比）	E410
		劳动和社会保障计划的充分性（占受益家庭总福利的百分比）	E411

续表

一级指标	二级指标	三级指标	三级指标代码
营商环境	公共服务	20%的最贫困人群的劳动和社会保障计划的受益归属（占总劳动和社会保障计划受益归属的百分比）	E412
		失业救济和积极劳动力市场计划的覆盖率（占总人口的百分比）	E413
		20%的最贫困人群的失业救济和积极劳动力市场计划的受益归属（占总失业救济和积极劳动力市场计划受益归属的百分比）	E414
		社会安全网计划的覆盖率（占总人口的百分比）	E415
		社会安全网计划的充分性（占受益家庭总福利的百分比）	E416
		20%的最贫困人群的社会安全网计划的受益归属（占总安全网受益归属的百分比）	E417
		社会保险计划的覆盖率（占总人口的百分比）	E418
		社会保险计划的充分性（占受益家庭总福利的百分比）	E419

从图Ⅰ-1-2中，我们可以发现，摩洛哥的综合国力在“一带一路”国家中排名第26位，在世界137个国家中排名第90位。从横向比较上分析，2017年美国的GDP水平是193906亿美元，中国的GDP水平是122377亿美元，摩洛哥的GDP水平是1091.4亿美元，摩洛哥的GDP水平仅为美国GDP的0.56%，为中国GDP的0.89%。

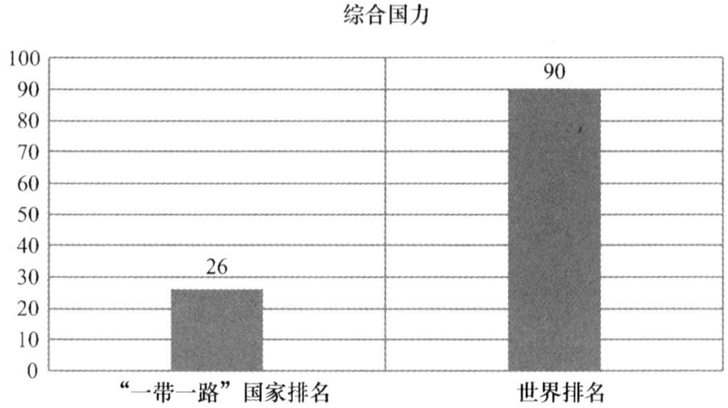

图Ⅰ-1-2　摩洛哥的综合国力排名

从图Ⅰ-1-3中，我们可以发现，摩洛哥的基础国力在“一带一路”国家中排名第23位，在世界137个国家中排名第85位。摩洛哥的消费能力在“一带一路”国家中排名第25位，在世界137个国家中排名第86位。摩洛哥的贸易能力在“一带一路”国家中排名第25位，在世界137个国家中排名第80位。摩洛哥的创新能力在“一带一路”国家中排名第26位，在世界137个国家中排名第88位。摩洛哥的营商环境在“一带一路”国家中排名第28位，在世界137个国家中排名105位。

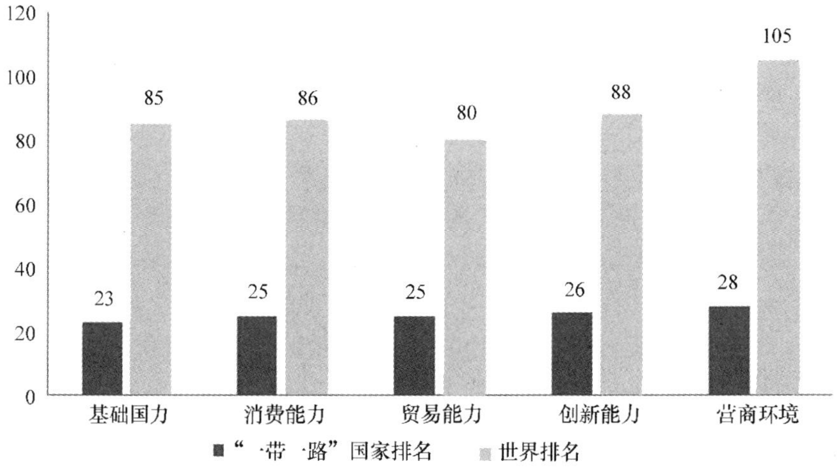

图Ⅰ-1-3　摩洛哥综合国力一级指标排名

第三节　指标分类评价

一　基础国力评价

从图Ⅰ-1-4中，我们可以发现，摩洛哥的资源禀赋在“一带一路”国家中排名第22位，在世界137个国家中排名第90位。以土地面积为例，2017年美国的土地面积为9147.42千平方千米，中国的土地面积为9388.21千平方千米，摩洛哥的土地面积为446.3千平方千米，摩洛哥的土地面积为美国土地面积的4.88%，为中国土地面积的4.75%。

摩洛哥的人口状况在“一带一路”国家中排名第10位，在世界137个国家中排名65位。以人口总数为例，2017年美国的人口总数为3.26

亿人，中国的人口总数为 13.86 亿人，摩洛哥的人口总数为 0.35 亿人，摩洛哥的人口总数为美国人口总数的 10.74%，为中国人口总数的 2.53%。

摩洛哥的教育水平在“一带一路”国家中排名第 30 位，在世界 137 个国家中排名第 108 位。在我们的计算样本中，美国、中国和摩洛哥在教育培训分指标上的得分为别是 6.3、4.8 和 3.2。

摩洛哥的基础设施在“一带一路”国家中排名第 29 位，在世界 137 个国家中排名第 79 位。在我们的计算样本中，美国、中国和摩洛哥在基础设施分指标上的得分为别是 6.0、4.7 和 3.5。

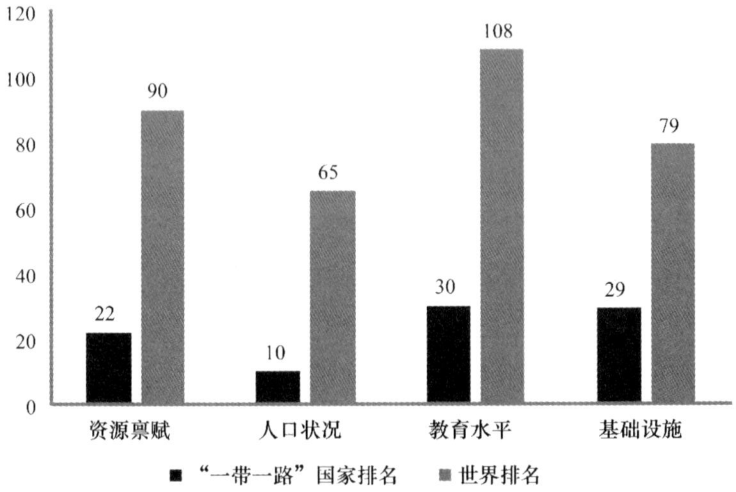

图 I-1-4 摩洛哥基础国力二级指标排名

表 I-1-2 摩洛哥基础国力三级指标排名

三级指标	“一带一路”国家排名	世界排名	三级指标	“一带一路”国家排名	世界排名
地表面积	22	74	管理类教育质量	27	93
可再生内陆淡水资源总量	23	86	学校互联网普及程度	28	96
耕地面积	24	85	基础教育质量	28	82
总人口数	22	85	基础教育入学率	26	70
城市人口数	26	95	总体基建水平	24	82

续表

三级指标	"一带一路"国家排名	世界排名	三级指标	"一带一路"国家排名	世界排名
农村人口数	28	82	公路长度	25	94
少儿人口抚养比	20	95	铁路长度	36	108
老龄人口抚养比	24	95	港口效率	25	63
中学教育入学率	31	81	空中运输	29	83
教育体系的质量	25	80	航线客座千米（百万/每周）	28	89
数学和科学教育质量	29	89	电力供应	26	85
固定电话数（每百人）	29	88	手机普及程度（每百人）	28	81

二　消费能力评价

从图Ⅰ-1-5中，我们可以发现，摩洛哥的消费总量在"一带一路"国家中排名第23位，在世界137个国家中排名第89位。摩洛哥的消费结构在"一带一路"国家中排名第29位，在世界137个国家中排名第89位。2017年，美国、中国和摩洛哥的人均GDP水平分别是59531.6美元、8826.9美元和3007.24美元。

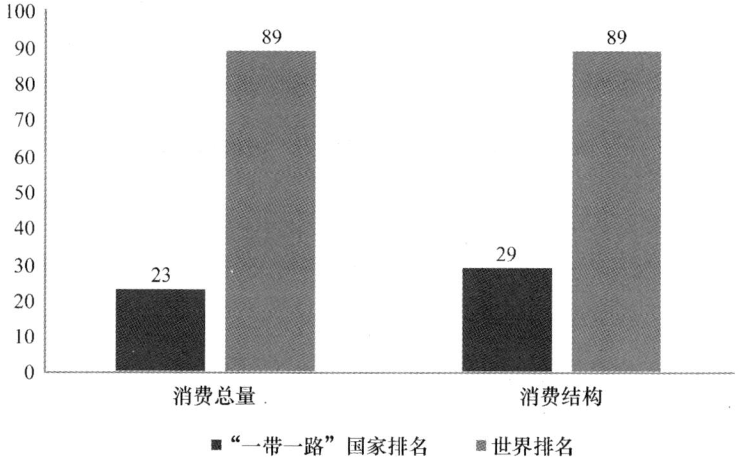

图Ⅰ-1-5　摩洛哥消费能力二级指标排名

表 I－1－3　　摩洛哥消费国力三级指标排名

三级指标	"一带一路" 国家排名	世界排名
GDP（PPP）百万美元	28	88
国内市场规模指数	26	98
人均消费（底层 40% 的人口）［美元/天］	29	84
人均消费（总人口）［美元/天］	36	96
人均实际消费年化增长率（底层 40% 的人口）［%］	38	95
人均实际消费年化增长率（总人口）［%］	31	86

三　贸易能力评价

从图 I－1－6 中，我们可以发现，摩洛哥的进口能力在"一带一路"国家中排名第 25 位，在世界 137 个国家中排名第 80 位。摩洛哥的出口能力在"一带一路"国家中排名第 23 位，在世界 137 个国家中排名第 82 位。2017 年，中国和摩洛哥商品和服务出口占 GDP 的比重分别为 19.76% 和 36.7%，中国和摩洛哥商品和服务进口占 GDP 的比重分别为 18.05% 和 46.68%。

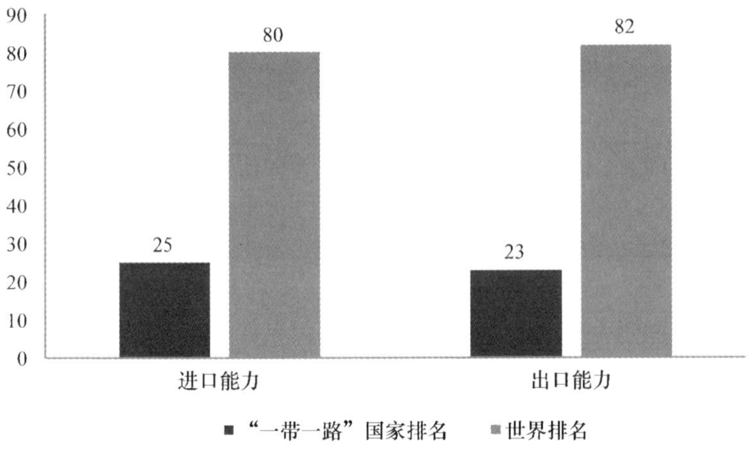

图 I－1－6　摩洛哥贸易能力二级指标排名

表 I－1－4　　　　摩洛哥贸易能力三级指标排名

	"一带一路"国家排名	世界排名		"一带一路"国家排名	世界排名
保险和金融服务（占商业服务进口的比例）[%]	29	88	保险和金融服务（占商业服务出口的比例）[%]	20	86
商业服务进口［美元（现价）］	21	76	商业服务出口［美元（现价）］	22	77
运输服务（占商业服务进口的比例）[%]	29	80	运输服务（占商业服务出口的比例）[%]	28	72
旅游服务（占商业服务进口的比例）[%]	26	82	旅游服务（占商业服务出口的比例）[%]	26	87
货物进口［美元（现价）］	22	87	货物出口［美元（现价）］	20	78
农业原料进口（占货物进口总额的比例）[%]	21	83	农业原料出口（占货物出口总额的比例）[%]	20	82
食品进口（占货物进口的比例）[%]	22	89	食品出口（占货物出口的比例）[%]	23	70
燃料进口（占货物出口的比例）[%]	29	79	燃料出口（占货物出口的比例）[%]	5	35
制成品进口（占货物进口的比例）[%]	20	75	制成品出口（占货物出口的比例）[%]	21	75
矿石和金属进口（占货物进口的比例）[%]	21	72	矿石和金属出口（占货物出口的比例）[%]	20	73
通信、计算机和其他服务（占商业服务进口的比例）[%]	25	73	通信、计算机和其他服务（占商业服务出口的比例）[%]	26	84

四　创新能力评价

从图 I－1－7 中，我们可以发现，摩洛哥的创新人才在"一带一路"国家中排名第 28 位，在世界 137 个国家中排名第 98 位。在我们的计算样本中，美国的创新人才得分为 6.4，中国的创新人才得分为 3.5，摩洛哥的创新人才得分为 1.65。摩洛哥的研发投入在"一带一路"国家中排名第 29 位，在世界 137 个国家中排名第 99 位。在我们的计算样本中，美国的研发投入得分为8.1，中国的研发投入得分为5.9，摩洛哥的研发投入得分为2.3。摩洛哥的创新成果在“一带一路”国家中排名第25位，在世界137个国家中排名第100位。在我们的样本中，美国的创新成果得分为7.6，中国的创新成果得分为3.2，摩洛哥的创新成果得分为2.21。

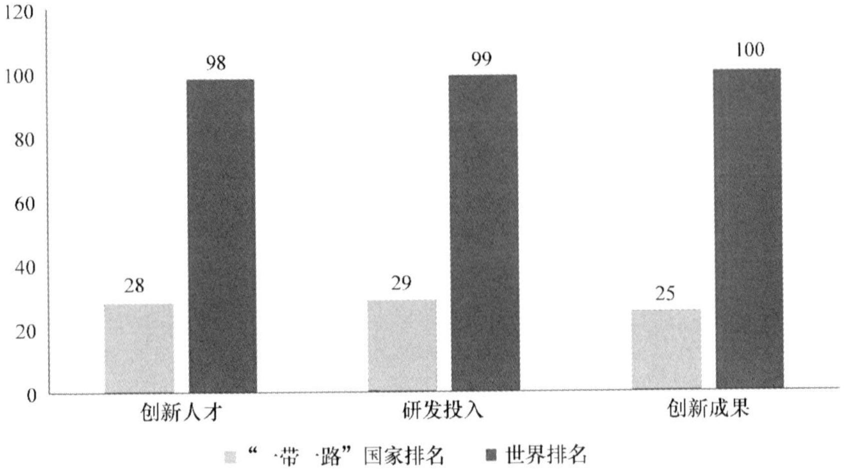

图Ⅰ-1-7　摩洛哥创新能力二级指标排名

表Ⅰ-1-5　摩洛哥创新能力三级指标排名

	“一带一路”国家排名	世界排名		“一带一路”国家排名	世界排名
高等教育入学率	26	85	固定宽带用户（每百人）	35	112
留住人才能力	29	98	互联网带宽	36	89
吸引人才能力	29	99	移动互联网用户（每百人）	33	88
科学家和工程师水平	31	92	非居民专利申请数	25	110
每百万人中R&D研究人员［人］	32	98	居民专利申请数	26	101
每百万人中R&D技术人员［人］	33	93	商标申请（直接申请，非居民）	35	98
研发支出占GDP比例	29	93	商标申请（直接申请，居民）	27	95

续表

	“一带一路”国家排名	世界排名		“一带一路”国家排名	世界排名
最新技术有效利用程度	29	92	商标申请合计	28	95
企业的科技运用能力	32	98	高科技产品出口［美元（现价）］	32	105
科学研究机构的质量	32	99	在科学和技术学术期刊上发表的论文数［篇］	31	101
企业研发投入	30	99	高科技产品出口占制成品出口的比例［%］	30	100
产学研一体化程度	30	97	工业设计应用数量（非居民）	25	85
政府对高科技产品的采购	29	102	工业设计应用数量（居民）	27	87
FDI 和技术转化	29	109	非居民商标申请	26	96
互联网使用者（占总人口的百分比）	28	105	居民商标申请	24	95
中高技术产品出口占制成品出口的比例［%］	28	96			

五　营商环境评价

从图 I－1－8 中，我们可以发现，摩洛哥的制度环境在“一带一路”国家中排名第 29 位，在世界 137 个国家中排名第 100 位。在我们的样本国家中，美国制度环境的得分为 9.6，中国制度环境的得分为 6.5，摩洛哥制度环境的得分为 3.3。摩洛哥的投资安全在“一带一路”国家中排名第 30 位，在世界 137 个国家中排名第 111 位。在我们的样本国家中，美国投资安全的得分为 9.6，中国投资安全的得分为 6.5，摩洛哥投资安全的得分为 3.6。

摩洛哥的外商政策在“一带一路”国家中排名第 28 位，在世界 137 个国家中排名第 102 位。在我们的样本国家中，美国外商政策的得分为 8.6，中国外商政策的得分为 7.5，摩洛哥外商政策的得分为 3.5。

摩洛哥的公共服务在“一带一路”国家中排名第28位，在世界137个国家中排名第99位。在我们的样本国家中，美国公共服务的得分为7.6，中国公共服务的得分为7.0，摩洛哥公共服务的得分为3.6。

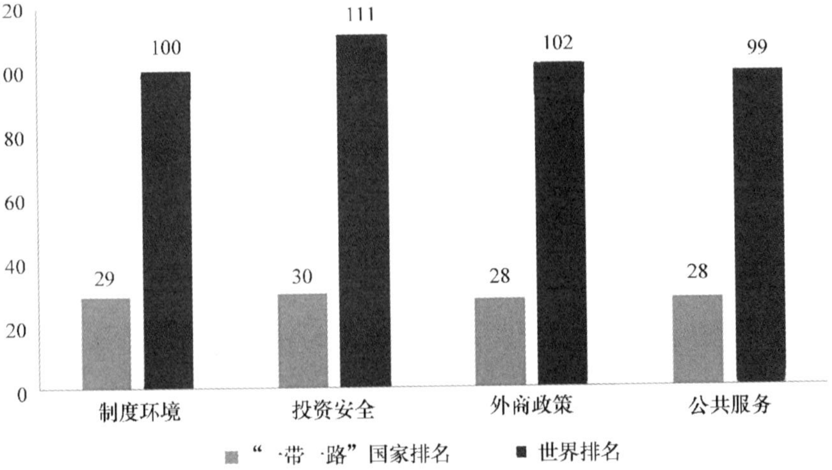

图Ⅰ-1-8　摩洛哥营商环境二级指标排名

表Ⅰ-1-6　摩洛哥营商环境三级指标排名

三级指标	“一带一路”国家排名	世界排名	三级指标	“一带一路”国家排名	世界排名
有形产权保护	25	96	公司董事会效能	35	106
知识产权保护	29	104	金融服务便利程度	37	115
公共基金的多样性	26	106	金融服务价格合理程度	55	128
政府公信力	25	101	股票市场融资能力	47	125
政府的廉政性	29	103	贷款便利程度	29	102
公正裁决	28	109	风险资本便利程度	19	92
政府决策偏袒性	27	105	公安机关的信任度	21	96
政府支出效率	40	109	恐怖事件的商业成本	19	99
政府管制负担	41	95	犯罪和暴力的商业成本	28	109
争端解决机制的法律效率	42	109	有组织的犯罪	29	116

续表

三级指标	"一带一路"国家排名	世界排名	三级指标	"一带一路"国家排名	世界排名
改变陈规的法律效率	40	108	中小股东利益保护	37	106
政府政策制定透明程度	38	119	投资者保护（0—10分）	46	118
审计和披露标准力度	37	109	银行的安全性	46	115
当地竞争充分程度	36	105	劳动和社会保障计划的充分性（占受益家庭总福利的百分比）	45	118
市场的主导地位	40	106	20%的最贫困人群的劳动和社会保障计划的受益归属（占总劳动和社会保障计划受益归属的百分比）	47	109
反垄断政策力度	36	97	失业救济和积极劳动力市场计划的覆盖率（占总人口的百分比）	49	108
税率对投资刺激的有效性	37	99	20%的最贫困人群的失业救济和积极劳动力市场计划的受益归属（占总失业救济和积极劳动力市场计划受益归属的百分比）	40	102
总体税率（%利润）	35	90	社会安全网计划的覆盖率（占总人口的百分比）	41	109
开办企业的步骤	39	100	社会安全网计划的充分性（占受益家庭总福利的百分比）	43	107
开办企业的耗时天数	40	100	20%的最贫困人群的社会安全网计划的受益归属（占总安全网受益归属的百分比）	40	106
农业政策成本	43	106	社会保险计划的覆盖率（占总人口的百分比）	31	88

续表

三级指标	"一带一路"国家排名	世界排名	三级指标	"一带一路"国家排名	世界排名
非关税壁垒的广泛程度	45	109	社会保险计划的充分性（占受益家庭总福利的百分比）	31	91
关税	42	106	自然竞争优势	11	67
外资企业产权保护	46	109	价值链宽度	49	118
当地供应商数量	39	102	国际分销控制能力	41	109
当地供应商质量	37	92	生产流程成熟度	30	96
产业集群发展	36	96	营销的能力	39	109
劳动和社会保障计划的覆盖率（占总人口的百分比）	39	102	授权的意愿	36	109

第二章　人口发展研究

联合国人口司的统计数据显示，截至2015年，摩洛哥总人口数量为34803322人，其中男性人口数量为17220410人，占总人口比例为49.5%，女性人口数量为17582909，占总人口比例为50.5%。由此可见，摩洛哥男女性别比例均衡，性别结构合理。

第一节　人口发展状况

一　人口总量及其发展变化趋势

（一）人口总量发展变化趋势

从2000—2015年人口总量的变化趋势来看，摩洛哥总人口数保持上升趋势，人口总量逐年增加，年增长速度较为平缓，并未出现大幅度人口增长的情况。2000—2015年，摩洛哥总人口数由28849621人增至34803322，共增加5953701人，其中男性人口增加2926428人，女性人口增加3027273人。总体上看，男性人口和女性人口都分别处于逐年增加的状态，两性人口数量增长均较为平缓，男女性别比例均衡。

表Ⅰ-2-1　　2000—2015年摩洛哥人口结构　　单位：万人

年份	总人口数	男性人口	女性人口
2000	2885.0	1429.4	1455.6
2001	2918.2	1444.9	1473.3
2002	2951.2	1460.3	1490.9
2003	2984.4	1475.9	1508.5
2004	3017.9	1491.6	1526.3

续表

年份	总人口数	男性人口	女性人口
2005	3052.1	1507.5	1544.6
2006	3086.9	1523.7	1563.2
2007	3122.6	1540.2	1582.4
2008	3159.7	1557.6	1602.1
2009	3199.0	1576.5	1622.5
2010	3241.0	1597.3	1643.7
2011	3285.9	1620.2	1665.7
2012	3333.4	1644.9	1688.5
2013	3382.4	1670.7	1711.7
2014	3431.8	1696.7	1735.1
2015	3480.3	1722.0	1758.3

资料来源：联合国人口司，https：//esa. un. org/unpd/wpp/Download/Standard/Population/。

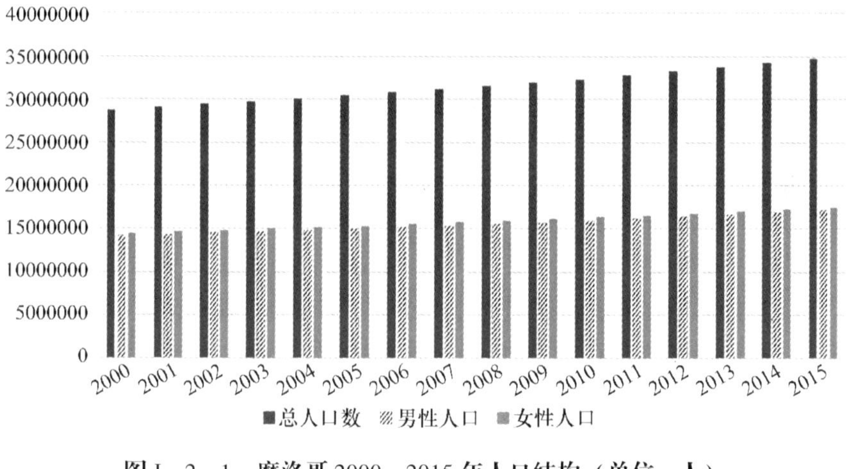

图Ⅰ-2-1　摩洛哥2000—2015年人口结构（单位：人）

资料来源：联合国人口司，https：//esa. un. org/unpd/wpp/Download/Standard/Population/。

图Ⅰ-2-2是根据联合国人口司数据资料整理而成的1950—2015年摩洛哥性别比变动趋势图。由图可见，摩洛哥性别比的总体变化幅度较小，最高值是1990年的99.6，最低值是2010年的97.2，差异较小。1950—2015年，摩洛哥性别比变化呈现出波动反复的特征：1950—1960

年，摩洛哥性别比呈缓慢上升趋势，1960—1965 年，摩洛哥性别比出现明显下降，1965—1990 年，摩洛哥性别比又出现明显回升至最高值 99.6，1990—2010 年又出现一定程度的回落至最低值 97.2，2010—2015 年又出现一定程度的回升。

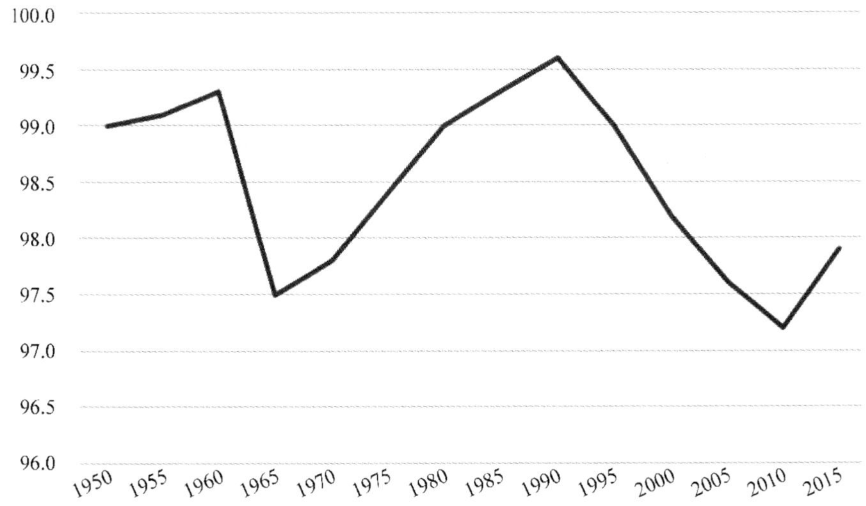

图 I－2－2　1950—2015 年摩洛哥性别比变动（单位：人）

＊性别比：女性 100 人对应的男性人数。

资料来源：联合国人口司，https：//esa. un. org/unpd/wpp/Download/Standard/Fertility/。

（二）人口发展前景预测

联合国人口司统计数据显示，1950—2015 年，摩洛哥人口总量保持上升趋势，1950 年人口总量为 8985989 人，截至 2015 年人口已达 34803322 人，人口增加了 25817333 人，增长率达到 74.2%。在这 65 年间，摩洛哥人口实现了快速增长。由上文可知，2000—2015 年，摩洛哥人口虽然仍处于上升趋势，但增长速度十分平缓。联合国人口司的数据预测，2020 年摩洛哥人口数量为 37070718，2070 年摩洛哥将达到人口数量峰值 46842859，随后便开始出现人口数量的小幅度回落，预测 2100 年摩洛哥人口数量为 43840152 人。由图 I－2－3 可见，摩洛哥人口总量在 1950—2070 年一直呈现上升趋势，而在 2070 年到达顶端，然后开始出现缓慢回落。

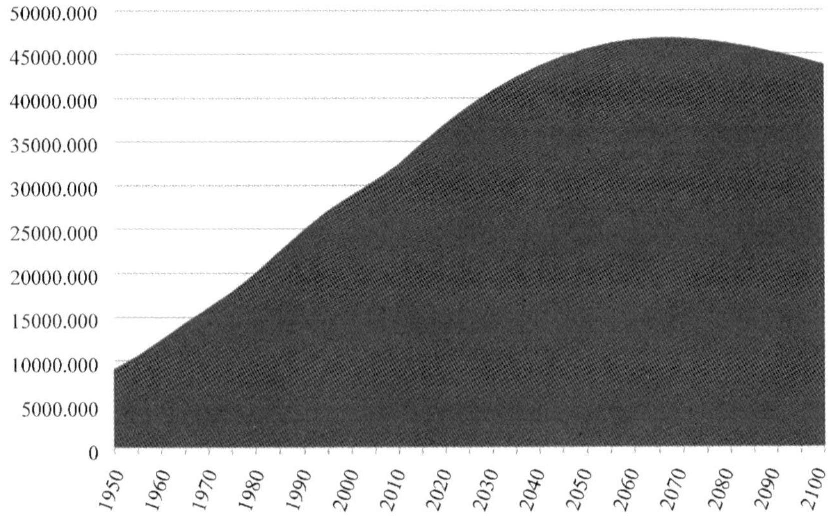

图Ⅰ-2-3　1950—2100年摩洛哥人口变动及预测（单位：人）

资料来源：联合国人口司，https：//esa. un. org/unpd/wpp/Download/Standard/Population/。

由图Ⅰ-2-4可见，1950—1995年，摩洛哥的人口总量呈现出快速增长的状态，1955—1960年是人口增长率的最高峰，增长率达到3.21%，

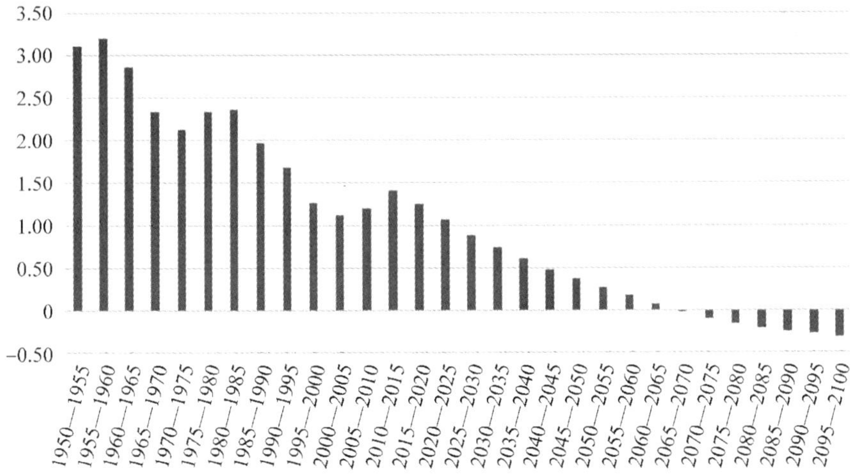

图Ⅰ-2-4　1950—2100年摩洛哥人口年平均变化率（单位:%）

资料来源：联合国人口司，https：//esa. un. org/unpd/wpp/Download/Standard/Population/。

随后增长率出现一定回落，1980—1985 年又出现新的增长率峰值 2.37%，1985—2015 年人口增长率趋于平缓，2010—2015 年出现一个增长率小高峰 1.42%。联合国人口司数据预测摩洛哥人口增长率于 2015 年之后一直趋于下降趋势，2070—2075 年将会出现负增长，2095—2100 年的增长率为 -0.32%。

二　人口自然变动情况

（一）人口自然变化趋势与特点

联合国人口司统计数据显示，1955—1960 年，摩洛哥人口出生率（每千人）达到峰值 51.5‰，随后，人口出生率不断下降，至 2005—2010 年人口出生率达到最低值 21.1‰，2010—2015 年人口出生率有所回升至 21.3‰。从人口死亡率来看，整体呈连续下降趋势，1950—1955 年是人口死亡率的最高峰 20.2‰，1955 年后便是不断下降，至 2010—2015 年，人口死亡率达到最低点 5.2‰。从人口自然增长率来看，整体呈波动下降趋势，主要出现三个峰值点：1960—1965 年 32.3‰，1980—1985 年 26.7‰，2010—2015 年 16.1‰。

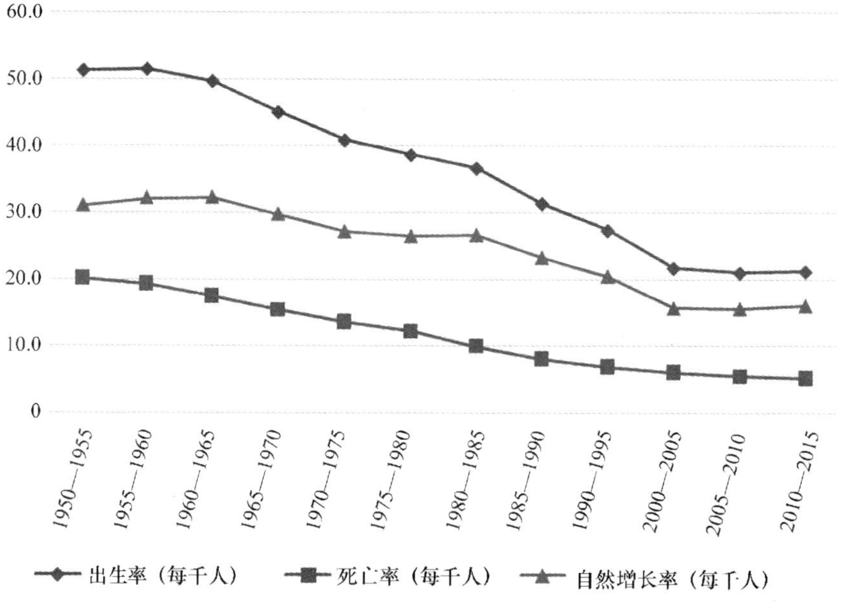

图Ⅰ-2-5　1950—2015 年摩洛哥人口自然变动情况（单位:‰）

资料来源：联合国人口司，https://esa.un.org/unpd/wpp/Download/Standard/Population/。

（二）生育水平变化趋势

由图Ⅰ-2-6可见，1950—2015年，摩洛哥的总和生育率的变化趋势是先升后降，1965—1970年，总和生育率达到最高值7.10，之后总和生育率便呈连续下降模式，2010—2015年生育率达到最低值2.60。

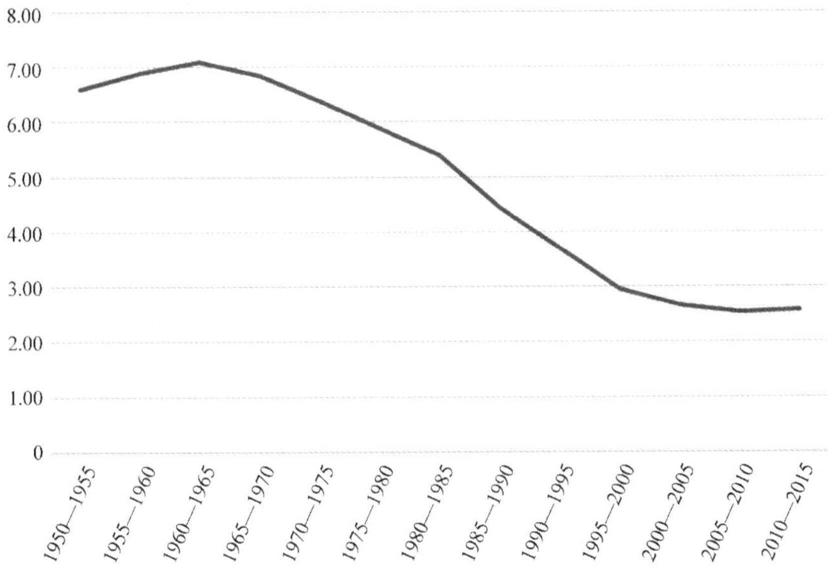

图Ⅰ-2-6　1950—2015年摩洛哥总和生育率变动（单位：个）

资料来源：联合国人口司，https：//esa. un. org/unpd/wpp/Download/Standard/Fertility/。

（三）预期寿命变化趋势

由图Ⅰ-2-7可见，摩洛哥的预期寿命呈连续上升趋势，其中女性人口预期寿命和男性人口预期寿命均呈上升趋势，且女性预期寿命高于男性预期寿命。1950—1955年的人口预期寿命最低，总人口预期寿命为45.67岁，女性预期寿命为47.43岁，男性预期寿命为44.00岁。2010—2015年预期寿命最高，总人口预期寿命为74.86岁，女性预期寿命为75.97岁，男性预期寿命为73.70岁。

三　人口城乡分布情况

（一）城镇人口规模变化趋势

联合国人口司统计数据显示，摩洛哥2017年人口总数为3574万人，

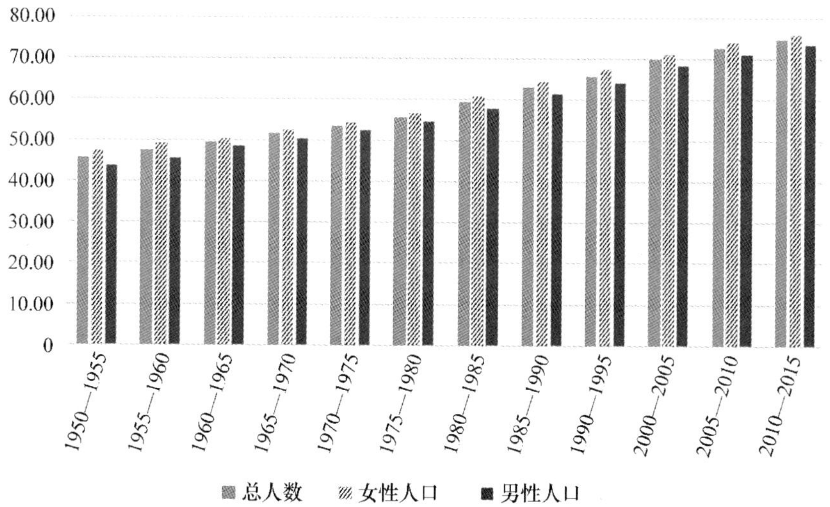

图Ⅰ-2-7　1950—2015 年摩洛哥预期寿命变动（单位：岁）

资料来源：联合国人口司统计数据，https：//esa. un. org/unpd/wpp/Download/Standard/Mortality/。

其中城市人口 2212.6 万人，约占总人口的 61.9%；农村人口 1361.4 万人，占比约为 38.9%。

1990—2017 年的摩洛哥城乡人口数据显示，摩洛哥的农村人口呈连续缓慢上升趋势，1990 年农村人口为 1284 万人，至 2017 年农村人口增长至 1361.4 万人，共增长 77.4 万人。从城市人口数量变化来看，1990—2017 年摩洛哥城市人口呈相对快速的连续增长趋势，1990 年城市人口为 1203.9 万人，2017 年城市人口上升至 2212.6 万人，共增长 1008.7 万人。由此可见，城市人口增长较为迅速，在总人口中的比重也从 1990 年的 48.4% 上升至 2017 年的 61.9%，而乡村人口增速十分缓慢，保持在 1300 万左右，乡村人口在总人口中的比重也由 1990 年的 51.6% 下降至 2017 年的 38.9%。综上所述，摩洛哥的城市人口数量不断上升，占总人口的比例不断增加，城市化水平不断提高。

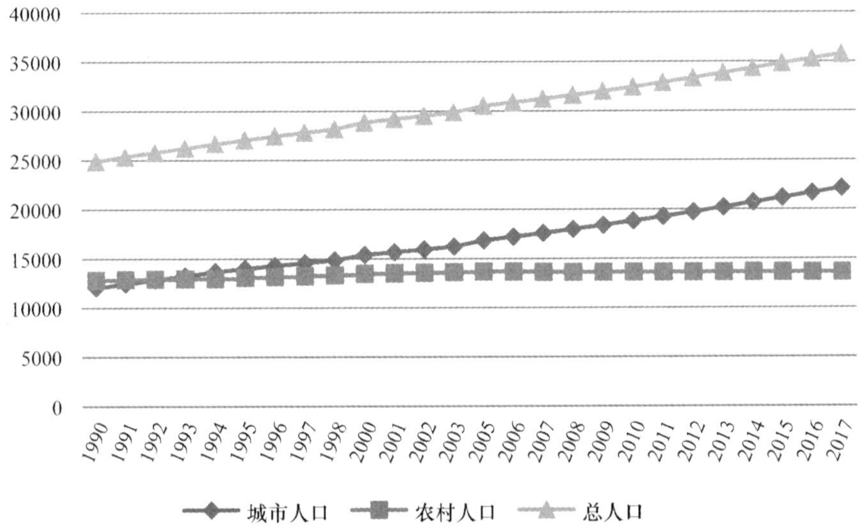

图Ⅰ-2-8　1990—2017 年摩洛哥城乡人口数量变动情况（单位：千人）

资料来源：联合国人口司统计数据，https：//esa. un. org/unpd/wpp/Download/Standard/Population/。

表Ⅰ-2-2　　1990—2017 年摩洛哥城乡人口数量变动情况　　（单位：千人）

年份	城市人口	农村人口	总人口
1990	12039	12840	24879
1991	12445	12892	25337
1992	12855	12936	25791
1993	13268	12969	26237
1994	13679	12988	26667
1995	13996	13079	27075
1996	14285	13175	27460
1997	14567	13259	27826
1998	14842	13333	28175
1999	15115	13400	28515
2000	15387	13463	28850
2001	15660	13522	29182
2002	15934	13579	29513
2003	16210	13634	29844

续表

年份	城市人口	农村人口	总人口
2004	16491	13688	30179
2005	16840	13681	30521
2006	17208	13661	30869
2007	17585	13641	31226
2008	17974	13623	31597
2009	18379	13611	31990
2010	18803	13606	32409
2011	19249	13610	32859
2012	19714	13619	33333
2013	20193	13631	33824
2014	20679	13639	34318
2015	21164	13640	34804
2016	21646	13631	35277
2017	22126	13614	35740

资料来源：联合国人口司统计数据，https：//esa. un. org/unpd/wpp/Download/Standard/Population/。

（二）人口城市化水平变化趋势

联合国人口司统计数据显示，摩洛哥城市化水平呈现出连续上升趋

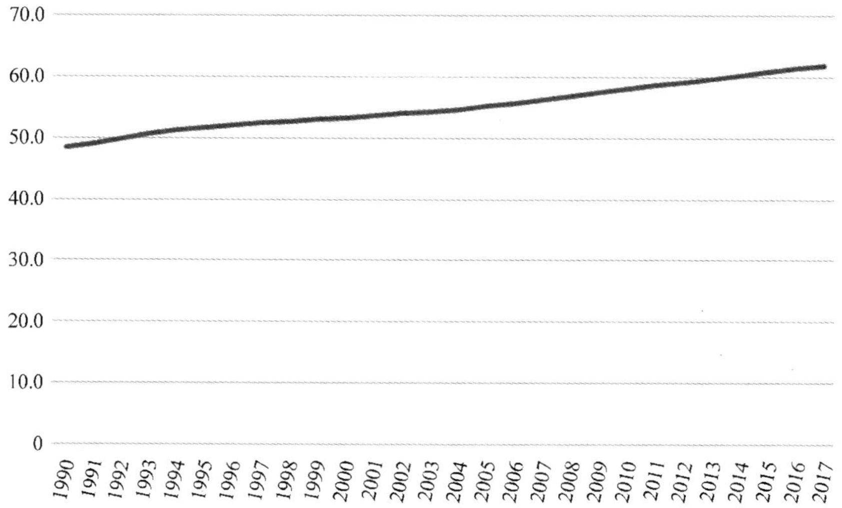

图Ⅰ-2-9　1990—2017年摩洛哥城市化水平变化趋势（单位:%）

资料来源：联合国人口司，https：//esa. un. org/unpd/wup/DataQuery/。

势，城市化水平不断提高。1990 年城市化水平为 48.4%，2000 年城市化水平上升至 53.3%，2017 年上升至 61.9%。

第二节 人口结构变化

一 人口年龄构成及变化情况

从联合国人口司的统计数据来看，截至 2017 年，摩洛哥 0—14 岁人口数量为 979.01 万人，15—64 岁的劳动年龄人口数量为 2353.03 万人，65 岁以上的老年人口为 241.93 万人。

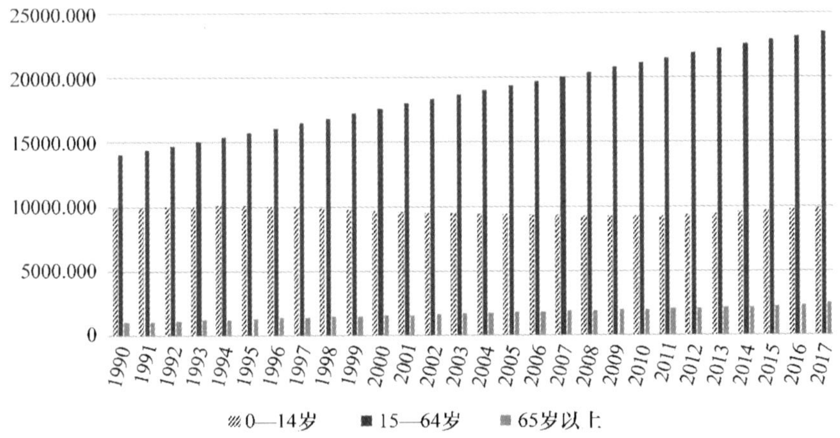

图 I-2-10 1990—2017 年摩洛哥不同年龄段人口数量（单位：千人）

资料来源：联合国人口司，https：//esa. un. org/unpd/wup/DataQuery/。

（一）人口年龄结构

从联合国人口司的统计数据来看，摩洛哥 0—14 岁人口的变动趋势呈现出波动性特征，1994 年 0—14 岁的人口数量达到峰值 1004.15 万人，随后便出现下降趋势，2009 年 0—14 岁的人口数量降至最低值 921.90 万人，2009 年后儿童人口又出现回升的趋势。

摩洛哥 15—64 岁人口的变动趋势呈现出直线上升的特征，1990 年 15—64 岁的人口数量为 1402.99 万人，1990—2017 年 15—64 岁的人口数量不断上升，2017 年后劳动年龄人口达到 2353.03 万人。

摩洛哥65岁及以上老年人口的变动趋势同样呈现出直线上升的特征，1990年65岁及以上老年人口的数量为97.53万人，2017年后老年人口达到241.93万人。

从联合国人口司的统计数据来看，摩洛哥65岁以上人口的变动趋势同样呈现出直线上升的特征，1990年65岁及以上老年人口的数量为97.53万人，1990—2017年15—64岁的人口数量不断上升，2017年后劳动年龄人口达到241.93万人。

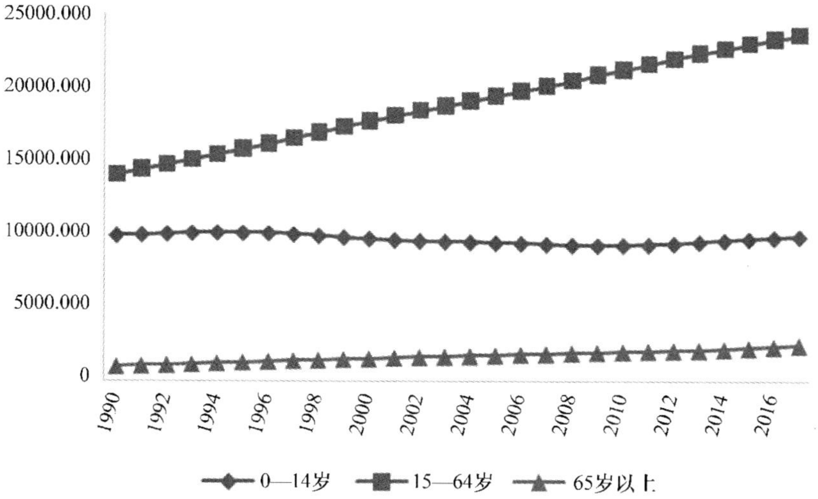

图Ⅰ-2-11 1990—2017年摩洛哥人口年龄结构（千人）

资料来源：联合国人口司，https：//esa. un. org/unpd/wpp/Download/Standard/Population/。

（二）抚养系数

从联合国人口司的统计数据来看，摩洛哥少儿抚养比的变化趋势呈倒“U”型，1950—1965年，少儿抚养比不断上升，由1950年的68.9%上升至1965年的97.3%，1965—1970年，摩洛哥少儿抚养比出现平缓下降，1970年之后，摩洛哥少儿抚养比出现快速下降，2015年少儿抚养比降至41.9%。

摩洛哥老年负担系数的变化趋势整体上呈现出波动式上升趋势。1950—1970年，老年负担系数不断上升，1970年达到峰值7.0%，1970

年以后开始下降，1985 年降至 6.1%，1985 年之后不断上升，2015 年上升至最高值 9.7%。

摩洛哥总抚养系数的变化呈现出先升后降的趋势，1950—1970 年，总抚养系数不断上升，由 1950 年的 74.0% 上升至 1970 年的 104.2%，1970—2015 年，摩洛哥总抚养系数出现快速下降，2015 年少儿抚养比降至 51.6%。

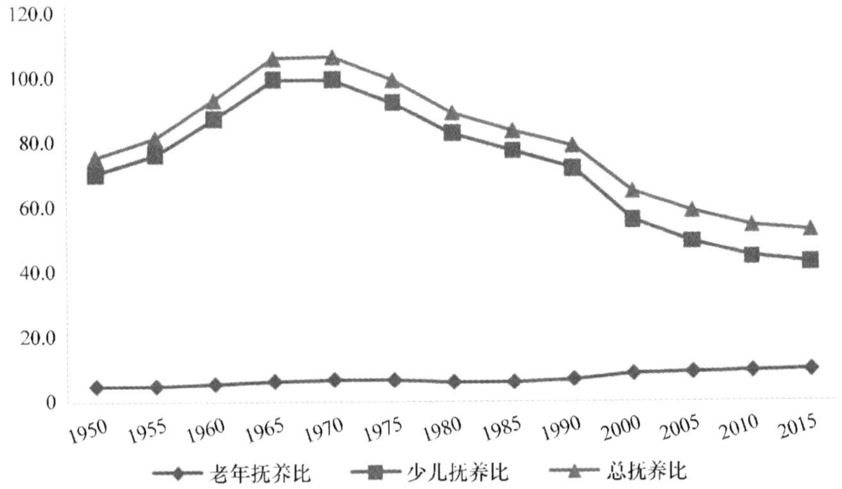

图Ⅰ-2-12　1990—2015 年摩洛哥抚养系数（单位：%）

资料来源：联合国人口司，https：//esa. un. org/unpd/wpp/Download/Standard/Population/。

二　人口文化程度构成情况

（一）初等教育入学率

从联合国教科文组织数据统计的情况来看，1971—2015 年摩洛哥初等教育入学率情况如下：1971—1985 年，呈上升趋势，1985—1991 年，呈下降趋势，1991—2016 年整体上呈现出上升趋势。摩洛哥初等教育总体入学人数总体上呈现出波动上升的趋势，其中女性入学人数和男性入学人数都呈现出波动式上升趋势。从性别上看，男性入学率明显高于女性入学率，2002 年之后，两性入学率越加接近，差异逐渐减小。

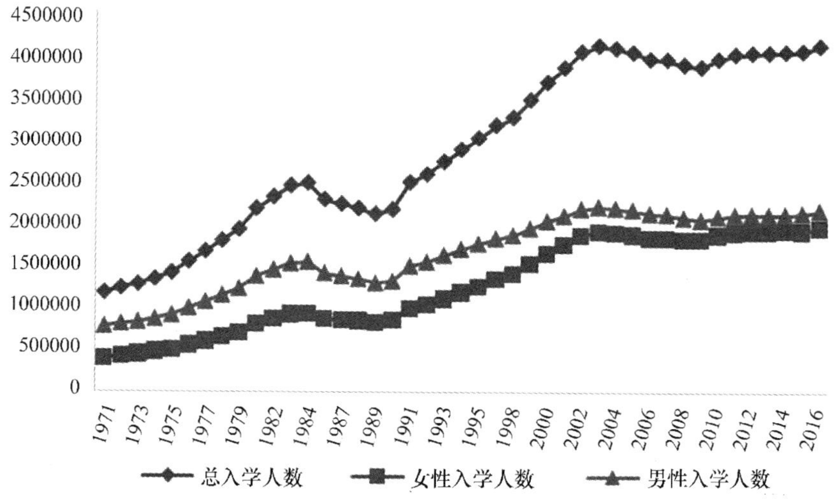

图Ⅰ-2-13　1990—2016年摩洛哥初等教育入学率（单位:%）

注：总入学率可能超过100%，因为包含了较早或较晚入学及复读的超龄学生。

资料来源：联合国教科文组织，http：//www.unesco.org。

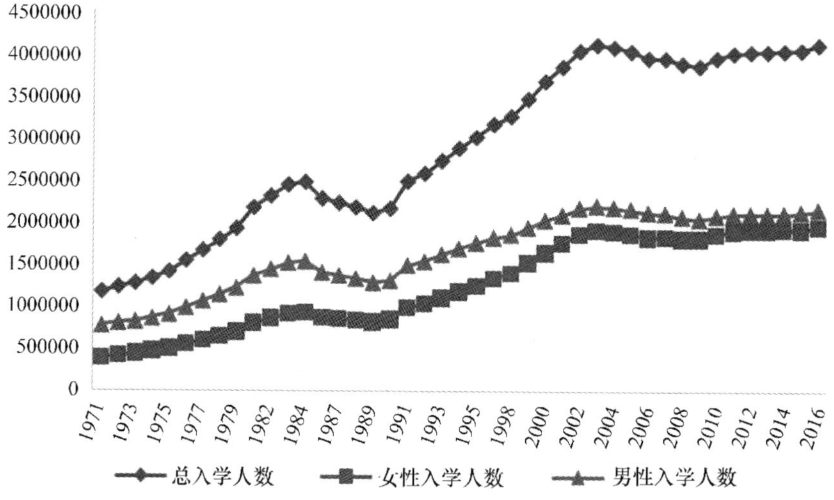

图Ⅰ-2-14　1990—2016年摩洛哥初等教育入学人数（单位：人）

资料来源：联合国教科文组织，http：//www.unesco.org。

（二）中等教育入学率

从联合国教科文组织数据统计的情况来看，1971—2011 年摩洛哥中

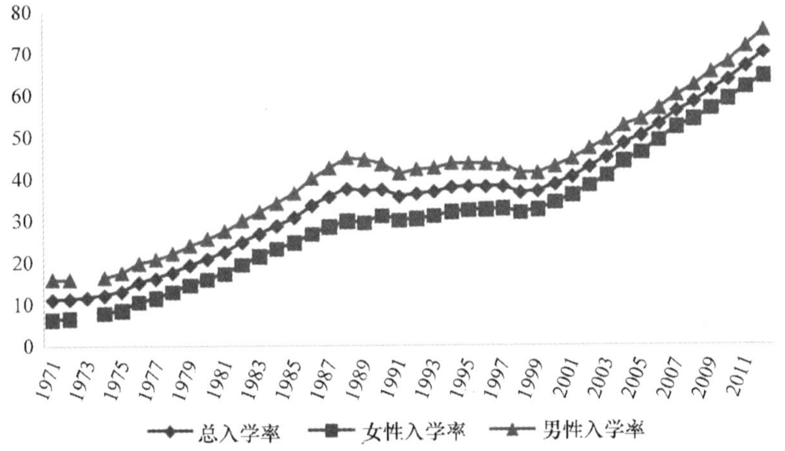

图Ⅰ-2-15　1971—2011 年摩洛哥中等教育入学率（单位:%）

注：1973 年摩洛哥中等教育男性和女性入学率数据缺失。

资料来源：联合国教科文组织，http：//www. unesco. org。

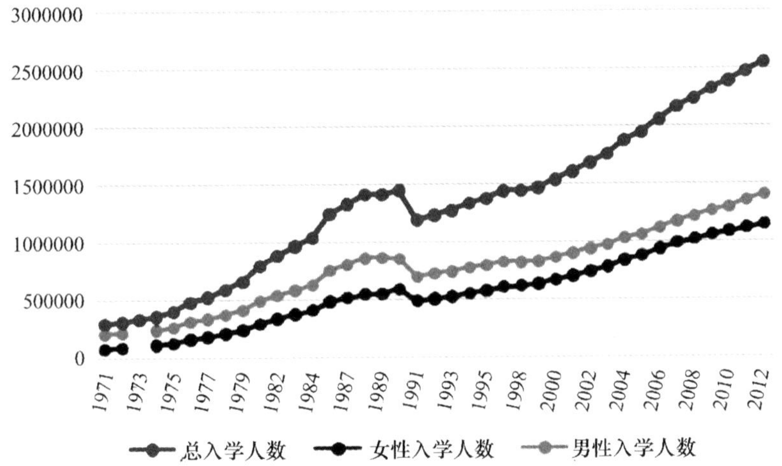

图Ⅰ-2-16　1971—2012 年摩洛哥中等教育入学人数（单位：人）

注：1973 年摩洛哥中等教育男性和女性入学人数数据缺失。

资料来源：联合国教科文组织，http：//www. unesco. org。

等教育总入学率、女性入学率和男性入学率总体上均呈现出波动式上升趋势，分别于1991年和1998年出现小幅度回落。摩洛哥中等教育总体入学人数总体上呈现出波动上升的趋势，其中女性入学人数和男性入学人数都呈现出波动式上升趋势。从性别上看，男性的中等教育入学率明显高于女性入学率。

（三）高等教育入学率

从联合国教科文组织数据统计的情况来看，1971—2016年摩洛哥高等教育总入学率、女性入学率和男性入学率总体上均呈现出波动式上升趋势。摩洛哥高等教育总体入学人数总体上呈现出波动上升的趋势，其中女性入学人数和男性入学人数都呈现出波动式上升趋势。从性别上看，男性的高等教育入学率高于女性入学率，但差异越来越小。

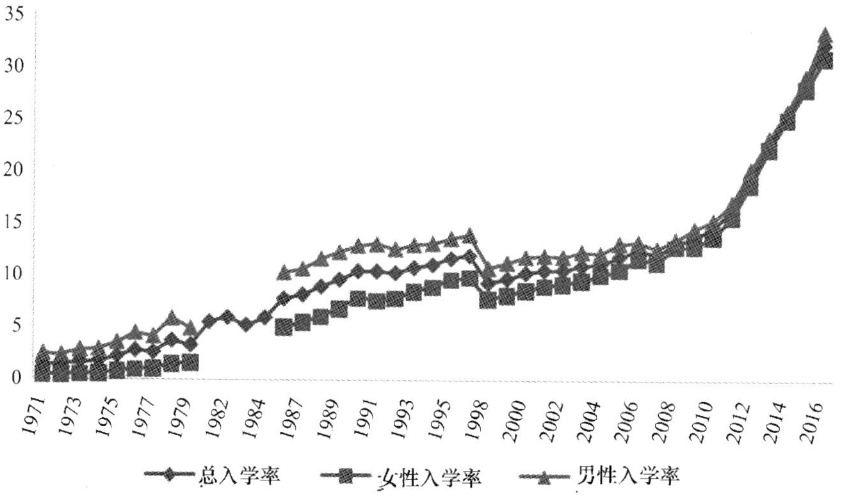

图Ⅰ-2-17　1971—2016年摩洛哥高等教育入学率（单位:%）

注：1980—1984年摩洛哥男性与女性高等教育入学率数据缺失。

资料来源：联合国教科文组织，http：//www. unesco. org。

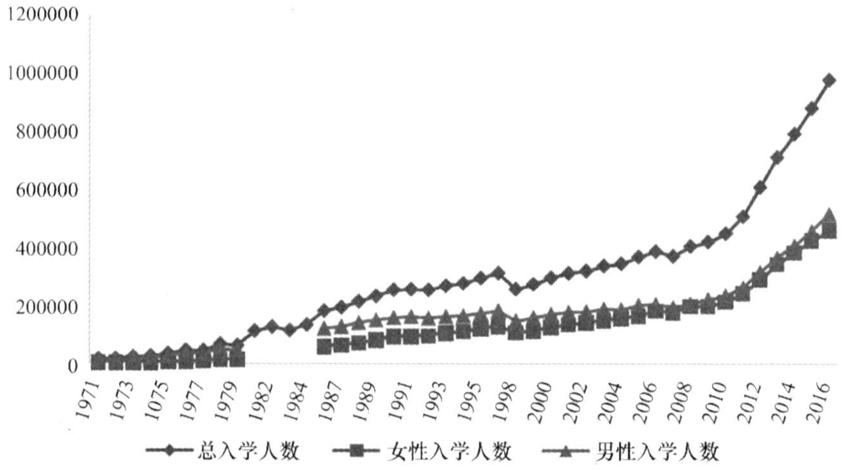

图Ⅰ-2-18　1971—2016年摩洛哥高等教育入学人数（单位：人）

注：1980—1984年摩洛哥男性与女性高等教育入学人数数据缺失。

资料来源：联合国教科文组织，http：//www.unesco.org。

第三节　人口就业状况

一　就业人口规模及变化情况

（一）15岁以上就业人口比率

世界银行的就业数据显示，1991—2017年，摩洛哥15岁以上总就业人口比率、15岁以上男性就业人口比率和15岁以上女性就业人口比率均保持较为平稳的态势，并未出现大幅度的增加和减少的情况。总体上说，1991—2017年，摩洛哥15岁以上总就业人口比率保持在41%—45%，15岁以上男性就业人口比率徘徊在64%—69%，15岁以上女性就业人口比率则保持在19%—23%。从性别上看，男性15岁以上就业人口比率明显高于15岁以上女性就业人口率，也比15岁以上总就业人口比率高出许多，摩洛哥就业人口的性别差异非常大。

（二）失业率

从世界银行提供的失业数据来看，1991—2005年，摩洛哥的失业率波动较大，并且失业率保持在10%以上，2005年之后摩洛哥失业率趋于平缓保持在10%以下。1995年是摩洛哥失业率的最高峰值，达到了

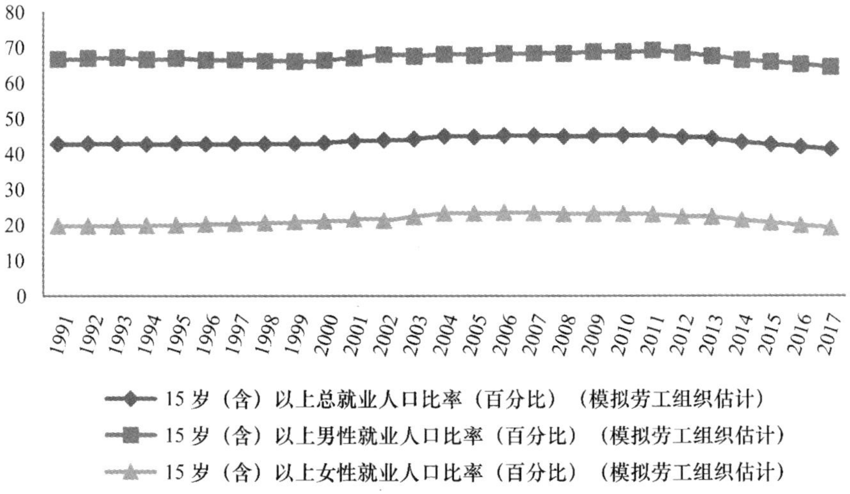

图Ⅰ-2-19　1991—2017年摩洛哥15岁以上就业人口比例（单位:%）

资料来源：世界银行，https：//data. worldbank. org。

22.86%，随后出现小幅度下降，至1998年又出现一次峰值，失业率达到19.12%。1998年之后，摩洛哥的失业率总体上呈现出波动式下降的特点。

男性失业人数占男性劳动力比例与总失业率的波动趋势类似：1991—2005年，摩洛哥的男性失业率波动较大，并且失业率保持在10%以上，2005年之后摩洛哥失业率趋于平缓保持在10%以下。1995年是摩洛哥男性失业率的最高峰值，达到了22.54%，随后出现小幅度下降，至1998年又出现一次峰值，失业率达到17.65%。1998年之后，摩洛哥的失业率总体上呈现出波动式下降的特点，2011年是男性失业率的最低值（8.43%）。

女性失业人数占女性劳动力比例与总失业率的波动趋势类似：1991—2005年，摩洛哥的女性失业率波动较大，并且失业率保持在10%以上，2005年之后摩洛哥女性失业率趋于平缓保持在10%左右。1995年是摩洛哥女性失业率的最高峰值，达到了24.01%，随后出现小幅度下降，至1998年又出现一次峰值，失业率达到23.51%。1998年之后，摩洛哥的女性失业率总体上呈现出波动式下降的特点，2013年是女性失业率的最低值（9.54%）。从失业率的性别划分上看，女性失业率高于男性失业率和总失业率，男性失业率最低，失业率具有较为明显的性别差异。

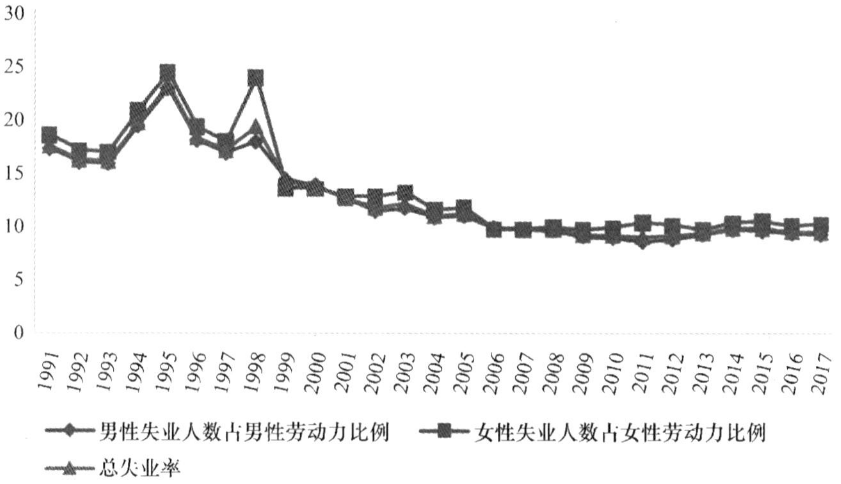

图Ⅰ-2-20　1991—2017年摩洛哥失业率（单位:%）

资料来源：世界银行，https：//data. worldbank. org。

二　就业人口的主要行业及变化特点

从世界银行提供的就业数据来看，1991—2017年，摩洛哥的服务业就业人员占就业总人数的比例呈现出平缓波动式上升状态。2004年摩洛哥服务业就业人员所占比例达到最低值34.70%，2014年达到峰值43.12%，2014年之后保持在43%左右。

1991—2017年，摩洛哥的农业就业人员占就业总人数的比例总体呈现出先上升后下降的趋势。2004年摩洛哥农业就业人员所占比例达到最高值45.82%，2004年之后总体上呈现出下降的趋势，2014年达到最低值37.28%。

1991—2017年，摩洛哥的工业就业人员占就业总人数的比例总体呈现出先下降后上升再下降的趋势，波动较大。1991年是摩洛哥的工业就业人员占就业总人数的比例最高值（23.66%），2004年降到19.48%，2004年之后有所回升，2010年上升到21.96%之后又开始下降，2013年是摩洛哥的工业就业人员占就业总人数的比例最低值，占比为 19.15%。

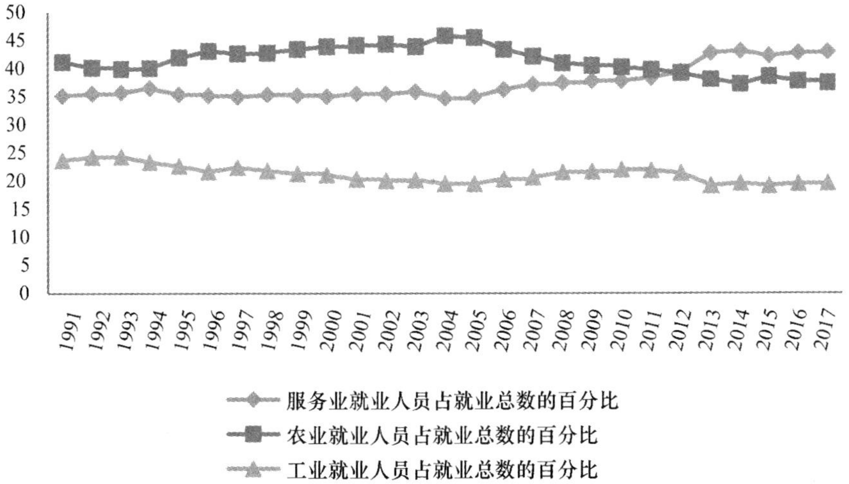

图Ⅰ-2-21　1991—2017年摩洛哥主要行业就业人员占就业总数比例（单位：%）

资料来源：世界银行，https://data.worldbank.org。

第四节　国际移民

一　净移民率

截取1950—2017年的国际移民数据，发现摩洛哥自从1950年起，其国际移民率就一直是负数，这意味着摩洛哥主要是移民输出国。1950—1955年，摩洛哥的净移民率为0，1955年之后，摩洛哥的迁出数量不断增长，1965—1970年达到移民输出的最高值-6.3‰。1970年之后，摩洛哥的移民输出有所下降，2010—2015年的净移民率为-1.8‰。

二　净移民数量

1970—1975年，摩洛哥的迁出数量达到第一个峰值49.8万人，1975—1980年摩洛哥的移民输出数量有所下降。1980—2005年又出现新一轮增长，2000—2005年达到移民输出数量的最高值，65.5万人，之后的移民输出数量有所下降。

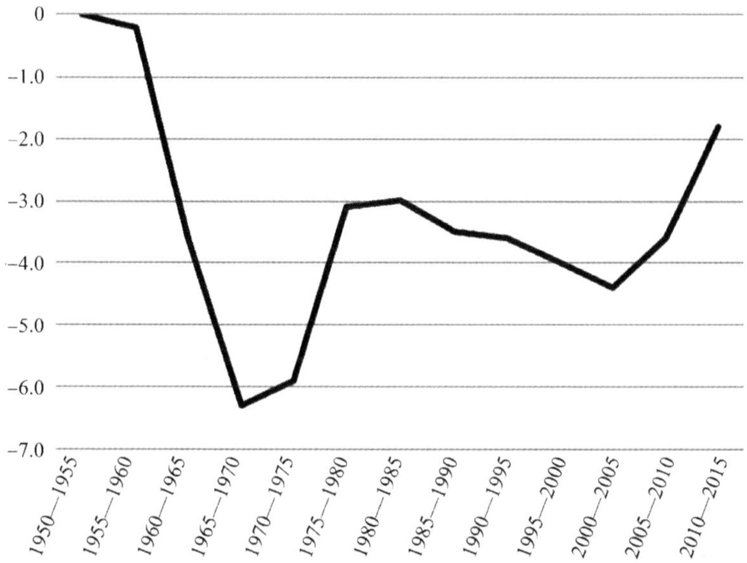

图Ⅰ-2-22　1950—2015年摩洛哥净移民率（单位:‰）

资料来源：联合国人口司统计数据，https：//population. un. org/wpp/Download/Standard/Migration/。

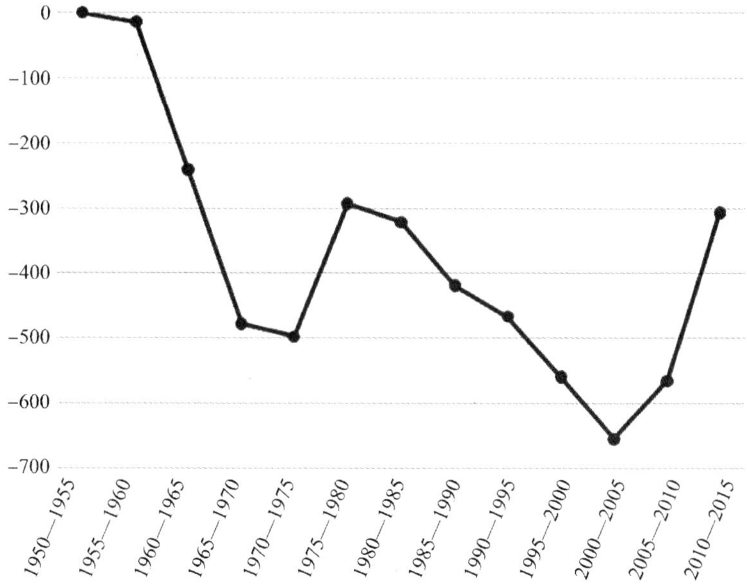

图Ⅰ-2-23　1950—2015年摩洛哥净移民数量（单位：千人）

资料来源：联合国人口司统计数据。

第五节　首都人口情况

一　城市概述

拉巴特是摩洛哥首都，是全国政治、文化和交通的中心。拉巴特位于摩西北的布雷格雷格河口，濒临大西洋，与非斯、马拉喀什、梅克内斯同是摩洛哥四大皇城之一，自 1912 年以来，一直是摩洛哥政治中心。拉巴特—萨累大区包括拉巴特、萨累和德马拉—斯基拉特三省，人口约 212 万。

拉巴特始建于 12 世纪穆瓦希德王朝。现存老城为 18 世纪所建，新城于 1912 年摩洛哥成为法国保护国后兴建。拉巴特由两个紧连的姐妹城组成，即拉巴特新城和萨勒旧城。进入新城，西式楼房和阿拉伯民族风格的精巧住宅掩映在花树丛中。街道两旁，绿树成荫，街心花园，比比皆是。王宫、政府机关、全国高等学府都坐落在这里。旧城萨勒围以红色城墙，城内多古老阿拉伯建筑和清真寺，市面繁荣，后街小巷是一些手工艺品作坊，居民的生活和生产方式依然留存着浓厚的中世纪风采。城中多古迹，哈桑清真寺原是北非最大的清真寺，建于 12 世纪，长 183 米，宽 139 米，四周有 16 道门，据说毁于 15 世纪一次大地震，从残存的一片高低不等石柱中，还能辨认出当时建筑规模的宏伟，耸立于寺正面的哈桑塔（宣礼塔）却完整无损，用玫瑰色石块砌成的高塔占地 16 平方米，高 44 米，加上塔顶，共高 69 米，是拉巴特引人注目的古迹。海角上的军事要塞遗址，即乌达亚城堡，其城墙、主殿已不复存在，城门、瞭望岗楼屹立如故，城堡中间是一花园，多奇花异草。附近的加斯巴，是当年陈兵的地方。

拉巴特是全国陆路运输、纺织工业中心和全国文化中心。铁路和公路南通达尔贝达（有高速公路）、马拉喀什、萨菲，北通丹吉尔，东通非斯、乌季达和邻国阿尔及利亚、突尼斯。城南设有国际机场。纺织工业和手工业以产毛毯、地毯和皮革制品著称，有水果、鱼类加工等食品工业和制砖、石棉、陶瓷、木材与软木加工等多种手工、半手工小型企业。市内多文物古迹。有拉巴特王宫、卡斯巴乌达亚城堡、摩洛哥艺术博物馆、考古博物馆、古物博物馆和众多清真寺；如前所述，最古老的清真寺为城东南的哈桑清真寺，建于 1195 年。

二　城乡人口规模

拉巴特是摩洛哥的首都，1994 年拉巴特的城市人口数量为 1565290 人，占总人口的 78.8%。1994 年拉巴特的农村人口数量为 420312 人，占总人口的 21.2%。1994 年拉巴特的城市人口数量为 1919322 人，占总人口的 81.1%，1994 年拉巴特的农村人口数量为 447172 人，占总人口的 18.9%。由此可见，1994—2004 年，城市人口数量有所上升，占总人口的比例也随之提高。

表 I-2-3　　拉巴特人口数量（1994/2004 年）

年份	总数（人）	城市（人）	占总人口比例（%）	农村	占总人口比例（%）
1994	1985602	1565290	78.8	420312	21.2
2004	2366494	1919322	81.1	447172	18.9

资料来源：摩洛哥高等规划署。

三　人口性别和年龄结构

2004 年，拉巴特男性人口数为 1157126 人，占总人口的比例为 49.7%，女性人口数为 1192076，占总人口的比例为 50.3%，总人口数为 2349202 人。拉巴特 0—14 岁总人数为 663861 人，占总人口的比例为 28.2%，其中男性人口 336944 人，占总人口的比例为 14.4%，女性人口 326917 人，占总人口的比例为 13.9%。拉巴特 15—59 岁人口的总人数为 1503233 人，占总人口的比例为 64.1%，其中男性人口 733476 人，占总人口的比例为 31.3%，女性人口为 769757 人，占总人口的比例为 32.8%。拉巴特 60 岁及以上人口的总人数 178694 人，占总人口的比例为 7.6%，其中男性人口 84965 人，占总人口的比例为 3.5%，女性人口为 93729 人，占总人口的比例为 3.9%。

表 I-2-4　　2004 年拉巴特人口年龄和性别结构

年龄	人数			百分比（%）		
	男性	女性	总数	男性	女性	合计
0—14 岁	336944	326917	663861	14.4	13.9	28.2

续表

年龄	人数			百分比（%）		
	男性	女性	总数	男性	女性	合计
15—59 岁	733476	769757	1503233	31.3	32.8	64.1
60 岁及以上	84965	93729	178694	3.5	3.9	7.6
未申报	1741	1673	3414	0.1	0.1	0.1
合计	1157126	1192076	2349202	49.3	50.7	100

资料来源：摩洛哥高等规划署。

第三章　资源禀赋

沙特阿拉伯、伊拉克、科威特、阿曼、卡塔尔等海湾国家油气资源丰富；北非马格里布地区、阿尔及利亚和利比亚也盛产石油。与上述海湾阿拉伯国家和非洲国家丰富的自然资源相比，摩洛哥资源相对贫乏，石油、天然气和煤炭等主要依靠进口。

第一节　能源资源

一　能源资源基本情况

摩洛哥能源资源贫乏，从表Ⅰ-3-1和表Ⅰ-3-2，2014—2016年摩洛哥能源进出口情况与能源平衡情况看，2016年，摩洛哥能源生产占能源总消费的6.5%，换言之，摩洛哥93.5%的能源需要依赖进口，2016年摩洛哥原油、煤炭、天然气、电力进口总额高达540亿迪拉姆，其中18%的电力从西班牙进口。摩洛哥每年能源需求增速达6.5%。从各类能源消费情况看，摩洛哥的能源消费很大程度上依赖于石油。2016年，石油消费占摩洛哥能源消费总量的55.08%，煤炭消费占比6.12%，天然气消费占比5.87%。

近年来，摩洛哥政府正在积极寻求能源独立，一方面，降低能源的进口量，2016年的能源进口额仅相当于2012年的一半。另一方面，摩洛哥注重发展可再生能源，不断新建太阳能、风能领域的新能源项目。摩洛哥风能、太阳能资源较丰富，为应对国内资源短缺，摩洛哥积极发展新能源产业，利用风能和太阳能资源发电。摩洛哥制定可再生能源发展战略，计划到2020年前投资217亿美元，将可再生能源总装机量提高到800万千瓦，占其全部电力生产的42%，到2030年进一步提高到52%。目前在建的努奥光热电站项目是摩洛哥境内最大的工程项目，也是全球装机容量最大的在建光热电站。[①] 从长远来看，摩对外能源依赖程度将逐步降低。

表Ⅰ-3-1　　2014—2016年摩洛哥能源进出口额情况

单位：十亿迪拉姆	2016年	2015年	2014年
进口总额	54	66	93
原油和石油产品	45	54	80
煤炭	5	6	6
天然气	2	3	4
电力	2	3	3
出口总额	2	3	7
净能源贸易	52	63	86

资料来源：2017年摩洛哥统计年鉴。

表Ⅰ-3-2　　2014—2016年摩洛哥能源平衡

单位：千吨石油	2016年	2015年	2014年
能源生产	1295	1239	1022
石油和天然气	85	93	96
液压电	326	490	426
风电	780	655	500
太阳能电力	104	1	—
能源消费	19722	19378	18710
石油产品	10863	10472	10202
煤炭	5152	5329	4904
液压电	326	490	426
天然气	1157	1138	1115
电力交换平衡	1340	1293	1563
风电	780	655	500
太阳能电力	104	1	—

资料来源：2017年摩洛哥统计年鉴。

① 中华人民共和国外交部：《摩洛哥国家情况》，2018年9月（https://www.fmprc.gov.cn/web/gjhdq_676201/gj_676203/fz_677316/1206_678212/1206x0_678214/）。

二 石油和天然气

摩洛哥油页岩储量 1000 亿吨以上，含原油 60 亿吨。在摩洛哥境内，Predrifskiy 和西摩洛哥石油和天然气盆地发现了 12 个油田和 5 个气田。

目前，摩洛哥对天然气潜在储量的勘探还不到十分之一，再加上本国油页岩也具有明显潜力，摩洛哥政府急切希望吸引外资，以建立新生的石油和天然气行业。

2000 年颁布的“碳氢化合物法规”标志着摩洛哥石油和天然气勘探的转折点。该法规包括对石油勘探行为非常有吸引力的激励措施：在开采时免征关税和增值税；该法规规定，国家持有的勘探许可证和经营特许权不超过 25%。这一措施使摩洛哥对外资和风险投资更具吸引力。旧的法规中该比例为 51%，当时摩洛哥的勘探公司只有十几家。

该法规还规定，许可证持有者，研究许可证或开采特许权持有者除了向主管机关提供信息、数据和研究的义务外，必须为石油行业的国家行政人员和技术人员进行专业培训。开采特许权的持有人在考虑出口其生产部分之前必须优先满足国内市场。上述激励措施，允许投资者在高度资本密集和高风险的运营中分担风险，使摩洛哥成为国际 E&P 公司的投资目的地。摩洛哥能源、矿业和环境大臣阿齐兹·拉巴赫表示，摩洛哥在塔尔法亚和丹吉尔地区油页岩储量方面世界排名第五。预计到 2030 年，摩洛哥能源行业的投资估计将达到 400 亿美元，这将带来巨大的投资机会。①

近年来摩洛哥石油勘探业振兴，特别是近海石油勘探，大量国际石油公司涌入，其数量超过陆上勘探，总面积近 40 万平方千米。摩洛哥通过运用新的勘探技术，在大西洋地区离岸丹吉尔—塔尔法亚陆区、加尔卜和索维拉区开采石油。

天然气方面，在陆上加尔卜海湾区、位于西北大西洋的近海区域 Repsol 以及陆上区域 Tendrar 前东部地区 Talsint 发现天然气。摩洛哥有大量的沉积盆地，但摩洛哥沉积盆地仍然很大程度上尚未开发，平均每 100 平方千米仅有 0.05 口井，而国际平均规模每 100 平方千米有 10 口井。关于油

---

① 中非贸易研究中心：《摩洛哥的能源产业正在崛起》，2019 年 2 月（http：//www.sohu.com/a/295912152_590014）。

页岩，摩洛哥估计油页岩为500亿桶，位居世界第六位。但目前开采也非常少，主要受限于开采技术与工艺。目前油页岩开采进入工业阶段还需要5年以上，而且仍然是有限的产能，大约一万桶/天。油页岩行业面临着促进发展和进入工业阶段的三大挑战：一是技术挑战：油页岩的热解工艺达到工业阶段之前需要大量的研究和开发；二是环境挑战：工业设施的规模需要进行大量投资，特别是致力于减少这些项目对环境的影响；三是经济挑战：原油价格波动影响进步条件。①

从表Ⅰ-3-3可以看出，摩洛哥本国的原油生产量不多，从沙特阿拉伯、伊拉克、俄罗斯进口大量原油以及石油产品，进行精炼加工，再出口石油产品。近年来，摩洛哥从国外进口原油的数量大幅下降，进口原油以外的石油产品数量上升，石油产品出口量下降，加工的石油产品主要供给国内市场。2014年摩洛哥进口原油483.4万吨，进口其他石油产品704.5万吨，出口石油产品115.5万吨；2016年摩洛哥进口原油量极少，几乎可以忽略不计，进口其他石油产品增长到1134.5万吨，出口石油产品仅为1.1万吨。

2016年，摩洛哥石油和天然气勘探花费超过12亿迪拉姆。摩洛哥该行业主要由其国际E&P合作伙伴垄断，他们在该行业的投资比摩洛哥国家碳氢化合物管理局多十倍。2016年摩洛哥仅仅向油气部门拨出1.17亿迪拉姆的预算，而其国际合作伙伴的投资则比其多了10倍，为11.17亿迪拉姆。摩洛哥拥有超过20家的E&P公司，它们通过与摩洛哥国家碳氢化合物管理局合作来开展摩洛哥油气勘探工作。这些国际公司包括天然气勘探领域的英国巨头SDX能源和Sound能源，石油领域的意大利ENI和美国Chevron公司。这些国际E&P公司愿意在摩洛哥投资油气开发的原因主要有两方面：一是摩洛哥有稳定的政治环境和较为完善的法律框架支持外商投资。二是摩洛哥颁发给国际E&P公司勘探许可证，并制定了具有吸引力的利益分配机制，使国际E&P公司能够获得超过75%的石油和天然气收入。②

---

① 摩洛哥能源、矿业和环境部：《重大项目—碳氢化合物》（http://www.mem.gov.ma/SitePages/GrandsChantiers/hydrocarbureMine%20.aspx）。

② 中非贸易研究中心：《外国投资&政府投资：谁主导摩洛哥石油和天然气工业?》（news.afrindex.com/zixun/article10152.html）。

表Ⅰ-3-3　　2014—2016年摩洛哥石油部门活动情况

单位：千吨	2016年	2015年	2014年
原油生产	—	5	5
进口原油	—	2690	4834
沙特阿拉伯	—	823	2408
伊拉克	—	966	1359
俄罗斯	—	901	928
其他	—	—	139
精炼原油	—	3167	6717
炼油厂生产	—	2879	6149
提供炼油厂	—	2854	6417
进口原油以外的石油产品	11345	9090	7045
出口石油产品	11	438	1155
销售石油产品	10860	10471	10198

资料来源：摩洛哥能源、矿业和环境部，2017年摩洛哥统计年鉴。

表Ⅰ-3-4　　2014—2016年天然气生产和消费情况

单位：百万立方米	2016年	2015年	2014年
天然气生产	80	88	91
天然气消费	1157	1138	1115
火力发电厂	1077	1051	1024
行业	80	88	91

资料来源：摩洛哥能源、矿业和环境部，2017年摩洛哥统计年鉴。

三　煤炭

摩洛哥所有煤炭储量都集中在中碳沉积物中的杰拉达（Jerad）盆地。摩洛哥的煤炭（无烟煤）来自杰拉达矿山，但该矿山于2000年关闭，当前摩洛哥国内煤炭需求依靠进口。摩洛哥是北非这个以石油消费为主的地区，唯一重视煤炭消费的国家，截至2015年，煤炭占摩洛哥国内能源总消费的31%。摩洛哥是个能源资源短缺的国家，为满足国内市场的煤炭需求，摩洛哥进口大量煤炭，其中大部分用于发电。2016年，摩洛哥总能源生产能力达到9吉瓦，预计到2021年将增至近12吉瓦。目前，除了在萨菲和杰拉达市开展的两个总容量为1.7吉瓦的项目外，摩洛哥拥有三个燃煤发电站，总容量约为2.5吉瓦。Apicorp能源研究还表示，“如果现有设施每年需要煤炭进口量超过1100万吨，那么建造中的两个工厂每年大约需要额外的780万吨的进口”。目前摩洛哥的能源生产在很大程度上仍依赖煤炭。随着非洲新能源产业的发展，未来摩洛哥煤炭的使用份额将会下降。

四　可再生能源

从表Ⅰ-3-5可以看出，2005—2016年，摩洛哥电力消耗年增长率为6.1%，电力生产年增长率为4.8%，摩洛哥能源短缺趋势越来越严峻。目前摩洛哥电力生产主要来源于煤炭等燃料发电，2016年摩洛哥可再生能源发电4.96TWh，占电力生产的16.22%，其中风力发电量最多，2016年风力发电量2.86TWh，其次是水力发电，2016年水力发电量1.66TWh。

2017年9月29日，阿齐兹·拉巴赫在非洲可再生能源论坛正式开幕式表示，太阳、风、水等可再生能源开发对非洲大陆变得越来越重要。“可再生能源以前被认为是一种限制因素，即太阳、水、植物、风……现在是非洲国家的一个机会。”论坛上，摩洛哥与非洲马里等国家签订可再生能源合作协议。拉巴赫表示，欢迎摩洛哥电力、电子和可再生能源联合会（FENELEC）与马里电力、能源、可再生能源和新能源联合会（FEN-EM）签署合作协议，合作涉及电力、电子和可再生能源领域。

摩洛哥制定了重大项目——“2000兆瓦风能项目”；摩洛哥风能项目是“王室高级指令”（Hautes Directives Royales）中能源战略的一部分。该项目旨在到2020年实现2000兆瓦的风能容量，年产量为6600吉瓦时，相当于摩洛哥目前电力生产的26%。该项目实施后每年可节省150万TEP，即每年7.5亿美元，且每年可减少560万吨二氧化碳排放。该项目选定了850兆瓦综合风电场地，位于丹吉尔二期（100兆瓦），杰贝尔·拉赫第德（Jbel Lahdid）（200兆瓦），米德勒特（Midelt）（150兆瓦），第斯克拉德（Tiskrad）（300兆瓦），布支杜尔（Boujdour）（100兆瓦）。项目资金来自国内外公共和私人基金、多边和双边合作中提供的优惠和非优惠供资机制，项目将实现累计功率780兆瓦，正在进行的约410兆瓦。

摩洛哥制定了太阳能计划，即“努奥计划”（Noor），该计划是能源战略的一部分。此项目将通过太阳能发电厂努奥—瓦尔扎扎特

（510MW）、努奥—塔菲拉勒特和阿特拉斯（300MW）、努奥—米德勒特（300MW）、努奥—布支杜尔（100MW），努奥—坦坦（300MW）和经济区的太阳能发电厂（150MW）。2013 年 5 月 10 日，在国王穆罕默德六世的有效主持下，在瓦尔扎扎特举行了该项目的启动仪式，建造第一座努奥一期发电站，容量为 160 兆瓦，在 CSP 中有 3 个小时的存储空间。该项目预计到 2020 年实现 2000MW 太阳能容量。摩洛哥大部分地区拥有丰富的太阳能资源，在东南部地区，每平方米可以发电 2250KWh。摩洛哥政府鼓励新能源开发，对太阳能加热发电类的项目减免间接税，自 20% 降至 14%；太阳能面板进口关税下降至 2.5%。这些政策促进了摩洛哥太阳能能源行业的发展。

摩洛哥新能源产业市场发展潜力大。摩政府在积极拓展新能源产业海外市场，吸引海外投资。2018 年 12 月摩洛哥在葡萄牙里斯本举行“摩洛哥能源部门：机遇与国际化”研讨会。葡萄牙能源部长豪尔赫·塞古罗·桑切斯在研讨会开幕式上发表讲话，重申葡萄牙决心加强与摩洛哥在能源领域和可再生能源领域的合作。桑切斯表示，摩洛哥丰富的电力资源与葡萄牙产能过剩正好形成互补关系。他还表示，已有十家公司提交了电力连接项目的报价，并希望 2019 年启动建设电气连接的招标程序。会上，摩能源部门向 220 多家葡萄牙公司的代表展示了摩洛哥在能源领域潜在的投资机会①。

表 I－3－5　　1990—2016 年摩洛哥电力生产和消费

年份	1990	2000	2005	2010	2011	2012	2013	2014	2015	2016
电厂容量（GW）										
—热量	1.353	3.228	3.513	4.396	4.396	4.711	5.061	5.411	5.411	5.412
—水电	0.620	1.167	1.730	1.770	1.770	1.770	1.770	1.770	1.770	1.770
—核	0	0	0		0	0	0	0		0
—风	0	0.054	0.054	0.254	0.292	0.292	0.495	0.797	0.797	0.898
—地热	0	0	0	0	0	0	0	0	0	0
—其他可再生能源（太阳能）	0	0	0	0.020	0.020	0.020	0.020	0.020	0.181	0.181

① 中非贸易研究中心：《摩洛哥新能源市场潜力巨大》，2018 年 12 月（http://www.sohu.com/a/284256800_120059707）。

续表

年份	1990	2000	2005	2010	2011	2012	2013	2014	2015	2016
—总计	1.973	4.449	5.297	6.440	6.478	6.793	7.346	7.998	8.158	8.262
电力生产（TWh）										
—热量	7.398	10.771	17.540	18.410	21.303	23.773	22.441	23.948	25.003	25.614
—水电	1.196	0.711	1.412	3.631	2.053	1.816	2.990	2.033	2.282	1.662
—核	0	0	0	0	0	0	0	0	0	0
—风	0	0.062	0.191	0.659	0.692	0.728	1.215	1.774	2.380	2.858
—地热	0	0	0	0	0	0	0	0	0	0
—其他可再生能源（太阳能）	0	0	0	0	0.012	0.039	0.042	0.040	0.091	0.440
—总计	8.594	11.544	19.143	22.700	24.061	26.356	26.689	27.795	29.755	30.574
总耗电量（TWh）	8.864	13.942	19.518	26.531	28.752	31.056	32.026	33.530	34.413	35.415

资料来源：IAEA，摩洛哥核电计划（2017年版），https：//www-pub. iaea. org/MTCD/Publications/PDF/cnpp2017/countryprofiles/Morocco/Morocco. htm。

第二节 矿产资源

2014年摩洛哥采矿业对GDP的贡献为10%，矿产品出口占国家出口总额的22%。采矿业就业人数为39000，开采矿产总量为2940万吨（其中磷酸盐2740万吨）；矿产资源总销售额为516亿迪拉姆，出口达到410亿迪拉姆；总投资321亿迪拉姆①；所有矿床获得的有效采矿许可证数量为6736，获得的经营许可证数量为992，如表Ⅰ-3-6所示各地区获得的采矿许可证数量。

表Ⅰ-3-6 2014年摩洛哥按地区划分矿床许可数量

地区	研究许可	经营许可	特许权	总计
苏斯—马萨—德拉	1839	308	24	2171
梅克内斯—塔菲拉勒特	1205	185	14	1404
东方区	441	103	28	572

① 摩洛哥能源、矿业和环境部：《2014年采矿业关键数据》（http：//www. mem. gov. ma/SitePages/IndicateursCles. aspx）。

续表

地区	研究许可	经营许可	特许权	总计
马拉喀什—邓斯夫特艾尔·哈乌兹	338	206	5	549
盖勒敏—塞马拉	692	69	0	761
塔德莱—艾兹拉勒	228	14	0	242
塔扎—胡塞马塔乌纳特	119	11	0	130
拉巴特—萨累—泽穆尔扎厄尔	194	11	0	205
非斯—布勒曼	162	15	0	177
沙维雅—瓦拉迪格	104	7	1	112
拉尤恩—布支杜尔萨基亚—哈姆拉	11	44	0	55
丹吉尔—得土安	58	0	0	58
拉圭拉—瓦德达哈卜	244	0	0	244
杜卡拉—阿布达	15	13	5	33
舍拉拉德大区赫森	8	6	0	14
大卡萨布兰卡	9	0	0	9
总计	5667	992	77	6736

资料来源：摩洛哥能源、矿业和环境部，2014 年采矿业关键数据，http：//www. mem. gov. ma/SitePages/IndicateursCles. aspx。

摩洛哥勘探的矿产资源包括铀、铁、锰、钴和镍、钨、钼和锡、铜、铅和锌、锑、汞、金和银、稀有金属的矿石和云母伟晶岩，以及石棉、重晶石、膨润土、石膏、硬石膏、硅藻土、菱镁矿、磁黄铁矿、岩盐和钾盐、萤石和磷酸盐。摩洛哥最重要的矿产资源为磷酸盐，估计储量 1100 亿吨，占世界储量的 75%。其他具有比较优势的矿产资源有铁、铅、锌、钴、锰、钡、铜、盐、磁铁矿①（表 I－3－7）。

① 中华人民共和国外交部：《摩洛哥国家情况》（更新到 2018 年 9 月）（www. fmprc. gov. cn/web/gjhdq_ 676201/gj_ 676203/fz_ 677316/1206_ 678212/1206x0_ 678214/）。

表 I－3－7　　2010—2014 年摩洛哥各类矿物开采情况

产品（Kt 或 t）	2010	2011	2012	2013	2014
磷酸盐	26603	28052	27060	26400	27390
铁	44，7	78，9	260，7	301，1	22，910
铅	46，4	43，8	39，1	43，7	39，07
锌	87，4	90，1	91，6	82，1	89，57
铜	53，3	43	59	46，3	66，48
萤石	89，7	79，2	79，3	81，2	79，84
重晶石	572，4	769，5	1021，4	1094，5	1006，6
锰	75，6	58	90，2	111	91，271
盐	503，4	720，8	730	488，3	439，16
钴	31，1	21，6	20，1	20，3	21，51
黏土	82，6	103，7	81，8	59	73，5
滑石	—	0，5	0，2	—	—
Ghassoul	1，2	1，4	1，9	2	0，81
膨润土	110，7	97，1	91，2	105，2	98，757
生磷矿	27，1	4，6	—	—	—
其他	—	—	44，21	0，22	0，53
总计（Kt）	28329	30164	29671	28835	29420

资料来源：摩洛哥能源、矿业和环境部，2014 年采矿业关键数据，http：//www.mem.gov.ma/SitePages/IndicateursCles.aspx。

摩洛哥分为四个地理区域：里夫山区，平行于地中海沿岸；阿特拉斯山脉，从西南到东北，从大西洋延伸到里夫，它们被盆地隔开；大西洋沿岸广阔的沿海平原地区；位于阿特拉斯山脉的南部山谷和沙漠。摩洛哥的最高点是杰贝尔—图卜卡勒山（海拔 4165 米），最低点海拔 55 米。摩洛哥的主要河流是流入地中海的穆陆亚河（Moulouya River）和流入大西洋的塞布河。

摩洛哥磷矿资源丰富，储量居世界首位，主要为沉积型矿床，磷矿品质优异，目前开采的 P2O5 品位基本都在 30% 以上。摩洛哥磷酸盐主要分布在中梅塞塔的磷酸盐高原区、甘图尔盆地、梅斯卡拉区的马斯特里赫特，其中最大的矿床是胡里卜加、尤素菲亚、本格里尔、梅斯卡拉矿床。胡里卜加矿床位于赛塔特区乌姆雷卜亚河北部的乌莱德阿卜敦盆地，尤素菲亚和本格里尔矿床位于马拉喀什以北的甘图尔盆地内，梅斯卡拉矿床位于乌莱德阿卜敦盆地的西部。2014 年摩洛哥磷酸盐开采 2740 万吨，磷酸盐及其衍生物加工生产 3380 万吨（表 I－3－8）。

图 I－3－1　全球磷矿资源分布

资料来源：张亮等：《全球磷矿资源开发利用现状及市场分析》，《矿产保护与利用》2017 年第 5 期。

表 I－3－8　　2010—2014 年摩洛哥磷酸盐生产加工情况

年份	2010	2011	2012	2013	2014
总产量（MT）	32，3	34，7	33，9	33，2	33，8
磷酸盐和衍生物	30，6	32，6	31，2	30，8	31，8
其他产品	1，7	2，1	2，7	2，4	2，0

资料来源：摩洛哥能源、矿业和环境部，2014 年采矿业关键数据，http：//www. mem. gov. ma/SitePages/IndicateursCles. aspx。

摩洛哥第二重要矿产是重晶石，矿床主要分布在伊尔胡德山古生代地块西端的碳酸盐岩中和中部地区与硅质菱铁矿伴生的区域。比较大型矿床有伊尔胡德重晶石矿床和杰里木重晶石矿床。2011 年，摩洛哥重晶石产量为 65 万吨，总储量为 1000 万吨，约占世界重晶石总储量的 4.2%。摩洛哥的萤石主要分布在摩洛哥中部和西部地区，主要矿床分布在艾乐—汉姆和基拜勒斯拉罕纳地区。2011 年，摩洛哥萤石产量为 9 万吨，总储量约为 400 万吨，占世界萤石总储量的 0.86%。

摩洛哥的铁矿石主要集中在纳多尔地区的接触交代型岩体中，铁矿石储量约为 4000 万吨，含铁量为 54%—60%。此外，还有奥陶纪泥质岩和砂岩中的层状鲕状赤铁矿。摩洛哥拥有大量的锰矿石，最大的锰矿床是位于瓦尔扎特以北 40 千米处的伊米尼，产在白垩纪长石石英砂岩和白云岩中，矿层厚 1—2.5 米，矿石由软锰矿和硬锰矿组成，脉石为长石质砂岩、黏土和白云岩，矿石储量估计 29 万吨，平均锰含量为 46.5%。

摩洛哥的钴和铜矿石也很重要。摩洛哥主要钴矿床位于摩洛哥中部的布—阿泽区钴、镍成矿带。2011 年摩洛哥钴矿石产量为 2500 吨，总储量为 2 万吨，占世界钴矿总储量的 0.27%。摩洛哥主要铜矿床分布在瓦尔扎特东南 80 千米处的布雷达，其他铜矿床集中在南部的季杰尔特和塔扎拉特地区，季杰尔特和塔扎拉特矿床矿石储量约 300 万吨，平均含铜 6.9%。

摩洛哥的铅矿石储量在非洲排名第二，主要铅矿床有图伊西特附近的贝季安铅矿、乌季达区的乌埃德莫克塔铅矿和泽达铅矿。贝季安和乌埃德莫克塔矿床为产在侏罗纪碳酸盐岩层中的层状矿体，矿层厚 2—20 米，总储量约 410 万吨，含锌 5%。泽达矿床产在三叠纪陆源岩层内，储量 60 万吨，矿石含铅 3%—3.6%。此外，还有一些小型脉状和扁豆状矿体，含铜和银。哈加尔多金属矿位于马拉喀什市以南 35 千米处。该矿床产在石炭纪维宪期火山碎屑沉积层中，矿体呈筒状，矿石为致密块状，主要金属矿物有闪锌矿、铅矿、黄铁矿、磁黄铁矿、黄铜矿。矿石储量为 1200 万—1600 万吨，含锌 10.5%、铅 3%、铜 0.7%、铝 70 克/吨。[①]

① 徐方、E. L. Hajraoui Chams Eddine、郭立君：《摩洛哥矿产资源概况及矿业投资指南》，《国土资源情报》2012 年第 12 期。

第三节　渔业资源

摩洛哥西临大西洋，北临地中海，海域面积广阔，海岸线长达 1700 多千米（不包括西撒哈拉 900 千米海岸线），200 海里专属经济区面积 278170 平方千米，可从事捕捞的海域面积有 110 万平方千米，渔业资源丰富，拥有 500 多种鱼类资源，目前只开发了 60 余种，发展潜力大，拥有“捕捞王国”的美誉，是非洲第一大产鱼国，沿海密布了大大小小的渔场。截至 2017 年，摩洛哥渔业年捕捞量超过 100 万吨，产值占摩洛哥 GDP 总量的 2%—3%，创造了近 70 万个就业岗位。海产品出口额达到了 16 亿美元，占全国农产品出口额的 58%。2012 年底，工业鱼类和鱼类批发市场的渔业产量为 119 万吨，产值为 55.60 亿迪拉姆。2016 年增长至 146 万吨，2010—2016 年渔业收入年均增长 10%，2016 年达 115 亿迪拉姆。

近海方面，截至 2012 年底，沿海地区的上岸量占总量的 72%，占全国产量的 63%。与上一年相比，该细分市场的销量增长了 25%，价值增长了 4%。这一表现是由于沙丁鱼船队在达赫拉、拉尤恩和坦坦港口的数量贡献，因此增加了 29% 的总量和 25% 的产值。近海围网渔船捕鱼的平均价格为 2120 迪拉姆/吨，拖网渔船为 12603 迪拉姆/吨，延绳钓船为 16673 迪拉姆/吨。手工捕鱼方面，在同一时期，手工业部门捕获的数量占着陆吨位的 5%，占总价值的 30%。手工捕捞船队的登陆总量为 52182 吨，产值为 1530MDH①。与去年同期相比，由于章鱼的平均价格较低，鱼类上岸量增加了 16%，价值下降了 1%。

从 2016 年和 2017 年沿海和手工捕捞的商业化产品产量与产值情况看，2017 年，摩洛哥产值达到了 7285MDH，比 2016 年增长了 6%，比 2012 年增长了 1725MDH，产值增长了 31%。摩洛哥渔业的战略目标是，到 2020 年实现国内生产总值近 219 亿迪拉姆，出口额将增加到 31 亿迪拉姆，超过 160 万吨的落地鱼类，摩洛哥的鱼类消费量从 12 公斤/人/年增

---

① MDH 表示 10 亿迪拉姆。

长为16公斤/人/年①。

表Ⅰ-3-9　**按种类分2016年和2017年沿海和手工捕捞的商业化产品产量与产值情况**

种类	2016年产量	2017年产量	2016年产值	2017年产值	产量变化（%）	产值变化（%）
浮游类	1225914	1163863	2830902	2882375	-5	2
头足类	45859	46491	2214955	2680589	1	21
白鱼	80048	69725	1417071	1348111	-13	-5
贝壳类	522	1394	3220	7969	167	147
甲壳动物	5486	4316	287134	275797	-21	-4
藻类	25291	24672	91605	90250	-2	-1
棘皮动物	94	36	818	329	-62	-60
总计	1383215	1310495	6845704	7285420	-5	6

资料来源：国家渔业局，2017年《渔业统计公报》。

第四节　水资源

一　水资源情况

摩洛哥全国受干旱气候影响的国土面积达93%，水资源极为匮乏，世界资源研究所将摩洛哥的水资源压力评级为4.2（最高为5），指出摩洛哥的水资源面临巨大危机，这与摩洛哥水资源需求增长、资源管理不善和气候变化有关②。摩洛哥水资源蕴藏量评估为700m^3/人/年，低于1000m^3/人/年的标准，2010年全国水资源需求量约145亿m^3，其中农业灌溉用水需求占85%，而到2030年将上升至255亿m^3。此外，地下水过度开采、干旱及水质污染也导致水资源储量下降③。

摩洛哥全境70%的国土属于干旱和半干旱地区，土地存在严重的沙

① 摩洛哥海洋渔业部（http：//www. onp. ma/）。

② 中非贸易研究中心：《摩洛哥水资源缺乏将导致下一次水危机》，2018年4月（http：//news. afrindex. com/zixun/article10599. html）。

③ 中华人民共和国驻摩洛哥王国大使馆经济商务处：《摩洛哥水资源紧缺》，2018年9月（http：//ma. mofcom. gov. cn/article/jmxw/201402/20140200497493. shtml）。

漠化和盐碱化问题。近年来，随着耕种、砍伐和放牧等活动的加剧，摩全境国土植物覆盖率大幅降低，导致土地沙漠化的程度加剧，据统计，摩洛哥约1350万人生活的地区受到不同程度的沙漠化问题的困扰。摩南部地区分布着非洲最重要的绿洲生态系统，是阻挡撒哈拉沙漠进一步前进的天然屏障。近年来由于气候变化和沙漠化问题的加剧，已经严重威胁绿洲生态系统。另外，集约化农业经营、地下水资源滥用等人为因素导致的水资源匮乏更是雪上加霜①。摩洛哥大约500万公顷土地水土流失严重，盐碱化问题直接影响的土地面积达50万公顷。摩全境可利用水资源存量仅190亿立方米，水利资源缺口压力巨大。缺水导致的土地沙漠化问题直接影响了摩洛哥居民的生活水平：在缺水的摩东部山区，50%人口生活在贫困线以下，而摩北部沿海地区这一数字仅为5%。

二　农业节水措施

摩洛哥农业在国民经济中占有重要地位，农业人口约占全国就业人口总数的42%。摩洛哥的农业经济得到长足发展，得益于2008年摩洛哥推出的“绿色摩洛哥计划”（PMV），该计划从两方面支持摩洛哥的农业发展：第一是支持现代农业，生产具有高附加值和高生产率的农产品，发展摩洛哥农业出口，发展与农业有关的工业活动来满足市场需求。第二是通过提高脆弱地区的农业收入来改善农民的生活条件，消除农村地区贫困人口，并通过在摩洛哥地区开设数百个女农工合作社，以实现中小农场的专业化。② PMV的实施面临诸多挑战，如表I－3－10所示，摩洛哥农业发展存在农民贷款困难、农场规模小、农民收入低、农业机械化和灌溉系统效率低、农业土地利用效率低等问题③。农业灌溉效率低、耗水量高加剧了水资源短缺的压力。十年以来，PMV通过发展现代农业、提高农业灌溉技术等措施，在促进摩洛哥农业的发展的同时，节约了水资源。

---

① 中华人民共和国驻摩洛哥王国大使馆经济商务处：《摩洛哥水资源匮乏问题突出，土地沙漠化现象日益明显》，2018年9月（http://ma.mofcom.gov.cn/article/jmxw/200801/20080105360905.shtml）。

② Ministry of Culture and Communication（摩洛哥文化与交流部）：Green Morocoo Plan（http://www.maroc.ma/en/content/green-morocoo-plan）。

③ Llian Olivie, Aitor Perez, “The Difficult Escape from Dualism: The Green Morocco Plan at a Crossroads”, *New Medit*, Vol. 17, No. 3, 2008, pp. 37－50.

表Ⅰ-3-10　　　　"绿色摩洛哥计划"面临的挑战

农产规模	只有18%的农民可以获得银行贷款。 70%的农场面积小于5公顷。
收入	80%的农村人口（1400万）的收入来自农业。 由于土地分割和谷物的主导地位，农村人口的收入仍然很低。
生产率	农产品还存在贸易逆差（2000万迪拉姆，不包括捕捞）。 由于季节性和气候因素，产量不稳定。
就业与资源分配	投资低。摩洛哥的机械化程度仅为西班牙的1/11。 就业存在季节性。 80%—90%的水用于农业，灌溉系统效率低下。 75%的土地用于谷物生产，但谷物生产的营业额仅占农业部门的10%—15%，占农业部门就业率的5%—10%。

资料来源：绿色摩洛哥计划，www. ada. gov. ma。

为解决水资源匮乏问题，摩政府成立了水利、森林资源与对抗沙漠化高级委员会的专门机构，每年投入7亿迪拉姆（约900万美元）的专项资金支持。采取的具体措施包括以0.5%的速度逐年递减水坝等水利设施的阻水量（目前年阻水量为7500万立方米），改变农业开发方式，合理利用地下水资源等。

联合国粮食及农业组织发布了摩洛哥农业灌溉发展的研究报告。报告指出，摩洛哥对粮食的需求在增加，但连续多年的干旱和低效的大型灌区灌溉，农业部门将成为未来摩洛哥严重缺水的部门之一①。农业灌溉节水现也已成为摩洛哥政府工作的重要内容。农业部制定了灌溉农业的节水和增值战略。该战略通过改善灌溉用水服务，加强和调整节水融资和激励机制，改善农业组织合作，促进地方理事会的发展，支持节水灌溉系统设计的方式，提高农业生产力。该战略的最终目标是保护和管理有限的水资源，保持灌溉农业的可持续发展，以及加强其在国家粮食安全中的战略作用。该战略的具体措施包括②：

（1）提高现有的灌溉技术，包括开发大规模的局部灌溉，实现灌溉农业的现代化。

（2）将局部灌溉设备拥有率提高至接近国家农业总面积的50%。为

① 联合国粮食及农业组织：Guide irrigation localize de lagriculteur.

② 摩洛哥农业部（http：//www. agriculture. gov. ma/）。

此，国家灌溉水经济计划（PNEEI）成为“绿色摩洛哥计划”的一部分，它旨在缓解水危机，被认为是提高农业生产力的最主要措施。该计划包括将大规模面积的喷灌转换为近550000公顷的局部灌溉，为期10年。

（3）通过大坝调动的水资源，利用水坝设施，调动面积为108.440公顷区域范围内的水资源。目前塞布盆地还缺乏大坝设施。

（4）加强集体灌溉网络的维护，以确保设备的耐用性和更好的供水服务。

（5）加快灌溉部门的机构改革，包括大型灌区内，通过公私合作方式有效实施集体灌溉计划。

（6）继续努力促进参与性灌溉管理，让用户参与灌溉网络和水资源评估的管理。

摩洛哥正在积极发展局部灌溉技术。局部灌溉是以某种方式将少量的水精准供给农作物。与传统地面灌溉的喷灌技术相比，局部灌溉根据植物的日常需要供给少量水，并集中在农作物的根区，减少了水和肥料的损失，提高了灌溉的效率。局部灌溉的高效率需要局部灌溉设备的支持，在减少水蒸发量的同时，还可以提高农业生产率。局部灌溉技术的使用取决于土壤、水质、气候条件、植物类型。

第一，土壤方面，摩洛哥沙质土壤中，水渗透更深，在这种情况下，应使用低蒸馏的分配器；中间土壤中，水流是水平和垂直的，适用中蒸馏分配器；重黏土中，水是水平的，需要大蒸馏分配器。第二，水质方面，摩洛哥水源需要净化，水池或水箱中的水需要去除藻类、细菌、污垢；水坝或山谷中的水，需要去除土壤、沙、藻类，根据植物的需水量，在适当的时间采用滴灌技术满足植物蓄水量。第三，气候条件方面，每日灌溉用水量仍取决于降雨和干旱的天气情况，根据每年降水、干旱的时间，设计灌溉网络，进行灌溉编程。第四，植物类型，局部灌溉技术可适用于种子植物，包括小麦、苜蓿、玉米等。

成功的局部灌溉项目需要满足三个条件：第一，项目的正确设计。局部灌溉是一种永久性系统，旨在满足植物生长周期各个阶段的用水，必须从一开始就精心设计，保证服务系统可长期使用。设计的第一步是通过定义设备标准，确定可用的水资源和作物的水资源需求量。第二步是测试设备和灌溉管理系统，避免水泄漏和持续监测土壤水分。第二，灌溉系统维护良好，滴灌系统的可持续性和有效性取决于设备的维护，包括净化器和蒸馏器的监测、管道的季节性清洗。第三，水调节，从灌溉单元中心分配水，分配器之间的蒸馏较少。必须在至少 24 小时之后打开管道网络，清洗管道污垢，保证管道不被覆盖和埋没。

第五节 土地资源和世界遗产资源

一 土地资源

农业在摩洛哥国民经济中占有重要地位。其农业产量起伏较大，粮食不能自给，农业人口约占全国总劳力的 42%，产值约占国内生产总值的 11.6%（2016 年），出口（主要为柑橘、橄榄油）占总出口收入的 30%。可耕地 895 万公顷，蓄水坝 90 余座，可灌溉土地 100 万公顷，粮食种植面积 558 万公顷。主要农作物有小麦、大麦、玉米、水果、蔬菜等。2008 年，摩推出“绿色摩洛哥”计划，以提高摩农业生产技术，2017 年粮食产量达到 510 万吨，同比增长 203%。摩洛哥畜牧业较发达，草地和牧场 2029 万公顷。2016 年牛羊肉产量 55 万吨，禽肉产量 60 万吨。渔业资源丰富，是非洲第一大产鱼国，沙丁鱼出口量居世界首位。为保护渔业资源，政府规定休渔期长达 8 个月①。

二 世界遗产资源

摩洛哥有 9 处世界文化遗址，基本情况如下：

瓦卢比利斯考古遗址（1997 年）：位于今天的梅克内斯市郊，古城建于前 3 世纪，曾是北非古国毛里塔尼亚的首都，是罗马帝国的一个重要前哨，有着许多优雅精致的建筑物。该考古遗址是一个富饶的农业区，在这里挖掘出土过许多重要遗迹和文物。瓦卢比利斯曾是伊德里斯王朝的首都，王朝的创立者伊德里斯一世就葬在附近的穆莱伊德里斯墓。

梅克内斯历史名城（1996 年）：梅克内斯是穆拉比特人于 11 世纪建造的一个军事城市，在阿拉维王朝的缔造者苏丹穆莱·伊斯玛仪统治时成

① 中华人民共和国外交部：《摩洛哥国家情况》（更新到 2018 年 9 月）（https：//www.fmprc.gov.cn/web/gjhdq_676201/gj_676203/fz_677316/1206_678212/1206x0_678214/）。

为国家首都（1672—1727年）。苏丹将梅克内斯建设成为一个雄伟的西班牙—摩尔风格城市，四周有高墙和巨门，是17世纪马格里布时期伊斯兰风格与欧洲风格的和谐统一体。

阿伊特·本·哈杜筑垒村（1987年）：是一组由高墙围起来的土制建筑，这是一处典型的前撒哈拉居民聚居区。在防御墙内建造有许多房屋，同时四周还有箭塔进行辅助防御。位于瓦尔扎扎特省的阿伊特·本·哈杜是摩洛哥南部建筑的经典范例。

索维拉麦地那（前身为莫加多尔）（2001年）：位于索维拉省，是18世纪晚期防御城镇的典型代表，根据北非当代欧洲军事建筑原则建造。自成立以来，它一直是主要的国际贸易海港，将摩洛哥、撒哈拉腹地与欧洲和世界其他地区连接起来。

非斯麦地那（1981年）：位于非斯市，面积280公顷。非斯城建于9世纪，那里有世界上最早建立的大学之一。在13世纪至14世纪时，非斯代替马拉喀什成为马林王朝王国的首都。区中的城市建筑和主要遗迹都可以追溯到那个时期，其中包括伊斯兰学校、集市、宫殿、民居、清真寺和喷泉等。尽管国家的政治首都于1912年迁到了拉巴特，但非斯仍然是最主要的文化中心和宗教中心。

马拉喀什麦地那（1985年）：位于马拉喀什省，面积1107公顷。马拉喀什于1070年至1072年由穆拉比特王朝成立，长期以来一直是政治、经济和文化中心。从北非到安达卢西亚，整个西方伊斯兰世界都能感受到它的影响。它有几处令人印象深刻的古迹，可追溯到那个时期：库图比亚清真寺、城堡、城垛、纪念门、花园等。后来的建筑瑰宝包括巴迪亚宫殿、尤素福神学院和萨阿德墓住宅和不眠广场。

得土安麦地那（以前称为Titawin）（1997年）：又称缔头万城，在8世纪开始的伊斯兰时期，得土安城是一座具有特别意义的城市，因为它是连接摩洛哥和安达卢西亚的主要通道。在经过西班牙的再次征服之后，这个城市由遭到西班牙人流放的安达卢西亚难民重建，该城的建筑和艺术风格都非常有特点，深受安达卢西亚的影响。得土安城虽然是摩洛哥最小的阿拉伯人聚居区之一，但无疑也是最完整而且没有受到后期外部影响的城市。

马扎甘葡萄牙城（2004年）：位于杰迪达市郊。卡萨布兰卡西南90

千米处的马扎甘军事要塞是葡萄牙人16世纪早期在大西洋海岸修筑的殖民地，现在为杰迪达市的一个部分。1769年，该城被摩洛哥人夺取。防御工事及其城墙和堡垒具有文艺复兴军事设计的早期风格。保留下来的葡萄牙式建筑包括水塔和圣母升天教堂，带有晚期哥特式建筑的曼奴埃尔风格。葡萄牙城是葡萄牙探险者通往印度途中在西部非洲建立的早期殖民地之一，这里是欧洲与摩洛哥文化相互影响交流和融会的例证，这一点在建筑、技术和城镇规划方面均得到完美的体现。

拉巴特，现代首都和历史名城（2012年）：位于摩洛哥西北部的大西洋沿岸，是过去阿拉伯—伊斯兰文明与西方现代主义交流的产物。这座城市包括从1912年到20世纪30年代在法国保护区下建造的新城镇，包括皇宫、行政区、住宅和商业开发区以及游乐园等，还包括追溯到12世纪的城市旧街区。新城是20世纪在非洲建造的最大、最雄伟、也可能是最完整的现代城市之一。旧的建筑包括哈桑塔（建于1184年）和阿蒙哈德城墙和城门，该古城为穆瓦希德王朝大首都的唯一幸存部分。

第四章　基础设施

摩洛哥基础设施比较完善，高速公路、铁路、机场、港口等不断发展，基础设施发展水平在非洲大陆处于前列。特别是20世纪80年代推行民营经济及贸易自由化之后，经济发展迅速，摩洛哥政府对基础设施的投资力度也不断加大，每年都有住房、水坝、电信、公路、卫星城镇等重大工程上马，大量基础设施项目频频推出，建设如火如荼。

据摩洛哥装备、运输和物流部网站资料显示，未来30年摩洛哥将投资6000亿迪拉姆（约合1634亿美元）用于建设铁路、高速公路、港口、机场等基础设施，约占国内生产总值的2/3。根据摩洛哥政府的预算，这6000亿迪拉姆中的1/3将用于铁路建设，也就是2000亿迪拉姆（约合545亿美元），1000亿迪拉姆（约合272亿美元）投资建设高速公路，600亿迪拉姆（约合163亿美元）用于建设港口，另外还将投资建设机场等基础设施。对于这些基建项目的资金来源，摩洛哥政府计划采取公私合营的方式进行融资。

第一节　交通基础设施

一　公路

摩洛哥公路网在非洲国家中名列前茅，且道路状况良好。据2015年初统计数据，摩洛哥公路总里程达57334千米，其中高速公路1511千米，沥青铺装路41102千米（国家级公路9813千米，大区间公路9221千米，省级公路22068千米），非沥青铺装路14721千米。2016年底，摩洛哥高速公路通车里程约1800千米。根据摩洛哥政府规划，到2035年高速公路通车里程将达到3000千米。摩洛哥公路连接毛里塔尼亚和阿尔及利亚两个国家。

从发展历程来看，2000—2016 年摩洛哥公路总里程从 57622 千米微降至 57170 千米，年均复合增长率为 -0.05%；硬面公路占比从 2000 年的 54.87% 猛增到 2016 年的 70.08%，上升了 15.21 个百分点，年均复合增长率达 1.54%；公路路网密度从 2000 年的 12.9 千米/百平方千米下降至 2016 年的 12.8 千米/百平方千米，路网密度减少了 0.1 千米/百平方千米，年均复合增长率为 -0.05%。总体而言，由于摩洛哥公路基础设施处于更新改造和技术升级阶段，因而整体规模和路网密度变化不大，但硬面公路比重不断上升。

表 I-4-1　　2000—2016 年摩洛哥公路路网长度和密度情况

年份	公路总里程（千米）	硬面公路所占比重（%）	公路密度（千米/百平方千米）
2000	57622	54.87	12.9
2001	57674	54.96	12.9
2002	57715	55.27	12.9
2003	57734	56.90	12.9
2004	57493	56.90	12.9
2005	57626	61.89	12.9
2006	57625	61.89	12.9
2007	57763	61.98	12.9
2008	58256	67.77	13.0
2009	58281	67.87	13.1
2010	58421	68.36	13.1
2011	58207	68.69	13.0
2012	57988	69.12	13.0
2013	57848	69.12	13.0
2014	57334	69.96	12.8
2015	57314	70.00	12.8
2016	57170	70.08	12.8

资料来源：国际道路协会：《世界道路统计年鉴 2017》。

从时间序列来看，2000—2016 年，摩洛哥公路总里程和路网密度大体上均呈现出先增加后减少的趋势。公路总里程和路网密度在 2000—2010 年间处于平稳上升态势，2010 年之后，摩洛哥公路总里程和路网密度处于下降时期，但总体的变化幅度很小。

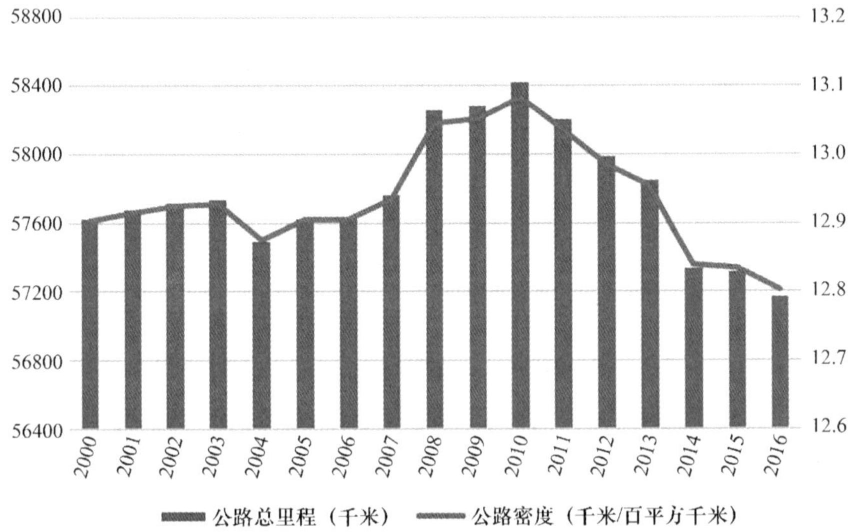

图Ⅰ-4-1　2000—2016年摩洛哥公路里程规模和路网密度变化情况

2000—2016年，摩洛哥硬面公路占比呈现出持续上升的趋势，2000—2004年呈现稳步增长态势，年均复合增长率较低；2004—2008年

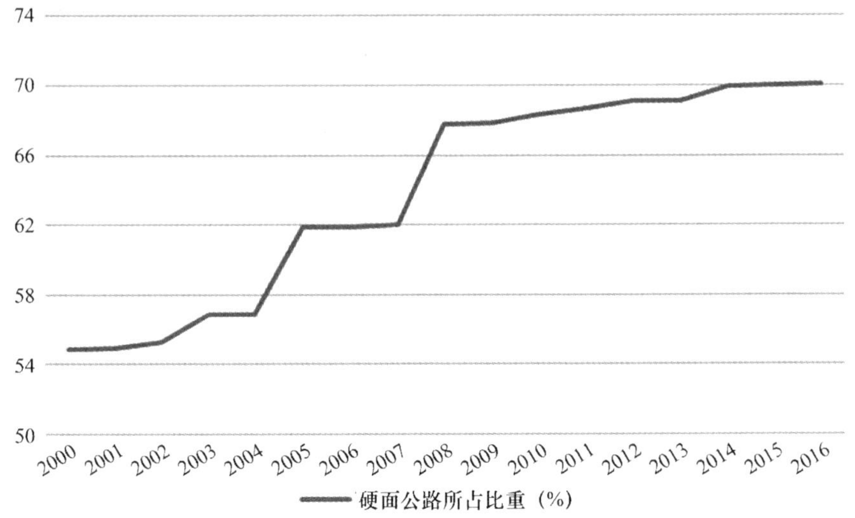

图Ⅰ-4-2　2000—2016年摩洛哥硬面公路占比变化情况

出现两次陡然上升的情况，增长幅度较大；2008年之后一直处于小幅上升的趋势，至2016年硬面公路所占比重已超过70%。

二　铁路

摩洛哥装备、运输与物流部网站资料显示，摩洛哥铁路总长2210千米，其中电气化里程为1284千米，占58%；复线铁路里程为600千米，占比27%。2015年，摩洛哥铁路客运人数为4000万人次，发送旅客列车7.8万趟，实现营业额约1.56亿美元；货运量为3200万吨，实现营业额约2亿美元。在世界经济论坛（World Economic Forum，WEF）发布的《2016—2017全球竞争力报告》中，摩洛哥的铁路设施质量在全球排名第33位，非洲排名第1位[①]。摩洛哥铁路已修至东部边境，具备与阿尔及利亚铁路互通的条件。

非洲大陆首条高铁丹吉尔—肯尼特拉高铁，全长200千米，设计时速350千米/小时，运营时速320千米/小时。这条线路的工程连接丹吉尔港口与经济中心城市卡萨布兰卡，全程运行时间2小时10分钟，比现有铁路线路缩短近3小时。该条铁路已于2018年第四季度正式投入商业运营，铁路年客流量达600万人次，相比当前的传统铁路线运输的300万人次增加一倍[②]。

根据世界银行的统计数据，截至2016年，摩洛哥共有铁路线路长度2240千米，其中80%的铁路是标准轨（1435毫米），铁路路网密度1.70千米/百平方千米，铁路客运周转量1395百万人/千米，铁路货运周转量517百万吨/千米。2015年，摩洛哥铁路客运量5281.1万人次，铁路货运量750.1万吨[③]。

从发展历程来看，2000—2016年摩洛哥铁路总里程从1907千米微幅上升到2109千米，铁路里程长度增加了202千米，年均复合增长率为

---

① Klaus Schwab, "The Global Competitiveness Report 2016 - 2017", *World Economic Forum*, http: //www3. weforum. org/docs/GCR2016-2017/05FullReport/The Global Competitiveness Report 2016-2017_ FINAL. pdf.

② 中华人民共和国商务部：《对外投资合作国别（地区）指南·摩洛哥》，2017年版（http: //fec. mofcom. gov. cn/article/gbdqzn/upload/yiselie. pdf）。

③ 世界银行：世界银行指标数据库（https: //data. worldbank. org. cn/indicator）。

0.63%；铁路路网密度从2000年的0.43千米/百平方千米微幅上升至2016年的0.47千米/百平方千米，路网密度增加了0.04千米/百平方千米，年均复合增长率为0.56%。铁路客运周转量从2000年的1956百万人/千米增加至2016年的5208百万人/千米，上升了3252百万人/千米，年均复合增长率6.31%；铁路货运周转量从2000年的4576百万吨/千米增加至2016年的5066百万吨/千米，上升了490百万吨/千米，年均复合增长率为0.64%。总体而言，摩洛哥铁路基础设施规模有小幅度的提高，但铁路运输能力有较大的增强。

表Ⅰ-4-2　　2000—2016年摩洛哥铁路里程和运量情况

年份	铁路总里程（千米）	铁路密度（千米/百平方千米）	铁路客运周转量（百万人/千米）	铁路货运周转量（百万吨/千米）
2000	1907	0.43	1956	4576
2001	1907	0.43	2019	4652
2002	1907	0.43	2145	4974
2003	1907	0.43	2374	5147
2004	1907	0.43	2645	5564
2005	1907	0.43	2987	5919
2006	1907	0.43	3333	5827
2007	1907	0.43	3659	5837
2008	1989	0.45	3836	4959
2009	2110	0.47	4190	4111
2010	2109	0.47	4398	5572
2011	2109	0.47	4819	5976
2012	2109	0.47	4819	5976
2013	2109	0.47	4819	5976
2014	2109	0.47	5449	5384
2015	2109	0.47	5507	4749
2016	2109	0.47	5208	5066

资料来源：世界银行。

从时间序列来看，2000—2016年，摩洛哥铁路里程规模总体上呈现平稳上升的趋势，同期的铁路路网密度也保持同样变化趋势。2000—2007年，铁路总里程一直维持在1907千米，2007—2009年总里程快速增加，年均复合增长率达到 5.19%；2009—2016 年基本处于停滞发展阶段，总里程没有出现较大波动，规模维持在 2109 千米。总体而言，摩洛哥铁路里程规模和路网密度经历了停滞不变—快速上升—停滞不变的发展趋势，铁路建设水平和发展速度有待提升。

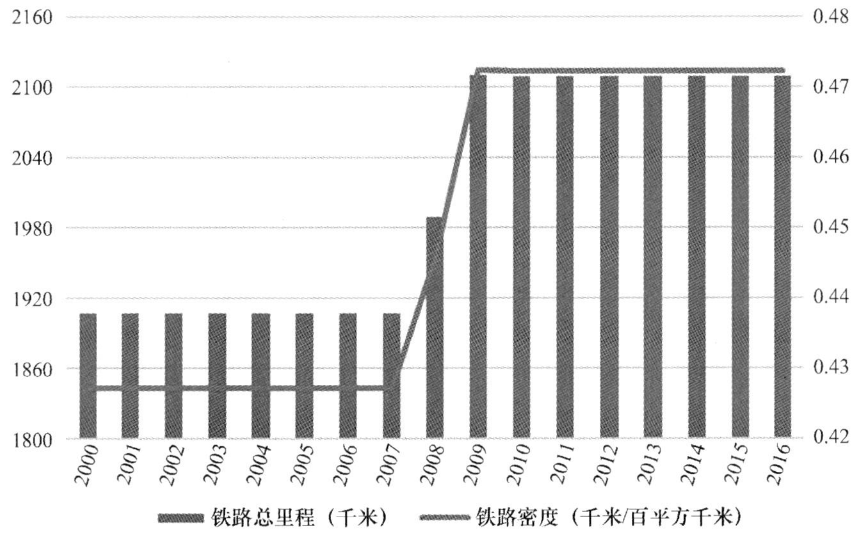

图Ⅰ-4-3　2000—2016 年摩洛哥铁路总里程和路网密度变化情况

从铁路的客运和货运周转情况来看，2000—2016 年摩洛哥铁路客运周转量和货运周转量呈现出不同的发展态势。其中，铁路客运周转量呈现持续上升的发展态势，2000—2011 年呈线性增长趋势，年均复合增长率达 8.54%；2011—2016 年呈现波动上升的发展态势，其中 2011—2013 年发展停滞，2013—2015 年又开始快速上升，2016 年又有所下降。相反，铁路货运周转量则较大幅度变动，特别是 2007—2010 年呈现先剧烈下降后快速回升的发展态势，这可能与全球金融危机有关，2013—2016 年也出现较大幅度的反复，但总体上呈现小幅上升的态势。总体而言，摩洛哥铁路客运能力发展迅速，但货运能力发展较为缓慢。

城市轨道交通方面，拉巴特—萨累拥有两条有轨电车线路，全长约 19 千米，2015 年客运量约 3000 万人次。卡萨布兰卡拥有两条有轨电车线路，第一条于 2012 年底投入使用，全长 31 千米，2015 年客运量 3200 万

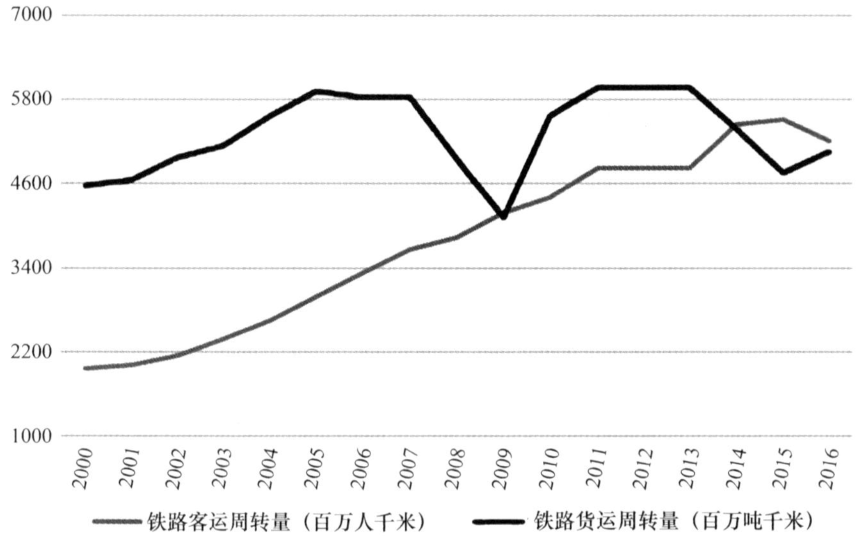

图Ⅰ-4-4　2000—2016年摩洛哥铁路客运货运周转量变化情况

人次。第二条于2019年1月24日投入使用，全长17千米。第三条和第四条有轨电车正在筹建中，预计于2022年投入使用。

三　水运港口

目前，摩洛哥共有38个港口，其中包括13个商业港，19个渔港和6个游艇停泊港，主要港口有卡萨布兰卡、穆罕默迪耶、萨菲、丹吉尔、纳祖尔港等。2016年，摩洛哥全国港口货物运输量为1.21亿吨，同比上涨8.6%；近海航行业务呈上升趋势，涨幅为17.6%，容量为460万吨，同比增长18%；集装箱转运280万标准箱，同比下降0.2%。2016年，摩洛哥前三大港口为卡萨布兰卡港、朱夫拉法港和丹吉尔地中海港，分别占全摩洛哥港口运输量的30.7%、28.9%和14.2%[①]。

目前，丹吉尔地中海港二期建设由丹吉尔地中海特殊项目署提供约38亿美元的综合性投资来实施，整体上包括4.6千米的堤坝和2.8千米的码头。该港口的建成将使两个集装箱码头的集装箱年吞吐量增加600

① 中华人民共和国商务部：《对外投资合作国别（地区）指南·摩洛哥》，2017年版（http://fec.mofcom.gov.cn/article/gbdqzn/upload/yiselie.pdf）。

万个。

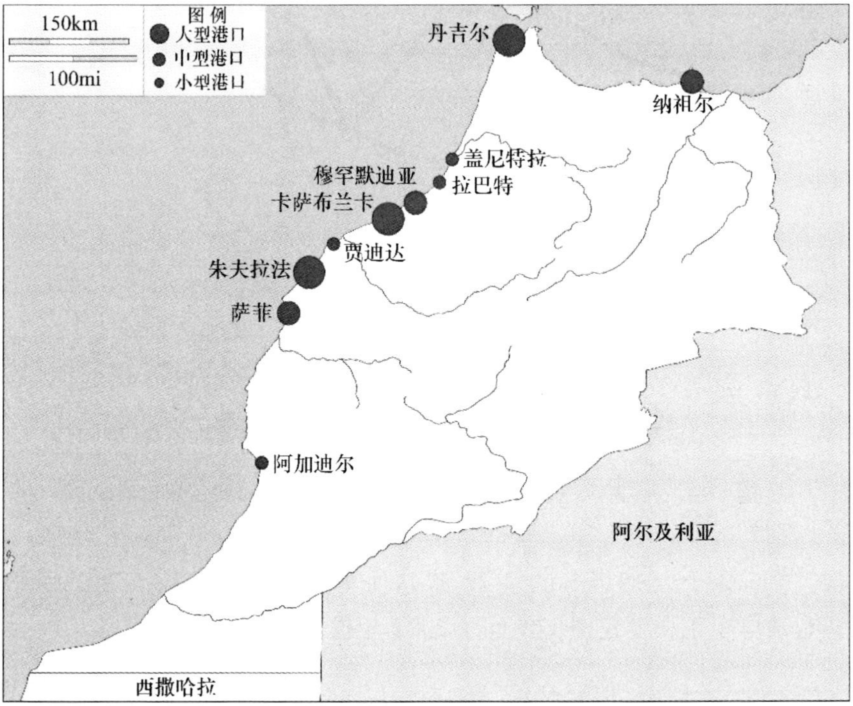

图Ⅰ-4-5　2016年摩洛哥主要港口的空间分布情况（未包括西撒哈拉地区）

据世界银行的统计数据，2017年摩洛哥港口货物吞吐量为457万标准箱。2013年，摩洛哥全国海运港口货物进出口吞吐量达10070万标准箱，同比增加7.6%。海运乘客达412万人次，同比基本持平。根据联合国贸发会（UNCTAD）数据显示，摩洛哥班轮运输相关指数①从2004年的9.39猛增至2016年的64.72，年均复合增长率17.45%。根据世界经济论坛发布的《全球竞争力报告》显示，摩洛哥港口基础设施质量指数②从2007年的4.1上升至2017年的5.0，年均复合增长率2.00%。

从发展历程来看，2000—2017年摩洛哥港口货物吞吐量从329万标

① 该指数表明各国与全球航运网络的连通程度，是根据船舶数量、船舶集装箱承载能力、最大船舶规模、服务量、在一国港口部署集装箱船舶的公司数量五部分数据计算得到。

② 该指数用于衡量企业高管对本国港口设施的感受。

准箱增加到457万标准箱，年均复合增长率为16.74%。总体而言，摩洛哥港口基础设施发展较快，港口吞吐能力不断提升。

表Ⅰ-4-3　　2000—2017年摩洛哥港口吞吐量情况

年份	港口吞吐量（标准箱）
2000	328808
2001	346724
2002	432137
2003	517549
2004	560682
2005	651439
2006	720181
2007	801987
2008	919360
2009	1222000
2010	2800000
2011	3033000
2012	2964820
2013	3526200
2014	4075000
2015	3965000
2016	3979000
2017	4570000

资料来源：世界银行。

从时间序列来看，2000—2017年，摩洛哥港口集装箱吞吐量呈现快速的波动上升趋势，曲线变化大体呈现指数形式。港口集装箱吞吐量在2000—2009年呈现较为平滑的上升态势，年均增长率15.70%；2009年起开始更加快速地上升，至2017年达到最高点4570000标准箱，年均复合增长率达17.92%。总体而言，摩洛哥水运和港口吞吐能力发展较快，细分时间段则呈现先平稳上升后急速上升的发展态势。

四　航空

摩洛哥拥有16个国际机场，10个国内机场和一些供轻型飞机起降的

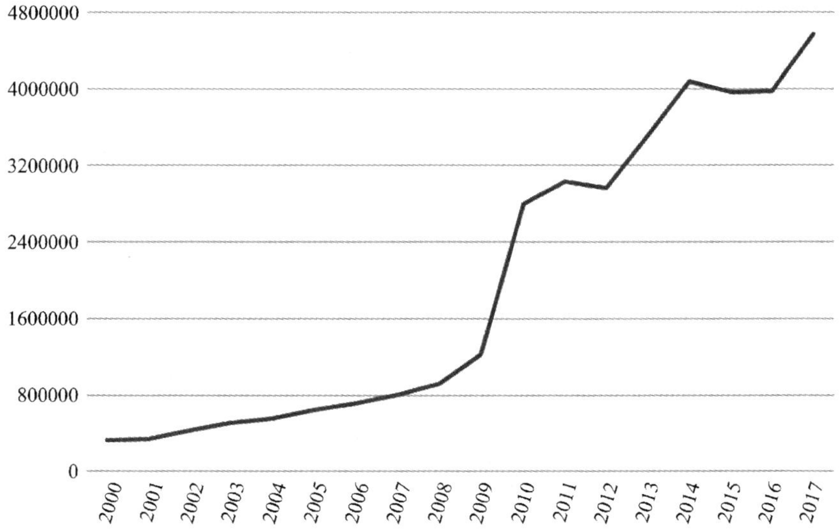

图Ⅰ-4-6　2000—2017 年摩洛哥港口集装箱吞吐量变化情况

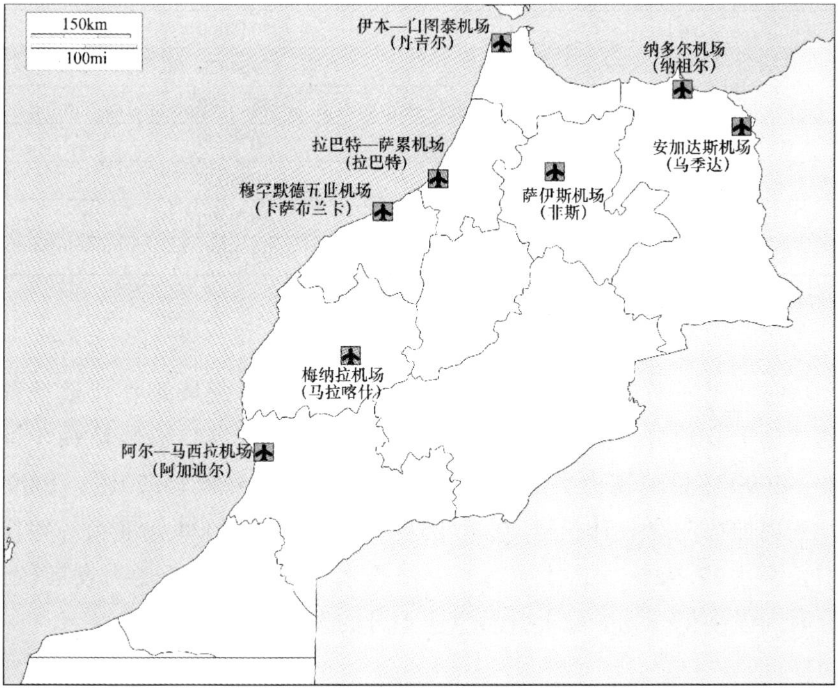

图Ⅰ-4-7　2017 年摩洛哥主要机场的空间分布情况（地图不含西撒哈拉部分）

小型机场，主要有穆罕默德五世机场（卡萨布兰卡）、梅纳拉机场（马拉喀什）、马西拉机场（阿加迪尔）、伊本·白图泰机场（丹吉尔）以及非斯—萨伊斯机场、拉巴特—萨累机场、安加达斯机场（乌季达）等，以上机场均归摩洛哥国家机场管理局（ONDA）管理[①]。

摩洛哥皇家航空公司是全国最大的航空公司，也是非洲主要的航空公司之一。该公司总部位于卡萨布兰卡，拥有55架客运飞机和1架货运班机，航班目的地共有90个，其中33个在摩洛哥以外的非洲大陆，共计有67条航线连接美洲、欧洲、非洲、亚洲40多个国家和地区。2016年该公司客运量达680万人次。

根据世界银行的统计数据，截至2017年，摩洛哥航空运输量累计达到135763次，航空客运量13861828人/千米，航空货运量23.5百万吨/千米。2016年，摩洛哥机场客运量达1820万人次，同比增长3.58%。全国民航机场起降航班161837架次，同比增长1.16%。其中，卡萨布兰卡穆罕默德五世机场的航班起降架次占50.34%，其次为马拉喀什机场（18.05%）和阿加迪尔机场（1.86%）。

从发展历程来看，2000—2017年摩洛哥航空运输量从44542次增加到83355次，上升了38813次，年均复合增长率为3.76%。航空客运量从2000年的3671317人/千米增加至2017年的8436970人/千米，上升了4765653人/千米，年均复合增长率为5.02%；航空货运量从2000年的62.5百万吨/千米增加至2017年的74.1百万吨/千米，上升了11.6百万吨/千米，年均复合增长率为1.01%。总体而言，摩洛哥航空基础设施及其运输能力增长迅猛，未来前景广阔。

表Ⅰ-4-4　2000—2017年摩洛哥航空运量情况

年份	航空运输量（次）	航空客运量（人/千米）	航空货运量（百万吨/千米）
2000	44542	3671317	62.5
2001	44262	3680688	63.0
2002	37160	3049154	51.2

① 中华人民共和国商务部：《对外投资合作国别（地区）指南·摩洛哥》，2017年版（http://fec.mofcom.gov.cn/article/gbdqzn/upload/yiselie.pdf）。

续表

年份	航空运输量（次）	航空客运量（人/千米）	航空货运量（百万吨/千米）
2003	35937	2638314	52.6
2004	41526	3004353	61.9
2005	48651	3492984	60.8
2006	55239	4109489	50.6
2007	68847	4623543	44.8
2008	61298	4927341	55.5
2009	62037	4930683	62.8
2010	75306	7144446	64.6
2011	69941	7502697	41.0
2012	61161	6563647	38.8
2013	68700	6507408	43.3
2014	72345	6976810	47.0
2015	75044	7043971	52.9
2016	80085	7738637	53.8
2017	83355	8436970	74.1

资料来源：世界银行。

从时间序列来看，2000—2017 年，摩洛哥航空运输量呈现波动上升

图Ⅰ-4-8　2000—2017 年摩洛哥航空运输量变化情况

趋势。其中，2000—2003 年出现下降的情况，2005—2012 年则呈现 2 次反复，其他时间段均为线性快速上升的态势。总体而言，摩洛哥航空运输量发展较快，但发展水平还有待提升。

从航空客运量和货运量情况来看，2000—2017 年摩洛哥航空客运量和货运量均呈现出波动上升的发展态势，前者比后者的增速更加明显。其中，航空客运量在 2011—2013 年有短暂小幅下降波动，而航空货运量波动幅度较大也较为频繁，其中 2010—2012 年的大幅下降使得航空货运量跌至最低点 38.8 百万吨/千米，年均跌幅高达 29.03%。总体而言，摩洛哥航空客运量和货运量整体处于上升态势，其中航空客运能力的增强更加明显。

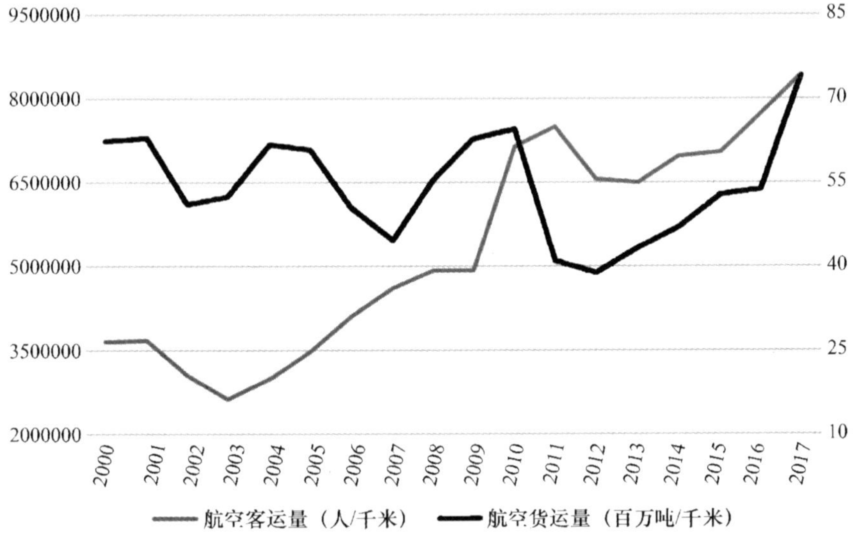

图 I－4－9　2000—2017 年摩洛哥航空客运货运能力变化情况

第二节　能源基础设施

摩洛哥国家电力水利局成立于 1963 年，分为水利和电力两个部门。该局负责生产电力并向全国用户提供。一些大企业为满足自身用电需要，也配备了自主发电能力，如“摩洛哥化工”、摩洛哥磷酸盐集团（OCP）、“Aouli 矿业”和糖厂等。电力水利局（ONEE）以外的企业自主发电量合计占全国发电总量的10%。国家电力局的发电量一部分输送给12个电力专卖局，由专卖局出售给用户；另一部分则直接出售给定向客户，如摩洛哥铁路局（ONCF）、ONEE、OCP及水泥企业等。

截至2016年底，摩洛哥国家电力局总装机容量为8158.5MW。2015年，摩洛哥全国用电需求为34413GWh，可满足86.9%的用电需求。ONEE下属电站发电量为10491.674GWh，占总发电量的35%，占国内需求的30.5%。其中，火电7626GWh，水电2282GWh，风电584GWh，太阳能电力仅5.7GWh。私营电力机构发电量为19361.4GWh，占全国总发电量的64%。目前，农村电网覆盖率已达99.15%。摩洛哥电网与西班牙、阿尔及利亚连接。1997年，摩洛哥与西班牙两国间电网通过一条700MW的海底电缆相连，2006年扩容到1400MW。目前第三条700MW的电力互连电缆项目正在研究中。此外，摩洛哥电网自1988年起还与阿尔及利亚互连，目前发电能力为1200MW。摩洛哥政府与毛里塔尼亚、葡萄牙（1000MW）的电网互连项目正在做可行性研究。

据世界银行的统计数据，2015年摩洛哥总发电量约532亿千瓦时，其中煤炭发电量占比42.66%，天然气发电量占比17.54%，石油发电量占比10.93%，水力发电量占比11.77%，其他能源（如风能、地热能等）发电量占比17.10%①。

从发展历程来看，2000—2015年摩洛哥煤炭发电量占比从2000年的68.28%下降到2015年的55.53%，减少了12.75个百分点；天然气发电量占比从2000年的0快速上升到2015年的18.77%；石油发电量占比从2000年的25.64%大幅下降到2015年的7.17%，减少了18.47个百分点；水力发电量占比从2000年的5.58%小幅上升至2015年的6.12%，增加了0.54个百分点；其他能源发电量占比从2000年的0.50%快速增加至2015年的12.41%，上升了11.91个百分点。总体而言，摩洛哥能源基础设施的供应结构已得到很大改善，天然气、地热能、风能等清洁能源和可再生能源供应增长迅猛，煤炭、石油等不可再生和污染能源急剧减少。虽然现阶段摩洛哥的能源供应仍主要依靠煤炭，但未来的能源结构优化前景较为乐观。

① 世界银行：世界银行数据库（https：//data.worldbank.org.cn/indicator）。

表 I-4-5　　2000—2015 年摩洛哥各能源基础设施发电量情况

年份	煤炭发电量占比（%）	天然气发电量占比（%）	石油发电量占比（%）	水力发电量占比（%）	其他能源发电量占比（%）
2000	68.28	0	25.64	5.58	0.50
2001	77.36	0	15.49	5.79	1.36
2002	75.60	0	17.55	5.58	1.27
2003	70.88	0	19.11	8.78	1.23
2004	70.71	0.71	18.37	9.08	1.13
2005	66.00	10.38	17.48	5.08	1.06
2006	64.95	12.65	16.46	5.02	0.92
2007	62.61	14.19	17.20	4.60	1.40
2008	56.72	13.94	23.37	4.52	1.45
2009	51.37	14.44	20.19	12.14	1.86
2010	45.90	12.52	24.15	14.65	2.78
2011	46.70	16.20	26.31	8.02	2.77
2012	43.37	22.69	25.31	5.97	2.66
2013	43.39	21.00	20.96	9.31	5.34
2014	55.03	19.48	13.10	5.69	6.70
2015	55.53	18.77	7.17	6.12	12.41

资料来源：世界银行。

第三节　通信基础设施

摩洛哥拥有良好的有线和无线通信系统，有 5 条国际海底电缆和 3 个卫星地面站与国际卫星组织和阿拉伯卫星组织相连，通信枢纽为卡萨布兰卡和拉巴特。摩洛哥电信市场最大的运营商为摩洛哥电信（Maroc Telecom），其次为地中海电信和 INWI 电信。为适应人口增长和新技术发展，摩洛哥邮政事业近年来陆续推出多项新服务，诸如国际邮政特别快递 EMS 等，并通过机制化营业窗口管理来改善对网点的管理①。

截至 2016 年 9 月底，摩洛哥互联网用户达 1692 万，意味着超过半数的国民接入互联网。其中，移动互联网（3G、4G）发展尤为迅速，移动

① 中华人民共和国商务部：《对外投资合作国别（地区）指南·摩洛哥》，2017 年版（http://fec.mofcom.gov.cn/article/gbdqzn/upload/yiselie.pdf）。

互联网用户达1572万，同比增长22.7%；宽带互联网用户为119万，同比增长10%。

根据世界银行的统计数据，截至2017年，摩洛哥每百人拥有移动电话123部，每百人拥有固定电话5.7部。从发展历程来看，2000—2017年摩洛哥每百人拥有移动电话数从2000年的8部增加到2017年的123部，增加了115部，年均复合增长率17.44%；摩洛哥每百人拥有固定电话数从2000年的4.9部小幅增加到2017年的5.7部，上升了0.8部，年均复合增长率为0.89%。

表Ⅰ-4-6 2000—2017年摩洛哥固定/移动电话基础设施情况

年份	每百人拥有移动电话（部）	每百人拥有固定电话（部）
2000	8	4.9
2001	16	4.1
2002	21	3.8
2003	25	4.1
2004	31	4.3
2005	41	4.4
2006	52	4.1
2007	64	7.7
2008	72	9.5
2009	79	11.0
2010	99	11.6
2011	111	10.9
2012	117	9.8
2013	125	8.6
2014	129	7.2
2015	124	6.4
2016	118	5.9
2017	123	5.7

资料来源：世界银行。

从时间序列来看，2000—2017年，摩洛哥每百人拥有移动电话和每百人拥有固定电话的发展趋势均呈上升态势，但发展过程差异巨大。每百人拥有移动电话部数一直处于上升状态，曲线变化大体呈线性趋势。每百人拥有固定电话部数在2000—2006年处于平稳状态，2006—2010年陡然上升，年均复合增长率达29.69%，2010年开始不断下降，年均跌幅达10.68%。总体而言，摩洛哥移动电话持有量规模增长迅猛，固定电话规模小幅上升，电信市场发展潜力巨大。

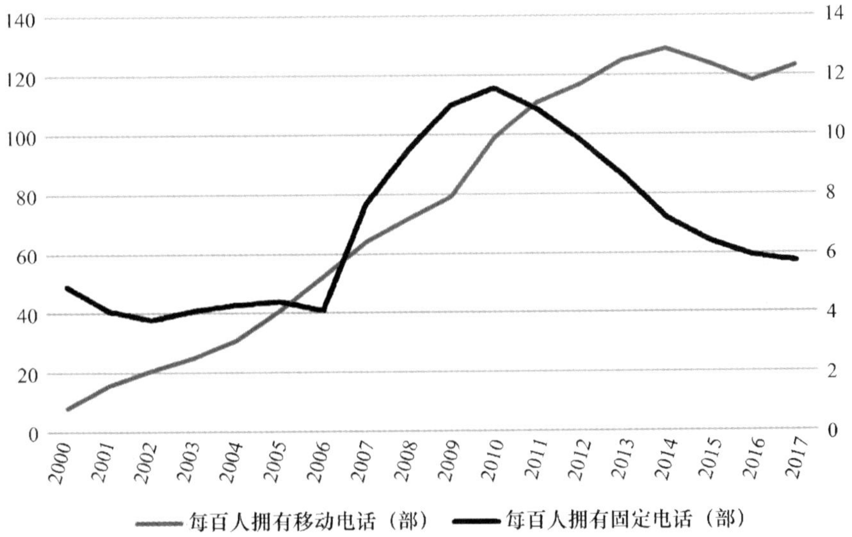

图Ⅰ-4-10　2000—2017年摩洛哥每百人移动/固定电话拥有量变化情况

从互联网基础设施发展情况来看，截至2017年，摩洛哥互联网普及率61.76%，每百万人拥有互联网服务器数283个，每百人拥有固定宽带数3.86部。

从发展历程来看，2000—2017年摩洛哥互联网普及率从2000年的0.69%迅猛增加到2017年的61.76%，年均复合增长率30.26%；每百人拥有互联网服务器数从2004年的0.1个快速增加到2017年的283.0个，年均复合增长率达59.60%；每百人拥有固定宽带数实现了从无到有的进化，2000年还没有，到2017年已经达到3.86部。

表Ⅰ-4-7　**2000—2017年摩洛哥互联网基础设施情况**

年份	互联网普及率（%）	每百万人拥有互联网服务器数（个）	每百人拥有固定宽带（部）
2000	0.69	0	0

续表

年份	互联网普及率（%）	每百万人拥有互联网服务器数（个）	每百人拥有固定宽带（部）
2001	1.37	0	0
2002	2.37	0	0.01
2003	3.35	0	0.01
2004	11.61	0.1	0.21
2005	15.08	0.2	0.82
2006	19.77	0.5	1.27
2007	21.50	0.7	1.53
2008	33.10	1.0	1.56
2009	41.30	1.1	1.50
2010	52.00	1.6	1.56
2011	46.11	2.3	1.81
2012	55.42	3.4	2.07
2013	56.00	5.4	2.50
2014	56.80	7.1	2.89
2015	57.08	9.4	3.30
2016	58.27	24.4	3.56
2017	61.76	283.0	3.86

资料来源：世界银行。

从时间序列来看，2000—2017 年，摩洛哥互联网普及率、每百万人拥有互联网服务器个数和每百人拥有固定宽带部数均呈现上升发展态势，其中每百万人拥有互联网服务器个数呈现指数型上升趋势，互联网普及率和每百人拥有固定宽带部数则呈现对数型上升趋势。总体而言，摩洛哥通信基础设施发展速度较快，但目前发展水平还有待提高，发展前景乐观。

第四节　基础设施发展规划

一　高速公路和铁路发展规划

2016 年底，摩洛哥高速公路通车里程约为 1800 千米。摩洛哥政府计划到 2035 年将高速公路通车里程增加至 3000 千米。根据 2035 年道路规划，摩洛哥还将修建 3400 千米的高速公路和 2100 千米的快速路，总投资额约261亿美元。此外，还将对现有的7000千米道路进行翻新，投资额约150亿美元；在乡村地区新建30000千米道路，投资额约为82亿美元。

铁路方面，摩洛哥政府计划到2035年建成1500千米的高速铁路网络，包含6条线路，连接摩洛哥主要大城市，预计基础设施方面投资272亿美元。此外，摩洛哥还计划到2035年建设2743千米的普通铁路，包含20个项目，预计投资额约为174亿美元。

上述规划由摩洛哥装备、运输与物流部负责实施，摩洛哥高速公路公司（ADM）负责高速公路的建设和运营，国家铁路局负责铁路的建设和运营。

二　集装箱码头发展规划

2015年，摩洛哥全国集装箱存放面积达到250公顷，到2030年集装箱存放面积达到450公顷。该规划由摩洛哥装备、运输物流部负责实施。

三　2030海运港口发展规划

摩洛哥计划到2030年港口年货物运输量由1.4亿吨提高到3.4亿吨，并且发展五大中心，包括北方中心港（那祖尔城市港和地中海西港）、西北中心港（丹吉尔城市港和地中海新港）、肯尼特拉—卡萨布兰卡中心港（包括肯尼特拉、卡萨布兰卡和穆罕默迪耶三个港口）等（具体详见本书第三篇第六章）。

摩洛哥基础设施建设资金除本国筹资外，还可以较容易地从外国、国际金融机构获得。以高铁为例，摩洛哥高铁网资料显示，非洲首条高铁——丹吉尔至肯尼特拉高铁总投资额约54亿美元，其中基础设施、铁路设备、机车设备和前期研究及管理费用分别为19.7亿美元、15.2亿美元、12.0亿美元和0.8亿美元。资金来源方面，摩洛哥借贷36.38亿美元，自筹资金15.8亿美元，外国援助2.29亿美元。其中，法国2008年同意向摩洛哥贷款6.25亿欧元，用于机车设备和铁路设备融资。此外，摩洛哥政府还允许外国投资者通过建设—运营—移交（BOT）等方式参与基础设施项目投资，并且正在探讨运用公共私营合作制（PPP）方式的可能性[1]。

---

① 中华人民共和国商务部：《对外投资合作国别（地区）指南·摩洛哥》，2017年版（http://fec.mofcom.gov.cn/article/gbdqzn/upload/yiselie.pdf）。

第五章　产业发展

相较于其他中东和北非地区的国家，摩洛哥的经济更为多元化。旅游业对摩洛哥经济做出了巨大贡献，世界旅游及旅行理事会（WTTC）发布的摩洛哥2019年度报告数据显示，2018年摩洛哥旅游业产值达2127亿迪拉姆（合计22672百万美元），占国民经济收入的19%，远超世界平均水平10.4%；旅游业收入达899亿迪拉姆（9585百万美元）；创造就业192.88万个[①]。农业增长也是拉动经济增长的重要动力。此外，摩洛哥的典型工业主要有纺织皮革业、汽车工业、航空工业和ICT行业（主要是外包形式）。近年来，大量涌入港口、运输网络和工业基础设施的投资，显著提升了摩洛哥的综合竞争力，使其成为进入非洲市场的重要交通枢纽和商业经纪中介。

第一节　产业结构演变

一　三大产业结构演变

摩洛哥是以农业经济为主的发展中国家，其产业结构近四十年来一直较为稳定，摩洛哥高等规划署数据显示，第一、第二、第三产业的GDP占比基本维持在15%、30%和55%。从就业结构来看，农业部门提供的就业基本在40%左右，第二产业就业比重相对较低，在20%左右，第三产业就业规模基本和农业相当，也为40%左右。基于三大产业的增加值结构和就业结构，摩洛哥仍处于工业化中期阶段。

---

①　世界旅游及旅行理事会（WTTC）：《摩洛哥2019年研究报告：要点》（https：//www.wttc.org/economic-impact/country-analysis/country-data/）。

第一产业包括农业、林业和渔业，其中农业是摩洛哥的主要经济部门。摩洛哥政府十分重视农业对摩洛哥经济的贡献，制定了一系列促进农业发展的重要政策。尽管一直以来农业在 GDP 中的占比变动不大，但是规模扩张速度较快。1964 年底，与大多数致力于工业发展的第三世界国家不同，由摩洛哥国家元首主持的全国促进和计划高级理事会第一次会议重申：今后将优先考虑农业发展规划[①]。20 世纪 80 年代开始，摩洛哥政府为对抗干旱气候对农业造成的不利影响，再次强调优先发展农业，旨在 20 世纪末实现粮食自给自足。受此举措的影响，1980 年，摩洛哥第一产业增加值增长至 137.79 亿迪拉姆[②]，占 GDP 的 17.73%。受气候条件影响，2000 年第一产业曾一度下滑，农业增加值大幅下跌 10% 以上，为此摩洛哥于 2000 年成立农业投资信息中心，增加农业技术投资，从而农业增加值很快得以回升并保持持续增势。2005 年旱灾大范围蔓延，严重影响了农业发展，政府为保证农业收成，采取了一系列保障措施，包括提供农产品种子补贴、以国家财政资金提供农业旱灾保险、免除燕麦进口关税以支持畜牧业发展等。在摩洛哥政府的大力支持下，至 2017 年，农业增加值达 1316.23 亿迪拉姆，同比增长 8.28%，年均增长 8%。第一产业在 GDP 中的占比降低至 13.99%（表 I－5－1）。

摩洛哥第二产业主要包括提取行业、加工工业、水电供应业与建筑和公共工程。摩洛哥的工业发展在 1958 年独立前后具有显著差异。独立之前，其产业布局严重失衡，主要是法国殖民者设立的加工业；独立之后摩洛哥政府制定了一系列举措以促进工业发展。20 世纪 80 年代，政府强调优先发展轻工业和中小企业，重点发展磷酸盐采掘、农业食品加工、纺织皮革业和制糖业等行业，工业部门得到一定发展，1980 年第二产业增加值达 228.48 亿迪拉姆，在 GDP 中占比达 29.40%。第二产业相对于容易受气候条件影响的农业而言，发展较为稳健，增加值基本处于平稳增长的态势。2017 年，第二产业增加值达 2777.98 亿迪拉姆，同比增长 5.47%，年均增长 7%。第二产业占 GDP 的比重基本在 30%，近四十年几乎没有

---

① Najib Akesbi, *Évolution et Perspectives de L'agriculture Marocaine*, Maroc: Cinquante ans de Développement Humain au Maroc, 2006, pp. 85－198.

② 本章中迪拉姆均指摩洛哥迪拉姆。

波动（表Ⅰ-5-1）。

第三产业包括除第一产业和第二产业之外的其他行业，在摩洛哥经济中的比重缓慢增加。1980—2017年，第三产业在GDP中的占比从52.87%增加至56.47%，2017年第三产业增加值达5311.84亿迪拉姆，同比增长4.16%，年均增长7.4%（表Ⅰ-5-1）。

表Ⅰ-5-1 1980—2017年摩洛哥三大产业增加值

	第一产业		第二产业		第三产业	
	增加值（亿迪拉姆）	增速（%）	增加值（亿迪拉姆）	增速（%）	增加值（亿迪拉姆）	增速（%）
1980	137.79	—	228.48	—	383.20	—
1981	104.72	-24.00	271.70	18.92	426.65	11.34
1982	146.61	40.00	299.24	10.14	483.89	13.42
1983	155.41	6.00	328.96	9.93	516.97	6.84
1984	168.68	8.54	371.04	12.79	584.55	13.07
1985	213.59	26.62	418.39	12.76	659.09	12.75
1986	296.44	38.79	443.10	5.91	767.96	16.52
1987	228.01	-23.08	456.45	3.01	810.85	5.58
1988	319.27	40.02	534.46	17.09	893.21	10.16
1989	341.48	6.96	558.42	4.48	957.20	7.16
1990	400.00	17.14	626.10	12.12	1043.84	9.05
1991	524.00	31.00	665.93	6.36	1165.63	11.67
1992	430.56	-17.83	689.31	3.51	1234.77	5.93
1993	409.82	-4.82	707.22	2.60	1292.43	4.67
1994	602.44	47.00	749.24	5.94	1389.29	7.49
1995	479.08	-20.48	799.15	6.66	1491.57	7.36
1996	738.96	54.25	878.67	9.95	1579.47	5.89
1997	581.41	-21.32	932.38	6.11	1610.13	1.94
1998	689.17	18.53	944.28	1.28	1774.35	10.20
1999	602.89	-12.52	973.82	3.13	1875.99	5.73
2000	522.41	-13.35	1017.45	4.48	1955.89	4.26
2001	626.77	19.98	1044.00	2.61	2116.21	8.20
2002	654.57	4.44	1081.89	3.63	2221.65	4.98
2003	739.33	12.95	1194.18	10.38	2342.10	5.42
2004	741.31	0.27	1295.70	8.50	2505.77	6.99

续表

	第一产业		第二产业		第三产业	
	增加值（亿迪拉姆）	增速（%）	增加值（亿迪拉姆）	增速（%）	增加值（亿迪拉姆）	增速（%）
2005	695.65	-6.16	1337.49	3.23	2706.42	8.01
2006	874.82	25.76	1406.31	5.15	2898.35	7.09
2007	749.32	-14.35	1490.52	5.99	3217.09	11.00
2008	906.90	21.03	1878.66	26.04	3410.76	6.02
2009	1070.5	18.04	1878.26	-0.02	3593.65	5.36
2010	1055.34	-1.42	2068.74	10.14	3781.13	5.22
2011	1148.66	8.84	2265.16	9.49	4029.97	6.58
2012	1105.75	-3.74	2345.64	3.55	4242.83	5.28
2013	1202.28	8.73	2349.73	0.17	4632.12	9.18
2014	1078.02	-10.34	2440.91	3.88	4771.35	3.01
2015	1247.59	15.73	2577.96	5.61	4914.24	2.99
2016	1215.56	-2.57	2633.84	2.17	5099.91	3.78
2017	1316.23	8.28	2777.98	5.47	5311.84	4.16

资料来源：根据摩洛哥高等规划国民经济账户数据绘制。表中统计数据均为现价摩洛哥迪拉姆。

摩洛哥的就业结构突出了农业的重要地位，40%的就业由农业部门提供，尽管近年来农业就业人员占比略有下降，尤其是2004年达到峰值45.8%之后，一直逐渐缩小，但是2017年依然保持在37%。第二产业尽管创造了30%的GDP，但是就业人员占比仅为20%左右，且近年来一直逐渐缩小，2017年缩小至19.57%。大量的摩洛哥劳动力开始流向第三产业，2017年，占比从35%扩大到42%（图Ⅰ-5-1）。

二　产业发展演变

（一）农业发展概况

农业部门是摩洛哥经济的重要支撑。摩洛哥农业发展可以根据政府采取的几次大规模促进农业发展的政策而划分为四个阶段。

第一阶段从60年代中期开始，摩洛哥开始实行“大坝政策”，该政策基本上是摩洛哥建国之后实行的第一个大规模农业发展计划，一直延续到

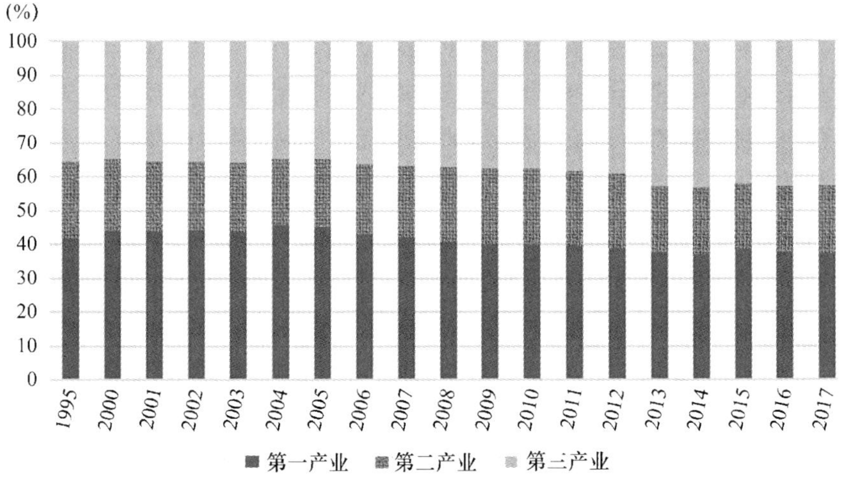

图Ⅰ-5-1　1980—2017年摩洛哥三大产业就业结构

资料来源：根据摩洛哥高等规划署数据绘制。

1985年，涉及农业公共投资、农业投资法规、农业信贷、税收、农产品价格、补贴等各方面的政策。其中，农业公共投资主要集中在大规模灌溉方面，包括对灌溉基础设施和排水设备的投资。1969年，摩洛哥颁布农业投资法，旨在促进农业现代化和生产集约化。同时，摩洛哥政府一直致力于免除农业部门税收，至70年代末，农业税占比下降至0.5%以下，至80年代，政府规定干旱年份完全不征收农业税。此外，摩洛哥政府对农产品实行监管干预政策，对于谷物、牛奶和某些用于国内市场的工业作物（甜菜、棉花和向日葵等），政府倾向于规范其市场价格水平，而对于柑橘类水果和橄榄油等用于出口的农产品，政府则将其价格限制在1972年至1973年的水平。基于“大坝政策”的实施，摩洛哥农业的发展取得了一些成果。首先水资源的储存和调节能力显著提高。1967年至1975年间，大坝的蓄水能力从20亿立方米增加到59亿立方米，其中56%用于农业。其次，甜菜产量增加，1975年达到180万吨，糖自给率从0提高到50%。再次，油料作物产量增加，向日葵产量在五年时间内从20世纪60年代后期的900万吨提高到2000万吨，最后，蔬菜水果等产量也有不同程度的提高，牛奶产量提高了38%。

第二个阶段为1985年至1993年，摩洛哥开始实行农业部门的结构调整政策。该政策得到了世界银行的信贷支持和技术支持，又被称为“农业部门中期调整计划”（PAMTSA），由农业结构调整贷款计划（PASA.1和PASA.2）、大型灌溉改进计划（PAGI.1和PAGI.2）以及农业部门投资计划（PISA.1和PISA.2）三部分构成。其中，PASA.1部署于1985年至1987年，获世界银行1亿美元贷款支持，旨在促进政府干预合理化（如提高灌溉水费、关闭公共肥料销售点等）。PASA.2则致力于解决一些基本问题，如取消贸易限制，特别是进口贸易限制，促进小麦粉、糖类和油料作物的市场化①。

第三阶段为1993年至2004年，在此期间，摩洛哥将农业发展上升到战略层次，开始将促进农业和农村发展作为一项重大的国家战略，简称“2020战略”。1993年，摩洛哥成立了“部际委员会”，因为农业和农村的发展被认为是一项多方面的工作，必然会涉及政府的不同部门。该委员会基于对2020年人口统计数据，预测了就业和粮食需求，提供了农村发展的一般指导方针和农业部门的具体指导方针，概述了农业发展的战略目标：“到2020年实现粮食安全”（现在此概念调整为“粮食自给自足”），然后提出“农业政策工具”（从价格和收入政策到“农业风险缓解”）。此后无论是摩洛哥政府还是作为资助方的世界银行，都针对摩洛哥农业和农村的发展制定了一系列战略规划。1997年，摩洛哥农业、设备和环境部委托一个多学科的国家专家小组针对摩洛哥农业开展了专项研究调查，旨在研究摩洛哥农业现代化发展的主要方向和路径。2000年至2004年期间，摩洛哥政府制定了第一个针对“2020战略”的五年计划，并为此设立了专业委员会，重申了农业和农村发展的传统战略方向（农业收入的提高、粮食安全、市场一体化、自然资源保护），拟议了“2020战略”的主轴：农业空间的发展、生产链、培训、研究和推广、农业现代化、加强专业组织和改善经济环境等。此后，一直到2008年之前，摩洛哥一直致力于推行实施“2020战略”，持续推动农业的发展改革。

第四阶段即为2008年至今，摩洛哥农业发展在很大程度上受到国家

① Najib Akesbi, *Évolution et Perspectives de L'agriculture Marocaine*, Maroc: Cinquante ans de Développement Humain au Maroc, 2006, pp. 85 - 198.

农业政策——绿色摩洛哥计划（Plan Maroc Vert，以下简称 PMV）的推动。PMV 于 2008 年启动，预计将持续到 2020 年，旨在通过农业促进社会经济发展。PMV 主要有两大目标，第一个侧重于生产力和增加值的提高，而第二个侧重于对该国偏远地区小规模农民的支持，以缓解全国的贫困和饥饿状况。PMV 实施以来，摩洛哥农业结构已经开始逐渐发生转变，从以粮食生产为主转变为以高附加值种植园为主，以此减轻干旱等气候条件对摩洛哥农业的不利影响。

PMV 的实施主要采取由行业专业人士组成特定部门贸易委员会的形式，自 2008 年以来已建立了多达 18 个委员会。这些委员会作为行业经营者和公共机构的中间人，致力于促进乳制品、水果、蔬菜和谷物等关键领域的发展。委员会根据政府支持的长期合同将私人投资者与农民进行匹配，从而最大限度地降低财政风险。其中许多交易现已开始见效，例如，与柑橘生产商签订的 2009—2018 年合同计划，原计划于 2018 年实现柑橘种植面积扩大到 10.5 万公顷的目标，而实际上在 2016 年种植面积就扩大到 11.8 万公顷，远远超过计划目标。柑橘生产者的产量在 2013/2014 年度尚未采用相同模式时为 210 万吨，在采用 PMV 的合同模式之后，柑橘产量有望在 2018 年达到目标 290 万吨。

摩洛哥的 PMV 自启动以来取得了世界各国、各组织的资金支持。在 2008 年至 2015 年期间，总投资额为 870 亿迪拉姆（80 亿欧元），其中，公共投资达到 560 亿迪拉姆（51 亿欧元），私人投资贡献了剩余的 310 亿迪拉姆（28 亿欧元）。摩洛哥在 2008 年至 2015 年期间从国际银行获得了 230 亿迪拉姆（21 亿欧元），其中包括世界银行、非洲开发银行和法国开发署等多边和双边机构。最近的许多协议表明，国际发展机构和捐助者均承诺将会持续继续支持摩洛哥的转型计划。2015 年 10 月，非洲开发银行宣布向摩洛哥提供 1.32 亿美元的资金，以支持 PMV 提高农业生产力的计划。2016 年 3 月，摩洛哥从日本国际合作署获得 7.2 亿迪拉姆（6610 万欧元），该笔资金用于管理自然资源和促进包容性增长，帮助提高摩洛哥农业的竞争力，促进可持续发展。同月，PMV 的发起使得摩洛哥农业发展局，在减轻气候变化影响取得一定进展的基础上获得了联合国绿色气候基金的准入，这项交易使摩洛哥开发商有资格申请获得高达 5000 万美元的资金[1]。

在 PMV 实施期间，政府通过公私合作伙伴关系计划（以下简称 PPP）将国有土地出租，以提高私营部门在农业发展中的参与度。根据该计划，为加强小规模农户和大公司之间的合作，土地被允许出租给在国家合同框架下开展农业项目的投资者。牛津商业集团发布的摩洛哥农业相关报告表明，自 2008 年以来在柑橘和橄榄油部门开展的 PPP 计划促进产量于 2016 年分别增加 26 万吨和 5.7 万吨。一旦合同计划到期，总产量将达到 65 万吨和 21 万吨。虽然 PPP 这种内部组织模式在推动增长方面发挥了重要作用，但农业部门仍然极易受到恶劣天气和气候变化的影响。

受旱灾影响，2015 年开始，摩洛哥粮食产量大幅下降，2015/2016 年度谷物产量下降 60%。虽然较低的产量对农民收入产生重大影响，但近年来出现的较高水平的保险可以为摩洛哥农业提供财务缓冲。政府通过与保险公司签订 PPP 协议，例如摩洛哥农业互助保险，将保险范围从 2008 年的 3 万公顷提高到 2015 年的 100 万公顷。根据协议，国家将向农民提供高达 90% 的保费补贴。

摩洛哥独立以来，在政府的大力支持下，农业发展趋势良好，成为摩洛哥经济增长和对抗农村贫困难题的重要引擎，几乎贡献了国民经济 15% 的份额，带来的社会经济影响会更高。1961 年以来，农产品生产指数基本处于波动增长的趋势之中（图 I－5－2）。

谷物是摩洛哥农业部门中最大的细分部门之一。谷物产量不仅取决于有利的天气条件的天数，也部分得益于 PMV 促进生产方法现代化、提高生产力和开发耐气候小麦品种等举措和努力。摩洛哥高等规划署数据显示，2015/2016 年度，受气候条件的严重影响，谷物产量自上年度达到峰值（1150 万吨）之后，大幅下跌至 336.73 万吨，跌幅高达 70.8%。其中包括 62 万吨大麦，87 万吨硬麦和 185 万吨软麦。2016/2017 年，则得益于有利的天气条件和摩洛哥政府对农业发展的大力支持，大部分农作物产量都得到明显增长，尤其是大麦、软麦和硬麦，分别实现了 294%、

① Oxford Business Group，"Morocco's Agriculture Sector Moves Away From Cereal Crops and Invests in Irrigation"（https：//oxfordbusinessgroup. com/overview/building-resilience-diversification-away-cereal-crops-and-investment-irrigation-bolstering-growth）.

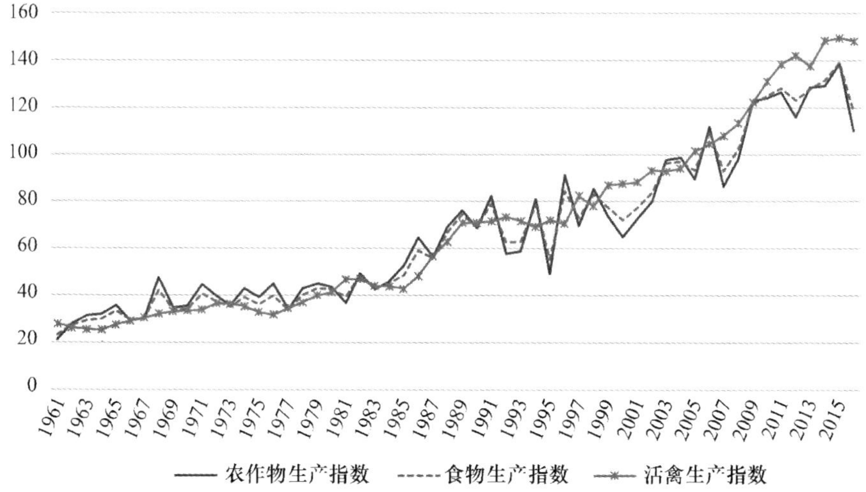

图Ⅰ-5-2　1961—2015 年摩洛哥主要农产品生产指数趋势

（2004—2006 年均值为 100）

资料来源：根据世界银行数据提供的摩洛哥数据绘制。

164%和 151%的大幅增长（图Ⅰ-5-3）。谷物贸易主要由区域谷物生产者协会和农业合作社进行，这些协会在谷物收集方面发挥着重要作用。1996 年之后，部分合作社逐渐被排挤出分销网络。为解决这个问题，2016 年 5 月，政府、代表合作社的工会和两家主要银行——人民中央银

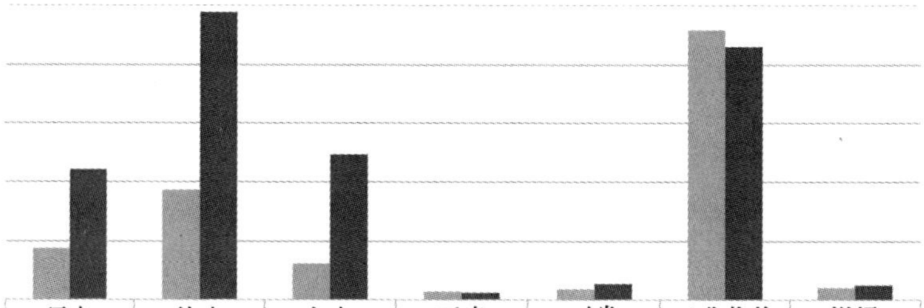

	硬麦	软麦	大麦	玉米	豆类	工业作物	柑橘
2015/2016	87.50	185.61	61.99	12.88	17.44	459.15	20.35
2016/2017	219.91	489.17	246.65	12.24	27.00	429.46	23.63

图Ⅰ-5-3　2015/2016 和 2016/2017 年度摩洛哥主要农作物产量（万吨）

资料来源：根据摩洛哥高等规划署发布的《摩洛哥统计年鉴 2017》数据绘制。

行（Banque Centrale Populaire）和摩洛哥农业银行（Crédit Agricoledu Maroc）签署了一份谅解备忘录，以支持政府重组摩洛哥合作社并将它们重新融入分销网络。除谷物之外，摩洛哥农作物还包括大豆等豆科植物、向日葵等油料植物以及甘蔗等糖料植物，其中只有糖料植物产出规模较大，比如甘蔗 2015/2016 年度产出 421.89 万吨，其他作物年产出均不足 10 万吨。

渔业发展方面，2016 年渔业产量增加至 144 万吨，根据其发展战略——Halieutis 计划，该行业有望在 2020 年将年捕捞量提高至 166 万吨。Halieutis 计划于 2009 年推出，旨在到 2020 年将该行业的 GDP 贡献提高至 219 亿迪拉姆（20 亿欧元），同时将出口额提升至 31 亿美元。摩洛哥渔业产出中，以重量计算，80% 以上都是近海和手工捕捞类，近海和手工捕捞类中远洋鱼类占比高达 87% 以上。但是从产出价值来看，分布较为均匀，主要以深海鱼的头足类为最，其次是近海和手工捕捞类的远洋鱼类、头足类和白肉鱼。其中深海头足类鱼产出价值占渔业总产出价值的 20%—30%（图 I－5－4，表 I－5－2）。

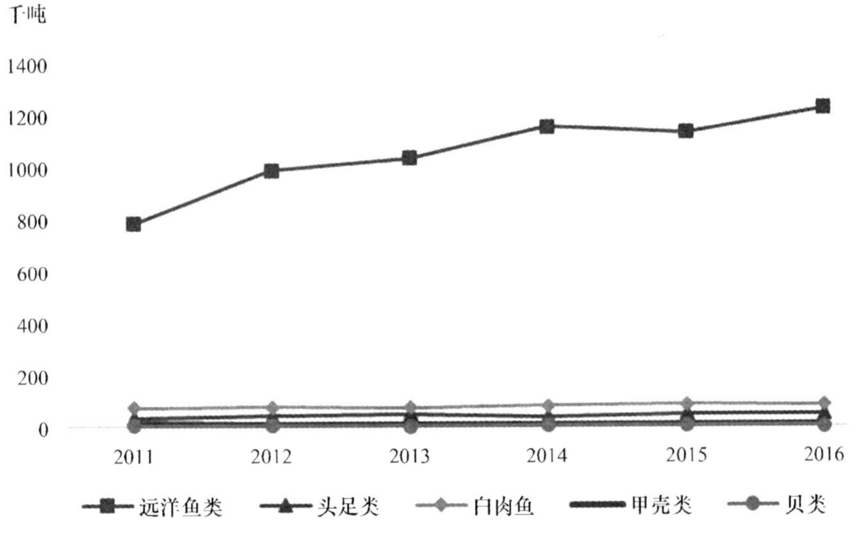

图 I－5－4　2011—2016 年摩洛哥近海和手工捕捞鱼的重量分布

资料来源：根据摩洛哥农林渔业部数据绘制。

表Ⅰ-5-2 2011—2016年摩洛哥主要渔业的价值分布（百万迪拉姆）

	2011	2012	2013	2014	2015	2016
近海和手工捕捞类	4976.57	5095.62	5419.57	6012.93	6521.04	6753.28
远洋鱼类	1701.14	1994.20	2434.71	2601.95	2714.89	2826.84
头足类	1813.09	1607.22	1429.09	1730.58	2107.34	2214.96
白肉鱼	1179.89	1224.24	1266.58	1401.72	1432.82	1415.09
甲壳类	274.83	265.00	286.44	273.41	261.68	293.17
贝类	7.62	4.96	2.75	5.27	4.31	3.23
深海鱼	2788.92	2512.08	3175.67	3433.80	4065.45	4708.30
头足类	1916.41	1804.67	2229.41	2385.13	3038.00	3546.90
白肉类	326.35	293.10	420.60	474.97	456.38	581.74
虾类	537.14	401.62	505.46	552.02	549.42	555.30
远洋鱼类	9.02	12.69	20.21	21.68	21.66	24.36
其他	194.00	218.00	204.38	163.34	221.81	281.89
藻类	52.49	60.00	66.78	24.05	64.32	91.61
水产养殖类	8.86	15.62	15.58	19.88	18.83	21.62
石斑鱼	5.48	4.95	14.68	9.55	8.61	5.92
蓝鳍金枪鱼	126.42	136.68	107.34	109.62	129.11	161.92
海胆	0.75	0.74	0.00	0.24	0.94	0.82
总和	7959.49	7825.69	8799.62	9610.07	10808.31	11743.47

资料来源：根据摩洛哥农林渔业部数据整理。

在渔业生产方面，摩洛哥希望通过发展水产养殖来提高产量，目标是到2020年将养殖场的产量提高到20万吨。该部门的发展主要由2011年成立的国家水产养殖发展局牵头。国家水产养殖发展局自创立以来一直监管着一系列投资。摩洛哥农林渔业部最新上线的项目是“Azura水产养殖计划”，该计划旨在促进水产资源可持续发展和鱼类养殖。该项目估计价值为8100万迪拉姆（740万欧元），于2016年2月落成，是2015年至2020年期间为达赫拉地区（Dakhla-Oued Eddahab）水产养殖发展投资28亿迪拉姆（2.567亿欧元）的计划之一，目标是每年生产11.5万吨鱼，并创造约3300个新工作岗位。

农业在摩洛哥的出口结构中发挥着重要作用。摩洛哥高等规划署数据显示，2013年，食品占出口总额的15%以上，主要包括新鲜水果和蔬菜、加工水果和蔬菜以及新鲜和加工海产品。相比之下，农业原材料贸易在摩洛哥的进出口结构中占比较低甚至一直持续走低，2017 年，农业原材料出口占商品总出口的 0.97%，较上年增加了 0.21 个百分点。虽然欧盟历来是摩洛哥的主要贸易伙伴，吸收了该国大约 2/3 的粮食出口，但欧洲法院于 2015 年 12 月做出的决定使该集团与摩洛哥之间的农业贸易协定无效，这使得双方关系紧张。法院的举动旨在将西撒哈拉的争议领土排除在 2012 年缔结的协议之外，其中包括对农产品的免税配额。作为回应，摩洛哥于 2016 年 2 月暂停与欧盟机构的所有联系。与此同时，摩洛哥一直在加强与其他国家的贸易关系并使之多样化。俄罗斯每年进口约 800 万吨摩洛哥水果和蔬菜，过去十年每年增长 7%。此外，非洲也是具有重要出口潜力的市场，摩洛哥出口到非洲的商品数量仍然不足，仅占摩洛哥食品出口的 10%①。

（二）工业发展概况

1980—2016 年，摩洛哥工业部门的发展可以划分为三个阶段②：第一阶段（1980—1990 年）得益于摩洛哥政府制定的 1981—1987 年工业发展计划，工业迅速扩张。该计划规定了一系列措施，旨在经济增长和复苏，增加磷酸盐产出。根据摩洛哥高等规划署的统计数据，与其他部门相比，工业在国内生产总值中的贡献最大，在 1980—1990 年平均约为 24%，其次是农业（近 16.11%）、商业（15.61%）以及教育、健康和社会活动（4.5%）。1988—1992 年制定的工业发展战略也促进了工业增加值的迅速增长，该战略旨在鼓励出口，以减轻巨额贸易赤字并确保更好地整合工业结构，实现均衡发展并充分利用现有资源。

第二阶段（1991—2001 年）依然是工业部门对 GDP 的贡献最大，平均超过 20%，即使这一比例与 1980—1990 年相比下降 4 个百分点。其次是农业（17.97%），其比例比前十年增加了 1.86%，并且经历了大幅波动。1995—2005 年，摩洛哥政府恢复持续增长的意愿以及雄心勃勃的公司平衡计划推动了民族产业复苏，但这种复苏仍然低于预期，这反映在它

① Oxford Business Group，"Morocco's Agriculture Sector Moves Away From Cereal Crops and Invests in Irrigation"（https：//oxfordbusinessgroup. com/overview/building-resilience-diversification-away-cereal-crops-and-investment-irrigation-bolstering-growth）.

② El Ouahabi Sanae，Bousselhami Ahmed，"Analyse Économique Du Secteur Industriel Au Maroc"，European Scientific Journal，Vol. 14，No. 7，March 2018.

对国内生产总值的贡献基本没有大幅增加。自 1997 年以来，工业对国内生产总值的贡献率一直保持在 17% 左右。

第三阶段（2002—2016 年），工业依然是摩洛哥对 GDP 的贡献率最大的部门，其 GDP 占比几乎都在 20% 以上，几乎与 1991—2001 年相同，虽然这一时期因国际金融危机而受到外部因素的影响。2002—2016 年农业的平均份额为每年 14.56%，与前十年相比下降了近 3 个百分点，原因是这个时期的气候条件对农业生产不利。2002—2016 年，建筑业占国内生产总值的平均比例达到 3.86%，比 1991—2001 年有所增加，主要是为了完成住房建设计划和主要基础设施项目的需要，将该部门对 GDP 的贡献率从 1998 年的 3.15% 提高到 2017 年的 4.34%（图 I－5－5）。

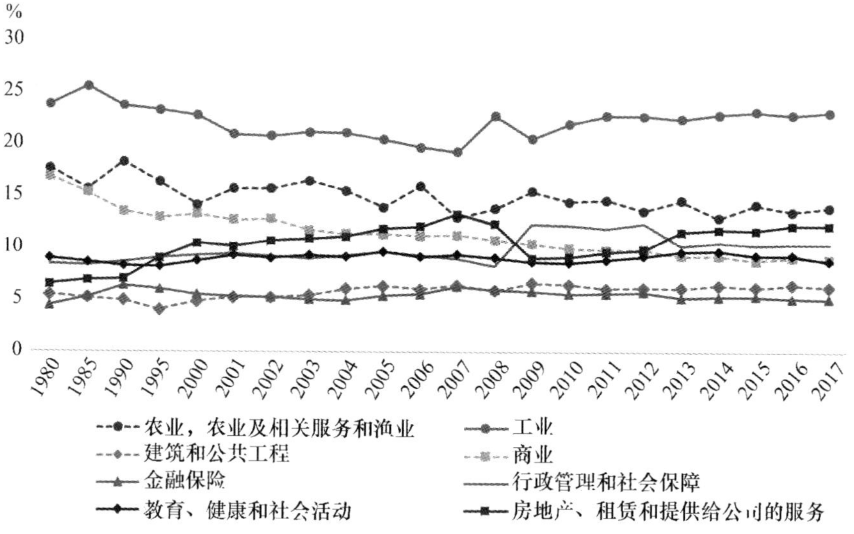

图 I－5－5　1980—2017 年摩洛哥主要经济部门在 GDP 中的份额变化

注：碍于篇幅，占比较小的交通运输等行业已略去。

资料来源：根据摩洛哥高等规划署国民经济账户数据绘制。

从投资结构来看，摩洛哥的建筑工程部门因为其行业属性而吸引了最多投资，份额达到 49%。其次就是工业：工业部门吸引投资份额达 40% 左右，2017 年略有下降，仅为 37%。农业和服务业占比较小（图 I－5－6）。

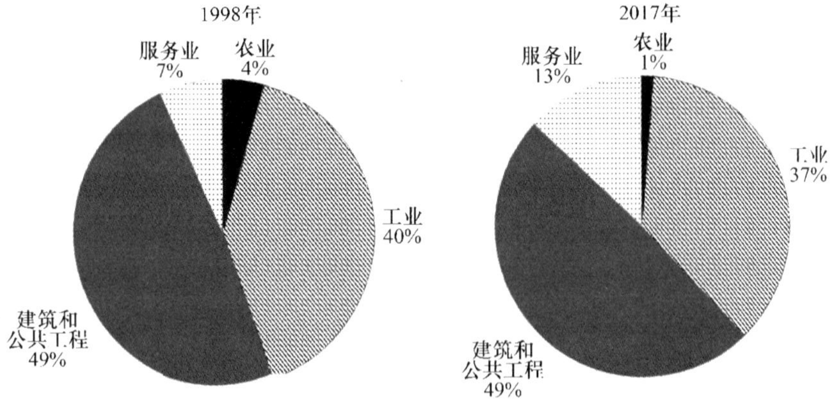

图Ⅰ-5-6　1998 年和 2017 年摩洛哥固定资本形成的部门分布对比

资料来源：根据摩洛哥高等规划署数据绘制。

从摩洛哥第二产业增加值的细分行业结构来看，工业部门占大部分，建筑业份额较少。近四十年来，加工工业在工业中的比重基本保持在 60% 以上。由于加工工业的出口属性，2008 年受国际金融危机影响，摩洛哥加工工业发展较慢，在工业中占比曾一度跌破 60%，仅为 58%。此后随着国际环境的好转，摩洛哥加工工业逐渐回升，尤其是 2013 年以来，一直保持在 75% 以上的工业份额。至 2017 年，加工工业增加值达 1673 亿迪拉姆，同比增长 4.7%，年均增长 15%。提取行业和水电供应业规模基本相当，其增加值基本在 200 多亿迪拉姆，均占 11%—12% 的份额。1980 年以来，这两个行业的发展趋势恰好相反，提取行业占比逐渐由 20.8% 降低到 11%，而水电供应业占比逐渐由 9% 提高到 12%（图Ⅰ-5-7）。

在加工工业中，食品加工业是创造增加值的主要部门，1998—2017 年，食品加工业迅速增长至 62822 百万迪拉姆，年均增长 8%，占比从 1998 年的 25% 增加至 37.5%。机械、冶金和电气业发展速度也较快，占比从 16% 提高至 23%，其增加值年均增长 7.6% 至 38351 百万迪拉姆。相较之下，纺织皮革业近年来发展缓慢，增加值变化不大，占比逐年下降，从 24.7% 下降至 10.6%（图Ⅰ-5-8）。

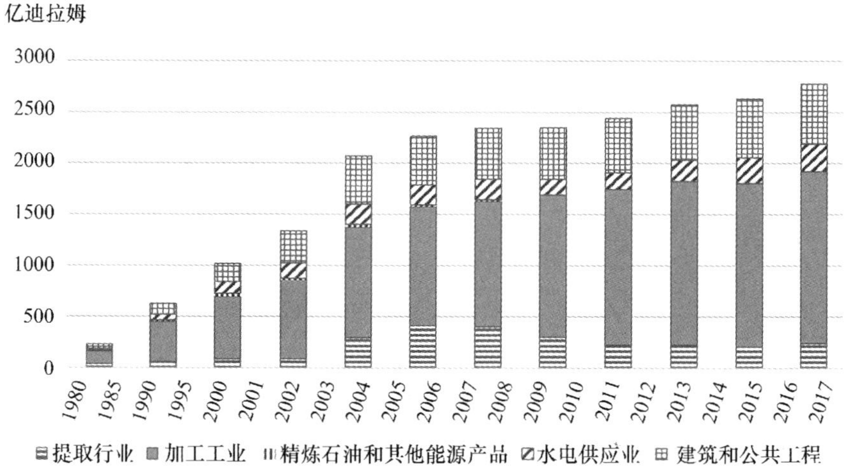

图Ⅰ-5-7　1980—2017年摩洛哥第二产业增加值的结构趋势

注：2013年及以后，摩洛哥高等规划署不再单独统计精炼石油和其他能源产品的增加值。

资料来源：根据摩洛哥高等规划署国民经济账户数据绘制。

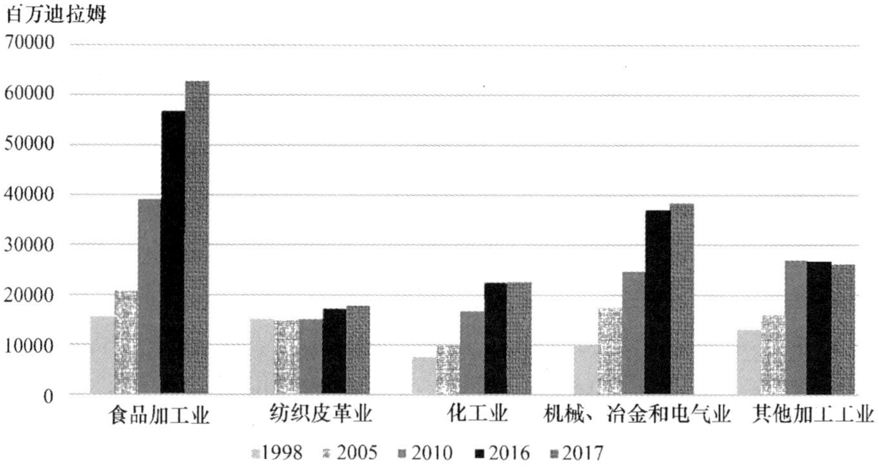

图Ⅰ-5-8　1998—2017年摩洛哥加工工业细分行业增加值的变化趋势

资料来源：根据摩洛哥高等规划署国民经济账户数据绘制。

从进出口结构来看，工业部门是摩洛哥的主要出口部门，每年贡献出口额的70%以上、进口额的80%以上。工业进出口以加工工业为主，加工工业每年几乎占摩洛哥总出口的94%、总进口的96%，提取行业和水电供应业的份额之和仅在5%左右。出口方面，摩洛哥主要出口额来自机械、冶金和电气业，这部分份额在40%左右。其次是纺织皮革业和化工业，份额分别为18%和17%。基于发达的农业，摩洛哥的食品加工业也是出口部门的重要构成，占比达13%。进口方面，也依然以机械、冶金和电气业为首，这部分占比达44%（图Ⅰ-5-9，图Ⅰ-5-10）。

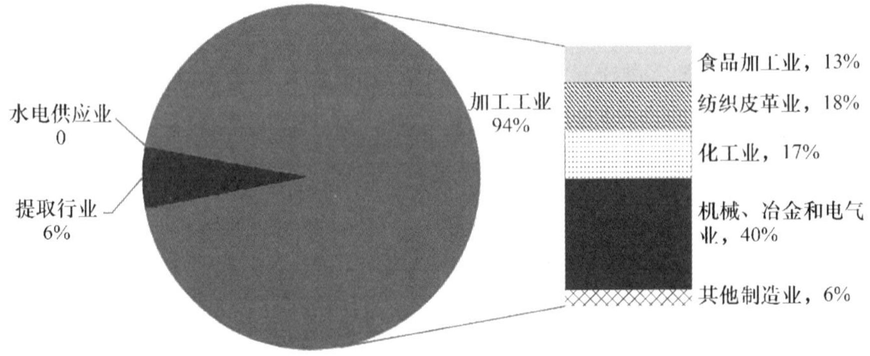

图Ⅰ-5-9　2017年摩洛哥工业部门出口额结构

资料来源：根据摩洛哥高等规划署数据绘制。

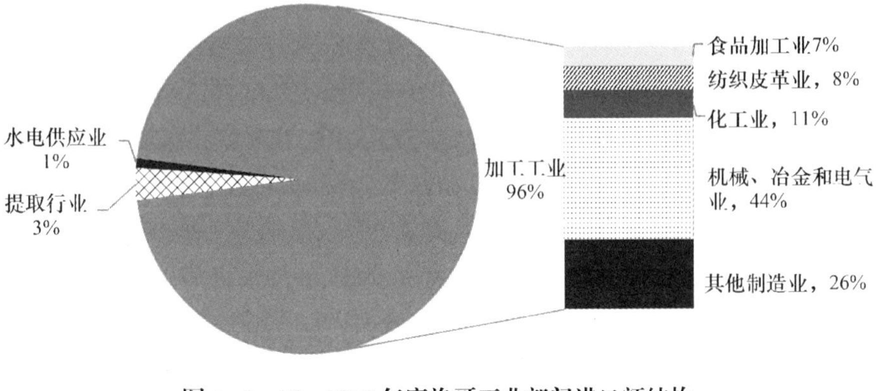

图Ⅰ-5-10　2017年摩洛哥工业部门进口额结构

资料来源：根据摩洛哥高等规划署国民经济账户数据绘制。

（三）服务业发展概况

服务业是摩洛哥的第三产业，在摩洛哥工业发展中起到了重要的辅助作用。摩洛哥高等规划署数据显示，2017 年，服务业在 GDP 中占比达 56.47%，提供就业 42.96%，尤其是近年来，摩洛哥服务部门固定资本形成总额占比逐渐提升，从 1998 年的 7% 提高至 2017 年的 13%，服务业已日益成为摩洛哥的重要经济部门。

从整个服务部门增加值的构成来看，商业服务业是唯一出现份额明显下降的行业，其在服务业的占比从 1980 年的 32.6% 降低到 2017 年的 15.86%，商业服务增加值从 1980 年的 131.71 亿迪拉姆增长到 2017 年的 842.68 亿迪拉姆，同比增长 3.1%，年均增长 5.3%。其余服务业 1980 年至 2017 年期间，在服务部门中的占比均有不同程度的提高，其中，房地产、租赁和提供给公司的服务占比从 12.3% 提高至 21.7%，上升幅度最大，成为服务部门占比最大的行业，2017 年增加值达到 1152.50 亿迪拉姆，同比增长 5.3%，年均增长 9.04%。教育、健康和社会活动服务业在服务部门的占比基本保持在 16% 左右（图 I－5－11）。

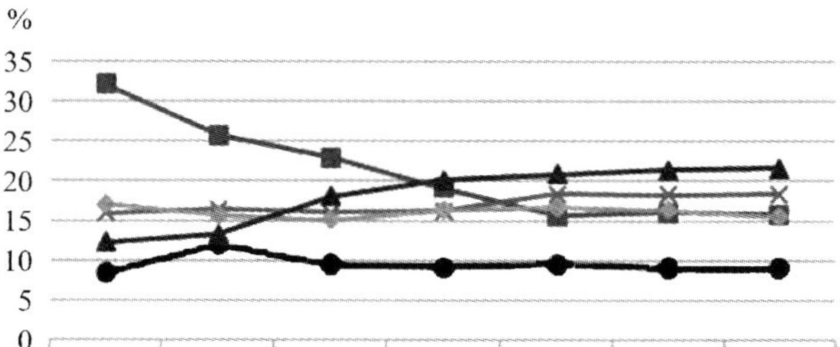

	1980	1990	2000	2005	2015	2016	2017
商业	32.06	25.71	22.94	15.21	15.66	16.03	15.86
金融保险	8.45	12.08	9.50	9.14	9.54	9.04	9.04
行政管理和社会保障	15.97	16.48	16.08	16.31	18.44	18.33	18.46
教育、健康和社会活动	17.09	15.70	15.10	16.38	16.65	16.39	15.54
房地产、租赁和提供给公司的服务	12.30	13.30	18.05	20.16	20.93	21.47	21.70

图 I－5－11　1980—2017 年摩洛哥主要服务部门结构变化

注：酒店和餐饮、交通运输、邮电通信和其他非金融服务业占比小于 10%，为节省篇幅已略去。

资料来源：根据摩洛哥高等规划署数据绘制。

从服务贸易结构来看，交通运输业与房地产、租赁和商业服务业是摩洛哥的主要服务贸易部门。2017 年，摩洛哥的服务出口以房地产、租赁和商业服务业为主，占比高达 51%，其次是交通运输业。服务进口则以交通运输业为主，占比高达 55%，其次是房地产、租赁和商业服务业（图 I－5－12）。

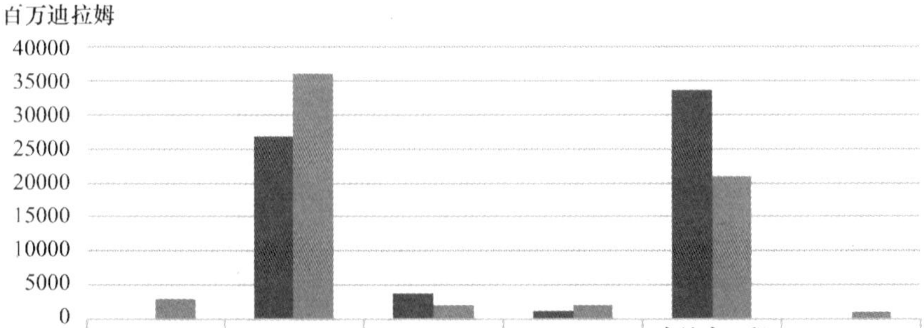

	酒店餐饮业	交通运输业	邮政电信业	金融保险业	房地产、租赁和商业服务业	其他非金融服务业
■出口	147	26827	3842	1221	33537	104
■进口	2888	35967	2052	2035	21048	1097

图 I－5－12　2017 年摩洛哥服务业进出口对比

资料来源：根据摩洛哥高等规划署国民经济账户数据绘制。

第二节　重点工业

根据摩洛哥工业结构的主要特点，本章选择其食品加工业、纺织皮革业和采矿工业加以介绍。

一　食品加工业

（一）食品加工业概况

摩洛哥地处亚热带气候区，光照充足，土壤肥沃，沿海地区非常适合农作物生长，由此形成了较为发达的农业经济，给食品加工业[①]的发展提供了沃土。同时，摩洛哥政府也为促进食品加工业的快速发展推出了各项

① 摩洛哥的食品加工业也包括了烟草加工业，本章中统一称之为食品加工业。

举措，政府的工业加速计划（CAP）特批出1000公顷的公共租地用于食品加工业发展，建立国家食品安全办公室（ONSSA）和摩洛哥标准化机构（IMANOR）用于食品加工业的规范化发展。除此之外，摩洛哥劳动力成本低廉，为食品加工业的发展提供了大量廉价劳动力。政府为食品加工业提供了专门的上岗培训计划，还成立四个分别位于四个创新型城市的依托大学和工业技术中心的产业集群①。一系列扶持性举措促使摩洛哥的食品加工业成为创造增加值的重要部门，占工业增加值的比重基本在20%左右，近年来更是逐渐提高，2017年，食品加工业增加值提高至628.22亿迪拉姆，同比增长10.5%，贡献工业增加值近30%。食品加工业成为摩洛哥经济的重要支柱性产业，1998年至2017年对GDP的贡献在5%左右（图Ⅰ-5-13）。

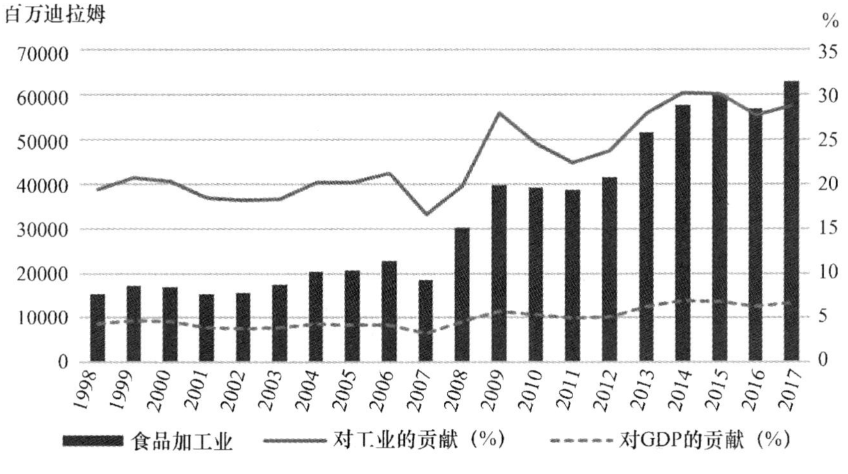

图Ⅰ-5-13　1998—2017年食品加工业增加值变化趋势

资料来源：根据摩洛哥高等规划署国民经济账户数据绘制。

（二）出口导向特征

摩洛哥的食品加工业是典型的出口导向型行业，食品加工出口占其总产出的份额基本在12%以上。摩洛哥近年来在交通基础设施等方面进行

① Sarah Loukhmas, Mly Mustapha Ennaji and Ebrahim Kerak, "Strategic Analysis of the Moroccan Food-Processing Industry", *International Journal of Science and Research*, Vol. 6, No. 2, February 2017.

了大量投资，陆路运输网络和海运网络连通性也一直在改善，仓储设备、冷藏技术和现代化分销网络也一直在完善。这些因素共同推动食品加工业出口的增长，和许多其他的地中海国家相比，摩洛哥在食品加工领域也因此更具比较优势。2006 年之前，摩洛哥一直是食品加工业的净出口国，其食品加工产品一直在满足自给的情况下大量出口海外。2007—2014 年，摩洛哥食品加工业持续贸易逆差，进口反超出口。截至 2015 年，食品加工业出口才逐渐再次扩大，2015 年和 2016 年实现食品加工业贸易顺差，但是随后的 2017 年，食品加工业再次出现小幅逆差，出口额达 29629 百万迪拉姆，占总出口的比重从 1998 年的 10.2% 下降至 9.3%；进口额达 30572 百万迪拉姆，占总进口的比重从 1998 年的 5.6% 提高至 6.0%（图Ⅰ-5-14）。

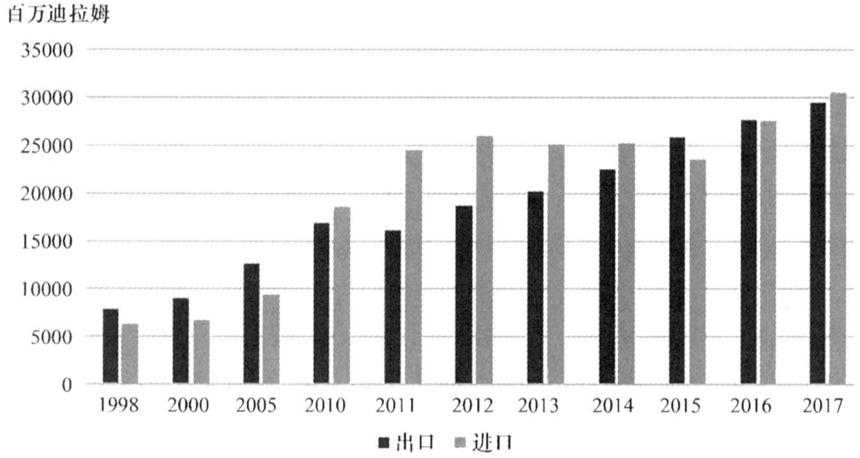

图Ⅰ-5-14　1998—2017 年食品加工业进出口变化趋势

资料来源：根据摩洛哥高等规划署国民经济账户数据绘制。

（三）鱼类产品加工

鱼类产品加工主要是指近海鱼产品加工，是摩洛哥食品加工业的重要构成。按照加工方式分，近海鱼产品加工主要包括鱼罐头加工、冷冻鱼加工和副产品加工。其中，冷冻鱼加工是摩洛哥三类主要的鱼产品加工类别中产出规模最大的，主要是由于鱼类产品易腐的特性，冷冻鱼可以延长保质期，因而成为摩洛哥鱼产品的主要加工方式，近年来也得到快速发展，摩洛哥农林渔业部数据显示，至 2017 年，冷冻鱼产量达 65.61 万吨，同比增长 15.5%，年均增长 21.4%。

鱼罐头加工行业在摩洛哥历史悠久。20 世纪 30 年代，摩洛哥的鱼罐头加工业开始发展，在第二次世界大战之后逐步扩大。20 世纪 50 年代早期，鱼罐头加工工厂就已经达到了 200 多家；60 年代，摩洛哥的鱼罐头加工行业开始逐渐集中化发展，工厂数量下降到 84 家，当时的日均产量达 1500 吨鱼罐头，但这些工厂中，目前只有 39 家仍在运作①。摩洛哥农林渔业部数据表明，至 2016 年，近海鱼罐头加工业的产出达 23.17 万吨，同比增长 20%，年均增长 15.6%。腌制类鱼产品等副产品加工在鱼产品加工方式中规模较小，不到冷冻鱼的 1/3，近年来发展速度也慢于前两种加工方式，2011—2016 年年均增速为 8.9%（图 I-5-15）。

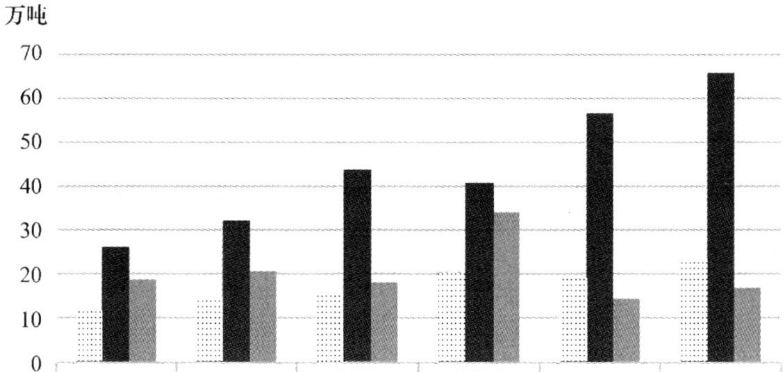

	2011	2012	2013	2014	2015	2016
近海鱼罐头加工	11.71	14.92	15.35	20.60	19.31	23.17
冷冻鱼加工	26.20	31.84	43.82	40.66	56.76	65.61
副产品加工	19.01	20.66	18.13	34.18	14.66	17.16

图 I-5-15　2011—2016 年鱼产品加工业产出变化趋势（按主要加工方式分）

资料来源：根据摩洛哥农林渔业部数据绘制。

从鱼类产品加工的主要特征来看，2016 年，摩洛哥鱼产品加工以冷

① Hmida Atmani, "Moroccan Fisheries a Supply Overview", Report of the Expert Consultation on International Fish Trade and Food Security (Casablanca, Morocco, 27 - 30 January 2003), *FAO Fisheries Report*, No. 708, 2003, pp. 163 - 177.

冻特征为主，产出占比在43%左右，营业额占比也为43%。其次，由于冷藏更能保证鱼产品的新鲜度，而成为摩洛哥鱼产品加工的又一典型特征，冷藏加工的鱼产品在主要鱼产品产出中的占比在24%左右，在主要鱼产品营业额中的占比在26%左右。摩洛哥鱼粉经常被用作动物饲料中的高蛋白补充剂，在欧洲国家特别受欢迎，因而鱼粉形式的鱼产品加工也成为摩洛哥鱼产品的又一特征，在其产出中占比达21%，营业额中占比在9%左右。此外，新鲜包装鱼由于鱼产品本身易腐的特性而产出较少，占比仅为3%，但是由于其新鲜度高、营养成分高、口感更好而具有旺盛的市场需求，从而其营业额占比相对于产出来说较高，达10%，甚至超过鱼粉（表I-5-3）。

表I-5-3　　2016年鱼产品加工业主要产品的主要经济指标

	企业数（家）	产出（吨）	营业额（亿迪拉姆）
冷冻鱼	190	320	95.82
新鲜包装鱼	46	22	21.87
冷藏鱼	47	180	59.56
半冷藏鱼	38	18	13.68
鱼粉	18	158	19.51
鱼油	—	42	9.57
其他	91	3	5.15
总和	430	743	225.16

资料来源：根据摩洛哥农林渔业部数据整理。

摩洛哥的鱼产品加工业需要各个行业的相互配合、上下游行业的相互衔接，主要涉及的细分行业包括冷冻行业、仓储行业、保鲜设备业、包装业等。其中，从投资规模来看，由于鱼产品加工面临的主要问题就是如何延长保鲜期，仓储环节至关重要，摩洛哥在仓储上投资规模也最大。摩洛哥农林渔业部数据显示，2016年，仓储业投资在鱼产品加工业投资总额中的占比达35%，主要用于仓储技术的研发、仓储管理的升级以及仓储设备的更新等。相对来说，仓储行业的就业人数较少，这主要是由仓储行业的自身特性所决定。其次是冷冻行业，冷冻技术直接决定了鱼产品的保质期，所以33%的投资涌入冷冻行业，以升级冷冻技术，延长鱼产品的保质期，冷冻行业也是提供就业的主要行业，贡献了鱼产品加工业30%的就业份额。其次是半冷藏行业，该行业吸收投资额14%，提供就业高达30%。另一个具有这种特点的行业是包装业，同样是劳动力密集的行业，吸收投资仅为7%，提供就业高达17%（表Ⅰ-5-4）。

表Ⅰ-5-4　　2016年鱼产品加工业细分行业的主要经济指标

	企业数（家）	投资额（百万迪拉姆）	就业人数
仓储业	15	101	151
冷冻业	12	94	627
半冷藏业	5	41	622
保鲜设备业	5	21	78
包装业	5	20	348
虾类剥壳业	1	1	12
其他行业	6	8	224
总和	49	286	2062

资料来源：根据摩洛哥农林渔业部数据绘制。

二　纺织皮革业

（一）纺织皮革业概况

纺织皮革业在摩洛哥有100多年的历史，是摩洛哥重要的传统支柱产业，也是政府重点发展的产业之一，对摩洛哥工业发展具有重要的推动作用。摩洛哥纺织皮革业的最大优势是，多数纺织面辅料，甚至成品进口免关税。摩洛哥政府通过免关税政策加速原材料进口，提高本国成品生产速度及产量，增加出口量，近几年也全面放宽了外资准入条件。由于地理和文化上的接近，欧洲企业目前是摩洛哥纺织皮革业最大的投资方，同时欧洲也是摩洛哥纺织皮革业的主要出口市场。法国、西班牙、意大利等国的一些厂商、贸易商经常会去摩洛哥国际展会采购、贸易，或在摩洛哥境内建厂。比如西班牙的Inditex公司在摩洛哥投资建设了自己的制造厂。

纺织皮革业是摩洛哥的重要工业部门，摩洛哥高等规划署数据显示，1998年至2017年，纺织皮革业在GDP中平均份额为2.8%，在工业增加值中的平均份额为22.8%。1998—2004年，纺织皮革业增加值处于缓慢发展时期。2004—2013年纺织皮革业呈下降趋势。2013年至今，纺织皮革业增加值缓慢回升。2017 年纺织皮革业增加值达 177.37 亿迪拉姆，同比增长 3.3%，2013—2017 年年均增长 5.9%，呈快速增长趋势，工业增加值占比维持在 28.9%左右（图Ⅰ-5-16）。

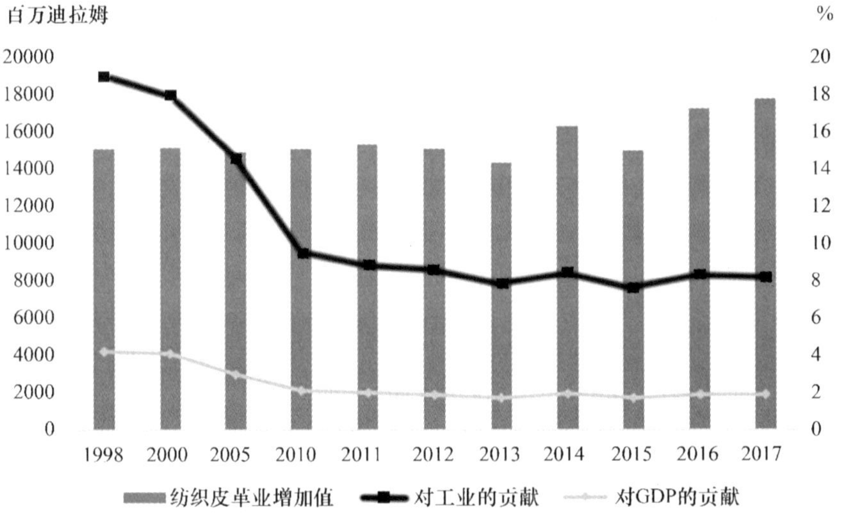

图Ⅰ-5-16　纺织皮革业增加值及工业贡献和 GDP 贡献

资料来源：根据摩洛哥高等规划署国民经济账户数据绘制。

（二）出口导向特征

摩洛哥高等规划署数据表明，纺织皮革行业 60%的产出均用于出口海外，是典型的出口导向型产业。其出口额依赖全球市场的变动，尤其是其主要出口国家市场环境的变化。1998—2003 年纺织皮革业出口额呈缓慢增长趋势。2005 年《多纤维协议》的废除使得欧洲纺织品生产商争相竞争，使得出口额有了较大幅度的上升，紧接着 2008 年爆发的全球性金融危机导致出口市场低迷。一直到 2013 年，全球市场逐渐复苏，中国和印度等纺织市场逐渐扩大内需，国际市场对摩洛哥纺织皮革业的进口需求逐渐增加，出口额也随之呈上升趋势，出口额从 2013 年的 333.87 亿迪拉姆上升至 2017 年的 396.69 亿迪拉姆，年均增长率为 5.9%。相较于出口规模，纺织皮革行业的进口规模相对较小，摩洛哥纺织皮革业一直保持贸易顺差，但是近年来，贸易顺差规模逐渐缩小（图Ⅰ-5-17）。

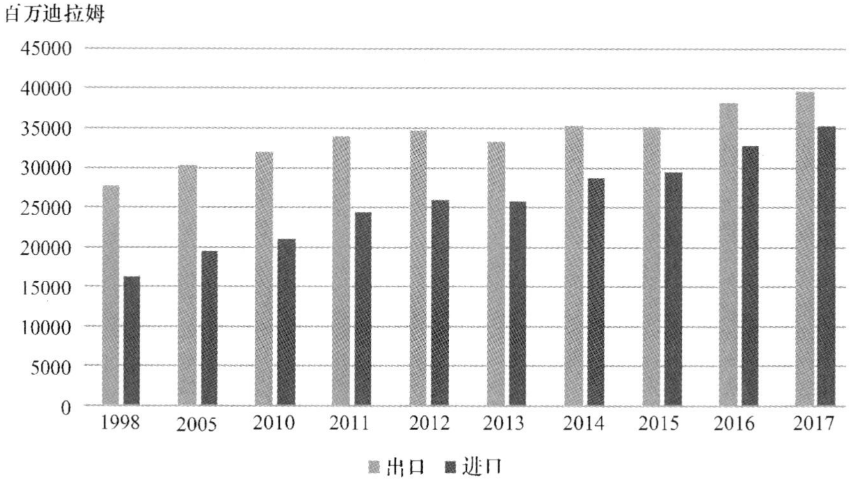

图Ⅰ-5-17　1998—2017 年纺织皮革贸易情况

资料来源：根据摩洛哥高等规划署国民经济账户数据绘制。

由于地缘优势而能满足欧洲市场上快时尚的变化，欧洲成为摩洛哥纺织皮革业的主要出口市场，西班牙、法国和英国是摩洛哥纺织皮革业的主要出口目的地（图Ⅰ-5-18）。2017 年，纺织服装出口以成衣为主，成衣占比达 73%。主要的出口市场是西班牙（54%）和法国（21%）。①

（三）政府扶持政策

2014 年，在摩洛哥政府出台的《工业加速计划 2014—2020》（Plan d'Accélération Industrielle，PAI）中，纺织皮革业是首批纳入新发展计划的行业之一，因为它在产业价值增值、吸引投资、刺激出口、创造就业等方面具有巨大潜力。目前摩洛哥纺织皮革业生产生态系统中包含 6 个子部门，即快时尚、牛仔、技术纺织品、家居和生活方式纺织品、针织品和分销部门。出口市场的发展，也带来了纺织皮革业的竞争与创新，同时也吸引了大量的外国直接投资，尤其是中国的投资，主要是中国经济的快速发展以及国内生产成本的不断上升。

---

① International Trade Center，“Morocco：Improving the international competitiveness of the textile and clothing sector（GTEX）”（http：//www. intracen. org/projects/gtex/Morocco-Improving-the-international-competitiveness-of-the-textile-and-clothing-sector-GTEX/）.

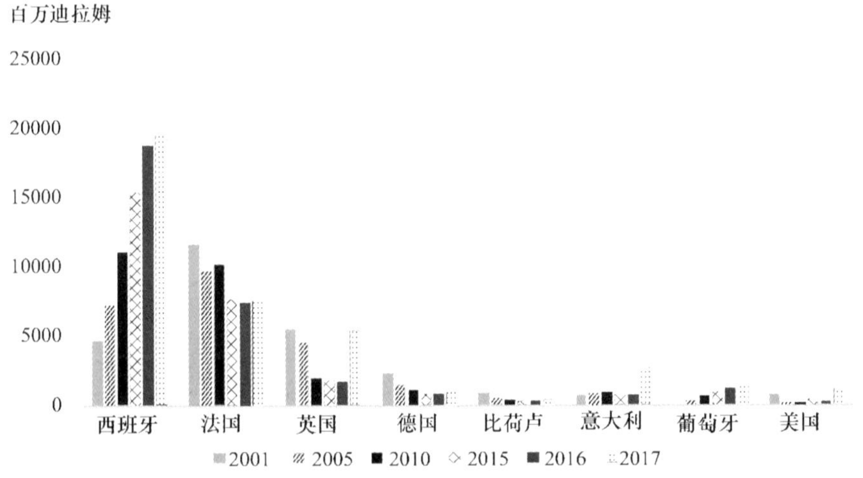

图 I-5-18 2001—2017 年主要出口国家纺织皮革业出口额

资料来源：根据摩洛哥高等规划署数据绘制。

据预测，PAI 计划将提供 50 万个工作岗位，而纺织皮革业将提供其中 20% 的工作岗位。为此，摩洛哥纺织服装行业协会（AMITH）提出了一项为期 10 年的纺织品开发计划即纺织皮革业规划 2025（Textile Plan 2025），该计划旨在将目前的出口收入增加三倍，达到 900 亿迪拉姆。该计划将分两个阶段推出，第一阶段（启动阶段）将持续到 2020 年，其次是加速阶段，再持续 5 年至 2025 年。在第一阶段，该计划将重建工业基础设施，并消除阻碍发展的因素。例如，对国内原材料的获取限制阻碍了制造商的发展，尤其是那些在快时尚领域经营的制造商。第二阶段，增加生产规模、提高和更新生产技术及提升地区和国际竞争力，使摩洛哥在纺织领域成为具有示范作用和“领头羊”地位的国家。为吸引海外投资，摩洛哥政府积极制定更加优惠的激励政策。目前，摩洛哥政府承诺向在纺织皮革业投资的外国企业返还最多 20% 的资金，并在进一步协商为投资者提供更高的返还额度和更加优惠的激励政策。与此同时，摩洛哥的自由贸易区也为投资者提供了各种优惠政策，如免关税和简化海关手续等①。

① International Trade Center，“Morocco：Improving the international competitiveness of the textile and clothing sector（GTEX）”（http：//www. intracen. org/projects/gtex/Morocco-Improving-the-international-competitiveness-of-the-textile-and-clothing-sector-GTEX/）.

三 采矿工业

（一）采矿工业概况

摩洛哥的采矿工业历史悠久，具有丰富的铁、锌、铅、钴、锰、铜、油页岩和磁铁矿等矿产资源，尤其是磷酸盐，摩洛哥是世界第一储量国和第三生产国，仅次于美国和俄罗斯。摩洛哥的采矿工业发展于20世纪20年代，但直至30年代，摩洛哥才开始有独立的采矿部门。第二次世界大战期间，采矿业衰落，包括磷酸盐在内的矿产资源大量减产。

摩洛哥独立后，政府开始大力发展采矿工业，尤其是磷酸盐产业，力图使之成为带动经济发展的重要引擎。1961年采矿工业发展至一个高峰期，摩洛哥工业总产值为7.67亿迪拉姆，其中，一半以上由磷酸盐贡献，其占比达58%，其余分别是锰（15%）、铅和锌（11%）、铁（8%）、煤（3%）、钴（1%）和石油（1%）。此后，采矿工业产出开始波动，各种矿产资源的产量升降不一，直至20世纪70年代至80年代才开始逐渐平稳，其中磷酸盐产量保持在1700万吨至2500万吨之间，是摩洛哥工业部门乃至整个经济部门的重要支柱产业。至21世纪初，采矿工业总产出开始下降，其中磷酸盐占摩洛哥采矿工业总产出的96%，其产出微降3%。除了铅矿产出增加3.5%外，其他矿产资源均有不同程度的下跌，其中跌幅最大的是无烟煤，跌幅高达77.5%①。

摩洛哥的采矿工业主要包括提取行业和金属矿石业，提取行业占其采矿工业的绝大部分。其中，金属矿石业在21世纪之初达到发展快速阶段，此后一直较为平稳。而提取行业在金融危机之后曾一度陷入低潮期，2011年开始逐渐复苏至金融危机之前的发展水平，2016年有加速发展的趋势（图I-5-19）。

从增加值的角度来看，1998年至2006年，采矿工业发展缓慢。2008年，其他工业部门的萎缩导致采矿工业对工业部门的贡献达21%的巅峰水平，同年，该行业对GDP的贡献也达到其5.07%的最高水平。2012年前后，采矿工业规模也非常大，采矿业增加值达334.2亿迪拉姆，贡献了工业19.07%的份额和GDP的4.14%。此后，采矿业增加值逐渐稳定在

---

① 肖克编著：《列国志·摩洛哥》，社会科学文献出版社2008年版，第171页。

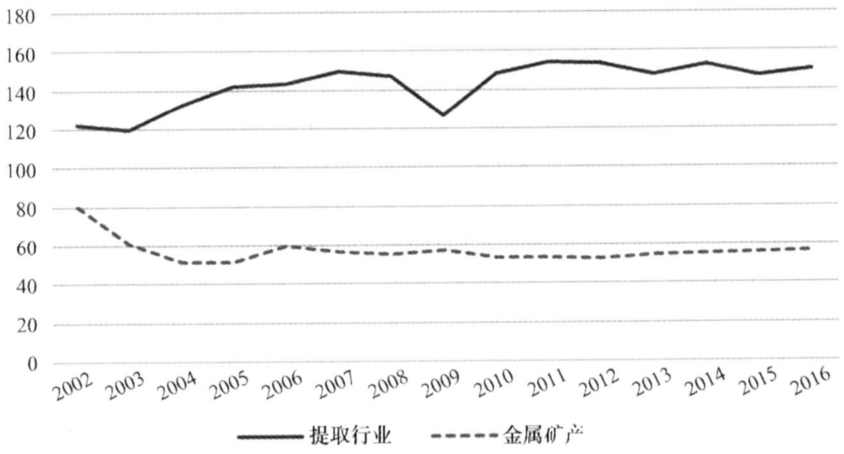

图Ⅰ-5-19　2002—2016年摩洛哥采矿业生产指数变化趋势

资料来源：根据摩洛哥高等规划署数据绘制。

200亿—250亿迪拉姆，对工业增加值的贡献稳定在11%左右，对GDP的贡献则稳定在2%—3%。2017年，采矿业实现增加值243.24亿迪拉姆，同比增长17.8%，年均增长12.3%（图Ⅰ-5-20）。

（二）出口导向特征

采矿工业是摩洛哥重要的贸易部门。摩洛哥高等规划署数据显示，70%左右的采矿业产出均用于出口，但摩仍是采矿工业的贸易逆差国。出口方面，摩采矿部门波动较大，1998—2017年出口额多次出现负增长，2017年达131.39亿迪拉姆，同比增长20.6%，年均增长11.5%。进口方面，矿产资源进口随国内开采量和需求而变化，也具有较大的起伏性，2017年进口额达127.38亿迪拉姆，同比增长10.77%，年均增长9.2%。从采矿业进出口对比来看，摩洛哥是矿产资源的进口大国，2016年之前，摩洛哥采矿部门的进口额几乎均远大于出口额，尤其是2005年，进口规模是出口规模的5倍多，1998—2017年，进口平均水平是出口平均水平的3倍多。2016年开始，采矿部门进口额骤减近56%，从而进出口额规模相当，2017年甚至实现了采矿部门的小额贸易顺差（图Ⅰ-5-21）。

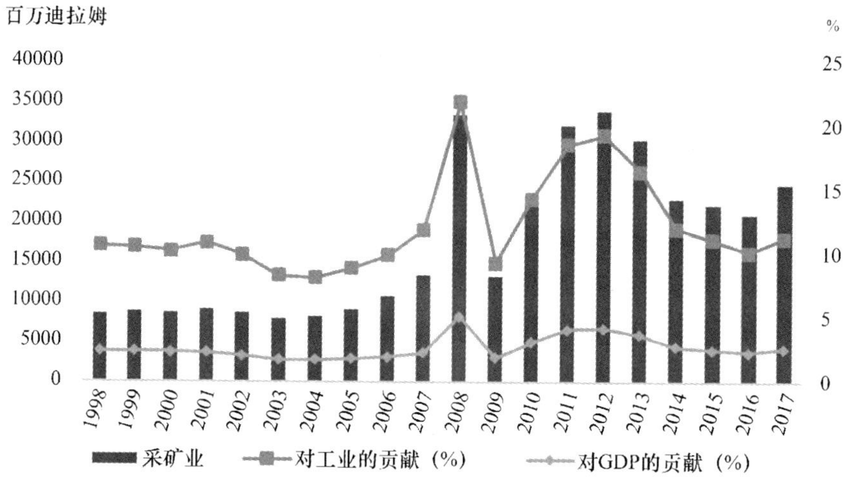

图Ⅰ-5-20　1998—2017年摩洛哥采矿业增加值变化趋势

资料来源：根据摩洛哥高等规划署国民经济账户数据绘制。

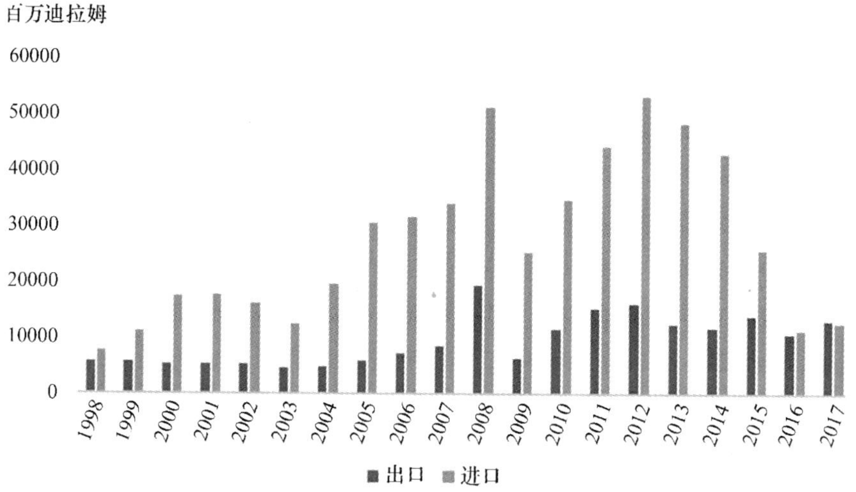

图Ⅰ-5-21　1998—2017年摩洛哥采矿业进出口变化趋势

资料来源：根据摩洛哥高等规划署国民经济账户数据绘制。

案例 摩洛哥磷酸盐集团（OCP）

一 简介

摩洛哥已探明磷酸盐储量为500亿吨，占全球储量的73%，磷酸盐及其衍生品总产量占全球市场约30%。摩洛哥磷酸盐集团（OCP）作为摩洛哥磷酸盐资源的管理者，是世界最大的磷酸盐出口商和生产商。OCP年报数据显示，2017年OCP的营业额达到485亿迪拉姆，同比增长14%；税息折旧摊销前利润（EBITDA）达到127.2亿迪拉姆；化肥、矿石和磷酸的销售占比分别为54%、21%和15%，出口市场主要为拉美和北美。

二 主要发展历程

OCP集团（前身为磷酸盐办公室），于1920年8月7日在摩洛哥成立，并于2008年转型为股份有限公司（OCP SA），是世界上磷矿石和磷酸盐的主要出口公司之一。目前，OCP掌管胡里卜加、尤素菲亚、本格里尔、梅斯卡拉等四大矿区，拥有萨菲和朱尔夫莱斯费尔两大加工基地，员工近21000人，在摩洛哥境内外设有多家子公司。

1921年3月1日，OCP集团开始了提取磷酸盐和磷酸盐运输加工的业务，对位于胡里卜加地区的世界上最丰富的磷酸盐矿床布支尼巴（Boujniba）进行第一次开采。1921年7月27日，磷酸盐首次被允许出口销售，运输到卡萨布兰卡港口进行出口交易。随后，OCP开设了另外三个名为本格里尔、布克拉—拉尤恩（Boucraâ-Laayoune）和尤素菲亚的矿区。

1951年至1961年间，OCP集团在胡里卜加和尤素菲亚地区建立了干燥和煅烧工厂。1962年，OCP集团建立了一个“客户关怀服务”组织，该组织由工程师和技术人员组成，他们到客户所在国，密切关注客户对磷酸盐的使用情况，给予技术支持，同时不断改进产品质量，推动工艺技术的发展。1965年，为扩大发展、赢得新的国际市场，OCP集团创建了摩洛哥化学品公司。该公司负责生产不同的磷酸盐产品，并在萨菲建造了一座工厂。

1975年，磷酸盐办公室更名为OCP集团。在接下来的几年里，OCP

集团投资建设新的生产线，特别是1982年在朱尔夫莱斯费尔（Jorf Lasfar）建立了一个新的化学综合实验区。1986年这些工业区用于生产硫酸和磷酸，并在随后的1987年启动了化肥生产线。

1994年，OCP集团在胡里卜加地区的西迪·舍南（Sidi Chennane）建立了一个新的采矿项目。1996年在约夫·拉斯法尔发起纯化磷酸装置的建造，并于1998年开始实施。

2008年，OCP集团成为一家股份有限公司。截至2018年，OCP集团的94.12%的股份由摩洛哥政府拥有，0.92%的股份由中央人民银行拥有，0.88%由SAVD拥有，2.98%由Infra Maroc Capital拥有，1.10%由建设基金公司拥有。

2014年，OCP集团开通了连接胡里卜加和朱尔夫莱斯费尔的管道，这是磷酸盐运输的技术进一步更新的标志。

2016年，惠誉评级确认了OCP集团的“投资级”评级。

2016年12月9日，经过摩洛哥资本市场管理局（Marocaine du Marchédes Capitaux，简称AMMC）的批准，OCP集团成功地从国家获得了102亿迪拉姆的债券。这笔贷款是摩洛哥市场上有史以来最大的贷款。

三　主要产品

OCP集团涉及整个磷酸盐生产价值链，专门从事磷酸盐、磷酸（包括纯化磷酸）和磷酸盐肥料的提取、加工、营销和销售。

2017年，OCP是磷酸盐、磷酸和磷酸盐肥料生产的世界领先者之一。OCP集团的采矿活动位于胡里卜加、甘图尔（Gantour）和布克拉地区。它们包括磷酸盐的提取、加工、浓缩和运输，同时向30多个国家出口磷矿石。该集团将其约三分之二的磷矿石生产加工成磷酸，其中很大一部分又进一步加工成磷酸盐肥料。除磷酸外，该集团还生产和出口四种主要类型的磷酸盐肥料：MAP、DAP、NPK、TSP，还开始生产一系列专用肥料产品，如富硫肥料、活性磷矿石、肥料富含微量营养素和饲料磷酸盐产品。

集团活动分为两个主要领域：

北轴：包括胡里卜加的采矿场和朱尔夫莱斯费尔的化学场地。两个站点都通过泥浆管道连接；

中轴：包括甘图尔盆地（本格里尔和尤素菲亚），布克拉的采矿场和萨菲的化学场地。

（1）磷酸盐：截至2017年底，OCP集团的磷矿石总产量为3330万吨，比2013年增加了5%。在磷矿石的总产量中仅胡里卜加矿区产量占75%以上。2013年至2017年磷酸盐提取量的变化趋势如图Ⅰ-5-22所示：

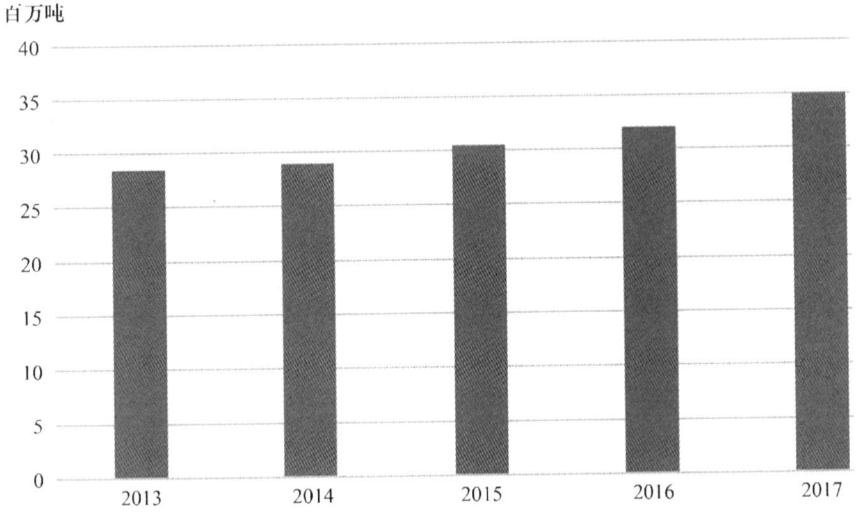

图Ⅰ-5-22　2013—2017年OCP集团磷酸盐提取量的变化趋势

资料来源：OCP集团招股说明书。

（2）磷酸：截至2017年底，OCP集团的磷酸总产量达到570万吨，其中74%在约夫·拉斯法尔工厂生产，26%在萨菲生产。2013年至2017年间生产的磷酸量（所有子公司合计）的变化情况如图Ⅰ-5-23所示：

（3）磷酸盐肥料：截至2017年底，OCP集团的化肥总产量达860吨。在2013年和2017年期间，由于市场对化肥的需求不断增长，化肥的年均增长率为15.7%。2017年，约夫·拉斯法尔工厂的化肥产量较2016年增加32.9%，主要是由于DAP肥料产量增加至290万吨。这主要是由于2016年7月JFC II化肥厂的启动以及2017年4月JFC III的启动。2017年Safi的产量比2013年增长了5.7%（图Ⅰ-5-24）。

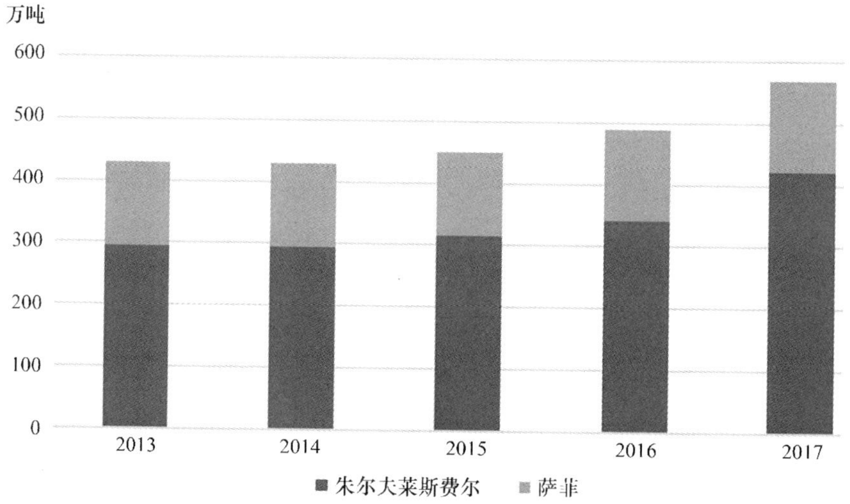

图Ⅰ-5-23　2013年至2017年生产的磷酸量（所有子公司合计）的变化趋势

资料来源：OCP集团招股说明书。

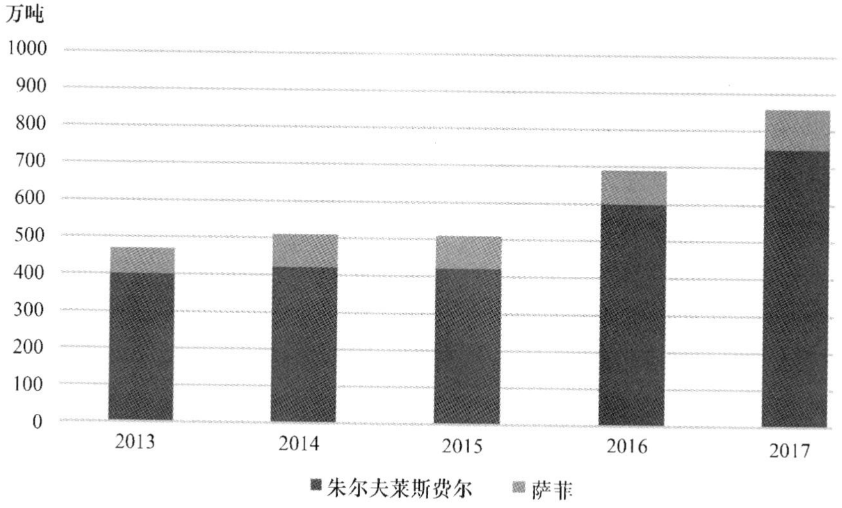

图Ⅰ-5-24　2013—2017年生产的磷酸盐肥料变化趋势

资料来源：OCP集团招股说明书。

四　财务状况

2017 年，OCP 集团的全年收入高达 485.03 亿迪拉姆，同比增长 14.2%。2015 年至 2017 年，由于受到市场和政府政策的影响，2016 年磷酸盐在出口和本地的销量都出现减少，OCP 集团的收入在 2016 年出现了暂时性的下滑，由 2015 年的 477.47 亿迪拉姆降到 424.71 亿迪拉姆（图 I－5－25）。

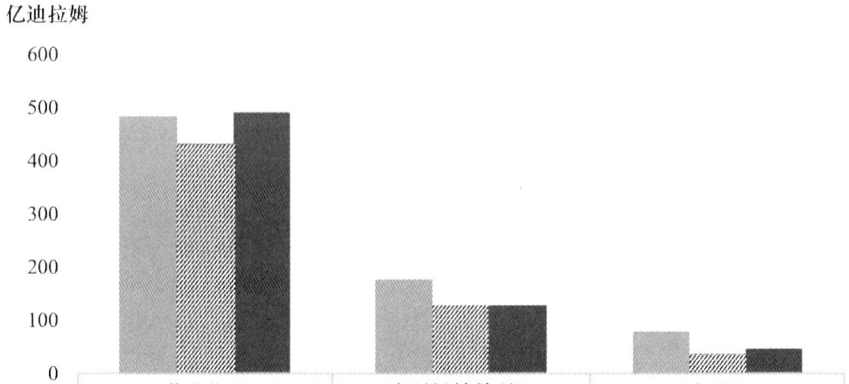

	营业收入	息税摊销前利润	净利润
2015	477.47	176.59	80.1
2016	424.71	127.77	37.8
2017	485.03	127.22	46.89

图 I－5－25　2015—2017 OCP 集团净利润和营业收入变化趋势

资料来源：OCP 集团财务报表。

OCP 集团的总资产由 2015 年的 1418.39 亿迪拉姆，增长到 2016 年的 1509.11 亿迪拉姆，2017 年的 1540.05 亿迪拉姆。随着资产规模扩大，OCP 集团也不断地通过负债利用财务杠杆进行矿区投资，负债总额由 2015 年的 780.60 亿迪拉姆，增加到 2017 年的 801.75 亿迪拉姆。

OCP 集团在全球磷酸盐及化肥市场具有强劲的竞争力，是全球最大的硅酸盐出口企业，市场地位和经营优势不容小觑，同时 OCP 集团的硅酸盐的经营销售能力丰富。但是化肥和其他磷酸盐衍生产品易受到多方面因素的影响：第一，易受到国际市场供需周期性不平衡的影响，需求旺盛和价格上涨时，行业参与者不断投资新设施，导致产量增加。当供应超过需求

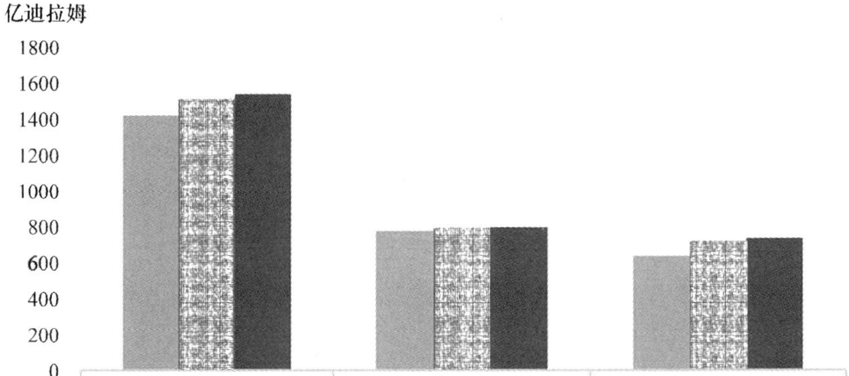

	总资产	总负债	所有者权益
2015	1418.39	780.60	637.79
2016	1509.11	791.06	718.05
2017	1540.05	801.75	738.30

图Ⅰ-5-26　2015—2017 OCP集团总资产和总负债变化趋势

资料来源：OCP集团财务报表。

时，由此导致的产能过剩和价格下跌会加大投资的限制。第二，集团的业务主要依赖于农业部门，因此易受到农业的影响，包括农产品价格，恶劣天气条件和季节性影响。较低的农产品价格可能会对农业生产造成负面影响，这可能会减少对化肥的需求，并导致化肥价格下行压力；用其他旨在提高作物产量的产品或技术（如转基因生物）替代施肥可能导致肥料用量下降。一些地区恶劣天气条件和气候变化可能导致对化肥的需求下降；不同地区的肥料施用期不同，这可能导致全年肥料需求量的显著变化。第三，OCP集团受到摩洛哥及其出口国以及原材料供应商经营所在国家的政策影响，包括：化肥的进出口关税和磷酸盐产品的进出口配额；向农民分配补贴；环境政策，即与重金属有关的政策；贸易壁垒，如反倾销税和配额。

第三节　重点服务业

一　交通运输业

（一）交通运输业概况

交通运输业是摩洛哥重要的服务部门。摩洛哥高等规划署数据显示，

1998 年至 2017 年，交通运输业对 GDP 的年均贡献达 3.94%。1980 年以来，交通运输服务的发展可分为三个明显阶段。1980 年至 1994 年，交通运输部门波动增长，年均增速达 11.2%。1995 年至 2006 年，交通运输部门发展较为缓慢，年均增速仅为 5.1%。2007 年至 2017 年，是交通运输部门发展的第三阶段，增速较前一阶段开始回升，年均增速达 7.7%（图 I－5－27）。

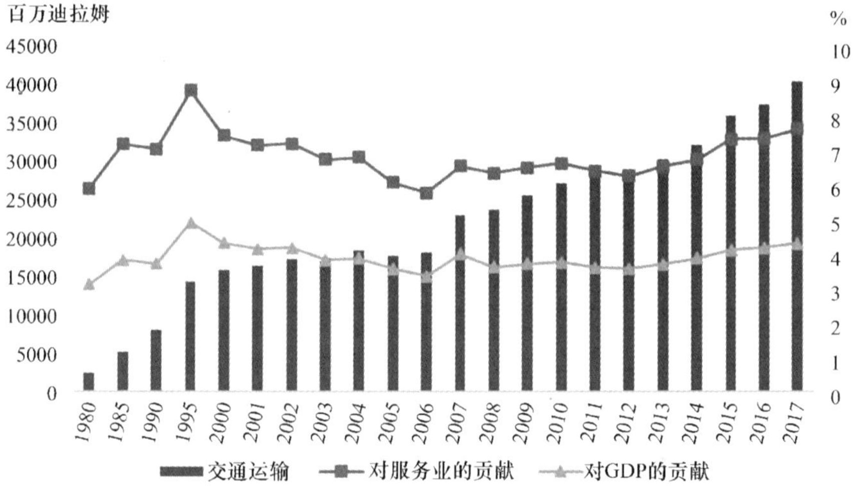

图 I－5－27 1980—2016 年摩洛哥交通运输业增加值及占比

资料来源：根据摩洛哥高等规划署数据绘制。

（二）交通运输业内部行业分析

1. 公路

摩洛哥公路系统主要包括高速公路、国道、区道和省道。2019 年，摩洛哥设备、运输、物流和水利部门显示，除了 1800 千米的高速公路之外，摩洛哥公路网络总长度 57334 千米，其中国道 15782 千米，区道 11157 千米，省道 30395 千米。交通流量的发展呈现平稳增长趋势，2017 年道路交通流量为 10233 万车千米/天，其中国道和高速公路交通流量占比最大，高达 61.87%，区道和省道交通流量占比相对较小且相差不大，分别为 20.06% 和 18.07%。2004—2017 年，公路交通总流量年均增长 5.47%（图 I－5－28）。

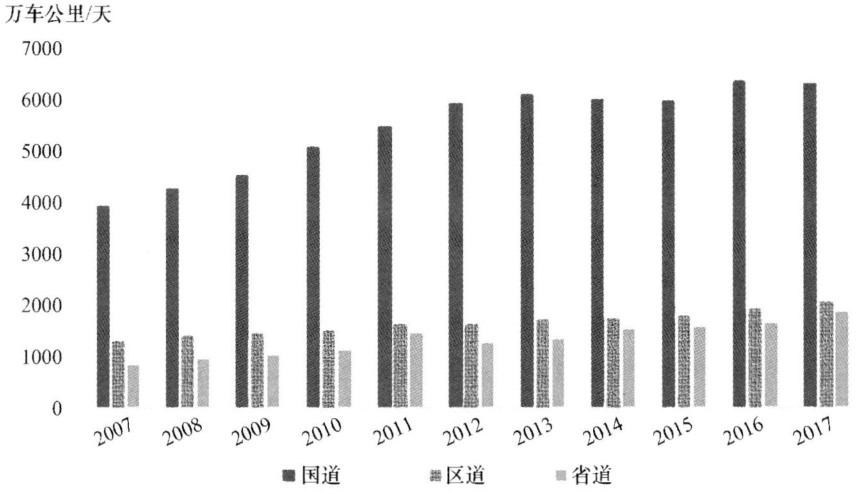

图Ⅰ-5-28　2007—2017年主要道路的交通运输流量

资料来源：根据摩洛哥高等规划署数据绘制。

2. 铁路

摩洛哥在铁路基础设施建设方面位居非洲前列。2003年，摩洛哥与西班牙达成协议，两国共同修建一条穿过直布罗陀海峡的海底复线铁路，该工程是连接欧、非两大洲的首条铁路线，极大地完善了摩洛哥铁路基础设施。2017年，摩洛哥铁路的货物运输总量为295.6亿吨，同比增加4.75%。客运人数3950百万人，同比增长1.70%（表Ⅰ-5-5）。

表Ⅰ-5-5　　**2010—2016年摩洛哥铁路运输情况**

相关指标	2010	2011	2012	2013	2014	2015	2016	2017
货物运输量（亿吨）	356.7	371.5	369.5	362.9	347.2	317.6	282.2	295.6
货物运输（百万吨/千米）	5585	5998	5854	5835	5283	4749	3831	3896
旅客（百万人）	30.9	33.9	36.0	38.1	39.5	40.5	39.5	38.0
载客里程（人·千米）	4398	4819	5092	5316	5458	5506	5208	4923

资料来源：根据摩洛哥设备、运输、物流与水利部数据整理。

摩洛哥正在为其铁路部门的重组和现代化而努力。铁路部门致力于支持国家经济和社会部门的发展，满足人们的需求与期望，逐步改善铁路运输运作的现代网络，改善铁路产品，提供更具吸引力的服务提高生产机制的盈利能力、竞争力和效率。

3. 港口

摩洛哥大约98%的商品贸易都依靠港口运输。摩洛哥有一条3500千米长的海岸线，沿岸分布着38个港口，港口贸易发展非常发达[①]。联合国贸易发展委员会测度的摩洛哥海事连通性指数显示，摩洛哥得分为67分（满分100），是非洲保持海上连接的关键国家。2013—2017年摩洛哥港口货物吞吐量（包括转运）年均增长7.62%。这一强劲增长的一个重要因素是丹吉尔地中海港2007年开始投入运营，该港是连接非洲与欧洲的重要货运地。2007年后，摩洛哥货物吞吐量显著增加，主要是转运量的增加带动整个摩洛哥货物吞吐量的增加，2017年港口货运量达13403.28万吨（图Ⅰ-5-29）。

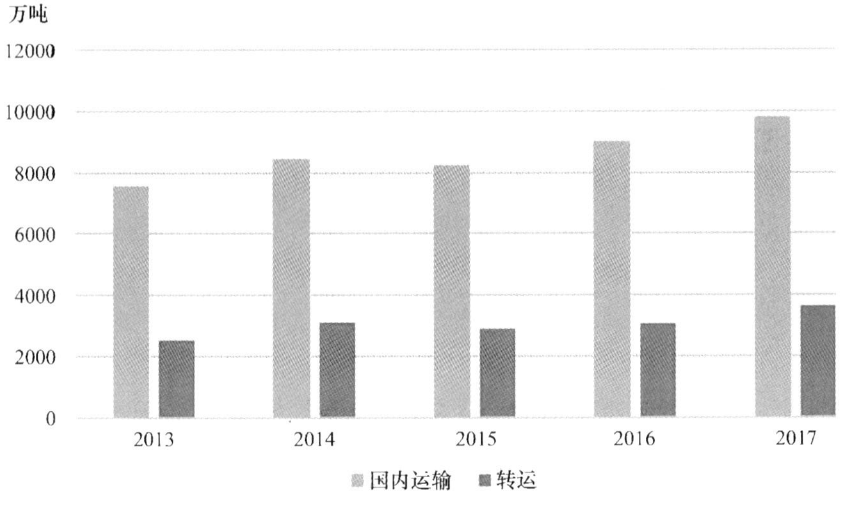

图Ⅰ-5-29　2003—2016年摩洛哥港口吞吐总量变化

资料来源：根据摩洛哥高等规划署数据绘制。

① 摩洛哥装备、运输、物流与水利部：《交通运输业统计数据》（http：//www.equipement.gov.ma/Gouvernance/Chiffres-cles/Pages/Chiffres-cles.aspx）。

2017 年，摩洛哥港口吞吐量主要分布在丹吉尔郊区港（37.58%）、卡萨布兰卡港（23.13%）和朱尔夫莱斯费尔港（22.08%）。其中，2017 年，坦坦港、丹吉尔郊区港和朱尔夫莱斯费尔港的吞吐量增长较快（表 5－6）。

表 I－5－6　　　　2016—2017 年主要港口吞吐量

	2016 年货运量（万吨）	2016 年货运量（万吨）	2017/2016 增幅（%）
丹吉尔	4365.91	5036.38	15.36
卡萨布兰卡	2771.53	3100.25	11.86
朱尔夫莱斯费尔	2609.10	2959.83	13.44
穆罕默迪耶	572.15	588.98	2.94
萨菲	596.92	615.27	3.07
阿加迪尔	491.83	497.13	1.08
阿尤恩	281.96	266.11	-5.62
纳祖尔	346.94	268.67	-22.56
达赫拉	65.36	65.03	-0.51
坦坦	4.08	5.11	25.47
丹吉尔市区	0.50	0.52	3.93
总和	12201.96	13403.28	9.85

资料来源：根据摩洛哥装备、运输、物流与水利部数据整理。

为促进港口的进一步发展，摩洛哥提出“港口中心”的概念，使国内各区域的港口发挥联动合作优势、共同建设基础设施，发挥资源优势，提高供应链的竞争力、提供战略性扩展。同时，摩洛哥也在致力于新建港口，完成大型扩建工程，以加快建设港口一体化进程。

4. 航空

在过去二十年里，国际市场上的航空服务自由化给摩洛哥带来了巨大的客流量，为摩洛哥经济发展提供了大量就业。如前所述，截至 2019 年 4 月，摩洛哥共有 32 个机场，其中 16 个国际机场、10 个国内机场和 6 个军用机场。2017 年，摩洛哥国际机场和国内机场旅客人次从 2016 年的 1823.7 万人增长至 2035.8 万人，同比增长 11.63%；货运量从 2016 年的 68436 吨增加至 81408 吨，同比增长 18.95%。大部分乘客（68.9%）来自欧洲，其次是摩洛哥（10.5%）和撒哈拉以南非洲（7.8%）（图 I－5－30）。

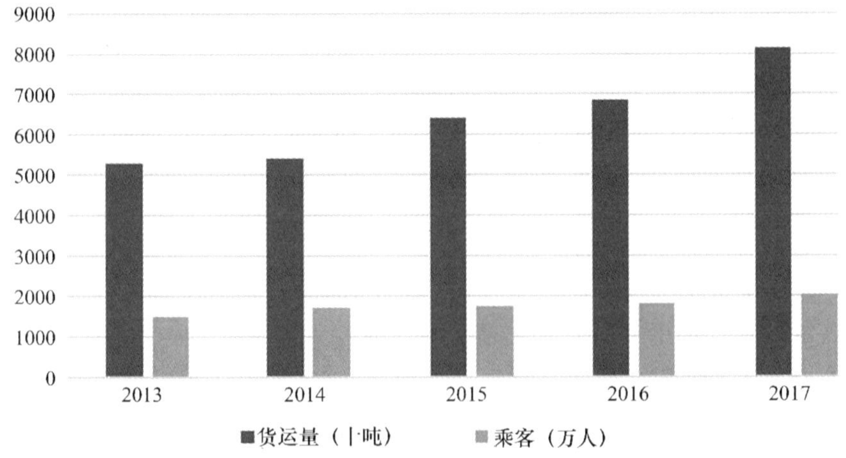

图 I－5－30　2003—2016 年机场交通运输流量

资料来源：根据摩洛哥装备、运输、物流与水利部数据绘制。

自 2010 年以来，来自撒哈拉以南非洲的乘客数量增加了一倍多，这表明摩洛哥作为航空运输的区域枢纽地位越来越高。到 2019 年为止，摩洛哥最大的机场是卡萨布兰卡的穆罕默德五世机场。2016 年，该机场客流量达 860 万人次，比 2010 年增长了近 20%，使其成为整个非洲十大最繁忙的机场之一。其次分别是马拉喀什（390 万人次）和阿加迪尔机场（130 万人次）。摩洛哥皇家航空公司（RAM）拥有最大的乘客份额（43%），其次是瑞安航空、捷特航空等航空公司[①]（表 I－5－7）。

表 I－5－7　　2013—2016 年摩洛哥航空业运输情况

	货运量（吨）			乘客（人）		
年份	国际	国内	总计	国际	国内	总计
2013	50319	2564	52883	13776925	1471120	15104662
2014	51666	2481	54148	15579863	1715008	17294871
2015	62088	2166	64254	15845933	1763814	17609747

① Transport & Logistics Sector Morocco Commissioned by the Ministry of Foreign Afair（https://www.rvo.nl/sites/default/files/2018/05/Transport-and-Logistics-sector-Morocco.pdf）.

续表

	货运量（吨）			乘客（人）		
2016	66852	1845	68698	16319316	1917956	18237272
2016/2015	7.67%	-14.81%	6.92%	2.98%	8.73%	3.56%

资料来源：根据摩洛哥装备、运输、物流与水利部数据整理。

（三）物流业

摩洛哥设备、运输、物流和水利部数据显示，摩洛哥物流业是其重要的经济部门，2016 年创造增加值 450 亿迪拉姆，贡献 GDP 的 5.02%，其中直接贡献 227 亿迪拉姆；提供就业岗位 44.5 万个，占摩洛哥就业人口的 4.18%，其中新增就业 2.4 万个。基于摩洛哥物流行业的重要地位，政府公共部门和物流商也对物流业进行了大量投资用于物流基础设施等的建设，2016 年的投资额达 320 亿迪拉姆，占其当年固定资本形成总额的 10.4%。尽管如此，摩洛哥的物流业并未获得预期的发展。根据世界银行 2018 年物流绩效指数，摩洛哥在 160 个国家中排名第 109 位。相较于摩洛哥周边的几个主要非洲国家而言，摩洛哥的物流行业表现基本处于中等水平，从其各个物流分指标来看，摩洛哥也基本处于平均水平。自 2013 年以来，摩洛哥的基础设施投资大幅度增加，其贸易和运输基础设施得到很大改善，但在国际范围内尚无与邻国竞争的优势（表 I-5-8）。

表 I-5-8　　2018 年北非国家物流绩效指数对比

	排名	得分	海关	基础设施	国际运输	物流	跟踪	及时性
摩洛哥	109	2.54	2.33	2.43	2.58	2.49	2.51	2.88
阿尔及利亚	117	2.45	2.13	2.42	2.39	2.39	2.60	2.76
埃及	67	2.82	2.60	2.82	2.79	2.82	2.72	3.19
突尼斯	105	2.57	2.38	2.10	2.50	2.30	2.86	3.24
利比亚	154	2.11	1.95	2.25	1.99	2.05	1.64	2.77
苏丹	121	2.43	2.14	2.18	2.58	2.51	2.51	2.62
毛里塔尼亚	135	2.33	2.20	2.26	2.19	2.19	2.47	2.68

注：每个指标的评估打分标准都是 1—5 分，1 分最差，5 分最好。

资料来源：根据世界银行国际物流绩效指数数据库整理。

从其物流绩效的发展趋势来看，摩洛哥近年来物流绩效指数的排名逐年下跌。从2012年的第50名跌至2016年的第86名，截至2018年持续下跌至第109名。究其原因，主要是摩洛哥在物流基础设施和及时性上有所退步（图Ⅰ-5-31）。

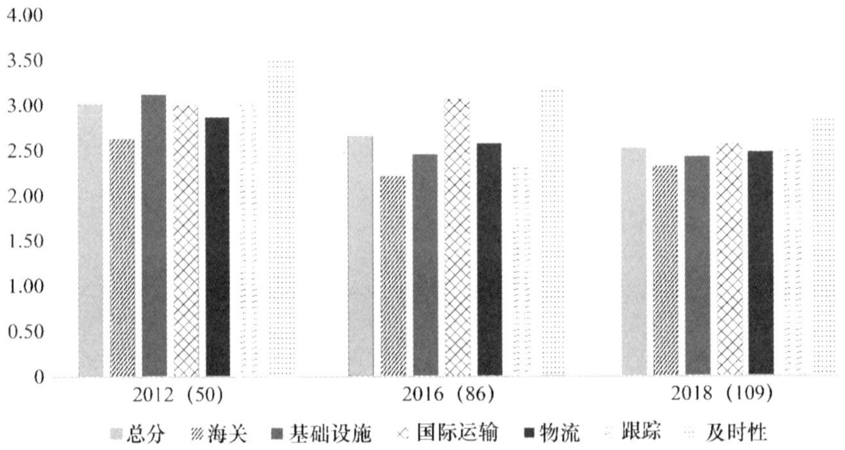

图Ⅰ-5-31　2012—2018年摩洛哥物流绩效指数得分变化

注：图中括号内为摩洛哥物流绩效指数各年的排名。

资料来源：根据摩洛哥装备、运输、物流与水利部数据绘制。

（四）交通运输服务贸易

摩洛哥地理位置及其海岸线上拥有诸多贸易港口，使得摩洛哥的交通运输服务贸易发展迅速。整体来看，摩洛哥交通运业基本处于贸易赤字状态，且近年来赤字规模逐渐扩大。2012年前后，交通运输业贸易赤字规模扩大至8351百万迪拉姆，此后虽有所收窄，但一直保持在5000百万迪拉姆，2017年，这一赤字进一步扩大至9140百万迪拉姆（图Ⅰ-5-32）。

二　旅游业

（一）旅游业概况

摩洛哥的旅游业十分发达，旅游资源主要包括海岸风景和文化历史遗迹。摩洛哥是北非政治最稳定的国家之一，稳定的政治环境给旅游业的发展提供了良好条件。旅游业是贡献国家GDP和就业的第二大经济部门，

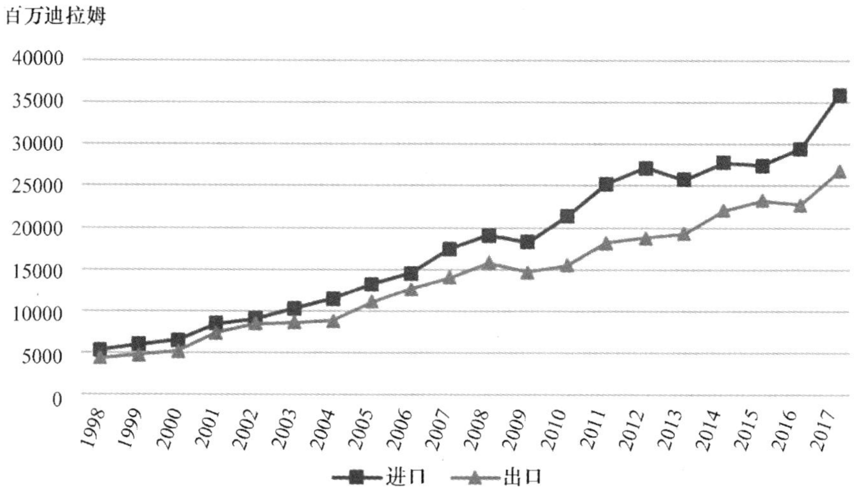

图Ⅰ-5-32 1998—2017年摩洛哥交通运输业贸易赤字趋势

资料来源：根据摩洛哥高等规划署数据绘制。

摩洛哥高等规划署公布的旅游业账户资料显示，2017年，摩洛哥旅游业创收1093亿迪拉姆，较上年的1008亿迪拉姆同比增长8.5%。旅游业增加值从2016年的529亿迪拉姆增长至581亿迪拉姆，增幅达9.9%。旅游业贡献的GDP则从2016年的669亿迪拉姆增长至724亿迪拉姆，对GDP的贡献从6.6%提高至6.8%[①]（图Ⅰ-5-33）。此外，旅游业也是摩洛哥国际收支的主要贡献者，2017年，在摩洛哥逗留的非居民入境人次达1135万人，给摩带来的收入高达719亿迪拉姆，占商品和服务出口的19%[②]。

（二）入境旅游人数及构成

摩洛哥入境旅游人数从2000年开始进入高速增长时期。2008年受国际金融危机的影响，摩洛哥入境国际旅游收入有小幅度的下滑，但其入境国际旅游人数却依然保持着增长态势。在2010年爆发的“欧债危机”和

① 摩洛哥高等规划署：《旅游账户数据》（https：//www.hcp.ma/Parution-de-la-note-d-information-du-Haut-Commissariat-au-Plan-HCP-sur-le-Compte-satellite-du-tourisme-de-2017_a2236.html）。

② 摩洛哥旅游部：《旅游业关键指标》（https：//www.tourisme.gov.ma/fr/tourisme-en-chiffres/chiffres-cles）。

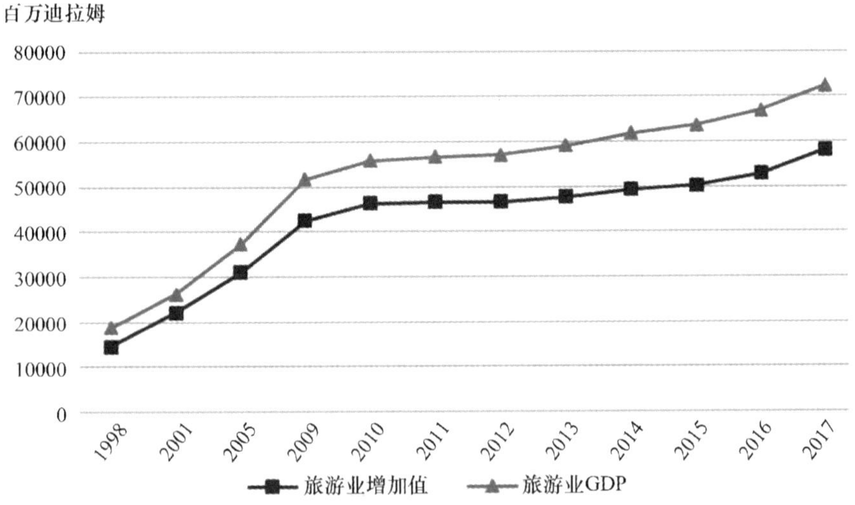

图Ⅰ-5-33　1998—2017年摩洛哥旅游业对国民经济的贡献

资料来源：根据摩洛哥高等规划署旅游业账户数据绘制。

2011年初爆发并迅速蔓延的“阿拉伯之春”的双重影响下，其他阿拉伯传统旅游国家整体表现不景气，但摩洛哥以其国内政治和社会的稳定，保持了旅游业的稳步发展。摩洛哥旅游部发布的入境人数数据表明，2000年至2017年间，摩洛哥入境游客人数逐年增加，从427.81万人增加至1134.93万人，增长了165.29%（表Ⅰ-5-9）。

从交通方式来看，入境游客中67%以上均乘坐飞机抵达，水运和陆运人数相对较少，分别为22%和11%。在以空运方式入境的游客中，主要经由穆罕默德五世机场和马拉喀什机场入境，水运方式抵达摩洛哥的入境游客则主要是通过丹吉尔郊区港口入境，陆运方式入境的游客大多经由弗尼迪克入境（表Ⅰ-5-9）。

表Ⅰ-5-9　**2000—2017年摩洛哥入境游客的主要交通方式（按入境点划分）**

	2000年	2010年	2015年	2016年	2017年	2017年占比（%）
空运	210.96	613.60	677.23	680.40	761.93	67
穆罕默德五世机场	79.37	226.49	219.53	230.25	246.94	22

续表

	2000 年	2010 年	2015 年	2016 年	2017 年	2017 年占比（%）
马拉喀什机场	59.11	170.39	201.89	183.68	203.94	18
阿加迪尔机场	41.48	70.66	65.33	61.81	73.94	7
丹吉尔伊本·白图泰机场	9.55	44.87	51.44	56.92	71.16	6
非斯机场	3.88	33.30	41.89	41.09	49.24	4
阿尤恩机场	1.64	25.52	29.88	31.89	34.31	3
乌季达机场	5.30	18.62	24.03	23.56	27.10	2
拉巴特—萨勒机场	4.96	16.66	33.03	40.84	42.06	4
索维拉机场	—	1.24	3.31	3.46	4.39	0
胡塞马机场	1.91	0.98	2.17	1.94	2.85	0
瓦尔扎扎特机场	2.93	2.34	1.69	1.34	1.67	0
水运	161.22	192.37	211.31	219.83	248.25	22
丹吉尔郊区港口	—	81.04	130.61	138.77	142.52	13
丹吉尔市区港口	129.92	79.76	49.65	47.85	59.47	5
纳祖尔港口	29.27	27.84	20.07	21.66	34.93	3
陆运	55.64	122.86	129.14	132.95	124.76	11
塞卜泰（休达）	45.49	77.81	87.95	89.97	86.51	8
贝尼安扎尔	10.14	42.30	38.12	39.56	34.83	3
总计	427.81	928.83	1017.68	1033.17	1134.93	100

资料来源：根据摩洛哥旅游部数据整理。

摩洛哥位于非洲的西北角，大多数入境游客都来自欧洲，其中法国人最多，其次是西班牙、英国、德国、比利时、荷兰和西半球的美国（图Ⅰ-5-34）。可见欧洲客源对于摩洛哥的国际旅游发展至关重要，这也在一定程度上反映出摩洛哥的国际客源市场分布的集中度较高，稳定性较差，一旦欧洲形势发生变化便会对摩洛哥的旅游业产生重大冲击。目前，摩洛哥也在积极拓宽旅游客源市场，稳步推进与其他地区的旅游合作。例如2011年5月，阿拉伯海湾合作委员会与摩洛哥建立“优先伙伴关系”。作为海合会友好国家，摩洛哥对海湾阿拉伯游客办理签证手续提供方便，摩洛哥的旅游部和外交部也积极协调，给予潜在的阿拉伯客源国游客入境方便。

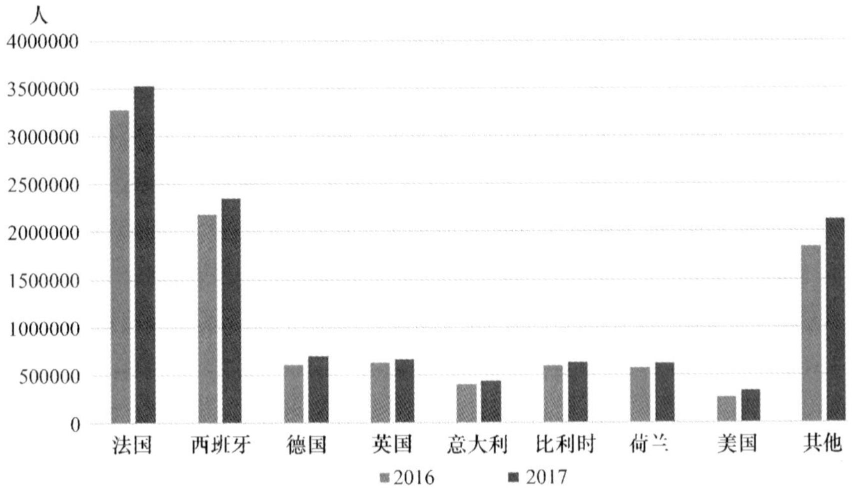

图 I－5－34　2016 年和 2017 年摩洛哥不同国家入境旅游人数

资料来源：根据摩洛哥旅游部数据绘制。

（三）旅游业的经济贡献

2008—2018 年摩洛哥的旅游业收入一直保持平稳增长。世界旅游组织发布的 2018 年摩洛哥旅游业报告显示，2017 年旅游业对摩 GDP 的直接贡献为 859 亿迪拉姆（占 GDP 的 8.2%），预计 2018 年将增加 3.5% 至 889 亿迪拉姆。这一增长主要是由酒店、旅行社、航空公司和其他客运等行业产生的经济活动所贡献的，负责接待游客的餐厅和提供休闲服务产业的经济活动也推动了旅游业收入的增加。到 2028 年，旅游业对 GDP 的直接贡献预计将增长 3.9% 至 1307 亿迪拉姆（占 GDP 的 8.2%）。

世界旅游组织发布的 2018 年摩洛哥旅游业数据显示，旅游业对 GDP 的总贡献（包括直接贡献、间接贡献和诱导贡献）2017 年为 1953 亿迪拉姆（占 GDP 的 18.6%），预计在 2018 年将增长 3.7% 至 2025 亿迪拉姆。预计到 2028 年将增长 3.8% 至 2945 亿迪拉姆（占 GDP 的 18.5%）。

旅游业的快速发展，吸引了更多的人到摩洛哥进行投资。世界旅游组织发布的 2018 年摩洛哥旅游业数据显示，摩洛哥在 2017 年吸引了 444 亿迪拉姆的旅游业资本投资。预计 2018 年将增长 3.5%，并在未来十年，保持每年 3.9% 的增长率，在 2028 年达到的 672 亿迪拉姆。同时旅游业在国家总投资中的比例将从 2018 年的 13.6% 上升到 2028 年的 14.7%。

第六章　政治生态

1912 年以前，摩洛哥处于封建君主制时期，属于 1668 年建立的阿拉维王朝，国王拥有至高无上的权力。但是，国王对摩洛哥的统治仅局限于城镇和有人居住的平原，而偏远山区和类似于空旷的广大平原地区的柏柏尔人部落和阿拉伯游牧民，则不受王权限制，保持着部落统治。[①]

1912 年之后，摩洛哥成为法国的殖民地和“保护国”，法国和西班牙的总督统治摩洛哥。第二次世界大战后，摩洛哥民族解放运动如火如荼。1956 年，摩洛哥正式独立，最高统治者的头衔由“苏丹”改成“国王”，穆罕默德五世是摩洛哥阿拉维王朝的最后一任苏丹和第一任国王。1958 年，摩洛哥建立国民议会，1962 年颁布第一部宪法，规定摩洛哥是一个君主立宪制的国家。但实际上，国王仍旧掌握了政府的任命权、解散议会权、钦定宪法权等权力[②]。

20 世纪 80 年代初，一方面，伊斯兰运动在摩洛哥开始发展起来，不断威胁国王统治。另一方面，随着东欧剧变和第三波民主化浪潮，摩洛哥也在不断改革自身的政治体制，实行多党制和两院制以及强化法制建设。例如 1992 年宪法、1996 年宪法的修正案都通过了进一步推动民主化的措施。1998 年，摩洛哥第一次形成了反对党领袖担任首相的政府，但仍旧没有改变国王的政府任命权、解散议会权和钦定宪法权等权力。

1999 年，现任国王穆罕默德六世登基，“继续坚持君主立宪制、多党制、轮流执政和经济自由化等既定的政策，实行更加开明的政治”，“深

---

① 肖克编著:《列国志 · 摩洛哥》，社会科学文献出版社 2008 年版，第 98—99 页。

② 肖克编著:《列国志 · 摩洛哥》，社会科学文献出版社 2008 年版，第 99 页。

化政治改革，强调依法治国”[①]。

2011 年，摩洛哥虽受到“阿拉伯之春”的冲击，但国王穆罕默德六世凭借着摩洛哥王室的权威和宗教合法性，渐进回应社会诉求，承诺进行政治变革，并且在 2011 年进行了宪法修正案的全民公投，进一步推动民主改革。从 2016 年选举来看，尽管摩洛哥没有像利比亚、埃及等非洲国家那样陷入政治乱局，但其国内始终存在亲王室政党、传统左翼政党和伊斯兰政党相互掣肘的局面，其政坛也存在“伊斯兰价值与世俗主义之间的理论矛盾；宪法改革与传统制度之间的结构性矛盾；社会发展与既得利益集团之间的内生性矛盾”。[②] 2016 年议会选举后，摩洛哥曾经历了 5 个月的政府“空窗期”，在萨阿德丁·奥斯曼尼出任首相成功组阁后，国王又先后罢免多位部长和百位地方官员，“2018 年，摩洛哥政党政治精英危机恐仍将继续”。[③] 因此，在“阿拉伯之春例外论”的光环下，尽管摩洛哥当前政治生态稳定，但其政局仍旧存在不确定性因素。

从现实层面看，可以从政治结构、主要政党、议会选举、政治文化、政治发展等多方面阐释摩洛哥的政治生态。

第一节　政治结构

一　国王

根据宪法规定，摩洛哥国王是摩洛哥国家、宗教和军事领导人，是全民族最高代表和国家统一的象征，是民族独立和领土完整的保护者、国家永存的保证者和信仰的捍卫者，拥有至高无上的地位。[④] 国王采用王位世袭制，法定继承年龄为 16 岁，在未成年期间，由最高法院院长担任的摄政委员会主席行使王权。

自 1956 年独立以来，摩洛哥共经历了三任国王，分别是穆罕默德五世、哈桑二世和现任国王穆罕默德六世。

---

① 肖克编著：《列国志·摩洛哥》，社会科学文献出版社 2008 年版，第 100 页。

② 张玉友、李睿恒：《摩洛哥能成为收拾“阿拉伯之春”乱局的样板吗?》（https://www.thepaper.cn/newsDetail_forward_1541403）。

③ 张玉友：《当前摩洛哥国内政党形势：分裂与崛起》，《当代世界》2018 年第 4 期。

④ 肖克编著：《列国志·摩洛哥》，社会科学文献出版社 2008 年版，第 102—103 页。

穆罕默德六世于 1963 年 8 月 21 日生于拉巴特，是国王哈桑二世的长子，1999 年哈桑二世去世后继位，为哈桑二世和妻子拉拉·拉蒂法（Lalla Latifa Hammou）所生。1979 年，穆罕默德六世即被任命为王储，从 4 岁起，他就开始在皇室的古兰经学校上学。

穆罕默德六世在皇家学院完成了初级和中等教育，并在 1981 年获得了学士学位。1985 年，穆罕默德六世从穆罕默德五世大学法学院毕业，获得法学学士学位，其毕业论文题目为《阿拉伯—非洲联盟和摩洛哥王国在国际关系问题上的策略》。1985 年 11 月 26 日，穆罕默德六世被任命为泛阿拉伯运动主席和摩洛哥皇家武装部队总协调官，成为军队二号人物，1994 年晋升少将。1993 年，穆罕默德六世获得法国尼斯大学法学博士学位，毕业论文题目为《欧洲经济共同体与阿拉伯马格里布联盟的合作》，精通阿拉伯语、法语、英语和西班牙语。

1991 年 11 月和 1993 年 2 月，时为王储的穆罕默德六世曾两次访问中国，1999 年登基后，成为阿拉维王朝的第 22 任君主，2002 年 2 月和 2016 年 5 月，穆罕默德六世以国家元首的身份访问中国。

登基后不久，穆罕默德六世发表电视讲话，承诺要解决贫困和腐败问题，同时创造就业机会和改善人民生活状况以及摩洛哥的人权记录。穆罕默德六世的改革言论遭到了伊斯兰保守主义和宗教激进主义者的反对。2004 年 2 月，他颁布了一部新的《家庭法》，赋予女性更多权利。穆罕默德六世也努力创造平等的社会环境，旨在保护人权。

2011 年，摩洛哥爆发“2·20”运动。在 2011 年 3 月 9 日的讲话中，穆罕默德六世国王承诺，议会将获得新的权力，使其能够履行代表、立法和管理使命。此外，司法机构的权力从国王那里获得了更大的独立性，穆罕默德六世宣布，国王将在 2011 年 6 月之前设立一个法律学者委员会以起草宪法草案。同年 7 月 1 日，选民批准了穆罕默德六世提出的一系列政治改革。

值得一提的是，自 2017 年 1 月以来，摩洛哥以安全为由，禁止布卡（罩袍）的制造和销售，引起极端主义者的不满。

在经济层面，穆罕默德六世是摩洛哥最主要的银行家和企业家，摩洛哥王室也是世界上最富有的王室之一。穆罕默德六世还掌握了摩洛哥的主要土地和农业企业。在摩洛哥，皇家参与商业是一个重要话题，但公众对此的讨论是敏感的。

穆罕默德六世有一个兄弟和三个姐妹。2002 年 3 月，穆罕默德六世迎娶拉拉·萨尔玛，后者被尊称为“摩洛哥王妃”。两人育有一子和一女，儿子为王储穆莱·哈桑（又称哈桑三世），生于 2003 年，女儿为拉拉·哈迪贾公主（Lalla Khadija），生于 2007 年。

二 宪法①

摩洛哥宪法规定，摩洛哥为君主立宪制国家。

1962 年，在哈桑二世继位后的第二年，摩洛哥颁布了第一部宪法，确立了君主立宪制和一院制议会制度，议会由选举产生。此后，摩洛哥曾在 1970 年、1972 年、1980 年、1992 年、1996 年和 2011 年多次修改宪法，现行宪法为 2011 年修正后的宪法。

1970 年宪法修正案规定，摩洛哥是独立的、领土完整的阿拉伯伊斯兰国家，伊斯兰教为国教，实行君主立宪制。国王是国家元首、宗教领袖和武装部队最高统帅。摩实行王位世袭制，继承王位年龄为 18 岁，摄政委员会由国王近亲担任。1972 年，在政变未遂后，摩通过新宪法修正案，赋予议会更多政治权力。1980 年宪法修正了国王继位的法定年龄和摄政委员会主席，前者降低到 16 岁，后者改由最高法院院长担任。此次宪法修正进一步放宽了对议会产生的限制。1992 年，第四次宪法修正进一步扩大了议会的权力，满足了部分反对派的民主诉求。1996 年，摩洛哥对宪法进行了重大改革，开始实行两院制议会民主，在政党代表组成的众议院之外，增设地方政权、行业工会和工薪阶层组成的参议院，扩大了议会代表性，增加了立法权限，等等。②

2011 年“阿拉伯之春”爆发后，穆罕默德六世进一步缩小王权，增加议会权力，扩大法院的独立权力。2011 年宪法主要修正条款如下③：

第一，柏柏尔语与阿拉伯语一样，均是摩洛哥官方语言。

第二，国王有义务从赢得议会选举最多席位的政党中任命首相，他/

---

① 摩洛哥宪法（http：//www. sgg. gov. ma/BO/bulletin/FR/2011/BO_ 5964-Bis_ Fr. pdf）（http：//www. maroc. ma/PortailInst/Fr/MenuGauche/Institutions/Constitution/La%2BConstitution. htm）。

② 肖克编著：《列国志·摩洛哥》，社会科学文献出版社 2008 年版，第 101—102 页。

③ “Q&A：Morocco's Referendum on Reform”（https：//www. bbc. co. uk/news/world-africa-13964550）。

她可以是获胜政党的任何成员，而不一定是该党的领导人。此前，无论选举结果如何，国王都可以提名任何他想要的人担任这一职位。

第三，国王不再是“神圣的”，但“国王的人身权利不可侵犯”。

第四，高级行政和外交职位（包括大使、省和地区最高行政长官）现在由首相和国王主持的部长会议任命，而在此之前国王完全掌握这一权力。

第五，首相是政府首脑和政府委员会主席，有权解散议会。

第六，首相将主持制定国家总体政策的政府委员会。在此之前，国王曾担任过这一职务。

第七，议会有权给予大赦。在此之前，这是由国王独占的。

第八，司法系统独立于立法和行政部门，国王保证这种独立性。

第九，保障妇女与男子享有“公民和社会”平等。以前，只有“政治平等”得到保障。

第十，国王保留对武装部队、司法机构和与宗教、外交事务的完全控制；国王还保留任命和罢免首相的权力。

第十一，所有公民都有思想、艺术表达和创作的自由。以前只有言论自由与流通和结社自由得到保障。然而，批评或直接反对国王仍将受到监禁处罚。

三　立法机构

议会为摩洛哥的主要立法机构，具体职责有：制定、修改、废止宪法；审查和通过国家财政预算，监督实施；组织、监督政府；其他有关国家大政方针的决定；等等，① 具有立法权、财政权、监督权和自治权等权力。

1956 年独立后，摩洛哥议会最初实行一院制，1996 年宪法修正后，摩洛哥开始实行两院制，即参议院和众议院。众议院由政党代表通过直接选举组成，参议院由各个工薪阶层和地方代表组成。

2011 年，摩洛哥宪法修正案保留了参议院，但将议员任期从 9 年减至 6 年，并将其席位减至 120 个。在该国的区域一级选出 72 名成员，他

① 肖克编著：《列国志·摩洛哥》，社会科学文献出版社 2008 年版，第 109 页。

们代表地方行政区域；每个区域由一个选举团选出 20 名成员，该选举团由在有关区域选出的所有成员组成，如农业协会、商业、工业和服务协会、艺术和手工艺协会以及海洋渔业协会等；每个地区的 8 名成员由选举团选举产生，选举团由最具代表性的雇主专业组织选举产生；由雇员组成的选举团在全国选举产生 20 名成员。

众议院由 395 名议员组成，任期 5 年，在全国范围内采用简单多数制，在划分的全国选区中直接选举产生。

参议院和众议院均由议长、委员会和常设局构成。

议会是摩洛哥政治生态稳定的"风向标"，往往成为摩洛哥主要政治派别的"角斗场"，历次宪法修正和政治改革也围绕议会和国王的权力比重展开。2011 年修宪之后，国王形式上的权力较以往有了缩小，但国王长期以来积累的政治和经济基础，摩洛哥民众对国王的特殊感情，以及国王在本国的特殊地位，往往使议会的权力和摩洛哥的民主改革在现实中难以实现和推进。例如，"摩洛哥以'真主、国王、国家'作为国家格言，表明了其作为伊斯兰国家、君主制国家与民族国家的三重身份。而事实上，摩洛哥的例外之处，正是这三重身份深深扎根于其特有的历史土壤中，紧密地形成了摩洛哥的三位一体。国王的最高宗教权威使其成为本国伊斯兰唯一的代表，国父穆罕默德五世在法国殖民时期的强硬态度让他变成了民族独立的斗士，国王一人兼具了马克斯·韦伯关于合法统治的三种类型，即合理型、传统型和魅力型"。[①] 因此，尽管正义与发展党成为执政党，但在实际政治实践当中，王室利益和王权难以受到限制与挑战。

四　行政权

摩洛哥的行政权主要由议会选举产生的首相和政府行使，政府对国王和议会负责。

2011 年宪法修正后，首相有了较大权力，其主要职责包括，完成组阁后向两院作施政报告；有权提出法律议案；签署法令；协调内阁各部门工作；主持讨论国家重大事项问题等。

---

① 张玉友、李睿恒：《摩洛哥能成为收拾"阿拉伯之春"乱局的样板吗?》（https：//www. thepaper. cn/newsDetail_ forward_ 1541403）。

摩洛哥宪法授予政府行政权力，并允许首相提出建议和罢免内阁成员、省长和大使，负责监督政府方案和公共服务，并在得到国王的同意下解散众议院。

在摩洛哥，行政部门并非国家元首，摩洛哥国家元首是国王，仍对行政部门拥有相当大的自由裁量权，对军事、司法机关、宗教和宗教拥有专属权力。

摩洛哥的地方政府由地区、辖区、省和公社组成，地方议会由选举产生，地方长官按照规定，执行地方议会的决议。地方长官代表国家，负责实施政府决议，管理地方各部门。目前，摩洛哥的主要内阁成员参见表Ⅰ-6-1。[①]

表Ⅰ-6-1 摩洛哥内阁成员（截至2019年10月9日）

首相	奥斯曼尼（Saad-Eddine El Otmani）
人权事务与议会关系国务大臣	穆斯塔法·拉米德（Mustafa Ramid）
内政大臣	阿卜杜勒·瓦菲·拉夫提（Abdelouafi Laftit）
外交和国际合作大臣	纳赛尔·布里达（Nasser Bourita）
司法大臣	穆罕默德·本·阿卜杜勒·卡德尔（Mohamed Ben-abdelkader）
宗教基金和伊斯兰事务大臣	艾哈迈德·图菲克（Ahmed Toufiq）
政府秘书长	穆罕默德·哈基维（Mohamed El Hajjoui）
经济、财政与行政改革大臣	穆罕默德·本·查阿布恩（Mohamed Benchaaboun）
农业、海洋渔业、乡村发展、水资源和森林大臣	阿齐兹·阿赫努什（Aziz Akhannouch）
住房与城市政策大臣	纳扎·布查勒卜（Nezha Bouchareb）
国民教育、职业训练、高等教育与科研大臣	赛义德·艾姆扎兹（Saïd Amzazi）
工业、贸易、投资和数字经济大臣	穆莱·哈菲德·阿拉米（Moulay Hafid Elalamy）
装备、运输、物流与水利大臣	阿卜杜勒·卡德尔·阿马拉（Abdelkader Amara）
卫生大臣	哈立德·塔利卜（Khalid Ait Taleb）
能源、矿业与环境大臣	阿齐兹·拉巴赫（Aziz Rebbah）
旅游、航空运输、手工业和社会经济大臣	纳迪亚·法塔赫·阿洛维（Nadia Fettah Alaoui）

① 参见摩洛哥政府网站（http：//www. maroc. ma/fr/content/la-liste-du-gouvernement）。

续表

互助、社会发展、平等与家庭大臣	加米利亚·穆萨里（Jamila EL Moussali）
政府发言人兼青年、体育文化大臣	哈桑·阿布亚巴（El Hassan Abyaba）
就业与职业安置大臣	穆罕默德·阿姆克拉兹（Mohamed Amkraz）

资料来源：摩洛哥政府网站（http：//www. maroc. ma/fr/content/la-liste-du-gouvernement）。

五　司法机构

摩洛哥的最高司法机构是最高司法委员会，由国王领导，成员包括司法大臣、最高法院第一院长等。

摩洛哥法院分为四个层面：最高法院（法官由国王任命）；主要大区上诉法院；各省初级法院；各省初级法院派驻地方的法官处。其他特殊法院包括地方法院、行政法院、特别司法法院、军事法院和商业法庭。

需要注意的是，摩洛哥在拉巴特、萨累、卡萨布兰卡、非斯、丹吉尔、马拉喀什和阿加迪尔设有 6 个商业法庭，专门审议有关商业的诉讼与纠纷，是保障投资者利益的机构。[①]

第二节　主要政党与议会选举

根据宪法规定，摩洛哥是君主立宪制国家，国王是国家元首、宗教领袖和武装部队最高统帅。首相是政府行政长官，由议会选举中得票最多的政党任命，拥有提名和罢免大臣、解散议会等权力。议会拥有唯一立法权，众议院占主导地位。

摩洛哥实行二元制君主立宪制、多党制和议会两院制。“‘国王控制下的多党君主制’成为摩洛哥君主政体的显著特征。相对于海湾阿拉伯君主制国家，摩洛哥的民主化程度较高。”[②] 因此，摩洛哥的议会选举和主要政党的发展历史、理念，在某种程度上反映了该国的政治生态。以穆罕默德六世登基为起点，本章主要介绍 2002 年以来摩洛哥的主要政党和议会选举情况。

---

① 肖克编著：《列国志·摩洛哥》，社会科学文献出版社 2008 年版，第 121—123 页。

② 中国银行股份有限公司、社会科学文献出版社编：《摩洛哥》，社会科学文献出版社 2016 年版，第 31 页。

一　主要政党

从2016年议会选举来看，摩洛哥政党分类大体上有三种视角。

从国王视角来看，可以分为“保皇党”和反对党，从哈桑二世时期，为应对民族主义和左翼反对政党，摩洛哥就“炮制”了右翼的人民运动（MP）和宪法联盟，以及中立的全国独立人士联盟等支持政党。到了穆罕默德六世时期，虽然传统左翼政党逐渐衰弱，但随着伊斯兰主义政党的崛起，传统右翼式微，王室统治面临威胁。因此2007年议会选举后，国王的密友福阿德·希玛组建了新党——真实性与现代党（PAM），扮演新右翼政党，抗衡新左翼。虽然该党在2011年和2016年议会选举中均失败，但拒绝加入正发党领导的联合政府。①

从政治光谱来看，摩政党可以分为三类，一是左翼政党，领袖大多来自独立初期的独立党，之后因为政见分歧而分裂，提倡国家进行激进化民主改革，在摩洛哥政治中扮演反对派角色。主要代表党派除了独立党外，还有人民力量社会主义联盟（USFP）、进步与社会主义党（PPS）等。二是保皇党，这类政党是摩国王与左翼政党政治斗争的产物，是为在选举过程中使王室集团力量占主导地位。主要有真实性与现代党、人民运动、宪法联盟等。三是伊斯兰政党，这类政党是基于伊斯兰思想建立的政党，代表党派是执政党正义与发展党，准确地说，摩洛哥合法的伊斯兰政党仅有此党。另外一股伊斯兰政党势力——正义与行善会，在其创始人阿卜杜·赛拉姆·雅辛（Abdeslam Shaykh Yassine）时期，就一直游离于政治之外。即使在2012年雅辛去世后，也没有顺利成为合法政党。②

从政党活动方式来看，摩洛哥有三类政治力量：一是议会政党，也就是说获得议会席位的政党，包括参阁政党和政府反对派，如议会第二大党真实性与现代党；二是非法但具有温和性的社会运动，如正义与行善会；三是极左政党，主要是一些小政党，它们既反对政府又反对王权制度。

① 张玉友：《当前摩洛哥国内政党形势：分裂与崛起》，《当代世界》2018年第4期。

② 张玉友、李睿恒：《摩洛哥能成为收拾“阿拉伯之春”乱局的样板吗?》（https://www.thepaper.cn/newsDetail_forward_1541403）。

大体上看，摩洛哥主要政党如下：

1. 正义与发展党

该党前身是1969年成立的“摩洛哥伊斯兰青年组织”（Moroccan Islamic Youth），1998年更名为正义与发展党，现为摩洛哥议会（众议院）第一大党，也是摩洛哥的执政党（领导政府的党），属于温和的伊斯兰政党，拥护君主制，反对暴力和恐怖主义，试图通过立法手段捍卫摩洛哥的伊斯兰特性，主张以渐进方式改革社会，推崇温和适度的伊斯兰主义，现任党总书记为萨阿德丁·奥斯曼尼（Saadeddine Othmani）。

伊斯兰青年组织的创始人是阿布德卡里姆·穆蒂（Abdelkrim al-Khatib），20世纪70年代在政府强力打压之下，穆蒂开始了流亡生活。1981年，阿卜杜勒·伊拉·本·基兰（Abdelillah Benkiran）领导的“伊斯兰社团”——正发党前身，采取与穆蒂完全相反的策略，即试图通过进入政府来改革。1996年，本·基兰将“伊斯兰社团”正式更名为“统一与改革运动”（Movement for Unification and Reform），获得了政府的认可。

在1997年议会选举中，该党赢得了9个席位。在2002年议会选举中，该党在325个席位中赢得42个席位。在2007年的议会选举中，该党在325个席位中赢得43个席位，仅次于独立党。

2008年7月，本·基兰接替奥斯曼尼当选为党总书记。在2011年11月的议会选举中，该党赢得多数席位（107个席位），与其他政党组成了联合政府，本·基兰出任摩洛哥首相。在2016年的议会选举中，正义与发展党再次赢得多数席位（125个席位），奥斯曼尼出任摩洛哥首相。

从执政纲领上看，正义与发展党的目标是在任期内实现平均每年5.5%的经济增长，并将失业率从2012年初的9.1%降至2016年底的8%；积极发展摩洛哥与欧盟的关系，使后者成为主要贸易伙伴。根据现有资料可以看出，正义与发展党将经济和法律问题置于其纲领的核心，并致力于发展内部民主。该党声明的纲领包括：改革和重建教育制度、与其他国家的经济伙伴关系、增强民主和人权、鼓励投资、实现阿拉伯和穆斯林的更大团结。①

① 参见“Organizations：Morocco：Justice and Development Party PJD”（http：//north-africa. com/organizations-morocco-justice-and-development-party-pjd/#cite_ note-16）。

2. 真实性与现代党

该党成立于2008年，由摩洛哥智库“所有民主党人运动”（Movement of All Democrats）和5个较小的党派合并而成。2007年议会选举后，国王的密友福阿德·希玛组建了新党——真实性与现代党，扮演新右翼政党，抗衡新左翼。

一些有影响力的摩洛哥公众人物均签署了“所有民主党人”的创建公报，这个组织的主要目标是回应右翼政党，如伊斯兰主义者和正义与发展党的崛起，同时抗衡左翼。该党的主要纲领以改革和现代化为目标，但缺乏明确的政治改革方向和定位。从2016年选举来看，该党赢得了102个众议院席位，是议会第二大党，但未能进入联合政府。

作为一个旨在维持君主统治地位的皇家政党，它与20世纪60年代成立的宪法机构防御阵线（Front for the Defence of Constitutional Institutions）、20世纪70年代成立的全国自由人士联盟（National Rally of Independents）和20世纪80年代成立的宪政联盟（Constitutional Union）相似，尽管福阿德·希玛是该党的实际领袖，但他还没有在党内担任正式职务。

3. 独立党

该党成立于1943年12月10日，是摩洛哥最早的民族主义政党，党的领导人多为企业家和农场主，在工商界、政界和群众中具有较大影响力，长期执政与参政。现为众议院第三大党，属于左翼党，有46个席位。

历史上看，该党前身是1934年成立的摩洛哥行动委员会，1937年改称民族独立党（National Party for Istiqlal），1943年改为现名。该党是摩洛哥争取民族独立的主要政治力量，在1944年发布独立宣言，要求取消法式殖民主义的保护制度，完成国家独立统一。该党的创始人为阿拉尔·法西（Allal El Fassi），最初由地主、中产阶级、教师和宗教领袖组成，参与民族解放运动和恢复穆罕默德五世王位运动。

20世纪50年代，该党反对西方意识形态，反对西班牙对摩洛哥的“占领”，主张财富重新分配，反对把摩洛哥划归北大西洋集团，导致该党全体执委被捕，1952年被法国殖民政府宣布为非法政党。1955年12月，独立党参加政府，成为执政党。摩洛哥独立后，独立党始终是主要参政党，代表了资产阶级和地主的利益。1956年，因宪法和经济问题分歧退出政府，开始反对君主制，因为君主制宣称自己是国家的主要政治行为者。直到1977年，该党都是反对国王哈桑二世的中坚力量。从20世纪70年代末到80年代中期，独立党重返政府。1985年再次成为反对党，退出政府。

在2007年的议会选举中，该党赢得了325个席位中的52个，成为议会第一大党，阿巴斯·法西（Abbas El Fassi）出任摩洛哥首相。2011年，独立党选举失利，不敌正义与发展党，阿巴斯·法西分别于2011年和2012年辞去首相和党总书记职务。2012年9月，哈米德·查巴特（Hamid Chabat）成为党主席，2017年10月，尼扎尔·巴拉卡（Nizar Baraka）接替哈米德·查巴特成为新一任党主席。

大体上看，该党赞成君主立宪制，坚持国家领土完整，主张对政治、宪法、行政、财经和社会进行适度改革，实现民主与自由、经济和社会公正的统一。坚持国家统一，反对一切分裂国家领土的阴谋。对外主张奉行不结盟政策，强调阿拉伯民族和马格里布的团结和统一，伊斯兰国家和非洲的团结，支持第三世界人民的正义斗争。[①]

4. 全国自由人士联盟

该党成立于1978年，“由一批在议会中拥护王室的议员组成”，[②] 属保皇派政党，长期参政，在2011年众议院选举后成为反对党，是议会第三大政党。2016年众议院选举后是摩洛哥第四大政党。现任党总书记为农业大臣阿齐兹·阿赫努什。

该党的主要成员是大地主、房产主、大资产阶级、政府高官和一些高级知识分子，由时任首相艾哈迈德·奥斯曼创立（Ahmed Osman）。该党后来成为一个普通政党，在摩洛哥的多党制中没有特殊的角色，它是继宪政联盟之后，哈桑二世及其王室较为推崇和喜爱的政党。

该党的主要主张为：支持国王的政策，建立一个君主立宪制的新摩洛哥，保障国家统一和自由，坚持多党制；在经济层面鼓励自由竞争和市场经济，实行开放政策和土改；外交层面，赞成“不结盟”路线，坚持阿拉伯和马格里布国家的团结合作，强调非洲的团结和发展。[③]

---

① 肖克编著：《列国志·摩洛哥》，社会科学文献出版社2008年版，第132页。
② 肖克编著：《列国志·摩洛哥》，社会科学文献出版社2008年版，第134页。
③ 肖克编著：《列国志·摩洛哥》，社会科学文献出版社2008年版，第135页。

5. 人民运动

目前为摩洛哥众议院第五大党，是摩洛哥“保皇党”和传统农村农民政党。成员多为柏柏尔部落酋长、地主，也有部分农民，代表柏柏尔部落酋长和地主阶级的利益。

该党成立于1956年，曾为“摩洛哥民族解放军”，从事反对法国的民族解放运动，摩洛哥独立后，军队一部分人与柏柏尔部落上层组成了人民运动，从事争取柏柏尔民族自治的运动，要求在国王主持下实现北非统一。

1959年，人民运动放弃反对穆罕默德五世的武装斗争，主张支持君主立宪，从而在1960年参加政府选举。哈桑二世在位期间是摩洛哥的重要参政党。2016年议会选举后，成为联合政府一员。

从纲领来看，该党主要政治主张是忠于国王，支持国王政策，在伊斯兰教范围内实行社会主义，消除贫富差别，建立社会平等，保留柏柏尔文化和传统生活。在经济层面，要求把国有土地和清真寺土地分给农牧民或部落，要求经济开放，发展竞争，把关系国计民生的经济部门国有化。①

6. 人民力量社会主义联盟

该党成立于1959年，从独立党分裂而来，最初为人民力量全国联盟。1975年，以布阿比德为首的拉巴特派分裂，成立人民力量社会主义联盟，主要成员为工人、农民、小资产阶级、手工业者、学生等，代表中、小资产阶级和知识分子利益。自称是以“科学社会主义”为指导的工人阶级政党。1989年，该党加入社会民主主义的国际组织——社会党国际。

人民力量社会主义联盟在1997年赢得众议院选举，成为执政党，党总书记阿卜杜勒—拉赫曼·优素菲（Abderrahmane Youssoufi）出任摩洛哥首相。该党当前主要意识形态为社会民主主义，拥有工会和青年组织，与欧洲和世界范围内的社会民主党来往密切。2016年众议院选举后，为摩洛哥第六大政党。在2002年曾与独立党组成联合政府，以“库特拉”出名。

7. 进步与社会主义党（Party of Progress and Socialism）

1920年，流亡法国的摩洛哥人组成摩洛哥共产党，是法国共产党的一个支部，主要参加法国的工人运动。1943年11月，流亡到摩洛哥的一

---

① 肖克编著：《列国志·摩洛哥》，社会科学文献出版社2008年版，第137页。

些欧洲国家共产党员同摩洛哥籍的共产党员共同组成“摩洛哥共产党”。第二次世界大战后，阿里·亚塔（Ali Yata）担任党的书记，在法国统治时期，该党处于非法状态，支持摩洛哥民族主义者争取民族独立的武装斗争。摩洛哥独立后，1959年，独立党政府取缔共产党活动。1968年，该党改名为“解放与社会主义党”，提出以阿拉伯理性主义和伊斯兰社会主义为思想旗帜。1974年，哈桑二世开放党禁，该党改名为“进步与社会主义党”取得合法地位，强调以科学社会主义为指导，提出在摩洛哥建立一个没有剥削，使人全面自由发展的社会。主张经济部门国有化，改革农业体制。近年来，试图通过加入政治体制内部寻求实现自己的纲领，以达到改变摩洛哥社会的目的。

2016年议会选举后，该党为众议院第七大党，加入奥斯曼尼的联合政府。

二 议会选举情况

自新国王穆罕默德六世1999年登基以来，摩洛哥一共举行了4次选举。

1. 2002年议会选举

2002年9月27日，摩洛哥举行众议院选举，共26个政党竞选325个议会席位。这是穆罕默德六世成为国王之后举行的第一次议会选举。一些观察家认为，这是对他民主承诺的一次考验。[①]

此次选举是在修订后的新的选举法下进行的，需要选出来自91个选区的325名议员。[②] 此外，新的选举法还规定，妇女至少占众议院议席的10%，且国民议会给她们留了30个议席[③]，来自26个政党的5865名候选人和许多独立人士参加选举，其中有965名女性候选人[④]。有趣的是，选民中间有很多文盲，每一张选票上都有不同的符号代表不同候选人，如汽车、闹钟、马、黄蜂或灯，这些符号都印在选票上供选民选择。[⑤]

---

① “Moroccan Poll Will Test Commitment to Democracy”, *Financial Times*, 2002-09-27.

② “Moroccan Poll Will Test Commitment to Democracy”, *Financial Times*, 2002-09-27.

③ Leicester John, “Moroccans to Elect 30 Female MPs”, *The Scotsman*, 2002-09-28.

④ Leicester John, “Moroccans to Elect 30 Female MPs”, *The Scotsman*, 2002-09-28.

⑤ Tremlett Giles, “In Brief: Islamists Hold Key to Moroccan Elections: King Relaxes Reins to Allow First Step Towards Real Democracy”, *The Guardian*, 2002-09-28.

西方一些主流媒体认为，新国王穆罕默德六世登基后的第一次选举比以往有所进步。[①] 竞选各方关注的主题多为民生，如物价上涨、工资冻结、经济稳定和教育改善以及公共医疗，降低贫困和失业，这给摩洛哥民众十足的投票理由。

议会选举中，人民力量社会主义联盟是最大赢家，共获得了50个议席，其次是独立党，获得了48个议席，独立党、人民力量社会主义联盟、进步和社会主义党组成的“库特拉集团”，成为联合政府。国王穆罕默德六世任命德里斯·杰图（Driss Jettou）为首相，这一任命也引发了争议，因为他不属于任何政党。德里斯·杰图在任内完成了与美国的自由贸易谈判，他也在1968—1993年担任许多大企业的领导人。

主要选举结果如下[②]：

政党	席位
人民力量社会主义联盟	50
独立党	48
正义与发展党	42
全国自由人士联盟	41
人民运动	27
人民民族运动党	18
宪政联盟	16
民族民主党	12
民主力量阵线	12
进步与社会主义党	11
民主联盟	10

2. 2007年议会选举[③]

2007年9月7日，摩洛哥举行众议院选举，此次选举的投票率仅为37%，是摩洛哥历届众议院选举中最低的一届。[④] 33个政党和13个独立

① Tremlett Giles, “In Brief: Islamists Hold Key to Moroccan Elections: King Relaxes Reins to Allow First Step Towards Real Democracy”, *The Guardian*, 2002－09－28.

② 参见 http://psephos.adam-carr.net/countries/m/morocco/。

③ 参见 http://tractotheque.blogspot.com/search/label/Maroc%202007。

④ 参见 “Morocco Nationalists in Poll Win BBC News, 9 September 2007”, http://news.bbc.co.uk/1/hi/world/africa/6982843.stm。

候选人竞争 325 个议席。与 2002 年选举不同的是，此次选举选区增加到 95 个，是为增加透明度和客观性[①]，但也有一些观察家认为，这是为防止正义与发展党获得胜利[②]。此次选举在摩洛哥历史上，是第一次受到包括美国在内的国外观察员的全程观摩。

上次选举中的第一大党人民力量社会主义联盟失去了近四分之一席位，独立党成为众议院第一大党，与人民运动和宪政联盟共同组成联合政府，独立党主席阿巴斯·法西成为摩洛哥首相。

主要选举结果如下[③]：

政党	席位
独立党	52
正义与发展党	46
人民运动	41
全国自由人士联盟	39
人民力量社会主义联盟	38
宪政联盟	27
进步与社会主义党	17

3. 2011 年众议院选举

2011 年 2 月 20 日，受“阿拉伯之春”的影响，摩洛哥爆发了示威游行。许多年轻人在网络社交媒介号召下，几乎同时出现在大小城镇，要求国家实现民主。同埃及、突尼斯等国的做法不同的是，穆罕默德六世允许民众和平示威，并很快做出回应。3 月 9 日，他发表电视讲话，承诺将成立一个 18 人的制宪委员会制定新宪法，并表示将大幅度削减王权，增加民选政府的权力。

2011 年 6 月 17 日，穆罕默德六世发表 30 分钟的电视讲话，宣布了修宪和改革的内容，包括放弃国王的部分权力，增大议会的作用，以实现真正的君主立宪政体。他宣布，未来首相不再由国王任命，而改由在议会选

① 参见 http://en. people. cn/90001/6246757. html。

② 参见“Morocco Poll-choice or Façade? BBC News, 1 September 2007”, http://news. bbc. co. uk/1/hi/programmes/from_ our_ own_ correspondent/6970555. stm。

③ 参见 http://psephos. adam-carr. net/countries/m/morocco/。

举中获胜的最大党领袖出任，首相有权解散国会，并可任命政府官员及主持内阁国政会议等。原宪法中国王“神圣不可侵犯”等字样，将改为“国王的人身权利不可侵犯”。同时，将占全国人口20%的少数民族柏柏尔人的语言列为官方语言之一。穆罕默德六世说：“修正宪法旨在建立高效、理性的宪法系统，核心原则是权力的平衡，从而保障民众自由和尊严。”他同时宣布，将对新宪法草案进行全民公投，并呼吁全体人民积极参与，以推动民主化进程。2011年7月1日，新宪法公投，72%的选民参加投票，以98.5%的高支持率通过新宪法。①

2011年11月25日，摩洛哥举行新宪法颁布后的第一次众议院选举。在395个席位中，305个是从92个选区的政党名单中选出的，另外90个席位从全国名单中选出。30个政党参加了选举，其中18个政党获得了席位。绝大多数席位是由三个政治团体赢得的：温和派伊斯兰主义组织——正义与发展党；由摩洛哥时任财政部长领导的八党“民主联盟”（Coalition for Democracy）；以及由时任首相阿巴斯·法西领导的“库特拉”。在三大政治派别中，执政党独立党是多次示威游行攻击的目标。而在北非地区伊斯兰主义复兴思潮的影响下，有一定群众基础、影响力日益扩大的正义与发展党赢得了更多选票②。

最终，正义与发展党赢得了107个席位，成为议会第一大党，根据新宪法，该党领导人本·基兰出任首相。

主要选举结果如下③：

政党	席位
正义与发展党	107
独立党	60
全国自由人士联盟	52
真实性与现代党	47

① 黄培昭、张梦旭：《开明国王，让摩洛哥避免阿拉伯之春》，《环球人物》2012年第30期。

② 林峰：《摩洛哥迎来宪政改革后的首次大选》（http://news.eastday.com/w/20111122/u1a6218013.html）。

③ 参见 http://psephos.adam-carr.net/countries/m/morocco/。

续表

政党	席位
人民力量社会主义联盟	39
人民运动	32
宪政联盟	23
进步与社会主义党	18

4. 2016 年众议院选举

2016 年 10 月，摩洛哥举行了 2011 年阿拉伯剧变后的第二次议会选举，正义与发展党获得 125 个席位，从而第二次赢得议会选举，时任总书记本·基兰负责组建联合政府。然而，由于与亲王室政党和传统世俗政党政见不合，本·基兰组阁失败，遭到国王穆罕默德六世的罢免。2017 年 3 月 26 日，经历了长达五个月之久的“政府瘫痪”，摩洛哥新一届联合政府正式成立。正发党 61 岁的二号人物奥斯曼尼临危受命负责组阁，经过谈判和妥协，亲王室的全国独立人士联盟、人民运动和传统左翼的人民力量社会主义联盟和进步与社会主义党同意加入奥斯曼尼政府。虽然从形式上看，亲王室政党、传统左翼政党和伊斯兰政党形成了“三足鼎立”的平衡局面，但事实上由于所得利益的不平衡和政治意识形态分歧，政党组成的政府内部常出现意见不合、互相掣肘的情况，从而使政府效率低下。因此，在组阁仅七个月后，2017 年 10 月 24 日，因“胡塞马：地中海之灯”发展项目的执行不力，国王罢免了三名来自政党的部长。2017 年 12 月 11 日，国王因地方发展项目拖沓又罢免了 300 多名地方官员，其中有不少来自议会政党的地方政治精英。2018 年以来，摩洛哥政党政治精英危机恐仍将继续。[①]

主要选举结果如下[②]：

① 参见张玉友《当前摩洛哥国内政党形势：分裂与崛起》，《当代世界》2018 年第 4 期；“Moroccan Islamist Party Wins New Mandate in Elections”，https：//www. wsj. com/articles/moroccan-islamist-party-wins-new-mandate-in-elections-1475929823；Saad Eddine Othmani，“Announces end of Deadlock”，*Formation of Government Morocco World News*，25 March 2017，https：//www. moroccoworldnews. com/2017/03/212124/saad-eddine-othmani-announces-end-deadlock-formation-government。

② 参见 http：//psephos. adam-carr. net/countries/m/morocco/。

政党	席位
正义与发展党	125
真实性与现代党	102
独立党	46
全国自由人士联盟	37
人民运动	27
人民力量社会主义联盟	20
进步与社会主义党	12
宪政联盟	19

第三节 近年来政治生态的主要特征

一 “阿拉伯之春”后摩洛哥对外政策的转向、主导权和结构性调整

摩洛哥2011年宪法修正案实际上仍旧保留了国王在外交政策制定方面的优势，且从过去重点发展美欧关系，逐渐转向同俄罗斯、中国等“东方”国家发展关系，奉行全球平衡战略。摩洛哥的全方位外交也正走向专业化。

1. 对外关系的转向

“阿拉伯之春”后，摩洛哥通过寻求新的对外联盟和加强传统外交关系，来实现对外政策多样化，从而建构、发展、巩固经济伙伴关系，提升本国经济发展。

“阿拉伯之春”不仅仅由政治问题引发，也有社会经济问题根源。[①]在“阿拉伯之春”期间和之后不久，摩洛哥的许多外交政策制定可以追溯到欧洲经济衰退。虽然摩洛哥在2004年至2011年经济发展良好，平均增长率达到4.9%，几乎是20世纪90年代平均增长率的两倍，但从2010年开始情况逐渐趋于恶化。摩洛哥的预算赤字从2010年的4.7%增加到2011年的6.1%。此外，由于受外需下降和商品价格上涨等综合因素影响，摩洛哥的对外贸易走低。虽然2009年该国的通货膨胀率为1%，2010年和2011年为0.9%，但其2012年经济发展受到后阿拉伯之春政治

① Yasmina Abouzzohour and Beatriz Tomé-Alonso, “Moroccan Foreign Policy after the Arab Spring: A Turn for the Islamists or Persistence of Royal Leadership?”, *The Journal of North African Studies*, 27 March 2018.

发展以及欧元区债务危机不确定性的极大影响[1]。

欧洲是摩洛哥的主要贸易伙伴。事实上，摩洛哥经济面临的最大风险之一是过于依赖欧洲。当经济衰退席卷欧洲时，摩洛哥经济自然受到影响（例如，磷酸盐出口下降了10%，旅游收入下降了5.7%）。房地产市场停滞不前，股市受损，从摩洛哥侨民转入王国的资金量下降了5.8%。经济放缓导致摩洛哥政府寻求经济和金融合作伙伴的多样化。[2]

从长远来看，摩洛哥经济发展受到欧洲强加给它的贸易配额的影响，摩也担心失去自身最主要贸易伙伴[3]。此外，王国对欧洲的经济依赖不仅仅是商业上，近年来摩洛哥外债飙升（2014 年为 440 亿美元）使其依赖欧洲的双边援助。多年来，摩洛哥一直是欧洲地中海援助的最大受益者[4]。显然，如果没有与欧洲的互动，摩洛哥就无法在经济上生存，而且摩洛哥外交政策的制定者也意识到这一点，这也就解释了摩洛哥要努力维护与欧盟良好关系的原因。[5]

近年来，摩洛哥外交政策的制定者意识到对欧盟的过度依赖，这也是他们最近试图发展多元外交关系的主要原因。在 2016 年海湾合作委员会峰会期间，穆罕默德六世再次保证，摩洛哥仍致力于发展与传统盟国的战略关系，但同时会在俄罗斯、中国和印度等国之间，寻求建立新的政治、战略和经济伙伴关系[6]。

这凸显了摩洛哥外交政策行动的发展趋势。除了强调摩洛哥与海湾君主制国家之间的战略联盟以及后者对摩洛哥西撒哈拉主权的支持外，穆罕

---

① “African Development Bank. 2012”, *Morocco: Country Strategy Paper 2012 – 2016*.

② “African Development Bank. 2012”, *Morocco: Country Strategy Paper 2012 – 2016*.

③ Michael Willis and Nizar Messari, “Analyzing Moroccan Foreign Policy and Relations with Europe”, *The Review of International Affairs*, Vol. 3, No. 2, 2003, pp. 152 – 172.

④ Sylvia I. Bergh, “Governance Reforms in Morocco: Beyond Electoral Authoritarianism?”, In Abbas Kadhim, ed., *Governance in the Middle East and North Africa: A Handbook*, London: Routledge, 2013, pp. 435 – 451.

⑤ 参见“African Development Bank. 2012”, *Morocco: Country Strategy Paper 2012 – 2016*; Achy Lahcen, “Government Response to International Crisis: The Case of Morocco”, *Carnegie Endowment for International Peace*, 24 March 2009.

⑥ Yasmina Abouzzohour and Beatriz Tomé-Alonso, “Moroccan Foreign Policy after the Arab Spring: A Turn for the Islamists or Persistence of Royal Leadership?”, *The Journal of North African Studies*, 27 March 2018.

默德六世还批评了那些想要削弱北非西部（即摩洛哥）国家的行为。此外，虽然穆罕默德六世宣布摩洛哥将履行与现有盟国（即欧洲）的义务，但国王明确将其盟友对摩洛哥西撒哈拉问题缺乏支持，与发展巩固盟友关系联系起来。

显然，领土问题是摩洛哥外交政策的基石之一。考虑到这一点，摩洛哥强调两个主要的外交政策方向：第一，摩洛哥明确愿意保持与传统（西方和海湾）盟友的关系；第二，越来越有兴趣建立、扩大、加强与非传统伙伴的关系（俄罗斯、中国和印度）。

2. 对外强调“摩洛哥例外论”与国家安全问题

除经济问题之外，2011 年以来，摩洛哥尤其重视国家安全问题，恐怖主义和“激进主义”不仅传播到黎凡特地区，而且向北非渗透。事实上，利比亚和马里的危机导致了马格里布地区的不稳定，并改变了区域发展现状。[①] 从“阿拉伯之春”爆发开始，摩洛哥的外交政策制定者提出将摩洛哥自身作为北非激进化危机的潜在解决方案。

事实上，自“阿拉伯之春”以来，摩洛哥一直在推动已普遍存在的关于恐怖主义和激进主义领域的“摩洛哥例外论”，即摩洛哥对宗教领域的成功管理及其缓和意识形态/宗教领域冲突和矛盾的能力。国王作为指挥官处于这个模型的中心，该模型将摩洛哥的伊斯兰主义视为在危机引起的特别动荡的区域环境中和平、稳定、宽容和节制的范例。此外，摩洛哥温和的伊斯兰主义与来自沙特阿拉伯的更激进的意识形态形成鲜明对比。2013 年以来，摩洛哥与非洲许多国家（马里、几内亚和尼日利亚等）签署协议，打击宗教势力激进化和极端化。摩洛哥将自身描绘成取得了成功的伊斯兰模式，并使他们在整个北非和西方都具有影响力。[②]

3. “阿拉伯之春”后外交主导权的变化

2011 年宪法修正案没有将权力从王室中真正转移出来，也没有改变

---

① Strazzari Franceso and Simone Tholens, “Tesco for Terrorists’ Reconsidered: Arms and Conflict Dynamics in Libya and in the Sahara-Sahel Region”, *European Journal on Criminal Policy and Research*, Vol. 20, No. 3, 2014.

② Yasmina Abouzzohour and Beatriz Tomé-Alonso, “Moroccan Foreign Policy after the Arab Spring: A Turn for the Islamists or Persistence of Royal Leadership?”, *The Journal of North African Studies*, 27 March 2018.

"摩洛哥政权的权力结构"[①]。因此，从这一角度出发，2011 年宪法修正案主要是象征性的。

2011 年宪法修正案中最重大的变化之一是第 47 条，该条款扩大了首相的权力和职能，并规定后者必须从议会得票最多的政党中产生，而不是基于国王的意志。这反过来也影响了外交政策的制定，因为拥有更高权力的首相对外交政策有关的宪法文章具有重要意义，限制了国王的外交政策权力，至少在理论上是如此。换句话说，与 2011 年之前的首相不同，在此之后产生的首相，可能来自与国王具有不同外交政策意识形态和目标的政党，而且首相有能力审议"国际条约和协定"等问题，可以任命驻外使节。

需要注意的是，首相在政治实践中尚不具有明确的权力，有一个广泛的解释空间可以合法地将国王与外交政策制定联系起来。但在技术上，国王可以继续成为外交政策决策的关键制定者，同时符合宪法要求。

4. 外交领域的结构性转变

2011 年以来，摩洛哥修订了外交领域的发展方向，增加了新的理念：促进经济发展、文化行动和公共外交。这项改革反映了摩洛哥政府重新出现的财政问题，以及试图重新找到解决经济问题的办法。事实上，从登基开始，穆罕默德六世就打开了一个大门，使具有明显的技术专家特征（比政治特征更为重要）的精英阶层进入政府，并优先考虑外交领域中的经济问题[②]。

除了强调外部行动的经济和文化方面外，摩洛哥不断吸纳、培育外交政策的技术官僚。在王室主持下，通过将其研究方向与摩洛哥外交政策的主要方向相同步，摩建立了各种智库和支持政府的外部行动。一个例子是皇家战略研究所（IRES），该研究所成立于 2007 年，专门研究全球竞争力、外交政策、无形资本等问题。同时，摩洛哥国际跨学科战略研究中心

---

① Hernando de Larramendi Miguel and Irene Fernández-Molina, "The Evolving Foreign Policies of North African States (2011 - 2014): New Trends in Constraints, Political Processes and Behavior", In Yahia H. Zoubir and GregoryWhite eds., *North African Politics: Change and Continuity*, London and New York: Routledge, 2016, pp. 245 - 276.

② Irene Fernández-Molina, *Moroccan Foreign Policy under Mohammed VI*, 19992014, Oxon/New York: Routledge, 2016, pp. 22 - 24.

(Marocain Interdisciplinairedes Etudes Stratégiques，CMIES) 也于2007年成立，其工作重点是研究区域化合作和地方治理。

二　2016年议会选举以来王室与执政党的关系

摩洛哥国王穆罕默德六世将2011年7月的宪法改革视为“完成法治和民主体制建设进程中历史性和决定性的转折点”。[①] 为赢得摩洛哥主要政党的支持，国王必须作出两项重大让步：第一，赢得众议院大选的执政党有权力指定政府首脑；第二，国王不会解雇政府首脑。

有学者将现存的君主制分为统治君主制、君主立宪制和议会民主君主制。根据上述变化，摩洛哥政治制度现在具有君主制类别的许多基本特征。在2011年宪法改革后，国王穆罕默德六世不得不寻求解决方案：如何尊重选举过程的透明度，同时减少选举结果的不确定性，以便使政党和他可信任的政府首脑一起治理国家。换句话说，这可能意味着，如何在尊重宪法的同时，阻止正义与发展党取得选举胜利。在2011年“阿拉伯之春”爆发之前，国王能够采取一系列措施来遏制伊斯兰主义者的崛起：他敦促正义与发展党遏制其选举野心，以对他的支持者有利的方式调整选区，并且在2009年市政选举前夕，批准了他的朋友创建了真实性与现代党。[②]

然而，在“阿拉伯之春”的背景下，这种策略已不再可行。国王不得不找到新的方法来减少透明选举的不确定性，结果失去了对众议院选举胜利者和政府首脑选择的控制权。但是，国王对首相选举和部长任命的控制，是以他宣称的“真正民主”为名义，并凭借其作为最高代表的宪法地位来宣称的。这意味着，事实上国王对摩洛哥政治仍有主导权和控制权。

在2016年议会选举中，正义与发展党获胜，穆罕默德六世默许并任命本·基兰为首相。虽然本·基兰赢了，但他的多数票并不能保证胜利。他提议与独立党建立联合政府，希望拥有比他在前立法机构所享有的更大

---

① 参见 http://www.maroc.ma。

② 参见 Thierry Desrues, “Authoritarian Resilience and Democratic Representation in Morocco: Royal Interference and Political Parties' Leaderships since the 2016 Elections”, *Mediterranean Politics*, 05 November 2018。

的自治权。然而，他立刻发现自己面临着由国王朋友领导的政党联盟的反对，并通过强加两个条件终止了本·基兰的野心：第一，联盟的四个政党被纳入任何未来的政府；第二，独立党必须被排除在外。穆罕默德六世在11月6日的讲话中指示，“摩洛哥需要一个认真负责的政府，其计划不应该满足于政党根据选举权重，因为他们应该培养必要的技能，以有效与和谐地回应国家的计划和优先事项”。[①]

在这一背景下，本·基兰陷入两难困境：要么接受妥协，要么对他的政策不负责任、放弃组建政府。5个月的谈判失败后，国王撤销了本·基兰的任命，并提名他的竞争对手奥斯曼尼为摩洛哥首相。

2017年12月举行的正义与发展党代表大会，面临党的领袖选择：可以选举新的政府首脑奥斯曼尼，从而默许国王的偏好，或恢复本·基兰的领导地位，从而表明伊斯兰主义者反对穆罕默德六世的“真正民主”概念。最终，代表们选择了参与政府。从那时起，国王就目睹了党派之间的分裂，一方面是同意限制其角色，参与管理公共政策的人，另一方面是那些声称拥有某种自治权并为“民众代表民主”辩护的人。

在短短一年多时间里，尽管选举结果不利，穆罕默德六世仍加强了对政府和政党格局的控制，不守规矩和民粹主义领导人则被视为不负责任的群体。按照国王的偏好，相关政党处于有利地位，可以留在现任政府或加入未来政府。在这一问题上的表现是，王室作出的宪法让步的范围。分析表明，穆罕默德六世试图收回他在进行宪法改革时所承认的内容。然而，改革促使他走向创新，实际上诞生了“真正民主”这一概念。由于政党未能不断满足公众利益，因此难以匹敌国王的受欢迎程度。同时，这一概念也尊重民主进程的规则，满足新自由主义善治的“国际标准”。然而在实践中，这远非深化民主化进程。摩洛哥未来局势的发展很难预测，这一制度在未来能否减少摩洛哥政治中的潜在矛盾，维持当前政党格局，还需要持续观察。[②]

---

① “Full Speech of HM the King on 41st Anniversary of Green March”, http://www.maroc.ma/en/royal-speeches/full-speech-hm-king-41st-anniversary-green-march.

② 参见 Thierry Desrues, “Authoritarian Resilience and Democratic Representation in Morocco: Royal Interference and Political Parties’ Leaderships since the 2016 Elections”, *Mediterranean Politics*, 05 November 2018。

三　摩洛哥政治文化中的性别问题

穆罕默德六世被认为是改革派国王，已经通过了对《家庭法》的修订，推进了摩洛哥更广泛的性别平等议程。尽管取得了这些进展，但2015年世界经济论坛全球性别差距报告中，将摩洛哥排在145个国家中的第139位，女性的经济机会和受教育程度分别为第140位和第123位。相比之下，摩洛哥在政治赋权方面排名第97位，这或许表明摩洛哥在这方面取得了最大的进步。但无论如何，摩洛哥女性通常会面临歧视和法律平等的适用问题[①]。虽然妇女在摩洛哥遇到了真正的挑战，但她们在政治、经济和社会领域也表现出某种正式和非正式的领导，学者们记录了女性如何破坏摩洛哥根深蒂固的父权制过程[②]。

国王穆罕默德六世于2004年取消了妻子对其丈夫服从的法律义务，承认了家庭配偶之间的平等责任，这些修订通常被视为摩洛哥妇女运动的重大胜利[③]。女权主义运动引发了跨部门的公共辩论，并且在摩洛哥历史上是第一次在宗教和世俗背景下，在全国展开有关妇女权利的全国对话。2011年初，摩洛哥爆发的“2·20”运动推动了民主改革，包括更多地承认性别平等[④]。

自20世纪80年代以来，女性在摩洛哥政治和私营部门中发挥了重要作用，越来越多的女性领导人对摩洛哥民主化产生了积极影响。一些学者断言，女性参与民主化进程促使《家庭法》改革，并证明了妇女在社会各个领域的领导地位的提升。尽管自20世纪80年代以来有着摩洛哥妇女

---

① Sanja Kelly, “Hard-won Progress and a Long Road Ahead: Women's Rights in the Middle East and North Africa”, in Julia Breslin and Sanja Kelly eds., *Women's Rights in the Middle East and North Africa: Progress Amid Resistance*, New York: Rowman & Littlefield Publishers, 2010, pp. 1114.

② Maia Hallward and Cortney Stewart, “Challenges and Opportunities Facing Successful Women in Morocco”, *The Journal of North African Studies*, Vol. 23, No. 5, 2018, pp. 871 – 895.

③ Rebecca de Faria Slenes, “Human Rights, Religion, and Violence: Strategies of Moroccan Activists Fighting Violence Against Women”, *Procedia-Social and Behavioral Sciences*, Vol. 161, 2014, pp. 247 – 251.

④ 参见 Fatima Sadiqi, “Gender at heart of new Moroccan constitution”, *Common Ground News Service*, Accessed July 28, 2017, http://www.commongroundnews.org/article.php? id = 30326; Fatima Sadiqi, “The Feminization of Public Space: Women's Activism, the Family Law and Social Change in Morocco”, *Journal of Middle Eastern Women's Studies*, Vol. 2, No. 2, 2006, pp. 86 – 114。

运动的历史波澜壮阔，但媒体对女性领导人的报道很少，与平等的性别框架之间存在着分歧[①]。

从历史上看，世俗女性运动的重点是改变政治和法律，自上而下扩大女性在公共领域的作用，而伊斯兰女权主义运动倾向于关注自下而上的社会转型[②]。摩洛哥与西方有着历史、经济、政治和文化联系，需要深刻了解其发展和社会结构，包括自由化改革。有些人还认为增加妇女的权利和妇女的领导力不能脱离民主运动，并指出扩大民主选举的举措是为改善人权[③]。就摩洛哥而言，一些学者认为民主和全球化不应被视为提升妇女权利的唯一工具，[④] 当人们看到新的《家庭法》产生的历史过程和方式时，可以说它只是加强了君主制作为关于国家重大政策的最终决定的核心作用。因此，在摩洛哥，某种程度上可以说，女性政治权力的发展似乎与国王的政治意愿有关，而与民主进程无关。

然而，一些学者则认为，摩洛哥女性运动的激进主义会给民主改革带来压力[⑤]。在20世纪90年代，作为民主改革的基石，女性在清真寺的开放空间中参与辩论和相关议题的讨论，这最终将导致女性融入伊斯兰教。伊斯兰主义强调个人选择，即使对于女性而言也是如此。在宗教问题上，通过在精神框架内改变“心态”，而不一定通过法律变化来增加妇女权利。世俗主义者则指出摩洛哥伊斯兰运动中存在相互冲突的话语，因为它一方面代表着平等，但同时又支持摩洛哥内部的一夫多妻制和其他不平等的做法[⑥]。

---

① 参见 Loubna H. Skalli, “Generational Politics and Renewal of Leadership in the Moroccan Women's Movement”, *International Feminist Journal of Politics*, Vol. 13, 2011; Fatim Sadiqi, “Gender at Heart of New Moroccan constitution”, *Common Ground News Service*, 28, 2017, http://www.commongroundnews.org/article.php? id = 30326。

② 参见 Maia Hallward and Cortney Stewart, “Challenges and Opportunities Facing Successful Women in Morocco”, *The Journal of North African Studies*, Vol. 23, No. 5, 2018。

③ Nasim Basiri, “Defining the Role of Women in the Future of Political Leadership in the Middle East”, *Slovak Journal of Political Sciences*, Vol. 16, No. 2, 2016.

④ Emanuela Dalmasso and Francesco Cavatorta, “Reforming the Family Code in Tunisia and Morocco: the Struggle Between Religion, Globalization and Democracy”, *Totalitarian Movements & Political Religions*, Vol. 11, No. 2, 2010.

⑤ 参见 Zakia Salime, “Embedded Counterpublics”, *Frontiers: A Journal of Women Studies*, Vol. 37, No. 3, 2016。

⑥ 参见 Maia Hallward and Cortney Stewart, “Challenges and Opportunities Facing Successful Women in Morocco”, *The Journal of North African Studies*, Vol. 23, No. 5, 2018。

根据相关学者的实证调研，一些摩洛哥女性甚至说，“我们不能谈论摩洛哥女性”，由于农村女性和城市女性之间的区别，以及该国不同地区形成女性自治的情况，在各自的职业生涯中担任领导职位的女性并不一定来自精英血统，在受访者中有 6 人（29%）来自中低层家庭，而 7 人（33%）则表示由于失去父母和/或母亲而导致教育缺失并遭受困难。由于受柏柏尔人身份的影响，另外四人（19%）提到了社会边缘化问题。相关实证研究还表明，法律改革（自上而下的“世俗”方法）和基层社会文化变革（自下而上的“宗教”方法）的必要性，以进一步提高女性就业机会。在摩洛哥，法律与事实之间仍存在差异，一些观点认为，改变“心态”必须通过教育改革才能实现，促进教育不是为经济利益，而是为社会变革[①]。

四　宪法改革：摩洛哥侨民权利是发展还是倒退？

在“阿拉伯之春”的背景下，2011 年，“2・20”运动爆发，许多示威活动在不同城市进行，但没有达到像突尼斯和埃及那样的规模，主要原因在于：第一，摩形成了不相容的意识形态群体，如年轻的进步派，激进的伊斯兰主义者和极端的左翼支持者；第二，它缺乏知识分子的支持，因此阻碍了运动激发产生某种“公民意识”[②]。

“2・20”运动有来自摩洛哥侨民的支持者，几个年轻的摩洛哥移民集会，称为支持 2 月 20 日海外运动的大会联盟，将设立为“2・20”运动在欧洲的“分部”，因为运动展现出来的各种激进主义，促进了公民行动及其斗争的跨国化。当宪法改革扩大政治参与时，他们认为新宪法将听取他们的建议并保障他们的权利，可以使不同党员将他们的兴趣和观点带到谈判桌上，而不是在动荡的背景下挑战国家权力。

随着社交网络的发展，社会运动超越了国界。对革命者—示威者侨民的支持导致了某种跨国社会运动，[③] 其目的是：第一，抗议政治制度的

---

① 参见 Silvia Gagliardi，“Violence Against Women：The Stark Reality Behind Morocco's Human Rights Progress”，*The Journal of North African Studies*，Vol. 23，No. 4，2018.

② Mourad Aboussi，“The Emigrant Political Participation in Morocco and Tunisia：Diasporic Civil Society and the Transnationalization of Citizenship in the Arab Spring Context”，*The Journal of North African Studies*，15 October 2018.

③ George Joffé，“The Arab Spring in North Africa：Origins and Prospects”，*The Journal of North African Studies*，Vol. 16，No. 4，2011.

“非民主化”；第二，传达与一般原籍国或特别是侨民及其权利的有关诉求。这进一步证明了由全球化因素推动的跨国集体行动的出现①。两者都是在民族和民主政治中常见的做法。在“阿拉伯之春”的背景下，这一群体对政治制度持敌对态度。

摩洛哥通过修改宪法、扩大政治参与以安抚侨民，并通过使他们成为政府成员的方式控制外来者。这是试图以有利于国家的方式构建外部代理人的策略，满足他们的利益，以防止外来者的跨国激进主义继续无视政治变革所需要的稳定性。国家的这种积极反应产生了重构政治的机会，包括侨民作为政体成员，并实现了政治压力的最小化。2011 年改革宪法正是这一做法的例子：采用扩大政治参与的方法，包括满足侨民的要求。一旦宪法获得通过，就会发生另一次“回归”：法律将一切都带回了起点。在这种情况下，摩洛哥侨民的政治参与似乎都是“向前迈进一步，又后退一步”。在相关实践变化中，摩洛哥侨民的政治参与在话语和实践中存在落差。

① Mourad Aboussi, “The Emigrant Political Participation in Morocco and Tunisia: Diasporic Civil Society and the Transnationalization of Citizenship in the Arab Spring Context”, *The Journal of North African Studies*, 15 October 2018.

第七章　女性社会地位

摩洛哥女性社会地位深受《家庭法》的影响，每一次进步和改善都伴随着妇女组织和妇女运动的斗争。摩洛哥民族解放战争胜利后，女性权利并未随之获得解放。1957 年《家庭法》和 1993 年《家庭法》改革都并未对女性社会地位起到实质性的作用，但引起了社会和政府的关注，使得女性权利问题进入政治讨论视野，而不再局限于宗教的范围。

摩洛哥独立战争胜利之后颁布了新的《家庭法》，即 1957 年版的《家庭法》，但是新的《家庭法》并没有为摩洛哥女性社会地位的发展带来实质性的进展。随后，在妇女组织的推动下，摩洛哥女性问题第一次纳入政治问题领域，然而由此促成的 1993 年《家庭法》改革也并未为摩洛哥女性的社会地位提供有效的改善路径。但是，女性问题越来越受到摩洛哥社会的关注，而摩洛哥妇女组织和妇女运动得到了推动和发展。随着社会的发展，摩洛哥女性社会地位呈现出新的变化，分别表现在家庭地位、受教育程度、就业范围和参政议政四个方面，在这些层面摩洛哥女性社会地位都取得了一定的进展。摩洛哥国王和政府越发重视女性的权利和地位，法律也在不断完善对女性的利益保障，这对于提高女性社会地位而言具有重要意义。然而，如何将法律与实际实施情况相结合是摩洛哥女性面临的问题。

2018 年出版的《全球性别差距报告》[①] 显示，全球的性别差距在总体取得进展的情况下，部分地区和国家女性社会地位仍然停滞不前。在全球国家排名中，西亚北非地区居末位，这既说明该地区女性社会地位亟待提

---

① World Economic Forum, “The Global Gender Gap Report 2018”（https：//www. weforum. org/reports/the-global-gender-gap-report-2018）.

高，同时也揭示了该地区女性社会地位现状堪忧。对于该地区女性社会地位的研究，能够帮助我们更好地了解该地区女性社会地位现状、未来前景及发展方向。

摩洛哥是北非地区重要国家，具有多元身份认同：既是阿拉伯和非洲国家，又是地中海与大西洋国家，地理位置显要。摩洛哥女性社会地位受到多重因素的影响，并体现在家庭地位、受教育地位、就业地位和政治地位上。

第一节　女性社会地位的若干层面

一直以来，女性对于权益的争取和性别平等的诉求本质上都源于男权社会对女性的绝对压迫。对于摩洛哥而言也同样如此：男性不仅在社会事务中占据了主导地位，还控制着女性在公共领域和私人领域的活动。

而一个人的社会地位是指这个人身处社会中被普遍认可的社会状况[①]，它使得人们可以更好地定义自己以及与他人的社会关系，而对于女性社会地位的研究也是考察社会性别平等程度的一个重要指标。女性的社会地位受到许多因素的影响：社会阶级、宗教、种族等，而女性对自身权益的争取既涉及物质资源（土地、财产、工作、社会福利保障等）也包含非物质资源（社会声誉、知识、生育自由等）。男女平等是全世界的共同诉求，女性权利斗争经历着相似的环境和根源：在男性为主体的家庭体系中，他们掌控所有的资源，以此维持对家庭的权威和控制。[②] 但是又因为历史、文化、区域的不同，女性社会地位的发展和现状又都不尽相同。摩洛哥的女性在争取物质资源方面已经取得了一些进展，例如教育，然而在财产、工作等方面仍然落后于男性。

为了更好地呈现和分析摩洛哥女性社会地位现状，本书将社会地位的内涵划分为四个层面：家庭地位、受教育地位、就业地位和政治地位。

家庭是社会组成的重要单位之一，女性在家庭中所处地位也能在一定

---

① Haghighat-Sordellini, Elhum, *Women in the Middle East and North Africa*, New York: Palgrave Macmillan, 2010, p. 54.

② Karen Oppenheim Mason, "The Status of Women: Conceptual and Methodological Issues in Demographic Studies", *Sociological Forum*, Vol. 1, Issue 2, p. 288.

程度上反映到社会中。对于女性家庭地位的考量主要集中于女性的生育率、婚姻自主权利、享受财产的多寡、承担家庭劳动比例和家庭决策权，以及是否存在家庭暴力、不平等地位和尊严的缺失等。

对于摩洛哥而言，传统的男权主义社会已发生了改变，取而代之的是“新男权主义”的社会内涵。这个概念是由希沙姆·沙拉比（Hisham Sharabi）于1988年提出的，这意味着新男权主义时代的国家是建立在现代机制、传统机制以及社会关系之上。[①] 新男权主义下的国家通行“男权式的性别契约”（patriarchal gender contract）[②]，在这种社会环境下，无论是性别意识形态、社会文化规范抑或是社会关系，都建立在男性负责养家糊口—女性承担家务劳动的基础之上。在西亚北非地区，“男权式的性别契约”最为主要的是包括了相关的条款规定，这些规定都记录在穆斯林家庭法中，其核心内容是规定了男性对妻子（妻子们）和孩子的生活保障负责，而妻子则被要求对丈夫的绝对服从。由此可见，对于摩洛哥女性家庭地位的研究而言，穆斯林家庭法的内容是极为关键的，它直接影响了女性在家庭生活中所扮演的角色以及所处的位置。

穆斯林家庭法作为一项社会政策，其中所包含的政治意义和对女性经济参与的结果导向作用都只特定存在于该国之中。该法典对结婚、离婚、生活费用、父亲身份（生父）以及孩子的监护权等问题进行了规定。[③] 穆斯林家庭法是根据伊斯兰教教法（Sharia）的准则来规范家庭生活的，是为了确保家庭成员的权利和责任（尤其是一家之主），同时也是为了保障女性在离婚或丧偶等状况下的安全。而在西亚北非地区，穆斯林家庭法的内容在一定程度上因各区域的伊斯兰教法学派的不同而不一。[④]

穆斯林家庭法界定了配偶和亲属成员的权利和责任，并且旨在为家庭中的男性和女性提供互补性的公平权益。例如，因为穆斯林男性有权提出

---

① Hisham Sharabi, *Neopatriarchy: A Theory of Distorted Change in Arab Society*, New York: Oxford University Press, 1988.

② Valentine M. Moghadam, *Women, Work and Economic Reform in the Middle East and North Africa*, Boulder, CO: Lynne Rienner Publishers, 1998.

③ Abdullahi An-Na'im ed., *Islamic Family Law in a Changing World: A Global Resource Book*, London: Zed Books, 2002.

④ 这些教派学派包括：逊尼派的哈乃斐学派（Hanafi）、罕百里学派（Hanbali）、马立克学派（Maliki）、沙斐仪学派（Shafii）；什叶派的贾法里学派（Jaafari）。

单方面离婚而女性则不可以，所以穆斯林家庭法要求男方在结婚时提供全部的聘礼（Mahr）或者延期至离婚为止。在穆斯林家庭法和伊斯兰教法之下，丈夫对自己的妻子和孩子是要尽到责任的，而回报这份责任的是妻子对丈夫的服从。尽管女性在离婚方面的自主权受到极大的限制，但是丈夫无法承担家庭日常开销是离婚充分的理由。综上所述，男性虽然承担了更多责任，但却在家庭生活中掌握着主动权。男性权威在穆斯林家庭法中体现得淋漓尽致。例如，家庭法虽然给予女性拥有和处置自己财产的权利，但是女性继承财产的份额少于男性，同时非穆斯林孀妇无权继承其穆斯林丈夫的财产。①

因为男权式的性别契约写在了以伊斯兰教法为基础的穆斯林家庭法之中，它便保留着相当大的意识形态力量。在合乎法律和融入社会文化的框架下，女性似乎仅仅只是充当了母亲的角色，而男性才是撑起一个家庭的中坚力量。相对应的结果就是，女性作为母亲的身份在摩洛哥社会中被广泛接受，鲜有政策会像欧洲大部分国家、美国和中国那样积极鼓励女性作为工作进取的对象。因此在法律和社会共识的大环境下，摩洛哥女性社会地位受到了《家庭法》的巨大影响。

在摩洛哥历史上，女性能够接受正式教育的机会远远少于同龄男性。在传统的摩洛哥社会中，女性获得教育的机会受到诸多限制，并且更偏向于特定的领域，在这样的社会环境下，学习的专业也带有浓郁的性别标签。②

女性学生人数所占比重相对较小也反映出摩洛哥性别不平等和不公正的问题，而这些问题则与伊斯兰社会的独特本质相联系。伊斯兰教在这个社会进程中的作用是尤为重要的，因为它不仅仅是精神上的信仰，更是社会群体在法律、社交、道德等方面行为准则的基础。人们对伊斯兰教义的诠释多样和对古兰经的信奉程度不一，导致了摩洛哥女性的地位既不会是静止不变的，也不会是统一的。而与之相对应的是，女性接受教育的机会也是复杂而各异的。不仅如此，女性接受教育的目的也值得思考：是为满

---

① 即使是在较为自由开放的突尼斯，这类现象也是很常见的。

② Abu Nasr et al. eds.，*Women*，*Employment and Development in the Arab World*，Berlin：Mouton，1985.

足现代经济社会的要求？还是因为接受教育是女性应当享有的基本人权之一？这既是有关女性受教育地位的问题，也是与女性参与经济社会途径相联系的问题。

就摩洛哥整体情况而言，女性在教育上经历的状况和所取得的成果都弱于同等条件下的男性。诚然，也有一部分女性接受高等教育步入大学殿堂，然而她们所处的专业却是摩洛哥社会普遍认同带有性别分化的领域——教育、护理和人文学科。这些学科被认为是较低级的、易入门的，而所谓的“硬学科”——工程、商业、医务等——则更适合男性学习。也正是这些对于学科的认知，才使得教育也充满性别隔离。女性高校入学的领域一直集中在教育和人文学科，而对于国家建设急需人才的农业和工程领域，却鲜少有女性的参与。

在女性接受高等教育的公平权面前，存在着来自社会结构、认知和文化上的鸿沟。女性是否接受高等教育通常由她的家庭决定，这也就意味着由家庭中的权威——男性——做出抉择。在高等教育中女性的大量缺失并不意味着本身的学术能力不足，更多的则是反映出文化遗产和社会结构的症候。事实上，保障教育权利长期以来都是摩洛哥社会规划的一部分。[①] 近年来青年人口数量的急剧增加，很多地区政府将教育作为公民的基本权益之一，从而在建立政治合法性上获得民众的支持。[②] 摩洛哥宪法也出台了保障民众接受免费初等教育的条款，并推行强制义务教育政策，而义务教育的时间最少不得低于初等教育。

对于女性而言，教育的作用有了更多的延伸，既是创建更为健康和更进步的家庭的一种手段，同时也是女性在社会上争取自身权益的方式。尽管摩洛哥社会依然趋于保守，然而政府却一直致力于解决属于该国性别不平等范畴内的女性教育问题。这使得在过去的十年里女性入学率和识字率显著提升，即使性别差距依然明显。摩洛哥在女性入学率上已经取得了很

---

① World Bank，“Global Development Finance：Striving for Stability in Development Finance”，http：//siteresources.worldbank.org/GDFINT/Resources/334952-1257197848300/GDF_ vol_ 1_ web.pdf.

② Lockheed Marlaine et al.，*Education in the Middle East and North Africa：A Strategy towards Learning for Development*，Washington D. C.：World Bank，April 30，1999（http：//documents.worldbank.org/curated/en/486941468757187513/Education-in-the-Middle-East-and-North-Africa-a-strategy-towards-learning-for-development）.

大的成功，大部分女性都能够进入学校接受教育。然而在有些方面却依旧存在很大问题，例如保障女性接受教育并顺利毕业、帮助女性为就业做好准备、让女性接受教育之后能够通过就业获得经济回报、使女性在公共政策制定过程中能有发声的权利。之所以存在这么多无法解决的问题，原因不仅与教育本身相关，也与整个社会相关。

总而言之，最近十几年来摩洛哥在女性教育地位提升方面进展飞速。许多地区将重点集中在为女性“提供”教育上，公共开支用于建学校、加强师资、提供课本上。诚然，这些有助于女性入学，但当入学的机会不再像以前那样受到诸多限制时，女性入学的自主需求成为一个新问题。传统的摩洛哥家庭是以男性为主导的，女性入学的选择权“被”交由男性手中，因此建立一种激励女性家庭选择教育的机制也很有必要。特别是对于贫困的农村——家庭成员都需要劳作，女性负责料理家务——这样的激励机制更是尤为重要。与男性相比，对于女性入学的需求更受到对教育本身认知的影响。在摩洛哥，许多家庭观念认为与毫无意义且浪费精力的入学相比，女性更应当在家干活，并且认为女性要为结婚做准备，而不是去接受教育或就业。普遍的家庭都认同男孩有受教育的权利，但是同样的家庭对于女性受教育的态度则是可有可无。

摩洛哥女性受教育的地位已不再受到硬件上的限制，更多的是观念性的阻碍。对性别认知的巨大差异使得女性在受教育问题上仍然需要继续摸索，除了国家的支持以外，社会观念也需要进一步改善。

在独立初期，摩洛哥国家仍然受到其前殖民国的影响，经济秩序和完善的经济体制并未建立起来。与大部分战后国家相似，经济发展失衡、工业欠发达、债务沉重的摩洛哥一度处于经济发展相对落后的水平。随着摩洛哥不断摸索经济发展道路，调整改革经济政策，该地区经济逐渐发展起来。但是由于人口、资源和环境的不协调，同时基础设施不足等问题，始终制约着摩洛哥的经济发展。

摩洛哥的经济发展水平也影响了该地区女性的社会地位发展。在女性社会地位的发展要素中，其就业地位是极为关键的一环。良好的就业地位对于女性争取权利而言起到了至关重要的作用，使得女性更多地实现自我价值，独立自主地参与到社会活动中去。然而摩洛哥长期的经济低迷使得女性就业环境极为恶劣。该地区女性在劳动参与方面占据较小比例，低就业率和高失业率导致女性的就业地位始终不能得到有效改善。女性地位的提高和发展与国家的经济发展水平紧密关联，当国家的经济发展低迷时，女性会首当其冲成为被“牺牲”和忽略的对象。

摩洛哥女性的受教育地位有了一定的改善，并且整个社会伴随着较高的生育率，然而女性的劳动参与率仍然低于国际标准。与经济理论和其他国家的经验相反，教育的进展和下降的生育率并没有促进女性劳动参与率和就业率的上升。除了劳动参与率低以外，摩洛哥女性的失业率也是极高，接受过大学教育的女性失业率最高，更为讽刺的是这个现象出现的主要原因是本科学历女性的经济活动参与率多过其他学历水平的女性。偏高而持续的失业率早在20世纪90年代中期就已经引起了注意，时至今日这样状况仍然没有得到有效解决。摩洛哥女性的就业地位一直处于落后位置，这直接影响了该国女性社会地位的状态。

摩洛哥所经历的反殖民运动、国内和国际冲突，又或是与其相关联的大小战争，都为该国在外界认知中打上了政治活跃的烙印，然而摩洛哥女性在政治上的地位却鲜有突破。无论是在女性赋权方面还是女性在议会中的席位数量，都处于不乐观的位置，女性的政治地位成为一个很严重的问题。

摩洛哥充斥着纷繁复杂的问题，如地缘冲突、不稳定的经济状态、人口和资源之间的不平衡、政体局限、环境压力等，在这样棘手敏感的环境下，女性进入政治领域的机会微乎其微。

宗教因素一直以来被看作摩洛哥女性地位发展受阻的原因。诚然这是影响因素之一，但对比同样是其他伊斯兰国家的印度尼西亚、孟加拉国、巴基斯坦等发现，女性可以获得选举最高的职位；同样的，在西亚北非国家一些伊斯兰政党也在促进女性成员在议会候选人中的席位。因此可以说“就宗教本身而言并不是问题的症结所在，而是新男权主义的外延……女性政治参与的影响并不仅仅只有文化的因素，而是许多因素相互影响的结果”。[①] 摩洛哥女性在参议院中的席位逐渐增多，这与该地区大部分参议

① Amal Sabbagh, “Case Study: The Arab States”, in Julie Ballington and Azza Karam eds., *Women in Parliament: Beyond Numbers*, International Institute for Democracy and Electoral Assistance, 2005, p. 55.

院都是指定委任有关。这一方面说明女性政治地位处于被动状态，另一方面又体现出国家对此问题进行的改善和努力。

摩洛哥女性也一直致力于争取自身利益，因此妇女运动在全国各地都掀起了不小的波澜。一直以来，摩洛哥的男权主义思想渗透到社会的方方面面，并进一步阻碍了公民社会的转型。随着摩洛哥妇女运动的不断斗争，女性问题被纳入摩洛哥公共领域的视野当中，并且在家庭法的数次改革中也起到了至关重要的作用。这是摩洛哥女性地位不断提高和发展的有效路径与政治行为体。摩洛哥妇女运动体现了摩洛哥女性参与政治的另一种方式。

对于摩洛哥女性社会地位的分析，从家庭地位、受教育地位、就业地位和政治地位这四个层面入手。每一个层面都是女性在社会中所处状况的侧面体现，逐个分析会更有利于对女性社会地位的全面把握。

摩洛哥女性的家庭地位受到穆斯林家庭法的主要影响，家庭法在法律层面规定和约束了女性在家庭中地位和权益。家庭法带有浓厚的男权主义色彩，将女性服从丈夫、归属家庭的义务规定下来，使得女性在家庭中的主导权和话语权受到严重削弱。

女性受教育地位是摩洛哥改善和进展最大的一个层面，整体上已经满足男性和女性入学比例趋同。这是女性社会地位中最基础的一环，也是四个层面中影响力稍小的一环。摩洛哥女性受教育机会的改善和增多一方面说明了国家对女性受教育权利的重视，另一方面也是女性社会地位问题有了初步进展。

然而对于摩洛哥传统的穆斯林社会而言，女性的就业问题并不是单纯地参与经济社会的问题。它受到了家庭的限制——认为女性天然的职责是操持家庭，男性才需要负责外出工作，因此女性受教育地位的提高也并未对女性就业起到明显的促进作用。摩洛哥女性能够获得就业机会已是少数，而获取职位的女性中失业率也是极高，这都反映了女性严峻的就业问题。同时该地区女性就业的职位还与性别标签相关，女性通常就职于教师、护士、清洁服务等领域，这与传统男权社会对女性社会角色认知有关。

当前三重层面都存在着许多问题和滞后时，女性的政治地位也必然更加不乐观。1995 年，在北京召开的第四次世界妇女大会通过了《北京行动纲领》，纲领确定了女性在议会中席位数量的目标比例为 30%，然而直至今日，摩洛哥仍然小于这个标准。妇女运动在摩洛哥也如火如荼地开展着，虽然社会对于这个运动并未给予充分的认同，但是这是摩洛哥女性参与政治，发出自己声音的一种方式。

摩洛哥女性社会地位的四个层面构成了女性社会地位的总体内涵，每一重层面层层递进相互联结，对女性社会地位产生了方方面面的影响。

第二节　女性的家庭地位

1956 年独立后，摩洛哥迅速投入国家建设和改革当中。而在此期间，女性杂志、学界和民间团体都对摩洛哥长期以来的性别分工模式提出了质疑。在此之前，女性在社会中的角色一直处于边缘化，完全附庸于男性权威之下，是不具备自由意志和独立人格的社会衍生品。

《家庭法》对于摩洛哥女性有着至关重要的作用，它的改革直接导致了女性社会地位的变化和转变。《家庭法》的改革和推进也并非只是时间推移的自然变化，女性主义者和妇女组织在其中起到了决定性的作用。正是这些个人和团体的不断努力，摩洛哥《家庭法》才朝着更符合人权和两性平等的方向发展。

1957 年，独立后的摩洛哥废除了法国殖民时期制定的《柏柏尔人习惯法》(The Berber Customary Law)，编纂并颁布了《家庭法》，这一举动被视为现代化的象征。《家庭法》是基于马立克学派的教义整理而成，尽管文字形式上更为现代，然而其实质并没有发生任何变化。1957 年《家庭法》中明确规定，对于法典未曾涉及的内容，应当参考马立克学派的教法。[①] 同时《家庭法》中对于主要问题的规定和解释也都坚持马立克教法的原则。例如对婚姻进行指导；监护人有迫使子女按照监护人意愿结婚的权利；规定女性适婚年龄为 15 岁，男性则为 18 岁；丈夫有权单方面中止婚姻关系并且能同时至多与四名女性缔结婚姻关系；对女性的离婚请求进行专门的裁决等。[②] 这些原则对于当时的摩洛哥女性社会地位而言并没有

---

① Fatima Harrak, "The History and Significance of the New Moroccan Family Code", *The Roberta Buffett Center*, March 2009, p. 2.

② Fatima Harrak, "The History and Significance of the New Moroccan Family Code", *The Roberta Buffett Center*, March 2009, p. 2.

带来新的发展和改善，女性依然处于消极的境地中。

同一时期，女性按法律规定享有投票的权利，同时宪法还规定女性有权接受义务教育。然而无论是女性政府官员还是女性企业家，都仍然被视作她们父亲或丈夫的家眷，是需要接受赡养的人。这意味着在当时的环境中，女性并没有获得独立的社会身份，无论其本身成就和作为如何，依旧无法得到个体价值的认同。丈夫是家庭的主导者和主要经济来源，因此对于摩洛哥女性而言，婚姻的基本原则就是对丈夫的绝对服从，而丈夫还可以不经过法官的准许随意抛弃妻子。

在这样女性依旧处于社会边缘的生活环境下，要求1957年《家庭法》改革的呼声不绝于耳。一些思想进步的乌里玛（Ulama）[①] 针对当时突出的两性不平等问题提出了建议和方案，例如废除一夫多妻制等。在此期间，社会上的进步人士都对改善当前女性社会地位做出了努力。1965年成立正式的官方委员会，用以调查《家庭法》存在的缺陷和漏洞。但是女性地位问题始终没有引起较大关注、成为社会讨论的重点之一。

直到1991年，一个名为女性行动联盟（Union de l'Action Feminine）的组织发起了一份全国范围内的请愿书，它希望改革《家庭法》中不公正的律条并确定女性的平等权利得到保护。该请愿书得到了社会大力支持，获得超过一百万人的签名，这也是摩洛哥历史上首次将性别问题纳入政治领域，而不再仅局限于宗教的范畴。1993年，摩洛哥国王发布谕令宣布对《家庭法》进行改革。

此次《家庭法》改革最主要的内容是，确定了女性对于婚姻的自主意愿，废除了父亲在婚姻问题上可以强迫女儿的权利。除此之外，《家庭法》改革还废除了男性对于成年女性的监护权利，减弱了男性对于女性的控制。对于一夫多妻和丈夫无条件离婚的权利不再是男性的自由意愿，需要受到法官的许可。与此同时，对于断绝婚姻关系后的财产分配问题，相关法规也制定得更为准确严格，不再一味偏向男性，维护了女性的物质利益。对于离婚后孩子的监护权，法律条规也更有利于母亲的一方。

但是此次对于《家庭法》的改革仍然建立在马立克学派教法的基础上，与1957年《家庭法》的思想来源一致，这使得1993年《家庭法》

---

① 穆斯林的学者或宗教、法律的权威。

改革并无实质性成效。女性的权利早在马立克学派的教法体系中确定下来，基于该教法的《家庭法》改革也没有对法典既定的女性权利进行修正。因此 1993 年《家庭法》改革可以称为“流于表面”的行为，女性的社会地位没有得到应有的改善和提高。但是这次改革又是极为重要的一步，它使得女性问题成为摩洛哥社会关注的焦点，也使得国王和摩洛哥政治阶层明白给予女性平等权利的重要性。

摩洛哥女性争取权利的道路在不断引起社会和政府关注的同时，还受到来自极端伊斯兰主义者的阻碍。该群体对年轻失业的男性进行极端思想的传播，使得他们相信女性在外就业是对男性就业机会的掠夺。女性社会地位在这样的环境下受到了严重的压制，但同时推动了妇女组织和妇女运动的发展和高涨。

2004 年，摩洛哥政府对《家庭法》进行了重大的修订，包括婚姻、赡养、抚养费、子女监护权和继承权等涉及公民个人地位的问题。如第十九条，将法定结婚年龄由 15 岁提高至 18 岁，且男女通用无差别；第二十五条，女性在达到法定年龄 18 岁后，可以自主选择婚姻，即使父亲或其他家庭成员持反对意见。[①] 这一系列的改革推动了女性家庭地位的提高，使得女性不再只与家庭事务相关联而止步于社会互动中，最为明显的改变是摩洛哥女性对于其经济资产拥有更多的控制权。

在法律的改革和社会的不断发展之下，摩洛哥女性的家庭地位有了新的变化，主要由以下几方面体现。

1. 婚姻与财产分配方面。改革后的《家庭法》赋予了丈夫和妻子同等的权利，也就意味着夫妻双方在家庭事务上都是合法的负责人。就理论上而言，这一改革条例能够让女性在家庭决策中具有更大影响力。其次女性在家庭中不再被要求绝对服从丈夫，针对这一问题作出的改革女性家庭地位的提高是极为重要的，这将摩洛哥女性从家庭关系中所处的从属地位逐步脱离开来。长期以来，“妻子遵从丈夫的要求”一直存在于西亚北非地区的《家庭法》典律令之中，在这样的规定下丈夫可以禁止妻子参与就业、外出旅行等自主行为，还可以掌控夫妻双方的共同收入并主导经济

---

① AlkhmlishiAlzahra, “Huquq alnisa’ fi almaghrib bayn alnasi alqanunii w’iikrahat altatbiq”, *Idafat: Arab Journal of Sociology*, No. 29 - 30, 2015, p. 148.

资产的配置。《家庭法》对于这一方面的改革，减弱了摩洛哥女性在家庭关系中受到约束与控制的现象。

以往男性监护人对于其监护的女性拥有必要的决断权，而现今摩洛哥女性对自己的婚姻有了自主权，可以自行缔结婚约，不用再受制于男性监护人的许可。同时婚约中会涉及很多关于经济和财产的问题，因此这一行为能够增强女性在婚前和婚姻关系中的谈判力。然而尽管《家庭法》做出了如此规定，但是事实上大部分适婚女性并未能自主缔结婚姻。2010年，有男性监护人的情况下，女性自主缔结婚姻的比例仅为21%，这一数据从2007年以来几乎没有发生变动。① 可以看到，社会规范和传统认知在某种程度上仍然限制女性实践法律赋予的新权利。

摩洛哥的默认婚姻财产制度仍然保留了私人财产，即配偶双方在婚前或婚姻关系中就某些资产签署了法定所有人的条约。在离婚的情况下，双方可以各自获得署其名下的资产。新《家庭法》允许配偶双方在婚姻条约以外缔结新的条约，确定婚姻关系中可用于共同支配的资产。夫妻双方所规定的共同所有资产，会在离婚时进行平均分配。对于那些没有参与社会劳工和长期从事无报酬工作的配偶而言，共同资产政策会给予她们更多保障。就摩洛哥地区而言，就业率低下、以家务劳动为生活重心的多为女性，因此这样的婚姻制度也能够对女性的资产分配和经济自由权利提供保障。

摩洛哥女性还可以因男方的不当行为提请离婚，如被丈夫抛弃或是丈夫无法提供经济支持等。对于摩洛哥男性而言，不再允许单方面不经过法律程序的断绝婚姻关系的行为。除此之外，配偶双方达成共识也可进行离婚，即感情不和。

值得注意的是，在土地所有权上，摩洛哥的女性和男性享有相同的权利，但是传统的观念和社会意识总是对女性这一权利进行着限制。即使法律上对女性的财产权利做出了明确规定，事实上女性对于土地所有权的获得总是有限的，尤其是在农村地区几乎没有女性拥有自己的土地。② 而在

---

① Paul Prettitore, "Ten Years after Morocco's Family Code Reforms: Are Gender Gaps Closing?", *MENA Knowledge and Learning Quick Notes Series*, No. 121, 2014, p. 2.

② Sadiqi Fatima, "Morocco", in Sanja Kelly and Julia Breslin, eds., *Women's Rights in the Middle East and North Africa: Progress and Resistance*, New York / Lanham: Freedom House / Rowman and Littlefield Publishers, 2010, p. 323.

为数不多拥有土地的女性中，能够自己独立管理的更是微乎其微，多是被其男性亲属管控。[①] 在非土地资产所有权方面，女性也遭受了许多阻碍。如在金融服务上，摩洛哥女性很难在传统银行申请信用卡，而相同条件下的男性则容易许多。摩洛哥政府针对这一情况设立了许多机制来支持女性的创业和经济生活，如专门培训、收入理财计划以及专门面向女性的信用借贷机制。[②] 政府的政策和重视对女性在家庭中的经济地位起到了推动作用，使得女性实现经济自由的可能性增大。

即使在改革后的《家庭法》下，女性的继承权与男性相比也是不平等的。女性所能继承的财产是男性的一半[③]，而如果家庭成员中没有儿子，那么女儿甚至无法继承父母的全部财产，一部分由其父母亲属分得。新《家庭法》现已允许已故母亲的子女可以继承其外祖父母的财产，这对女性的继承权是一个提高，是对女性继承权利的认同。但是不可否认的是，与女性在继承权上受到的不平等相比，女性在继承权上得到的改善是较为不足的。除此之外，法律禁止非穆斯林女性获得其穆斯林丈夫的遗产。

可以看到，摩洛哥女性在婚姻上获得更多的自由和自主选择权，并且离婚后的相关经济保障也相较以往有了大幅提高，并且政府对于女性自身的经济生活也制定了针对性的政策，这对女性的经济地位而言是一种改善。但是涉及女性个人资产管理和继承权等问题，仍然反映出巨大的性别差距。

2. 家庭暴力方面。2002 年，摩洛哥政府发布一项国家政策，其目的旨在消除对女性的暴力行为。这一政策发布后，联合国消除对妇女歧视委员会（CEDAW）于 2006 年发布的报告中称，遭受家庭暴力的女性受到了

---

① Sadiqi Fatima, "Morocco", in Sanja Kelly and Julia Breslin, eds., *Women's Rights in the Middle East and North Africa: Progress and Resistance*, New York / Lanham: Freedom House / Rowman and Littlefield Publishers, 2010, p. 323.

② Committee on the Elimination of Discrimination against Women (CEDAW), *Consideration of Reports Submitted by States Parties Under Article 18 of the Convention on the Elimination of All Forms of Discrimination against Women: Morocco, Combined Third and Fourth Periodic Reports of States Parties*, New York, March 4, 2006, pp. 47 – 49.

③ UNICEF, "MENA Gender Equality Profile Status of Girls and Women in the Middle East and North Africa: Morocco", *Regional Office for the Middle East and North Africa*, October, 2011, p. 2.

更好的保护并且有更多机会离开施暴家庭，因为摩洛哥政府设立了一些新的机构来确保受虐妇女的权益。[1] 然而事实上，遭受家庭暴力的女性在维权方面困难重重。遭受家庭暴力的女性在报警后如果不能向警方提供受害的证据，那么她们通常会被遣返回家，将其置于更糟糕的境地。[2] 2009年，摩洛哥高等规划署发布的一份调查报告显示，在全国18—65岁的女性中，62.8%的女性遭受过家庭暴力。根据报告内容来看，只有3%的女性在受到家庭暴力时会向有关部门寻求帮助，并且几乎没有女性会报警或提请刑事诉讼。68%的受害女性希望能在家庭内部解决这一问题，而那些为数不多诉诸法律的女性更希望法庭可以准许离婚的请求，而并非对施暴方予以惩罚。[3]

摩洛哥法律对于家庭暴力问题一直存在诸多空白，例如《家庭法》中将强暴行为视作违法，但是对于婚内强暴却没有任何规定。女性遭受到家庭暴力后，若提请离婚，其办理程序会非常冗长和复杂，如女性需要提供两名目击者来证明其受害事实。因此比起受到保护，更为常见的是大部分家庭暴力事件都不为公众知晓。自2002年摩洛哥政府提出消除对女性暴力的国家政策以来，始终没有出台针对女性受到家庭暴力的相关法令和举措。女性在受到家庭暴力后的维权困难，是这一问题无法得到有效改善的根本原因。

3. 生育与子女抚养方面。截至2017年，摩洛哥女性的生育率为2.11%[4]，在西亚北非地区中属于较低比例，摩洛哥女性的生育压力并不严峻。在子女抚养方面，以往的婚姻关系中，摩洛哥女性无权对其子女行

---

① Committee on the Elimination of Discrimination against Women (CEDAW), *Consideration of Reports Submitted by States Parties Under Article 18 of the Convention on the Elimination of All Forms of Discrimination against Women: Morocco, Combined Third and Fourth Periodic Reports of States Parties*, New York, March 4, 2006, pp. 63 – 65.

② Sadiqi, Fatima, "Morocco", in Sanja Kelly and Julia Breslin, eds., *Women's Rights in the Middle East and North Africa: Progress and Resistance*, New York / Lanham: Freedom House / Rowman and Littlefield Publishers, 2010, p. 316.

③ World Bank, "Opening Doors: Gender Equality and Development in the Middle East and North Africa: Main Report (English)", MENA Development Report, *Washington DC: World Bank*, 2013, p. 75.

④ "Morocco", *the World Fact Book*, March 19, 2018, https://www.cia.gov/library/publications/resources/the-world-factbook/geos/mo.html.

使家长的权威。[①] 根据《家庭法》的规定，父亲是子女的合法监护人。只有在父亲缺席或无法行使监护权时，母亲才可以作为子女的合法监护人。改革后的《家庭法》将父母对子女的监护权确定为不可侵犯的权利，并且不区分性别，对父母双方一视同仁。同时，离婚后的母亲并不会自动丧失对孩子的监护权；即使母亲改嫁或定居到其他地方后，对前一段婚姻关系中的子女也仍保留监护权。这大大肯定了女性作为监护人的权利，将男性和女性在子女抚养方面视作平等。不仅如此，女性获得平等的监护权利对于提升其家庭地位和保护子女（尤其是女儿）的权利都有着重要意义。

第三节　女性受教育与就业地位

对于摩洛哥女性而言，其受教育情况依旧处于落后状态。2013 年至 2017 年，女性的文盲率仍没有得到有效改善，女性识字率较低，并与男性呈现出一定的差距。

文盲率较高意味着摩洛哥女性无法有效地参与到社会公共生活中去，无论是一般的金融服务需求还是政治参与都受到了极大的限制。除此之外，低识字率使得女性在自身利益遭受侵害时，有较大可能性无法意识到侵害事实的发生或及时寻求法律帮助。这些都是摩洛哥女性因受教育不足而面临的一些问题。

由表 I－7－1 可以看到，在具体的受教育方面，男性和女性之间的差异一直存在，并没有明显的改善。在初等教育入学率上，男性和女性大致保持一致，基本上实现了男女平等入学；在中等教育入学率上，男性始终高于女性，但 2013 年之后，女性的中等教育入学率有小幅度的提高；在高等教育入学率上，男性和女性的差异相对较小，但是仍然以男性偏高，这与阿尔及利亚和突尼斯的情况相反（两国女性高等教育入学率始终高于男性）。

摩洛哥政府近几年制定了相关政策，旨在提高女性的识字率、增加女性受教育机会。在时间上的对比而言，女性的受教育地位确实得到了很大

---

① OECD/CAWTAR, *Women in Public Life: Gender, Law and Policy in the Middle East and North Africa*, OECD Publishing, 2014, p. 223.

提高，女性受教育情况也得到了改善。但就整体来看，女性受教育情况不容乐观，依旧处于落后阶段。女性在教育方面的不足对其参与就业、公共事务都造成了很大的影响，使得女性在社会地位的提高的斗争道路上充满坎坷。

表 I－7－1　**摩洛哥男性与女性受教育情况（2013—2017 年）**

	识字率（%）		初等教育入学率（%）		中等教育入学率（%）		高等教育入学率（%）	
	男性	女性	男性	女性	男性	女性	男性	女性
2013	76	58	96	95	38	32	15	13
2014	76	58	98	97	—	—	15	13
2015	79	59	99	98	59	53	15	13
2016	82	62	99	98	59	53	25	24
2017	80	59	98	98	59	53	28	27

资料来源：World Economic Forum，“The Global Gender Gap Report”，https://www.wefo-rum.org/reports，登录时间：2018 年 2 月 4 日。

摩洛哥在女性问题方面最为突出的就是，女性参与国家经济建设比重极小。摩洛哥女性在受教育方面取得了良好的成果，接受高等教育的女性入学率时常超越男性，同时生育率也得到了控制和减少，这些结果也是有助于女性就业的要素。可是事实上女性的劳工参与率极低，即使部分女性得以进入社会就业，她们也承受着与性别相关联的各种压力，摩洛哥女性就业地位的形势主要反映在如下几个方面。

1．就业率提高甚微

从 20 世纪 70 年代起，摩洛哥女性就逐渐在外工作，参与到劳工市场当中去，而这对当时国家生活水平的提高和经济模式的转型都起到了推动作用。

到了 2007 年，女性的劳动参与率接近 27%[①]，与早前的劳动参与率相比是很大的提高。但是此后的时间里，男性仍然享有比女性更好的工作机会，赚取更多的薪酬，并且获得更高的职位。2013 年，摩洛哥女性占

① Fatima Sadiqi，“Morocco”，Women's Rights in the Middle East and North Africa，Freedom House，2010，p. 9.

总劳动参与率的26%，与2007年相差无几，男性则占78%。直至2017年，女性劳动参与率与男性劳动参与率的比例为0.34[①]，与2014年相比，两者的劳动参与率仍然没有发生变化，可以看到摩洛哥女性在就业上与男性的差距是巨大的。

2014年，摩洛哥女性的失业率为9.9%，男性为8.7%；2017年，女性失业率为10.3%，男性失业率为9.5%。[②] 虽然两者的失业率较为相近，但是因为男性和女性劳动参与率相差较大，因此女性的就业形势更为严峻。从近十年来毫无提升的女性劳动参与率也可发现，摩洛哥女性的就业问题是难解和复杂的。

2018年，摩洛哥女性（年龄大于15岁）劳动参与率为21.431%，2017年和2016年分别为21.509%和22.268%。[③] 对比近三年的数据不难发现，摩洛哥女性的就业状态没有得到改善，甚至逐年下滑。造成这样的现象不是单一的因素，既与国家政策相关，又与摩洛哥长期以来的家庭观念和社会共识紧密相连。

2. 就业领域和条件限制重重

接受教育不足和传统社会的压力使得女性在就业中困难重重，受到来自职业和行业上的多重限制。

首先是受教育水平与就业之间的矛盾，文盲或是受教育水平较低的女性很难进入到就业市场中，但是受教育水平较高的女性在就业率上也没有取得很好的成果。2006年，文化水平不及初级教育的摩洛哥女性，其劳动参与率占女性总参与率的59%；文化水平为初级教育的女性，占21.8%；文化水平为中等教育的女性，占8.5%；文化水平为高等教育的女性，占10.7%。[④] 2000年至2009年，摩洛哥女性的平均失业率为11.2%，其中接受高等教育以下的女性占7.6%，而受到高等教育的女性

① World Economic Forum，"The Global Gender Gap Report 2014"，2014.

② World Economic Forum，"The Global Gender Gap Report 2014"，2014；World Economic Forum，"The Global Gender Gap Report 2017"，2017.

③ 参考世界银行数据，https：//data. worldbank. org/indicator/SL. TLF. CACT. FE. ZS? end = 2018&locations = MA&start = 1990&view = chart。

④ Massoud Karshenas and Nadereh Chamlou，eds.，*Women，Work and Welfare in the Middle East and North Africa；The Role of Socio-demographics，Entrepreneurship and Public Policies*，London：Imperial College Press，July 30，2015，p. 12.

占33.3%。[①] 这两组数据对比之后我们可以发现，受教育水平较低的女性有着更高的劳动参与率，而受教育水平较高的女性有着更高的失业率。这有悖常理的现象深刻地反映出摩洛哥女性就业问题的复杂性：受教育水平低使得女性很难进入到高薪酬的行业中，因此需求量大的底层低收入低门槛的工作成为她们主要的就业方向；受教育水平高的女性劳动参与率较低，是受到来自男性的挤压和竞争，在高薪酬行业女性所受到的应聘要求要远高于男性，同时在面临失业问题上，女性比男性更容易成为首选。因此当代摩洛哥女性在就业方面，既有受教育不足无法获得高薪酬工作的限制，同时也有教育水平提升后无法解决职场性别歧视的困扰。

摩洛哥女性在就业领域上也呈现出很大的局限性，大多集中在农业、工业和服务业。2008年，从事农业的女性占59.2%，而男性则占34.2%；从事工业的女性占24%，男性则占15.4%；从事服务业的女性占25.3%，男性则占41.6%。[②] 由于摩洛哥国家经济发展模式的限制，农业依旧是该国人民重要的经济来源，因此对于普遍受教育程度不高的女性而言，农业是比较合适的就业领域。这既符合她们自身能力水平，同时又在社会传统的接受范畴之内。同样的，对廉价劳动力需求较大的工业和服务业领域，也成为女性就业的选择之一。在一些就业要求较高或处于管理层的领域，女性所占数量远远低于男性。如2017年，在属于国家部门领域的议员、高级官员和管理人员中，女性仅占12.8%；在属于专业技术领域的专家和技术工人中，女性仅占35.6%。[③] 值得注意的是，与阿尔及利亚和突尼斯有所不同，摩洛哥女性在公共部门的就业比例较小。2005年，摩洛哥女性就职于国家部门的比例仅为4%，到了2010年下滑至3%。[④] 除此之外，男性和女性之间的薪酬支付也存在着巨大的鸿沟。根据报告显示，2011年至2012年，女性每天的有偿工作时间为81分钟，男性

---

① Massoud Karshenas and Nadereh Chamlou, eds., *Women, Work and Welfare in the Middle East and North Africa: The Role of Socio-demographics, Entrepreneurship and Public Policies*, London: Imperial College Press, 2015, p. 13.

② "Morocco", UN Women, http://spring-forward.unwomen.org/en/countries/morocco, 登录时间：2018年3月20日。

③ World Economic Forum, "The Global Gender Gap Report 2017", 2017.

④ OECD/CAWTAR, *Women in Public Life: Gender, Law and Policy in the Middle East and North Africa*, OECD Publishing, 2014, p. 164.

则为 325 分钟；女性每天无偿工作时间为 300 分钟，男性则为 43 分钟。[①]

由于女性在工作的选择上极为有限，薪酬待遇也非常不平等，摩洛哥女性的就业地位依然停滞不前。

3. 劳工法律保障得到改善

摩洛哥法律在很大程度上保障女性工作的权利。女性在工作中的平等权利和个人需求都得到了重视以及保护。

《摩洛哥劳动法》（以下简称《劳动法》）第 346 条规定，禁止在薪酬方面的性别歧视，如果工作价值相当，那么男性和女性的薪酬应当平等；《劳动法》第 9 条还规定严禁对于雇员基于性别或是婚姻状况的歧视；《劳动法》第 478 条规定私人企业同样禁止性别歧视，违背工作机会和薪资平等的原则；《劳动法》第 152 条规定怀有身孕的女员工有权享有为期最低十四周的产假。[②]

摩洛哥法律规定女性职员在休产假期间可以享有政府给予的补贴（平时薪水的 67%）。[③] 在西亚北非地区，摩洛哥是产假最长的国家之一（同样为 14 周的国家还有阿尔及利亚，突尼斯产假则最短仅 30 天）。

摩洛哥法律对于产假和其他性别相关利益的保障，使得女性能在工作中获得平等的环境，同时帮助她们平衡家庭和工作之间的不协调。然而法律对于女性在工作岗位上的权益保障，通常使得私人企业减弱雇佣女性的意愿并无法得到与男性平等的提升地位。

在就业成功的女性中，大部分都参与到了公共部门的岗位上。原因主要有：一，这些公共部门的职位更为女性所接受，更符合社会工作的性别标签，例如教师、护士等；二，这些部门在招聘和薪资安排上采取了平权措施；三，产假充裕，工作时间比私营企业少。这些理由说明了以下几个问题：一，西亚北非国家女性在就业上依旧困难，机会和空间较少；二，政府对于女性就业问题在逐步采取措施；三，女性仍然受制于家庭，就业

---

① The United Nations Development Programme, "Human Development Report 2015: Morocco", 2015.

② OECD/CAWTAR, *Women in Public Life: Gender, Law and Policy in the Middle East and North Africa*, OECD Publishing, 2014, p. 175.

③ OECD/CAWTAR, *Women in Public Life: Gender, Law and Policy in the Middle East and North Africa*, OECD Publishing, 2014, p. 181.

并不能减少她们在家庭中的劳动。该领域不仅在女性就业人数中所占比重大，同时该领域总体就业人员中女性比重也超过了男性。尽管女性参与公共部门的比重较大，然而在该领域中女性的上升空间受到很大的限制，能够参与到决策层的女性极少。

与过去相比较而言，女性在公共部门就职的现象是女性就业地位提高的表现，它是摩洛哥女性参与社会经济的起步。但是大量已就业的女性集中于公共部门也说明了当前女性就业领域局限诸多，今后女性就业将面临公共部门职位饱和的问题，女性的就业地位还需更多的推动和提高。

在私营部门领域，女性的就业机会和环境更加恶劣。在国家主导的时期，大多数的西亚北非国家都实行了相关的劳动保护法规，旨在给予劳动者工作和福利的保障。这些政策在公共部门基本上都得以贯彻和落实，与之对应的私营部门则执行乏力。女性在私营部门的薪资和福利（如产假）都无法得到保障，其中大部分女性的劳动力投入到了非薪资工作中——个体户、个体农场等——往往没有劳动合同和福利，而男性就业几乎都以薪资工作为主。

第四节　女性的政治地位

一　政治参与比重加强

摩洛哥的选举法规为增加女性的政治参与席位和政治代表性几经修订，是西亚北非地区女性政治参与方面较为进步的国家之一。

1963 年，法律赋予摩洛哥女性投票和参与选举的权利，但是直到 1993 年才有第一位女性入选议会。[①] 此后摩洛哥选举的配额制度进行了改进，女性在众议院中所占席位数量增多。2002 年，全国大选中议会名单为女性预留 30 个席位。摩洛哥基本法对于改善选举配额制度、鼓励更多女性和青年参与政治组织的需求作出规定：“为确保扩展和增加女性以及青年的政治参与度，每个政党组织必须保证在全国和地区选举中，女性所占席位比重达到三分之一，以此最终实现两性平等。”[②]

---

① The United Nations Development Programme, “Human Development Report 2007: Morocco”, 2007; The United Nations Development Programme, “Human Development Report 2008: Morocco”, 2008.

② OECD/CAWTAR, *Women in Public Life: Gender, Law and Policy in the Middle East and North Africa*, OECD Publishing, 2014, p. 135.

到了2007年全国大选之时，女性在众议院中所占席位数量为34（总席位数量为325），全国大选之后，部长和其他重要职位上女性数量有了明显提高。2009年地方选举上，女性所占席位达到12%，与2003年不足1%相比，女性的政治地位有了显著提高。[①] 2011年7月，摩洛哥通过了新宪法，新宪法对于女性在政治、社会和经济方面的权利提供了更重要的保障。2014年，女性在议会中所占席位数量为67，占总席位的16.96%，其中部长职位中女性数量为6名，占总部长数量的15.38%。[②] 可以看到摩洛哥女性的政治参与度与政治地位在不断提高，并且取得了显著的进步。

在摩洛哥法律体制中，女性的代表性和比重也在逐年增加。随着2004年《家庭法》的颁布，任职于家事法院的女性法官数量增多。[③] 而2004年至2007年，任职于摩洛哥最高法院的女性比重为23%，2010年则上升至26%。[④] 这些数据既说明了摩洛哥女性在政治参与方面取得的成功，同时也反映出很多问题。尽管女性任职于许多国家部门，但是在决策过程中经常遭受到来自社会的压力。社会对于女性领导者的要求更高更苛刻，同时女性更难在重大决策中起到影响作用。

二 妇女运动持续作用

摩洛哥有很多妇女权利组织，在妇女运动方面也一直处于积极的状态中。

早在1946年，摩洛哥妇女组织就已经登上舞台，提出废除一夫多妻制、争取充分而平等的政治权利和增强女性在公共事务中的参与度等要求，并于摩洛哥独立后被广大女性期刊、学界和公民社会所发展扩大。

1957年《家庭法》典颁布后，妇女运动所提出的要求并没有得到有效的反馈，女性依然活在男性的主导之下，没有自主权利。该法典充满了对女性的法律上和公民身份上的歧视，它是根据马立克教派的教义制定的法典，而在同一时期，西亚北非地区一些国家的家庭法是根据刑法和宪法

① Freedom House, "Women's Rights in the Middle East and North Africa 2010", 2010.

② "Morocco", UN Women, http://spring-forward.unwomen.org/en/countries/morocco.

③ Freedom House, "Women's Rights in the Middle East and North Africa 2010", 2010.

④ OECD/CAWTAR, *Women in Public Life: Gender, Law and Policy in the Middle East and North Africa*, OECD Publishing, 2014, p. 142.

等制定的。因此摩洛哥家庭法是仅由男性策划制定的，并且基于宗教教义就是为使得该法典具有神圣意味，从而不能对此进行公开辩论。在该法典中，女性的权利受到了限制，一夫多妻制得到了允许，因此女性被定义为次要的。可以说，该法典“背叛”了妇女运动一直以来争取性别平等的行为，同时把女性与公共领域隔离开来。但是妇女运动并没有停止斗争和争取公平权利的步伐。

自20世纪80年代以来，摩洛哥妇女运动就受到来自伊斯兰主义的一系列挑战。伊斯兰主义反对西方、反对现代化，并将女性作为攻击对象。他们号召女性应当罩以面纱，并对失业男青年灌输女性在外工作抢占了他们就业机会的思想。通过这些针对女性的行为和意识输出，摩洛哥妇女运动多年来取得的成果就要被他们破坏。因此自由的女性主义者们采取了相应的措施：如在她们的文章和实践中，逐渐弱化面纱的宗教意味；越来越多地使用阿拉伯语、《古兰经》和圣训；号召人们对《古兰经》进行更灵活地诠释；将伊斯兰教巩固为文化和精神层面的内涵等。除此之外，这些女性主义者们还努力将年青一代女性的注意力集中到现实的女性问题上——即对于女性权益司法保障的有关法律缺失。在妇女运动的一系列行动中，女性主义者将问题的核心聚焦在了改革家庭法上。女性主义者们通过新闻撰写、女性组织工作、社会学和政治学研究、叙事和诗歌创作等方式，在伊斯兰主义运动下维护和坚定她们的身份和存在。

在一次次社会变革和法律修订中，妇女组织和妇女运动为女性权利的扩大和提高起到了不可小觑的作用。1993年5月1日，摩洛哥国王宣布修改《家庭法》中的第5、12、30、32、48和148条。尽管这次对于《家庭法》改革仍然存在许多弊端，但是这对于摩洛哥妇女运动而言具有巨大的象征性意义，因为正是她们对于《家庭法》的辩论，才使得修订得以完成。这表明在摩洛哥，女性问题终于成为社会性问题，并可以进行公开讨论。这一切都源于妇女运动的努力和推动。

到了20世纪末和21世纪初，摩洛哥妇女运动已经在公共领域具有很大的活跃度，并逐渐发展成为摩洛哥社会的一个政治行为体和实现民主化不可或缺的工具。2004年新《家庭法》的出台对摩洛哥女性而言有着重大的意义。在新《家庭法》之下，女性的许多重要权利得到了保障，无论是自我监护权、自主离婚权和子女监护权的获得，对于女性而言都是一次次地位的提升，同时也是妇女组织和妇女运动的胜利。除此之外，妇女组织一直致力于向广大女性解释和说明新《家庭法》的内容①，便于女性更好地运用法律武器保护自己。

对于女性问题能够进入一度受到男性主导的公共领域，摩洛哥妇女运动起到了极为重要的作用。通过支持普世价值和采用区域性的、适当的、务实的政策，摩洛哥妇女运动成为新家庭法改革的主要政治行为体之一。而摩洛哥家庭法的数次改革是摩洛哥妇女运动最为重要的成果。随着女性问题变得越来越显著，摩洛哥妇女运动的挑战将会不断持续。

第五节　女性社会地位的影响因素

伊斯兰教是摩洛哥的国教，该地区的国家法律受到伊斯兰教的影响。因此摩洛哥女性社会地位在法律制度、社会共识等维度都受到了伊斯兰教的根本影响。

摩洛哥的伊斯兰教历史上长期受到马立克教法学派的主导。伊斯兰教的各大教派都是以《古兰经》（包含了穆罕默德语录、习俗传统和生活实践等）为基础，再演绎为穆罕默德言行录。而马立克学派认为言行录并不是伊斯兰传统观的全部，还应将四大哈里发（尤其是欧麦尔）的法律实践也纳入其中。同时，马立克学派也认为集体共识可以作为诠释圣训的标准之一，在公共利益与传统教义发生严重矛盾时，出于对社会福利的考量可以修改相关律例。这个学派强调经训为立法的根据，因此受到了伊斯兰教正统派的推崇和拥护，在摩洛哥影响深远。

以该学派为基础形成的伊斯兰法将男性的权利外延扩大，尤其是在家族关系中处于关键的掌控地位，从而造成女性的生活受制其中。② 例如在最为核心的婚姻关系中，长期以来女性对于自己的婚姻没有话语权，婚姻的有效性是由女性的男性监护人或是其他男性亲属决定，而女性法定婚龄也曾处于长时间的空白。与其他伊斯兰教法学派一样，马立克学派给予了

① Freedom House, "Women's Rights in the Middle East and North Africa 2010", 2010.

② Mounira Charrad, "State and Gender in the Maghrib", *Middle East Report*, No. 163, 1990, p. 20.

丈夫任意终结婚姻关系的权利，相反女性提请离婚则受到严苛的限制和烦琐的审核。如果男方选择与妻子离婚，女方是没有任何法律资源的。换言之，法律并未为女性离婚权益提供保障。男性能够同时合法拥有四名配偶，尽管绝大多数男性无法负担这样的家庭，但是一夫多妻制的合法化对于作为妻子的女性而言是一种威胁和施压，迫使她们服从丈夫的意愿。马立克学派的法律也对不同情形下的遗产继承问题做出了明确的规定。在相似的条件下，女性往往只能继承男性可以继承的一半。甚至在许多案例中，比起妻子或是女儿继承遗产，法律判决会更加偏袒丈夫一方的远房男性亲属。

马立克学派的法律在婚姻上的规定使得夫妻之间的关系变得脆弱，而继承法对于男性和男性亲属的偏向也加固了男权社会的地位。马立克学派家庭法所传达的讯息是，婚姻关系是易趋短暂的，然而男性之间的亲属纽带却是长久的。对于马立克学派而言，亲属团体较之核心家庭更是社会团结的关键所在。马立克学派对于摩洛哥女性的社会地位产生了深远的影响，它对男权社会和男性亲属团体的维护及巩固，都将女性置于从属的地位上。

除了伊斯兰教对于摩洛哥女性社会地位的影响以外，摩洛哥女性在家庭地位、受教育地位、就业地位和政治地位方面，也受到不同因素的影响。

首先，对摩洛哥女性家庭地位影响最甚的是《家庭法》。摩洛哥女性的家庭地位历史上长期以来处于边缘和被主导的状态当中，但是对比现今可以看到，女性无论是在婚姻、财产分配和子女抚养方面都有了较大的进展。

无论是 1957 年《家庭法》还是 2004 年新《家庭法》，都对摩洛哥女性的家庭地位变化起到了关键性作用。1957 年《家庭法》仍以马立克学派为基础，尽管《家庭法》出台了一些新条款，但是大部分准则和核心主题都是以马立克学派教义为主。这些教义中存在许多较为落后和性别不平等的规定，例如一夫多妻制和丈夫可无条件离婚的权利。对于女性而言，这些法令都是禁锢和阻碍个人自由和家庭地位发展的源头，也正是由于《家庭法》的非公正规定，使得女性无法正面争取自身权利。

而女性家庭地位的提高也同样得益于《家庭法》，2004 年修订后的

《家庭法》成为摩洛哥女性争取平权的历史性标志。它加强了两性平等的原则，无论是家庭中应当承担的责任和可享受的权利都进行了规定。平等是新《家庭法》的主题和中心，也是女性家庭地位提升的推力。正是《家庭法》作出的改变，摩洛哥女性在家庭中所扮演的角色才随之变化，不再是处于边缘地位和被领导的状态中，取而代之的是平等的权利和同为家庭主导者的身份。

其次，摩洛哥女性整体受教育水平不容乐观，主要受到家庭和社会因素的综合影响。尽管在法律上女性享有受教育的自由权利，并且可以与男性就读相同的班级接受同等的教育，但是女性在入学率和识字率上都远远落后于男性。

第一，家庭是影响女性入学和受教育的主要因素之一。女性是否能够入学或可以受到什么水平的教育，在很大程度上都受到家庭因素的左右。在大部分父母或监护人的观念中，女性接受教育的重要性不及男性，而一旦遇到男性和女性受教育出现冲突的情况下，男性会成为优先考虑对象。

第二，社会认知偏好也影响着女性受教育的水平和方向。在大多数情况下，接受教育是为在劳工市场中更具竞争力，增强就业可能性。因此女性在接受教育的过程中，往往会因为社会认知的偏好，而针对教师、护理等专业进行学习。社会认知偏好中认为女性适合轻工业、服务业等工作，这样具有明显性别区别色彩的偏好自然而言地反映到女性受教育情况上。

第三，缺乏足够的教育成为摩洛哥女性就业地位低下的突出原因。摩洛哥整体就业状况并不良好，女性就业状况更是比较低迷。相较于男性而言，低就业率和高失业率使得女性就业地位呈现较为消极。

对于摩洛哥女性而言，影响就业状况最根本的因素是受教育情况。缺少足够的教育是摩洛哥女性在就业中步履维艰的主要原因。如今的劳工市场对于学历和教育水平的要求逐日增高，没有接受教育或教育水平不足很难参与就业。而摩洛哥女性的受教育情况仍然亟待改善，不足以满足就业市场对于个人教育背景的要求，导致如今困难就业的现状。

除此之外，社会认知压力也同样对女性就业地位产生影响。社会认知对于女性的就业领域和方向始终带有偏见，认为女性只适合在特定的范围内工作，一旦超出该范围则容易被看做不称职。在一些社会认知中被定义为不适合女性就业的领域中，甚至会拒绝女性的申请，将性别作为录取的条件之一。在这样的社会认知压力下，大多数女性不得不去从事特定的职业，而通常情况下这类工作的薪资都极低。这也就是摩洛哥大部分女性在纺织厂工作的原因。

摩洛哥女性就业形势显得尤其严峻，受教育不足导致难以就业，而社会认知压力使得她们难以获得高薪资工作。在这两者相互影响下，摩洛哥女性就业问题更显复杂。

最后，摩洛哥女性在政治地位上取得巨大的进展，得益于法律的保障。摩洛哥女性无论是政治参与度还是妇女运动发展方面都有明显的提高。

摩洛哥政府多次为扩大女性政治参与度而修改选举法，因而女性在全国和地区选举中席位增多、比重增大。这些变化对于女性的政治地位而言起到了推动作用，这既说明国家对女性政治地位的重视，同时女性本身也能在政治领域更好地代表自己，争取自身权利。可以说，法律的支持是女性提高政治地位的关键动力，这对摩洛哥女性而言意味着更多的平权认同和争取权利途径。

除去客观的法律因素外，妇女运动和妇女组织的发展也是影响女性政治地位的重要因素。妇女运动和妇女组织一直贯穿着摩洛哥女性社会地位斗争的始末。在争取自身权利、提出平等要求和促进法律修订上，妇女运动和妇女组织有着无可推卸的功劳。女性的政治地位也正是在这样可发声、敢于斗争的状态中改善和提高起来。

摩洛哥女性社会地位深受《家庭法》的影响，每一次进步和改善都伴随着妇女组织和妇女运动的斗争。也正是在摩洛哥女性对自身权利的不懈追求下，她们的社会地位才不断提高，社会和政治价值发展空间不断扩大。

摩洛哥民族解放战争胜利后，女性权利并未随之获得解放。1957 年《家庭法》和 1993 年《家庭法》改革都并未对女性社会地位起到实质性的作用，但引起了社会和政府的关注，使得女性权利问题进入政治讨论视野，而不再局限于宗教的范围。2004 年《家庭法》对于摩洛哥女性社会地位的提高起到了至关重要的作用。在家庭地位方面，摩洛哥女性获得了更多的婚姻自由权利，并且在私有财产权利上获得了更多的法律保障。在家庭生活中，不再强制性受到男性长辈或丈夫的控制，在断绝婚姻关系后也有保障自身权利的正当途径；在受教育地位方面，女性的受教育情况依旧略低于男性，这既限制了女性适应社会和时代的能力，同时也是女性劳工参与率低下的主要原因；在就业方面，女性总体参与情况不甚乐观，就业率低下伴随着高失业率使得女性就业问题格外棘手。女性就业领域也受到了性别固化的限制，集中在服务业和轻工业领域。但是摩洛哥政府不断修订法律致力于营造男女平等的就业环境；在政治地位方面，女性政治参与度得到了大幅度提高，并且在表达自身诉求和争取权利方面，妇女组织和妇女运动一直处于活跃状态。摩洛哥国王和政府越发重视女性的权利和地位，法律也在不断完善对女性的利益保障，这对于提高女性社会地位而言具有重要意义。然而，如何将法律与实际实施情况相结合是摩洛哥女性面临的问题。

摩洛哥女性争取自身权利的努力发展至今，已经取得了可观的结果。在现实生活中，许多女性利益具体的问题得到了解决，如一夫多妻制的废除、就业后产假制度、选举中女性席位的比例规定等，都在不同的方面促进了女性社会地位的发展。

摩洛哥政府如今一直在为推动性别平等作出努力，但是不难发现挑战重重。女性在社会参与经济生活上，仍然与男性有着较大差距。不可否认的是，摩洛哥女性对于国家建设和社会发展而言是未被开发的主要资源，挖掘女性的潜能和重视女性的作用可以加强国家的竞争力和经济实力，并且对完善法律和社会制度起到推动作用。因此确保女性在社会参与和经济参与上拥有平等的权利，是建立一个更为公正、尊重人权的社会的重要途径。

摩洛哥在改善女性社会地位和消除性别差距方面，需要在三个方面努力。首先是废除法律和政策中涉及性别歧视的法令。最为突出的体现是家庭法典中对于女性权利的限制和对于男性权利的过度偏向。尽管摩洛哥女性在一次次的家庭法改革中受益，但是许多核心和关键性的问题依旧遗留，女性在家庭法下仍然受到性别不平等带来的限制；其次是出台保障性别平等的政策，确保女性拥有参与社会生活的平等机会；最后将性别纳入到国家政策制定的主流中去，使得女性可以更好地参与到国家建设中，让政治生活不再是男性所独大的领域，充分保留女性的话语权。

诚然，这些社会转型的方向需要一个强健的机制框架所支撑，以此确保改善的落实。因此摩洛哥女性的社会地位未来发展的道路势必要寻求国家和政府的支持，并逐步建立和完善两性平等机制。

第八章　移民发展研究

位于非洲、欧洲、地中海和大西洋十字路口的摩洛哥，有着特殊的地理位置和悠久的历史，自 20 世纪初以来就是一个重要的移民输出国。移民对摩洛哥的社会、文化和经济生活都产生了重要影响。摩洛哥的移民模式最初比较单一，以单项对外移民为主导。然而，自 20 世纪 90 年代末伊始，摩洛哥开始出现新的移民流向——中转移民。从撒哈拉以南非洲以及其他地区的移民把摩洛哥作为跳板，试图从这里中转到欧洲，却由于种种原因不得不滞留在摩洛哥。虽然目前摩洛哥仍然是一个主要的移民输出国，但它正逐渐成为来自撒哈拉以南非洲的移民和来自欧洲和其他地区移民的接收国，其移民模式已发生内在转型：从单一的移民“输出”转型为“输出”“中转”与“接收”共存。本章以摩洛哥的移民模式为主要研究对象，分析摩洛哥移民模式的转型，探讨移民给摩洛哥社会带来的影响和挑战，并就移民管理问题提出思考。

第一节　历史演进

摩洛哥移民具有两种流向：一种是从摩洛哥向其他国家的移民（以欧洲为主），即对外移民；另一种是从撒哈拉以南非洲、欧洲及其他地区来到摩洛哥的移民，即外来移民。自 20 世纪 60 年代以来，摩洛哥已经成为全世界对外移民最多的国家之一，移民对摩洛哥的经济、社会和文化产生了重要影响。据统计，摩洛哥分散在全球各地的移民数量大约有 400 万人（其总人口约 3400 万）。因此，摩洛哥外来移民也主要有两种形式：一是以摩洛哥为目的地；二是把摩洛哥作为移民到欧洲之前的“中转国”。自 20 世纪末以来，摩洛哥的外来移民数量不断增长，其中，中转移民作为一种特殊的移民模式，其数量和重要性也在日益增加。

一　国际移民输出国

（一）殖民时期的对外移民（1912—1956 年）

摩洛哥的现代移民形式深受殖民主义的影响。自法国于 1830 年占领阿尔及利亚并实行殖民统治以来，摩洛哥每年都有人季节性、周期性地到阿尔及利亚从事农业生产或者到当地的沿海城市工作。据统计，截至 1930 年，每年约有 8500 名摩洛哥人到阿尔及利亚工作。①

1912 年，摩洛哥沦为法国和西班牙“保护国”，其中前者控制了摩洛哥的主要城区，后者的控制区域主要局限于西撒哈拉地区和北部的里夫山区。第一次世界大战期间，法国的人力资源严重缺乏，大量摩洛哥男性被招募到法国的军队、工厂和矿场。1914 年至 1918 年，数万名摩洛哥人前往法国，其中 34000—40000 人加入了法国军队。尽管大多数移民在第一次世界大战结束后回到摩洛哥，但由于战后法国经济的快速发展，1920 年以后摩洛哥人到法国的对外移民又重新恢复。②

第二次世界大战期间，由于劳动力短缺，法国在其占领区再次进行军队招募，有 126000 名摩洛哥男子到法国军队服役。阿尔及利亚民族解放战争（1954—1962 年）期间，法国停止招募阿尔及利亚劳工，从而推动大批摩洛哥人移民到法国，从事工厂和矿场劳动。1949—1962 年，法国的摩洛哥移民从大约 20000 人增加到了 53000 人。③

此外，在西班牙内战（1936—1939 年）期间，佛朗哥政权从西属摩洛哥殖民地里夫地区招募了 4 万摩洛哥人来扩充自己的军队。④

（二）1956 年独立后的对外移民

1. 以欧洲为目的地的对外移民

摩洛哥于 1956 年取得独立。独立初期，尤其是 1962—1972 年，由于

---

① 潘华琼：《试论马格里布移民问题及其治理》，《西亚非洲》2016 年第 1 期。

② Hein de Haas, “Morocco’s Migration Experience: A Transitional Perspective”, *International Migration*, Vol. 45, No. 4, 2007, pp. 44 – 45.

③ Hein de Haas, “Morocco’s Migration Experience: A Transitional Perspective”, *International Migration*, Vol. 45, No. 4, 2007, pp. 44 – 45.

④ 潘华琼：《试论马格里布移民问题及其治理》，《西亚非洲》2016 年第 1 期。

西欧国家经济迅速发展，其工业、矿场、住房建设和农业部门对基础劳动力的需求量大大增加，地中海周边国家的“客工”移民显著增加。摩洛哥分别与西德（1963 年）、法国（1963 年）、比利时（1964 年）和荷兰（1969 年）签署了劳工招聘协议。摩洛哥前往欧洲的移民数量大约增加了10 倍，即从 3 万人到 30 万人，到 1972 年到达顶峰。[①] 从第二次世界大战结束后到 20 世纪 70 年代中期的这段时间内，来自北非马格里布地区的穆斯林大规模移民法国，这被称作是法国的“第三次移民浪潮”。

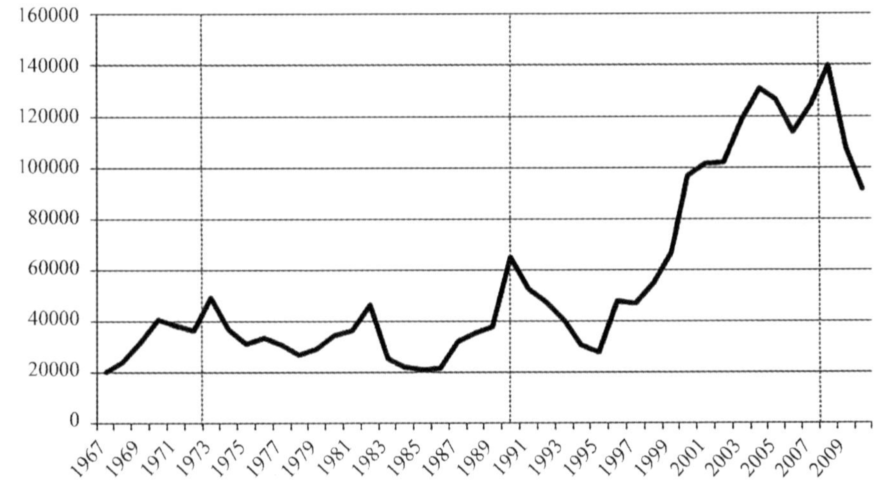

图 I－8－1　1967—2010 年摩洛哥向欧洲移民趋势

资料来源：International Migration Institute，University of Oxford，DEMIG C2C database，www.imi.ox.ac.uk。

1973 年石油危机的爆发导致西欧国家经济由盛转衰，本国国内劳动力过剩，对基础劳动力的需求下降，因此西欧国家纷纷出台政策，不再接收新的“劳工”移民，并出资鼓励移民返乡。然而，这一政策并未取得相应的成效。摩洛哥在此次石油危机中遭受的损失远超欧洲国家，国内经济形势恶化。1971 年和 1972 年发生的两次军事政变，虽以失败告终，但也导致了摩洛哥国内陷入政治不稳定状态。因此，许多摩洛哥移民并没有

① Hein de Haas，“Morocco's Migration Experience：A Transitional Perspective”，*International Migration*，Vol. 45，No. 4，2007，pp. 45－46.

返回，却选择永久居留在欧洲。欧洲国家出台的移民限制和移民遣返政策不仅收效甚微，还导致了本土的移民秩序混乱，出现了大批移民家属通过非正规途径进入并滞留当地的无序状态。为此，法国政府于 1976 年出台法令，准许移民配偶和未成年子女赴法团聚。[①] 这一政策意味着移民大门再次开放，家庭团聚成为新的主要的移民路径。该政策出台以后，欧洲国家的摩洛哥移民人数继续攀升：1982 年为 70 万人，1998 年增至 160 万人，2012 年达到 310 万人。

家庭团聚在 20 世纪 80 年代末基本完成。从 20 世纪 90 年代起，组建家庭成为新的主要移民路径之一。[②] 许多居住在欧洲的摩洛哥二代移民倾向于与来自原籍国的伴侣结婚，继续推动着摩洛哥人移民到欧洲国家。从 1992 年到 2001 年，至少有 430000 名摩洛哥人获得了欧盟成员国的国籍，比欧洲任何其他移民群体都多。

从 20 世纪 80 年代开始，意大利和西班牙也开始成为摩洛哥工人的移民目的地，他们主要在当地从事农业、建筑、护理和其他低技术行业。一开始，这种移民是周期性的，移民可以自由地往返于移入和移出国。然而，在意大利和西班牙于 1990—1991 年引入申根签证制度之后，摩洛哥人开始超期滞留在当地或者试图非法横渡直布罗陀海峡。[③] 此后，意西两国政府通过一系列政策保障，为数十万摩洛哥无证移民提供了法律地位。由于这一举动，1980—2004 年，居住在意大利和西班牙的合法摩洛哥移民总数从 20000 人增加到 550000 人，意大利和西班牙取代法国成为摩洛哥新劳工移民的首要目的国。[④] 此外，自 1990 年以来，摩洛哥开始出现女性劳务移民，特别是到西班牙和意大利的劳务移民中所占比例逐渐增大，她们所从事的工作主要有工人、保姆、清洁工，或者从事农业及小型手工业作坊等。

2008 年爆发全球金融危机，在欧洲（尤其是西班牙）的摩洛哥移民面临大规模失业，部分移民暂时返回摩洛哥，但返回率并不高。其原因正

---

① 彭姝祎：《当代穆斯林移民与法国社会：融入还是分离?》，《西亚非洲》2016 年第 1 期。

② Hein de Haas, "Morocco's Migration Experience: A Transitional Perspective", *International Migration*, Vol. 45, No. 4, 2007, p. 47.

③ Mohamed Berriane, Hein de Haas and Katharina Natter, "Introduction: Revisiting Moroccan Migrations", *The Journal of North African Studies*, Vol. 20, No. 4, 2015, p. 506.

④ Hein de Haas, "Morocco's Migration Experience: A Transitional Perspective", *International Migration*, Vol. 45, No. 4, 2007, p. 48.

在于欧洲的移民限制措施：返回摩洛哥的主要是拥有合法欧洲国籍或长期居留权的摩洛哥移民，而那些短期居留或者非法居留的移民则担心几年后无法再回到欧洲，故选择继续留在西班牙、意大利等国。

2. 以其他地区为目的地的对外移民

20 世纪 70 年代经济危机爆发后，西欧国家采取的产业结构改革、劳动密集型工厂向低薪国家转移、关闭矿场等措施，导致了移民工人的大量失业。同时，利比亚油田开采需要大量劳工，大约 12 万摩洛哥人因此移民到利比亚，其他几万人通过短期劳工合约移民到富有的海湾石油国家。[①]

自 20 世纪 90 年代以来，由于国内就业形势的压力，越来越多的摩洛哥高中和大学毕业生将美国和加拿大的魁北克（法语区）作为移民的目的地。与以欧洲为目的地的低技能移民相比，这些移民往往受过良好的教育和培训。随着技术工人和商业性移民的增加，摩洛哥的传统“客工”移民日益减少。

摩洛哥犹太人的移民模式更为特殊。随着 1948 年以色列建国和 1967 年“六日战争”的爆发，摩洛哥犹太人大批移民到法国、加拿大和以色列。从 1948 年到 20 世纪末，居住在摩洛哥的犹太人数量从 250000 人锐减至 5000 人，现大约有 2500 人。[②]

二 摩洛哥作为国际移民中转国和接收国

（一）移民新模式——国际移民中转国

摩洛哥位于非洲大陆的西北角，扼非洲通往欧洲大陆的咽喉，具有十分重要且特殊的地理位置。摩洛哥与西班牙隔海相望，摩北部城市丹吉尔与西班牙大陆最近距离仅 15 千米海域。从 20 世纪 90 年代中期开始，作为世界主要移民输出国之一的摩洛哥迎来了新的移民模式——中转移民。中转移民是指除出发地和目的地之外还包括另一个或多个国家/地区的移民过程。中转移民可在到达其最终目的地之前经过多个国家，可以在不断接近目的地的过程中积累资本以便继续前行。[③]

---

① Hein de Haas, “Morocco’s Migration Experience: A Transitional Perspective”, *International Migration*, Vol. 45, No. 4, 2007, p. 48.

② Hein de Haas, “Morocco’s Migration Experience: A Transitional Perspective”, *International Migration*, Vol. 45, No. 4, 2007, p. 48.

③ Ann Kimball, “The Transit State: A Comparative Analysis of Mexican and Moroccan Immigration Policies”, Working Paper of the Center for Comparative Immigration Studies, 2017, pp. 6 - 7.

从撒哈拉以南非洲来的中转移民将摩洛哥等马格里布国家作为跳板，试图横渡地中海到达欧洲国家。从非洲至欧洲的移民路线主要有三条，其中西地中海路线（经过摩洛哥和阿尔及利亚到达西班牙）通过摩洛哥与地中海相连，摩洛哥在很长一段时间内是撒哈拉大沙漠到欧洲的必经之路。此外，在摩洛哥北部有休达（Ceuta）和梅里亚（Melilla）两块西班牙飞地，从地理上看，摩洛哥到西班牙海陆通道都是最近的，因此大部分跨撒哈拉移民选择摩洛哥作为通往欧洲的中转国。据估计，直到21世纪初，每年都有10000—15000名撒哈拉以南非洲移民进入摩洛哥；同时有来自摩洛哥和其他国家的15000—20000人非法移民到欧洲。[①] 2010年底，从撒哈拉以南非洲来的移民中，大约每年有6.5万—12万人到达北非马格里布国家，其中20%—30%的移民进入摩洛哥。

20世纪90年代，塞拉利昂、刚果民主共和国、利比里亚、尼日利亚、科特迪瓦等西非爆发一系列内战，导致国内政治动荡、经济衰退，这些国家的难民被迫穿越撒哈拉沙漠来到摩洛哥等马格里布国家。例如，1997年，刚果民主共和国推翻蒙博托政权，随后爆发的大湖地区战争导致大批难民迁移到摩洛哥；科特迪瓦在1999年爆发内战后，很多当地的劳工移民不得已转移到马格里布国家。此外，利比亚和阿尔及利亚南部的油田开发需要劳动力，利比亚政府又于2000年收紧劳工移民政策，之前因其开放政策吸引而来的100多万非洲劳工移民中一部分向西转移，通过跨撒哈拉路线来到北非马格里布国家。[②] 自2000年以来，来到摩洛哥的劳工移民数量增加，移民的来源也越来越多样化，其中包括：尼日利亚、塞内加尔、冈比亚、马里、加纳、布基纳法索、尼日尔、中非共和国和喀麦隆等非洲国家，以及最近的一些亚洲国家，如印度、巴基斯坦和孟加拉国等。[③]

尽管中转移民最初的目的是把摩洛哥当作跳板最终“跳跃”到欧洲，

---

① Katharina Natter, “The Formation of Morocco's Policy Towards Irregular Migration (2000 - 2007): Political Rationale and Policy Processes”, *International Migration*, Vol. 52, No. 5, 2014, pp. 15 - 17.

② Katharina Natter, “The Formation of Morocco's Policy Towards Irregular Migration (2000 - 2007): Political Rationale and Policy Processes”, *International Migration*, Vol. 52, No. 5, 2014, pp. 15 - 17.

③ Hein de Haas, “Morocco's Migration Experience: A Transitional Perspective”, *International Migration*, Vol. 45, No. 4, 2007, p. 51.

但很多人并没有成功。入境欧洲失败的中转移民倾向于在摩洛哥的一些大城市（如卡萨布兰卡、拉巴特、丹吉尔）暂时或者半永久“定居”，甚至是非法滞留，而不会回到原籍国，因为摩洛哥拥有更加稳定的政治和经济环境。

另一方面，中转移民往往伴随着非法移民问题。一些国内因素（如气候干旱、失业、社会政策的缺陷等）和外部因素（欧洲入境政策的收紧），促使潜在移民采取各种各样的非法移民方式和路线。这些移民来到摩洛哥的目的不是在此定居，而是渡过海峡到达欧洲。据估计，摩洛哥境内有25000—40000名撒哈拉以南非洲人属于非法移民。①

（二）移民新模式——国际移民接收国

自20世纪90年代中期以来，摩洛哥逐渐成为来自撒哈拉以南非洲、欧洲和其他地区的移民目的地。根据人口普查数据，2014年9月，共有86206名外国人居住在摩洛哥，2004年为51435名，1994年为50181名。尽管相对于大规模的对外移民而言，外来移民数量并不多，但在近15年来已经呈现出大幅的增长。越来越多的撒哈拉以南非洲和其他国家的公民通过签证来到摩洛哥求学或者工作（技术类或非技术类），如一些西非人和菲律宾女性移民到摩洛哥从事佣工或者给富裕的摩洛哥家庭当保姆；还有为数不多（但正逐渐增加）的中国商人来到摩洛哥的各大城市经商；此外，越来越多的欧洲人也来到摩洛哥，他们中有工人、企业家，也有一些退休人员到此养老。2008年全球金融危机爆发以来，摩洛哥还出现了来自部分欧洲国家（尤其是西班牙）的劳工移民。②

欧洲国家到摩洛哥移民历史已久，其中以法国移民居多。摩洛哥的法国移民在保护国期间（1912—1956年）达到最盛。1955年，居住在摩洛哥的法国人数达到历史最高值。独立后的摩洛哥开始实行去殖民化和国内改革，即“摩洛哥化”，但这并没有割断摩法之间的联系。相反，尽管定居在摩洛哥的法国人数量的确减少了，但两国间的合作条约吸引了新一代的法国“合作者”（Cooperators）来到摩洛哥。然而，在1963—1985年，由于政府推

① Jamal Benamar et Abid Ihadiyan, “Le Maroc Face Au Nouveaux Flux Migratoires”, *Revista Castellano-Manchega de Ciencias Sociales*, Vol. 21, 2016, p. 17.

② Mohamed Berriane, Hein de Haas and Katharina Natter, “Introduction: Revisiting Moroccan Migrations”, *The Journal of North African Studies*, Vol. 20, No. 4, 2015, p. 513.

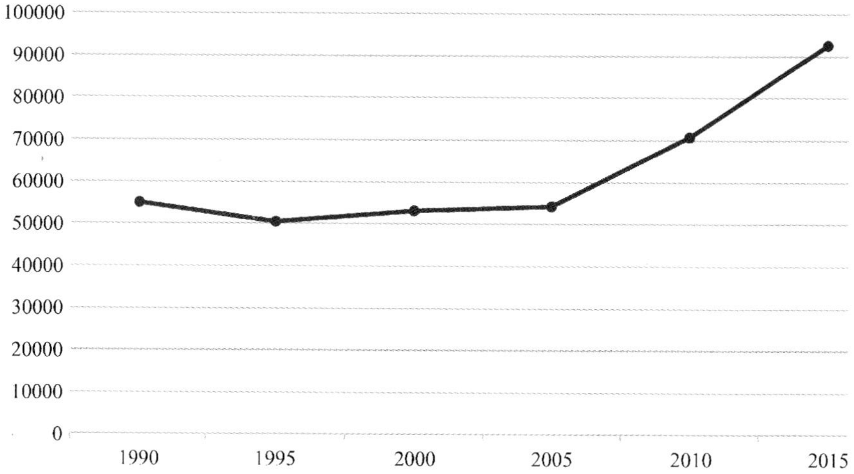

图Ⅰ-8-2　摩洛哥的外来移民数量（1990—2015年）

资料来源：联合国经济和社会事务部人口司（2017年）。

行的工农业和经济摩洛哥化，以及土地国有化和教育国民化等政策，导致摩洛哥的法国移民数量明显减少，从大约15万人减至3万人。

20世纪90年代后，摩洛哥与欧盟关系回暖。1996年，摩洛哥与欧盟签订了贸易联合条约，法国人开始回到摩洛哥定居和工作。自21世纪以来，欧洲国家向摩洛哥的移民数量稳步攀升，2013年底摩洛哥官方登记的法国人数量已达到46995人（包括双重国籍者），是摩洛哥最大的移民群体，数量超过了来自撒哈拉以南非洲的移民数。

第二节　移民模式的转型

一　移民模式转型的动因分析

（一）移民流动的普遍因素

在探讨移民流动演变的动因时，我们首先会想到人口变动因素。由于出生率上升、死亡率大幅下降，人口暴增导致国内劳动力过剩，便会产生人口在不同国家间的流动。但纵观历史，人口并不是移民流动的决定性因素。移民自古以来是人类活动的方式之一，有的出于被迫和强制，如遇到天灾人祸和历史上的大西洋奴隶贸易；而有的出于主动追求更好的环境，如英国人到达北美，这是很多现代移民的选择。究其根源，财富分配不均衡或经济发展不平等是人口流动的根本前提，而从贫困国家向发达国家流动正是移民的基本规律。[①] 面对经济发展的差距，来自更落后地区的人们便会产生到更发达地区去的愿望，以寻找更好的工作机会从而过上高质量的生活。

但是，不同国家间经济发展的差距也不能完全解释移民的流动。国际移民组织研究表明，世界上主要的移民输出国并不是GDP最低、人口增长最快的国家，反而是如摩洛哥、墨西哥和土耳其等中低收入国家。因为人们必须有一定的财富基础才能承担移民的成本和风险，所以在国家经济发展的初期，财富的增加往往会导致对外移民的增多。这一原因可以通过斯凯尔登的理论来理解。他认为人口的流动与国家经济发展程度和国家内部构成有关。他划分了以下五个“发展等级”并总结出其特点：

（1）旧的和（2）新的核心国家（例如西欧、北美和日本），特点是：外来移民，内部去中心化；

（3）正在扩大的核心国家（例如中国东部、南非、东欧），特点是：外来移民和对外移民同时存在，内部中心化（即城市化，农村向城市集中）；

（4）劳动力边境[②]（例如摩洛哥、埃及、土耳其、墨西哥、菲律宾以及最近的西班牙和葡萄牙等），特点是：以对外移民为主，内部中心化；

（5）资源市场（例如撒哈拉以南非洲、中亚和拉丁美洲的部分地区），特点是：移民模式多变，流量较小。

随着国家经济的发展和社会的进步，其所处的阶段会逐渐从第（5）到第（1）阶段过渡，最终会从移民的净输出转型到净输入。根据这一划分，我们可以看到，摩洛哥、墨西哥等中低收入的发展中国家正处在上述的第（4）阶段，即“劳动力边境”，这些国家正同时经历着高于全球平均水平的人口增长率和经济增长率，因此也是主要的移民输出国。但从长远来看，随着国家经济的继续发展，本国与其移民目的国之间的发展差距渐渐缩小，可能会产生以下的结果：对外移民的动力减弱；对外移民增长

---

① 潘华琼：《试论马格里布移民问题及其治理》，《西亚非洲》2016年第1期。

② 劳动力边境，即“Labor Frontier”，即大量输出劳动力的国家。

速度放缓；移民目的地及方式的多样化；外来移民的重要性逐渐增强。最终，移民模式会经历一个“U”形的过渡：经济发展初期阶段对外移民急剧增加，到后来逐渐放缓，最终达到经济发展高级阶段，对外移民减少，外来移民增加，从净劳工输出国转变为净劳务输入国①。

目前，摩洛哥有几个值得注意的特点：“劳动力边境”、中低收入国家、大量但逐渐减速的对外移民、外来移民增加、出生率下跌、人口增长率下降（1.68%）和生育率下降（2004 年平均每名妇女生育 2.5 个孩子，1960 年为 7 个孩子②），劳动力人口增长、经济发展平稳、GDP 增长率高于全球平均水平、持续的城市化进程。这些都证明了摩洛哥正处在从第（4）阶段到第（3）阶段的过渡中，经历着移民模式的转型——从以对外移民为主向对外移民和外来移民同时并存转型。

（二）中转国

摩洛哥作为中转国是第二个动因。一般而言，中转国是指“处在第一世界和第三世界的十字路口、每年接收上万名以中转到邻近的第一世界国家为目的地”。从 20 世纪 90 年代开始，撒哈拉以南非洲地区来到摩洛哥的移民增多、到欧洲的劳工移民“非法化”两大因素从根本上改变了摩洛哥的移民模式——摩洛哥逐渐地成为一个中转国。③ 尽管相比起大规模的对外移民，摩洛哥的外来移民和中转移民数量仍然有限，但是这一新移民流向的出现给摩洛哥的移民模式带来了新元素。

中转移民的第一个特征是其愿望和迁移轨迹的可变性。虽然他们在离开原籍国时有一个初步的计划，但他们的旅途实际上受到很多因素的影响，如资本、政策、信息、其他移民者的轨迹等。例如，一位居住在乌季达的喀麦隆移民表示，他最初离开喀麦隆时的目的地并不是欧洲，而是同为非洲国家的尼日利亚，因为尼日利亚“前景好，经济蓬勃发展”。但到达尼日利亚后，他听说尼日利亚人到欧洲移民，于是他也决定前往欧洲，

---

① Ayşen Üstübici, “Dynamics in Emigration and Immigration Policies of Morocco: A Double Engagement, Migration and Development”, Vol. 4, No. 2, 2015, p. 239.

② Mohamed Khachani, “L'impact de la Migration Sur la Société Marocaine”, Work of International Congress on Human Development Madrid, 2006, p. 10.

③ Katharina Natter, “The Formation of Morocco's Policy Towards Irregular Migration (2000 - 2007): Political Rationale and Policy Processes”, *International Migration*, Vol. 52, No. 5, 2014, pp. 17.

就这样他来到了中转国摩洛哥，他现在的计划是先到达西班牙，之后再去巴黎或伦敦。另一名居住在拉巴特、来自刚果民主共和国的移民则表示，到欧洲是她“曾经的梦想”，自己没有证件、没受过足够的教育，到欧洲去“能做什么呢?”目前对她而言，留在摩洛哥是更好的选择。[①] 从这两段采访中我们可以看出，中转移民在离开原籍国时都有一个确定的动机，但他们的移民目的地往往不是固定的，移民轨迹往往不按照一开始制定的计划来进行。换句话说，在他们移民的过程中，移民的愿望也在发生改变。这就解释了为什么目前居留在摩洛哥的跨撒哈拉移民很多都是在其前往欧洲的旅途中改变了其移民目的地，转而选择摩洛哥作为暂时或者半永久的定居地。

第二个特征是碎片化以及滞留时间长。处于停滞时期的移民，可粗略分为三种状态：第一，滞留在中转国；第二，陷入困境；第三，定居。[②] 自 2005—2006 年以后，通过摩洛哥非法入境欧洲的人数逐年减少。根据 Frontex 2012 年的报告，通过摩洛哥和阿尔及利亚的地中海西海岸边境的非法入境者总共约 7000 人，而其中还包含一部分摩洛哥本国人。截至 2013 年底，居住在摩洛哥的非法移民人数超过 20000 人。由此可以看出，摩洛哥的中转移民中越来越多的人选择留在“中转国”，并且不再试图穿越边境进入欧洲。

二　移民模式转型的多方面表现

摩洛哥移民模式正从单一的移民输出转型为多元移民模式共存。从比例上看，虽然摩洛哥移民“输出”的比例仍然占主导地位，但已呈逐渐下降趋势，相反外来移民的比例正在升高，其来源国也不断多样化。

（一）对外移民比例下降，外来移民比例上升

作为世界主要的移民输出国，从 20 世纪 60 年代起，摩洛哥对外移民的数量不断增加，移民的方式和目的地也不断多样化。不过从另一方面看，虽然对外移民的绝对数量一直在增加，但是增长速度实际上在下

---

① Joris Schapendonk, “Turbulent Trajectories: African Migrants on Their Way to the European Union”, *Societies*, Vol. 2, No. 2, 2012, pp. 32 – 33.

② Joris Schapendonk, “Turbulent Trajectories: African Migrants on Their Way to the European Union”, *Societies*, Vol. 2, No. 2, 2012, pp. 32 – 33.

降。在1968年至1990年，摩洛哥对外移民迅速增长，年均增长率超过10%。而从1990年到2011年，对外移民的增长率大幅下降，平均每年仅约5%。[①] 尤其是2008年全球金融危机之后的几年间，摩洛哥的对外移民数量出现了下降，甚至有部分海外侨民暂时返回到摩洛哥。

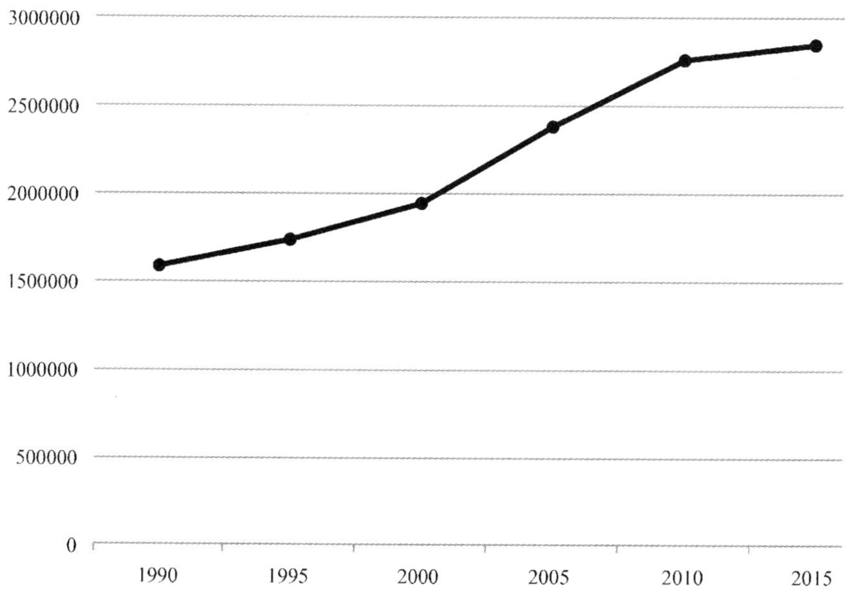

图Ⅰ-8-3 摩洛哥的对外移民数量（1990—2015年）

资料来源：联合国经济和社会事务部，人口司（2017年）。

在作为一个移民输出国的同时，从20世纪末起摩洛哥开始成为移民的中转国和接收国，接收着来自欧洲、撒哈拉以南非洲和少数其他地区的移民。2011年，合法居住在摩洛哥的外国人总共有74316名，其中一半来自欧洲国家；20%是学生，学生中大部分来自撒哈拉以南非洲国家。[②]

来自撒哈拉以南非洲的移民越来越多地聚集在卡萨布兰卡、拉巴特和丹吉尔等北部大城市，以寻找就业机会（通常是非正式的）。例如，在卡

---

① Jamal Benamar and Abid Ihadiyan, "Le Maroc Face Au Nouveaux Flux Migratoires", *Revista Castellano-Manchega de Ciencias Sociales*, 2016, p. 18.

② Ayşen Üstübici, "Dynamics in Emigration and Immigration Policies of Morocco: A Double Engagement, Migration and Development", Vol. 4, No. 2, 2015, pp. 241-242.

萨布兰卡城中心的麦地那周围有一个著名的“非洲市场”，来自撒哈拉以南非洲的移民聚集并生活在这里，从事售卖非洲特产、廉价饰品和仿冒手机等小生意。这些移民中一部分是合法的，另一部分则长期处于非法滞留的状态。

摩洛哥另一个主要的外来移民群体是来自撒哈拉以南非洲的国际学生。他们主要分为两大群体：其一，获得摩洛哥国家助学金并在公立大学学习的学生；其二，未获得助学金并在私立学校就读的学生。两大群体数量在近十年内都大幅增长。就获得国家资助的学生而言，1994—1995 学年仅有 1040 名撒哈拉以南非洲学生在摩洛哥公立学校注册，10 年后这一数字达到 4477 人，2013—2014 学年达到 5160 人。对在私立学校就读的学生而言，1998—1999 学年，在私立学校注册的外国学生人数为 1120 人，2010—2011 学年则增至 4000 人，占摩洛哥所有私立机构学生总数的 10%。这种增长不仅仅是因为摩洛哥的高等教育声誉良好，也是因为学生签证对于大多数非洲学生而言是唯一的入境方式。同时，摩洛哥在西撒哈拉问题上的外交需求促使其与撒哈拉以南非洲国家加强政治经济上的联系，西非市场对于摩洛哥跨国企业的经济效益日益增加，以及摩洛哥在非洲地区扮演的宗教角色等种种因素，都有作用于摩洛哥学生移民数量的增长。[①] 此外，还有两个外国群体也值得关注，其一是来自欧洲的移民；其二是来自全球其他地区的移民。

（二）潜在移民的新特征

近年来，由于金融危机、欧洲国家的移民返乡援助政策、签证制度等边境管理的加强等原因，摩洛哥的对外移民潮（特别是到欧洲）急速放缓；同时，随着时间的推移，移民的原籍国和其传统的接收国的政治、经济和社会背景都已发生改变，摩洛哥潜在移民的特征以及促使他们产生到欧洲移民计划的原因也在演变当中。根据欧洲培训基金会和摩洛哥移民研究协会于 2012 年在全国范围内进行的潜在移民意向调查结果显示：58% 的受访者不想离开摩洛哥，48% 有去国外工作的意向。共有 13% 的人表现出制定移民计划的强烈愿望，这部分较有可能移民的人被称为潜在移

① Mohamed Berriane, Hein de Haas and Katharina Natter, “Introduction: Revisiting Moroccan Migrations”, *The Journal of North African Studies*, Vol. 20, No. 4, 2015, p. 514.

民。具体而言潜在移民有以下几个特征：

首先是社会特征。从性别来看，潜在移民中男性多于女性，占到三分之二，因为男性“更倾向于出国寻找新的机会”。这一比例高于海外侨民现有的男女比例，因为20世纪的家庭团聚和婚姻组建等因素，海外移民的比例几乎达到了1∶1。从婚姻情况角度来看，新的潜在移民大多是单身女性和单身男性。无论男女，受访者的家庭情况与移民的倾向呈负相关度，拥有高移民潜力的女性中有33%认为其家庭的经济状况不（够）好。而在2003—2004年的回归移民调查中，高达58%的受访者表示在移民之前就已经结婚。

其次是受教育水平。新的潜在移民的受教育程度比过去更高。在受访的潜在移民中，有相当比例的人受过中等至高等教育（女性和男性分别为28%和23%）。并且绝大多数的潜在移民（85%）都意识到在摩洛哥受过高等教育有助于其在国外找到一份好工作。而在2003—2004年的回归移民调查中，仅有11%的移民达到中学水平，仅4%获得学士学位。这反映出摩洛哥未来移民的趋势——知识和技术移民增多，低技术移民减少。这从另一方面证明了摩洛哥正处在从“劳动力边境”向发展中的核心国家过渡的阶段。

最后是就业情况。根据调查结果可以发现，受访者有无移民计划与其就业情况无关，在高移民潜力人群中，无工作者和（过去七日内）有工作者的比例相同。其中，有工作者的职业分布呈现多样化，主要是在农业、贸易、制造业、服务业和建筑业等行业。而在2003—2004年的回归移民调查中，82%的移民在移民之前就有工作。这意味着移民的动机发生了内在的改变。过去的移民更多的是为到海外寻找比国内更好的工作机会，而现在的潜在移民中有一半处在无业状态，反映出摩洛哥国内就业市场的低迷。

（三）国外侨民的经济贡献重要性下降

一直以来，侨汇是摩洛哥外汇收入的主要来源，摩洛哥长期依赖侨汇来实现宏观经济平衡。据国际移民组织网站数据统计，摩洛哥是侨汇占外资投入比例最高的国家，其比例达到66%。2007年，侨汇总额为71.5亿美元，占摩洛哥GDP的9%。但受2008年全球金融危机的影响，欧洲失业率大幅攀升，摩洛哥移民有所减少，部分海外移民回归到摩洛哥，侨汇也随之下降。2008年至2014年，侨汇占摩洛哥GDP的比例降至7%

左右。[①] 与此同时，全球金融危机后摩洛哥国内开展的农业运动有所成效，内部需求活跃，因此减弱了外部需求减少给国家经济所带来的消极影响。根据摩洛哥经济金融部 2012 年的财政报告，虽然全球经济增长率 2010—2012 年持续下降，摩洛哥的经济增长率一直保持着高于全球的平均增长率。欧洲等发达国家已逐渐不再是摩洛哥人心中的“黄金国”，到那里去寻求“更好的生活”的新移民数量也已不再如过去一样迅速增长。20 世纪 60 年代以来前往欧洲的移民中一部分已经回归祖国，有的退休养老，有的回国投资。生活在欧洲的许多第二代和第三代移民在居住地面临着受教育程度低、失业、种族歧视和社会边缘化等问题，自身都难以维持生计，从而也无法对祖国的经济做出贡献。

（四）回归移民

“回归移民”的存在也是摩洛哥移民模式转型的一个重要表现。“回归移民”是指已经离开母国的人或者其后裔，在定居国外之后又重新回到原籍国，经历了“本土—海外—本土”迁移路线的跨国移民群体[②]。自 20 世纪 60 年代起，通过劳工移民和家庭团聚等方式，摩洛哥人大量移民到欧洲国家。虽然大多数劳工移民最终永久留在移民国，但也有许多移民返回到摩洛哥。根据 2004 年的人口普查数据，2004 年之前的五年间共有 165416 名移民返回到摩洛哥，平均每年有 33100 名移民返回。而 1994 年的数据显示该数字为 30200 名。我们可以看出，摩洛哥的回归移民数量一直保持在一个稳定且较高的水平。值得注意的是，2004 年人口普查数据同样给出了摩洛哥上一年的对外移民总数——大约为 38000 人，这意味着回归移民的数量已经与对外移民相去不远。

在分析移民回归的动因之前，我们需要先了解摩洛哥回归移民的具体构成和特性。2004 年人口普查提供了相关数据：首先，在回归移民的年龄构成上，回归移民平均在移民国居住了 22 年，回归时的劳动力人口（15—59 岁）占 65%，中老年人（60 岁及以上）占 20%，均高于摩洛哥国内的平均比例；其次，回归移民的受教育水平普遍高于本土的平均水

---

① Bachir Hamdouch and Jackline Wahba, “Return Migration and Entrepreneurship in Morocco”, *Middle East Development Journal*, Vol. 7, No. 2, 2015, p. 132.

② 周建新、罗家珩：《“回归移民”研究的脉络与趋势》，《云南师范大学学报》2018 年第 2 期。

平，文盲人数更少（22%对43%），受过高等教育的人数更多（38%对5%）；再次，回归者中雇主的比例（26%）比起移民之前（2%）大幅增加，回归移民比起非移民者有更多的企业家，有28%的回归移民在回到摩洛哥后开始进行投资创业；最后，就居住地区而言，89%的回归移民居住在城市，这一比例远高于摩洛哥总城市人口（55%）。① 从这些数据可以总结出摩洛哥的回归移民的以下几个特点：平均年龄偏大，在移民国居留时间较长，受教育程度较高，经济和就业情况较好。

传统的回归移民研究主要基于“移民推拉理论”（Push and Pull Theory）。该理论认为，移民在居住国的不良经济处境是他们回归的主要推力，而返回祖国后经济处境将得到大大改善，这是吸引他们回归的重要拉力。两个国家的一推一拉，导致了移民的回归。② 自“9·11”事件以来，全球恐怖袭击的多发使得社会治安成为移民者主要考虑因素之一。因此，欧洲的吸引力在整体上有所下降。同时，居住在欧洲的摩洛哥移民也面临着各种各样的问题。从20世纪60年代起，大量的北非劳工移民涌入欧洲，解决了欧洲劳动力短缺的问题，对欧洲国家经济发展作出贡献，但同时也带来了一些问题。由于欧洲国家安置移民的方式欠妥或是移民融入政策取得的效果不佳、对移民的消化吸收能力日渐不足以及结构性歧视普遍存在等原因，摩洛哥移民往往很难融入当地社会。尤其是第二代、第三代移民，他们一般受教育程度低、就业率低，是社会边缘人群，与主流社会矛盾加剧，很容易成为恐怖组织洗脑招募的对象，欧洲发生的几次恐怖事件多与外来移民有关。这一现象反过来更加加剧了部分北非移民在欧洲国家处境的艰难，使得移民边缘化问题变得更加严重。

2014年的一个调查结果显示，在业已取得法国国籍的移民中，逾50%的马格里布移民后代认为自己并未被视作法国人。③ 上述的种种因素都成为“推”动移民回归的力量。从“拉”力的角度来看，移民在回到祖国时会结合其实际情况考虑祖国的政治环境、经济发展、就业形势和投

---

① Bachir Hamdouch and Jackline Wahba, “Return Migration and Entrepreneurship in Morocco”, *Middle East Development Journal*, Vol. 7, No. 2, 2015, p. 133.

② 丁月牙：《全球化时代移民回流研究理论模式评述》，《河北大学学报》（哲学社会科学版）2012年第1期。

③ 彭姝伟：《当代穆斯林移民与法国社会：融入还是分离?》，《西亚非洲》2016年第1期。

资环境等因素。摩洛哥自2000年穆罕默德六世执政以来经济发展平稳，政局稳定。2008年的全球金融危机对欧洲经济造成重创的同时，摩洛哥得益于其国内需求的旺盛，仍然保持着高于全球平均水平的经济增长。自20世纪以来，摩洛哥政府一直与海外的侨民保持着紧密的联系。1990年，哈桑二世侨民基金会和专门负责摩洛哥侨民组织事务的政府部门相继成立，旨在使海外侨民与祖国之间就文化、宗教、教育等需求进行沟通，保障海外侨民的利益。

但是，单方面的经济因素不能构成回归的全部动因。在全球化时代的背景之下，传统的“推拉理论”已经不能全面地解释“回归移民”这一现象。根据“跨国主义”理论，对于回归移民而言，跨国社会空间是回归决策的重要影响因子。原因在于，通过跨国网络，移民对祖国的忠诚度和归属感得到了很好的维持。在跨国社会空间内，一方面，基于传统文化而形成的一套复杂的血缘责任关系有利于打破地缘束缚，获得一种新的延续方式，把远渡重洋的移民和留在国内的亲人紧密地联系到了一起，在必要的时候召唤海外移民回归；另一方面，回归移民通过跨国空间所提供的丰富的跨国资本和网络资源，使回归不再是发展失败后的被迫举措，而成为资本增值的主动决策。[①] 移民长期侨居海外所积累的物质财富、工作技能和工作经验，使他们回归祖国后可能会得到更好的发展，并提升其社会地位。这在某种程度上与欧洲发达国家移民来到摩洛哥生活的原因类似。此外，摩洛哥政府制定了融入社会援助方案，为回归移民提供接待服务，以帮助他们重新融入祖国的社会经济环境。欧洲和摩洛哥之间社会福利的可转移性（如养老金、失业救济金等）惠及许多回归移民，他们中的大部分（80%）表示不打算再次移民。[②]

第三节 移民政策的演变

自20世纪90年代以来，欧洲南部的边境逐一关闭，同时加强边境军

---

① 丁月牙：《全球化时代移民回流研究理论模式评述》，《河北大学学报》（哲学社会科学版）2012年第1期。

② Jamal Benamar and Abid Ihadiyan, “Le Maroc Face Au Nouveaux Flux Migratoires”, *Revista Castellano-Manchega de Ciencias Sociales*, Vol. 21, 2016, pp. 21 - 22.

事化管理，直接移民欧洲变得十分困难，从而导致大量的跨撒哈拉中转移民涌入摩洛哥，把其当作前往欧洲的跳板，并有很大一部分人非法滞留在当地，给摩洛哥造成许多社会上及法律上的问题。中转及非法移民这一移民新流向的出现，改变了摩洛哥过去单一的移民模式，激发摩洛哥政策改革的需求。正如马赫迪·拉赫卢所言，"自21世纪初以来，马格里布国家政府的移民政策发生了根本性的变化。最初，他们主要关注在本国向欧洲国家的移民，后来逐渐将重心转移到管理从撒哈拉以南非洲到欧盟国家的中转移民"。[①]

一　20世纪90年代至21世纪初的移民政策

20世纪80—90年代，因为社会和政治原因，摩洛哥在欧洲和非洲区域政治中已经降为次级参与者。1984年摩洛哥因西撒哈拉领土问题退出非盟；1987年摩申请加入欧盟失败；欧盟忙于东扩，将摩洛哥等北非国家降为次级合作伙伴，使得摩洛哥陷入孤立状态。[②] 与此同时，90年代出现的跨撒哈拉中转移民潮，促使欧洲国家的边境管理向南转移。诸多地中海南岸国家，如摩洛哥和土耳其，被称为欧盟的"缓冲区"，也被要求"合作"阻止中转移民。在此情况下，中转移民在带来一系列社会问题的同时更为摩洛哥创造了新的机会：欧洲国家对非法移民问题的关注日益增加，摩洛哥将移民管理作为新的外交筹码，就边境管理问题和欧盟协商，同时改善同撒哈拉以南非洲国家的关系。因此，外来移民问题，尤其是非法移民问题，开始成为摩洛哥的外交政策重要议题之一。

在非法移民的管理问题上，摩洛哥政府所采取的态度和政策通常被视为"屈服于欧洲的要求"。的确，欧盟从20世纪末开始实行边境的"远程控制"，将"触手"延伸到了诸如大使馆和国际机场等境外地点，[③] 对摩洛哥等中转国

---

① Mehdi Lahlou, "Le Maghreb dans Son Environnement Régional et International: Un Schéma Migratoire Reconfiguré, dans les Faits et Dans L'approche Politique", Ifri-Programme Migrations, identités, citoyenneté, Janvier 2011, p. 15.

② Katharina Natter, "The Formation of Morocco's Policy Towards Irregular Migration (2000 - 2007): Political Rationale and Policy Processes", *International Migration*, Vol. 52, No. 5, 2014, p. 18.

③ Michael Collyer, "In-Between Places: Trans-Saharan Transit Migrants in Morocco and the Fragmented Journey to Europe", *Antipode*, Vol. 39, No. 4, 2007, p. 669.

不断施加压力，迫使他们就非法移民问题进行合作，甚至是以带有冒犯性的方式。但是，从摩洛哥政府的角度出发，其将非法移民问题提上政治议程不仅仅是迫于西方压力，背后的根本目的是提高其地缘政治的重要性，在与欧盟国家谈判时获得平等的伙伴地位，从而获得后续的经济利益。

以西班牙为例，1992 年摩洛哥与西班牙签订了“重新接纳协议”（即接纳进入欧盟国家失败后被遣返回摩洛哥的移民），但在之后的执行过程中，摩洛哥拒绝接收多达 6420 名来自第三国的国民（即非本国国民），这引发了西班牙的不满。西班牙转而为南欧国家和拉丁美洲的移民提供优惠条件，以此作为对摩洛哥的惩罚。随后，欧盟在其 1999 年制定的行动计划中要求摩洛哥签订包括第三国国民在内的“重新接纳协议”并通过西非国民的签证申请，并在 2002 年的“移民条件”中提出：任何国家与欧盟签订的合作协议都应包含“强制性重新接纳非法移民”这一条款。但是，摩洛哥政府拒绝了这一要求，并宣称欧盟的这一单方面的要求“将摩洛哥降级为一个简单的政策工具，而没有将其视为平等的合作伙伴”。[①] 2002 年夏，由于政治原因，西班牙召回驻拉巴特大使，并在佩雷吉尔岛/雷拉岛上部署空军和海军部队，摩洛哥与西班牙的关系降至冰点。2003 年，摩洛哥议会通过了新的移民法草案，其内政部长称“02—03 号法律是摩洛哥向其合作伙伴遵守打击非法移民承诺的一部分”。两周后，西班牙和摩洛哥的外交关系再次恢复。[②] 从这一过程我们可以看出，地缘政治和“移民外交”是初期摩洛哥制定其移民政策的核心因素。

2003 年颁布的《关于外国人入境和居住在摩洛哥王国以及非法移民法》是摩洛哥移民立法的重要一步。[③] 该法律虽然加强了对外国人入境和居留摩洛哥的控制，却很少涉及移民人权的保护。其中的移民安全化和刑事定罪等更被视为是为改善与欧盟的关系，用“欧洲的方式”管理移民。[④] 为此，

---

① Katharina Natter, “The Formation of Morocco's Policy Towards Irregular Migration (2000 – 2007): Political Rationale and Policy Processes”, *International Migration*, Vol. 52, No. 5, 2014, pp. 18 – 19.

② Katharina Natter, “The Formation of Morocco's Policy Towards Irregular Migration (2000 – 2007): Political Rationale and Policy Processes”, *International Migration*, Vol. 52, No. 5, 2014, pp. 18 – 19.

③ Ayşen Üstübici, “Dynamics in Emigration and Immigration Policies of Morocco: A Double Engagement, Migration and Development”, Vol. 4, No. 2, 2015, p. 246.

④ Ayşen Üstübici, “Dynamics in Emigration and Immigration Policies of Morocco: A Double Engagement, Migration and Development”, Vol. 4, No. 2, 2015, p. 246.

摩洛哥被批评者称为“欧洲的警察”。在新的移民政策的实行过程中，所有的非洲移民或难民们都面临着人权尊严和政治、经济、文化融入的挑战。如果移民没有足够的证据证明他们的旅途性质，边防警察可以拒绝其入境。但是，支付50欧元的“费用”就可以避免这一麻烦。

在移民管理的过程中，不同类别的移民常常被混淆。无论他们是合法、非法或是寻求庇护者，通常都受到类似的处理。在入境时申请政治庇护的人被政府认为是非法越境，合法入境的学生也经常被误当作非法移民，并受到同样的控制和驱逐。2005 年以来，摩洛哥警察与非法移民间“猫捉老鼠”的游戏愈演愈烈：2005 年，多达 15 名移民在试图冲进梅利利亚的围栏时被杀。大约 2000 名来自撒哈拉以南非洲的移民被驱逐到阿尔及利亚。2007 年，在拦截驶向加那利群岛的船只时，2 名移民被摩洛哥警察枪杀，另有 2 人受伤。此外，移民经常声称他们的贵重物品被安全部队没收。摩洛哥的安全部队因此受到国际舆论的严厉批评。

二　2013 年移民政策改革

由于移民政策的推行不力，忽视对人权的尊重和保护，摩洛哥在国际上的形象日渐恶化，受到国内和国际舆论的大量批评。摩洛哥国家人权理事会在 2013 年的报告中建议“对摩洛哥的移民政策进行彻底改革，这将有助于难民在法律和社会经济上的融合”。2013 年 6 月摩洛哥与欧盟签署的流动性伙伴关系协议也建议“在摩洛哥引入新的政治庇护和保护制度”。[①]

为此，摩洛哥穆罕默德六世国王于 2013 年 9 月宣布了新的移民政策，并开始推行移民正规化运动。新政策涉及政治庇护、人口贩运和替换之前有问题的 02 - 03 移民法的三项新法案草案。2013 年 9 月摩洛哥成立了四个小组委员会，以制定新的国家移民和庇护政策（NPIA），这一政策于 2014 年 3 月 17 日在日内瓦提出，包括：非法入境外国人的合法化，由难民专员办事处承认的法定难民的合法化，法律和体制框架以及外交行动的升级。[②] 在 NPIA 框架下的政府行动主要包括以下四个方面：

---

① Abdelkrim Belguendouz, “Maroc-UE: Partenariat de mobilité ou de réadmission de migrants?” (https://www.yabiladi.com/articles/details/18166/maroc-ue-partenariat-mobilite-readmission-migrants.html).

② Jamal Benamar and Abid Ihadiyan, “Le Maroc Face Au Nouveaux Flux Migratoires”, *Revista Castellano-Manchega de Ciencias Sociales*, Vol. 21, 2016, pp. 23 - 24.

第一，外来移民和寻求庇护者的合法化。截至 2013 年 9 月，国内各行政区设立了 83 个外国人办事处，并部署了人力和后勤资源，以开展两项合法化行动，时间从 2014 年 1 月至 2015 年 2 月 9 日。根据官方数据，推行合法化政策的一年内共收到 27330 份申请，其中 17918 人获得居留许可。摩洛哥成为第一个推行移民合法化政策的发展中国家。

第二，制度改革。2013 年，摩洛哥政府创建了隶属于摩洛哥侨民事务部的移民事务部门。该部门负责协调、规划和实施新的移民政策。同时，摩洛哥政府还成立了一个特设委员会，以执行新的庇护政策。该委员会由外交部、内政部、司法部、劳工部、人权事务部和人权事务高级专员办事处的代表组成。此外，拉巴特还开设了庇护局，与难民专员办事处协调处理庇护案件。

在立法上，原本的 02－03 法律由以下三项取代：其一，1958 年摩洛哥政府通过的（基于 1951 年 7 月 28 日《日内瓦公约》精神）庇护法草案；其二，关于人口贩卖的法案；其三，外来移民法案（涉及外国人入境和居留）。

第三，制定国家级移民与难民战略。2015 年，推行新的移民和难民融入政策，涉及教育、健康、住房、跨文化，以及社会、法律和行政等领域的国家援助。

第四，推进伙伴关系与合作。建立制度伙伴关系、公私伙伴关系、与民间社会组织的伙伴关系和国际伙伴关系。①

新移民政策的推行意味着摩洛哥在对待外来移民的问题上迈出了重要的一步——更加注重对人权的尊重和保护。除了舆论因素外，地缘政治也是重要的动因，即摩洛哥在非洲的利益，以及其近年来最紧迫的西撒哈拉问题。近年来，摩洛哥政策的重心已经逐渐往非洲转移，其目标是成为非洲经济和政治领域的“领头羊”。在 2013 年国王宣布新移民政策前不久，摩洛哥开始在西非寻找新的贸易伙伴，并试图扩大其影响力。新政策出台前后，摩洛哥国王先后访问塞内加尔和马里，并签订了一系列合作协议，同时就西撒哈拉问题获得这些国家的支持。② 因此，摩洛哥的政策改革行

① Jamal Benamar and Abid Ihadiyan, “Le Maroc Face Au Nouveaux Flux Migratoires”, *Revista Castellano-Manchega de Ciencias Sociales*, Vol. 21, 2016, pp. 23－24.

② Kelsey P. Norman, “Between Europe and Africa: Morocco as a Country of Immigration”, *The Journal of the Middle East and Africa*, 7, No. 4, 2016, pp. 434－435.

动或多或少都与其在非洲地区的政治和经济利益有关，西非国家同样也能从这样的“交易”中获益。

摩洛哥移民正规化运动在2013—2014年的第一次推行阶段取得显著成效，许多外来移民选择在摩洛哥安家立业，而不再当作临时的落脚点。摩洛哥作为移民“目的国”的地位变得越来重要。因此，2016年12月移民正规化运动的第二阶段再次启动。这一次政府放宽了移民正规化的标准，扩大了受众面，共超过28400名移民递交了正规化申请，其中有近82%的移民成功获得了合法地位。

第四节 移民的影响及其反思

一 移民对国家发展的影响

第一，经济层面的影响，其主要体现在侨汇在国民经济中的重要性。1975—2007年，官方侨汇的数额从59.32亿美元增加到85.2亿美元。[①] 受2008年全球金融危机的影响，虽然侨汇金额有所下降，但整体仍然保持在63.8亿美元以上，2018年侨汇金额达74亿美金，占GDP的6.2%。世界银行2006年的年度报告《2006年全球经济展望：汇款与移民的潜在经济意义》（以下简称“展望”）中提出“从发展中国家流向高收入国家的跨国移民”对于当今全球经济发展具有举足轻重的意义。移民工人在欧洲虽然多从事劳动密集型产业，平均薪资低于本土居民水平，但相比摩洛哥及整个北非而言，仍有不少优势。

第二，社会层面的影响。移民是调节国内劳动力市场的因素之一。摩洛哥偏高的人口增长率和经济不稳定等因素导致国内劳动力过剩，致使失业率大增，尤其是青年人和妇女。2018年，摩洛哥的失业率为9.8%，15—24岁青年人失业率为26%，妇女失业率为14%。[②] 因此，向外移民可以缓解劳动力市场的就业压力，促进劳动生产率及技术含量提高，从而减少因经济问题导致的社会不满。

---

① Safaa Kasraoui, “Diaspora Remittances Hit $7.4 Billion in Morocco in 2018”（https://www.moroccoworldnews.com/2019/04/271381/diaspora-remittances-hit-7-4-billion-in-morocco-in-2018/）.

② Zakaria Oudrhiri, “HCP: Urban Unemployment Rate 4 Times as High as Rural Unemployment”（https://www.moroccoworldnews.com/2019/02/265193/urban-unemployment-rate-rural-unemployment/）.

移民对留守在国内的家庭成员而言也有积极的影响。侨汇可以提升国内家庭的收入和生活水平。根据1998—1999年的调查，如果没有侨民汇款，摩洛哥的城市贫困率将从12.0%增加到16.6%，农村贫困率将从27.2%增加到31.0%。[①]

另外，从社会心理学分析，移民在原籍国的汇款、投资及捐赠等不仅可以帮助提高国内亲人的生活水平、创造一定的就业岗位等，更是对于其他人的一种“激励”，是一种“成功的象征”，从而推动更多人移民到国外寻求更好的生活。移民还可以促进社会关系网络扩大，社会资本增加，摩洛哥和接收国的民间交流可以增进国与国友好关系的发展，这也是摩洛哥对移民输出持积极态度的缘由。

第三，文化层面的影响。移民是一种文化现象。移民回到家乡时总是展示出“成功人士”的形象，甚至摩洛哥的一些电视节目也在宣传并强化国外“黄金国”这一形象，在摩洛哥人心中滋生了移民的愿望。同时，在价值观方面，移民在两个社会空间之间的流动性和所代表的两种不同文化，使他们能够在私人和公共的领域里传达不同的价值观。在私人领域，这些新的价值观涉及消费模式、爱好等；在公共领域，他们谈论新的工作价值、投资部门等。

但是，对于摩洛哥而言，对外移民也带来了一定的负面影响。首先是劳动力的流失。由于移民结构仍以青壮年为主，造成了国内劳动力短缺，影响国内经济发展。其次是知识分子和专业技术人才的流失。近几年来，迫于国内就业形势的压力和受高收入国家的薪资吸引，不少受过高等教育者到发达国家寻求更好的工作环境和高收入，对摩洛哥经济社会的发展造成了一定负面影响。

二　外来移民的影响

对于摩洛哥社会而言，撒哈拉以南非洲移民的到来带来了巨大的挑战。

首先，这些移民试图把摩洛哥当作前往欧洲的跳板，但由于种种原因

---

① Mohamed Khachani, “L'impact de la Migration Sur la Société Marocaine”, Work of International Congress on Human Development Madrid, 2006, p. 12.

滞留在摩洛哥国内，给摩洛哥劳动力市场的就业造成压力。滞留在卡萨布兰卡、拉巴特等大城市的移民大多都混迹街头，或是在市中心的街道两边摆无证经营的路边摊，给社会治安和城市管理增加难度。同时，一些入境的难民中混入了极端分子，严重威胁到社会安全问题，2003 年的卡萨布兰卡袭击事件更使摩洛哥政府及国民不得不关注外来移民的管理上所存在的巨大缺陷。

其次，这些移民中不乏非法移民，截至2013 年，在摩洛哥大约有2. 5 万至4. 5 万非法移民，他们没有摩洛哥的合法居留身份，与许多在欧洲的非法移民一样生活境遇很差，因此有可能成为潜在的安全威胁。

最后，摩洛哥由于其特殊的地理位置，成为跨撒哈拉移民的“中转国”，这些非法移民所带来的种种挑战也使摩洛哥陷入两难的局面——为控制非法移民入境，欧盟不断给摩洛哥施加压力，迫使其就移民管理参与合作。摩洛哥一方面出于地缘政治的利益，试图将中转移民管理作为其与欧盟国家谈判的外交筹码，进而恢复自己的“伙伴”地位，加强其在国际上的话语权；另一方面，摩洛哥政府管理外来移民的方式受到国内外舆论的严厉批评，许多人权组织和移民组织声讨其不尊重人权、种族歧视和虐待外来移民等，从而严重影响摩洛哥在国际上的形象和声誉。

三　摩洛哥的文化多元性——外来移民，冲突还是融合？

自21 世纪以来，撒哈拉以南的移民在摩洛哥开始占有重要地位，他们在各个城市的人口比例逐渐增加。这些移民在困难的条件下进行所谓的“跨境冒险”，却因为种种原因被困在非洲大陆的北部，被迫暂时居留抑或是长期居留在这里。与许多面临着中转移民问题的国家一样，摩洛哥的移民生存状况非常不稳定，生活条件艰苦。虽然摩洛哥参与了所有国际人权公约的签署，但有证据表明，撒哈拉以南非洲移民仍然在摩洛哥遭遇着许多侵权行为和多重歧视。

根据摩洛哥移民研究协会于 2007 年在摩洛哥的五个主要外来移民聚集城市（拉巴特、卡萨布兰卡、乌季达、丹吉尔和阿尤恩）进行的“摩洛哥的撒哈拉以南非洲移民调查”结果显示，受访的所有撒哈拉以南非洲移民中多达76% 的人处于“无证”状态，21. 5% 的人是寻求庇护者，仅有2% 的人拥有合法的难民身份。在这些“无证”移民中，有77. 3% 的人已经在摩洛哥非法滞留了超过两年时间。[①] 他们的生活条件非常不稳定，往往害怕被驱逐，得不到任何社会保护，并遭受着剥削和种族歧视。[②] 摩洛哥作为一个新兴的移民“接收国”和移民“中转国”，没有足够的经验和措施来管理和应对涌入的外来移民，缺乏对移民的法律保护和机构支持。

表 I-8-1 2007 年摩洛哥的撒哈拉以南中转移民不同年龄段情况

外来移民状况	年龄段				
	15—17 岁	18—25 岁	26—35 岁	36 岁及以上	平均
寻求庇护者	0	16.1%	23.3%	32.6%	21.5%
难民	0	0.4%	2.7%	2.2%	2.0%
“无证”状态	100%	83.5%	73.2%	65.2%	76.0%
其他	0	0	0.8%	0	0.5%
总计	100%	100%	100%	100%	100%

资料来源：摩洛哥移民研究协会。

摩洛哥的撒哈拉以南非洲移民所面临的主要问题是缺乏工作和住所。他们中许多人在没有签证的情况下非法进入摩洛哥，因此无法获得居留许可。他们的原籍国也没有有效的政策文件来证明这些出国者的合法身份。根据摩洛哥移民研究协会的调查结果，受访者中超过一半的人（59.4%）表示他们没有任何收入来源，18.8%的人靠乞讨为生，仅有 11.5%的人从事体力劳动。[③] 20 世纪末以来摩洛哥国内失业率攀升，政府收紧劳工法，对外来移民就业的要求愈加苛刻，因此拥有一定教育程度或技能的移民很难找到与其文凭和经验相称的工作，只能从事低技术行业（多是非正式的），工作艰苦，工资低，且经常遭到雇主的种族歧视[④]，“在与奴隶制相比的条件下从事重复、卑微和危险的劳动”。

---

① AMERM, L'immigration Subsaharienne au Maroc: Analyse Socio-économique, 2018, pp. 73-74.

② Papa Sow, Elina Marmer and Jürgen Scheffran, "Between the Heat and the Hardships. Climate Change and Mixed Migration Flows in Morocco", *Migration and Development*, Vol. 5, No. 2, 2016, p. 303.

③ AMERM, L'immigration Subsaharienne au Maroc: Analyse socio-économique, 2018, p. 76.

④ Dorte Thorsen, "Is Europe Really the Dream? Contingent Paths Among Sub-Saharan Migrants in Morocco", *Africa*, Vol. 87, No. 2, 2017, pp. 343-361.

摩洛哥社会和民众对待撒哈拉以南非洲移民的态度是矛盾的。一方面，仇外心理（特别是对来自撒哈拉以南非洲的移民）很普遍，他们担心外来移民会使摩洛哥社会“降级”或是“偷走”本国人的工作机会，以及带来文化异化（尤其是越来越多的基督教社区的出现）。另一方面，摩洛哥的律师、移民协会，宗教机构和非政府人权组织等提倡保护移民的权利。他们为移民和难民提供日常的援助，并在国内外揭露现有的种族主义和歧视，[①] 为推动后续的移民政策改革发挥了一定的作用。在摩洛哥移民研究协会的调查中，当撒哈拉以南非洲移民被问到他们认为摩洛哥人是如何看他们时，27%的受访者认为摩洛哥人对他们的看法是负面的或把他们看作劣等的（从经济角度来看，撒哈拉以南非洲移民被认为是贫困、悲惨的人，生活在乞讨之中）；22.6%的受访者有被摩洛哥人鄙视的感觉；28.9%的受访者认为摩洛哥人害怕他们并认为他们给社会带来健康和安全上的威胁（媒体证实了这种看法：艾滋病的传播、恐怖分子的“人体炸弹”、盗窃和诈骗等）。[②] 从这一结果我们可以看出，撒哈拉以南非洲移民融入摩洛哥的过程困难重重，撒哈拉以南非洲人与摩洛哥人之间肤色和信仰的显著差异，在社会各领域都存在着不同文化和种族之间的冲突。

在宗教方面，摩洛哥是一个伊斯兰国家，绝大多数国民信奉伊斯兰教。从撒哈拉以南非洲来到摩洛哥的移民大部分信奉基督教或其他宗教，在摩洛哥属于宗教少数群体，他们在融入摩洛哥社会时面临着更多一层的阻碍。其中一个最大的问题是：当非穆斯林移民和摩洛哥穆斯林妇女之间通婚时，摩洛哥妇女作为母亲有权将自己的国籍传给子女，但其子女却与其父亲的宗教信仰相同。这一现象是政府面临的前所未有的情况，它挑战了穆斯林妇女和非穆斯林男子之间传统的婚姻禁令。在宗教自由方面，非穆斯林移民并未得到应有的尊重和保护。例如，许多福音派人士在2014年至2016年期间被驱逐出境；2014年，16名阿特拉斯孤儿院的志愿者被当地矿工们指控为叛教。[③] 摩洛哥宗教管理机构在处理非穆斯林移民的通

---

① Mohamed Berriane, Hein de Haas and Katharina Natter, “Introduction: Revisiting Moroccan Migrations”, *The Journal of North African Studies*, Vol. 20, No. 4, 2015, p. 515.

② AMERM, L’immigration Subsaharienne au Maroc: Analyse socio-économique, 2018, pp. 83 – 86.

③ Raoudha Elguédri and Mohamed Cherif Ferjani, “Religious Diversity and Freedom of Conscience in the Arabic Countries Facing Globalization and Migration”, *Religions*, Vol. 8, No. 10, 2017, p. 229.

婚、叛教等问题时，通常采取模棱两可的态度，在谴责、批判和尊重宗教自由这新旧两种态度之间游走，但总体上正向着宗教自由的方向转变，比如2016年1月在摩洛哥的马拉喀什召开由穆斯林学者参加的会议，主题即为促进宗教少数群体的权利。

摩洛哥当地一些非政府的宗教机构和国际组织等在提倡、保护移民权利方面也起到了一定作用。如摩洛哥的基督教明爱组织（Caritas Maroc）自1990年以来开始援助尚未得到难民事务高级专员公署承认的撒哈拉非法移民，经费占其社会活动预算的一半。明爱组织通过经济（租金资助、帮助创收等）、物质（食品和衣物等）或人力（行政程序、大使馆协同等）等方式为移民的健康、教育、社会生活以及就业培训等提供援助。同时，移民保护和援助协会也逐渐开展以促进人权为基础的行动，不分移民的性别、种族和宗教，[①] 联合国难民署（难民专员办事处）也为确定和保障难民地位作出了重大努力。在摩洛哥的非洲移民自发建立的摩洛哥撒哈拉以南非洲移民委员会积极为摩洛哥的撒哈拉以南非洲移民发声，援助跨撒哈拉移民过程中的受害者，同时与摩洛哥人权协会合作，致力于保护移民人权。

---

① Raoudha Elguédri and Mohamed Cherif Ferjani, "Religious Diversity and Freedom of Conscience in the Arabic Countries Facing Globalization and Migration", *Religions*, Vol. 8, No. 10, 2017, p. 229.

第九章　外交关系研究

摩洛哥具有非洲国家、阿拉伯国家、地中海—大西洋国家和君主立宪制国家等多重身份认同，其外交政策制定过程值得深入的学理探讨。作为阿拉伯马格里布联盟的重要一员，摩洛哥长期以来寻求非洲、阿拉伯和地中海地区中等强国的地位。根据世界银行的数据，2017 年摩洛哥国民生产总值总量排名居世界第 61 位。

特殊的地理位置、综合国力和政治发展理念塑造了摩洛哥作为“地区一强”的身份认同。自 1956 年 3 月独立以来，摩洛哥国内一直充满恢复谢里夫王朝时期辉煌历史的诉求，甚至在独立初期提出建立包括毛里塔尼亚、西撒哈拉以及阿尔及利亚部分地区的“大摩洛哥”构想。然而，受限于摩洛哥的国情和经济体量，这一想法至今仍停留在口号上，其在外交上仍奉行务实主义政策。

纵观摩洛哥独立以来对外关系发展史和摩洛哥出台的各种政府政策文件和报告可以发现，无论是哈桑二世时期，还是穆罕默德六世时期，摩洛哥的外交关系排序具有如下规律：第一层是以法国和西班牙等欧盟国家亦即地中海北部国家是摩洛哥外交的重中之重；第二层是美国，作为最早承认美国的国家，美摩之间一直存在“特殊关系”；第三层是以沙特阿拉伯为主的海湾阿拉伯国家，尤其是“阿拉伯之春”后，因面临共同的内外部威胁，摩洛哥与海合会六国和约旦共八个君主制国家形成了“神圣同盟”；第四层是以马格里布为主的非洲国家，阿尔及利亚、突尼斯、利比亚和毛里塔尼亚成为摩洛哥开展“周边外交”的重要对象国；第五层是亚太地区的国家，尤其是中国、日本、印度和韩国等成为摩洛哥全方位外交的“新边疆”；最后一层是南美国家，成为摩洛哥开展“南大西洋外交”的重要地区。值得思考的是，在 2017 年世界 GDP 排在前 20 名的国家中[①]，法国、西班牙、美国以及沙特均在摩洛哥外交关系中排在前列，而像中国、俄罗斯、日本、德国、土耳其等世界主要经济体却排在后位，摩洛哥外交的优先排序与各国经济总量的排序并不一致。从排序上看，摩洛哥的外交决策倾向性并非完全取决于对象国的经济体量或综合实力，也不完全取决于对象国空间距离的远近。

当前学界关于摩洛哥外交政策的研究，可以分为以下几类，第一类是以描述和分析为主的历史与政策类研究。这类研究主要特点是集中于摩洛哥外交本身，如对摩洛哥的外交决策机制、外交手段、外交目标和外交行为进行描述和分析等，其中包括以哈马德·佐伊特尼（Hammad Zouitni）和拉希德·乌代圭（Rachid El Houdaïgui）为主的“决策机制学派”[②] 和以伊斯玛仪·雷格拉圭（Ismaïl Régragui）等学者为主的“外交路径学派”。[③] 第二类为“因果关系”研究，主要涉及国际关系与外交政策理论，主要研究有三种：第一，以“中心—外围理论”为核心的依附论；[④] 第二，“综合影响说”，即将国际、地区和国内因素纳入外交政策分析框架；[⑤] 第三，“角色/认同说”，即以社会建构主义和国际社会化为理论基础，通过引入角色这一分析工具来考察外交政策。[⑥]

---

① 2017 年世界 GDP 总量排名前 20 位的国家为：美国、中国、日本、德国、英国、印度、法国、巴西、意大利、加拿大、俄罗斯、韩国、澳大利亚、西班牙、墨西哥、印度尼西亚、土耳其、荷兰、沙特和瑞士。参见世界银行网站，http：//databank. worldbank. org/data/download/GDP. pdf。

② 参考 Rachid El Houdaïgui, *La politique étrangère sous le règne de Hassan II*, París, L'Harmattan, 2003; Hammad Zouitni, La politique ètrangère Marocaine: De quelques étapes et repères, Imprimerie Info-Print, 2013。

③ 参考 Ismaïl Régragui, La diplomatie publique Morocaine: une Stratégie de Marque Religieuse? Paris: L'Harmattan, 2013。

④ 参考 Leon Carl Brown, *International Politics in the Middle East: Old Rules, Dangerous Game*, Princeton University Press, 1999。

⑤ 相关代表作：Hammad Zouitni, La politique ètrangère Marocaine: De quelques étapes et repères, Imprimerie Info-Print, 2013; Michael Willis and Nizar Messai, "Analyzing Moroccan Foreign Policy and Relations with Europe", in Gerd Nonneman, ed., *Analysing Middle East Foreign Policies: The Relationship with Europe*, New York: Routledge, 2005; Jennifer Rosenblum and William Zartman, "The Far West of the Near East: The Foreign Policy of Morocco", in Bahgat Korany and Ali E. hillal Dessouki, eds., *The Foreign Policies of Arab States: The Challenge of Globalization.* American University in Cairo Press, 2008; Daniel Zisenwine, "Mohammed VI and Moroccan Foreign Policy", in Bruce Maddy-Weitzman and Daniel Zisenwine, eds., *Contemporary Morocco: State, Politics and Society under Mohammed VI*, New York: Routledge, 2013。

⑥ Irene Fernandez-Molina, *Moroccan Foreign Policy Under Mohammed VI, 1999 - 2014*, Routledge, 2015; Abdessamad Belhaj, *La dimension islamique dans la politique étrangère du Maroc: déterminants, acteurs, orientations*, Louvain: Press Universitaires de Louvain, 2009.

本章通过对摩洛哥王室演讲文本的分析和研究认为，在摩洛哥的外交决策排序中，对象国的体量和影响力并不是核心因素。作为地区中等强国，摩洛哥领导人的外交决策主要受到环境、位置和角色定位三个维度的交叉性综合影响。具体而言，环境因素是指摩洛哥领导人进行外交决策时受到的政治环境、社会环境和制度环境等影响，可以分为国内环境（历史传统、决策制度和精英政治等）和国际环境（国际结构和跨国思潮）；位置因素是指由空间性决定的摩洛哥外交原则和行动指南，包括地缘原则（政治、经济和文化）和“同心圆”框架（团结、邻居和伙伴关系）；角色定位是摩洛哥在与国际社会互动过程中构建起来的，它为摩洛哥在国际上拓展影响力指明了方向。

第一节 复杂多变的国内环境

国内环境在摩洛哥外交政策中的作用是最为重要的，也是最为复杂的。国内环境的复杂性分别体现在决策机制、身份定位、社会思潮和精英政治等方面。当然这种复杂性和独特的作用还拥有悠久的历史根源。从历史发展的角度来看，摩洛哥经历了前殖民时期的王朝交替统治阶段（788—1912 年）、殖民时期的委任统治（1912—1956 年）和后殖民时期的君主立宪制（1956 年至今）。788 年，伊德里斯一世建立了第一个谢里夫王朝——伊德里斯王朝（788—985 年），正式开启了伊斯兰教作为历年王朝的执政合法性来源，所有君主都认定其是先知穆罕默德的后裔。[①] 从这时期起，伊斯兰—阿拉伯文明也开始作为古代摩洛哥对外关系的重要文化根源。

进入中世纪后，由北非柏柏尔部落建立的穆拉比特王朝（1073—1147 年）和穆瓦希德王朝（1147—1276 年）统治了南起塞内加尔河、北至西班牙的埃布罗河，开启了北非和欧洲的文化联系。[②] 此后，经过阿拉维王朝（1631 年至今）和法国的殖民统治，摩洛哥与包括美国在内的西方国

---

① ［法］亨利·康崩：《摩洛哥史》（上），上海外国语大学法语系翻译组，上海人民出版社 1975 年版，第 33 页。

② ［法］亨利·康崩：《摩洛哥史》（上），上海外国语大学法语系翻译组，上海人民出版社 1975 年版，第 33 页。

家建立了复杂的外交关系。因此，摩洛哥是当今世界上为数不多与世界大国维持数百年交往的阿拉伯国家。[①] 这种历史演变也为当代摩洛哥的政治制度设计提供了历史根源，如摩洛哥的君主立宪制充分继承了王朝时期的世俗集权特质、宗教权威和中央—地方的横向制度设计（保留了部分前殖民时期的官职），同时汲取了法国遗留下来的民主遗产。因而，这种历史塑造对当代摩洛哥的影响最直接的体现是国内环境的复杂性。

摩洛哥国内环境的第一个层次是决策机制。不同于西方民主国家，摩洛哥的决策过程主要是在王宫里完成，即国王对外交政策具有绝对的主导权和控制权。实际上，在穆罕默德五世时期，摩洛哥外交决策由民族主义政党组成的政府主持，而国王只扮演着象征作用。而到了哈桑二世时期，出于政治斗争的需要，从20世纪60年代开始，外交领域逐渐“集中化”。以致有学者认为在摩洛哥，外交一直被认为是最高统治者的“私人领域”(Domain Réservé)。[②] 在2011年进行《宪法》修订后，国王的总体权力被削弱，如《宪法》第47条规定政府首脑须从议会多数党中选择，且拥有自主组建联合政府的权力。[③] 然而，宪法并没有详细规定政府首脑具体拥有哪些权力，因此导致了国王在行使权力的时候具有较大的解释空间，尤其在维护传统的外交决策权方面。由此看出，摩洛哥外交决策过程的核心逻辑是“追随”而不是“平衡”，因为没有任何一个行为体敢于反对国王，相反他们宁愿尽力执行国王的政策。[④]

第二个层次是多重身份定位。2011年，修订后的宪法中出现了多个摩洛哥国家身份认同要素，主要包括阿拉伯—伊斯兰、柏柏尔（又称阿马齐格）和撒哈拉—哈桑尼等三大核心认同，以及非洲、安达卢西亚、希伯来和地中海等边缘认同。[⑤] 从20世纪70年代至2011年，摩洛哥官方宣传

---

① James N. Sater, *Morocco: Challenges to Tradition and Modernity*, Routledge, Second Edition, 2016, p. 150.

② Hammad Zouitni, *La politique ètrangère Marocaine: De Quelques étapes et repères*, Imprimerie Info-Print, 2013.

③ 参见摩洛哥2011年《宪法》第47条。

④ Michael Willis and Nizar Messai, "Analyzing Moroccan Foreign Policy and Relations with Europe", in Gerd Nonneman, ed., *Analysing Middle East Foreign Policies: The Relationship with Europe*, New York: Routledge, 2005, p. 46.

⑤ 参见摩洛哥2011年《宪法》第前言部分。

一直将自己定位为一个阿拉伯国家，而占全国绝大多数的柏柏尔人因素却没有出现在外交决策中。[①] 然而，从2011年开始，柏柏尔人、非洲、希伯来等多元身份慢慢体现在国家的身份建构中，国王穆罕默德六世在外出访问过程中，也多次提及摩洛哥的非洲身份定位。身份定位既是现实政治的需要，也是行为体在互动过程产生的共有知识/观念塑造而成。[②] 因此，摩洛哥的多重身份定位既是基于维护国家团结稳定的需要，也是多种文化共同影响而成。

第三个层次是国内的社会思潮。20世纪20年代至今，摩洛哥国内经历了多种社会思潮，从独立初期的民族主义思潮到20世纪60年代的泛阿拉伯主义思潮，再到20世纪70年代经济自由主义和20世纪80年代至今的伊斯兰主义思潮。民族主义思潮来自早期在法国接受教育的摩洛哥知识分子回国后为争取民族独立而产生的运动。独立后，民族主义势力继续影响着外交政策，如试图建立囊括毛里塔尼亚和部分阿尔及利亚地区的“大摩洛哥”，以及在其他领土问题上毫不退让等。[③] 泛阿拉伯主义主要受到埃及前总统加麦尔·阿卜杜勒·纳赛尔（Gamal Abdel Nasser）的影响。70年代在哈桑二世的摩洛哥化运动中，泛阿拉伯主义成为主要的指导思想。进入80年代后，由于经济危机的出现，一方面哈桑二世开始倚重西方的经济支持，继而开启了自由主义（*laissez-faire*）的经济改革，另一方面自由主义改革带来的诸多社会问题使得政治伊斯兰主义开始浮出水面，最终成为摩洛哥社会的一股主要力量。[④]

最后一个层次是精英政治。富人阶级/资产阶级与政治的关系演变是摩洛哥精英政治发展的重要内容。独立初期，摩洛哥的核心政治发展特点是传统的阿拉维君主势力与民族主义的独立党之间的权力斗争。独立党的

---

① Michael Willis and Nizar Messai，“Analyzing Moroccan Foreign Policy and Relations with Europe”, in Gerd Nonneman, ed.，*Analysing Middle East Foreign Policies: The Relationship with Europe*, New York: Routledge, 2005, p. 45.

② 参见袁正清《国际政治理论的社会学转向：建构主义研究》，上海人民出版社2005年版。

③ 1957年7月，民族主义政党官方报纸《旗帜报》（Al Alam）刊登了关于“大摩洛哥”的构想的文章。参见Rachid Lazrak, *Le contentieux territorial entre le Maroc et l'Espagne*, Dar el Kitab, 1974。

④ 摩洛哥知名历史学家阿卜杜拉·拉洛维（Abdallah Laroui）和扎卡亚·道维（Zakya Daoud）在80年代对这一现象就行了详细阐述，参见Abdallah Laroui, *L'Idéologie arabe contemporaine*, Paris: La Découverte, 1983; Zakya Daoud, *Les Années Lamalif: 1958 – 1988, trente ans de journalisme*, Éditions Tarik et Senso Unico, 2007。

政治精英大多来自法西家族（Fassi Family），即早年发家于非斯城的大家族，他们从17世纪中期就掌控着摩洛哥的重要经济部门、政府职位和宗教职位。[①] 随着权力斗争的升级，精英内部分化为保皇党和所谓的“民主派”[②]。分化的原因，除了摩洛哥政治“部落化”和“巴尔干化”的内生性特征外，与哈桑二世实施的政治整合和吸收策略有较大关系。[③] 一直以来，王室与经济精英之间也建立了隐性的联盟关系，前者依靠农村贵族阶层和城市阶层的支持应对潜在威胁，而后者则通过自由主义政策下的诸多项目获得经济收益，[④] 如“公共私营合作制”（又称PPP项目）下的油气部门，就是由苏斯派（Soussi Businessmen）的农业大臣以个人身份控制了30%的市场。[⑤] 此外，摩洛哥技术官僚精英也来自经济精英，这在穆罕默德六世上台后尤为突出。因而，穆罕默德六世经济外交转向也得益于国内的经济精英和技术官僚精英的支持和话语构建。

第二节　丰富多样的地区和国际环境

格尔德·诺曼（Gerd Nonneman）认为地区环境和国际环境对发展中国家的外交政策的影响主要体现在两个方面：威胁和机遇。地区环境既是外部安全的威胁和机会来源，也是影响国内合法性的跨民族因素的来源；而国际环境则是发展中国家处理外部世界与国内的“缓冲区”，即决策者即可以从中汲取必要资源以保护政权安全，又可以保护国内社会不受外来控制、干涉或过多渗透等。[⑥] 对摩洛哥来说，地区环境主要涉及马格里布

---

① James N. Sater, *Morocco: Challenges to Tradition and Modernity*, Routledge, Second Edition, 2016, pp. 10 - 11.

② 这里的“民主派”统治民族主义势力、左翼势力和伊斯兰主义势力等。

③ 约翰·沃特伯里认为摩洛哥的政治组织大多基于自私自利性和强大领导人建立起来的，具有分裂性特征，参见John Waterbury, *The Commander of the Faithful: The Moroccan Political Elite: A Study in Segmented Politics*, New York: Columbia University Press, 1970, p. 68。

④ Ali Benhaddou, *Les élites du royaume: enquête sur l'organisation du pouvoir au Maroc*, Riveneuve, 2009, pp. 112 - 115.

⑤ Merouan Mekouar, “Beyond the Model Reform Image: Morocco's Politics of Elite Co-Optation”, *GIGA Focus Nahost*, Vol. 3, 2018, p. 3.

⑥ Gerd Nonneman, “Determinants and Patterns of Saudi Foreign Policy: ‘Omnibalancing’ and ‘Relative Autonomy’ in Multiple Environments”, in Paul Aarts and Gerd Nonneman, ed., *Saudi Arabia in the Balance: Political Economy, Society, Foreign Affairs*, NYU Press, 2006, p. 318.

地区、欧洲和阿拉伯世界/中东，而国际环境的影响主要体现在全球格局的变化，以及如何处理俄罗斯（包括苏联）、美国、法国、西班牙和中国的关系。

摩洛哥地区外交的第一环是邻国。摩洛哥的邻国主要包括马格里布地区和西班牙，如阿尔及利亚、毛里塔尼亚、突尼斯和利比亚。如前文所述，摩洛哥的邻国关系可以追溯至中世纪的柏柏尔王朝（1073—1276年），领土包含现在的毛里塔尼亚全境、部分阿尔及利亚和西班牙南部的格拉纳达地区。[①] 因此，在1956年摆脱法国和西班牙的委任统治后，摩洛哥一直认为处于"部分独立状态"。此外摩洛哥还是西撒哈拉以南非洲通往欧洲的重要通道。因此，在该地区常年动乱的背景下，摩洛哥的周边外交政策主要有以下几个核心关切：（1）以西撒哈拉和佩雷希尔岛（Perejil Island）为主的领土完整；（2）地区稳定，包括邻国国内的军事冲突和地区恐怖主义威胁，以及移民、跨国毒品交易和走私等问题；（3）地区的合作与发展，主要是指马格里布地区的经济一体化问题和摩洛哥与西班牙的贸易关系；（4）追求地区的权力平衡。[②]

表 I-9-1 **摩洛哥与阿尔及利亚关系演变**

时间	状态
1963—1965 年	爆发"沙地之战"（Sand War）
1965—1975 年	在突尼斯创立马格里布四国协商机制，摩阿关系不温不火
1976—1988 年	外交关系破裂
1989—1993 年	阿拉伯马格里布联盟成立，摩阿关系缓和
1994 年	两国关闭边界，关系恶化
1999 年至今	阿尔及利亚总统布特弗利卡访问摩洛哥，但此后摩阿关系一直处于僵持阶段

笔者自制。

① Rachid El Houdagui, "La politeque étrangere du maroc entre la constante geopolitique et les contraintes de la mondialisation", *Desafíos*, Vol. 9, 2003, p. 217.

② 在国王穆罕默德六世的演讲中，发展与马格里布地区的关系是其谈论外交政策的一大重点，尤其希望推动马格里布地区的一体化，打破隔阂，追求共识。参考2011年6月穆罕默德六世在第36届"绿色进军节"上的演讲。关于摩洛哥的周边政策的目标，摩洛哥皇家战略研究院曾有专门论述，详细参考"Panorama du Maroc Dans le Monde: Les relations internationales du Royaume", *Rapport Strategique* 2016, *Institut Royal des Etudes Stratégiques*, février 2016, pp. 34-35。

在地区环境中，摩洛哥—阿尔及利亚之间的敌对关系是第一个重点。在摩洛哥看来，阿尔及利亚不仅是西撒哈拉问题解决症结所在，而且是阻碍地区一体化的始作俑者，被视为潜在对手。长期以来，两国呈现着“和平不可能、战争也不可能”的僵持局面。[①] 这种结构性矛盾关系深刻地影响着摩洛哥实现周边政策的目标。第二个重点是与西班牙关系，虽然摩洛哥—西班牙总体上保持良好关系，但是仍然存在着诸多领土纠纷、移民、走私以及在欧洲市场上的农业竞争等结构性问题。正如哈桑二世所言，摩洛哥在地区环境中处于在南（西撒哈拉）北（西班牙）“夹击”下，地缘政治具有很强的脆弱性。[②]

摩洛哥地区环境的第二环是阿拉伯世界/中东。在阿拉伯国家的外交政策中，从20世纪70年代开始，以泛阿拉伯主义为核心的“阿拉伯体系”的作用已经大幅度减弱，代之以单个国家的“国家利益”成为主导因素。[③] 然而，随着巴以冲突长期得不到有效解决，以及巴勒斯坦事业已经成为各国阿拉伯民众的主流价值观的背景下，决策者不得不考虑这一“阿拉伯体系”的影响。[④] 摩洛哥虽然远离阿拉伯世界的核心地带——黎凡特和海湾阿拉伯地区，但其对阿拉伯世界发展的投入程度要大于突尼斯和阿尔及利亚。此外，由于亲西方以及与以色列具有良好关系，摩洛哥决策者对阿拉伯世界的变化有强烈的反应。[⑤] 例如在巴以冲突上，一方面为照顾国内民众的民族主义情绪，国王积极参与巴勒斯坦事业，尤其是作为“圣城委员会”主席的身份维护巴勒斯坦人民的利益，另一方面迫于国内犹太社区的存在以及美国因素，国王作为中间人积极调停双方的矛盾。2011年中东变局以来，中东秩序进入到以“政治伊斯兰”为核心的重组

---

① Raphaeël Lefèvre, “Morocco, Algeria and the Maghreb's Cold War”, *The Journal of North African Studies*, Vol. 21, No. 5, 2016, p. 738.

② Rachid El Houdagui, “La politeque étrangere du maroc entre la constante geopolitique et les contraintes de la mondialisation”, *Desafíos*, Vol. 9, 2003, p. 219.

③ 阿拉伯国家的国家利益一般包括作为整体国家的核心利益，如领土完整、经济发展等，以及作为统治家族的生存利益。

④ F. Gregory Gause III, “Systemic Approaches to Middle East International Relations”, *International Studies Review*, Vol. 1, No. 1, Spring 1999, pp. 11 – 31.

⑤ Michael Willis and Nizar Messai, “Analyzing Moroccan Foreign Policy and Relations with Europe”, in Gerd Nonneman, ed., *Analysing Middle East Foreign Policies: The Relationship with Europe*, New York: Routledge, 2005, pp. 54 – 55.

之中，地区大国之间进而出现了“分庭抗礼”的局面。[①]君主制的摩洛哥传统上一直与海湾各阿拉伯国家维持良好的关系，尤其是沙特家族。但是，当地区格局出现沙特和卡塔尔两大集团对抗的时候，理论上，摩洛哥外交政策将面临抉择的困境。但在实践上，摩洛哥一直持中立外交政策。[②]因为对摩洛哥来说最重要的威胁是，政治伊斯兰的暴力化以及国内民众对其他阿拉伯国家的认知，前者如极端主义思想，而后者则是近年来在马格里布地区的“反沙特”现象。

国际环境对摩洛哥外交的影响体现在国际政治格局的变化和全球化带来的机遇与挑战。从第二次世界大战结束至今，国际格局经历了美苏冷战、冷战结束初期的美国霸权以及2008年金融危机后的一超多强格局。由于摩洛哥同时处于阿拉伯世界、非洲和地中海地区的独特地理位置，所以世界大国都希望将摩洛哥作为“缓冲地带”以实现其战略目标。这种天然的政治机会结构使得摩洛哥在处理大国关系时常常采用联盟和“三角平衡”（Triangle Balance）。具体而言，与西方重点国家（美国、法国、西班牙等国）建立联盟，通过引入第三方国家并与其建立伙伴或盟友关系，进而形成巧妙的“三角平衡”，以获取外部战略资源。目前摩洛哥共形成了摩洛哥—美国—苏联、摩洛哥—法国—美国、摩洛哥—美国—西班牙、摩洛哥—美国—以色列、摩洛哥—美国—中国以及摩洛哥—沙特—卡塔尔等。[③]全球化带来的机遇更多的是经济层面的。20世纪80年代后，随着拉丁美洲和东亚小国通过引入自由主义经济改革，一些国家的经济获得了极大的改观。摩洛哥也积极抓住了这一机遇，成为公认的新自由主义改革的“好学生”，这不仅体现在经济领域，政治领域的改革也积极推进。[④]然而，在新自由主义改革推动下，由于贫富差距拉大、社会不公平等问

---

① 刘中民、赵跃晨：《“博弈”穆兄会与中东地区的国际关系走势》，《外交评论》2018年第5期。

② Rachid El Houdagui, “Le Maroc entame une étape cruciale de son ajustement dans un monde en transition”, *Le Vie Éco*, 27 Juillet 2018, p. 21.

③ Michael Willis and Nizar Messai, “Analyzing Moroccan Foreign Policy and Relations with Europe”, in Gerd Nonneman, ed., *Analysing Middle East Foreign Policies: The Relationship with Europe*, New York: Routledge, 2005, pp. 56 –59.

④ Shana Cohen and Larabi Jaidi, *Morocco: Globalization and Its Consequences*, Routledge, 2014, p. 151.

题，摩洛哥出现了多次经济—社会危机，甚至危及王室的统治根基。因此，在国际环境带来的机遇与挑战并存的背景下，如何利用外交政策达到满足外部期望的同时维持国内政治和社会秩序的目的成为新时期王室外交的重要内容。

第三节　摩洛哥外交的“地缘”和“同心圆”原则

摩洛哥在国际关系中的身份政治呈多元化特征。也许是因为1000多年的历史延续性和君主制的独特性，摩洛哥从来都没有将自己定位为一个小国。相反，虽然摩洛哥的外交重点是周边国家，但其在更广泛的地区事务中一直试图以领导者身份参与其中，同时与其他地区的事务又保持着一定的距离。事实上，一个民族的历史伟业从来没有真正被抽离过，而在摩洛哥，帝国记忆仍然扎根于集体意识中，在话语和国家外交实践中占据着主导地位。①

一　“地缘”原则

摩洛哥地缘原则首先是由国王哈桑二世提出，其认为：

> 摩洛哥就像一棵大树，她的滋养之根深深扎进非洲大地，她的叶子在欧洲风的吹拂下瑟瑟作响，因此她呼吸着那里的空气。然而，摩洛哥的生活不仅仅是垂直的。她还向东方延伸，我们被世俗文化和宗教联系在了一起。即使我们想要它——我们也不想要它！我们不可能打破它们。②

穆罕默德六世继位后第一年发表的“王位日”演讲中也提出了相似的看法：

---

① Rachid El. Houdaïgui, “La politique étrangère de Mohammed VI d'une ‘puissance relationnelle’”, in Centre d'Etudes Internationales, dir., *Une Décennie de Réformes au Maroc*, Karthala, 2010, Paris, p. 298.

② Hassan II, *Le défi*, Paris, éd., Albin Michel, 1976, pp. 189 – 199.

> 如果摩洛哥是阿拉伯和伊斯兰世界的一部分，她在非洲大陆北部的地理位置，以及面朝北部的欧洲和西边的美国，就要求我们继续执行我们尊敬的父辈的政策。[①]

从两任国王的演讲中可以看出，国际政治不仅仅由地缘政治构成，而且由地缘经济的整合以及地缘文化潜在能量构成。因此，这三个变量的整体性在摩洛哥的外交话语和外交行动中均具有特殊含义。

如前文所述，地缘政治的意义对摩洛哥来讲主要是区域问题，也即与阿尔及利亚、西班牙、毛里塔尼亚等“邻国”的边界问题。如何打破摩洛哥与阿尔及利亚和西班牙的领土纠纷问题，成为摩洛哥地缘政治问题中核心所在。例如，在2003年佩雷希尔岛危机爆发时，阿尔及利亚坚定地站在了西班牙一边。由于与阿尔及利亚冲突的长期性，近年来，摩洛哥转向了以对话方式解决冲突，尤其是开展与西班牙的积极对话，减少东部问题带来的影响。同时，摩洛哥积极主动寻求与阿尔及利亚进行认真对话，在外交姿态上占据主动地位。[②]

地缘经济意义主要来自全球化时代背景下摩洛哥经济—社会发展的内在需求。自21世纪以来，摩洛哥实施了多项改革以加强宏观经济发展和进一步促进对外开放。为深化全球经济联系和提高社会经济效益，摩洛哥一方面开展了港口、公路、铁路等基础设施建设，另一方面提供良好的国内营商环境，吸引对外投资，提升“摩洛哥制造”的国际竞争力。外交在其中主要起两方面作用：探索和推广。[③] 摩洛哥的王室外交从话语上与经济发展一脉相承，如多次提出市场多元化、伙伴关系、协同发展、“区域经济”等概念。在外交实践上，摩洛哥经济外交更是旨在向全球推销“摩洛哥产品”，如体现在促进南北经济一体化和南南合作[④]等。

---

① 穆罕默德六世在1999年7月30日的“王位日”演讲。

② “Mohammed VI propose à l'Algérie un dialogue ‘direct et franc’”, Jeune Afrique, 06 novembre 2018, https://www.jeuneafrique.com/659189/politique/mohammed-vi-propose-a-lalgerie-un-dialogue-direct-et-franc/，登录时间：2018年12月17日。

③ Rachid El. Houdaïgui, “La politique étrangère de Mohammed VI d'une ‘puissance relationnelle’”, in Centre d'Etudes Internationales, dir., *Une Décennie de Réformes au Maroc*, Karthala, 2010, Paris, p. 300.

④ 南北合作和南南合作主要指摩洛哥与欧盟、美国和中东国家签订的自由贸易协议。

文化地缘政治既是穆罕默德六世执政时期突出的全球现象，也是其重要的外交原则。亨廷顿的文明冲突论提出和“9·11”事件以来，文化问题早已不是简单的南北垂直逻辑，而是横向的政治—文化考量，例如宗教的工具化、种族主义和极端主义的抬头、少数族群的信仰自由、种族和分裂的重现以及文化垄断等现象。同时，由于技术的革新，尤其是社交媒体的广泛使用，国家对个体社会化进程的垄断在逐渐减弱，而后者易受到全球文化思潮的影响。这在伊斯兰国家的影响尤为突出，官方的世俗结构和宗教结构无法控制社会组织的发展，这给自下而上革命提供了可能性。文化嵌入地缘政治，使得世界各国都面临着以下困境：如何调和国家特性与普世价值观的关系，以及如何在宗教之间开展坦率而真诚的对话。显然，这也是摩洛哥面临的问题。

二　“同心圆”原则

与“地缘”原则一样，“同心圆”原则也是国王通过演讲形式提出的。就外交政策而言，王室演讲的特点是将外交目标、原则和行动手段进行概念化和正式化。“同心圆”是指包括邻居（Voisinage）、团结（Solidarité）和伙伴关系（Partenariat）三项基本外交原则。这一原则是穆罕默德六世对哈桑二世时期外交实践进行继承和发展基础上，通过演讲的形式提出的：

> 我们对巧外交的构想，无论是官方的还是平行的，都在经济和全球安全维度得到验证，并通过邻居、团结和伙伴关系三个同心圆来表达。[①]

虽然三个“同心圆”原则是一个功能性概念，而不是地缘概念，但是作为一项务实的外交价值原则，均具有特定的地域范围以及对外关系的风格和路径等。总体来讲，三项原则的核心目标是指向国内的，主要有维护领土安全、经济发展、民族团结和王室统治的合法性等。[②]

---

① 穆罕默德六世 2004 年 7 月 30 日“王位日演讲”。

② Jennifer Rosenblum and William Zartman, “The Far West of the Near East: The Foreign Policy of Morocco”, in Korany, Bahgat, and Ali E. Hillal Dessouki, eds., *The Foreign Policies of Arab States: The Challenge of Globalization*, American University in Cairo Press, 2008, p. 330.

“邻居”的概念是摩洛哥外交内涵的理论构建，是指通过三个相关的支柱来构建摩洛哥与其环境之间的关系：自主性、分割性和适应性。根据拉希德·乌代圭的研究，穆罕默德六世的“邻居”概念是外交性和自愿性的，是基于7世纪国家实体形成以来的外交史发展而来，不以权术和权力政治为基础。换句话说，穆罕默德六世所设想的外交行为不是以自私自利的国家利益为根据，而是以保证公平和繁荣的利益共同体为基础。[①] 在具体实践上，摩洛哥的“邻居”是以马格里布为中轴，覆盖了从欧盟到非洲的同心空间，形成了三个平行的子空间。由于摩洛哥具有独特的地缘特征和文化特征，其邻居空间结构是一个常量，而具体的双边关系却是一个变量。三个空间的具体定位分别为：马格里布地区的权力平衡和经济一体化；欧盟作为摩洛哥战略资源的重要来源；非洲和地中海地区是重要的战略投射区域。

相对于“邻居”概念，“团结”和“伙伴关系”更具有工具化特征。“团结”的内容因具体议题而定，总结起来主要有三个形式：第一，多边团结，即摩洛哥在尊重国际法的基础上对国际组织的行动所作的承诺，如摩洛哥在移民和反恐国际多边合作机制上的积极作为；[②] 第二，利他主义团结，即摩洛哥通过高科技和对外投资为撒哈拉以南非洲地区的经济建设和现代提供发展援助；第三，“文明团结”，这一概念是呼应亨廷顿的“文明冲突论”。在摩洛哥，“文明团结”的概念一方面包括团结世界上的伊斯兰国家，尤其是在维护巴勒斯坦人民利益，另一方面促进不同宗教和种族之间的和平共处，如处理穆斯林和犹太人之间的关系。

在摩洛哥的外交话语下，发展伙伴关系的目的在于提升国民经济发展和丰富国家的战略选择。[③] 这种伙伴关系的重点是，以摩洛哥传统盟友——美国、沙特和欧盟为重点，进行多元化扩展，包括《阿加迪尔宣

① Rachid El. Houdaïgui, “La politique étrangère de Mohammed VI d'une ‘puissance relationnelle’”, in Centre d'Etudes Internationales, dir., *Une Décennie de Réformes au Maroc*, Karthala, 2010, Paris, p. 303.

② 在摩洛哥外交与国际合作官方网站上的“politique étrangère”栏目中，明确将国际组织和地区组织作为外交行动的重要一环，参考 https://www.diplomatie.ma/Politiqueétrangère.aspx，登录时间：2018 年 12 月 17 日。

③ 穆罕默德六世 2004 年 7 月 30 日“王位日演讲”。

言》国家[①]、中国、俄罗斯、印度、加拿大、日本、土耳其和南美地区等国。这是一种高成本的伙伴关系，通过自由贸易协定，促进摩洛哥对全球市场的开放。此外，以经济为核心的战略伙伴关系也具有军事意义，主要体现在地中海对话和合作框架内与美国、法国或北约组织在打击恐怖组织、非法移民和跨国犯罪。[②] 还包括中东剧变以来与海湾阿拉伯国家在中东事务上的军事合作，如军事参与叙利亚和也门战争。

第四节　摩洛哥在国际社会中的身份考察

如果说三个“地缘”原则（政治、经济和文化）塑造了摩洛哥外交政策的基本理念，三个“同心圆”原则（邻居、团结和伙伴关系）形成了摩洛哥外交政策的行动框架，那么国家的身份原则可以归结为对国际社会的态度、决定、反应、职能和承诺。这种身份认定是决策者根据国际社会环境和外交基本原则自动或被动地为国家设定的。通过对国王的演讲分析可以大体上确定关于身份的主题，如促进马格里布地区稳定、地中海地区的安全、维和行动以及与阿拉伯—伊斯兰国家的团结等，通过这些主题进而对摩洛哥在国际社会的身份进行分类。

一　欧洲—地中海地区的稳定器和一体化推动者

一直以来，在官方外交话语中，摩洛哥都将建设更为稳定和安全的地区环境作为一种承诺。[③] 因此，摩洛哥的第一个国际身份是“邻国”空间内的稳定器和一体化推动者。具体而言，是促进马格里布地区的一体化以及为欧洲创造一个安全稳定的马格里布。

马格里布联合体的建设对于摩洛哥来说，既是一种梦想，也是一种责

---

① 《阿加迪尔宣言》是摩洛哥与埃及、约旦、黎巴嫩、巴勒斯坦和突尼斯于 2004 年 2 月 25 日签订的自由贸易协定，2007 年 3 月 27 日生效。

② J. Peter Pham, Morocco's Vital Role in Northwest Africa's Security and Development, *Issue Brief*, *Atlantic Council*, November 2013. https://www.atlanticcouncil.org/publications/issue-briefs/morocco-s-vital-role-in-northwest-africa-s-security-and-development，登录时间：2018 年 12 月 17 日。

③ 参考 2012 年 3 月 11 日摩洛哥国王顾问、外交与国际合作部大臣代表尤素福·阿姆拉尼接受媒体采访，http://www.infomediaire.net/invite_du_mois/youssef-amrani-ministre-delegue-aupres-du-ministere-des-affaires-etrangeres-et-de-la-cooperation/，登录时间：2018 年 12 月 17 日。

任和动力。作为该地区存在时间最悠久的独立君主制国家，虽然地区国家间关系混乱，但是摩洛哥一直认为自己是一体化的积极倡导者。穆罕默德六世曾在演讲中称："摩洛哥王国作出了建立阿拉伯马格里布联盟的战略选择，目的是为该地区的和平与发展创造一个合作平台。"① 1989 年，阿拉伯马格里布联盟成立后，哈桑二世积极规划未来地区一体化的愿景，希望以此改善与阿尔及利亚的关系。穆罕默德六世继位后多次对阿尔及利亚隔空喊话，希望能够重开边境，进而实现关系正常化。② 但是，由于两国积怨已久，阿尔及利亚一直将关系正常化与西撒哈拉问题放在一起，因此完全的一体化从未真正实现过。这种僵持局面使得国际社会认为摩洛哥是马格里布地区一体化的建设性力量，而阿尔及利亚是一个积极的保守者。在外交实践中，摩洛哥多次在各种国际性场合宣扬地区一体化的巨大潜力。2001 年，摩洛哥曾为马格里布联盟的标准化建设做过尝试，但以失败告终。由于摩洛哥在马格里布地区的建设性作用，其在欧盟和美国的外部奖惩机制中分别获得了"优先地位"（2008 年）和摩—美自由贸易协定的签订（2006 年）。

摩洛哥与欧盟的关系不仅仅是因为殖民历史的纽带，更重要的是双方紧密的商贸和人员往来，甚至可以说摩洛哥是欧洲与南地中海国家"命运共同体"的重要一员。③ 在摩洛哥的外交话语中，也一直声称与欧盟建立联系是其外交政策的坚定目标。摩洛哥与欧盟的关系经历了漫长的渐进式发展：从 1969 年简单的贸易协议到 1976 年的审查和扩大的联合协议，该协议在"欧洲邻国政策"框架下得到了加强，2008 年摩洛哥获得了欧盟的"优先地位"。④ 这种升级后的行动计划为摩洛哥与欧盟关系开辟了一

---

① 穆罕默德六世 2001 年 7 月 30 日"王位日"演讲。

② Irene Fernandez-Molina, *Moroccan Foreign Policy Under Mohammed VI, 1999 – 2014*, Routledge, 2015, pp. 76 – 95.

③ Jennifer Rosenblum and William Zartman, "The Far West of the Near East: The Foreign Policy of Morocco", in Korany, Bahgat, and Ali E. Hillal Dessouki, eds., *The Foreign Policies of Arab States: The Challenge of Globalization*, American University in Cairo Press, 2008, p. 337.

④ Rachid El Houdaïgui, "Le Maroc et la politique Européenne de Voisinage", n Morillas Fernández, iAlberto, and Irene Blázquez Rodríguez, eds., *La cooperación territorial en el Mediterráneo: la política europea de vecindad*, Universidad Internacional de Andalucía, 2009, pp. 79 – 87.

种全新的合作模式。这种战略性选择基于摩洛哥作为欧盟和马格里布地区之间的促进者。正如穆罕默德六世在继位初期演讲时所言："也许是时候给我们地区的欧洲议程提供不同的基调，这种基调会给摩洛哥和其他地中海南部国家带来希望，他们可以声称合作伙伴关系将比联合协议更好……比成为会员国更少一些"。[①] 目前而言，欧盟与南地中海国家的新型关系中，摩洛哥在其中发挥着极为重要的先锋作用。主要体现在摩洛哥积极践行欧盟的民主、人权和政治对话、参与在波斯尼亚的军事安全行动、政府间的治理方式交流以及承办移民大会等方面。

二　文化对话和促进普世价值观的贡献者

这一身份在穆罕默德六世时期被表达为"连字符"（Trait d'union），继承哈桑二世时期的"桥梁"（le Pont）一词。[②] 从1999年以来的外交实践来看，穆罕默德六世发展了哈桑二世的"桥梁"作用的内涵，尤其体现在摩洛哥外交的文化维度。[③] 这种维度通过各种官方表述（王室演讲）被嵌入到了国家的身份构建中，如："忠于我们历史和世俗传统""我们倡导宽容和中庸的伊斯兰教模式""不同文明之间的协同模式"，以及"我们对文明对话的承诺"等。这种促进者的身份自我认定，来自摩洛哥一千年以来的历史传统，为全球化时代下的信仰危机提供了一种力量。摩洛哥一方面积极加入强调普世价值的国际公约，另一方面也拒绝任何破坏伊斯兰文化和文明的企图，为当代社会的传统性和现代性寻求折中力量。在2001年12月《世界人权宣言》发表51周年之际，穆罕默德六世在贺电中称：

> "尊重人权和载入这些权利的国际公约并不是一种奢侈或者需要作出牺牲的模式"（……），正如致力于人类尊严的伊斯兰教与人权理念不是对立关系一样。

---

① 穆罕默德六世2000年3月20日在巴黎发表演讲。

② 1986年，摩洛哥提出了文化走出去的政策，这一年也被称为"文化年"。

③ Aydoun Ahmed，Kenbib Mohammed，"La diplomatie culturelle marocaine：proposition d'un modèle rénové"，*Institut Royal des Etudes Stratégiques*，decembre 2015.

2000 年以来，摩洛哥决策者在多个国际场合强调民主改革与经济发展的联系，积极践行产生于西方的文明和制度标准。例如，建立尊重人权和少数族群的官方机构、为哈桑二世时期遭受人权迫害的人士设立“平等与和解机构”（l'Instance Equité et Réconciliation）以及政治多元化和经济改革等。所有这些举措为新时期下国内的社会和政治需求提供了“对话空间”，进而总体上维持着国内稳定。这种国内治理模式的成功在国际社会看来是一种普世价值观——自由与民主的典范。同时，在摩洛哥看来，同西方发达国家发展外交关系的一个重要法则就是对人权和民主原则的适应。

然而自“9·11”事件以来，经过媒体的渲染，亨廷顿的“文明冲突论”逐渐成为西方政界和学界乐于追捧的理念，其中重要一点就是西方文明和伊斯兰文明无法共存。从 20 世纪中叶伊始，阿拉伯政府的反对力量经历了 60 年代至 80 年代的左翼意识形态，到 21 世纪以来的政治伊斯兰。2011 年以来，伊斯兰主义已经成为阿拉伯世界社会抵抗运动的中流力量，因之常常与暴力因素掺杂一起，所以被认为与西方文明基本价值观不相容。[①] 因此在这种情况下，伊斯兰世界进入到了防御状态，一些国家开始改变外交话语，为伊斯兰文明进行辩护。

作为公认的温和伊斯兰国家，摩洛哥外交一直致力于不同文明之间的理解。摩洛哥认为这种互相敌视情绪主要来自双方的无知。因此国王一方面公开指出阿拉伯世界应尽的集体责任，以及提醒人们尊重人权、民主和发展的相互作用；另一方面在提及西方的外交话语中，在尊重的基础上同时提醒西方应充分理解伊斯兰文明。例如穆罕默德六世在谈到阿富汗问题时称：“这是一个非常复杂的问题，但西方有必要理解并接受这种复杂性，如果说存在冲突的风险，那就是无知造成的。”[②] 在摩洛哥概念中，文明对话是促进和平的重要因素，因此在官方外交话语中，大量使用团结、对话和伙伴关系等词汇，彰显摩洛哥与外部世界的良性互动关系。

---

① 参考 Thomas Molnar, *Arab Awakening and Islamic Revival: The Politics of Ideas in the Middle East*, New York: Routledge, 2017。

② 穆罕默德六世 2008 年 11 月 1 日接受法国《巴黎竞赛》（Paris-Match）的专访，全文参考 http://lematin.ma/journal/2001/S-M-le-Roi-a-Paris-Match-c-est-tous-les-jours-que-je-m-efforce-de-faire-le-mieux-possible-pour-mon-pays/9198.html，登录时间：2018 年 12 月 18 日。

三　国际和平与安全的合作者

这一身份主要是指摩洛哥在多边框架内参与国际维和行动，这也是独立以来摩洛哥外交政策的一个重要部分。1960 年至今，摩洛哥已在联合国、欧盟和北约的指挥下参与了十几个维和行动。根据联合国报告，2017 年，摩洛哥在世界上维和行动的贡献率排第 14 名（共 125 个国家），共有 1610 名摩洛哥军人（共 92506 名）参加，在中东和北非地区仅次于埃及，排第 2 名。[①] 目前，摩洛哥已经积累了多种参与国际维和行动的手段。事实上，摩洛哥的维和行动早已超越非洲地区，而是积极参与更远地区的危机处理，如海地、波斯尼亚、科索沃和柬埔寨等。这种积极参与使得摩洛哥有机会接触到高政治和高战略附加值的国际合作。

以摩洛哥参与波斯尼亚和黑塞哥维那维和行动为例，这是被国际社会尤其是欧盟公认的南地中海国家参与促进地区稳定的典范。实际上，2004 年维护波黑地区安全的“奥尔瑟雅行动计划”（Operation Althea）是欧盟安全与防务政策（ESDP）重要行动之一，涉及冲突预警与国际危机管理等方面。具体而言，作为 ESDP 国际危机管理机制的一部分，摩洛哥皇家武装部队（FAR）通过“贡献国委员会”参与其中——派驻摩洛哥高级军官和为欧盟提供机密信息等。显然，这种军事技术领域的合作在政治上为摩洛哥—欧盟在地中海地区的安全合作中打下了很好的信任基础。因此，在“优先地位”框架下，就规定了为摩洛哥—欧盟在国际危机管理合作上设立一个常规化的机制。

同样，在北约指挥的维和行动下，摩洛哥也已成为重要的贡献者，从 2004 年的波黑和科索沃行动到 2011 年的利比亚“联合保护行动”（Operation Unified Protector）。2016 年，北约正式将摩洛哥纳入“相互操作性平台”（Interoperability Platform），与北约部队联合打击恐怖主义组织。[②] 这

---

① United Ntions, “Ranking of Military and Police Contributions to UN Operations”, *Month of Report*, 31 October 2017.

② 北约秘书长亚历山大·弗什博（Alexander Vershbow）2016 年在北约—摩洛哥公共外交研讨会上重点感谢了摩洛哥对北约维和行动的贡献，并提出了新的合作计划，演讲全文参考“NATO – Morocco Cooperation in the 21st Century”, *Nato*, 19 February 2016, https://www.nato.int/cps/en/natohq/opinions_128284.htm?selectedLocale=en，登录时间：2018 年 12 月 18 日。

些实操性的参与无疑增加了摩洛哥进行地区冲突管理的能力和信心。因此，通过与欧盟和北约两大平台的合作，摩洛哥已经成为地中海的稳定者和维和行动的积极参与者双重身份。

表Ⅰ-9-2　　**摩洛哥参与国际维和行动一览**

维和行动	部署时间	地点
联合国刚果行动	1960年7月—1964年6月	非洲
第一期联合国索马里行动	1992年4月—1993年3月	非洲
第二期联合国索马里行动	1993年5月—1995年3月	非洲
第二期联合国安哥拉核查团	1991年5月—1995年2月	非洲
第三期联合国安哥拉核查团	1995年2月—1997年6月	非洲
联合国柬埔寨过渡时期权力机构	1992年3月—1993年9月	亚洲
联合国海地稳定特派团	2004年11月—2006年3月	南美洲
联合国刚果（金）特派团	1999年11月至今	非洲
联合国科特迪瓦行动	2004年4月至今	非洲
波黑执行和平部队	1995年12月—1996年6月	巴尔干（北约）
波黑稳定和平部队	1996年12月—2004年12月	巴尔干（北约）
科索沃维持和平部队	1999年至今	巴尔干（北约）

笔者自制，资料来源：联合国维和行动网站（https：//peacekeeping. un. org/en/data）和北约网站（https：//www. nato. int/）。

作为非洲国家，摩洛哥从1960年开始就参与了联合国在刚果（金）[①]和科特迪瓦的维和行动。从当时的非洲政局来看，由于西撒哈拉问题，摩洛哥与南非、津巴布韦、阿尔及利亚等国成为敌对关系或竞争关系。因此，哈桑二世通过积极有效地参与维和行动来塑造摩洛哥的安全稳定，进而争取更多非洲盟友的政治支持。穆罕默德六世继位后，摩继续开展调解非洲安全事务的行动。例如，2002年，马诺河三国（几内亚、塞拉利昂和利比里亚）发生冲突，穆罕默德六世邀请各国外长访问拉巴特，从中调停，并讨论了该地区的和平、安全与稳定的途径。[②] 2011年以来，摩洛哥

---

① 当时叫“扎伊尔”（Zaïre）。

② Mansouria Mokhefi et Alain Antil，“Le Maghreb et son Sud：Vers des liens renouvelés”，*Ifri*，Paris，CNRS Éditions，2012，p. 51.

已经参与了多项非洲安全维和政治调解行动，包括马里、利比亚和萨赫勒地区等。综上，多年来在西撒哈拉以南非洲、地中海地区、巴尔干和东南亚的维和行动证明，摩洛哥已经将国际安全的积极合作者身份作为一个标签向外推广。

第五节　阿拉伯剧变以来外交政策新走势

基于对环境、位置和角色定位等三个维度的分析和考察可见，它们具有以下三方面的关联性：首先，三个维度的影响力大小依次为“环境”大于“位置”，“位置”大于“角色定位”，也即环境因素处于核心地位，尤其是环境中的国内政治因素。一直以来，位置和角色定位均作为一个相对恒定的变量存在，它们对摩洛哥外交政策的影响具有“长期稳定性”特征。其次，三个维度的影响力组合决定了摩洛哥基本的外交对象排序。位置原则和角色定位决定了摩洛哥周边地区（非洲和西班牙）、欧盟、美国、阿拉伯国家、新兴国家经济体和南美国家的基本排序。最后，三个维度的交叉性综合影响可以解释摩洛哥外交政策变化，即在外交排序基本稳定的情况下，环境因素与位置原则或角色定位形成交叉，从而影响政策的变化。

总体而言，阿拉伯剧变以来，摩洛哥外交呈现着退守与进攻的不规律现象。2011年，面对海合会国家发出的“入会邀请”，摩洛哥国王穆罕默德六世持“谨慎欢迎”态度，最终委婉地拒绝了邀请，这与哈桑二世时期与海湾阿拉伯君主制国家极为亲密关系有很大的不同。[①] 2012年，马里北部图阿雷格武装组织与中央政府爆发内战，摩洛哥积极介入，并在联合国公开支持法国军事干预马里事务。2014年至2015年期间，摩洛哥直接或间接地参与了也门内战和叙利亚内战。2015年，摩洛哥还主持了利比亚政治进程谈判，直接推动了《斯希拉特协议》（*Skhirat Agreement*）的签署。在摩洛哥—欧洲关系方面，2015年，因瑞典支持西撒哈拉独立运动——“波利萨里奥阵线”，摩洛哥采取了抵制瑞典商品的报复性措施，

---

① Anouar Boukhares, “Does Morocco Have a Place in the GCC?”, *Carnegie Endowment for International Peace*, May 25, 2011, https://carnegieendowment.org/sada/44181.

同年法国和美国因对摩洛哥官员和公民的不公正待遇，摩方也采取了反制措施。2017 年至 2018 年，在摩洛哥和欧盟进行渔业协议谈判期间，因西撒哈拉问题，摩洛哥在该问题上拒不妥协。2018 年 6 月，因荷兰外交部公开指责摩洛哥法院对胡塞马活动人士纳赛尔·泽夫扎非（Nasser Zefzafi）的判罚，摩外交部遂召见荷兰驻拉巴特大使进行抗议。此外，2015 年至 2016 年，国王穆罕默德六世集中对印度、俄罗斯和中国进行了国事访问，以及在撒哈拉以南非洲地区开展了多场外交活动。

具体而言，近年来，摩洛哥外交政策的变化和特征有以下四个方面：

第一，强化对包括马格里布、撒哈拉以南非洲等大周边地区的外交投入，追求在该地区发挥更大作用，并成为主要的“玩家”。例如 2016 年以来，穆罕默德六世对非洲国家进行了近 50 次的密集访问，2017 年 1 月时隔 34 年成功返回非盟后，又积极申请以会员国身份加入西非国家经济共同体，同时呼吁阿尔及利亚尽早重开边境为马格里布地区一体化提供可能性。在这一背景下，摩洛哥在西撒哈拉问题上也开始实施新一轮的进攻性外交。主要体现在，与伊朗断交、对联合国安理会成员国进行游说、参加由阿尔及利亚（首次参与）、“波利萨里奥阵线”、毛里塔尼亚出席的和平谈判等。从政治发展历程来看，每当摩洛哥面临内部危机时，阿拉维王室都会选择以西撒哈拉问题这一民族事业为重点开展外交活动，进而服务于国内政治。

第二，在中东事务上，以“超脱”与“选择性介入”的模式维持作为阿拉伯—伊斯兰国家的责任与义务。2011 年以来，由于受沙特和美国等国的援助，摩洛哥不得不在中东事务上实施追随策略，如在也门和叙利亚问题上的军事参与；随着特朗普执政美国以及穆罕默德·本·萨勒曼在沙特掌权，摩洛哥已全面“退出”中东，奉行外交自主性原则；特朗普在中东的“偏以、撤退”的策略[①]，和穆罕默德·本·萨勒曼的外交“莽撞”行为，使得摩洛哥王室政权面临巨大的国内动员成本。此外，在巴以问题上，虽然摩洛哥继续承担着对巴勒斯坦人民支持的道义责任，但同时也维持着与以色列的非正式关系。这一外交理念符合摩洛哥外交的多元化

① Mara Karlin and Tamara Cofman, “America’s Middle East Purgatory: The Case for Doing Less”, *Foreign Affairs*, Vol. 98, No. 1, 2019, pp. 88 - 100.

定位，既能迎合阿拉伯民族主义者，也能与摩裔犹太人保持良好关系。

第三，继续践行欧盟赋予的“优先地位”身份。中东变局以来，由于欧盟在地中海南岸的基本诉求是安全与稳定，因此摩洛哥及时抓住了这一机遇，积极在欧盟关心的移民、难民和反恐问题上出力，以最大限度地获取欧盟的经济援助。2012 年以来，摩洛哥为西班牙、法国、比利时和德国等国的反恐提供了大量情报。同时，为协助欧洲国家的去极端化工作，摩洛哥开办学校培训来自欧洲的伊玛目。在移民和打击贩毒走私方面，摩洛哥已经与北约、欧盟等组织建立了常态化的合作机制。摩洛哥通过经济外交的方式，迎合欧盟的种种要求，在过去 30 年里获得了欧盟提供的大量政治、经济和发展援助，在地中海南岸国家中排在前列。

第四，深化伙伴关系多元化战略。2012 年以来，摩洛哥相继与海湾阿拉伯国家、印度、巴西、俄罗斯、土耳其和中国等建立了战略伙伴关系。这一外交转向一方面符合国内经济发展需求，另一方面也是对国际政治局势的积极反馈。由于摩洛哥是一个外向型经济体，无论是出口还是进口均依赖于国际市场，因此战略盟友的多元化可以为摩洛哥产品提供更广泛的市场。同时，随着国际格局“多极化”趋势的强化，新兴经济体的国际作用越发明显，作为北非地区有雄心抱负的中等国家，必然会抓住这一机遇，凸显自身的区位优势，进而获取最大利益，实现小国大外交的梦想。

综上所述，近年来，摩洛哥的外交政策转向与国内政治议题存在较大相关性，例如领土问题促使摩洛哥外交转向相关性最强的大周边地区，同时减少在中东地区的外交消耗；国内经济发展的诉求使得摩洛哥一方面重视欧盟，另一方面拓展与新兴经济体的伙伴关系；而与美国和沙特等国的盟友关系，主要服务于摩洛哥王国的“全面平衡”战略，即通过建立跨国政治联盟，获取必要战略资源，以应对政权安全面临的威胁。纵观整个中东和北非，中东变局以来，各个国家都在强调内政与外交的“内外联动”，不仅仅是注重在地区或国际上的地位提升，更重要的是如何通过外交这一强大工具服务于国内各类诉求，真正做到两者的良性互动。

第二篇
重大专题研究

第一章　国家中长期发展战略

摩洛哥实施的发展战略以达到经济、社会和环境三方面的平衡为基础。这表现在，从20世纪90年代初期摩洛哥就在本国的发展战略中采用了“可持续发展”一词。也就是说，在联合国世界环境与发展委员会于1987年首次使用了这个词之后，摩洛哥就在1992年里约热内卢和2002年约翰内斯堡两场地球峰会上使用“可持续发展”一词，作出了以尊重为基础的国际承诺。

第一节　国家可持续发展战略的几项原则

1. 遵守国际承诺

摩洛哥的国家发展战略重视在国际协议中信奉的承诺，坚持贯彻可持续发展理念，与气候变化和土地荒漠化作斗争，保护物种多样性。

2. 践行99－12号框架法

当前，摩洛哥的国家战略仍符合当初的国际承诺，这从国家环境及可持续发展宪章中99－12号框架法的实施可见一斑。99－12号框架法强调以下原则：融合、团结、预防、责任和参与。这些原则也形成了摩洛哥兑现其可持续发展国际承诺的基础。

3. 用行动解决实施可持续发展遇到的关键问题

实施国家可持续发展战略需要所有利益相关者一起坚持不懈地努力，这样才能实现国际议定的发展目标。

4. 保障战略的可行性

摩洛哥为进行中的战略、计划和项目制定了实施策略，并根据观测指标和结论采取具体措施。

第二节　政治、经济和社会背景

一　摩洛哥：一个政治稳定的国家

随着2011年初“阿拉伯之春”在中东及北非地区爆发，摩洛哥决定在政治、体制、经济以及社会各个层面实施综合改革，以应对与日俱增的挑战。在这些改革的推动下，摩洛哥成为其北非邻国政治稳定的典范。摩洛哥体制改革的第一步是在2011年实行新的宪法公投，为其他改革做好铺垫。也是在2011年宪法中，可持续发展的概念首次被使用（见第31、35、136、152号条款）。在体制改革方面，除了修宪，摩洛哥还制定了国家环境及可持续发展宪章99－12号框架法。这项法律颁布并发表在了2014年3月20日的国家正式公报上。

摩洛哥是唯一一个在“阿拉伯之春”后成功通过修宪让国家更加多元化、为人民赢得了更多自由的国家；另外，摩洛哥还组织了透明公开的立法选举活动，在2011年和2016年温和伊斯兰主义组织——正义与发展成功获胜以组建联合政府。摩洛哥的政治转型还表现在2011年宪法把权力下放作为重中之重。具体来说，2015年举行的地方及市级选举不仅确保了新基本法在各地区、县区和社区的有效实施，还促使公民参与到了地方事务管理工作之中。此外，摩洛哥在2015年3月发布了新的行政区划。各地区不但从当地税收收入中获益，而且得到了由中央政府分配的财政资源。

“阿拉伯之春”爆发之后，摩洛哥成为邻国争相模仿的对象。得益于民主转型，摩洛哥政治环境总体稳定，与发生革命的其他阿拉伯国家形成了鲜明的对比。世界银行的数据显示，在政治稳定程度上，摩洛哥在北非地区排名第一，在整个非洲排名第二十。

二　经济背景：创造性的发展战略

从2005年起，摩洛哥决定通过实施创造性的发展战略，重新审视经济发展模式。其中必然要提到2005年实施的“跃进计划”（Emergence Plan），一个针对工业领域发展的全新计划。这个计划有两个支柱：一是紧密关注增长驱动力，二是使当前的组织构造更加现代化。跃进计划主要关注以下领域：

1. 离岸外包业务：向近岸转移；

2. 汽车业：建造一个强大的工业基地；

3. 航空航天业：给予全方位支持；

4. 电气业：专注特色电子产品的制造；

5. 海产品加工业：大力发展速冻产品加工业，并对深海区域的工商业价值进行估值；

6. 皮革纺织业：发展快时尚产业，主动与外商接洽；

7. 农工业：针对8—10个领域的综合发展项目。

2009年，作为"2005振兴计划"的延伸，新的国家战略发展计划也逐步出台。这次制订的2009—2015年国家工业复兴计划为2015年设定了新的目标。它一方面关注航空航天业和汽车业等新型产业的发展，另一方面也不忽视纺织业和农产品业等传统产业。然而受2008年全球金融危机的影响，该计划严重受挫。因此，摩洛哥反思了自己的财政政策，决定采取反周期政策。

摩洛哥在财政政策中定下的双重社会经济目标是为激活摩洛哥增速减缓的国民经济，应对金融危机后合作伙伴国家经济活动恶化带来的影响；同时，也是为满足社会诉求，主要体现在人权、妇女权利和经济高速增长等层面。

（一）宏观经济平衡

为重新调整宏观经济平衡，摩洛哥在2012年至2017年制定了两个短期目标：（1）减少运营方面的公共事业支出；（2）进一步改善投资环境。得益于该五年计划，摩洛哥成功缩小了财政赤字，亏空从2012年占GDP的7.3%减少到了2017年占GDP的3.4%。根据高等规划署提供的数据，从2017年起过去三年间摩洛哥的宏观经济发展状况大致如下：

表II-1-1　　　　**主要经济参考值（2017—2019年）**

经济因素	2017	2018	2019
增长率	4.1%	3.1%↘	2.9%↘
主要领域附加值		3.1%	0.3%↘

续表

经济因素	2017	2018	2019
非农业领域附加值增长率	2.8%	3.1%↗	3.2%↗
通货膨胀率	0.8%	1.7%↗	1.3%↘
贸易赤字	17.9%	18.5%↘	18.7%↗
国民储蓄率		28.7%（停滞）	28.7%（停滞）
投资		32.8%	32.5%↘
资助	3.7%	4.1%↗	3.9%↘
预算赤字	3.4%	3.9%↗	3.6%↘
总负债比例	82.0%	82.6%↗	82.9%↗

资料来源：摩洛哥高等规划署。

（二）国家治理

政府的有效治理是一切发展的基石。评判治理优劣一般要参考以下几个因素：反腐、法治、管理质量、公共职能部门办事效率和政治稳定程度、反对暴力、给予人民言论自由并对国家和人民负责。世界银行的数据显示，近些年来，摩洛哥在其中几个方面取得了可观的进步。2017 年，摩洛哥在三个指标上得到了改善：提高政治稳定性、进一步反对暴力和恐怖主义活动、加强法治。

在打击腐败方面，摩洛哥曾在 2016 年 5 月发出过如下倡议：

1. 引进所谓的“绿色数字”，允许公民检举政府和社会腐败现象；

2. 通过“审计院”在法院展示有关贪污腐败的文件资料；

3. 2015 年颁布了 113 - 12 号法律，为提高官员廉洁程度，预防和打击腐败现象。

（三）商业和竞争力

要想在国际市场中谋求发展，就需要考虑一个关键因素——商业环境。世界银行提出，一个国家的贸易环境是由以下几个因素共同决定的：投资保障、贷款、跨境贸易、创业、纳税、合同实施和所有权转移、建筑许可的发放以及供电情况。在商业环境方面，根据世界银行发布的商业环境排名，摩洛哥的经济状况已得到了改善。2009 年摩洛哥的商业环境排在全球第 130 名，2016 年则在榜单上共 183 个国家中位列第 75，2019 年预计排名上升至第 60 名（总计 190 个国家）。

表 II－1－2　　　　　　**部分国家商业环境评分一览**

国家	中东北非	摩洛哥	阿尔及利亚	埃及	法国	西班牙
分数	58.3（平均）	71.02	49.65	58.56	77.29	77.68
排名		60	157	120	32	30

资料来源：www.doingbusiness.org。

从以上数据来看，摩洛哥的投资前景越来越广阔。这与政府出台的大量促进政策不无关系，尤其是在建筑许可证发放（190 个国家中排名第 18）、纳税（190 个国家中排名第 25）和创业三个方面（190 个国家中排名第 34）。

另一方面，世界经济论坛提到，评判一个国家商业竞争力强弱需要考虑的因素有：劳动力市场效率、高等教育及培训、创新、全球竞争力指数、技术成熟度、医疗和基础教育、金融市场发展、商品市场效率、宏观经济环境、基础设施、市场规模和相关机构。

在这一点上，摩洛哥的排名从 2011 年的第 98 位上升到了 2018 年的第 71 位（总计全球有 137 个经济体纳入统计）。

表 II－1－3　　　　　　**摩洛哥竞争力排名**

指数	排名/137	分值（1—7）
全球竞争力指数	71	4.2
分指数 A 基本要求	57	4.8
机构	49	4.2
基础设施	54	4.4
宏观经济环境	55	4.9
医疗和低等教育	81	5.6
分指数 B 效率提升	85	3.9
高等教育和培训	101	3.6
商品市场效率	58	4.4
劳动力市场效率	120	3.6
金融市场发展	72	3.9
技术成熟度	82	3.8
市场规模	53	4.3
分指数 C 创新与成熟度因素	74	3.6
商业成熟度	69	4.0
创新	94	3.1

	2012—2013	2013—2014	2014—2015	2015—2016	2016—2017	2017—2018
排名	70/144	77/148	72/144	72/140	70/138	71/137
分值	4.1	4.1	4.2	4.2	4.2	4.2

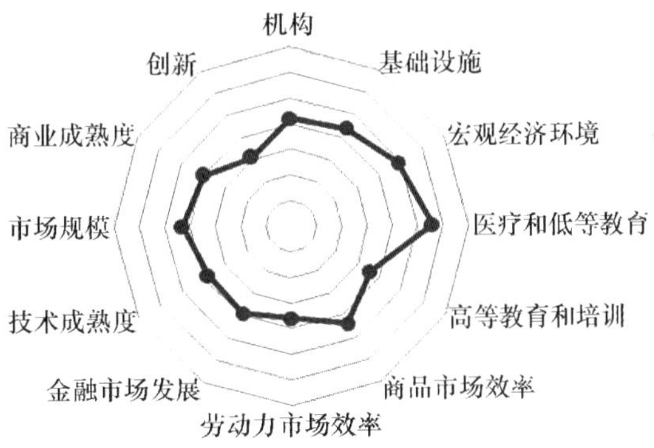

由图II-1-3可以推断，摩洛哥在以下领域的状况都有所改善：机构（137个经济体中排名第49）；基础设施（137个经济体中排名第54）；宏观经济环境（137个经济体中排名第55）；商品市场效率（137个经济体中排名第58）；金融市场发展（137个经济体中排名第72）；市场规模（137个经济体中排名第53）；商业成熟度（137个经济体中排名第69）。近年来，摩洛哥吸引了越来越多的外商直接投资（FDI），其中大部分来自法国和其他欧洲国家。但在其他方面，摩洛哥仍需继续努力，比如：医疗和低等教育（137个经济体中排名第81）；高等教育和培训（137个经济体中排名第101）；劳动力市场效率（137个经济体中排名第120）；技术成熟度（137个经济体中排名第82）；以及创新（137个经济体中排名第94）。

（四）金融业

如前所述，在金融市场的发展上，摩洛哥在全球的137个经济体中排在第72位。这个排名反映出摩洛哥最近实施的法律、金融和体制自由化改革使金融业焕然一新。这些改革包括：

1. 改变银行活动的立法框架。这不但有利于实施统一的银行业准则，也是为保护存款人的权利并监管银行系统；

2. 加强信用管理，和国际标准保持一致（还款能力、资产流动性、风险管理）；

3. 放松对于银行业活动的管制（从1985年起放宽信贷利率，1990年起放宽存款利率，取消非弹性工作）①。

20世纪90年代起，改革主要开展在如下几个关键领域。

具体来看，在立法和金融方面，以下措施被引入1993年《银行法》中，即，

1. 解构信用评价机制；

2. 逐渐取消非弹性工作；

3. 放宽利率（1996年）；

4. 首次建立跨行外汇市场（1996年）。

---

① Mohamed Wargui, "Les Réformes Financières au Maroc: Séquences et Agendas", *L'année du Maghreb*, 2009, pp. 485-513.

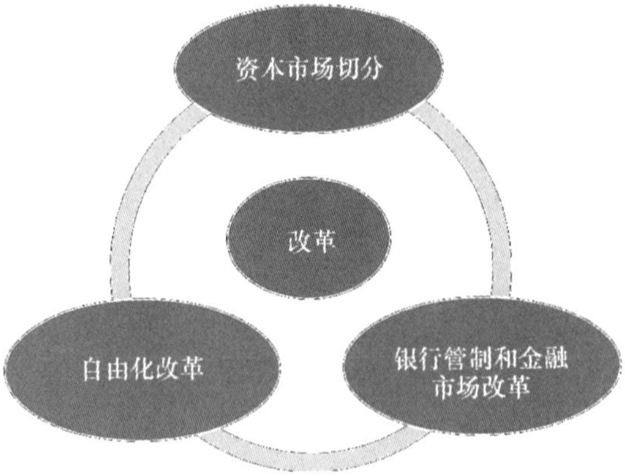

图Ⅱ-1-1　改革的主要维度

资料来源：摩洛哥高等规划署。

在实践中，摩洛哥采用了新型账户分类表。新的账户分类表主要面向信贷机构。

对银行业活动放宽限制后，信用评估框架被大大加强，尤其是在给难回收借款的分级上。银行系统开始整合除前专业金融机构之外的资源。

金融市场层面上，摩洛哥从 1993 年起采取了新措施对金融市场实现了现代化，随后又在 2004 年更新了基础设施，调整了运作规则，加强了市场管理局的权力。2006 年，摩洛哥再次实行了法律改革。确切地说，此次摩洛哥发布了新的银行法，主要包含两个关键点：

1. 贯彻新巴塞尔公约中的审慎原则，法律条文比过去更加具体，描述性更强，并使用了新的人力资源档案和更加精密的技术方法；

2. 给予中央银行自治权。中央银行不但要负责监管银行系统，而且要负责实施金融政策。

上面提到的各项改革要么已经实现了目标，要么已经满足了实现目标的条件。

在制度层面，当前摩洛哥已拥有地中海南岸最严密的、最有效的金融系统，而且展现出了极高的回报。但是，尽管摩洛哥的金融机构和公司已经与南非和埃及几个最大的银行不相上下，却没能利用好自己的优势。要找到上升的临界点，这些机构不但需要群策群力，而且要找到正确的努力方向，因此结果如何尚待分晓。政府为救市而整合各种市场结构所带来的问题也尚不明晰。

（五）贸易和区域一体化

显然，摩洛哥当今实施的是自由开放的经济政策，一方面推动出口，另一方面放宽进口。基于此，摩洛哥主要依靠三项措施：

1. 撤销禁止进出口货物名单，转而实行数量限制；

2. 降低关税；

3. 签署自由贸易协定。

自由开放的市场政策不但提高了摩洛哥的地区地位，也提高了其国际地位。摩洛哥的进出口贸易得到推动，尤其是和欧盟——摩洛哥的第一大贸易伙伴。近年来穆罕默德六世国王的非洲之行也表明了摩洛哥与非洲地区其他国家进一步合作的愿望。国王决心与撒哈拉以南非洲地区各国加强经济伙伴关系。摩洛哥不但回归了非洲联盟，而且释放了加入西非国家经济共同体（ECOWAS）的意愿。

如表Ⅱ-1-4 所示，摩洛哥商品出口成绩斐然，从 2005 年的 111.9 亿美元上升到 2017 年的 253.32 亿美元，出口商品总额有了惊人的提升。商品进口也不甘落后，进口商品总额从 2005 年的 207.9 亿美元增加到了 2007 年的 449.24 亿美元。但与此同时，摩洛哥的贸易逆差却不断扩大，从 2005 年的 96 亿美元增加到 2017 年的 195.92 亿美元。

表Ⅱ-1-4　　商品贸易的历年数据一览

（以一百万美元为单位）	2005	2010	2015	2017
货物出口额	11190	17771	22334	25332
货物进口额	20790	35381	38100	44924
货物出进口差	-9600	-17611	-15766	-19592

资料来源：联合国贸易和发展会议（UNCTAD）。

服务类贸易的情况如表Ⅱ-1-5 所示：

表 II－1－5　　服务类贸易的历年数据一览

（以一百万美元为单位）	2005	2010	2015	2017
服务类贸易出口额	9264	14736	14674	17261
服务类贸易进口额	3845	7371	7913	9794
服务类贸易出进口差	5419	7365	6760	7467

资料来源：联合国贸易和发展会议（UNCTAD）。

表 II－1－6　　几种主要的服务类贸易类型出口情况

（以占服务类贸易总额的百分比为单位，%）	2005	2010	2015	2017
交通类	14.0	14.7	18.6	17.8
旅游类	49.8	45.5	42.7	43.3
其他服务类型	23.6	24.8	28.6	29.2

资料来源：联合国贸易和发展会议（UNCTAD）。

就服务类贸易而言，摩洛哥经历了前所未有的迅速发展。从数据上看，摩洛哥的服务出口额几乎翻了一番，从 2005 年的 92.64 亿美元增长到 2017 年的 172.61 亿美元，一举超过埃及和南非，成为非洲服务出口额最大的国家。另外，服务进口总量也从 2005 年的 38.45 亿美元上升到 2017 年的 97.94 亿美元。

三　社会背景：挑战和实践

尽管国家为应对挑战做出了种种努力，摩洛哥的社会现状仍有待改善。当今的社会问题主要聚焦在以下几个领域：医疗、就业、教育及性别平等。

（一）就业问题：高失业率

在就业问题上，摩洛哥正面临着一个严峻的挑战——失业。失业主要波及的对象是大学毕业生，因为大量大学毕业生的专业与劳动力市场的需求不对口。HCP 的数据表明，摩洛哥的失业率从 2012 年的 9% 上升到了 2016 年的 9.4%。摩洛哥正尝试通过实行一系列改革应对失业现象：

1. 加强高等教育与劳动力市场的衔接；
2. 通过发展职业教育提高人力资本的质量；
3. 放松对就业市场的管制；

4. 在教育方面确保入学率。

摩洛哥的教育状况在不断得到改善，国家也为提高教育水平、改善教学条件做出了不少努力。初级教育阶段，中小学的入学率从 2008 年的 90.1% 增长到了 2013 年的 99.6%；高等教育阶段，教学质量低，基础设施差等问题仍不容忽视。

2015 年起，为改善高等教育和职业教育的办学水平和基础设施条件，摩洛哥又实施了新战略：

1. 2030 年高等教育愿景；

2. 2015—2021 年职业培训战略。

具体来说，摩洛哥教育问题主要在于“慢性功能障碍”，尤其是：

1. 教育系统各部门之间衔接不当；

2. 教育系统效率低下，硬软件设施条件差；

3. 很少和劳动力市场合作开展职业训练项目。

上文提到的两个战略主要针对的是教育问题涵盖了从小学到大学的各个教育阶段。他们的目标是把学校教授的知识和技能与社会工作更好地结合起来，同时促进科学研究和经济行业的进步，并推动人类、环境和文化的共同发展。

对高等教育的中期愿景是：

1. 从单纯传递知识，即让学生死记硬背转化到教会学生学习的方法，帮助学生形成批判性意识，鼓励学生建立科学研究、学习外语知识和技能，了解新的价值观，学习数字技术。

2. 不断改善学校的硬件、软件设施。

3. 为学校营造条件，让学校能够完成各项使命：为学生创造良好的社交环境，在教育中呈现国家和世界两种价值观，教学相长，科学管理，让学生掌握过硬的本领，在研究的基础上创新，早日融入社会、文化和经济当中。

4. 针对新形势、新需求开展课题和训练项目，贯彻国家可持续发展战略。

长期愿景是：

5. 培养优秀的公民。

6. 让学生具备一个民主社会公民应有的品质。

7. 让学生能为摩洛哥成为知识型经济体或社会贡献一分力量，并加强摩洛哥作为新兴国家的地位。

8. 通过掌握数字技术，发展科学研究和形成创新文化，让摩洛哥从一个以知识为基础的社会转变成为一个生产知识、传播知识的社会。

（二）性别问题：促进男女平等

2011 年宪法着重强调了男女平等问题。以此为前提，摩洛哥开始“与一切性别有关的歧视抗争”。

随后，鼓励女孩上学和降低产妇死亡率等各种措施得到采纳。今天，摩洛哥女性出现在了越来越多的岗位上：举例来说，2017 年，公共管理部门有 21.5% 的女性雇员，国会有 21.5% 的女性议员。另外，以推动男女平等为主题的“伊科拉姆”计划（Ikram Plan）也在 2012 年和 2016 年间付诸实施。为响应 2016 年联合国妇女署提出的国际倡议，财政部也推出了注重两性平等的预算及编制举措。

（三）医疗问题：医疗资源匮乏

据高等规划署提供的数据，2013 年摩洛哥有 2021 家卫生院、143 所医院和 17121 名医生。虽然近年来摩洛哥的死亡人数有所下降，预防传染病的医疗技术也更加成熟，但医疗服务的质量还是不容乐观。

第三节　战略选择

可持续发展是穆罕默德六世国王为现任政府做出的战略选择。它主要有四个主题：

1. 国家的社会行为体现。
2. 大力发展教育、职业培训和科学研究。
3. 农业现代化。
4. 金融治理。

通过实行 2017 年预算法案，这些主题得以付诸行动。该法案是为实现以下目标：

1. 通过推动工业化和商品出口加速经济发展。
2. 改善营商环境，提高商业竞争力。
3. 鼓励民间投资。

4. 加强人力资源管理技能。

5. 优化治理方式和公共机构。

表Ⅱ-1-7 总结了可持续发展包含的不同国家战略以及他们的战略目标。

表Ⅱ-1-7　　**摩洛哥中长期发展战略一览**

绿色摩洛哥计划	·创造150万个就业岗位 ·提高农业在GDP中所占比例，达到1000亿迪拉姆 ·提高出口额：实现总价值440亿迪拉姆的外汇流入	物流促进计划	减少污染（截至2015年，减少30%的运输重量和千米数） ·截至2015年减少35%的二氧化碳排放量和道路拥挤现象
工业发展促进计划	·截至2020年，把工业在GDP中所占比例从14%提高到23%； ·创造150万个就业岗位； ·拨款200亿迪拉姆的预算建立工业发展基金，提高中小企业的竞争力	2030能源战略	·截至2030年，创造2.5万个工作岗位 ·通过使用可再生能源减少每年2.6百万吨油当量的化石能源使用 ·提高能源效率（截至2030年，减少二氧化碳排放2874kt） ·增加太阳能的使用：截至2030年，使用40 MW聚光太阳能；400 MW光电和300万 m^2 太阳热能
国家职业培训战略	·截至2021年培训1000万个公民 ·截至2021年，完成对21%在职员工和50%实习生的培训 ·最大限度地增加专业人员的比例，到2021年达到75%	国家电力局项目合约	·截至2017年底，把农村地区供电率从2013年底的98.5%提高到99.7%，让3850个村庄的109500户家庭，4500所学校，210家药房和1800座清真寺都能用上电 ·截至2017年，给96.5%的农村地区通上饮用水，让33万农村居民首次喝到自来水 ·接管47个城市的卫生服务，让120万民众受益
摩洛哥人类发展计划	·反对社会歧视 ·减少在使用社会基础设施、便利设施和地区服务时的不平等现象 ·鼓励女性和年轻人参与到活动中来	国家铁路局项目合约	·让铁路系统得到质的提升，让其足以应对未来可能会出现的巨大人流量和货流量 ·增加交通行业盈利、竞争力和生产效率 ·确保运输条件，运输安全，以及合理的价格和优良的服务
2030教育愿景	·保障残障人员或社会弱势群体的受教育权和学习、教学的权利 ·确保学生能够不断学习、终身学习以及个人与一体化项目建设 ·推广学前教育	2012—2016医疗战略	·改善服务体制，保障公民的医疗权 ·改善产妇和新生儿的健康状况 ·改善医疗系统的管理状况 ·改善弱势群体的健康状况

续表

2015—2025 就业战略	· 创造更多的就业岗位 · 增加劳动力数量（从 2013 年的 1170 万增加到 2025 年的 1370 万） · 提高就业率（从 2013 年的 43.8% 增加到 2025 年的 46.2%） · 把活动率维持在 48% · 降低失业率（从 2013 年的 9.2% 降低到 2025 年的 3.9%） · 提高生产率（3.6%）

综上所述，21 世纪以来，在国王穆罕默德六世的治理下，摩洛哥出台了涉及多个领域的发展计划，改革也在稳步前进。但是改革带来的风险和挑战是巨大的，包括：

第一，为强化现有的经济框架和自由化倾向，摩洛哥需要偿还国债，维持宏观经济平衡，并且效仿美国、土耳其、欧盟和阿拉伯国家建立新的自由贸易区。

第二，摩洛哥需要加强基础设施建设，兴建更加现代化的大型工程（如公路、港口、机场）。

第三，摩洛哥非常支持自发性的行业政策，但还需要通过实施新的计划巩固成果，如农业领域的“绿色摩洛哥”计划，工业领域的“振兴计划”，2010 和 2020 愿景计划（旅游业），“拉瓦贾计划”（Rawaj Plan，旨在促进国内分配和内部商业发展），以及“数字摩洛哥计划”（信息和沟通技术），“哈利厄蒂斯计划”（Halieutis Plan，促进渔业发展计划），2030 物流战略，摩洛哥创新战略（科技），能源战略等。

第四，水和食品安全应该通过实施新的政策得以加强，具体可参考一些已经实施的政策（如大坝政策和“绿色摩洛哥”计划）；推广可再生能源和能效必须以完善相关的法律和体制框架为前提；为贯彻国家环境及可持续发展条例，已经有一些计划付诸实施，但仍有必要更进一步。目前，摩洛哥已实施了国家液体卫生规划，这是一个关注家庭垃圾处理的国家计划。但实际上，这些计划已经随着摩洛哥无害化生产中心（CMPP）的建立而遭到废弃。

第五，在人类发展和社会和谐方面，仍需继续努力。在这一点上，摩洛哥已经建立了摩洛哥人类发展计划，贫困人口医疗救助计划（RAMED），强制医疗保险（AMO）。除此之外，摩洛哥还发起了其他一些倡议，比如：在城乡各地区普及教育，改善产前和新生儿护理服务，高等教育改革，改善农村地区用水和用电条件。

第六，生物多样性的改变是由压力变化、物种退化、捕食、机能障碍或机能丧失导致的。

第七，高度依赖能源进口导致摩洛哥在能源上花费巨大，阻碍了经济发展。因此，实施可持续能源政策没有达到预期目的；城市规模持续扩大，导致公共资源紧张；教育层面的改革过于迟缓，失业率居高不下，高等教育毕业生深受其害；退休金制度状况堪忧，赤字庞大；从长远来看，国家财政赤字和清偿危机将严重威胁到宏观经济平衡；巨大的贸易逆差影响着摩洛哥的商业竞争环境。

第八，补偿基金的数额已经达到了摩洛哥 GDP 的 5%，应重视由于税收制度和公共管制不合理，把非正规单位也纳入了管辖范围，财政治理难上加难。

第二章　投资与营商环境

本章通过介绍摩洛哥利用外资情况、总体经济环境、总体政治与社会环境、商业与政策环境四方面，分析摩洛哥在接受国际投资与营商活动方面的基本情况、优势、劣势及发展方向。总体而言，摩洛哥王室和政府致力于推动国家对外开放水平，发挥本国独特的区位优势、资源优势、基础设施优势等积极吸引外商投资，到目前为止取得了良好的进展；摩洛哥坚持国家的国际定位，向欧洲、中东、非洲多方位发展，同时与中国、美国等世界大国深化经济合作。但是摩洛哥吸引外商投资与经营的薄弱之处主要在于，原材料和能源资源不足、制造业及配套产业基础较差、劳动力资源质量不高、腐败和失业等社会问题较为严重。在当前，摩洛哥作为马格里布地区及非洲“一带一路”建设的关键节点，其优越的地理位置、总体良好的经济政治态势以及不断提高的对外开放水平，给中摩两国都带来了新的发展机遇。

第一节　外资概况

一　外商直接投资

（一）外商直接投资水平

1999 年，国王穆罕默德六世继位，开始推行经济自由化和政治民主化改革。自 1999 年以来，摩洛哥 GDP 增速平均为 4.05%，到 2017 年外商直接投资（FDI）净流入量上涨了近 1000 倍，达到 26.45 亿美元，且在 2014 年达到 35.25 亿美元的峰值（见图 II-2-1）。[①]

① UNCTAD，World Investment Report 2018-Investment and New Industrial Policies.

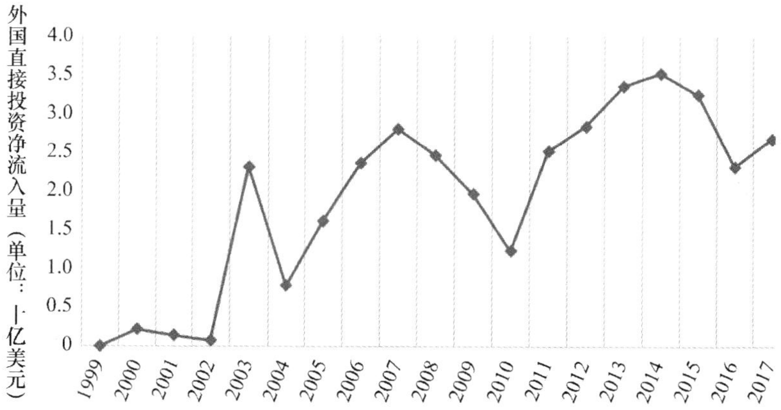

图Ⅱ-2-1　1999—2017 年摩洛哥外国直接投资净流入量（十亿美元）

资料来源：World Bank，https：//data. worldbank. org。

在全球经济衰退期间，流入摩洛哥的外国资本随之下降，至2014 年这一数据开始重新增长，2015 年超过30 亿美元，但在2016 年又下降29%至23.2 亿美元，呈现出较大的波动态势。根据联合国贸发会2018 年世界投资报告（WIR），2017 年摩洛哥的外国直接投资流量增加了22.9%，达到27 亿美元，在非洲地区排名第五[①]，这一强劲增长证明摩洛哥在吸引汽车等高新技术产业外资的努力是有成效的。非洲地区的前四位分别是埃及、埃塞俄比亚、尼日利亚、加纳，但这些国家2017 年获得外国直接投资均有减少，尤其是尼日利亚减少了21.3%。此外，整个北非地区的FDI 为130 亿美元，相比2016 年下降4%。虽然埃及仍然是北非地区获得外商直接投资额最多的国家（2017 年为74 亿美元），但摩洛哥的表现仍然出色。

（二）外商投资的行业分布

步入21 世纪后，摩洛哥的外商直接投资主要集中在房地产行业、高科技制造业（汽车、航空、食品加工业）、旅游业和银行业（包括保险行业）。

近年来，房地产行业的外商直接投资增速极快，超过了原本处于领先

① UNCTAD，World Investment Report 2018-Investment and New Industrial Policies.

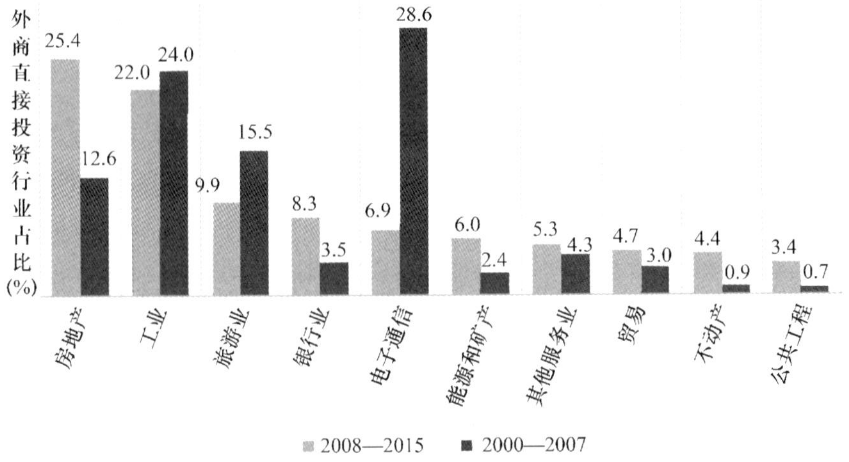

图Ⅱ-2-2　2000—2015年摩洛哥外商直接投资行业分布

资料来源：摩洛哥金融财政部，https：//www. finances. gov. ma。

地位的电信行业，成为最大的外商投资部门。电信行业所占的投资份额下降的一大原因是，在21世纪初期摩洛哥大力投资于工业园区的发展，旨在吸引外国的电信和IT公司进入摩洛哥，而2008年以来电信和IT行业的外资引入工作已经基本成功，因而外商投资份额降低。摩洛哥工业投资所占的份额较为稳定，近年来工业领域中的高新技术产业如汽车行业等受到政府扶持，成为工业领域中炙手可热的投资行业。摩洛哥的银行业近年来也发展得越发成熟，对外资的吸引力进一步增大。虽然外商在摩洛哥旅游业领域的投资份额逐步减少，但是在该行业所吸引的外国企业和国际投资项目仍然是最多的（如图Ⅱ-2-1）。

表Ⅱ-2-1　　2003—2015年摩洛哥外商投资行业分布

序号	行业	公司数量	项目数量	创造工作岗位数量	耗资（单位：百万美元）	占比（%）
1	房地产	27	40	38642	12018	22
2	煤炭、石油、天然气	10	13	4992	9872	18
3	酒店与旅游	39	59	17045	8210	15
4	可再生能源	11	12	926	4349	8
5	汽车	12	14	22386	3143	6

续表

序号	行业	公司数量	项目数量	创造工作岗位数量	耗资（单位：百万美元）	占比（%）
6	建筑与建材	8	11	2969	1944	3
7	仓库与储存	10	10	1490	1839	3
8	金属	16	19	5825	1820	3
9	通信	20	21	5485	1549	3
10	化学	14	14	1412	1522	3
其他		415	515	87077	9533	17
总计		582	728	188222	55798	

资料来源：FDI Intelligence，https://www.fdiintelligence.com。

（三）外商投资来源国分布

2017 年摩洛哥获得的外商投资总额为 496.93 亿美元，其中 34% 来自法国，20% 来自阿联酋，10% 来自西班牙，5% 来自美国，4% 来自瑞士。[①] 传统上，法国、西班牙和阿联酋是摩洛哥的三大外商投资来源国，

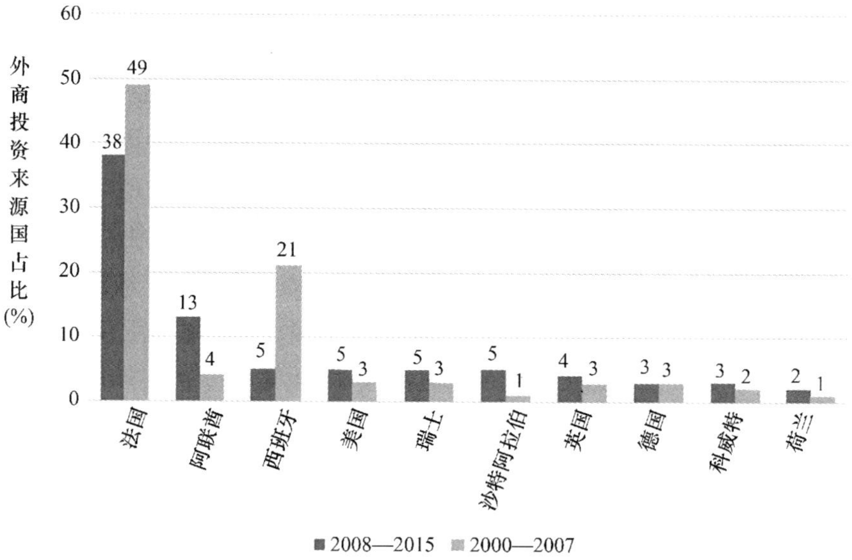

图 II-2-3 2000—2015 年摩洛哥外商投资来源国分布

资料来源：摩洛哥金融财政部，https://www.finances.gov.ma。

① International Trade Administration, Morocco-9.4-Foreign Direct Investment & Foreign Portfolio Investment Statistics, https://www.export.gov/article?id=Morocco-Foreign-Direct-Investment-Statistics.

三国的投资主要集中在房地产业、零售业和制造业。进入 21 世纪后的前 8 年，法国和西班牙仍然凭借着与摩洛哥的历史联系和地理临近性成为摩洛哥在欧洲乃至全球最大的投资来源国。但在第二个 8 年中，西班牙所占的份额迅速缩小，法国所占的份额也相对下降；而富有的海湾君主国如阿联酋、沙特阿拉伯和科威特则填补了这一空缺。美国和瑞士近年来所占的投资份额较为稳定。

二　离岸外包

离岸外包是企业充分利用国外资源和企业外部资源而进行产业转移的一种形式，主要是指跨国公司利用发展中国家的低成本优势将生产和服务外包到发展中国家。离岸服务外包主要包括信息技术外包（ITO）、业务流程外包（BPO）和研发服务外包（R&D）三方面。进入 21 世纪以来，由于发展中国家的技术、人力资源等要素水平不断提高，而且保持了低成本优势，大量的服务业离岸外包从发达国家转向发展中国家。

摩洛哥是北非地区乃至整个非洲地区理想的离岸外包目的地。2011 年，摩洛哥被评为前 30 位的离岸服务外包目的地及法国、西班牙的最佳离岸目的地；2012 年，欧洲离岸外包协会（EOA）宣布摩洛哥与南非、罗马尼亚、塞尔维亚、斯洛伐克和埃及，共同成为年度最佳离岸外包目的地。此时，摩洛哥已经吸引到了诸如戴尔、惠普、德勤、霍美思等大型欧美企业。[①]

摩洛哥主要是作为欧洲各国的信息技术外包和业务流程外包平台。在信息技术外包方面，主要是聚焦于软件研发、基础设施管理和应用维护。在业务流程外包方面，摩洛哥主要接受银行业、保险业的业务并在财会金融、人力资源、后台办公、顾客关系方面提供服务。[②]

第二节　国内经济环境

一　宏观经济环境

摩洛哥是非洲第六、北非第三大经济体。从 GDP 增幅来看，摩洛哥

① EOA Awards 2012（http：//www. sourcingfocus. com/site/focusonitem/5553/）.

② Invest in Morocco，Morocco：Opportunities in the ITO / BPO sector（http：//www. intracen. org/uploadedFiles/intracenorg/Content/Exporters/Sectors/Service_ exports/Trade_ in_ services/MOROCCO. pdf）.

GDP 增长幅度波动很大，进入 2000 年以来的最低增长率为 1.222%（2016 年），最高增长率则达到 7.575%（2006 年）[①]。2017 年，摩洛哥 GDP 增速为 4.08%，主要是因为农业部门经历了强劲复苏（受天气影响），增长率达到 15.1%，其他行业如磷酸盐、能源和工业对国家经济增长的贡献则较为稳定，约为 2.8%。[②] 2018 年，农业增长恢复正常水平，第一季度增长率为 2.5%，因此总体 GDP 增长率预计在 3% 左右，较 2017 年走低。[③] 2017 年，摩洛哥 GDP 总额约为 1100 亿美元，在中东北非地区排名第 10 位。摩洛哥人均 GDP 在 2017 年达到 3147.85 美元，相比 2015 年和 2016 年略有上升，但相比其他中东北非国家，人均 GDP 水平仍然很低。2017 年摩洛哥人均 GDP 仅高于处于战争状态中的也门，排在倒数第二位，甚至国内局势动荡的利比亚都比摩洛哥高出 200 美元；其他北非国家的人均 GDP 也未突破 4000 美元大关，相比于中东国家逊色不少。[④]

摩洛哥的年通货膨胀率在 2018 年 9 月降至 1.10%，这是 2017 年 10 月以来最低的通货膨胀率。从 2008 年到 2018 年，摩洛哥的通货膨胀率平均为 1.47%，在 2008 年 5 月达到历史最高水平 5.20%，并在 2009 年 12 月达到创纪录的 -1.60%。[⑤] 摩洛哥的低通胀率加之近年来 GDP 的中低增长，反映出摩洛哥的经济发展处于平缓上升态势。但是，长期较低的通货膨胀率同时也反映出长期较高的失业率，这一点显著不利于国民经济发展。

摩洛哥的财政赤字预计会继续降低，已经从 2015 年的 4.9% 逐步降低到 2017 年的 4% 以下。不过，国际上通常认为，赤字率不超过 3% 才表明

---

① World Bank, Morocco GDP（https://data.worldbank.org/indicator/NY.GDP.MKTP.CD?locations=MA）.

② Chaima Lahsini, "Morocco's Economic Growth to Reach 4.8% in 2017: Minister", *Morocco World News*, July 29, 2017（https://www.moroccoworldnews.com/2017/07/224803/moroccos-economic-growth-to-reach-4-8-in-2017-minister/）.

③ Chaima Lahsini, "Morocco's Economic Growth to Reach 3.1% in 2018: ADB", *Morocco World News*, January 22, 2018（https://www.moroccoworldnews.com/2018/01/238890/morocco-economic-growth/）.

④ CEIC, Morocco GDP per Capita（1960 - 2017）（https://www.ceicdata.com/en/indicator/morocco/gdp-per-capita）

⑤ Trading Economics, Morocco Inflation Rate（https://tradingeconomics.com/morocco/inflation-cpi）.

国家面临较低的财政风险。同时，摩洛哥国债余额仍占 GDP 总额的 63% 左右，高于《马斯特里赫特条约》中政府债务风险控制的标准的 60% 的负债率。[①] 不过，由于大部分债务处于平衡状态，因此良性债务问题减少了再融资风险，总体来看摩洛哥仍然保持着较为良好国际资本市场准入水平。

二　优势产业

总体而言，摩洛哥是一个以第三产业为经济支柱、同时深受第一产业影响的国家。2017 年，三大产业占 GDP 总量的比例分别约为 13.06%、25.58%、49.55%，近年来这一比例划分较为固定，第一产业的比重占 10%—13%，第二产业的比重占 24%—27%，第三产业的比重占 49%—54%。[②]

（一）第一产业

如前所述，农业在摩洛哥国民经济中占据重要地位，全国生产的农业产品能有大约 25% 用于出口（主要是鱼类和果类），农产品加工业的产出能达到工业总产值的三分之一。渔业是摩洛哥第一产业中的重要组成部分。目前摩洛哥全国共有 22 个渔港，年捕捞量超 100 万吨，产值占 GDP 的 2%—3%。自 2009 年起，政府实施《2020 年国家渔业发展战略》，稳步提高了渔业产量、渔业投资和全行业收入。

（二）第二产业

在第二产业中，纺织业和手工业、采矿业和化工产业、汽车行业和机械行业是摩洛哥重要的支柱型产业。

摩洛哥纺织业的多数原料和半成品依靠进口，而成衣制品则主要用于出口，法国、西班牙、意大利的一些高档服装品牌在摩洛哥都有加工制作厂。摩洛哥纺织行业出口形势向好，已连续七年实现增长。2018 年出口额 380 亿迪拉姆，累计创造就业岗位 7.9 万个，实现工业加速计划的所有

---

① Trading Economics, Morocco Government Budget (https://tradingeconomics.com/morocco/government-budget).

② Statista, Morocco: Distribution of Gross Domestic Product (GDP) Across Economic Sectors from 2007 to 2017 (https://www.statista.com/statistics/502771/morocco-gdp-distribution-across-economic-sectors/).

发展目标。摩洛哥产品出口75个国家和地区，法国和西班牙等欧盟国家是主要出口目的地，对非出口占比5.6%。[①]

摩洛哥拥有丰富的磷酸盐资源，是世界第二大磷酸盐生产国，储量或占世界总量的75%，使其采矿业、化工产业较为发达，化工企业占工业企业总数的20.5%。然而，摩洛哥的磷酸盐出口时常面临着较大的外部挑战，主要表现在受国际市场价格的影响较大。例如，在2013年，国际磷酸盐价格自185美元/吨下降到不足100美元/吨，降幅高达46%。受此影响，2013年摩洛哥磷酸盐出口额也大幅下滑，全年仅实现371亿迪拉姆（约合46.4亿美元），而2012年出口额达484亿迪拉姆（约为60.5亿美元），同比减少23.3%；同期，摩磷矿集团的营业额下降了13%，利润大幅缩减了50%。[②] 此外，在磷酸盐市场上，摩洛哥还面临来自沙特阿拉伯、突尼斯和阿尔及利亚等国的竞争。

汽车行业是近年来摩洛哥重点扶持的行业，发展十分迅速，逐步成为摩洛哥第一大出口产业。2016年，摩洛哥生产汽车约为34.5万辆，汽车出口31.7万辆，同比增长11.5%，汽车出口额占年度总出口额的24.4%，同比增长22.9%。汽车行业的迅猛发展在一定程度上提高了摩洛哥出口产品竞争力，改善了摩对外贸易长期赤字状态。2015年上半年，在汽车产业出口的带动下，摩洛哥对其第二大贸易伙伴法国首次出现贸易顺差，达1.98亿欧元。[③] 摩洛哥已经成为非洲大陆新的汽车行业领导者，其乘用车产量已经超过南非。冶金、机械制造业也受到汽车行业的拉动而得到较快发展。

（三）第三产业

在第三产业中，摩洛哥的金融业、旅游业和信息技术行业十分有代表性。

金融业对促进摩洛哥经济活力起到了至关重要的作用，尤其是在促进

---

① 中国纺织网：《摩洛哥纺织行业出口形势向好已连续七年实现增长》，2019年4月26日（http：//www.tteb.com/newscenter/detail-M00000-2019042600116.shtml）。

② 中华人民共和国商务部：《世界磷酸盐产业竞争激烈，摩洛哥磷酸盐出口面临严重挑战》（http：//www.mofcom.gov.cn/article/i/dxfw/gzzd/201402/20140200491674.shtml）。

③ 参考《汽车产业成为摩洛哥第一大出口产业》（http：//news.afrindex.com/zixun/article10706.html）。

资本积累、提高生产力、提高附加值方面。摩洛哥自2007年开始建立起了一个相当多元化的金融体系，银行业、保险业、证券基金、资产管理等方面的发展已经可以与一些高收入国家比肩。其中摩洛哥银行业在北非地区首屈一指，其资产总量达到国家GDP的1.3倍。[①]

摩洛哥的旅游业也甚为著名。根据世界经济论坛公布的2017年旅游业竞争力指标排行，摩洛哥排在全球第65位，北非地区第1位。[②] 2017年，摩洛哥旅游业对GDP的贡献率为18.6%，旅游业收入达到约200亿美元；旅游业还为拉动经济发展作出许多间接贡献。但是，预计在未来十年（2017—2027年）中，旅游业对总体GDP的贡献率和创造的工作岗位都会逐步降低。[③]

此外，摩洛哥的信息技术业自大约2006年起开始飞速发展，在2009年成为北非第一个安装3G网络的国家。至2017年，摩洛哥国内的互联网用户达到2000万，占总人口的60%以上。截至2015年，电信离岸外包部门雇佣了超过10万名员工，其中7.4万名员工在呼叫中心。呼叫中心对摩洛哥离岸市场贡献了8.8%的增长。将近70%的法国承包商以摩洛哥为主要目的地，在呼叫中心、信息技术离岸外包和业务流程外包等领域进行投资。[④]

三　基础设施环境

基础设施主要是指直接为生产部门和人民生活提供共同条件和公共服务的设施，基础设施建设是经济社会发展的基础和必要条件。总体来看，摩洛哥的基础设施建设水平在2018年全球竞争力报告中得到71.5分，排名第53位，在交通运输、能源电力、网络电信等方面的全球竞争力相对较强，但也面临着各种问题和挑战。[⑤]

（一）交通运输

摩洛哥是非洲的交通和商业中心以及欧洲与西非之间的桥梁，交通运

---

① World Bank, Financial Sector Assessment-Morocco（2016）.

② World Economic Forum, The Travel & Tourism Competitiveness Report 2017.

③ World Travel & Tourism Council, Travel & Tourism Economic Impact 2017-Morocco.

④《摩洛哥电信产业发展现状及投资机遇》，中非贸易研究中心，2017年5月3日（http://news.afrindex.com/zixun/article8894.html）。

⑤ World Economic Forum, 2018 Global Competitiveness Report: Morocco.

输基础设施建设良好。为满足经济发展对基础设施的需求，摩洛哥政府从2010年到2015年投资超过150亿美元用于升级其基础设施。截至2014年，摩洛哥分别拥有约7000英里的高速公路和国道以及5700英里和13700英里的区域道路和省道，总计26500英里。2016年初，交通运输和物流部宣布投入385亿美元用于修建新的农村公路。此外，政府还在努力实现公路运营自由化并加强交通运输安全。摩洛哥的铁路网络拥有800英里的轨道和120个火车站，丹吉尔—卡萨布兰卡高速铁路（225英里）以及卡萨布兰卡—马拉喀什高速铁路（140英里）也在2018年开放。摩洛哥拥有数十个国际机场，可飞往欧洲的各大城市。2017年，摩洛哥机场流量达到2036万人次，首次突破2000万大关。[①] 摩洛哥的港口运输也十分发达，大约98%的商品贸易是通过港口运输的。

（二）能源电力

在摩洛哥的能源消费结构中，石油占能源消耗总量的61%，煤炭占22%，传统生物发电占7%，天然气占5%。[②] 摩洛哥作为北非地区唯一一个没有石油储量的国家，是该地区最大的能源进口国，进口依赖度达90%以上，除从中东地区（沙特阿拉伯、伊拉克）和俄罗斯进口石油之外，还从阿尔及利亚进口煤炭和天然气。

在摩洛哥，电力生产由国家电力局（National Office of Electricity，ONE）统筹管理。2015年，摩洛哥的电力生产能力为8154兆瓦，主要来自煤炭（31%）、燃料和柴油（10%），水电（22%），天然气（25.8%）和风力（9.4%）；2015年的电力消耗为36500吉瓦时，电力产量为28000吉瓦时，其余来自西班牙进口。[③] 除工业和城市用电外，1996年开始实行的农村电气化计划使农村地区的电力消耗也不断增加。总体来看，人均864千瓦时的电力消耗水平远高于世界平均水平313千瓦时[④]，因而能源独立、

---

① Office NationalDesAéroports.

② "Morocco Energy Report", Enerdata. (https://estore.enerdata.net/energy-market/morocco-energy-report-and-data.html)

③ Morocco Country Commercial Guide, Morocco-Energy, Export.gov (https://www.export.gov/article?id=Morocco-Energy).

④ "Installed capacity rising to meet Morocco's growing energy demand", Oxford Business Group (https://oxfordbusinessgroup.com/overview/installed-capacity-rising-meet-moroccos-growing-energy-demand).

能源安全和能源可持续性问题已经得到摩洛哥政府的高度重视，清洁能源如太阳能、风能、水能等的开发正在推进中。据能源、矿业和可持续发展部称，到2030年，该国的能源需求将增加两倍以上。摩洛哥计划到2020年用可再生能源满足42%的电力供应，到2030年满足52%的电力供应。

（三）电信网络

在摩洛哥，手机普及率已经超过100%，2016年3月的用户数达到4800万，有94.1%的摩洛哥网民能够使用移动设备访问互联网；家庭的互联网连接率在2016年达到58%，与2014年的42%相比显著增加，互联网用户数量估计为1880万。[①] 电信行业是摩洛哥非常有发展前景的行业，既有基本的网络基础设施，又有很大的用户需求和用户潜力，还有政府的积极支持。摩洛哥政府已经制定了2022年国家宽带计划，以进一步扩大宽带的服务范围。摩洛哥电信市场领域的竞争呈“三足鼎立”的态势，Maroc Telecom、Orange Morocco 和 Wana Corporate 这三大运营商的总收入占行业总收入的75%以上。相比之下，虽然摩洛哥国内的电话系统包括开放式电线、电缆和微波无线电中继链路，但是运行并不稳定，且速度较慢、价格高昂。

四　劳动力市场

至2019年，摩洛哥总人口达到约3655万人，劳动力人口在2016年达到1069万，约占总人口的30%，其中女性劳动力人口约占25%，男性约占75%，性别差异巨大。摩洛哥的劳动参与率逐年走低（如图II-3-6所示），活跃劳动力人口在2015年仅占一半，表明其国内就业形势的严峻程度。近年来，摩洛哥的总体失业率徘徊在10%上下，而世界银行数据显示2017年全球平均失业率为5.485%，中东北非地区的失业率在2016年平均为10%。摩洛哥拥有政府规定的最低工资标准，摩洛哥工人的工资不得低于这一强制性最低工资标准。摩洛哥的最低工资是公共部门雇员每月约310美元，私营部门雇员每月约265美元，农业劳动力每天约7美

① Morocco Country Commercial Guide, Morocco-Telecommunications, Export. gov（https://www.export.gov/article? id=Morocco-Telecommunications-Prospect）.

元，总体而言最低工资标准设置较高，排在全球第 62 位。[①] 但同时，摩洛哥的劳动力成本较低，仅为 5538 美元，相比于突尼斯、阿尔及利亚甚至中国都有一定优势。[②]

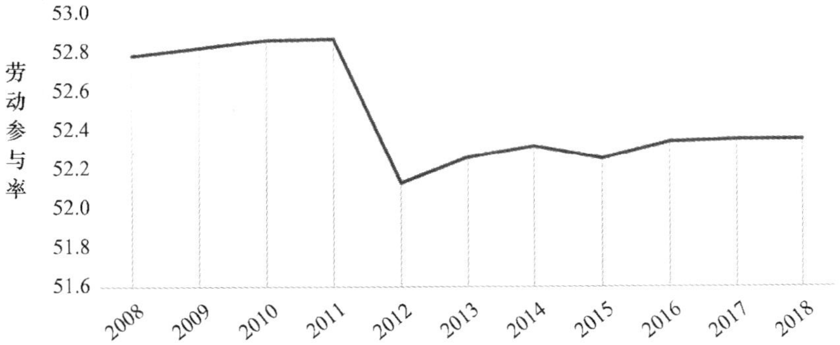

图Ⅱ-2-4　2008—2018 年摩洛哥劳动参与率（%）

资料来源：CEIC，https：//www. ceicdata. com。

摩洛哥劳动力市场面临的挑战首先是青年就业率严重不足。摩洛哥青年（15—24 岁）失业率多年来呈上升趋势，在 2018 年第二季度已经达到 28. 8%，青年失业率居全球第 10 位。[③] 青年失业率居高不下主要是因为人口增长超出了就业需要、正式经济部门创造的工作岗位不足、教育系统提供的技能不足，例如摩洛哥劳动力市场上对法语需求很高，但摩洛哥公立教育几乎都用阿拉伯语授课。总之，青年失业率过高将显著影响摩洛哥经济发展前景。

第二，摩洛哥的就业机会严重不足且质量不高。正规就业的渠道多来自大型企业，而中小企业的经营和发展则面临着诸多限制。在摩洛哥，非正式经济部门创造的就业岗位比例最高，目前吸纳了 240 万劳动力，占活跃劳动力人口的近一半。非正规经济体虽然吸纳了大部分劳动力，但是其

① Minimum-Wage，Morocco Minimum Wage（https：//www. minimum-wage. org/international/morocco）.

② Invest in Morocco，Investment Opportunities and Business Climate in Morocco（www. invest. gov. ma）.

③ Trading Economics，"Youth Unemployment Rate-Morocco"（https：//tradingeconomics. com/country-list/youth-unemployment-rate）.

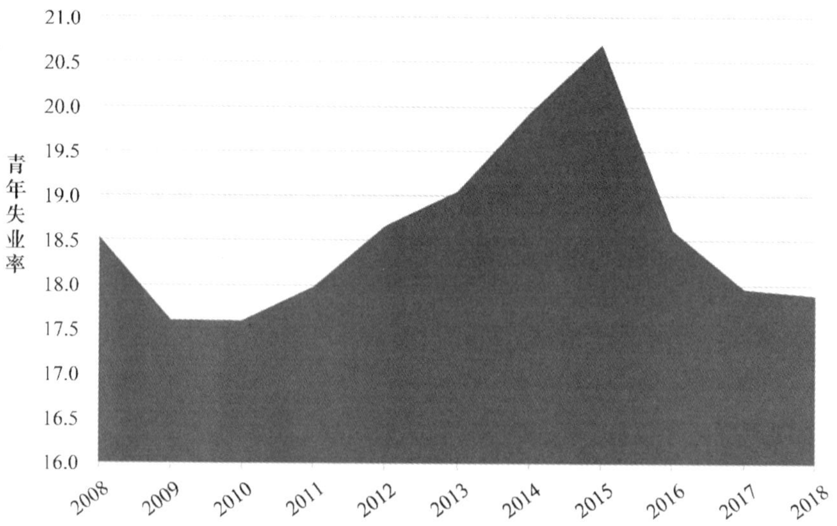

图Ⅱ-2-5　2008—2018 年摩洛哥青年失业率（%）

资料来源：Trading Economics，https：//tradingeconomics. com。

主要从事的是低技能的服务行业，生产效率低下且相关职业保障缺乏。

对此，政府已推出多项措施以促进就业。国家促进就业和技能促进局（ANAPEC）于 2015 年启动了 2020 愿景并推出了三项积极的劳工计划：失业毕业生的工资补贴、青年劳动力技能训练和创业培训及经济援助。与此同时，相关部门也在积极支持小微企业发展，并通过宏观经济和部门政策（例如薪酬改革、灵活的汇率政策等、促增长部门加强协调等）促进创造就业机会。①

五　经济自由化水平

所谓经济自由化，广义上一般包含贸易自由化、金融自由化和国际投资自由化，强调减少政府对经济的干预，以鼓励更大程度上的经济参与，从而提升国家的营商环境竞争力。摩洛哥政府在很大程度上奉行经济自由化道路，摩洛哥的市场经济处于一个平稳渐进的转型发展之中，总体开放

① World bank，"Labor Market in Morocco：Challenges and Opportunities"，April 9，2018（https：//www. worldbank. org/en/country/morocco/publication/labor-market-in-morocco-challenges-and-opportunities）.

和自由趋势良好。低廉的劳动力成本和靠近欧洲的区位优势，是摩洛哥建设多元化、自由化市场经济的两大优势，但相比其他一些中东北非国家而言，摩洛哥的经济转型成效还不够显著。根据贝塔斯曼基金会公布的2018年转型指数，摩洛哥经济转型指数为5.4，排在中东北非地区第8位，全球第70位。[①] 相比于同处北非的突尼斯，以及同为君主制政体的科威特、约旦、巴林、沙特阿拉伯，摩洛哥的经济转型力度还不够大，尤其在社会经济发展水平和福利制度等方面还亟待加强。

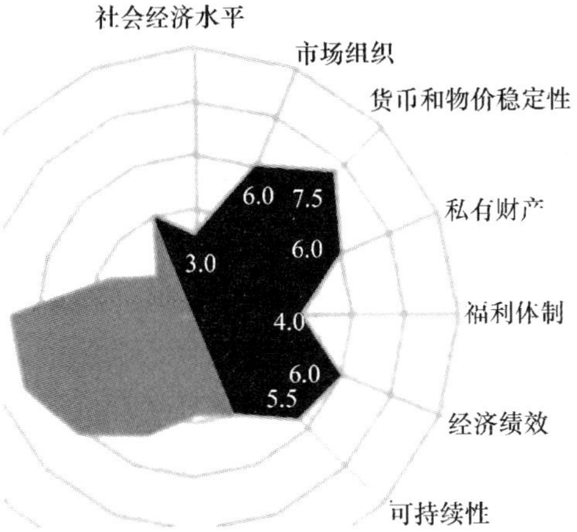

图Ⅱ-2-6　2018年摩洛哥经济转型指数

资料来源：Bertelsmann Foundation，https：//www.bfna.org/。

根据传统基金会（Heritage Foundation）给出的经济自由度指标，2019年摩洛哥的经济自由度得分为62.9，略高于世界和地区平均水平，排名全球第75位，中东北非地区第6位。自2012年起，摩洛哥经济自由度稳定在“相对自由”这一层次。相比于2018年，摩洛哥总分上升1分，主要得益于财政健康、产权保护、司法效率三个方面的改善。总体而言，摩洛哥的市场经济法制建设得分较低，主要问题出在知识产权保护、司法独立与高效、政府廉洁程度方面；此外，劳动力市场缺乏活力始终是一个相当严峻的问题。两项指数都体现出摩洛哥在货币流通和价格控制、贸易和

① BTI 2018 Country Report：Morocco（https：//www.bti-project.org/fileadmin/files/BTI/Downloads/Reports/2018/pdf/BTI_ 2018_ Morocco.pdf）.

金融自由度方面表现良好。

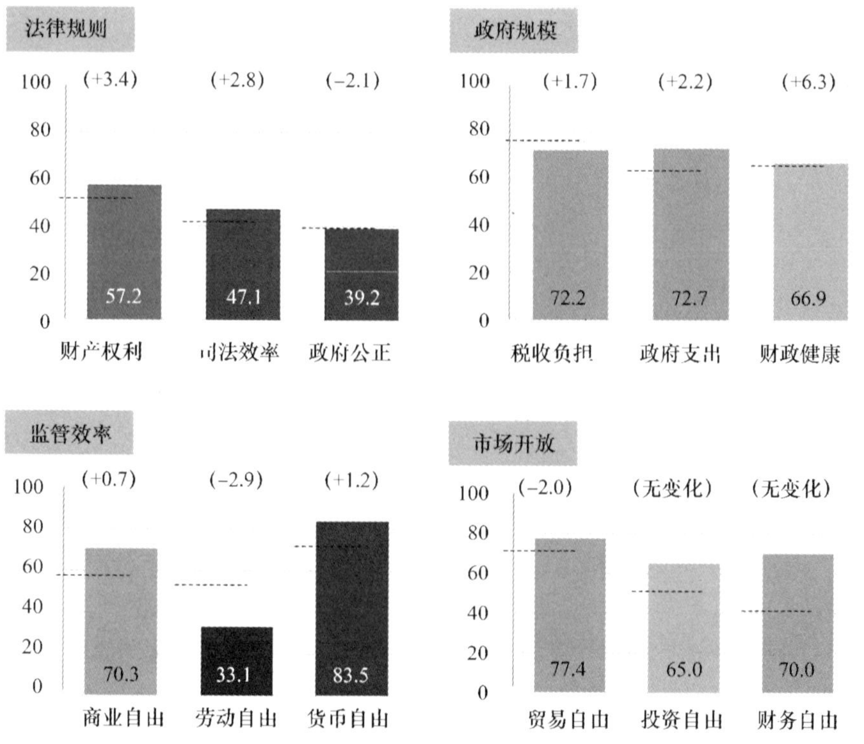

图Ⅱ-2-7 2018年摩洛哥经济自由指数

资料来源：传统基金会。

第三节 政治与社会环境

一 政治环境

（一）国内政治概况

2011年，经由国王穆罕默德六世批准，摩洛哥通过政治改革、宪法修改而转变为君主立宪制国家，国王为国家元首、武装部队最高统帅以及宗教领袖，首相为政府首脑。摩洛哥的最高立法机构即议会为两院制，其中下院的395个席位由直接选举产生，上院的120个席位由间接选举产生。摩洛哥实行多党制，在2016年大选后，正义与发展党再次成为下院第一大党（125 席），除此之外的主要政党还有真实性与现代党（102 席）、独立党（46 席）、全国独立联盟（37 席）、人民运动（27 席），人民力量社会主义联盟（20 席）。

2010 年底，“阿拉伯之春”爆发，中东北非多国发生暴力事件和政权更迭，摩洛哥也受到波及，国内发生数次游行示威，但由于国王穆罕默德六世迅速以民主化改革回应民众的变革诉求，摩洛哥政局保持了相对稳定，安全形势较为良好。以脆弱国家指数（Fragile States Index）为指标，摩洛哥的排名自 2007 年以来都在 80—100 位，但近年来在群体申诉、人力资本外逃与人才流失两方面的情况越发严重。[①] 以全球和平指数（Global Peace Index）为指标，摩洛哥在 2011 年排名第 58 位，2012 年排名第 54 位，但自 2015 年以来其排名有所降低，2016 年跌至第 91 位，2018 年回升至第 71 位。[②] 根据化险集团（Control Risks）2018 年公布的中东北非风险地图，摩洛哥的安全风险水平为低等，政治风险水平为中等，远好于其他北非国家，并与约旦、阿曼、阿联酋、卡塔尔、巴林五大君主国一道成为中东北非地区相对安全指数最高的国家。[③] 总体而言，摩洛哥的稳定程度与和平程度在北非国家中排名第一，在中东北非地区也名列前茅。

（二）政治民主化进程

2011 年 2 月，受“阿拉伯之春”运动影响，摩洛哥开始爆发一系列抗议活动。卡萨布兰卡、丹吉尔和马拉喀什的市民走上街头，要求制定新宪法、改组政府、严惩腐败、解决失业问题、进行教育和医疗改革。对此，国王于 3 月 9 日在电视直播中宣布他决定进行全面的宪法改革，提升国家民主与法治水平，并随后成立了一个修宪委员会，要求委员会在 6 月之前拿出新的宪法草案，并进行全民公决。6 月 17 日，国王宣布了一系列宪法改革措施，并在 7 月 1 日进行了全民公决。最终，新宪法草案以 98.49% 的支持率得以通过。

---

① Fund for Peace, “Fragile States Index 2006 – 2018”（http://fundforpeace.org/fsi/data/）.

② Institute for Economics and Peace, “Global Peace Index 2007 – 2018”（http://visionofhumanity.org/app/uploads/2018/06/Global-Peace-Index-2018-2.pdf）.

③ Control Risks, “RiskMap 2018 Middle East and North Africa”（https://cdn-prd-com.azureedge.net/-/media/corporate/files/riskmap-2018/maps/riskmap-2018-map-regions-mena-a3.pdf?modified=20171207113620）.

如前所述，新宪法草案的不同主要体现在：第一，首相的权力扩大。首相由在议会选举中领先的政党中产生，并拥有解散议会、提名和罢免大臣、主持政府委员会等多项重要权力。而旧宪法中上述权力均为国王所有，且首相也由国王任命。第二，两院中众议院的权力得到加强。众议院在五分之一议员支持的情况下即可对重要官员展开调查，或在获得三分之一议员支持的情况下对大臣进行弹劾，同时还将取代国王行使大赦权力。第三，司法独立的精神得到强调。国家的司法体系将由一个由法官与全国人权委员会共同组成的最高委员会掌管，而司法大臣被排除在委员会之外。第四，少数族裔的权利得到支持。柏柏尔语成为官方语言，并将被纳入教育和公共生活领域，得到进一步正式化和普及化。

根据阿拉伯改革倡议（Arab Reform Initiative）的“阿拉伯国家民主指数”报告（Arab Democracy Index 5），摩洛哥已连续四年被评为“北非最民主国家”，且与其他国家的分差越拉越大。[①] 虽然相比很多中东北非国家，摩洛哥的“转型”更为平稳和成功，甚至被称为北非“民主化的典范”，但它还远非一个西方式的民主国家。摩洛哥王室仍然掌握着国家的绝对权力，而摩洛哥政府的影响力仍然有限，大多数情况下只能作为一般的官僚和执行机构，充当王室决策的执行者。此外，摩洛哥在《经济学人》智库的2018年民主指数中，在165个国家中排名第100位，得分为4.99分（满分10分）。摩洛哥位列以色列和突尼斯之后在中东和北非地区排名第3，但属于“独裁政权”与“有缺陷的民主国家”的混合体，这是因为该报告将阿尔及利亚和埃及（中东和北非地区的第9和第10）分类为专制政权。[②] 该报告认为摩洛哥的“政治和商界精英继续受到全国范围内对生活成本上升的不满情绪的挑战”，“摩洛哥的社会动荡将会持续”，这是因为政治上的斗争和大型企业之间的竞争，以及政治与经济上的不平等难以得到充分解决。[③]

---

① Arab Reform Initiative, “Arab Democracy Index 5” (https://www.arab-reform.net/en/node/1057).

② The Economist, “Democracy Index 2018” (http://www.eiu.com/topic/democracy-index).

③ Zakaria Ouadghiri, “The Economist: Morocco’s Political System Lying Between Authoritarianism, Democracy”, *Morocco World News*, Jan 10, 2019 (https://www.moroccoworldnews.com/2019/01/262974/economist-morocco-politicalauthoritarianism-democracy/).

二 社会文化环境

（一）宗教与民族环境

摩洛哥在文化和宗教方面是一个伊斯兰国家，近99%的摩洛哥人是逊尼派穆斯林。此外，也有少量摩洛哥人信仰基督教、犹太教、巴哈伊教等其他宗教，占总人口的约1%。[①] 在罗马统治时期，罗马天主教就在摩洛哥生根，但在伊斯兰教传播到此地之后，基督教的信徒大大减少；19世纪摩洛哥虽是西班牙和法国的殖民地，但大部分信仰者还是欧洲的外来人口。据美国国务院2017年估计，摩洛哥的基督教徒可能超过4万人。[②] 摩洛哥境内的犹太教徒在以色列建国之后大量外迁。据估计，2014年摩洛哥犹太教徒为3000—4000人，主要为老年人。由于这两大宗教少数群体倾向于保密自己的宗教信仰，因此很难统计出确切数据。摩洛哥宪法在宗教自由问题上的表述较为模糊，一方面没有公开声明宗教自由，另一方面也没有禁止国民转变宗教信仰；但是在宗教自由问题上的社会争议较为激烈，因而摩洛哥的非穆斯林群体对自己的信仰保持低调。[③]

在民族方面，摩洛哥的主体民族是阿拉伯—柏柏尔人，占总人口的99%，他们从血统上讲几乎都是柏柏尔人，但因受到的文化教育不同而被区别为阿拉伯人和柏柏尔人。约60%的摩洛哥人受到阿拉伯的文化教育，并将自己看作阿拉伯人，剩下约40%的非阿拉伯化的摩洛哥人则是柏柏尔人。在摩洛哥1956年获得独立后，国王哈桑二世在国家各个领域推行阿拉伯化政策，对柏柏尔人的语言、教育、就业、政治权利、社会权利都采取了一系列限制。柏柏尔人的民族主义近年来有所增长，主要体现在要求更多地承认他们的语言、文化。一些柏柏尔人认为“柏柏尔人”（Berber）是歧视性的称呼，因为其含义为“野蛮人”；相反，他们称自己为“阿马齐格”（Amzigh），意思是“自由人”。在2019年1月，摩洛哥议会

---

① CIA，“The World Factbook-Morocco”（https：//www. cia. gov/library/publications/the-world-factbook/geos/mo. html）.

② USCIRF，“International Religious Freedom Report for 2017”（https：//www. uscirf. gov/reports-briefs/annual-report/2017-annual-report）.

③ Sami Elmoudni，“Freedom of Religion in Morocco：The Silent Minorities”，*Morocco World News*，Nov 1，2016（https：//www. moroccoworldnews. com/2016/11/200271/freedom-religion-morocco-silent-minorities/）.

中的百余名议员共同向总理提出动议，将“阿马齐格新年”定为国庆节。随后在“阿马齐格新年”的1月14日，数百名柏柏尔人聚集在首都拉巴特进行静坐，以此表达自己的态度。[1] 穆罕默德六世登基以来，柏柏尔人的社会处境逐步好转，但对柏柏尔人的歧视性政策至今也没有完全消除。2009年，摩洛哥政府的民事登记员还拒绝登记姓名“非摩洛哥化”的新生儿[2]。

（二）教育事业

发展教育是摩洛哥的一项优先议程，公共教育支出一般可达到GDP的5%。在1999年，摩洛哥政府发起了一项名为“卓越十年”（Decade of Excellence）的计划，对国家的教育系统进行改革，完善了从学前教育到大学教育的各阶段教育规划，并引进美国的教育制度。2014年，摩洛哥文盲率下降至32%，而十年前这一比例为43%；年龄在15岁以下的人口的文盲率仅为3.7%。[3] 1999年以来，摩洛哥教育开支占GDP总额的比例一般为5.3%—6.3%，高于世界平均水平；但根据联合国公布的教育指数，2015年摩洛哥的教育指数仅为0.503，排名第140位，主要问题在于平均受教育年限太低。[4]

根据联合国教科文组织的数据，2017年，摩洛哥的小学生人数约为421.1万，初中生约为174.9万，高中生约为109.8万；摩洛哥的学前教育入学率为男童58%、女童42%，小学入学率为男童90%、女童87%，初中入学率男女均为47%，高中入学率为男生25%、女生27%。[5] 这些数据既体现出摩洛哥儿童从小学升入中学的“教育断层”，也体现出教育

---

① “Morocco's Amazigh Push for Official Recognition of Their Mew Year”, *AL JAZEERA*, 14 Jannary, 2019 (https://www.aljazeera.com/news/2019/01/morocco-amazigh-push-official-recognition-year-190114075223681.html).

② Human Rights Watch, “Morocco: Lift Restrictions on Amazigh (Berber) Names” (https://www.hrw.org/news/2009/09/03/morocco-lift-restrictions-amazigh-berber-names).

③ Amjad Hemidach, “Illiteracy Rate in Morocco Decreases to 32 Percent”, *Morocco World News*, Oct 17, 2015 (https://www.moroccoworldnews.com/2015/10/170473/illiteracy-rate-in-morocco-decreases-to-32-percent/).

④ United Nations, “Human Development Report 2016” (http://hdr.undp.org/sites/default/files/2016_human_development_report.pdf).

⑤ Education Policy And Data Center, “National Education Profile 2018: Morocco” (https://www.epdc.org/sites/default/files/documents/EPDC_NEP_2018_Morocco.pdf).

领域的男女不平等状况仍然存在。教育领域存在的各种问题对摩洛哥的劳动力市场以及整体经济发展都产生了重大影响。例如，摩洛哥信息通信产业正处在迅猛发展的阶段，却受制于专业人才短缺的严重问题。尽管最近几年摩洛哥各地成立了一些专门培养信息人才的高等教育机构，但全国每年相关专业毕业生仅1500人，实际需求则达到5000人。

（三）医疗卫生服务

在医疗方面，摩洛哥有医疗保险、社会保险、养老保险等，医疗系统分为公立和私立两部分。摩洛哥的公共卫生基础设施由2689个初级保健单位和144个医院组成，共提供了大约22100个床位。摩洛哥私营部门的卫生基础设施正在扩大并发挥着不可忽视的重要作用，目前私营部门已经建立起6763个外科中心和439个诊所，主要位于卡萨布兰卡、拉巴特和马拉喀什等城市中心。[①] 私营部门的积极参与主要得益于2014年以来的医疗改革，但这也反向证明了摩洛哥公共部门的能力太过有限。随着卫生服务需求的增加，摩洛哥政府正在寻求改造现有设施并投资新设施。例如，摩洛哥正计划在未来几年内向拉巴特、卡萨布兰卡、非斯、乌季达和马拉喀什的现有机构增设五所新的大学医院。

2015年摩洛哥全国医疗卫生总支出占GDP的5.5%，全社会医疗健康总支出中，自费支出占50%以上；按购买力平价计算，人均医疗健康支出435美元，而政府医疗健康支出则仅有188美元，远低于突尼斯（436美元）。[②] 因此，摩洛哥的家庭健康支出很高，给一般家庭带来了较为严重的负担。

此外，医务人员短缺和分配不均是摩洛哥医疗保健系统中的严重问题。面对卫生服务需求的不断增加，摩洛哥政府到2020年为每1000名居民提供一名医生。为此，在2020年愿景下，政府已经确定了每年培训3300名医生的目标。然而，近来每年仅有900名医学生从摩洛哥的五所公立医科大学毕业，护理等专业的毕业生则更少，因而医疗方面的高等教

---

① Oxford Business Group, Access to health care broadens in Morocco（https://oxfordbusinessgroup.com/overview/forward-steps-access-care-has-broadened-and-infrastructure-improved-challenges-remain）.

② "Domestic general government expenditure on health per capita based on PPP", *Knoema*（https://knoema.com/atlas/topics/Health/Health-Expenditure/Government-expenditure-on-health-per-capita-based-on-PPP）.

育的供给不足问题必须得到解决。

第四节　商业与政策环境

一　商业环境

(一) 营商便利度

根据世界银行给出的营商便利度（Doing Business）指数，2018 年，摩洛哥的营商便利度为67.91，排名全球第 69 位，中东北非地区第 3 位，北非地区第 1 位，其中做生意最便利的地区为苏斯—马萨—德拉大区（Souss-Massa-Draâ）。而在 2010 年，摩洛哥仅排名第 128 位。

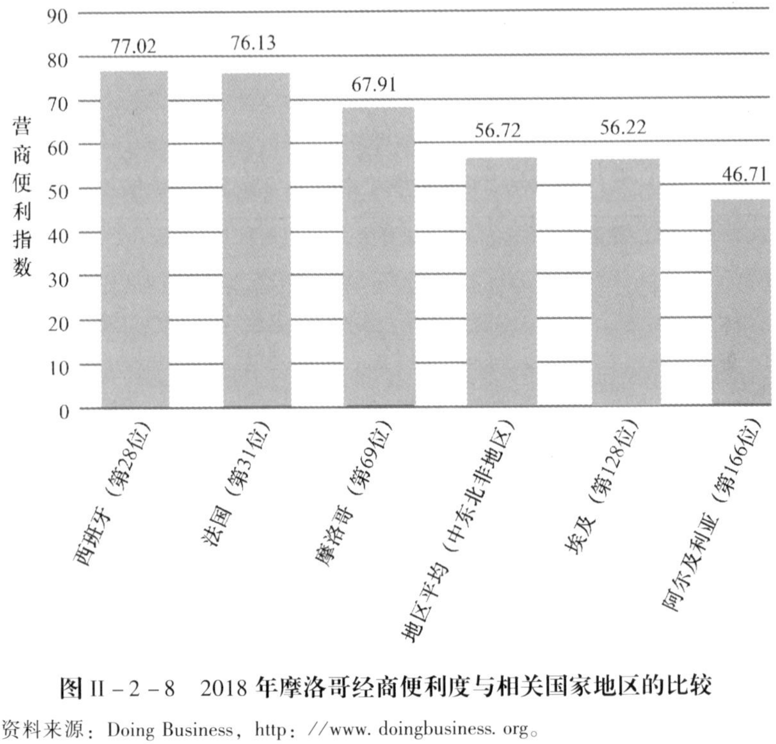

图Ⅱ-2-8　2018 年摩洛哥经商便利度与相关国家地区的比较

资料来源：Doing Business，http：//www. doingbusiness. org。

摩洛哥政府近年来进行了一些商业改革，以提高本国的营商便利程度。例如，在开办企业的程序方面，通过降低公司注册费、取消向劳动部提交公司注册声明的必要程序、通过在线平台降低注册费用、将印花税支付和企业注册申请结合办理等措施，使创业过程变得更为便利。在获得信贷、保护少数投资者、跨境贸易、纳税等方面，也采取了简化程序、降低费用、提高透明度等新措施。但是，也有部分商业改革措施给企业带来了更多的负担，如2018年摩洛哥政府在财产登记方面提高了登记费用。总体而言，在中东北非地区，摩洛哥的经商便利程度是越来越高的。

从具体指标来看，在摩洛哥进行商业和投资活动的相对优势有以下几点：(1) 开办企业便利度高，办理程序较少，花费时间较短，且不存在男女歧视；(2) 办理施工许可证便利度高，办证成本较低，且建筑质量要求较高；(3) 纳税便利度高，纳税次数较少，程序便利，花费时间较少。但同时，在摩洛哥经商的劣势也较为明显：(1) 物权登记便利度较低，花费成本较高；(2) 获得信贷便利度低，合法权利难以得到保障；(3) 办理破产便利度低，回收率较低，破产框架效用低，办理手续不便利。

表Ⅱ-2-2　2018年摩洛哥经商便利度指标及与最佳表现国的差距

	摩洛哥排名	摩洛哥分值	最佳表现（国家）	差距值
开办企业	35	92.46	99.96（新西兰）	7.50
办理施工许可	17	79.73	86.79（丹麦）	7.06
获得电力	72	76.52	99.92（阿联酋）	23.40
登记财产	86	64.35	94.47（新西兰）	30.12
获得信贷	105	45.00	100.00（新西兰）	55.00
保护少数投资者	62	58.33	85.00（哈萨克斯坦）	26.67
纳税	25	85.72	99.44（阿联酋）	13.72
跨境贸易	65	81.12	100.00（卢森堡、荷兰）	18.88
执行合同	57	61.85	84.15（韩国）	22.30
办理破产	134	34.03	93.75（日本大阪）	59.72

资料来源：Doing Business，http：//www.doingbusiness.org。

(二) 营商阻碍因素

除一些营商不便性因素外，还有至少三大问题会阻碍外国企业在摩洛哥开展商业活动。首先，非正式经济体的无序发展对整体的营商环境造成不良影响。一些非正式经济体以低于成本的价格提供产品，因为它们可以不缴纳税收和社保，也不向就业者提供劳动合同，并向雇员支付低于最低工资标准的工资。非正式经济体的这些特征又使它们能够与正式经济体相竞争。摩洛哥国内的非正式经济体规模庞大，预计能占到国内生产总值的40%，而需要在商业活动中与非正式经济体相竞争的企业占到47.3%。[①]

第二，腐败问题使企业经营面临各种额外负担。根据透明国际（Transparency International）报告的2017年腐败感知指数（Corruption Perceptions Index），摩洛哥的腐败感知指数为40.00，不腐败程度仅在175个国家中排名第81位，在中东北非地区排名第8位。[②] 从2012年到2017年，指数显示，摩洛哥的腐败问题并没有得到明显改善。在摩洛哥，主动或被迫向海关、税务等官僚机构行贿的行为层出不穷。虽然根据摩洛哥刑法，主动和被动贿赂、勒索和滥用职权等都是违法行为，并且有关腐败、诚信和透明度的监管框架已经建立，但是仍然存在“有法不依，执法不严”的问题。

第三，劳动力技能不足严重制约了企业发展能力。高等教育人群本应当是推动国民经济发展的主力军，然而根据非洲开发银行的报告，摩洛哥大学生群体普遍存在专业分布不均衡和就业技能不匹配问题，严重影响了大学生就业形势。有大约75%的大学毕业生学习的是社会科学类、教育类、人文类学科，仅有18%的毕业生学习的是自然科学类、科技类、工程类专业，而私人经济部门正是需要有这方面知识背景的员工。[③] 自2013年以来，大学毕业生失业率已经翻了一番，达到28%，并且该形势将在未来几年继续恶化。目前，摩洛哥失业人口中有34.2%都获得过大学学历，相反，就业人口中却有52.2%未获得过大学学历。[④] 就业率、专业对口率与劳动力素质、劳动力技能之间的严重不匹配，是制约摩洛哥经济社会发展的一项严峻问题。

---

① Netherlands Enterprise Agency, “Business Opportunities Report for Morocco's Renewable Energy Sector” (https://www.rvo.nl/sites/default/files/2018/06/Business-opportunities-report-for-moroccos-renewable-energy-sector.pdf).

② Transparency International, “Corruption Perceptions Index 2017” (https://www.transparency.org/news/feature/corruption_perceptions_index_2017).

③ Netherlands Enterprise Agency, “Business Opportunities Report for Morocco's Renewable Energy Sector” (https://www.rvo.nl/sites/default/files/2018/06/Business-opportunities-report-for-moroccos-renewable-energy-sector.pdf).

④ Ahlam Ben Saga, “Higher Degrees Yield Lower Employment in Morocco: HCP Report (https://www.moroccoworldnews.com/2018/08/251549/universities-produce-graduates-jobs/).

二 政策环境

（一）法律法规体系

摩洛哥与对外贸易相关的国内法律有《商法》《对外贸易法》《商业仲裁法》《海关和间接税法》《对外贸易法实施法令》等。摩洛哥为吸收国内外投资和推动经济自由化，通过简化程序、引进新的法律条款、改善投资环境、为私人经营者提供更完善的法律保护等措施。

在国际投资领域，摩洛哥法律法规大多遵循欧洲标准，在某些方面也遵循美国标准和国际标准。在劳工权利保障方面，摩洛哥参照联合国公约的国际标准，为劳工提供的权利保护措施包括：工会自由权，采取有效措施共同组织及协定的权利；否决任何形式的工作强制；废除童工制；禁止就业及职业歧视；公平合理的薪资水平。在反不当竞争方面，政府出台的自由定价和竞争相关法律条约对竞争保护措施作出了明确规定。在个人信息保护方面，摩洛哥出台了编号 09－08 法律，就有关个人资料处理的保护措施作出了一系列的规定，旨在保护个人身份、权利、个人及集体自由以及防止通过攻击电脑窥觑个人隐私的行为。随着编号 09－08 法律的实施，摩洛哥成为阿拉伯乃至非洲国家中首个拥有完善的个人资料保护体系的国家，跻身于个人资料转移安全目的地国家之列。① 在知识产权保护方面，摩洛哥也依照世贸组织中的与贸易相关的知识产权条约（TRIPS），世界知识产权组织互联网条约（WIPO Internet Treaties）、世界知识产权组织版权条约（WCT）、表演与录音制品条约（WPPT）的标准来实践。但是，摩洛哥国内的知识产权保护意识仍然欠缺，纺织品、皮革制品、电子产品、汽车零件及化妆品等都是假冒商品的重灾区。②

在投资争端仲裁与调解方面，摩洛哥制定了与国际法规相协调的仲裁法规，并在 1997 年设立了特别商事法庭。争议可以在位于拉巴特、卡萨布兰卡、非斯、丹吉尔、马拉喀什、阿加迪尔、乌季达和梅克内斯的八个商事法庭，以及位于卡萨布兰卡、非斯和马拉喀什的三个商业上诉法院提

---

① Moroccan Investment Development Agency，“Laws and Regulation，Invest in Morocco”（http：//www. invest. gov. ma/？lang = en&Id = 17）.

② U. S. Bureau of Economic and Business Affairs，“2018 Investment Climate Statements-Morocco”，July 19，2018.

出。然而，法官在一般商业事务上缺乏培训仍然是阻碍摩洛哥有效商业纠纷解决的主要问题。[①]

（二）行业鼓励政策

2009 年，摩洛哥提出了“国家工业发展计划”，为大规模引入外商投资奠定了基础。该计划侧重于发展摩洛哥具有比较优势的出口导向经济部门，包括已经吸引了大量外商直接投资的汽车、航空、电子和离岸外包四个行业部门，以及主要由国内投资供资的皮革、食品加工和纺织三个行业部门。该计划在过去 10 年里为制造业创造了 7.5 万个就业岗位。在 2014 年 4 月，摩洛哥提出一项“工业加速计划”，计划拨款 25 亿美元，将国民经济中的制造业份额从 14% 提高到 23%，并在 2020 年前后创造 50 万个就业岗位。

根据摩洛哥投资发展署的信息[②]，在其他具体的行业战略方面，摩洛哥政府各部门主要做了如下战略规划。

在旅游业方面，2010 年摩洛哥政府提出了“2020 愿景”，计划到 2020 年，游客量达到 2000 万人次，新建 20 万张酒店床位，旅游业 GDP 从 2010 年的 600 万美元上升到 1700 万美元。此外，为促进旅游业发展，摩洛哥拟将卡萨布兰卡机场发展为通往中非和西非的国际交通枢纽，将马拉喀什机场打造成欧非两大洲之间的交通枢纽。

在能源行业，摩洛哥提出了“太阳能计划 2020”（2009 年提出太阳能计划，2010 年提出风能计划），拨款 1895 万美元，目标是使 2020 年可再生能源产量（风能、太阳能和液压能源）占全国能源产量的 42%，太阳能发电占总发电量的 14%，太阳能发电容量达到 2000 兆瓦，风力发电容量达到 2000 兆瓦。此外，政府还提出了液化天然气行业计划，在投资、管道铺设、终端建设和电厂联合网络方面提出目标。在矿业方面提出了“2025 计划”，争取到 2025 年实现周转率翻三倍达到 150 万美元，投资额翻十倍达到 40 万美元，就业岗位翻两倍达到 30000 个。

在农业领域，摩洛哥提出了“绿色摩洛哥计划”（2008 年提出），旨

---

① U. S. Bureau of Economic and Business Affairs，“2018 Investment Climate Statements-Morocco”，July 19，2018.

② 摩洛哥投资发展署（http：//www. china-invests. net/ma/InvestMorocco/logistics. html）。

在实现高技术、高附加值的农业现代化生产，到 2020 年使国内生产总值中的农业贡献增加 100 亿美元，公共和私人投资达到 150 亿美元，创造 115 万个就业岗位，并使乡村地区近 300 万人的收入增至 3 倍。在渔业发展上，摩洛哥还提出了 2020 渔业发展计划，目标是通过将鱼类的增值额提升 3 倍，即从 2007 年的 83 亿迪拉姆提升至 2020 年的 220 亿迪拉姆，增强渔业部门对国民经济的贡献；到 2020 年，将用于工业和水产养殖业的地面工作站由 61650 个增加至 115000 个、将间接雇佣人员由 488500 个增加到 510200 个；鼓励正规经济部门发展，降低非正规部门的权重，将其营业额减至渔业部门总营业额的 15%；将海鲜产品出口值从 2007 年的 12 亿美元提升至 43 亿美元；通过特殊举措发展水产养殖，将渔业产量从当前的 103.5 万吨提升至 160 万吨；鼓励国内鱼类消费，在当前人均消费 16 公斤/年的基础上增加人均 10 公斤/年的消费量。①

在物流行业，摩洛哥提出“2016 计划”（2010 年提出），旨在提升国家物流竞争力，目标是到 2016 年，将物流行业成本从占 GDP 20% 降至 15%，并建成由 70 个多流物流区组成的国家物流网络（主要分布于乡镇地区）。这项宏大的物流战略项目将拉动 GDP 每年 0.5% 的增长，即 10 年内带动 5% 的增长。在 2010 年至 2015 年，87% 的物流园区开发已经由公共组织完成，74% 的物流建筑由私人运营商完成。仅卡萨布兰卡就有 500000 平方米的后勤大楼在这 5 年中建造。此外，摩洛哥还创造了 2 万个新工作岗位和 5000 多个新公司。物流行业的战略实施成效已经可以得到评估。自 2010 年实施物流战略以来，这一部门的年营业额增长率已达到 5.2%，超过全国平均水平 3.9%，营业额达到 210 亿迪拉姆（约 20 亿美元）。② 2016 年 6 月 22 日，摩洛哥的设备、运输和物流部长主持了“评估国家物流战略成就及发展前景”会议。部长指出，摩洛哥目前拥有约 600 公顷的开发土地，可以在卡萨布兰卡、丹吉尔、阿加迪尔、肯尼特拉、梅克内斯等城市的综合工业平台内建立现代物流平台。国家物流服务

① “Halieutis Plan”, *Food From Morocco* (http://www.foodfrommorocco.ma/en/secteur-maritime/halieutis-plan).

② “Dutch Business Opportunities Transport & Logistics Sector Morocco”, Netherland Ministry of Foreign Afairs, March 2018 (https://www.rvo.nl/sites/default/files/2018/05/Transport-and-Logistics-sector-Morocco.pdf).

的重大发展吸引了大量专业化的国际公司，使摩洛哥成为可以为全非洲提供服务的后勤枢纽中心。此外，该战略的实施在物流贸易培训和改善国家主要物流链方面取得了巨大进展。[①]

在电信行业，政府于2009年提出了“2013摩洛哥数字化计划”，目标是实现宽带的全国普及，鼓励适用于中小企业的信息技术和产品的研发，发展电子政务，使摩洛哥成为区域性科技中心。到2016年底，ICT产业将做到总收入超过66.8亿美元；为国内生产总值贡献额外的26.6亿美元；创造58000个工作岗位。

在零售行业，政府提出了“展望2020 Rawaj”计划以促进产业发展，目标是争取在2020年开600家超市，其中有超过50家大型超市可创造将近80000个工作岗位；建立15个购物中心，总共可容纳3000个连锁商店和现代贸易设施，并可创造近21000个工作岗位；创建15家品牌直销购物中心、折扣店和工厂店，可创造5000个工作岗位；将当前的贸易GDP增至980万迪拉姆；促使贸易对GDP的贡献率达到12.5%；将零售业年增长率提高至8%。

摩洛哥的各项行业战略及发展计划都强调其国际定位，注重发挥连接欧非的区位优势和政治经济平稳运行的国内优势，并在此基础上提供良好的商业活动环境，不断增强各行业的投资吸引力和出口能力。

（三）外商投资优待政策

摩洛哥政府制定的外商投资激励政策主要包括政府基金补贴和免税两方面。摩洛哥政府设立了“投资促进基金”，总额为200亿迪拉姆，主要针对工业部门。该基金可补贴企业购置房产的部分费用（最高可达20%）、外部基础设施的部分费用（一般工业部门补贴投资计划总额的5%，纺织业补贴10%）以及职业培训的部分费用（最高可达20%），但需要满足以下条件中的至少一个：3年内投入2亿迪拉姆及以上；在指定投资省份进行投资；在3年内创造至少250个稳定工作岗位；提供技术转让；有助于发展环境保护事业。此外，还有“哈桑二世经济和社会发展基

---

① AMDL，“Logistics in Morocco：Significant Achievements，Major Challenges，and Promising Prospects”（http：//www.amdl.gov.ma/amdl/june-22-2016-logistics-in-morocco-significant-achievements-major-challenges-and-promising-prospects/）.

金”，针对汽车、航空、电子产业、化工产业、制药业、生物技术产业等领域投资不少于500万迪拉姆（其中设备投资不少于250万迪拉姆）的项目。基金出资用于投资商项目厂房建筑，资助额为厂房建筑价款的30%（以每平方米2000迪拉姆为最高价限）；基金出资用于投资商购买新设备，资助额为购买新设备款的10%（不包括进口关税等税收费用）。最高提供总投资额15%的补助，上限为3000万迪拉姆。①

在免税政策方面，投资额达到或超过2亿迪拉姆的企业，与政府签署协议，自项目开始实施起三年内，进口项目所需设备物料及其配件时，免缴关税和进口增值税。此外，摩洛哥在丹吉尔、德土安、乌季达、盖尼特拉、非斯、梅克内斯、拉巴特、卡萨布兰卡、马拉喀什、阿加迪尔等地区都设立了出口免税区。在这些出口免税区内，所有企业在前5年可享受免公司利润税，第二个5年可享受公司利润税减半。此外，在出口免税区内还能够享受更多税收优惠：免除进口关税和进口环节增值税；免生产和消费税、出口税；企业建立、增资、扩大规模、购买土地可免注册税和印花税；免缴城市税、营业税15年；外国投资者的股份及类似收益免纳税；来自外国及其管辖地区的货物免缴增值税。②

第五节 中摩营商投资合作前景

一 中摩经贸人文合作现状

中国与摩洛哥于1958年11月1日建交。建交60多年来，两国关系持续、健康发展，高层互访频繁。2016年5月，摩国王穆罕默德六世应国家主席习近平邀请来华进行国事访问，两国元首共同签署了《关于建立两国战略伙伴关系的联合声明》。明确指出要深化两国在石油、矿产、农业、环保、基础设施建设等领域的合作，拓展在可再生能源等新领域的合作，发展在工业、冶金、电子等领域的伙伴关系，扩大两国贸易规模，提升贸易流通便利性。中摩两国为鼓励和便利中国企业在摩洛哥开展商业投

---

① 《摩洛哥投资环境与税赋政策》，中非贸易研究中心，2015年7月30日（http：//news.afrindex.com/zixun/article7132.html）。

② 商务部国际贸易经济合作研究院：《对外投资合作国别（地区）指南·摩洛哥》，2017年版，第48页。

资活动，在1995年签订了《投资保护协定》，在2002年签署了《避免双重征税协定》。2014年11月，摩政府在北京召开中摩经贸论坛。2017年6月，中摩能源合作执委会首次会议在摩召开。目前，摩洛哥是中国在非洲的第十大贸易伙伴，中国是摩洛哥第三大贸易伙伴；但双方目前投资合作的规模还不大，主要涉及渔业、塑料加工、摩托车组装等行业。

在双边贸易方面，2016年以来，在我国对非贸易整体下滑的背景下，中摩双边贸易仍保持稳定较快增长，显示两国经贸合作具有坚实基础。2018年中摩双边贸易额再创新高，达43.9亿美元，比上一年增长14.74%。其中，中国对摩洛哥出口36.81亿美元，同比增长15.89%；中国自摩洛哥进口7.09亿美元，同比增长9.13%。[①] 从贸易结构看，摩对中国出口主要商品为矿砂、饲料制品、水产品、航天器及零件等；中国对摩出口商品主要为机电产品、机械设备、咖啡和茶叶等。

在直接投资方面，中国对摩洛哥的直接投资仍处于起步阶段，投资规模较小，但增长态势明显。根据摩洛哥外汇管理局公布的数据，2016年摩洛哥吸收外资流量为228亿迪拉姆（约合23.22亿美元），但是2016年中国对摩洛哥直接投资流量仅为1016万美元，不到摩洛哥吸收的外国直接投资的1%。但是中国对摩直接投资在2011年至2015年期间增长了195%。[②]

在人文交流方面，中国游客赴摩洛哥的旅行潮也在2016年6月1日摩洛哥对中国公民实行免签后不断高涨。据摩洛哥国家旅游局中国代表处统计，2017年中国赴摩游客数量近12万人次，而仅2018年1—5月，中国赴摩游客人数已经达到10万人次。另据摩洛哥旅游局统计，中国游客在摩的人均消费水平达到欧洲游客的两倍。目前，摩洛哥国家旅游局已在北京开设了办事处，并就新的双边旅游协议加紧谈判。在2018年2月于卡萨布兰卡举办的中摩旅游论坛上，摩洛哥旅游、航空运输、手工业与社会经济大臣萨吉德表示，摩方高度重视中摩旅游合作，将不断改善酒店、

---

① 中华人民共和国商务部：《中国—摩洛哥2018年双边贸易再创新高》，2019年2月3日（http：//www. mofcom. gov. cn/article/i/jyjl/k/201902/20190202833303. shtml）。

② "China to Become Important Source of FDI in Morocco：Minister"，*Morocco World News*，June 25，2016（https：//www. moroccoworldnews. com/2016/06/190105/china-to-become-important-source-of-fdi-in-morocco-minister/）.

交通等配套设施与服务，提高承接能力，推动两国开通直航线路，期望到2020年实现每年吸引中国游客50万人次。①

二 “一带一路”背景下的中国对摩投资主要成果

在中国提出“一带一路”倡议后，中摩在2017年11月签订了中摩两国共建“一带一路”谅解备忘录，为两国在“一带一路”框架下推进商业投资合作提供了重要支持。在备忘录签署同日，摩洛哥与中国就商定在非斯设立经济特区，吸引中国在汽车、航空、可再生能源等领域投资。2018年9月5日，摩洛哥阿提扎利瓦法银行与中国银行在北京签署了合作备忘录，旨在加强双方在信息经验交流、共建“一带一路”、大项目融资和人民币交易等领域合作。为吸引中国投资，摩洛哥政府不仅专门针对中国企业投资设立了20亿美元的政府基金，还承诺提供中国企业进入欧美市场的“跳板”，并另启动了一项为期5年的《工业加速计划》来对接中方资本。目前，摩洛哥工业、太阳能和风能产业、旅游业、农业、渔业、物流业、IT业、零售业、银行业也都积极抛出吸引投资的橄榄枝。

早在2014年，中国山东上钢集团就决定投资摩洛哥汽车行业。这个价值1.5亿美元的首个中国工业投资项目将在丹吉尔汽车城（TAC）建立，占地14公顷。钢管产量预计为25万吨，将出口到欧洲和非洲，分别占产量的70%和30%。此外，该单位228名员工将全部为摩洛哥人。②

2017年，摩洛哥国王穆罕默德六世宣布“穆罕默德六世丹吉尔科技城”（Mohammed VI Tangiers Tech City）项目正式启动。“穆罕默德六世丹吉尔科技城”的初期投资达10亿美元，旨在创造10万个就业岗位，包括为丹吉尔地区提供9万个岗位。该园区将成为从事汽车制造、航空及纺织业务的中国企业在北非的基地。中国海特集团将在丹吉尔附近为200家中国企业建立工业园区，这将创造数以万计的就业岗位。摩洛哥马通社援引海特集团董事长李飚的话，中企10年内对该科技城的投资总额将达100

---

① 陈斌杰：《中国赴摩洛哥旅游热持续升温》，新华社，2018年8月6日（http://www.xinhuanet.com/overseas/2018-08/06/c_1123229805.htm）。

② “Chinese Operators Look towards Morocco for New Investments”, *North Africa Post*, July 24, 2014（http://northafricapost.com/5831-chinese-operators-look-towards-morocco-for-new-investments.html）.

亿美元。①

2017 年 8 月，中国铁建国际集团与联合体合作方 TGCC 董事长共同与摩洛哥外贸银行董事局主席正式签署了非洲第一高——摩洛哥拉巴特塔项目的设计施工总承包合同。该项目不含增值税（20%）合同额为 3.109 亿美元，工期 36 个月，建筑面积 8.6 万平方米，为公寓、写字楼及五星级酒店综合体，总高度 250 米，是摩洛哥乃至非洲第一高楼。中国铁建国际集团还同时成立了摩洛哥分公司。②

2018 年 7 月，摩洛哥工业、贸易和投资部表示，中国中信戴卡股份有限公司（Citic Dicastal）将投资 3.5 亿欧元，在摩洛哥北部建设两座铝制汽车轮毂工厂。第一家工厂将在凯尼特拉的大西洋自由区内建造，并于 2019 年开始运营，而第二家工厂经双方同意将于稍后在坦基尔科技城建立。中国商务部表示，中信戴卡计划每年生产 600 万辆汽车，其中大部分将用于出口。摩洛哥在工业自由区和靠近欧洲以及非洲市场的投资激励措施吸引着汽车零部件制造商的投资。③

2019 年 3 月，中摩两国签署协议，中国将向摩洛哥提供约 1490 万美元（1 亿元人民币）资助公共项目。据悉，中国的这笔财政捐助将有助于在摩洛哥创建重要项目，涵盖信息和通信技术以及教育等几个关键领域。④

三 中国企业投资摩洛哥建议

第一，客观评估摩洛哥投资环境的优势与劣势，注意投资成本。中国企业需要认识到，摩洛哥原材料及能源供应短缺，制造业及配套产业基础较差，因此中国企业在摩洛哥投资运行成本较高。虽然摩洛哥与欧洲市场十分接近，但是若想通过摩洛哥进入欧美市场，还需要摩洛哥工商会或海

---

① 《海特集团助摩洛哥打造科技城预计投资百亿美元》，中国日报，2017 年 3 月 23 日（http://caijing.chinadaily.com.cn/2017-03/23/content_28650098.htm）。

② 《中国铁建国际集团正式签署摩洛哥拉巴特塔项目施工合同》，中国拟在建项目网，2017 年 8 月 24 日（http://www.bhi.com.cn/ydyl/gwdt/42531.html）。

③ 《中企斥资 3.5 亿欧元在摩洛哥建轮毂厂》，中非贸易研究中心，2018 年 8 月 2 日（http://news.afrindex.com/zixun/article11008.html）。

④ 《中国向摩洛哥提供 1490 万美元资助公共项目》，新华社，2019 年 3 月 20 日（http://m.silkroad.news.cn/article/82196）。

关出具各种证明，才能规避配额等壁垒。例如，对于出口加工贸易，在摩洛哥加工贸易增值率达到40%以上才被视为摩洛哥产品，由摩工商会或海关出具原产地证，才能规避配额等壁垒，进入欧美市场。此外，虽然摩洛哥对外商投资的政策优惠很多，但申请优惠政策的条件同样冗杂，因而中方企业要适当调整对优惠政策的期望值，科学进行成本核算。

第二，了解行业发展动态，抓住市场机遇。摩洛哥政府正在筹划修建发电站、高速公路、高速铁路、地中海新港等大型建设项目，但同时摩洛哥企业在承包工程领域有相当的竞争力，因此中国企业应当对准高技术含量的建设项目，如电站和港口建设。在能源合作方面，中国企业应当在避免与当地大型企业进行竞争的前提下，将中国的设备和技术引入摩洛哥，从事面向外国市场的出口加工业，或投资于帮助摩洛哥延长产业链的产业。此外，中摩经贸合作宜向高附加值产业发展，重点开展加工制造业合作，在电信、新能源、电子、机械制造等产业领域还有很大合作空间。

第三，遵守摩洛哥法律和市场规范，实现本地化经营。摩洛哥虽地处非洲，但使用欧美标准，执法严格，市场规范。中国企业在进入市场前应当熟悉摩洛哥法律，了解当地合同条款和市场规则，严格遵守法律并尊重宗教文化习俗，发挥技术和精细化管理的优势。此外，尽管摩洛哥劳动法并未明确要求公司雇佣摩洛哥雇员，但是促进本土就业必然是摩洛哥促进外商投资的重要目标。例如在承包工程方面摩洛哥要求外国公司承建项目的本地员工比例不低于70%。因此，外国雇员的签证和工作许可证办理可能需要较长时间。①

---

① 商务部国际贸易经济合作研究院：《对外投资合作国别（地区）指南·摩洛哥》，2017年版。

第三章　重点城市：卡萨布兰卡、拉巴特

在阿拉伯语里，“摩洛哥”又译为“马格里布”，是国土狭长的北非中等强国，西部濒临浩瀚无边的大西洋，北部与西班牙隔直布罗陀海峡遥遥相望，扼守大西洋进入地中海的必经之路。而横亘在中部的阿特拉斯山抵挡着来自撒哈拉大沙漠的滚滚热浪，“把摩洛哥的国土划分成两个完全不同的世界，一半享受着海洋带来的湿润与丰富物产，是摩洛哥成为农业和渔业大国必不可少的条件；另一半是着了火的沙漠”①。首都拉巴特位于大西洋口，有着细软的沙滩、整齐的街道以及目不暇接的众多历史遗迹，其中乌达亚城堡和哈桑二世清真寺被联合国教科文组织确认为世界文化遗产。摩洛哥被誉为“北非花园”“金苹果乐园”。摩洛哥也是一个文化多元化的国家，从古至今一直与欧洲国家和远东国家保持着交流和碰撞，欧洲人称其为“欧洲的后花园”，中东人视之为西方穆斯林世界的典范，中国人视之为未知的遥远彼岸。

第一节　城市化发展历史与趋势

一　城市化率持续提升

（一）城市化水平较低且一直在提升

自20世纪初以来，摩洛哥一直民族战争不断。第二次世界大战以后，国际形势发生了很大变化，殖民地国家的民族独立运动日趋高涨，1950年摩洛哥的人口数量只有898.6万人，其中城市人口数量为235.3万人，乡村人口数量663.3万人，城市化率处于较低水平26.2%。20世纪50年

① 何漫：《摩洛哥》，上海书店出版社2006年版，第11页。

代以来，摩洛哥国内局势日趋紧张，工人罢工、农民暴动此起彼伏，直至1956年摩洛哥正式宣布独立。摩洛哥人口数量达1000余万人，乡村人口为780.8万人，城镇人口为304.5万人，城镇人口和乡村人口同步增长。摩洛哥独立以后，城市人口迅速扩张，乡村人口增长趋缓，1956—1993年摩洛哥人口增长主要是城市人口的增加，并于1993年实现城市人口数量超过乡村人口数量，城市化率高于50%。1993—2004年城市人口数量增长进一步高于乡村人口数量增长，乡村人口数量在2004年达到最大值1368.8万人，之后呈负增长，2017年乡村人口数量达1361.4万人，此时城市人口数量为2212.6万人，总人口数量已经达到3573.9万人，城市化率已经达到62%。联合国统计数据也预测，其城市化率将会继续提高，并在2050年达到77.2%。从图II-3-1也可以看出，摩洛哥人口增长主要是城市人口增长。

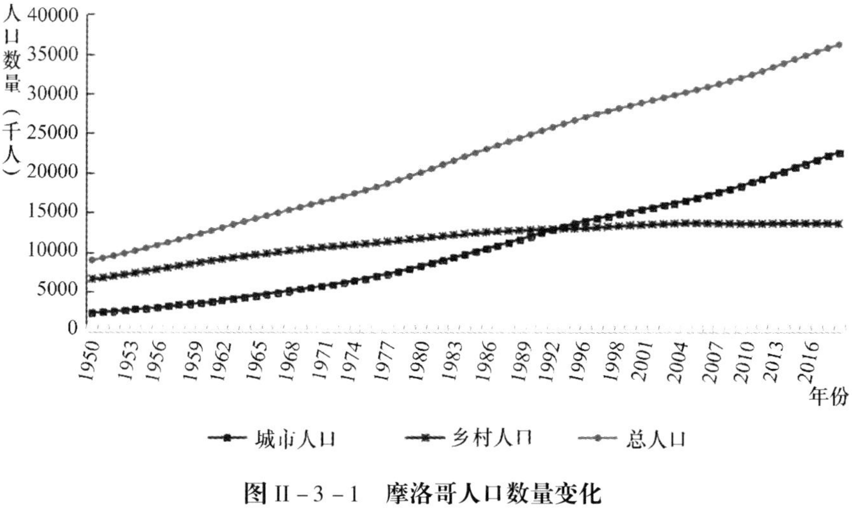

图II-3-1 摩洛哥人口数量变化

资料来源：United Nations。

（二）该国及所处地区城市化率

摩洛哥的城市化率不断提高（见表II-3-1）。1950—1976年摩洛哥的城市化率一直低于世界平均城市化率，这与20世纪50年代摩洛哥的民族独立战争和战后的恢复重建有关，1978—2018年摩洛哥的城市化率逐渐高于世界平均水平。并且摩洛哥的城市化率也高于非洲平均水平，尤其是东非、中非和西非，1981 年高于北非平均水平，达到 41.9%，城市化率主要低于北非的埃及和突尼斯。截至 2018 年，摩洛哥、北非和非洲的城市化率分别为 62.5%、52.0% 和 42.5%，而世界的平均城市化率为 55.3%，摩洛哥的城市化率高于世界平均水平；至 2050 年摩洛哥、北非和非洲的城市化率都将进一步上升。

表 II－3－1　　区域城市化率

	1950	1960	1970	1980	1990	1995	2000	2005	2010	2018
世界	29.6	33.8	36.6	39.3	43.0	44.8	46.7	49.2	51.7	55.3
撒哈拉以南非洲	11.1	14.9	18.3	22.6	27.5	29.6	31.4	33.7	36.1	40.4
非洲	14.3	18.6	22.6	26.8	31.5	33.5	35.0	36.9	38.9	42.5
东非	5.7	7.7	10.7	14.6	18.0	19.7	21.0	22.5	24.4	28.0
中非	13.9	17.6	21.9	28.1	34.0	36.9	39.7	42.6	45.2	49.5
北非	25.9	31.5	37.0	41.3	45.7	47.3	48.3	49.3	50.5	52.0
阿尔及利亚	22.2	30.5	39.5	43.5	52.1	56.0	59.9	63.8	67.5	72.6
埃及	31.9	37.9	41.5	43.9	43.5	42.8	42.8	43.0	43.0	42.7
利比亚	19.5	27.3	49.7	70.1	75.7	76.0	76.4	77.1	78.1	80.1
摩洛哥	26.2	29.4	34.5	41.2	48.4	51.7	53.3	55.2	58.0	62.5
苏丹	6.8	10.7	16.5	20.0	28.6	32.2	32.5	32.8	33.1	34.6
突尼斯	32.3	37.5	43.5	50.6	57.9	61.5	63.4	65.2	66.7	68.9
西撒哈拉	31.0	31.2	42.1	75.7	84.1	85.5	85.8	86.0	86.3	86.7
南部非洲	37.7	42.0	43.7	44.8	48.8	51.4	53.8	56.5	59.4	63.6
西非	9.3	14.6	18.7	23.6	30.2	32.3	34.5	37.8	41.1	46.4
亚洲	17.5	21.2	23.7	27.1	32.3	34.8	37.5	41.2	44.8	49.9
欧洲	51.7	57.4	63.1	67.6	69.9	70.5	71.1	71.9	72.9	74.5
拉丁美洲和加勒比	41.3	49.4	57.3	64.6	70.7	73.2	75.5	77.1	78.6	80.7

资料来源：United Nations（2018）。

二　城市化速度呈波动下降趋势

1950—2017 年 60 多年间，摩洛哥的城市人口数量呈现上升趋势，城市人口数量年增长率呈现波动式下降的趋势，年均增长率高达 3.39%。这 60 多年摩洛哥的城市化率虽然远远高于北非、撒哈拉以南非洲地区，但是城市化率增长率却低于非洲的平均水平。

1950—1994 年，摩洛哥的城市化率的年均增长率一直处于上升期；

1994 年城市化率增长率达到最大值 0.73%，之后又经历下降后又上升的阶段，并于 2017 年稳定在 0.53%。1950—2016 年摩洛哥的城市数量也发生了很大的变化，100 万—500 万人口的城市增加了 2 个，并预计到 2050 年还会再增加两个，50 万—100 万人口数量的城市也增加了两个，并且小城市的数量也增加了。

第二节 城市体系与重点城市规模的变化与趋势

一 城市体系

摩洛哥全国共设 12 个大区，75 个二级行政区划分别是 13 个首府和 62 个省，1538 个市镇，拉巴特自 1912 年以来一直是摩洛哥的政治首都。卡萨布兰卡是摩洛哥的第一大城市，是摩洛哥主要的港口和非洲重要的金融中心，拥有全国二分之一的工业企业，55% 的生产企业，电力消费量占全国的三分之一，被誉为摩洛哥的“经济首都”。

2015 年 9 月 4 日，摩洛哥从 16 个地区重组为 12 个地区。12 大区包括：丹吉尔—得土安区、东方区、非斯—梅克内斯区、拉巴特—萨累—盖尼特拉区、贝尼迈拉勒—海尼夫拉区、卡萨布兰卡—塞塔特区、马拉喀什—萨菲区、德拉—塔菲拉勒特区、苏斯—马萨区、盖勒敏—塞马拉区、拉奥约纳—萨基亚埃尔哈姆拉区、杜卡拉—阿卜达区，各个区所涵盖的省份数，各个省下面有市镇。其中各首府包括丹吉尔、乌季达、非斯、拉巴特、丹吉尔、卡萨布兰卡、马拉喀什、拉希迪耶、阿加迪尔、盖勒敏、阿尤恩、达赫拉。12 个区总共包括 75 个省份，人口和面积分布差异化明显。

表Ⅱ-3-2 **摩洛哥各区基本信息**

	区名	首府	省	市镇	人口数量（万人）		面积 km²（2018 年）		人口密度（人/km²）
1	丹吉尔—得土安	丹吉尔	7	110	372.52	11%	16170.00	4%	230.38
2	东方	乌季达	8	147	240.24	7%	66110.00	16%	36.34
3	非斯—梅克内斯	非斯	9	194	434.80	13%	38880.00	9%	111.83
4	拉巴特—萨累—盖尼特拉	拉巴特	7	114	476.94	14%	17690.00	4%	269.61

续表

	区名	首府	省	市镇	人口数量（万人）		面积 km²（2018 年）		人口密度（人/km²）
5	贝尼迈拉勒—海尼夫拉	贝尼尔	6	164	258.17	7%	27750.00	7%	93.03
6	卡萨布兰卡—塞塔特	卡萨布兰卡	9	153	721.80	21%	20190.00	5%	357.50
7	马拉喀什—萨菲	马拉喀什	8	251	468.79	14%	39040.00	10%	120.08
8	德拉—塔菲拉勒特	拉希迪耶	5	109	167.38	5%	86140.00	21%	19.43
9	苏斯—马萨	阿加迪尔	6	175	281.72	8%	53720.00	13%	52.44
10	盖勒敏—塞马拉	盖勒敏	4	53	44.18	1%	44130.00	11%	10.01
11	拉奥约纳—萨基亚埃尔哈姆拉	阿尤恩	4	20	36.78	1%	140018.00	34%	2.63
12	杜卡拉—阿卜达	达赫拉	2	13	14.30	0	130898.00	32%	1.09
	摩洛哥全国	拉巴特	75		3466.54		410000.00	100%	84.55

注：1—10 为 2018 年数据，11—12 为 2014 年普查数据。

（一）占地面积

摩洛哥于 1956 年独立以后，在与西班牙的伊夫尼战争后获得了塔尔法亚地带，以及廷杜夫和贝沙尔。2018 年摩洛哥的总占地面积达到 41 万平方千米，且摩洛哥的 12 个大区的面积分布不均，其中拉奥约纳—萨基亚埃尔哈姆拉、杜卡拉—阿卜达占地面积最大，分别为 14 万平方千米和 13 万平方千米，德拉—塔菲拉勒特的占地面积也达到了 8.6 万平方千米，占摩洛哥的 21%，而丹吉尔—得土安的占地面积只有 1.6 万平方千米，为占地面积最小的区，面积最大的区域是最小区域近 9 倍，其他区域占地面积在 1.7 万—6.6 万平方千米。

（二）人口数量

卡萨布兰卡—塞塔特区人口数量最多，高达 721.8 万人；其次是拉巴特—萨累—盖尼特拉，拥有 476.94 万人口。其余各区人口数量介于 14 万到 468 万，各区之间人口数量差距巨大。可以发现，全国人口大部分聚集在首都拉巴特（54.8 万）以及经济中心卡萨兰布卡（349.9 万），所在的大区拉巴特—萨累—盖尼特拉、卡萨布兰卡—塞塔特二者合计 1198.74 万人口，占据全国总人口数量（3466.54万）的34.6%，远远高于中国长江三角洲城市群人口数量占全国人口总数的比例（11%）。

（三）人口密度

卡萨布兰卡—塞塔特区人口密度最高，达到357.5人/km^2，其次是拉巴特—萨累—盖尼特拉和丹吉尔—得土安，分别为269.6人/km^{2}和230.4人/km^2。除此三区之外，其余9个区的人口密度介于1.09人/km^{2}到120.08人/km^2，各区之间差距巨大。可以发现，各州的面积和其人口数量之间不存在线性关系；各州数量与其占地面积、人口数量和人口密度均无明显关系。

二　主要重点城市规模

摩洛哥的10个主要城市，基本上为各大区的首府，主要集聚在拉巴特周围。2004年到2018年的人口普查显示，摩10个主要城市的人口数量都出现了大幅度增长。首先是最大城市卡萨布兰卡的情况，其规模是其余9个城市的近三倍（非斯）乃至更高（另外8个）。1982年至2014年30多年，该城市人口数量不断增长，由214万增长到335.9万。截至2018年，卡萨布兰卡达到349.9万的人口规模。非斯和丹吉尔的人口数量增速也较快，其在2018年7月的人口已经在百万以上。在10个主要城市中，拉巴特的人口增长是最缓慢的，从1982年的52.6万增长到2018年54.8万，30多年间只增长了2.2万人，其中阿加迪尔的人口增长幅度是最大的，该城市2018年的人口是1982年人口的3.56倍。摩洛哥的主要城市的人口规模差距较大，最大的城市卡萨布兰卡的人口数量是阿加迪尔城市人口的近7.5倍，人口增长速度和增长幅度也不一致，但是总体而言，摩洛哥的10个主要城市的人口都有大幅度增长。

表Ⅱ-3-3　　　　主要城市人口

	城市	简称	人口普查 1982年9月	人口普查 1994年9月	人口普查 2004年9月	人口普查 2014年9月	人口预测 2018年7月
1	卡萨布兰卡	GCS	2139204	2717125	3032116	3359818	3499000
2	非斯	FMK	484154	772184	950240	1112072	1155000

续表

	城市	简称	人口普查 1982 年 9 月	人口普查 1994 年 9 月	人口普查 2004 年 9 月	人口普查 2014 年 9 月	人口预测 2018 年 7 月
3	丹吉尔	TTH	293446	497147	687667	947952	1038000
4	萨累	RSK	306355	579850	760186	890403	960000
5	马拉喀什	MSF	439728	669043	826634	928850	952000
6	梅克内斯	FMK	319783	393791	469169	520428	554000
7	拉巴特	RSK	526124	623457	625336	577827	548000
8	乌季达	ORI	260082	357278	400738	494252	545000
9	盖尼特拉	RSK	188194	292453	359142	431282	473000
10	阿加迪尔	SMS	132387	254865	346106	421844	471000

资料来源：http：//www. citypopulation. de/Morocco-Cities. html。

三　城市差异

1956 年摩洛哥独立后，先后实施“五年计划”和“三年计划”，1983 年，又执行为期 10 年的经济政策调整，使其成为非洲经济发展较快的国家之一。同时，摩洛哥的自然禀赋、区域发展以及政治结构不同使得该国城市差异化明显，摩洛哥大城市和人口集中在海岸，以及与阿尔及利亚边境接壤的陆地走廊，这些地区集聚了摩洛哥的主要公路网、工业以及财富。按照国际贫困标准，摩洛哥贫困程度很高，即使在这些大城市和一些较富裕地区，也存在很多贫困人口，相反，有些区域由于政府投资额庞大和人口较少的缘故，却成为较富裕的地区，如撒哈拉地区。在 21 世纪最初的十多年，摩洛哥的经济增长波动趋于平稳，宏观经济活力趋向可持续发展。上述经济增长使得摩洛哥的绝对贫困人口和失业率大幅下降。从 2001 年至 2007 年，贫困率从 15. 3% 降至 9%。从 2000 年至 2013 年，失业率从 13. 4% 降至 9%。社会层面，在教育、医疗、饮用水和乡村公路方面都有明显改善，这些成果也同时提高了人民生活水平。

摩洛哥总体经济发展计划基于其良好的地理位置（位于西班牙和非洲之间的直布罗陀海峡沿岸），并且摩洛哥即将转变为一个北部、西部以及撒哈拉以南的非洲地区的区域转运中心，集航运、物流、金融、制造、组装和销售于一体；利用它临近欧洲的地理位置和相对低廉的劳动力来打造一个多元开放的市场主导型经济，涵盖农业、旅游业、磷酸盐、纺织业、服装和零部件组装业等行业。摩洛哥属于中等收入国家，经济基础良好，经济开放程度较高，并且摩洛哥已与欧盟、美国、土耳其等国家和组织签订了自贸协定。自贸协定和优惠贸易安排涵盖55个国家、可辐射10亿人口的市场。根据当地法规，在摩洛哥设厂生产、产品的产值增加值达到30%以上，就可以享受出口以上国家自贸协定的优惠，另外也没有任何配额限制。

此外，摩洛哥基础设施优良，高速公路达1500千米，连通主要城市。卡萨布兰卡和丹吉尔港都是深水良港，吞吐能力较强，并在不断发展中。世界银行发布的《2019年营商环境报告》显示，摩洛哥以总分71.02在190个国家中排名第69，并且排名不断上升，为北非地区表现最好的国家，在中东和北非地区中排名第2，仅次于阿联酋（第11位）。摩洛哥拥有高素质的人才、较低的税率，并且是非洲地区有竞争力的出口平台。此外，为实现国家富强、稳定和可持续发展，摩洛哥政府制定了工业振兴计划，着力发展汽车航空配套、加工和新能源等产业。摩洛哥希望外国企业在工业、新能源、农业和旅游等领域扩大投资，转让技术，创造就业，带动当地经济发展。

摩洛哥的货币迪拉姆的币值与欧元挂钩，金融网络也与欧洲接轨，投资自由，汇出外币也没有任何限制。较低的工资可以为外资工厂节省大量生产成本，目前在摩洛哥，技术工人的年均工资是4000美元左右，2000家职业学校正在培养各类高素质工人，充分满足国外投资企业的需要。摩洛哥实行君主立宪制，议会实行两院制，国王拥有最高权力。作为君主立宪制国家，摩洛哥是非洲和阿拉伯世界最有竞争力、最可靠和稳定的经济体之一。摩洛哥奉行不结盟、灵活、务实和多元的外交政策，注重对外关系的均衡发展，维护民族独立和国家主权，保持和加强与欧美等西方国家的传统关系。

中国和摩洛哥的友好关系史超越了双方的地理距离，自1958年建交以来得到了迅速发展。中摩两国在政治关系上基本保持平稳、顺利发展的态势，在众多国际问题上持有相同或相似的观点。摩洛哥支持中国在台湾问题、人权问题和其他问题上的立场，高度评价中国根据“一国两制”原则对香港恢复行使主权，赞赏中国成功的改革开放政策，愿意与中国进一步发展关系。在经济贸易关系和经济技术合作方面，中摩两国政府成立了经济、贸易和技术混委会，于1958年签署了第一个政府间《贸易协定》。1995年，两国又签署了新的《经济和贸易协定》以及《投资保护协定》。目前，中国已成为摩洛哥的第三大进口来源国，双方的进出口贸易额呈现逐年上升的良好态势。

第三节　卡萨布兰卡的经济发展与区域影响

一　卡萨布兰卡概况

卡萨布兰卡（达尔贝达）是摩洛哥的四大城市之一，也是摩洛哥最大的港口城市，濒临大西洋，一部好莱坞经典影片《卡萨布兰卡》更是让这座白色之城闻名世界。卡萨布兰卡，阿拉伯语名为“达尔贝达”，12世纪柏柏尔人在此建设了安法古城，15世纪中期遭葡萄牙人摧毁，1770年，摩洛哥国王下令在安法古城旧址兴建一座新城，将其命名为“达尔贝达”，意为“白色的房子”。18世纪末，西班牙殖民者取得了达尔贝达的贸易特权，将其更名为“卡萨布兰卡”。在西班牙语中，“卡萨布兰卡”同样意为“白色的房子”。1907年，法国殖民者占领了卡萨布兰卡，并在此建设了港口。卡萨布兰卡从此成为摩洛哥的主要贸易口岸，经济得以迅速发展。

1956年摩洛哥独立后，将该市名称恢复为“达尔贝达”，但人们仍习惯地称之为“卡萨布兰卡”。现今，卡萨布兰卡是摩洛哥最大的城市，位于大西洋东海岸，距离东北方向的首都拉巴特90千米（56英里）。卡萨布兰卡拥有摩洛哥的主要港口，也拥有世界上最大的人工港口；卡萨布兰卡也是摩洛哥城市中最自由和最先进的城市，是非洲大陆最大的金融中心之一，是一个繁荣而充满活力的城市，体现了摩洛哥的现代性和活力。1929年成立的卡萨布兰卡证券交易所是摩洛哥唯一的证券交易所，也是非洲第三大证券交易所。

卡萨布兰卡的旅游业很发达，市内有多处文物古迹，古王宫和清真寺及博物馆，高速公路可直通首都拉巴特，东郊和西南郊分别建有国际机场。卡萨布兰卡全市拥有全国70%的现代工业，市区和郊区有1000多座工厂，是摩洛哥的最大城市和主要港口，也是摩洛哥的商业金融中心地。根据2014年的人口普查显示，卡萨布兰卡全市拥有约336万人口。行政上，2015年之前该市属大卡萨布兰卡大区，2015年之后属卡萨布兰卡—

塞塔特大区。

（一）行政区划及各区规模

卡萨布兰卡是卡萨布兰卡—塞塔特大区的首府。城区分为八个“首府区”和16个分区。面积最大的区域为哈桑区、艾因谢高区。在2014年摩洛哥人口普查中卡萨布兰卡市的人口为336万人，该市人口约占摩洛哥总人口的11%，且人口主要集聚在哈桑区、穆莱·拉希德区、西迪·穆门区。

表II-3-4 卡萨布兰卡各16个区人口分布

区名	面积（km^2）	2004		2014	
		户	人	户	人
西迪·贝尔尤特	9.85	53442	218918	54280	189715
安法	16.55	22420	95539	26009	94504
玛利夫	12.40	44048	180394	50253	170689
哈桑区	40.88	70801	323944	118700	468542
艾因谢高	39.39	50790	253600	89013	377744
西迪·奥斯曼	8.07	33954	176983	49224	220047
穆莱·拉希德	10.67	39234	207624	103510	465531
西迪·穆门	26.23	58029	289253	103310	454779
西迪·贝努西	12.78	33562	165324	41288	173189
穆罕默德迪	4.20	32627	156501	33272	138760
艾因塞巴	15.22	30519	155489	40197	171452
罗奇·诺雷斯	7.18	23044	104310	30041	115704
梅尔斯·苏尔坦	3.68	33305	145928	34076	129759
艾尔·菲达	3.79	38939	186754	38625	158667
本·穆希克	3.11	31942	163052	30519	131883
斯巴塔	4.57	24100	122827	26210	116255

资料来源：摩洛哥高等规划署。

（二）土地规模与空间扩张

卡萨布兰卡总面积为220平方千米，属于地中海气候，夏季温暖宜人，冬季宜人，降雨量适中（415毫米或16.3英寸）。尽管与上海和亚特兰大处于同一纬度，但该城市的冬天温暖得多，白天的平均温度是12.6℃（54.7℉），而上海的温度是4.8℃（40.6℉），亚特兰大的温度是6.3℃（43.3℉）。卡萨布兰卡市的公路网长度为5500千米，有180条林荫大道，100条大道，35000条街道。区域面积为1200平方千米，海岸线长70千米。在卡萨布兰卡有超过10个学院，7个大学，超过45个私立研究生院和非洲第一个致力于建筑行业的研究所，具有很强的创新和科学研究能力。卡萨布兰卡拥有摩洛哥超过20%的国家教师和研究人员，其中60%以上在科学和工程领域。

二　卡萨布兰卡经济情况

卡萨布兰卡是摩洛哥的第一个港口区域，具有北非最大的企业房地产园区和北非第一个金融中心，卡萨布兰卡拥有摩洛哥39%的企业和60%的工业劳动力。卡萨布兰卡的贸易占摩洛哥贸易的60%，也是第一个金融中心，拥有30%的银行网络，并拥有主要国家银行的总部和决策中心，包括位于非洲的银行。

卡萨布兰卡的GDP总额，2014—2016年都具有很高的增长，在2016年达到321211百万迪拉姆，其占摩洛哥的比重也越来越大，从2014年31.2%增加到2016年的32.0%。而卡萨布兰卡的人民生活水平也得到很大的提升，人均GDP从2014年42219迪拉姆增加到2016年46088迪拉姆，卡萨布兰卡的人均GDP水平远高于摩洛哥的平均水平。

表Ⅱ-3-5　卡萨布兰卡GDP

	GDP（百万迪拉姆）			占摩洛哥百分比（%）			人均GDP（迪拉姆）		
	2014	2015	2016*	2014	2015	2016*	2014	2015	2016*
卡萨布兰卡	288873	317415	321211	31.2	32.1	32.0	42219	45773	46088
摩洛哥	925376	987950	999074	100	100	100	27403	28951	29390

资料来源：摩洛哥高等规划署。

卡萨布兰卡自2014年至2016年，第一、二、三产业都得到显著提升，且其经济在摩洛哥占很大的比重，2016年卡萨布兰卡第一产业增值为14592百万迪拉姆，占摩洛哥的12%，第二产业增值为117294百万迪拉姆，占摩洛哥44.48%，第三产业增值为157662百万迪拉姆，占摩洛哥的30.91%。

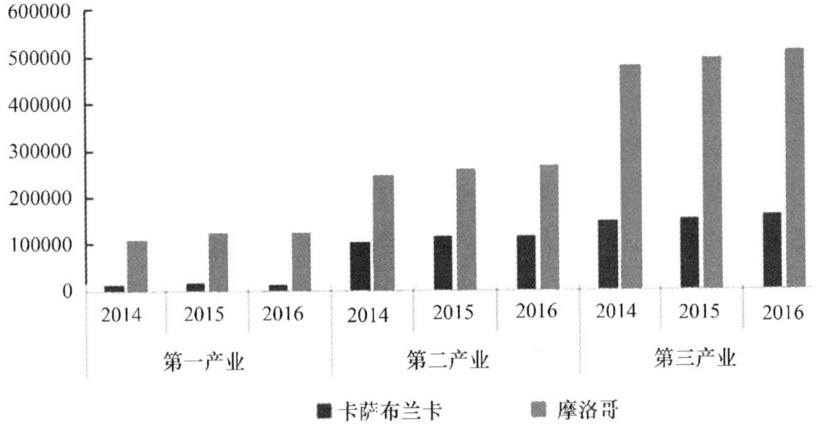

图Ⅱ-3-2　卡萨布兰卡产业分布

资料来源：摩洛哥高等规划署。

从卡萨布兰卡的产业分布可以看出，其GDP主要在第二、三产业，虽然卡萨布兰卡作为摩洛哥的粮仓，其第一产业份额在2014年为4.42%，在2015年有所提升，在2016年第一产业占GDP的份额为4.54%，远低于摩洛哥的第一产业份额水平。卡萨布兰卡的第二产业份额比较高，且在2014—2016年其第二产业占比有所提升，在2016年第二产业份额为36.52%，远高于摩洛哥第二产业份额的26.36%，第三产业的份额较高，接近50%，在2016年其份额达到49.08%，低于摩洛哥的51.05%。

表Ⅱ-3-6　2014—2016年卡萨布兰卡GDP（基于产业分布）（%）

	第一产业（百万迪拉姆）			第二产业（百万迪拉姆）			第三产业（百万迪拉姆）		
	2014	2015	2016	2014	2015	2016	2014	2015	2016
卡萨布兰卡	12782	17325	14592	103327	114662	117294	145577	151219	157662
摩洛哥	107905	124759	121556	245138	257796	263384	477665	491424	509991
占摩洛哥比例	11.85	13.89	12.00	42.15	44.48	44.53	30.48	30.77	30.91
卡萨布兰卡产业份额	4.42	5.46	4.54	35.77	36.12	36.52	50.39	47.64	49.08
摩洛哥产业份额	11.66	12.63	12.17	26.49	26.09	26.36	51.62	49.74	51.05

资料来源：摩洛哥高等规划署。

摩洛哥政府实施了一系列产业政策，旨在提高重点盈利行业的绩效和产出能力，以此促进就业和吸引外商投资。特别是2009年国家工业发展国际计划为大范围的全球化投资奠定了基础，这些投资主要集中于出口导向型部门（航空业、汽车行业、离岸公司和电子工业等）。2014年，政府重新评估了其工业发展战略，重塑了2009年计划的影响力，创造了更多的就业机会并加快了工业的发展。

卡萨布兰卡作为摩洛哥经济中心，集中了全国五分之四的现代工业。食品工业居全国首位；其他工业门类繁多，主要有纺织、服装、机械、车辆装配、造船、炼钢等。卡萨布兰卡有非洲最大的人工港码头，其中有磷酸盐、柑橘、谷物、杂货和石油专用码头，可容10万吨级油轮。卡萨布兰卡的工业活动占主导地位并支撑着城市的增长，主要集聚在纺织品与皮革、化学与分析行业，2015年劳动力数量分布达到6.1万和5.8万，与2015年相比从业人数有所下降，食品加工业与金属和机械行业劳动力数量都有所下降，电气与电子行业从业人员有所上升。营业额最大的为化学与分析行业、食品加工行业，并且在2015年达到963.7亿美元、512.2亿美元。出口最多的为化学与分析行业，2015年达到259.7亿美元。生产规模最大的行业为电气与电子行业，2015年达到820.8亿美元，投资规模最大的为化学与分析行业，2015年达到84.5亿美元。增值最大的为化学与分析行业，2015年达到254.0亿美元。

表II-3-7　**摩洛哥按行业分工业数量**

		营业额（千美元）	出口（千美元）	生产（千美元）	投资（千美元）	总劳动力（人）	增值（千美元）
食品加工	2014	53179110	3059625	48123337	5630571	42002	18484219
	2015	51216677	2918390	46690581	1879428	39801	17793917
化学与分析	2014	78932104	25965890	69292846	12411111	61329	22756929
	2015	96368201	29789606	82077012	8453211	58745	25399649
电气与电子	2014	11273913	5170981	11072430	476565	21974	3144215
	2015	12207317	5539537	1616588	442210	22916	3397337
金属和机械	2014	35406739	7633630	30146698	902349	42643	8041434
	2015	37938837	8400519	33266571	1425196	41864	7983335
纺织品与皮革	2014	11494670	6363570	10942839	313329	66235	3351233
	2015	11153946	5328190	10718299	346006	61113	3499377

资料来源：MCINT。

从卡萨布兰卡的国内生产总值行业分布来看，2016 年其采矿和加工业、电力与电气、金融和保险行业增加值达到 89832 百万迪拉姆、12100 百万迪拉姆、29636 百万迪拉姆，其份额达摩洛哥的相应行业份额 46% 以上，且其份额有增长的趋势，其增长率分别为 0.3%、23.1%、1.1%。摩洛哥电力与电气工程的生产总值增长幅度是最大的，其次是房地产租赁服务和服务企业以及酒店和餐饮，其增长率达 9.5%、9.3%。

表 II-3-8　　按行业分列的国内生产总值（按当前价格计算）

	占摩洛哥份额		国内生产总值（百万迪拉姆）		增长率（%）		
	2016	2015	2016	2015		2016	2015
农业	12.9	14.9	14302	17056	-16.1	-23.6	35.6
渔业	2.6	2.7	290	269	7.8	14.4	1.3
采矿和加工	49.8	49.5	89832	90063	0.3	-0.1	3.5
电力与电气	48.4	46.6	12100	9829	23.1	6.5	5.1
建筑和公共工程	26.5	27.1	15361	14770	4.0	-0.3	22.9
贸易	34.1	34.1	27897	26229	6.4	5.3	0.2
酒店和餐饮	20.0	19.4	4491	4108	9.3	6.5	1.1
交通、邮电	40.4	40.2	23841	23133	3.1	2.9	4.7
金融和保险	64.3	63.9	29636	29954	1.1	0.8	0.4
房地产租赁和服务企业	33.4	32.5	36578	33401	9.5	7.7	6.3
公共管理和社会保障	16.2	15.6	15137	14130	7.1	5.5	0.5
教育、卫生和社会工作	19.6	20.4	16361	16690	-2.0	-2.7	0
其他非金融服务	26.4	26.4	3722	3573	4.2	3.2	3.7
总附加值基本价格	32.4	32.4	289548	283206	2.2	0.7	5.3
产品税净补贴	29.0	30.0	34371	34209	0.5	5.0	23.5
该地区国内生产总值	32.0	32.1	323919	317415	2.0	1.2	7.0
住户最终消费支出	24.9	25.7	145973	144498	1.0		

资料来源：摩洛哥高等规划署。

2016 年卡萨布兰卡的产品税补贴总额为 34371 百万迪拉姆，占摩洛哥总产品税补贴额份额有下降趋势，从 2015 年 30.0% 降低到 2016 年的 29.0%。住户最终消费支出 2016 年达到 145973 百万迪拉姆，较 2015 年有所增加，在 2016 年达到 24.9%。

三　卡萨布兰卡的区域影响

（一）城市定位

卡萨布兰卡是一个创新、交流社会型的城市；被视为一个结合摩洛哥所有其他城市风格的大都市，其建筑“新艺术风格”代表着巨大的旅游潜力。一系列项目正在开发中，高效的交通系统和现代化的基础设施的发展，还将利用这些成就来加强商务旅游。该市经济也正在经历新变化，如今其资产主要集中于服务业，特别是在信息技术服务方面。

1. 金融城

卡萨布兰卡证券交易所成立于1929年，是摩洛哥唯一的证券交易市场，也是非洲设立的第二家证券交易场所，经营股票、期货、债权交易、投资凭证、衍生工具和期货交易。英国伦敦Z/Yen集团和中国（深圳）综合开发研究院联合发布了“2018年全球金融中心指数”，摩洛哥卡萨布兰卡金融城在96个金融中心中排第32位，较2017年上升了3个名次，在西亚和非洲地区位列第三，排在迪拜和阿布扎比之后，在利雅得和南非的约翰内斯堡之前。“全球金融中心指数”是全球最具权威的评估国际金融中心地位的指标，今年排在首位的是伦敦、纽约和中国香港①。从许多欧洲国家首都飞行3个小时，第一次非洲拥有世界与UCLG大会的地方和区域领导人峰会。根据全球金融中心指数（GFCI），卡萨布兰卡金融城为非洲排名第一的金融城，并居世界第33位。

2. 智慧城市

卡萨布兰卡旨在成为一个智能和可持续的城市，在国王穆罕默德六世的支持下，智能和可持续的城市发展不再是奢侈品，而是必需品，强调了将公民置于思考城市发展核心的重要性。卡萨布兰卡市发布《2018—2022行动计划》，将于未来5年内围绕5个战略重点投资522.6亿迪拉姆。其中投资最大的两个领域为：基础设施、城镇化和交通（360亿迪拉姆），以及清洁、生活环境和绿地（92亿迪拉姆），其他三个领域分别为经济社会发展、大型活动和数字化转型。此外，《2018—2022行动计划》还制定

① 参考 https：//www.longfinance.net/programmes/financial-centre-futures/global-financial-centres-index/。

了一系列目标，如2022年收入在2015年基础上增加73%，每年减少5%的业务开支，建设32个数字图书馆、10个大型公共停车场，整治150千米道路和32个市场等。

卡萨布兰卡城市机构计划评估卡萨布兰卡—塞塔特地区的六个发展计划（PA），该机构为该项目预留了150万迪拉姆的预算。伴随人口增长的城市化步伐“非常高”。根据原子能机构的说法，城市化超过了1984年城市发展总体规划（SDAU）的指导方针，目前按照2010年批准的SDAU的规定运行，并在2014年批准了部分修订。

（二）区域总部

摩洛哥拥有具有区域竞争力的信息和通信技术基础设施，并且最近为促进其数字经济而进行了结构和部门改革，同时还拥有高素质、会讲多种语言的劳动力。这些优势使该国在外包服务、离岸外包、电子支付和软件开发方面处于领先地位。就商业环境而言，它是本区域表现最好的国家之一。2013年，摩洛哥信息和通信技术部门实现了10亿美元的信息技术收入，并在业务流程外包方面名列非洲第一，2015年，信息和通信技术部门收入在摩洛哥GDP中占3%以上①。政府的“2020数字摩洛哥”战略通过提供具有成本竞争力的信息技术服务为进一步提升国家的国际地位提供了资源，并强调了更高程度的多样化和企业家精神。这次成功的实践得益于离岸经营的专门技术园区的设立，这些技术园区利用各种税收优惠政策吸引海外公司入驻②。

例如，2006年，摩洛哥在卡萨布兰卡启动了其第一个也是全国规模最大的科技园——卡萨尼尔海岸产业园。它成为100多家企业的孵化器，并吸引了包括戴尔、美国国际商用机器公司、埃森哲咨询公司、意大利阿托斯、惠普和意大利霍美思在内的国际科技公司。该园区的发展得益于MEDZ Sourcing的3.41亿美元的投资，MEDZ Sourcing是一家在摩洛哥各地经营科技园的国有开发公司，其为以出口为导向的信息技术园区提供了获取土地的便利，并在拉巴特的技术城、泰图安海岸、非斯海岸和乌伊达

---

① Kingdom of Morocco, “Digital Morocco 2013”.

② Ministry of Industry, Trade, Investment and of the Digital Economy, “Stratégie Maroc Digital 2020”.

海岸建立了其他科技园。每个科技园的所得税上限为20%，同时，它们还提供培训方案，以满足对熟练信息技术工人的需求①。

2013年7月，美国国际商用机器公司在卡萨尼尔海岸创建了一个拥有400名员工的服务中心，为摩洛哥和其他非洲市场服务。美国国际商用机器公司正在与摩洛哥的学术机构合作开发云计算、大数据、系统集成和外包等技术。另外，还建立了旨在鼓励创业精神和促进初创企业发展的筹资机制。最显著的举措是摩洛哥数字基金的设立。该基金于2010年由国有存款和管理基金以及该国三大商业银行——阿提亚里瓦银行、外贸银行和中央银行设立。摩洛哥数字基金向当地技术公司提供种子资金和其他技术、财政援助。自成立以来，它已投资了一系列的初创公司，包括网络安全公司Netpeas；在线发票平台Greendizer；以及像Soukaffaires和Mydeal这样的电子商务平台。摩洛哥的数字经济成功案例之一是软件和信息技术提供商Involys SA公司。政府承诺致力于促进中小型企业数字化以提高生产力、支持当地组织开发信息技术市场并挖掘信息和通信技术部门更大的出口潜力，这使该公司获益颇深。另一个成功的初创公司是HPS，这是一家创新支付解决方案公司，它为发行人、收购者、卡商、独立销售组织（ISOs）、零售商以及非洲各地的交换机提供安全的支付服务。2016年2月，摩洛哥工业、商业、投资和数字经济部与摩洛哥大学及公共和私营组织合作。“2020数字摩洛哥”战略强调了摩洛哥作为非洲区域数字枢纽和门户的战略位置。摩洛哥政府应利用其在该区域的关键地位，来进一步促进货物、服务、数据和资本的跨境自由流动。网络外交不仅涉及参与规则和约束行为，还涉及通过信息自由流动来促进贸易发展的行为。平衡经济繁荣和国家安全这两个目标需要一支精干的外交团队，并能够帮助本国实现“2020数字摩洛哥”的愿景和目标。

大量的国际公司和摩洛哥本地公司的总部和业务部门均设在卡萨布兰卡，卡萨布兰卡是摩洛哥主要工业区，也是摩洛哥的经济中心，包括消费者服务行业的2M电视、CTM运输公司，还包括金融行业的Agma Lahlou-

---

① David Hernádez Martínez，“Morocco and the GCC：between Saudi Arabia and Qatar”，The London School of Economics and Political Science，25 September 2017（http：//blogs. lse. ac. uk/mec/2017/09/25/morocco-inside-the-gcc-between-saudi-arabia-and-qatar/）.

Tazi、Attijariwafa Bank 以及油气、电力和工业行业的公司。

表 II－3－9　　卡萨布兰卡公司分布

外文名	公司名称	行业	部门	创立年份
2M TV	2M 电视	消费者服务	广播娱乐	1989
Agma Lahlou-Tazi	阿格玛拉什塔兹	金融	全额保险	1964
Air Arabia Maroc	摩洛哥阿拉伯航空	消费者服务	旅游休闲	2009
Akwa Group	阿克瓦集团	油气	勘探与生产	1932
Attijariwafa Bank	阿蒂贾里瓦法银行	金融	银行	1904
Banque Commerciale du Maroc	摩洛哥商业银行	金融	银行	1911
Banque Populaire du Maroc (BCP)	摩洛哥中央人民银行	金融	银行	1961
BMCE Bank	摩洛哥外贸银行	金融	银行	1959
BMCI	摩洛哥工商银行	金融	银行	1943
Casa Air Service	卡萨航空公司	消费者服务	航班	1995
Casablanca Stock Exchange	卡萨布兰卡股票交易所	金融	投资服务	1929
Compagnie de Transports au Maroc (CTM)	摩洛哥运输公司	消费者服务	旅游	1919
Compagnie Marocaine de Navigation	摩洛哥航运公司	工业品	海上运输	1946
Eco-Médias	生态媒体	消费者服务	出版业	1991
Free Media	自由媒体	消费者服务	出版业	
Inwi	英威	电信	固定线路电信	2009
Jet4you	杰特优	消费者服务	航班	2006
Laraki	拉腊基	消费品	汽车	1999
Les Domaines Agricoles	农业园	消费品	农渔	1960
Marjane	马贾内	消费者服务	食品零售商和批发商	1990
Maroc Soir Group	摩洛哥晚报集团	消费者服务	出版业	1971
MarsaMaroc	摩洛哥萨尔萨	工业品	运输服务	2006
Med Airlines	地中海航空公司	工业品	送货服务	1997
Orange Morocco	摩洛哥橙色	电信	移动通信	2000
Nareva	纳雷瓦	油气	勘探与生产	2005
OCP Group	摩洛哥磷酸盐集团	基础材料	一般开采	1920
ONA Group	摩洛哥证券集团	砾岩	—	1934

续表

外文名	公司名称	行业	部门	创立年份
RAM Cargo	摩洛哥皇家航空公司货物	工业品	送货服务	2010
Royal Air Maroc	摩洛哥皇家航空公司	消费者服务	航班	1957
Royal Air Maroc Express	皇家航空公司快递服务	消费者服务	航班	2009
Siger	西格尔	砾岩	—	2002
Société Automobiles Ménara	梅那拉汽车公司	消费品	汽车	1972
Al Mada①	马达投资集团	砾岩	—	1966
Somaca	索麦卡	消费品	汽车	1959
SOMED	索麦德	砾岩	—	1982
Sonasid	索纳西德	基础材料	钢铁	1974
Sopriam	索普里亚姆	消费品	汽车	1977
Wafa Assurance	瓦法保险公司	金融	全额保险	1972

资料来源：https：//en. wikipedia. org/wiki/List_ of_ companies_ of_ Morocco。

第四节　拉巴特的经济发展与区域影响

拉巴特是摩洛哥首都，政治、文化、交通的中心，最早建于1146年，苏丹阿卜杜勒·穆民为渡海进攻伊比利亚半岛，而在沿海古城萨累的废墟建立的一座城堡，现存老城为18世纪所建，新城于1912年摩洛哥成为法国保护国后兴建。拉巴特位于西北的布雷格雷格河口，濒临大西洋，与非斯、马拉喀什、梅克内斯同是摩洛哥四大皇城之一。拉巴特王宫、穆罕默德五世墓、乌达亚城堡和舍拉废墟等是游人参观的名胜。

拉巴特由老城和新城组成，是传统的穆斯林建筑和西方的现代主义深度融合的产物。前者可以追溯到12世纪，甚至更早至罗马帝国时期；新城则是在法国殖民统治时期设计和建设的。拉巴特包括早期各个王朝的遗迹、建筑和装饰元素，新城表达了一种开创性的城市规划，同时小心呵护

① 注：马达投资集团（Al Mada）前身是国家投资公司（Societe Nationale d'Investissement），于2018年3月更名。

历史古迹和传统住宅。她是20世纪建于非洲大陆上规模最大的现代城市建筑项目之一，而且也很有可能是最完整的一座现代都城。

拉巴特是典型的地中海气候，处在大西洋的岸边使拉巴特的气候温和适中，冬天凉爽而夏天温暖。旅游业和摩洛哥所有外国使馆的存在使拉巴特成为该国最重要的城市之一。拉巴特是北非众多巴巴里海盗港口之一，是摩洛哥文化中心。市内有多处文物古迹，有拉巴特王宫、乌达亚城堡、摩洛哥艺术博物馆、考古博物馆、古物博物馆和众多清真寺，拉巴特大学为摩洛哥最高学府。

一 拉巴特概况

拉巴特是摩洛哥的第七大城市，拉巴特—萨累大区包括拉巴特、萨累和德马拉—斯基拉特三省，人口约212万。12世纪中叶始建拉巴特城，1609年后大批摩尔人流入，城市迅速发展，19世纪为摩洛哥大西洋沿岸的唯一城市。拉巴特的港口和城市周围为富庶农业区，腹地广阔，但河口泥沙逐年淤积，港口在地中海区的航运作用逐渐减弱，拉巴特是摩洛哥的陆路运输和纺织工业中心。铁路和公路南通达尔贝达（有高速公路）、马拉喀什、萨菲；北通丹吉尔；东通非斯、乌季达和邻国阿尔及利亚、突尼斯。

拉巴特的纺织工业和手工业以产毛毯、地毯和皮革制品著称，有水果、鱼类加工等食品工业和制砖、石棉、陶瓷、木材与软木加工等多种手工、半手工小型企业。城市分新城、旧城两部分。旧城沿河分布，有穆斯林古镇和犹太人居住区，多阿拉伯式建筑，有城墙围绕，街道狭窄，居民密集，手工业众多，传统民族市场繁盛。新城位于旧城以北以东，为政府机关、金融、商业、科学研究等机构所在地，多现代建筑，街道宽广。

表II-3-10 拉巴特人口分布

		家庭	人口	国外人口	摩洛哥人口
BabLamrissa	区	44636	174936	668	174266
Bettana	区	22360	95291	386	94905
Hssaine	区	51858	214540	470	214070
Layayda	区	33522	153361	163	153198
SidiBouknadel	市	4955	25255	9	25246

续表

		家庭	人口	国外人口	摩洛哥人口
Tabriquet	区	61101	252277	629	251648
Shoul	农村公社	3925	19915	6	19909
Ameur	农村公社	8983	46590	16	46574

资料来源：摩洛哥高等规划署。

二　拉巴特经济发展

2015 年拉巴特 GDP 达到 158.3 百万迪拉姆，2016 年有所增加，增加至 159.9 亿拉姆，增长率为 1%，增速有所下滑，2015—2016 年 GDP 增速都低于摩洛哥的平均水平，其增长贡献率分别为 0.4% 和 0.2%。拉巴特的人均 GDP 水平从 2015 年 34272 迪拉姆增长到 2016 年的 34826 迪拉姆，人均 GDP 水平高于全国平均水平。

表 II - 3 - 11　　　　**拉巴特 GDP**

	GDP（百万迪拉姆）		增长率（%）		增长的贡献（点）		人均 GDP（迪拉姆）	
	2015 *	2016 **	2015 *	2016 **	2015 *	2016 **	2015 *	2016 **
拉巴特	158317	159975	2.3	1.0	0.4	0.2	34272	34826
摩洛哥	987950	999074	4.5	1.1	4.5	1.1	28951	29390

资料来源：摩洛哥高等规划署。

拉巴特的家庭最终消费在 2016 年为 86573 百万迪拉姆，较 2015 年 81574 百万迪拉姆有所增加；2016 年家庭最终消费为摩洛哥的 14.8%，比 2015 年（14.5%）有所增加。2016 年人均家庭消费为 18541 迪拉姆，较 2015 年（17659 迪拉姆）有所增加，并且高于摩洛哥平均水平。

表 II - 3 - 12　　　　**家庭消费结构**

	家庭最终消费（百万迪拉姆）		消费结构		人均家庭消费（迪拉姆）	
	2015 *	2016 **	2015 *	2016 **	2015 *	2016 **
拉巴特	81574	86573	14.5	14.8	17659	18541
摩洛哥	562842	585359	100	100	16494	16974

资料来源：摩洛哥高等规划署。

农牧渔业为摩洛哥支柱产业①，农业人口占总劳动力 42%。渔业资源丰富，是非洲第一大产鱼国，沙丁鱼出口量居世界第一。旅游业为第二大产业，摩洛哥的人文和自然等旅游资源丰富，拥有马拉喀什、卡萨布兰卡等历史名城。摩洛哥的能源资源贫乏，为石油进口国，但矿产资源较为丰富，磷酸盐储量占全球的 75%。2016 年，由于气象等因素造成农业大幅减产，加之出口增速下滑，摩洛哥经济增长急剧放缓，全年增长率为 1.2%，明显低于 2015 年的 3.3% 以及常年平均增速 4.14%（1999—2016 年）。2017 年一季度，摩洛哥农业产值同比增长 14.2%，增速较 2016 年同期提高 3.3 个百分点；服务业增加值增长 3%，增速较 2016 年同期提高 0.6 个百分点。数据显示，摩洛哥服务业细分部门都得到积极增长；但工业增长有所放缓，2017 年一季度工业增加值同比增长 1.7%，增速较 2016 年同期下降 0.3 个百分点。

拉巴特第三产业比较发达，其占国内生产总值的 60.5%，虽然较 2015 年的 60.6% 有所减少，但第三产业的构成高于摩洛哥的平均水平。第一产业占国内生产总值的份额为 13.0%，也较 2015 年 13.9% 有所下降，但是其高于摩洛哥的第一产业所占份额 12.0%。2016 年拉巴特第二产业占比为 14.6%，虽然较 2015 年有所提升，但是低于摩洛哥平均 26.0% 的水平。

表 II－3－13　　**拉巴特产业结构**　　单位：%

	第一产业		第二产业		第三产业		第一产业		第二产业		第三产业	
	2015	2016	2015	2016	2015	2016	2015	2016	2015	2016	2015	2016
拉巴特	13.9	13.0	14.6	15.2	60.6	60.5	13.9	13.0	14.6	15.2	60.6	60.5
摩洛哥	12.6	12.0	26.1	26.0	49.7	50.3	12.6	12.0	26.1	26.0	49.7	50.3

资料来源：摩洛哥高等规划署。

2015—2016 年，拉巴特的产业结构变化相对于摩洛哥产业结构变化，第二产业份额有所增加，而第一、三产业有所减少。2016 年，拉巴特的

① 据美国国务院 2017 年 3 月 3 日发布的报告显示，摩洛哥是世界第一大麻生产和出口国，同时是非洲毒品输往欧洲的主要中转地。据称摩洛哥 2015—2016 年所生产的大麻产品总值约为 1000 亿美元，相当于该国 GDP 的 23%。

第一产业生产总值占摩洛哥份额为17.4%，较2015年的17.7%有所减少；第二产业的生产总值占摩洛哥份额为9.4%，较2015年9.0%有所增加；第三产业的国内生产总值占摩洛哥份额为19.3%，较2015年19.5%有所下降。

表Ⅱ-3-14　**拉巴特产业占摩洛哥份额**　单位：%

	第一产业		第二产业		第三产业	
	2015	2016	2015	2016	2015	2016
拉巴特	17.7	17.4	9.0	9.4	19.5	19.3
摩洛哥	100	100	100	100	100	100

资料来源：摩洛哥高等规划署。

从国内生产总值的行业分布来看，交通邮电、公共管理与公共服务、其他非金融服务、农业等占摩洛哥相关行业的份额较高，分别达到29.6%、29.7%、20.5%、19.7%。这与拉巴特为摩洛哥首都有关，大量的交通项目和公共服务项目，农业的生产总值，在2016年达到211亿迪拉姆，较2015年有所降低。其中电力与电气所创造的国内生产总值增长幅度最大，较2015年增长了45.4%，在2016年其创造的国内生产总值为28亿迪拉姆，占到整个摩洛哥电力与电气行业创造的国内生产总值的11.4%，这可能与“2013数字摩洛哥”战略明确表明其有意使信息和通信技术部门成为摩洛哥经济的基石和人才发展的动力有关。“2020数字摩洛哥”战略重申了这些目标，并设定了将国家数字鸿沟减半和增加对3万名通信技术专业人员培训的宏伟目标。

表Ⅱ-3-15　**按行业分列的国内生产总值（按当前价格计算）**

	占摩洛哥份额		GDP（百万迪拉姆）		增长率（%）		
	2016	2015	2016	2015		2016	2015
农业	19.1	19.2	21121	22013	-4.1	-15.2	8.8
渔业	0.6	0.7	62	69	-10.8	-26.5	-33.4
采矿和加工	6.0	5.7	10783	10423	3.5	2.9	-13.8

续表

	占摩洛哥份额		GDP（百万迪拉姆）		增长率（%）		
	2016	2015	2016	2015		2016	2015
电力与电气	11.4	9.3	2845	1956	45.4	25.9	-8.5
建筑和公共工程	19.0	19.8	11018	10810	1.9	-2.3	7.1
贸易	12.3	12.4	10035	9529	5.3	4.3	-2.6
酒店和餐饮	8.6	9.3	1924	1965	-2.1	-2.6	2.8
交通、邮电	29.6	30.2	17472	17397	0.4	4.8	2.1
金融和保险	16.1	15.7	7445	7356	1.2	3.1	10.7
房地产租赁和服务企业	16.6	17.7	18138	18199	-0.3	-2.2	1.3
公共管理和社会保障	29.7	28.9	27791	26155	6.3	4.6	0.5
教育、卫生和社会工作	15.1	15.3	12622	12523	0.8	0	-4.9
其他非金融服务	20.5	20.5	2887	2779	3.9	3.0	3.4
总附加值基本价格	16.1	16.2	144142	141175	2.1	-0.4	0.9
产品税净补贴	15.6	15.0	18476	17142	7.8	12.6	15.2
该地区国内生产总值	16.0	16.0	162618	158317	2.7	1.0	2.3
住户最终消费支出	14.8	14.5	86573	81574	6.1		

资料来源：摩洛哥高等规划署。

三　拉巴特的区域影响

拉巴特是摩洛哥首都和历史名城，在 CNN 的“2013 年最佳旅游目的地”中排名第二。因为有着深厚的历史积淀，拉巴特也是摩洛哥重要的文化中心。她不仅融合了古罗马、阿拉伯—柏柏尔穆斯林以及欧洲现代的文化，取得了多元文化相互交流的硕果，而且聚集了全国一半以上的学术机构和文化设施，包括穆罕默德五世大学、国家图书馆、当代艺术博物馆、舞蹈中心和国家剧院等。拉巴特文化遗产的核心部分是新城、乌达亚城堡、埃萨斯植物园、麦地那（老城）、阿尔摩哈德城墙和城门、谢拉考古遗址；其次是哈桑清真寺和穆罕默德五世陵墓；再次是迪乌尔·贾迈阿区。

（一）区域定位

美世咨询（Mercer）公司发布的全球城市生活质量显示，摩洛哥首都拉巴特在全球 230 个城市中排名第 116 位，位居阿拉伯国家第 6 位，落后于迪拜（75 位）、阿布扎比（81 位）、马斯喀特（107 位）、多哈（110

位）和突尼斯市（113 位）。拉巴特是保存完好的现代化城市，包含具有明确功能和重要视觉与建筑品质的宿舍和建筑，现代城市的特点是公共空间的连贯性和公共健康理念的实施。这座城市包括各种早期王朝的纪念碑、建筑和装饰元素。拉巴特也明确地表达了城镇规划的开创性方法，包括历史古迹和传统住房。重新占用过去及其对 20 世纪城市规划者和建筑师的影响，使得城市、建筑和装饰综合得以独特而精致。现代城市拉巴特通过其城市群、纪念碑和公共空间，展示了其对早期的阿拉伯—穆斯林遗产的尊重和灵感。

（二）区域总部

拉巴特为摩洛哥的政治和文化中心，以及摩洛哥的交通枢纽，各个国家的大使馆驻扎于此；消费领域的阿西马公司、金融行业 G. E. 莱尔公司、ONCF 工业部门等公司也在此设立分部。

表 II－3－16 **拉巴特的主要公司分布**

	公司名称	行业	部门	创立年份
Acima	阿西马	消费	食品零售商和批发商	2002
Compagnie Générale Immobiliere	G. E. 莱尔公司	金融	房地产控股与发展	1960
Maroc Telecom	摩洛哥电信	电信	固定线路电信	2013
Mena Media Consulting	中东北非媒体咨询公司	工业品	业务支持服务	2004
Nemotek Technologie	涅姆泰克技术	工业品	工业机械	2008
ONCF	摩洛哥铁路局	工业品	铁路	1963
Poste Maroc	摩洛哥邮局	工业品	送货服务	

资料来源：https：//en. wikipedia. org/wiki/List_ of_ companies_ of_ Morocco。

第四章　工业发展战略

年轻的人口年龄结构、优越的贸易条件以及背靠能源供应腹地，赋予摩洛哥发展劳动密集型工业制造业的潜在比较优势。近年来，在以竞争优势理论为依托的工业发展战略的引领下，摩逐渐建立起将工业发展潜在比较优势转换成为现实生产力的“外部性”条件。而摩工业发展战略取得的上述成效，也为其工业制造业发展和中摩产能合作奠定了现实基础。不过，从企业投资角度来看，由于受到一系列主客观因素的制约，中摩产能合作的推进仍存在许多阻碍，中国制造业企业对摩投资的规模还十分有限，中摩产能合作的开展实际上仍处于起步阶段。因此，只有针对中摩产能合作当前存在的具体问题，运用科学方法做出合理规划，才能将中摩产能合作的推进落到实处。

第一节　中国与摩洛哥国际产能合作框架

从产能合作的性质来看，中摩之间开展国际产能合作具有工业制造业从产业发达国家转移到产业欠发达国家的显著特征。传统上，学术界对此类问题的研究主要是基于比较优势分析框架的产业转移理论。不过，很多经济实践表明，仅是依靠比较优势的发挥，落后国家仍很难实现经济起飞。20 世纪 70 年代，“第三意大利”现象的出现引起经济学界对产业集聚现象的关注，[①] 国际学术界也开始逐渐跳出比较优势的思维框架，关注

---

① “第三意大利”是指 20 世纪 70 年代经济快速崛起的意大利东北部和中部，根据意大利统计局评判标准，全意大利专业集群地有 199 个，主要集中在北部、中部和亚得里亚海沿岸，其中的 80% 分布在人口不到 10 万的小城镇和村落，如威尼托大区的服装加工业和家具制造业、托斯卡纳大区的毛纺业和陶瓷业等。参见秦岩、杨爱民、代志鹏《第三意大利的兴起及其对中国西部大开发的启示》，《云南社会科学》2007 年第 6 期。

产业集聚现象，波特（Porter）对发达国家工业发展所做的研究也表明产业集聚是“产业发达国家的核心特征”，[①] 此后，中国改革开放取得的成功也与产业集聚地的形成密不可分。[②]

一　产业转移理论

从工业化进程对比来看，阿拉伯国家工业制造业发展十分滞后，而我国工业制造业产业门类十分齐全，一些具有竞争优势的产业部门也具备向境外转移的实力。由于中阿双方在工业制造业发展上处于不同阶段，我国与阿拉伯国家产能对接也具有传统特点，即从工业化水平较高的国家移向工业化水平较低的国家，而与此类产业转移密切相关的主要是产品生命周期理论（Product Life Cycle）、雁行模式（Flying Geese Paradigm）、边际产业扩张论（Marginal Industry Theory）等国际投资理论。

1966 年，哈佛大学经济学家雷蒙·弗农（Raymond Vernon）提出产品生命周期理论，该理论认为，一类产品的生产存在周期性，即经历形成—成长—成熟—衰退的周期，而处于不同的技术水平的国家生产该类产品的周期并不同步，随同产品生命周期的演变，技术水平较高的国家将会逐渐丧失产品生产的比较优势，产品生产也会转移到技术水平较低的国家，从而推动国际投资行为的出现。[③]

20 世纪 50 年代，日本经济学家赤松要（Kaname Akamast）提出了用于描述技术落后国家产业发展的“雁行模式”，该理论认为技术落后的国家工业发展需经历三个阶段“进口—国内生产—出口”，也就是技术落后的国家最初不具备生产某种产品的比较优势，只能从技术水平更高的国家进口该种商品，但在国内逐渐掌握该类产品的生产技术后，国内生产最凭借接资源和价格的优势取代进口，最终实现该产品的出口。[④]

---

① ［美］迈克尔·波特：《国家竞争优势》，李明轩、邱如美译，中信出版社 2012 年版，第 133 页。

② 王缉慈等：《超越集群：中国产业集群的理论探索》，科学出版社 2010 年版，第 115—169 页。

③ Raymond Vernon, “International Investment and International Trade in Product Cycle”, *Quarterly Journal of Economic*, Vol. 80, No. 2, May 1966.

④ Kaname Akamatsu, “A Historical Pattern of Economic Growth in Developing Countries”, *The Developing Economies*, Vol. 1, No. 1, August 1962.

20世纪70年代，日本经济学家小岛清（Kiyoshi Kojima）根据日本对外直接投资的特点，系统阐述了国际产能转移的边际产业扩张理论，该理论主要观点包括：（1）投资国的对外直接投资应当从边际产业（本国生产已经处于比较劣势或是即将处于比较劣势的行业开始）依次进行；（2）在区位选择上，东道国应当在边际产业的发展上具有显性和潜在比较优势；（3）对东道国的投资应当从技术差距最小的产业依次进行；（4）投资国对外投资活动应当以中小企业为先导；（5）投资活动能够发挥贸易创造效应，不会给投资国的贸易带来负面影响。①

以上三个国际投资理论侧重点虽然有所不同，但都是从产业角度分析了工业制造业从先进国家转向落后国家的路径，其所依据的主要是比较优势理论和资源禀赋论，这些理论认为，国际产能转移的驱动力是比较优势或是资源禀赋的动态变化，工业后起国家只有充分发挥本国的比较优势或是资源禀赋，才能借助国际产能转移推进本国的工业化进程。虽然20世纪80年代以后，发达国家之间的相互投资活动变得更为紧密，以上理论也受到学术界的挑战，但上述以比较优势理论和资源禀赋论为基础的国际投资理论对于研究工业发达国家对工业后起国家的投资行为依然具有指导意义。

二　产业集聚理论

产业集聚问题的研究可以追溯到19世纪末，1890年，英国经济学家阿尔弗雷德·马歇尔（Alfred Marshall）在其著作《经济学原理》中提出“产业区”的概念，并提出了“外部经济”这一重要概念。马歇尔在其著作中将集中有大量相关的小企业、进行专业化生产的特定地区称作“产业区”，在马歇尔看来，产业区的形成，除了得益于自然条件和宫廷庇护外，获得外部规模经济是根本原因。②

不过，在很长一段时期内，马歇尔提出的“产业区”理论并没有得

---

① Kiyoshi Kojima, *Direct Foreign Investment: A Japanese Model of Multinational Business Operation*, London: Croom Helm, 1978.

② 马歇尔对产业区的论述主要集中于第四篇“生产要素——土地、劳动、资本和组织”的第10章“工业组织（续前）”。参见［英］阿弗里德·马歇尔《经济学原理》，廉运杰译，华夏出版社2004年版，第226—234页。

到经济学界的关注。直到20世纪70年代，由于基于比较优势的经济学理论无法解释“第三意大利”的崛起，欧、美、日、韩等以系列产业集聚地的形成，以及发达国家之间相互投资的活跃等现象，马歇尔提出的“产业区”概念重新受到学术界的关注。1990年，在对10个国家100个行业进行调研的基础上，美国经济学家迈克尔·波特（Michael Porter）提出了被称为波特钻石模型的国家竞争理论，该理论指出，国家的竞争优势都是以产业集群的面貌出现的，产业集群是产业发达的国家的核心特征，而很多产业集群或具有国际竞争力的产业中，竞争者往往集中于某个城市或地区。①

波特钻石模式的提出使产业集聚理论成为流行的学科，此后，美国著名经济学家保罗·克鲁格曼（Paul Krugman）通过证明“企业和劳动力集聚在一起获取更好的要素回报时，存在本地化生产的规模报酬递增”将产业集聚理论规范化。② 克鲁格曼指出，企业和产业倾向于在特定区域空间集中，然而，不同群体和不同的相关活动又倾向于集聚在不同的地方，由于存在规模经济报酬递增，集聚形成后便会自我延续下去。③

产业集聚理论在20世纪90年代得到了快速发展，从学理上产业集聚定义为大量具有横向或纵向联系的专业化产业（或企业）及其相关支撑机构在一定地域范围内的聚集。④ 很多产业集聚研究表明，根植性（embeddedness）和柔性专精（flexiblility plus specialization）是产业集聚的两个重要特征，也是产业集聚形成和生存的关键所在。

根植性原本是社会经济学的概念，在集聚经济学的研究中，根植性则是指在经济、社会、文化、政治等方面具有很强的本地联系。产业集聚理论认为，根植性的特征包括：相互信任、丰富的信息交换、共同解决问题的制度安排，这些要素对于产业集聚的形成和发展至关重要。⑤

---

① ［美］迈克尔·波特：《国家竞争优势》（上），李明轩、邱如美译，中信出版社2012年版，第133、138页。

② Paul Krugman, “Increasing Returns and Economic Geography”, *Journal of Political Economy*, Vol. 99, No. 3, March 1991.

③ ［美］保罗·克鲁格曼：《地理和贸易》，张兆杰译，北京大学出版社2000年版，第33—63、98—109页。

④ 王缉慈等：《超越集群——中国产业集群的理论探索》，科学出版社2010年版，第128页。

⑤ Brian Uzzi, “The Sources and Consequences of Embeddedness for the Economic Performance of Organizations: The Network Effect”, *American Sociological Review*, Vol. 61, No. 4, August 1990.

所谓柔性专精是指单个企业生产集中于有限的产品或过程，形成专业化的特点，而专业化企业的相互竞争和协作带来整个地区生产的灵活性和多样性。[①] 而正是得益于生产的专业化和灵活性，产业集聚区才能获得高生产效率、低生产成本、专业化的劳动力市场以及市场创造效应和生产的创新性。[②]

很多人会将工业园区与产业集聚混为一谈，但实际上，并非所有产业园区都会形成产业集聚，在工业园区内，企业可以共享基础设施、优惠政策和劳动力等资源，但并不一定存在功能上的垂直或水平联系，也不会形成产业集聚效应，这也是很多工业园区最后归于凋敝的重要原因。[③]

三　新结构经济学：产业转移与产业集聚理论的融合

与国际产能转移相关的国际投资理论属于宏观经济学的研究范畴，这些理论主要关注的是国与国之间比较优势或资源禀赋等宏观经济要素的变化。而作为产业经济学新兴流派的产业集聚理论属于中观经济学范畴，更为关注空间、组织、技术、知识等宏观经济学忽视的要素。虽然产业转移理论和产业集聚理论对于发展中国家工业发展都非常重要，但长期以来，两者都作为独立的学科平行发展，而鲜有交叉。直到近些年来，伴随新结构经济学的崛起，学术界才开始关注国际投资理论和产业集聚理论的融合。新结构经济学代表人物林毅夫与其在世界银行任职时的同事塞勒斯坦·蒙卡（Célestin Monga）结合中国发展经验提出的增长甄别与因势利导框架（Growth Identification and Facilitation Framework，以下称“GIFF 框架”）对于指导工业落后国家经济发展具有重要的指导作用。

总体来看，林毅夫和蒙卡提出的 GIFF 框架有两个重要内容：（1）选择能够发挥本国比较优势或资源禀赋的产业；（2）依托工业园为甄别的重点产业创造形成产业集聚条件。对于发展中国家产业发展和产业升级，GIFF 框架认为需要经历六个必要的步骤，分别是：[④]

---

① 王缉慈等：《创新的空间：企业集群与区域发展》，北京大学出版社 2001 年版，第 128 页。

② 吴小军：《产业集群与工业园区建设：欠发达地区加快工业化进程路径研究》，江西人民出版社 2005 年版，第 40—49 页。

③ 王缉慈：《关于产业园区的观察与思考》，《中国建设报》2014 年 4 月 2 日。

④ GIFF 框架提出的“六步法”参见林毅夫《繁荣与求索：发展中国家经济如何崛起》，张建华译，北京大学出版社 2012 年版，第 171—202 页。

1．选择正确的目标。政府应当在资源禀赋与自己相似，人均收入大约高于本国100%、经济发展具有活力的国家中，选择产出连续增长20年的贸易产品作为本国优先发展的产业；

2．消除约束。如本国私人企业早已进入选定的优先发展的产业，确认阻碍本国企业产品质量升级、产业规模扩大、阻碍其他私人企业进入该领域以形成产业集聚的障碍；

3．引诱与吸引全球投资者。如国内还没有私人企业进入该行业，政府应采取措施，从被效仿国家吸引外国直接投资或是组织“孵化”新公司以发展优先产业；

4．壮大自我发现的规模。如果国内私人企业已经发现新产业的巨大商机，那么即使这些产业在第一步中没有被甄别出来，政府也应找出并消除那些影响企业技术升级或阻碍其他企业进入的壁垒；

5．工业园的力量与奇迹。对于基础设施不佳、营商环境较差的国家，政府应当通过建立工业园区支持优先产业的发展、通过工业园区为优先产业形成集聚创造条件；

6．向优先产业提供有限支持。对于那些在进入优先行业的选取企业提供有限度的支持，例如：（一定时期内的）税收优惠、放松外汇管制、提供资金支持等。

虽然在理论研究上，比较优势理论和竞争优势理论鲜有交叉。但对于发展中国家的工业化进程而言，二者却缺一不可。比较优势是竞争优势形成的基础，而竞争优势则是比较优势转变成为工业生产力所需的“外部性”条件。①

第二节 工业发展战略及其依托

从2009年开始，摩洛哥相继出台了两个专门用于指导工业制造业发展的政策文件，分别是2009年出台的《国家工业振兴计划》（National Plan for Industrial Emergence，下文称《工业振兴计划》）和2014年出台的

① 金培：《大国筋骨：中国工业化65年历程和思考》，广东经济出版社2015年版，第63—67页。

《2014—2020年工业加速计划》（National Industrial Acceleration plan，下文称《工业加速计划》）。在工业发展战略上，尽管摩高度重视外商直接投资的拉动作用，但其给予外资企业的优惠政策依然是基于20余年前出台的1995年《投资法》，在争夺外国直接投资，拉动本国工业化进程的竞争中，摩并没有像很多发展中国家那样，陷入高度依赖优惠政策吸引外国直接投资的恶性竞争之中，而是致力于国家竞争优势的培育和打造有利于企业竞争力提升的"外部性"条件。总体来看，摩工业发展战略主要内容及其依托的竞争优势理论主要包括以下内容：

一　提升高级生产要素和专业化生产要素水平

波特认为，一个国家想要经由生产要素建立起强大而有持久性的竞争优势，就必须发展高级生产要素和针对特定产业的专业化生产要素。[①] 电力、通信、公路、港口等对工业发展至关重要的基础设施，以及熟练劳动力和技术人员的培训直接影响到制造业企业的经营成本以及企业竞争优势的提升。而对于单个企业而言，大多数硬件基础设施和教育培训又具有外生性，无法在它们的生产决策中被内部化。[②] 因此，对于发展中国家而言，通过修建基础设施、发展教育培训改善工业发展所需"外部性"条件也就变得十分重要。而且，从国际投资的实践来看，东道国基础设施水平和教育培训能力也是跨国公司选择投资目的国的重要参考因素。[③] 因此，在制定工业发展政策时，摩高度重视生产要素改善之于吸引外资、工业发展的重要意义，并在相关领域做出了巨大投入。

首先，为提升生产要素质量，摩高度重视工业园区的建设，力图在有限地理范围改善工业制造业发展所需的"硬件"条件。在工业发展战略的指引下，以及在投资总额约200亿迪拉姆工业投资发展基金的支持下，从2009年开始，摩建成大量综合工业园区（Integrated Industrial Centers，

---

① ［美］迈克尔·波特：《国家竞争优势》（上），李明轩、邱如美译，中信出版社2012年版，第70—72页。

② 林毅夫：《繁荣与求索：发展中国家经济如何崛起》，张建华译，北京大学出版社2012年版，第126页。

③ World Bank, *2017/2018 Global Investment Competitiveness Report*, Washington D. C., 2018, pp. 25, 27.

P2I），与之前建设的工业园区相比，摩新建成的综合工业园区基础设施水平有了大幅提升，这些新建成的工业园区不但均进行过土地平整，配备有水、电、污水处理、电信等必要的基础设施，很多还建有厂房、仓库、办公楼等，供投资者租用。① 而摩在工业园区建设方面做出的巨大投入，其目的便是要降低外国企业在摩建立生产基地的难度、降低外国企业的投资成本和风险。

表 II－4－1 **摩洛哥主要综合工业园区资料**

	建立时间	所在城市	产业部门	面积	区块数量
TANGIER FREE ZONE	1999 年	丹吉尔	综合	400 公顷	33 个
P2I TECHNOPOLE OF OUJDA	2009 年	乌季达	电子	107 公顷	118 个
ATLANTIC FREE ZONE P2I	2010 年	肯尼特拉	汽车/综合	400 公顷	207 个
MIDPARC	2011 年	卡萨布兰卡	综合	124.4 公顷	107 个
TANGIER AUTOMOTIVE CITY	2011 年	丹吉尔	汽车/综合	80 公顷	57 个

资料来源："Industrial Area", *Royaume du Maroc Ministere de l'lndustrie*, *de l'lnvestissement*, *du Commerce et de l'Economie Numerique*, http://www.zonesindustrielles.ma/? lang = en，登录时间：2018 年 11 月 1 日。

其次，摩也将劳动力技能培训作为提升生产要素质量的重要手段。为配合《工业加速计划》的落实，摩培训和就业促进局公布了《2015—2020 年发展计划》，根据该计划，摩拟在 5 年内新建 120 所培训机构，将全国职业培训能力提升至 65 万人，为支持培训计划的落实。② 而且，为提高职业培训的针对性，摩还在各大综合工业园区内设立了职业培训中心，由其根据园区产业发展的需要，对劳动力进行专业化培训。而摩大力发展职业教育的主要目的是要借助人力资源素质的提升助力企业提升生产效率，加速国家的工业化进程。此外，通过政府投资发展职业教育，还有助于降低企业内部培训的需求，分担企业的培训成本。

---

① "Industrial Area", *Royaume du Maroc Ministere de l'lndustrie*, *de l'lnvestissement*, *du Commerce et de l'Economie Numerique*, http://www.zonesindustrielles.ma/? lang = en，登录时间：2018 年 2 月 1 日。

② 《摩洛哥职业培训和就业促进局 2016 年预算将达 34.08 亿迪拉姆》，中国商务部网站，http://www.mofcom.gov.cn/article/i/jyjl/k/201601/20160101230111.shtml。

二　改善国内营商环境，助力企业在摩建立“根植性”

竞争优势理论认为，企业在相对熟悉的环境中开展经营活动更有助于企业竞争力的提升。因此，对于企业跨境投资而言，在其他国家投资，特别是在文化环境不熟悉的国家投资，是否能按照国际通用的规则开展生产、经营活动将直接影响到企业的经营成本和盈利能力。而从跨国公司国际投资实践来看，跨国公司进行海外投资活动时，对东道国营商环境的重视程度甚至高于对硬件基础设施的重视程度。[①] 也正是基于此，摩在制定工业发展战略时，也高度重视国内营商环境的建设。

2009年《工业振兴计划》启动之后，摩主要从以下几个方面改善国内营商环境：（1）通过要求公司公布年报，允许小股东获取公司非涉密资料，要求公司公布所有权、股权结构信息等措施保护投资者权益；（2）建立电子支付平台提高企业缴纳营业税、增值税、雇员社会保障费等税费支出的便利程度；（3）通过取消有限责任公司最低资本金，降低公司注册费，取消向劳动局提交注册说明书，设立公司注册网络平台等手段提升开办企业的便利程度；（4）通过改进税收部门办事效率，建立跨区域税收部门联系网络，缩减办事流程等手段提升资产转让的便利程度；（5）通过削减商品出口申报文件数量、缩短商品进口入关时间来提升货物进出口贸易的便利程度。[②] 此外，作为基础设施建设的软性部分，为提高政府服务效率和服务水平，摩在综合工业园区均设有“单一窗口”服务，能够高效为企业办理项目投资所需的各类手续，例如，在丹吉尔出口免税区，相关手续办理时间可以压缩至24小时以内。[③]

摩实施上述改善国内营商环境的举措，其目的旨在通过提高政府效率和经济透明度降低在摩投资企业的经营成本、提高在摩投资企业的经营便利度。

---

① World Bank, *2017/2018 Global Investment Competitiveness Report*, Washington D. C., 2018, pp. 25, 27.

② World Bank, *Doing Business 2010—2018*, World Bank: Washing D. C.

③ Moroccan Investment Development Agency, *Integrated Industrial Platforms*, http://www.invest.gov.ma/index.php? Id=87&lang=en，下载日期：2018年2月8日；商务部：《对外投资合作国别（地区）指南·摩洛哥》，2017年版，第48—57页。

三　提升本土供给能力，构建相互依存的产业“生态系统”

大量企业相互竞争、相互协作构成的“弹性专精”生产条件是产业集聚和竞争优势的重要特征。而“弹性专精”生产条件的形成也离不开本土企业在产业链中的深度参与。而国际投资的实践表明，跨国公司境外生产基地所需的服务和商品，平均超过50%是从东道国境内获得，而东道国本土供应能力也是跨国企业选择投资目的国的重要参考因素。[①] 因此，摩在制定工业发展战略时，也高度重视本土供给能力的提升。

首先，为解决信息不对称导致本土供应能力不足的问题，摩高度重视企业信息网络的建设。为整合国内企业资源、降低资源的区块化，在产业“生态系统”下，摩建立了辐射范围广泛的信息网络，信息网络不但收录了一般企业信息，甚至也将与产业发展相关的微型企业、家庭作坊式企业信息收录其中。而且，为促进信息共享，摩还建立了技术人才资源数据库和跨部门合同数据库。摩建设企业和人才信息网络的目的是要降低企业获得供应商的搜寻成本，以此避免出现摩现有供给能力可以满足投资企业需求，而投资企业因信息不对称而无法获得供应商的问题。

此外，为解决因企业无力扩张产能而导致本土供应能力不足的问题，摩高度重视为企业产能扩张提供资金支持。在工业发展战略下，摩政府在2009年设立了专门用于支持企业扩张产能的哈桑二世基金，该基金主要用于支持企业为扩张产能建设厂区、购买设备。根据哈桑二世基金的资助条款，对于在汽车、航空、电子、纳米技术、微电子、生物科技等领域的投资项目，企业在与摩政府签署协约后，企业获取总额不超过总投资额15%或3000万迪拉姆以下的资金补贴，补贴包括：基金出资用于建设用地和厂房建筑，资助额为建设用地和厂房建设价款的30%（以每平方米2000迪拉姆为最高限价）；基金出资用于购买新设备，资助额为购买新设备款的15%（不包括进口关税等税收费用）。此外，摩也与国内银行签署协议，由其为符合规定的企业扩张产能提供融资支持。[②] 而摩采取上述策

---

① World Bank, *2017/2018 Global Investment Competitiveness Report*, Washington D. C., 2018, p. 32.

② WTO, *Trade Policy Review Report by the Secretariat*: *Kingdom of Morocco*, WT/TPR/S/329/Rev. 1, 15 June 2016, p. 37.

略旨在降低在摩投资国内外企业扩张产能的融资成本，以此避免出现摩现有企业可以提供符合标准的产品，但因为企业无力扩张产能，从而导致摩本土供给能力无法满足新兴产业扩张的问题。

四 改善国际贸易环境、扩展产业发展的外层空间

竞争优势理论认为，由于贸易成本的降低能够进一步凸显要素禀赋的重要性，经济一体化将有助于推动产业集聚从区内市场规模较大、生产效率较低的国家向市场规模较小、生产效率较高的国家转移。① 而且，市场规模较小、生产效率较高的国家也会因为受益于经济一体化所带来的市场规模的扩大，吸引一体化区域外的企业前来投资。也恰恰是认识到经济一体化的上述影响，摩也将改善国际贸易环境作为工业发展战略的重要内容。

在改善贸易环境方面，摩既重视为工业制造业发展开拓新的外层空间，也十分重视既有空间的维护。首先，为进一步拓展产业发展的外层空间，摩明确提出要进一步融入非洲。如前所述，作为融入非洲经济的初步战略，摩在2017年2月正式申请加入西非国家经济共同体。此外，为巩固已经获得的有利的贸易环境，摩也明确提出要密切监督已生效自由贸易协定的遵守情况。

而摩采取上述策略旨在弥补自身市场规模相对较小的短板，力图借助经济一体化带来的市场规模效应引导产业向国内集聚。

第三节 开展国际产能合作的优势

劳动密集型工业制造业是摩洛哥工业发展战略的重点，而从国内情况来看，摩洛哥不但具有发展劳动密集型工业制造业的潜在比较优势，近年来，伴随工业发展战略的稳步推进，摩洛哥也逐渐建立起有利于比较优势转换成为竞争优势的“外部性”条件。而摩在劳动密集型工业制造业发

---

① Marius Brülhart, “Evolving Geographical Concentration of European Manufacturing Industries”, *Review of World Economics*, Vol. 37, No. 2, 2011, pp. 215 – 243; Rikard Forslid, Jan I Haaland and Karen Helene Midelfar Knarvik, “A U-shaped Europe?: A Simulation Study of Industrial Location”, *Journal of International Economics*, Vol. 57, No. 2, 1999, pp. 273 – 297.

展上所形成的上述有利条件也为中摩产能合作的推进提供了现实基础。

一　中摩开展国际产能合作的比较优势基础

从资源禀赋的角度来看，摩在劳动密集型工业制造业上拥有许多有利条件，而这些有利条件也构成了摩承接中国劳动密集型制造业对其转移的比较优势基础，而其主要表现在以下几个方面：

（一）摩劳动力供给充足、具有成本优势

对于劳动密集型制造业的发展而言，充足且具有竞争力的劳动力供给无疑是最为有利的生产条件。而从摩国内的情况来看，首先是得益于相对年轻的人口年龄结构，摩未来劳动力供给相对充足，2017 年，摩 15—64 岁人口在总人口中占比为 65.8%，略高于全球 65.4% 的平均水平，而同年，摩 0—14 岁人口在总人口中占比为 27.4%，也高于全球 25.9% 的平均水平。[①] 而较为年轻的人口年龄结构决定了摩现在和将来都会有大量适龄就业人口进入劳动力市场，为劳动密集型工业制造业的发展提供充足的劳动力供给。此外，受经济发展水平所限，摩制造业部门的劳动力价格也具有较强的国际竞争力，根据 2017 年版《对外投资合作国别（地区）指南·摩洛哥》，2015 年，摩制造业部门操作工平均时薪约合 1.6 美元。[②] 而根据欧瑞国际公布的数据，2016 年中国、泰国制造业部门的人均时薪分别为 3.6 美元和 2.0 美元，摩劳动力价格不足中国的一半，较泰国还要低 20%。[③] 因此，与充足的劳动力供给一样，具有国际竞争力的劳动力价格也构成了摩劳动密集型工业制造业发展的有利条件。

（二）摩地理位置优越、临近欧洲市场

传统的比较优势理论忽视了运输成本的影响，但对于国际贸易而言，工业制成品跨境转移的成本却是非常高的，因此，有利的地理位置所带来的贸易成本的降低，也是制造业发展所需的有利条件。而从地理位置来看，摩制造业发展的条件十分优越，摩与全球三大经济体之一的欧盟隔海

---

① "World Development Indicators", *World Bank*, October 18, 2018, http://databank.worldbank.org/data/source/world-development-indicators/preview/on.

② 《对外投资合作国别（地区）指南·摩洛哥》，2017 年版，中国商务部网站，http://fec.mofcom.gov.cn/article/gbdqzn/upload/moluoge.pdf，第 39 页。

③ 《中国制造业平均工资超过拉美》，FT 中文网，http://www.ftchinese.com/story/001071536。

相望，从摩丹吉尔港到西班牙阿尔赫西拉斯港船运时间不足1个小时，而地理位置的毗邻也有效降低了摩欧之间的运输成本。国际贸易的运输成本可用“运费和保险因素（FIF）”进行衡量，该值由一国的进口值（CIF）除以剔除了运费后的进口值离岸价格（FOB）计算得出，配电设备是欧盟对摩进口的重要货物商品，2016年，欧盟主要配电设备进口来源国（不包括欧盟国家）有中国、摩洛哥、突尼斯、土耳其、美国，欧盟对上述5个国家配电设备进口的FIF值分别是1.422、1.097、1.126、1.357和1.139，这表明运费和保险费用使得欧盟从中国进口配电设备的成本提高了42.2%，而从摩洛哥进口成本仅提高9.6%。这也表明，如果是以欧盟为出口目的国，由于受地理位置的影响，中国配电设备企业的生产成本要比摩高出1/3。从以上FIF数值对比也可以看到，得益于地理位置的毗邻，摩能够从欧盟以较低的成本获取生产要素、也能够以较低的价格向欧盟出口商品。因此，与欧盟毗邻形成的优越的地理位置也就构成了摩制造业发展的有利条件。

（三）摩背靠能源腹地、能源供给充足

现代工业的发展离不开充足的能源保障，尽管摩本国资源储量相对有限，但由于国内电网与欧洲电网、阿尔及利亚电网实现互联，摩不但国内很少出现停电问题，而且能以具有竞争力的价格向工业企业供应电力。根据中国商务部发布的2017年版《对外投资合作国别（地区）指南·摩洛哥》，摩布斯库拉工业园高峰电价为0.7216迪拉姆/度，约合7.8美分/度，较北京经济技术开发区110千伏工业高峰电价低38.6%，较法国工业高峰电价低40.0%，较美国工业平均电价也仅高出21.4%。[①] 充足且具有国际竞争力的电力供应不但为摩发展一般的劳动密集型工业制造业提供了能源保障，也为摩发展轮胎、平板玻璃等高耗能的劳动密集型工业制造业创造了条件。

---

① 《对外投资合作国别（地区）指南·摩洛哥》，2017年版，中国商务部网站，http：//fec. mofcom. gov. cn/article/gbdqzn/upload/moluoge. pdf，第57页；《电价》，北京市人民政府网，http：//www. beijing. gov. cn/bmfw/jmsh/jmshshjf/shjfd/dj/t1492381. html；《对外投资合作国别（地区）指南·法国》，2017年版，中国商务部网站，http：//fec. mofcom. gov. cn/article/gbdqzn/upload/faguo. pdf，第33页，登录时间：2017年7月16日；《对外投资合作国别（地区）指南·美国》，2017年版，中国商务部网站，http：//fec. mofcom. gov. cn/article/gbdqzn/upload/meiguo. pdf，第56页。

二 中摩开展国际产能合作的竞争优势基础

摩工业发展战略致力于国家竞争优势的提升，而在工业发展战略的推动下，摩也逐渐形成了有利于工业制造业发展的“外部性”条件，而这些有利的“外部性”条件也为中摩开展国际产能合作奠定了竞争优势基础，而其主要表现在以下几个方面：

（一）摩宏观经济稳定、主权信用评级较高

主权信用评级是信用机构对一国政府履行偿债责任的信用和能力的评级，也是跨国企业选定投资目的国的重要参考因素。虽然摩经济总量和人均收入水平都不算高，但却是地中海沿岸主权信用评级最高的中等偏低收入国家，根据大公国际2016年评级，摩洛哥主权信用等级为BBB$^-$，表明该国财富创造能力虽然一般，但信用关系较稳定，而同年，地中海沿岸其他中等偏低收入国家的主权信用评级分别为：突尼斯（BB$^+$）、阿尔及利亚（BB$^+$）、约旦（B$^+$）、埃及（B$^-$）。按照大公国际的评级标准，这些国家的信用关系都不稳定。[①] 通过上述南地中海国家主权信用评级的对比可以看到，摩是欧洲周边宏观经济最为稳定的中等偏低收入国家，摩因主权信用危机引发汇率风险、融资成本上升以及外汇管制、资本流动管制的可能性要显著低于周边其他国家。因此，从投资安全的角度来看，相较于周边其他国家，摩宏观经济更为稳定，也更有利于工业制造业的发展。

（二）摩营商环境良好、有利于外国企业建立“根植性”

在工业发展战略的推动下，摩营商环境得到显著改善，根据世界银行发布的全球营商环境排名，2009年，《工业振兴计划》启动之初，摩营商环境还仅排在全球第128位。此后，排名开始稳步上升，2014年上升至全球第87位，2018年进一步上升至全球第60位。摩营商环境已处于地区领先地位，在阿拉伯国家中仅逊于阿联酋，在非洲国家中也仅逊于毛里求斯和卢旺达。[②] 摩营商环境的显著改善意味着外国投资企业能够更好地按照国际通用的商业规则在摩开展生产、经营活动，因地制宜建立本地联系

---

① 《主权信用评级》，大公国际资信评估有限公司网站，http://www.dagongcredit.com/index.php?m=content&c=index&a=lists&catid=88。

② “Doing Business Rankings”，*World Bank*，http://www.doingbusiness.org/en/rankings.

所发生的“额外成本”有所降低，政府寻租等导致企业隐形成本增加的现象也有所减少。因此，摩在提升国内营商环境方面取得的巨大成功有效提升了摩外资吸引力、也为在摩投资的企业提供了更有利于企业竞争力提升的“外部性”条件。

（三）摩初步形成产业集聚、投资示范效应开始显现

在工业发展战略的指引下，摩逐渐改变了过去以纺织服装、磷酸盐为支柱的工业结构，包括汽车、航空在内，一批增加值较高的新兴产业部门逐渐发展起来。以汽车工业为例，2009—2017 年，摩汽车出口贸易额由 1.2 亿美元增至 26.6 亿美元，年均增速高达 46.7%，从 2016 年开始，汽车产业也成为摩第一大出口创汇产业。① 而且，汽车产业在快速发展的同时也带动了包括车用电缆、汽车转向柱、汽车安全带等汽车零部件产业的发展，而这些上游产业的发展同时对整车组装产业的发展形成了支撑。实际上，包括汽车产业在内，摩近些年发展起来的新兴产业部门都是依托“软”“硬”基础设施较为完善的综合工业园区培育起来的，而这些综合工业园区也都初步形成了产业内企业相互支撑的“弹性专精”生产条件。例如，在丹吉尔汽车城，围绕雷诺汽车工厂聚集了百余家汽车配套厂商，其中就包括法国冲压设备制造商斯诺普（Snop）、法国汽车玻璃制造商圣戈班（Saint Gobain）、日本安全带和安全气囊制造商高田（Takata）、日本汽车系统零部件制造商电装（Denso）、美国汽车电子系统制造商伟世通（Visteon）、日本汽车涂料制造商关西涂料（Kansai Paint）等众多全球知名汽车零部件生产企业。② 与丹吉尔汽车城类似，位于卡萨布兰卡努阿赛乌尔的综合工业园区在汽车、航空部门也都初步形成了有利于企业竞争力提升的“弹性专精”生产条件。而国际投资的实践表明，跨国企业更倾向于在已形成产业集聚效应的地区进行投资。③ 因此，得益于产业集聚的初步形成，摩也逐步展现出投资示范效应。对于跨国企业而言，在汽车、航空、纺织服装等摩已展现出竞争优势的产业部门，对摩投资显然比对该

① “UNCTADSTAT”, *UNCTAD*, October 9, 2018, http: //unctadstat. unctad. org/wds/ReportFolders/reportFolders. aspx.

② 《摩洛哥汽车产业概述》，中国商务部网站，http: //ma. mofcom. gov. cn/article/ztdy/201601/20160101237004. shtml。

③ 梁琦：《产业集聚论》，商务印书馆 2004 年版，第 179—190 页。

地区其他中等偏低收入国家投资更有利于提升企业竞争力。

（四）摩劳动力资源共享有助于推动形成新的产业集聚地

产品距离理论认为两种产品包含的隐性知识越是接近，高质量的劳动力资源越能够更为便捷地在这两个产业部门之间流动，因此，一个国家能够出口一样特定的工业制成品，也就能够很容易地出口与之产品距离较为接近的另外一种工业制成品。[①] 由于摩工业发展战略高度重视对产业工人的培训，并将打造一支高质量的工业制造业就业大军看作是工业发展的重要保障，摩在职业教育培训方面做出的巨大投入，不但有利于支撑现有产业集聚中心的发展，也为培育其他新兴产业创造了条件。而近年来，正是得益于高质量产业工人的培育，摩新兴产业获得了快速发展，按照《国际贸易标准分类》（修订 4）三位数子目进行分类，2012—2017 年，摩有 3 组工业制成品出口贸易额年均增速超过 50%，有 6 组工业制成品出口贸易额年均增速在 20%—50%，此外，还有 18 组工业制成品出口贸易额年均增速在 10%—20%。[②] 而摩新兴产业部门的大量涌现，恰恰也是产品距离理论效应的体现。因此，从新兴产业发展来看，摩职业教育培训造就的技术工人队伍也构成了摩工业制造业发展的有利条件。

（五）中摩开展国际产能合作的政策对接基础

为提高居民收入水平、缓解就业压力，近年来，摩洛哥高度重视工业制造业发展。结合国内劳动力资源丰富的特点，摩将汽车、航空、电子家电、农业食品业、纺织和皮革等劳动力需求较大的产业部门作为工业制造业发展的重点，而且，与其他发展中国家相似，为解决工业制造业发展的资金、技术短板，摩也将外国直接投资看作是落实工业发展战略的重要依托力量。[③]

而从中国国内的情况来看，中国在成为“世界工厂”的同时，国内

---

① Ricardo Hausmann and Bailey Kinger, *Structural Transformation and Patterns of Comparative Advantage in the Product Space*, Cambridge: RWP06-041, September 2006; Cesar A. Hidalgo et al., “The Product Space Conditions the Development of Nations”, *Science*, Vol. 317, No. 5837, 2007, pp. 482 - 487.

② “UNCTADSTAT”, *UNCTAD*, October 9, 2018, http: //unctadstat. unctad. org/wds/ReportFolders/reportFolders. aspx.

③ Moroccan Investment Development Agency, “Investment Opportunities”, *Moroccan Investment Development Agency*, http: //www. invest. gov. ma/? Id = 23&lang = en.

工业制造业发展所需面对的压力也在显著增大，特别是劳动密集型部门。近年来，随同国民生活水平的显著提升，劳动力成本的显著提升也给其带来了向外转移的巨大压力。根据中国国务院出台的《关于推进国际产能和装备制造合作的指导意见》，中国与发展中国家落实国际产能合作的重点产业中，很多都是劳动力需求较大的制造业部门，其中既包括棉纺、化纤、家电、食品加工等传统轻纺行业，也包括平板玻璃、风电、光伏发电设备、轮胎等需要大量劳动力的资金密集型和能源密集型行业。[①] 而在“一带一路”倡议下，支持非洲国家、阿拉伯国家的工业化进程又是国际产能合作的重要内容，中国政府于2015年12月在约翰内斯堡发表的《中国对非洲政策文件》明确提出要“将优先支持非洲工业化进程作为新时期中国对非合作的突破口和着力点”。[②] 2016年1月公布的《中国对阿拉伯国家政策文件》，也提出要“推进国际产能合作”，“支持阿拉伯国家工业化进程”。[③] 因此，从中摩双方出台的政策文件来看，双方在劳动密集型工业制造业领域开展国际产能合作具有较好的政策对接性。

第四节　开展国际产能合作的挑战

尽管摩在比较优势、竞争优势方面形成的有利于劳动密集型工业制造业发展的有利条件为中摩产能合作奠定了现实基础，但是，在具体操作层面，受制于一系列主、客观因素，中国企业想要借助摩有利的生产条件提升企业竞争力仍存在很多阻碍，也只有针对相应阻碍做出科学规划，中摩产能合作才能够落到实处。

一　中摩开展国际产能合作的障碍

工业制造业企业是落实中摩产能合作的实体，然而中国企业对摩投资

---

① 国务院：《国务院关于推进国际产能和装备制造合作的指导意见》（http：//www. gov. cn/zhengce/content/2015-05/16/content_ 9771. htm）。

② 外交部：《中国对非洲政策文件（全文）》（http：//www. fmprc. gov. cn/web/zyxw/t1321556. shtml）。

③ 外交部：《中国对阿拉伯国家政策文件（全文）》（http：//www. fmprc. gov. cn/web/zyxw/t1331327. shtml）。

在主、客观方面都面临许多阻碍。主观层面，中国企业对摩产业转移存在困难主要是源于国内企业普遍缺乏对摩投资的经验。客观层面，阻碍则是与摩国内市场以及摩主要出口市场的特点紧密相关。具体来看，中摩开展产能合作的具体阻碍主要表现在以下几个方面：

（一）国内企业对摩投资缺少历史积累，投资示范效应不高

国际直接投资是跨国经济合作的重要载体，其规模和结构能够很好地反映投资国与东道国经济联系的密切程度。从中国对摩直接投资的实际情况来看，尽管摩已成为非洲最具吸引力的投资目的国之一，但中国企业对摩投资却并不活跃。根据《2017 年度中国对外直接投资统计公报》，2017 年，中国对摩直接投资流量仅为 5986 万美元，仅占到当年中国对非直接投资流量总额的 1.6%，截至 2017 年底，中国对摩直接投资存量仅为 3.2 亿美元，也仅占到当年中国对非直接投资存量总额的 0.7%。[①] 而直接投资数额有限所折射出的便是国内企业普遍缺乏对摩投资经验和热情，而缺乏对摩投资的历史惯性自然也就成为中摩产能合作的重要阻碍。

（二）摩重视对国内市场的保护，市场壁垒较高

摩国内市场的高壁垒主要体现在两个方面：严格限制自由区企业产品内销；以及对工业生产所需中间产品征税较高关税税率。首先，为保护国内企业，摩对在自由区投资的企业设置了严格的内销比例。例如，丹吉尔出口免税区规定，区内企业最多仅能将 15% 的产品销往国内市场。[②] 而摩优越的生产条件又主要集中于享有自由区待遇的综合工业园区，设置严格的内销比例对国内企业来说，则意味着借助摩优越的生产条件组织生产，并没有办法将产品打入摩国内市场，而是只能将摩主要出口对象国作为企业的目标市场。此外，摩对工业生产中间产品征收的高关税税率也构成了中摩产能合作的重要阻碍，在关税税率的设定上，摩对中间产品征收的关税税率与最终产品相比几乎没有差异。例如，2017 年，摩对客运车辆征收的最惠国关税税率平均为 10.7%，而同年，按照《商品名称及编码协调制度的国际公约》四位数税目进行统计，摩对汽车零件及其附件征税最

① 中华人民共和国商务部、中华人民共和国国家统计局、国家外汇管理局：《2017 年度中国对外直接投资统计公报》，中国统计出版社 2018 年版，第 46—47、52—53 页。

② 《对外投资合作国别（地区）指南·摩洛哥》，2017 年版，中国商务部网站，http://fec.mofcom.gov.cn/article/gbdqzn/upload/moluoge.pdf，第 50 页。

惠关税税率介于9.1%—21.3%。[1] 对国内企业而言，摩对中间产品征收的高关税税率意味着中国企业很难借助在东道国建立散件组装工厂这一传统模式降低产品对摩出口的成本。

（三）中国产品品牌声誉不利于打入摩主要出口市场

摩对国内市场设置的高壁垒意味着国内企业只能将摩主要出口对象国作为潜在目标市场，而国内企业想要将产品打入潜在目标市场亦存在一定阻碍。这种阻碍首先来自中国生产的最终形态的工业制成品在摩主要出口市场缺乏品牌效应，很难在摩主要出口市场扩展销路。从工业制成品的类别来看，摩已初步形成具有国际竞争优势、直接面对消费者最终形态的工业制成品仅局限于汽车、成衣两个产业部门。其中，摩汽车产业的发展主要是由法国汽车巨头雷诺公司的投资带动起来的，产品也主要是由母公司返销售至法国、西班牙等欧洲市场。而服装产业则是摩洛哥具有较强国际竞争优势的传统制造业部门，但摩所产服装历来也都是以贴牌的形式销往欧洲市场。尽管中国的汽车、服装产销量均居全球首位，但由于自主品牌仍普遍缺乏国际知名度，相关产品借助在摩组织生产，也很难在欧洲市场有效打开销路。

（四）中国企业融入摩所处欧洲产业链亦存在困难

不仅是最终形态的工业制成品，中国企业想要借助摩有利的生产条件，组织生产中间形态的工业制成品也存在一定阻碍，而这主要是因为中摩双方在全球产业布局中，处于不同的产业链体系之中。摩很多新兴产业的发展主要得益于融入法国企业主导的产业链体系，而中国相关企业则主要是融入北美、东亚产业链体系，在欧洲也主要是与德国企业发生接触，与法国企业的联系并不紧密。例如，在电线、电缆等配电设备中，摩出口贸易额最大的是《国际贸易标准分类》772.59目商品：其他用于开关、保护电路和连接电路用电器，2016年，该类货物占到摩配电设备出口贸易总额的68.5%，而摩出口的该类货物绝大部分是流入西班牙、法国。2016年，摩对上述两国出口贸易额分别占到该类货物出口贸易总额的63.1%和28.5%，但同期，中国出口该类货物则主要流向美国及周边国

---

① “Tariff Download Facility”，WTO，http：//tariffdata. wto. org/.

家和地区，对西班牙、法国出口仅占到中国该类货物出口贸易总额的0.6%和0.3%。[①] 与配电设备类似，2016年，包括汽车转向盘、安全带等汽车零部件以及飞机零部件的货物出口流向上，中摩两国均表现出巨大差异，这也都表明，中摩两国实际上处于不同的产业链体系。因此，对于中国很多企业而言，尽管摩在汽车、飞机零部件产业的发展上已经初步形成“弹性专精”生产条件，但由于其发展主要是得益于以法国企业为中心产业链的向外延伸，而中国企业却与法国企业的联系非常有限，想要借助摩有利的生产条件组织生产、打开欧洲市场也存在一定困难。

二　中摩开展国际产能合作的推进策略

面对中摩开展国际产能合作的上述阻碍，基于比较优势和竞争优势的相关观点，为能将中摩产能合作落到实处，可采取以下推进策略。

（一）应以融入欧洲产业链作为中摩产能合作的主导方向

根据国际直接投资的实践，跨国公司对发展中国家非资源类工业部门的投资主要出于三个目的：（1）获取新市场或新客户；（2）降低生产成本；（3）整合企业价值链。[②] 而从中摩两国产业发展的实际情况来看，由于双方实际处于不同产业链体系之中，国内企业在摩投资并不会优化企业价值链。而且，考虑到远离母国供给系统的影响，若只是为降低企业经营成本，中国企业在周边中等偏低收入国家投资显然要优于在摩投资。因此，国内企业对摩实施产业转移的定位应当是以开拓新客户和获取新市场为主要目的。虽然从地理位置来看，摩可以同时兼顾欧盟、非洲两个市场，而2017年，非洲工业品进口额却不足欧盟1/10，市场容量显然无法与欧盟相比。[③] 而且，在贸易制度的安排上，摩欧关系也要显著优于摩非关系。综合考虑上述因素，对于国内企业而言，只有借助摩有利的产业发展条件，降低企业对欧出口的阻力和成本，对摩实施产业转移才是符合理

---

① “UN COMTRADE”，UN，https：//comtrade. un. org/data.

② Peter Kusek and Andrea Silva，*What Investors Want*：*Perceptions and Experiences of Multinational Corporations in Developing Countries*，Washington D. C.：World Bank Policy Research Working Paper，NO. WPS8386，March 2018，p. 7.

③ “UNCTADSTAT”，UNCTAD，October 9，2018，http：//unctadstat. unctad. org/wds/ReportFolders/reportFolders. aspx.

性的。而考虑到中国制造业企业自有品牌在欧洲市场普遍缺乏品牌声誉，很难广开销路，中摩产能合作也应当以中间形态工业制成品作为合作重点，以融入欧洲产业链作为中摩产能合作的主导方向。而在合作初期，将投资重点聚焦于汽车、航空、纺织服装等摩已初步形成产业集聚效应的产业部门则更为有利。

（二）应以摩现有综合工业园区作为合作平台

在东道国主导建设境外工业园区作为吸引国内企业投资的载体是中国开展国际产能合作常常用到的手段，很多发展中国家基础设施状况较差、营商环境不佳，利用境外工业园区提供的“外部性”条件，为企业提供有利的生产、经营环境，无疑是落实产能合作的有效途径。然而，设立境外工业园区不但要投入大量资金，而且，园区经营主体与东道国政府部门，特别是地方政府机构的合作也需消耗大量精力。因此，在操作层面，由投资国主导在东道国建立境外工业园区并不容易，如东道国基础设施条件尚可，还应当尽量以东道国当地平台作为产业转移的载体。而对于中摩产能合作而言，由于与其他发展中国家相比，摩已建成的综合工业园区基础设施已十分完善，一些成熟园区也已初步形成产业集聚效应，而且，摩营商环境在发展中国家中也是居于前列，甚至还优于中国。因此，中摩产能合作也应以依托摩相对成熟的综合工业园区作为投资平台，而非投入巨资，建设新的孵化平台。

（三）应以中小企业为先导

日本经济学家小岛清提出的边际产业扩张理论认为，投资国对外投资活动应当以中小企业为先导，这是因为中小企业高度灵活、转移到东道国的技术更适合于当地生产要素结构，也能为东道国创造更多的就业，因而会受到东道国的欢迎。[①] 而中小企业对外投资带动东道国就业的能力也得到了跨国公司投资实践的证实，根据世界银行发布的报告，与大型企业相比，中小企业在东道国当地的采购比例更高，与东道国的经济联系也更为紧密。[②] 因此，对于中摩产能合作而言，由于中小企业境外投资的特点更

① Kiyoshi Kojima, *Direct Foreign Investment: A Japanese Model of Multinational Business Operation*, London: Croom Helm, 1978.

② Peter Kusek and Andrea Silva, *What Investors Want: Perceptions and Experiences of Multinational Corporations in Developing Countries*, Washington D. C.: World Bank Policy Research Working Paper, NO. WPS8386, March 2018, pp. 17－18.

加符合摩创造就业、带动本土企业发展的需求，中小企业在摩投资若取得成功，将能够更好地提升摩与中国开展国际产能合作的热情。

（四）应适时引入国内龙头企业

坚持以中小企业为先导，并非是要否定大型龙头企业的作用，大型龙头企业资金、技术实力雄厚，中摩产能合作的高度也应由国内龙头企业投资来体现。不过，在中摩产能合作的起步阶段，除非企业产品在欧洲市场已经建立成熟的销售渠道，并且在摩组织生产可有效降低企业对欧出口的成本，否则，企业在摩投资未必有利于企业竞争力的提升，而根据摩产业发展的特点，中国龙头企业想要融入摩已形成的产业集群也并不容易，而龙头企业投资一旦失败，势必会打击东道国与我开展产能合作的热情，给中摩两国未来在更大范围内开展国际产能合作带来不利影响。因此，中摩产能合作也不应急于引入大型龙头企业，而是应当在科学论证的基础上，坚持适时引入的策略。

（五）相关部门为国内企业赴摩投资提供“软性”支持

国内企业对摩投资缺乏历史惯性，对摩当地市场及经营环境也缺乏足够了解，对于国内企业，特别是中小企业而言，受自身实力限制，也不太可能将大量资金用于对摩投资的前期调研和风险评估。故完全依靠企业自主行动，中摩产能合作将很难发展起来。鉴于此，为助推中摩产能合作取得突破，中国相关部门及行业协会可建立特定机制引导和润滑国内企业对摩投资活动，为国内企业对摩投资提供“软性”支持，帮助企业获得对摩投资所需的相关信息，协助拟计划赴摩投资的企业办理有关手续。目前，国内各级地方政府都是将参与国际产能合作，推动优势产业对外转移作为落实“一带一路”对外合作的重点，一些优势产业与摩重合的省份，也可将摩作为产业转移的重点合作对象，由政府建立智力支持网络，协助辖区中小企业落实对摩投资。

巨大的人口红利、濒临欧洲市场、背靠国际能源供应腹地所带来的优越条件，为摩发展劳动密集型工业制造业创造了极为优越的潜在比较优势。近年来，为将劳动密集型工业制造业发展的潜在比较优势转变成为现实生产力，摩提出了以提升国家竞争优势为主要内容的工业发展战略。伴随工业发展战略的稳步推进，摩也逐步建立了有利于企业竞争力提升和国家竞争优势形成的“外部性”条件。摩在劳动密集型工业制造业发展上所具备的比较优势和竞争优势基础，也为中摩开展国际产能合作提供了现实依托。然而，从企业投资的角度来看，由于中国企业对摩投资普遍缺乏经验，中国借助摩优越的生产条件组织生产，将产品打入摩本国及其主要出口市场存在困难，中国企业在摩投资融入摩所处国际产业链也并非易事，这也决定了中摩产能合作的开展也不可能一帆风顺。因此，中摩产能合作的具体推进，也只有根据上述困难，结合摩工业制造业发展特点以及中国国内企业自身实力，在科学规划的基础上稳步推进，才能将其落到实处。

第五章 高等教育研究

摩洛哥的高等教育早在西方殖民统治之前就有了一定的发展。在法国殖民统治时期，摩洛哥的高等教育主要是移植法国的高等教育模式。20 世纪末以来，为解决高等教育发展中存在的问题，促进高等教育更好地适应国家经济和社会发展的需要，摩洛哥政府实施了面向 21 世纪的教育改革。经过近二十年的发展，摩洛哥高等教育在扩大高等教育规模、完善高等教育制度和满足社会经济发展需要等方面取得了一定的进展。由于历史和现实等原因，摩洛哥高等教育的发展仍然面临许多问题与挑战。

第一节 高等教育发展概况

地处非洲北部的摩洛哥王国是一个有着悠久历史与文化的国家。在 1912 年沦为法国保护国之前，摩洛哥已建立起比较完整的以伊斯兰教为核心内容的传统教育制度。摩洛哥的高等教育可以追溯至 9 世纪（859 年）建立的卡拉维因大学（University of Al Quaraouiyine）。卡拉维因大学是一所专门从事伊斯兰教教学与研究的重要机构，讲授内容涉及《古兰经》、哲学、历史、文献、法律、数学、医学和天文学等学科，是伊斯兰世界著名的精神与教育中心之一。卡拉维因大学被联合国教科文组织和《世界吉尼斯大全》视为现存最古老的、授予第一个学位且持续运行的教育机构，有时也被认为是世界上最古老的大学机构。[①]

---

① University of Al Quaraouiyine（https://en.wikipedia.org/wiki/University_of_Al_Quaraouiyine）.

在1912年至1956年法国对摩洛哥进行殖民统治时期，法国对摩洛哥采取了教育同化政策，把法国的教育制度移植到摩洛哥，其目的在于培养拥有宗主国价值观的精英。法国殖民者除了对摩洛哥传统高等教育进行限制和打压之外，还依照法国的教育模式在摩洛哥兴办了一些世俗学校，包括少数高等院校和科研机构，为法国殖民者和地方政府培养殖民统治所需要的人才。这一政策不仅严重削弱了摩洛哥传统宗教高等教育的发展，也使得摩洛哥世俗高等教育的发展变得十分缓慢。1956年，摩洛哥虽然摆脱了法国的殖民统治获得了独立地位，但是在法国同化教育政策的影响下，法国通过与摩洛哥签署协议仍然保留了对摩洛哥大学相当大的行政管理职责。从某种意义上说，摩洛哥大学在行政管理、课程、学位结构、大学文化等方面几乎就是法国大学的翻版。摩洛哥高等教育的发展深受法国殖民主义遗产的影响。①

摩洛哥目前有三种性质的大学：公立大学、私立大学和公办民营大学。除了阿卡韦恩大学和拉巴特国际大学以外，公立大学实施免费政策。摩洛哥高等教育主要由高等教育、研究与培训部负责管理，此外还有一些高等教育与研究机构由其他部委负责监管。摩洛哥的高校中较为著名的高等教育学府有穆罕默德五世大学、穆罕默德·本·阿卜杜拉大学、阿卡韦恩大学、卡拉维因宗教大学等（摩洛哥主要大学名称及大学网址见表Ⅱ-5-1）。截至2016年，摩洛哥共有332所高等教育机构，其中包括：12所由高等教育部管理的公立大学；1所由其他部门管理的公立大学；53所由高等教育部管理的实施开放性入学（open-access）政策的公立学校和学院；37所由高等教育部管理的实施限制性入学（limited-access）的公立学校和学院；26所由其他部委管理的公立学校和学院；5所私立大学；2所公办民营大学；196所私立学校和学院。其中2所公办民营的大学为位于伊芙兰的阿卡韦恩大学和位于卡萨布兰卡的穆罕默德六世健康科学大学。②

---

① 於荣、黄丹华：《殖民主义遗产与非洲高等教育：撒哈拉以南非洲法语国家高等教育发展的历史考察》，《比较教育研究》2011年第12期。

② Moroccodemia. Facts & Figures（http：//moroccodemia. com/en/higher-education-morocco-facts-figures/）.

表 II－5－1 摩洛哥主要大学名称及其网址

类别	名称	网址
12 所公立大学（由高等教育部管理）	伊本·左尔大学 Ibnou Zohr University	http：//www. uiz. ac. ma/
	苏丹·穆莱·斯利马内大学 Université Sultan Moulay Slimane	http：//usms. ac. ma/
	哈桑二世·艾因·乔克大学 Hassan II Ain Chock	http：//uh2c. ac. ma/
	楚艾卜·杜卡里大学 Chouaib Doukkali University	http：//www. ucd. ac. ma/
	穆罕默德·本·阿卜杜拉大学 Sidi Mohammed Ben Abdallah University	http：//www. usmba. ac. ma/-usmba2/
	伊本·图法伊尔大学 Ibn Tofail University	http：//www. uit. ac. ma/
	卡地·阿亚德大学 Cadi Ayyad University	https：//www. uca. ma/
	穆莱·伊斯梅尔大学 Moulay Ismail University	http：//www. umi. ac. ma/？ lang = fr/
	穆罕默德一世大学 Mohamed Premier University	http：//www. ump. ma/
	穆罕默德五世大学阿格达校区 Mohammed V University Agdal Rabat 穆罕默德五世大学苏伊西校区 Mohammed V University Souissi Rabat	http：//www. um5a. ac. ma/index. php/en/
	哈桑一世大学 Hassan Premier University	http：//www. uh1. ac. ma/
	阿卜杜勒马勒克·萨阿迪大学 Abdelmalek Essaâdi University	http：//www. uae. ma/portail/FR/index. php
1 所由其他部门管理的公立大学	卡拉维因大学 Qaraouiyyin University	http：//www. alquaraouiyine. com/
2 所公办民营大学	阿卡韦恩大学 Al Akhawayn University	http：//www. aui. ma/en/ar/
	穆罕默德六世健康科学大学 Mohamed VI University for Health Sciences	http：//www. um6ss. ma/

续表

类别	名称	网址
5 所私立大学	阿加迪尔国际大学 Agadir International University	http：//universiapolis. ma/
	卡萨布兰卡国际大学 Casablanca International University	http：//www. uic. ac. ma/
	非斯私立大学 Private University of Fez	http：//www. upf. ac. ma/
	马拉喀什私立大学 Private University of Marrakech	http：//www. upm. ma/
	拉巴特国际大学 Rabat International University	http：//www. uir. ac. ma/

资料来源：Moroccodemia. Facts & Figures（http：//moroccodemia. com/en/higher-education-morocco-facts-figures/）。

摩洛哥高等教育机构采用两种不同的入学标准。有些高校实行无条件准入原则，即那些成功从高级中学毕业并获得中学毕业证书的学生都可以进入这类学校。而有些高校则对入学要求有严格的规定，录取时会综合考虑学生的在校表现、学业成绩以及专业等。摩洛哥没有国家统一的大学入学考试制度，大学生入学主要由各大学的学院进行选拔，各学院之间的入学政策也不相同。一般而言，中学毕业并通过中学文凭考试者即有资格接受免费的大学教育。但有些学院（专业）有严格的选拔制度，通常最好的学生学习医学和工程学，成绩中等的学生可以选择学习数学和物理学，其他学生可以选择学习法学、艺术和人文学科。

虽然摩洛哥公立大学中的大部分院校对获得中学毕业证书的学生实行开放录取政策，但对于完成中等教育的学生来说，要进入大学还要满足一些附加条件。大部分大学录取学生时会有以下要求：有中等教育证书；通过入学考试并且要达到所学专业最低分数要求。一些大学只接受获得中学毕业证书并在当年提交申请的学生。学习技术类专业的学生如果想进入竞争激烈的大型工程学校，必须要完成两年附加的课程。这些课程由选定的 13 所大学中的一所开设，通常叫做重点高校预科班。这些课程仅对获得科学、数学和技术（电气专业或机械专业）学士学位的学生开放，要求申请者必须有优异的成绩并通过竞争性的入学考试。这成为摩洛哥高等教育系统与其他多数国家公立大学录取制度的主要不同之处。

1983 年，摩洛哥政府接受世界银行的建议开始进行“结构调整计划”改革。自 20 世纪 80 年代以来摩洛哥大学的人数不断增加。20 世纪 80 年代，摩洛哥大学在校生约有 10 万名，到 20 世纪 90 年代末，大学生在校生人数已经增加到 25 万多人。2000 年，有超过 6 万名学生入读首都拉巴特的高等教育与培训中心。女大学生数量也有明显增加，20 世纪 90 年代末，41% 的大学生为女性。在医学、牙科、人文等领域，女性的入学率达到 51%。1985—2000 年，大学入学率年均增长率 6.3%。[①] 摩洛哥部分大学在校学生数量情况见表 II－5－2。

表 II－5－2　　2013—2014 学年摩洛哥部分大学学生数量

大学名称	新注册学生人数	本科生人数	硕士生人数	博士生人数	女性学生数量	外国学生数量	学生总数
卡拉维因大学	3 630	11 506	436	121	4603	137	12063
穆罕默德五世大学阿格达校区	8993	28132	1923	3252	17520	997	33307
穆罕默德五世大学苏伊西校区	8998	25610	2043	2073	15201	918	29726
哈桑二世·艾因·乔克大学	10057	37030	1258	1384	21750	708	39672
哈桑二世穆罕默迪耶大学	14533	42106	1929	1348	24445	652	45383
穆罕默德·本·阿卜杜拉大学	20535	71393	3056	3446	36986	1171	77895
卡地·阿亚德大学	21111	57437	1221	1149	28316	501	59807
苏丹·穆莱·斯利马内大学	7215	16978	652	435	8179	124	18065
穆罕默德一世大学	12070	41771	1247	1138	20946	790	44156

① Morocco-Higher Education（http：//education. stateuniversity. com/pages/1021/Morocco-HIGHER－EDUCATIO－N. html）.

续表

大学名称	新注册学生人数	本科生人数	硕士生人数	博士生人数	女性学生数量	外国学生数量	学生总数
阿卜杜勒马勒克·萨阿迪大学	15335	46379	4518	3117	26368	775	54014
楚艾卜·杜卡里大学	4654	13269	380	394	7496	289	14043
哈桑一世大学	6959	18958	914	820	10138	598	20692
穆莱·伊斯梅尔大学	16102	42789	935	203	20654	555	43927
伊本·图法伊尔大学	12784	29737	2672	1553	16259	587	33962
伊本·左尔大学	23425	78723	1235	475	35658	199	80433
总计	186401	561818	24419	20908	294519	9001	607145

资料来源：Direction des Stratégies et des Systèmes d'Information. Statistiques Universitaires 2013 – 2014（http：//www. enssup. gov. ma/sites/default/files/STATISTIQUES/3318/Statistiques_ Universitaire_ 2013-14. pdf）。

虽然摩洛哥大学的入学率不断提高，但是大学毕业率依然较低。20世纪90年代末，约有92%的大学生是本科生，然而，只有约10%的本科生能够顺利毕业，约80%的学生必须重修一个或多个学年。2000年，约有7000名教职工在各类高等教育机构中工作，其中约72%的教师属于法律、文学、教育、政治学、社会学以及经济学领域，而科学、技术以及医学领域的教师只有28%。①

虽然摩洛哥高等教育自独立之后至20世纪末期获得了很大的发展，但是20世纪80年代以来由于非洲经济衰退、政府减少对高等教育的支持、官员腐败、大学管理不善和政府对大学事务的干预，以及欧洲殖民主义教育遗产对非洲高等教育发展的不利影响等原因，非洲高等教育进入了一个危机时代。摩洛哥的高等教育也面临着同样的危机与困境。20世纪末摩洛哥高等教育存在的问题主要表现在以下几个方面。

① Morocco- Higher Education（http：//education. stateuniversity. com/pages/1021/Morocco-HIGHER-EDUCATIO-N. html）.

1. 摩洛哥高等教育成本高昂，入学机会严重不足。造成这一问题的原因虽然是多方面的，但几乎都与过去建立的政策和制度相关。例如，从法国移植而来的教育模式要求摩洛哥必须建立和完善相关的配套基础设施，因此需要投入巨额资金作为经常性开支；坚持为所有学生提供食宿的政策，使得学校不得不投入大量资金用于建设学生宿舍，提供免费伙食；不需要对学生经济状况进行调查的面向所有学生的高等教育免费入学政策也给摩洛哥政府带来了巨大的财政压力；坚持为教学和管理人员提供高工资并发放大量生活补贴，为维持这一工资水平甚至不惜寻求外国援助；由于缺少专门为非传统学生（如半读生、夜校生等）设计的培养计划，所以摩洛哥教育资源的效用并没有实现最大化。以上种种做法给摩洛哥政府带来了巨大的财政压力，高昂的高等教育成本成为摩洛哥政府不堪承受的负担。从实质来看，摩洛哥建立和维持的高等教育仍然是法国殖民主义时期的精英教育模式。这种精英教育模式不仅使得摩洛哥政府无力足额支付高等教育成本，而且也导致该国高等教育的入学率极低，广大民众进入高等教育机构接受高等教育的机会严重不足。[①]

2. 科研职能在摩洛哥高等教育中遭到忽视，高等教育不能有效地满足经济和社会发展的需要。现代大学的重要功能之一是进行科学研究和技术开发，在现代社会几乎所有的大学都承担着一定量的科学研究和技术开发任务。对于摩洛哥而言，大学同样应该是创造和保持所需要的科学知识和技术基础的最适当的机构。然而，尽管摩洛哥的领导人和一些知识分子认识到了科学技术与国家现代化之间的密切关系，但是长期以来他们却一直没有共同努力把这种认识转变为实际的做法。产生这种局面的原因包括他们坚持错误的经济发展战略，在结构调整改革中片面地关注经济增长，忽视了人力资源开发；在教育规划中受一些经济学家关于基础教育的收益率大于高等教育收益率的观点的影响而降低了对高等教育的投入和支持，进而对科学和技术基础设施的建设产生了明显的消极影响；基础教育阶段数学和科学等学科的教学严重不足，没有为学生在高等教育阶段学习科学和技术等相关专业打好基础；在高等教育阶段忽视博士水平的研究生教育

---

① 於荣、黄丹华：《殖民主义遗产与非洲高等教育：撒哈拉以南非洲法语国家高等教育发展的历史考察》，《比较教育研究》2011 年第 12 期。

等。除此之外，还有一个重要的原因就是摩洛哥大学大规模地引进法国的大学课程模式。这种照搬法国大学精英教育模式的做法使得摩洛哥大学生重视装饰性知识的学习，而忽视了知识的实际应用。这种情况不仅导致科学与技术课程在高等教育中遭到忽视，而且降低了高等教育对摩洛哥本土的适切性，致使摩洛哥大学无法对国家经济和社会发展的需要作出有效的反应。①

3. 在摩洛哥高等教育领域法语仍然在教学语言中占据着不可替代的地位，摩洛哥本土语言在高等教育中被边缘化。几个世纪以来摩洛哥一直是一个多语言国家，许多摩洛哥人都会两种语言。在摩洛哥沦为法国保护国期间，法语成为法定语言，阿拉伯语反而成了“外语”。摩洛哥独立后，为维护国家和民族的统一，摩洛哥政府实施了阿拉伯化的语言政策，确定阿拉伯语为唯一官方语言。阿拉伯化语言政策的主要目标是通过使阿拉伯语标准化和现代化，以促使其能够满足独立的摩洛哥保留文化的纯正性和阿拉伯穆斯林的价值观与信仰，以及保证政治统一和社会文化一致性的需求。② 这一政策要求在所有正式的生活领域中运用标准阿拉伯语取代法语，在教育领域用阿拉伯语替代法语进行教学，用摩洛哥教师逐渐替代法国教师。摩洛哥的阿拉伯化语言政策直到20世纪80年代末才在中小学阶段基本完成，但其在高等教育阶段的实施仍然困难重重。尽管摩洛哥大学中的某些人文科学教学计划出现了双语教学现象，但是法语仍然一直是技术和自然科学学院唯一的教学语言，阿拉伯语依旧处于边缘地位。不仅如此，由于语言的多样性以及地区之间发展不平衡等原因，语言冲突还成为摩洛哥长期存在的一个社会问题。③

第二节 21世纪以来高等教育的改革

20世纪末，面对经济全球化的不断发展和国际经济竞争的日趋激烈，

---

① 於荣、黄丹华：《殖民主义遗产与非洲高等教育：撒哈拉以南非洲法语国家高等教育发展的历史考察》，《比较教育研究》2011年第12期。

② MohaEnnaji and Fatima Sadiqi：Morocco：Language，Nationalism，and Gender，In Andrew Simpson：*Language and National Identity in Africa*. London：Oxford University Press，2008.

③ 於荣：《摩洛哥的阿拉伯化语言政策及其对摩洛哥教育发展的影响》，《外国教育研究》2013年第6期。

经济全球化对教育发展所产生的深刻影响，以及摩洛哥教育本身存在的诸多问题，摩洛哥政府对本国教育进行了全面改革。1999 年摩洛哥政府颁布了《国家教育与培训章程》（*National Education And Training Charter*），决定从 2000 年开始实施为期 10 年的教育改革。《国家教育与培训章程》是摩洛哥政府面向 21 世纪教育改革的纲领性文件。《国家教育与培训章程》所提出的改革领域非常广泛，涉及普及教育、教育机构、提高教育和培训质量、人力资源、管理、合作关系和资金等多个方面。就高等教育领域而言，这次改革涉及在基本目标方面要求促进高等教育适应社会经济的发展；在管理方面要求落实高等教育管理权下放，实行高校自治；在教育教学方面要求推行高等教育教学改革，提高教育质量；在教育财政方面要求寻求高等教育机构经费来源的多元化等多方面内容。这次教育改革反映了摩洛哥面向 21 世纪教育改革的新动向，对摩洛哥包括高等教育在内的各级教育的发展产生了深远的影响。①

具体而言，在提高教育质量方面，《国家教育与培训章程》在多个部分提到了关于提高教育与培训质量的问题，并把提高教育质量视为摩洛哥面向 21 世纪教育改革的中心目标之一。该章程认为，在过去的几十年中包括教育政策在内的经济和社会政策都是由政府管理人员制定的，而受影响的人群却没有机会参与这些政策的制定，这是教师和学生表现不如人意以及教育质量不高的一个重要原因。该章程还认为，当前的国际教育改革普遍强调以学习者为中心，旨在通过给学生提供合格的认知技能满足他们的需要，从而更好地培养他们成为经济和社会生活的积极参与者。因此提高摩洛哥教育和教学质量不仅需要对一些教育与培训计划和方法进行审视，而且需要家长、学生和教师等利益相关者的参与，并使他们拥有更大的发言权。为此，该章程强调要构建以学习者为中心的教育系统，把学生培养成为参与摩洛哥经济和社会发展的积极力量。②

《国家教育与培训章程》认为影响摩洛哥教育质量的另一个重要原因是教学语言问题。面对不同利益相关者对教学语言问题的争议，该章程试图在主张教学语言阿拉伯化和主张使用法语作为教学语言之间寻找一个平

---

① 於荣、孔祥茹：《摩洛哥教育改革的动向与挑战》，《比较教育研究》2012 年第 12 期。

② 於荣、孔祥茹：《摩洛哥教育改革的动向与挑战》，《比较教育研究》2012 年第 12 期。

衡点，希望在教学语言问题上能够达成共识。一方面，该章程规定要通过在中小学阶段强制学习阿拉伯语来加强摩洛哥的所有教育机构对阿拉伯语的使用；另一方面，该章程强调在高中和大学阶段，科学和技术类学科的教学语言应该多样化。因为在《国家教育与培训章程》颁布实施之前，摩洛哥高中和大学科学与技术类学科的课程只用法语进行教授。该章程的这一规定有助于打破法语的垄断地位，从而为使用阿拉伯语和英语等语言教授这些学科打开了大门。①

为提高教育质量，《国家教育与培训章程》还在改革教育制度、建立新的评价与考试制度、改进课程内容与教学方法、教师招聘与改善教师待遇等方面提出了许多建议和措施。该章程强调要构建以学生为导向的教育制度，打通不同层次教育之间的障碍，使学生能够有多次机会对自己的未来进行选择。该章程主张在分权的基础上建立新的评价与考试制度，建议摩洛哥政府把评价和考试的权力从中央政府下放到省和地方学校；学位授予和毕业考试不再限于国家机构，而是授权给地方机构，尤其是学院和大学。该章程建议对现有的课程进行全面评价，然后开发出以地方为中心的新课程。这种新课程70%的课程内容由国家决定，15%由地方决定，而剩下的15%则由学生及其家长选择。该章程还强调学校创新与高质量的教学人员紧密相关，建议政府采取有效措施为教师提供更好的工作条件和专业发展机会，改进教师晋升和新教师招聘工作。②

在适应社会经济发展方面，为使高等教育更好地适应摩洛哥经济社会发展的需要，摩洛哥政府积极促进高等教育办学的多元化，大力发展私立高等教育。由于过去摩洛哥私立高等教育很少受到国家的关注与支持，私立高等教育的发展一直比较迟缓。针对这种情况，《国家教育与培训章程》把发展私立高等教育确定为提升和改善国家教育与培训系统的重要目标，提出在发展公立高等教育的同时，也应大力促进私立高等教育机构的发展，以实现高等教育办学机构的多元化。为促进公立高等教育与私立高等教育的共同发展，使私立高等教育能够在国家教育系统中发挥应有的作

① 於荣、孔祥茹：《摩洛哥教育改革的动向与挑战》，《比较教育研究》2012年第12期。

② National Education And Training Charter（http：//www. men. gov. ma/sit-es/fr/English/Lists/Pages/charter_ page. aspx）.

用，摩洛哥政府鼓励公立高校和私立高校在师资、设备、图书资料和信息等方面的合作与共享，要求私立高校要像公立高校一样致力于国家教育事业，把教育与培训工作视为一种社会公共服务。为此，《国家教育与培训章程》要求私立高校必须遵守和达到公立高校制定的关于教育和培训的各项标准；私立高校在教学与课程方面必须与公立高校保持一致，颁发的学位与文凭必须达到国家教育部门的认证标准；鼓励公立高校与私立高校在办学中资源共享、相互协作，同时鼓励公立高校与私立高校的公平竞争。①

与此同时，《国家教育与培训章程》调整了高等教育的目标，扩大学生自由选择高等教育的专业与课程的范围；加强学生校内学习与校外实习的联系以提高学生的就业能力；努力提高高等教育对于个人和社会的收益率；加强高等教育与社会生活的联系以促进高等教育为社会经济发展的能力；改进高等教育的教学方法，采用多元化的教学语言；实行模块化课程，采用学年学分制，扩大学生选修课程的自由度以提高学生学习的积极性；同时建议设立大学生职业生涯规划课程，为学生提供就业指导；等等。②

在《国家教育与培训章程》实施之后，随着教育改革所设定的截止日期的日益临近，摩洛哥政府发现已经进行的教育改革所取得的成果并不十分明显，要实现《国家教育与培训章程》所设定的改革目标尚有较大困难。为此，2008 年，摩洛哥政府根据国家经济和社会发展对教育发展的要求，并针对当时正在进行的教育改革中存在的问题颁布了《国家教育紧急资助计划》（National Education Emergency Support Program），计划实施一项从 2009 年到 2012 年为期四年的教育改革，旨在巩固已有教育改革的成果并对其进行必要的调整，从而达到全面实现《国家教育与培训章程》所预定的目标。③ 该计划反映了摩洛哥政府在教育领域进行改革所采取的

---

① National Education And Training Charter（http：//www. men. gov. ma/sit-es/fr/English/Lists/Pages/charter_ page. aspx）.

② National Education And Training Charter（http：//www. men. gov. ma/sit-es/fr/English/Lists/Pages/charter_ page. aspx）.

③ African Development Bank：National Education Emergency Support Program（http：//www. adfb. org/fileadmin/uploads/afdb/document/project-and-operations/kingdom/of/morocco/national/education/emergency/support/program/project/appraisal/report. pdf）.

新举措，其主要内容包括推进全民教育发展，提高教育质量，促进教师教育培训发展和管理能力建设，优化教育资源配置和鼓励民办教育积极参与等多个方面。其中，高等教育领域的改革主要涉及加大高等教育财政投入、实现高等教育管理权的下放与分散、提高高等教育的质量及入学率和成功率，强调高校的科研创新等。[①]

例如，《国家教育紧急资助计划》指出，摩洛哥高校所培养的人才与劳动力市场对技术熟练人才的需求不相适应，学校所教授的课程不适应社会发展的需要，高校毕业生的就业形势严峻。为此摩洛哥政府继续把提高教育质量作为教育改革的核心目标之一。《国家教育紧急资助计划》在提高教育质量问题上，主要是着力提高 15 岁以后的中等教育和高等教育的毕业率及入学率。在鼓励高校积极创新和追求卓越方面，《国家教育紧急资助计划》提出的措施包括实施国家网络教育战略，创造有利于学生学习的良好环境；鼓励学校在教育和教学方面大胆创新，追求卓越，尤其是要建立示范院校和高水平院校以吸纳优秀中学毕业生；扩大高等教育的招生规模，确保有能力的学生都有适当的入学机会，促进学生更好地发展，为毕业生提供良好的就业机会；改善作为创新和经济发展强大动力的科研条件，通过改进科学研究的管理和监测以及提高科学研究工作的吸引力，增加科研资金的投入，实现资金来源渠道的多元化和可持续性，从而促进科研的发展。[②]

为解决实施《国家教育紧急资助计划》所面临的财政不足问题，摩洛哥政府积极寻求非洲发展银行、世界银行、法国开发署、欧洲投资银行以及欧盟等国际和地区组织的资金援助，通过与这些机构建立合作伙伴关系来支持教育改革的实施。[③] 这一做法即体现了《国家教育与培训章程》中提出的高等教育经费来源的多元化要求，也反映了摩洛哥高等教育国际化不断深入发展的新趋势。

---

① 於荣、姜洋：《摩洛哥教育改革的新举措：〈国家教育紧急计划〉述评》，《比较教育研究》2014 年第 5 期。

② African Development Bank：National Education Emergency Support Program（http：//www. adfb. org/fileadmin/uploads/afdb/document/project-and-operations/kingdom/of/morocco/national/education/emergency/support/program/project/appraisal/report. pdf）.

③ 於荣、姜洋：《摩洛哥教育改革的新举措：〈国家教育紧急计划〉述评》，《比较教育研究》2014 年第 5 期。

第三节 21 世纪高等教育取得的新进展

进入 21 世纪之后，面对经济全球化的不断加速和知识经济的快速发展，摩洛哥国内对高等教育的需求也在不断扩大，为更好地促进高等教育满足国家和地方社会经济发展的需要，提高摩洛哥在全球经济竞争中的地位，解决高等教育发展中存在的诸多问题，在《国家教育与培训章程》等改革文件的指导下，摩洛哥对高等教育进行了一系列改革。经过十几年的改革与发展，摩洛哥高等教育在多个方面取得了一定的进展。现就摩洛哥高等教育所取得的主要成就介绍如下。

第一，摩洛哥政府通过教育改革使得摩洛哥高等教育在学校数量和入学规模等方面获得了很大发展。摩洛哥政府积极改善高等教育的基础设施，提高了高等教育系统的供应能力。这突出地表现在摩洛哥高等教育的规模在不断扩大，高校数量和学生数量有了明显提高。在院校数量方面，高校数量从 2009—2010 学年的 362 所增加到 2013—2014 学年的 412 所，增长了 14%。其中，公立大学 15 所，科学、技术、卫生保健、司法、经济、管理和教育等专门学院共有 70 所，经过高等教育、科学研究和专业人员培训部授权的私立专门学院有 216 所，国有民办大学 1 所（伊夫兰阿卡韦恩大学），私立大学 6 所。高等院校不仅数量有了明显增加，而且类型也更加多样化。在高校招生方面，新注册的学生从 2009—2010 学年的 111414 人增加到 2013—2014 学年的 207767 人，增加了 86%。其中，大学新注册人数增长了 89%，而专门学院和私立高校仅分别增长了 6.5% 和 4.5%。在校生总数方面，大学在校生总数占整个高等教育在校生的 90%，而专门学院和私立高校仅分别占在校生总数的 4% 和 6%。[①] 由此可见，摩洛哥大学虽然数量上比专门学院少很多，但是在接纳学生方面却是摩洛哥高等教育的主体。同时，虽然私立高等教育在院校数量上占有相当大的比例，但在吸引学生入学方面仍然非常有限，无论是在新注册学生数量还是在在校生总数方面都几乎没有什么变化（见表 II－5－3 和表 II－5－4）。

---

① Morocco: Education for All 2015 National Review (http://unesdoc.unesco.org/images/0023/002317/231799e.pdf).

表 II－5－3 摩洛哥高等教育机构新注册学生数量表

部门	2009—2010 学年	2010—2011 学年	2011—2012 学年	2012—2013 学年	2013—2014 学年
大学	90601	117402	157677	191980	185055
专门学院	10983	8700	9987	14235	13712
私立高校	9830	7912	8314	9137	9000
总数	111414	134014	175978	215352	207767

资料来源：Morocco：Education for All 2015 National Review（http：//unesdoc. unesco. org/images/0023/002317/231799e. pdf）。

表 II－5－4 摩洛哥各高等教育机构在校生总数

部门	2009—2010 学年	2010—2011 学年	2011—2012 学年	2012—2013 学年	2013—2014 学年
大学	308005	360574	447801	543419	603626
专门学院	22276	20759	22897	29342	27598
私立高校	35118	35648	36434	37920	38500
总数	365399	416981	507132	610681	669724

资料来源：Morocco：Education for All 2015 National Review（http：//unesdoc. unesco. org/images/0023/002317/231799e. pdf）。

第二，摩洛哥政府对原有的高等教育学位制度进行改革，建立了与国际接轨的新的学位制度。摩洛哥的学位制度一直到21世纪初还保留着法国式的高等教育学位制度。在21世纪初进行新的学位制度改革之前，摩洛哥的高等教育分为四个阶段，每个阶段颁发不同的文凭。第一阶段是基础学习阶段，授予文学学习大学证书（CUEL）或法学学习大学证书（EUED）、科学学习大学证书（CUES）或经济学学习大学证书（CUEE）。在工艺学校学习两年后授予工艺学大学文凭，在法学院、经济和社会科学学院学习两年后授予大学司法、经济学和社会学大学文凭。第二阶段是深入培训学习并授予学士学位（Licence）阶段。在艺术和法律专业，第一阶段和第二阶段的2年中都要进行考试。文科专业的学生必须撰写论文，其分数与他们在学年结束时参加考试所得的分数一起计算。理论和实践课的课程学习是必修课。取得学士学位后，1年之内可取得高等师范学校文凭。第三阶段是颁发文科、理科、法学和经济学的高等学习文凭（DES）阶段。高等学习文凭在第2年或第3年的学习结束时授予，学习内容包括课程和独立的研究工作以及提交一篇学位论文。在文科和理科专业，对已经通过入学考试、获得学士学位的学生授予高等（大学）学习证书（CEUS）。第四阶段是授予国家博士学位阶段。在文科、理科、法学、经济学和教育学专业，获得高等学习文凭后，至少要经过2年的学习，才能授予其国家博士学位。获得职业性博士学位要进行更长时间的学习，如牙科学的牙科博士文凭要学习5年，药学的药学博士文凭要学习6年，医学的医学博士文凭要学习7年。①

法国学位制度一直以学位层次多样著称，纷繁复杂。法国学位制度有其自身的优势，如学术性文凭与职业性文凭并存，获得每一个学位后学生可以灵活选择升学或就业。但因其与国际通用的高等教育文凭和学位制度差异较大，在西方国家中自成体系。这影响了法国与其他国家高等教育的交流与合作，使法国在激烈的国际生源争夺中逐渐处于劣势。同样，这也给仿照法国学位制度的摩洛哥带来了一些困扰，使得摩洛哥高等教育难以满足市场需求。

在教育全球化和国际化的影响下，摩洛哥受欧洲高等教育改革的博洛尼亚进程的影响，开始改革高等教育学位制度。2002年，摩洛哥高等教育部决定引入欧洲的学位制度，即学士—硕士—博士学位制度，简称LMD学位制度。引入这一制度旨在调整传统的法国形式的高等教育学位结构，以便增强与英语国家学术项目的可比性，实现学历互认，促进学生、教学人员和研究学者的交流，使高等教育与欧洲和国际接轨。2003年，摩洛哥正式采用了这一学位制度，成为非洲马格里布国家中最先引入LMD学位制度的国家。② 此次高等教育改革使摩洛哥大学学位制度逐渐走向欧洲化，与世界先进国家的大学学位制度接轨，推动了摩洛哥高等教育的国际化进程。

LMD学位制度是一种3—2—3学位模式，即该学位制度分为学士学位、硕士学位和博士学位三个阶段。在学士学位阶段，学制为三年，取得

---

① 肖克编著：《列国志·摩洛哥》，社会科学文献出版社2008年版，第238页。

② Mohammed M.，Brahim M.：The LMD Higher Education System in The Maghreb Countries：The Example of Algeria（http：//search. shamaa. org/PDF/41452/MohammedEn41485. pdf）.

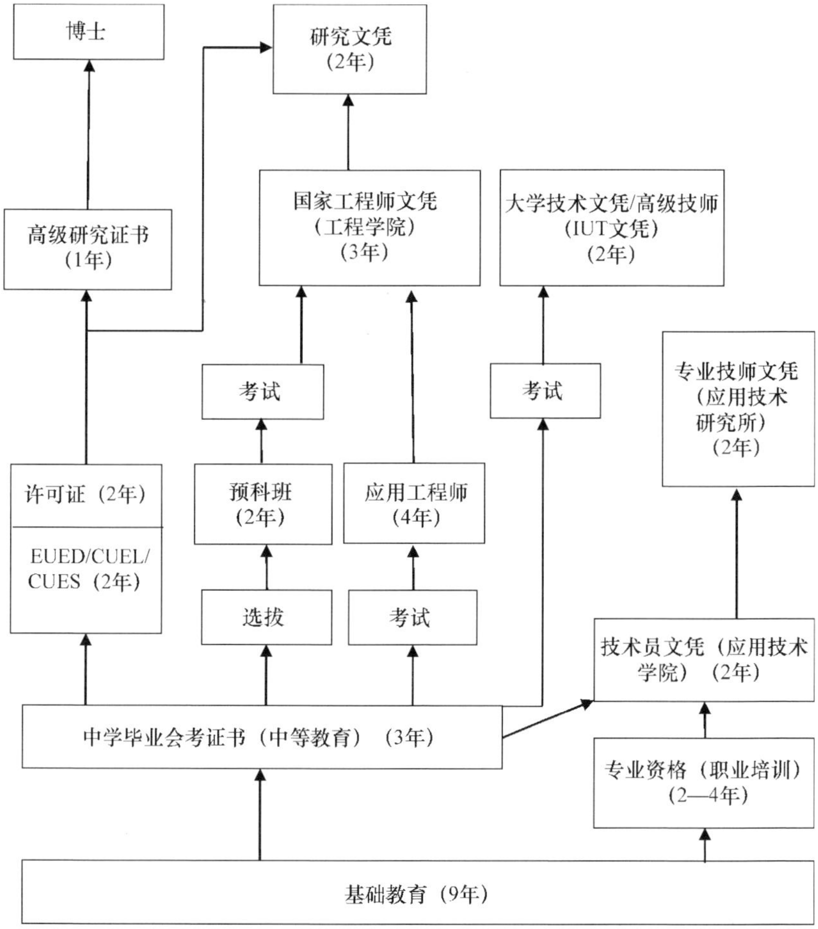

图Ⅱ-5-1　2003年之前的摩洛哥教育制度

资料来源：Nuffic：Country Module Morocco：Evaluation of Foreign Degrees and Qualifications in the Netherlands（www.nuffic.nl/international-organizations/docs/diploma-recognition/countrymodules/country-module-morocco.pdf）。

高中毕业证书的学生可以进入该阶段接受教育。这一阶段包括6个学期，每学期要获得30个学分①，三年要得到180个学分才能获得学士学位证书。本科阶段的学习被划分为两个阶段：前两年为第一阶段，包括四个学

① 这里的学分是指ECTS学分，采用欧洲学分转换体系的学分计算方法。

期，顺利完成两年课程学习的学生可以获得相应文凭，完成基础学科课程的学生可以获得两年制普通学习文凭（DEUG），完成应用学科课程的学生可以获得两年制专业学习文凭（DEUP）；最后一年为第二阶段，包括两个学期，完成基础学科课程的学生获得基础研究学士学位（LEF），完成专业学科课程的学生获得专业学士学位（LP）。①

硕士学位分为两种：学术型硕士学位和专业型硕士学位。这一阶段学制两年，包括4个学期，取得基础学科或应用学科的学士学位后想继续深造并取得学士学位的学生可以提出申请。硕士阶段的入学标准非常严格，因为每门硕士课程最多只能容纳40名学生。② 第一年学生要学习一些模块课程，学分要达到120分，获得硕士第一阶段（Master 1）证书；第二年学生要准备研究项目，并参加一些教授开展的讲座，以获得硕士第二阶段（Master 2）证书。③

博士学位是高等教育的最高阶段，攻读博士学位至少要学习三年，部分专业要学习五年。博士教育阶段要完成学位论文，学生必须要通过评审委员会的答辩，才能获得博士学位。

学士、硕士、博士三级学位制度将法国式纷繁复杂的学位制度进行了简化，既保证了学位的国际认可度，又保留了国内外知名的、具有法国特色的学位文凭（见图Ⅱ-5-2）。新的学位制度使学生在学习计划方面有了更大的灵活性，在专业和职业发展上有了更大的自主权，在国内和国际流动方面更加便利。新的学位制度因其与国际学位制度接轨有利于摩洛哥跨境高等教育的发展，促进了摩洛哥高等教育的国际化。

第三，摩洛哥以新的学位制度改革为契机，对高等院校的课程与教学进行了相应的改革。在新的学位制度中，一学年分为两个学期。一学期包含16周的学习与评价，课程一般包括4个教学模块，至少要达到360个学时。教学模块是每学期大学教学的基本单位，一个模块由1—2个具有

---

① TEMPUS: Higher Education in Morocco (http://eacea.ec.europa.eu/tempus/participating_countries/reviews/morocco_review_of_higher_education.pdf).

② Sofia Bounahai: Higher Education in Morocco (https://www.essex.ac.uk/economics/Documents/eesj/bounahai.pdf).

③ Mohammed M., Brahim M.: The LMD Higher Education System in the Maghreb Countries: The Example of Algeria (http://search.shamaa.org/PDF/41452/MohammedEn41485.pdf).

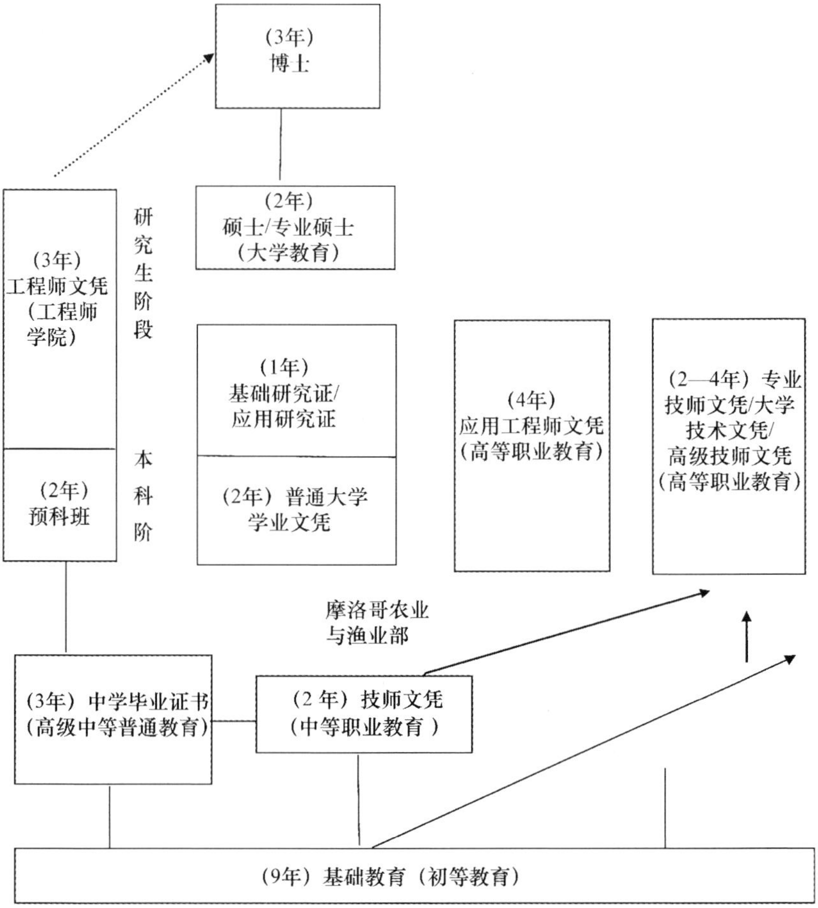

图Ⅱ-5-2　2003年之后的摩洛哥教育制度

资料来源：Nuffic：Education system Morocco（https：//www. nuffic. nl/zoeken？ query = morocco）。

一致性和独立性的、能连贯地评价学习结果的学科内容组成，每个模块至少包含75个学时（或20—25天的现场学习）。学位课程由一系列连贯的、在一个或几个学科领域中的教学模块组成，通过课程的学习使学生能够获得各种技能和能力。以学士学位培养计划为例，为期三年的学士学位学习阶段包括六个学期：一个入门学期，一个定向学期，两个提高知识的学期，一个基础学期和一个学士水平的专业化学期。学士学位阶段包括24个教学模块，共2160个学时。获得国家普通大学文凭、专业大学文凭和学士学位后有机会进入更高的教育阶段学习或进入劳动力市场求职。在教学模块计划中，课程可以以理论课、指导课、实践课或现场教学活动等形式来进行教授。教学模块的审核放在学生完成形成性评价或学期学习结束之后进行。①

学士学位课程由摩洛哥教育部通过认证和评估委员会（Accreditation and Evaluation Committee）在全国范围内确定；硕士学位课程由大学批准后提交给国家进行认证。大学的入学条件、科研、课程、评估程序以及文凭的颁发均由大学理事会提出，提交给国家高等教育协调委员会，最终由监督管理权力机构设定。②

摩洛哥大学课程主要包括核心课程教学模块和选修课程教学模块两部分。核心课程教学模块由反映课程学科性质的主修课教学模块和辅修课教学模块或起支持作用的补充课教学模块组成，而选修课程教学模块包括专业化或开放性教学模块，该模块的设置由各大学决定。对于每门课程而言，提供的教学模块目录大体上就是每门课程的指南。横向课程教学模块，主要由与语言、传媒和计算机科学相关的教学模块组成，教学模块的名称反映了其课程的内容。课程附属于学术机构，由学术机构或隶属于大学的其他机构的一个或多个学系提供。教学模块制度在课程中的应用，使课程的选择与学习计划之间建立起了联系，有助于学生根据自己的能力和兴趣来选择课程，规划个人生涯。

摩洛哥大学课程的设置具体要求是：要涵盖目前大学设置的所有学科；满足最低核心课程所需的条件（70%）；包括主修课程模块在内，其整个课时至少占全部课时的 50%；语言和传媒课程所要求的课时在学士学位的前 4 个学期内完成；选修课模块由大学根据所在地区的特点、能力以及可用的人力和物力资源自行决定；逐渐引导学生进入学士学位第五、六学期的课程学习中；逐步建立起从小学到大学的一体化课程（见表Ⅱ－5－5）。③

---

① LMD System（Bachelor's-Master's-Doctorate）（http：//www. um5a. ac. ma/en/formations/lmd. php）.

② TEMPUS：Higher Education in Morocco（http：//eacea. ec. europa. eu/tempus/participating_countries/reviews/morocco_ review_ of_ higher_ education. pdf）.

③ LMD System（Bachelor's-Master's-Doctorate）（http：//www. um5a. ac. ma/en/formations/lmd. php）.

表 II－5－5　　摩洛哥大学 LMD 课程设置

<table>
<tr><th>阶段</th><th>学期</th><th>课程组成</th><th colspan="2">占比</th></tr>
<tr><td rowspan="6">学士学位
（普通大学文凭/专业大学文凭）</td><td rowspan="3">1—4</td><td>横向模块：
语言、传媒、计算机等</td><td>3—4 个模块
占总学时的 15%—25%</td><td rowspan="2">共 16 个模块
最少 1440 学时
至少占总学时的 70%</td></tr>
<tr><td>主修模块：
反映培养计划中学科的性质</td><td>8—10 个模块
占总学时的 50%—70%</td></tr>
<tr><td>选修模块：
专业课或开放性课程</td><td colspan="2">3—4 个模块
最多占总学时的 30%</td></tr>
<tr><td rowspan="3">5—6</td><td>“工具”模块：
是主修模块课程教学必不可少的
（语言、传媒、管理、信息与传媒技术等）</td><td>1 个模块
占总学时的 10%—15%</td><td rowspan="3">共 8 个模块
最少 720 个学时</td></tr>
<tr><td>主修模块：
反映培养计划中学科的性质</td><td>5 个模块＋（课程结束后的论文设计）
占总学时的 60%—65%
（其中课程结束后的论文设计占总学时的 10%—15%）</td></tr>
<tr><td>补充模块：
（自选，与培训或专业相关的开放性课程）</td><td>1 个模块
占总学时的 10%—15%</td></tr>
<tr><td rowspan="3">硕士学位</td><td rowspan="3">1—4</td><td>“工具”模块：
是主修模块课程教学必不可少的
（语言、传媒、管理、信息与传媒技术等）</td><td>2—3 个模块
占总学时的 15%—20%</td><td rowspan="3">共 16 个模块
最少 1440 个学时</td></tr>
<tr><td>主修模块：
反映培养计划中学科的性质（其中研究的初步训练＋论文或专业教育＋课程结束后的论文设计占总学时的 20%—25%）</td><td>8—9 个模块
占总学时的 50%—55%</td></tr>
<tr><td>补充模块：
（自选，与培训或专业相关的开放性课程）</td><td>1—2 个模块
占总学时的 5%—10%</td></tr>
</table>

资料来源：El Bachir Kouhlani：Reform of Higher Education in Morocco Achievements and Perspectives（http：//slideplayer. com/slide/5860952/）。

在教育改革的框架之内，课程的设置应在遵守学术性原则的同时考虑经济领域的要求。教学模块是课程的组成部分，应符合高等教育界确定的标准，根据教育目标来进行组织，以提高学生学习的质量。为完成大学教育任务而实施的教育监管制度以及其他相关的合理方法是课程认证的一个标准。课程认证的步骤一般包括以下三个步骤：首先是研究院或学院理事会的认可；其次是大学理事会的认可；最后是国家高等教育认证和协调委员会（CNACES）的认可。

第四，摩洛哥政府积极参与高等教育国际化进程，大力推进本国高等教育的国际化。摩洛哥政府除了建立与欧洲相一致的新的学位制度和进行相应的课程与教学改革外，还在加强与国外其他国家的高等院校进行人员交流、发展留学生教育和跨境教育、推动大学与国外大学之间的科研合作等方面进行改革，摩洛哥高等教育的国际化不断深入。

在留学生教育方面，《国家教育与培训章程》颁布后摩洛哥派出的海外留学生人数有所增长。2000 年，摩洛哥派出到海外留学的人数为 41575 人，占在校生的比例为 15%，占中东北非地区留学生人数的 29.1%，排在该地区的首位。2004 年，这一数字达到 47486 人，占在校生的比例为 13.8%，占中东北非地区留学生人数的 24.7%，仍排在该地区的首位。2008 年，摩洛哥派出到海外留学的人数为 47632 人，占在校生的比例为 10.4%，占中东北非地区留学生人数的 18.9%，依旧排在第一位。这一时期不仅留学生人数有所增长，而且摩洛哥留学生的留学国家也发生了微妙的变化。众所周知，美国战后一直是世界范围内留学生选择留学去向的第一大国，“美国化”几乎一度成为“全球化”的同义词。[①] 由于语言问题依然是摩洛哥留学生选择留学方向的主要决定因素，长期以来法国都是摩洛哥学生留学的首选国。2011 年法国从三个马格里布国家（摩洛哥、突尼斯、阿尔及利亚）接收的留学生总数为 69193 人，占法国所有留学生人数的 24.1%。而摩洛哥去法国的留学生人数占马格里布地区的三分之二，位于整个非洲之首。

进入 21 世纪以来，摩洛哥前往加拿大和美国留学的学生人数在逐年

---

① 於荣、王君：《非洲高等教育的美国化：以摩洛哥伊芙兰市卡拉韦恩大学为例》，《比较教育研究》2013 年第 6 期。

增加。据美国门户网站数据统计显示，2007 年，美国高校的摩洛哥籍留学生为 719 人；2008 年，这一数字达到 865 人；2009 年，美国高校摩洛哥籍留学生为 1257 人；2010 年为 1038 人；2011 年为 1305 人。① 留美人数的增多可能得益于摩洛哥政府对英语教学的重视以及国内英语教学的推广。另外，来摩洛哥留学的学生也日益多样化。摩洛哥国内的外国留学生几乎来自非洲其他国家。20 世纪 80 年代，摩洛哥高等教育国际化处于起步阶段，摩洛哥国内大学的外来留学生多来自塞内加尔和毛里塔尼亚等国，留学生人数较少。在之后的 30 年内，摩洛哥国内留学生人数逐渐增加，学生的来源国也逐渐增多，但主要还是来源于其他非洲国家。② 近年来摩洛哥高等教育领域出国留学生和入境留学生人数见表 II－5－6。

表 II－5－6　　**摩洛哥高等教育领域出境留学生和入境留学生人数**

年份 / 人数	2012	2013	2014	2015	2016	2017
出境留学生	44574	40324	42593	45285	47892	48453
入境留学生	—	9950	14220	15384	17029	20121

资料来源：根据 International student mobility in tertiary education（http：//data. uis. unesco. org/）整理而成。

自世界贸易组织将高等教育纳入《服务贸易总协定》之后，高等教育成为服务贸易的一个重要领域不仅推动了跨境高等教育的发展，还促使高等教育的性质发生了变化。高等教育公共产品的性质逐渐削弱，市场性和商业性趋于明显。新的高等教育提供商和新的教育提供方式也随之产生。例如，英国的培生集团（Pearson）和美国的阿波罗教育集团（Apollo）等，这些教育提供商大多是跨境提供教育产品。他们所提供的新的教育产品与传统的教育机构相互补充，相互合作和竞争。为进一步扩大高等教育入学机会，提高高等教育质量和多样性，2000 年初，国外教育提供商进入摩洛哥高等教育市场，开始向摩洛哥提供跨境教育，而此时摩洛哥

① http：//opendoors. iienetwork. org.

② International student mobility in tertiary education（http：//www. uis. unesco. org/DataCentre/Pages/regions. aspx）.

国内的高校也开始了跨境运作。

例如，由于历史的原因，摩洛哥与法国的关系长期以来非常密切。在高等教育国际化方面，法国一直都是摩洛哥高等教育的最大输出国。2000以来，法国开始通过特许、双联、双学位或联合学位等方式与摩洛哥高校开展项目的跨境合作。2005 年法国出台法令，开始向马格里布地区的合作院校授予学位。其中与摩洛哥合作的跨境教育有：与摩洛哥当地高校合作开展的法语课程可以颁发法国高校和摩洛哥高校双学位，摩洛哥方面的高校有穆罕默德五世大学阿格达校区、穆罕默德五世大学苏伊西校区、楚艾卜・杜卡里大学、哈桑二世・艾因・乔克大学、穆罕默德・本・阿卜杜拉大学、卡地・阿亚得大学、穆罕默德一世大学、阿卜杜勒马勒克・萨阿迪大学等。这些项目允许学生学习法国合作高校提供的课程，在项目中获得学分并前往法国继续学业，而并非简单地由教育提供者发放文凭。巴黎第九大学（Dauphine University in Paris）在摩洛哥创办了摩洛哥商业大学（École Supérieure des Affaires du Maroc），该校的讲师全部来自巴黎第九大学，教学模式也和巴黎第九大学相同。一些法国的知名商学院，如马赛商学院（Euromed Marseille Ecole de Management）在马拉喀什创办了分学院，并送摩洛哥当地学生前往法国学习。法国的公立和私立机构联合摩洛哥公立机构创办了拉巴特国际大学，授予法国和摩洛哥双学位。①

随着高等教育国家化进程的不断加速，摩洛哥政府也越来越重视高等教育的国际合作。例如，摩洛哥于 2002 年加入泰姆普斯三期计划（TEMPUS Ⅲ），2003 年加入伊拉斯谟—曼德斯计划（ERASMUS MUNDUS）。泰姆普斯计划是欧盟东扩的高等教育合作交流计划，由欧盟推动建立并提供资助。该计划的地中海沿岸伙伴国有阿尔及利亚、埃及、以色列、约旦、黎巴嫩、摩洛哥、马耳他、巴基斯坦、叙利亚、突尼斯和土耳其。该计划的目标是提高中、东欧国家高等教育体系的品质并支持其发展，通过共同活动以及学生和教师的交流互换来鼓励中、东欧国家与欧盟参与国间的合作，促进课程、教职工和联合研究的发展。摩洛哥高等院校意识到融入国际化潮流的重要性，于 2002 年加入泰姆普斯三期计划。通过该计划，摩洛哥大多数公立院校与国际上的兄弟院校建立了合作关系，联合提供学位

① 於荣：《摩洛哥高等教育研究》，东北师范大学出版社 2017 年版，第 155—156 页。

计划，开展校际结对。2000—2006 年，摩洛哥国内参加泰姆普斯三期计划中的欧洲联合项目（Joint European Projects）的院校共有 40 所，参加泰姆普斯三期计划中的结构补充计划（Structural & Complementary Measures）的院校有 9 所。2000—2006 年，摩洛哥参与泰姆普斯三期计划的公立大学及合作项目数量见表 II－5－7。

表 II－5－7　　2000—2006 年参与泰姆普斯三期计划的摩洛哥公立大学

大学	总数	计划数量	
		欧洲联合项目	结构补充计划
卡地・阿亚德大学	15	12	3
阿卜杜勒马勒克・萨阿迪大学	14	14	0
穆罕默德五世大学阿格达校区	9	9	0
穆罕默德・本・阿卜杜拉大学	7	4	3
阿卡韦恩大学	6	6	0
伊本・左尔大学	6	6	0
苏丹・穆莱・斯利马内大学	5	3	2
穆罕默德五世大学苏伊西校区	5	5	0
穆罕默德一世大学	5	5	0
伊本・图法伊尔大学	5	4	1
哈桑二世・艾因・乔克大学	5	4	1
哈桑二世大学	5	5	0

资料来源：http：//www. uis. unesco. org/DataCentre/Pages/regions. aspx。

摩洛哥政府认为这种合作关系能够帮助摩洛哥开展《国家教育与培训章程》中所规定的高等教育改革。泰姆普斯计划对摩洛哥高等教育改革产生了积极的影响。摩洛哥高校和欧洲大学开展合作之后，引进了新的课程体系，并且持续保持着这种长期的合作关系。受益于欧盟对该项目 3000 万欧元的支持，参加泰姆普斯计划的摩洛哥大学为保证合作研究的顺利开展纷纷建立了新的实验室和图书馆，有 400 多名摩洛哥教师从该项目中受益，500 多名摩洛哥学生通过该项目前往欧洲合作大学进行交流学习。①

第五，摩洛哥为促进大学更好地满足国家经济和社会发展的需要，加

① http：//eacea. ec. europa. eu/tempus/.

强对大学科学研究的管理和支持。摩洛哥政府在2000年实施《国家教育与培训章程》中对大学的科研体制改革做出了较为详细的规划。[①] 章程要求哈桑二世科学和技术研究院根据指定的任务制定国家的科研政策，确定优先项目和研究计划；重新完善现有的公共研究中心和机构，通过为工作中的相同领域和受益人创建网络以影响优秀人才并调配物质资料，鼓励企业加入这些网络，为技术的创新和发展创造有利条件。章程还要求建立大学和企业之间的中介机构，使研究与社会经济、企业的受益者和大学资源接轨，推动研究结果的传播和利用；要求每个科研机构都要对科研结果及其影响进行内部评价和外部评价；逐渐增加用于科学研究的资金，到章程实施的第10年，科研投入至少要占到国内生产总值的1%；设立支持研究和创新的国家基金，通过国家拨款、公立和私人企业捐助、个人捐款以及国际组织援助等渠道筹集科研资金。[②] 同时，政府还颁布了明确的法律法规来保证管理的灵活性以及研究基金分配的透明性。

为促进摩洛哥科学研究的发展，摩洛哥政府在2000—2004年的五年计划中提出了整合研究组织，改善科研的工作条件；完善科研机制，改善科研设施和设备；提高研究质量，构建评估和自我评估制度等目标。为此摩洛哥政府分别成立了摩洛哥国家科技研究中心、科学研究与技术开发跨部门常设委员会等机构，健全和完善科研管理机构以协调各科研机构的合作并提高科研开发的效益。[③] 在加强大学科研管理方面，摩洛哥政府加强了大学科学研究的组织化，为大学规划了由团队、实验室、科研中心和校际网络四个部分组成的科研组织，并为大学科研组织的构成部分设立了标准化的属性和运行模式。大学内各个科研机构只有通过大学相关机构的鉴定和审核才能获得赞助资格。通过加强大学科研机构之间的联系，大学里

---

① National Charter of Education and Training（http：//www. ciemen. org/mercator/butlletins/54-14. htm）.

② African Development Bank：National Education Emergency Support Programme（http：//www. afdb. org/fileadmin/uploads/afdb/Documents/Project-and-Operations/Kingdom% 20Of% 20Morocco% 20-% 20National% 20Education% 20Emergency% 20Support% 20Programme% 20-% 20Project% 20Appraisal% 20Report. pdf）.

③ Nelius Boshoff and Mina Kleiche：The science and technology system of the kingdom of Morocco（https：//www. researchgate. net/publication/237241730_ The_ science_ and_ technology_ system_ of_ the_ kingdom_ of_ Morocco）.

的科研机构能够调动更多科研人员，利用各种设施、设备针对一定研究主题有效开展科研活动。从事大学科研的相关人员不再以个体的名义进行科研活动，他们开始以一种有组织的形式来从事科学研究，研究活动的管理更加规范。为便于管理，许多大学专门设立了学术副校长职位负责科研活动，各个学院也相应地设置了分管科研的副院长职位。大学的科学研究终于摆脱了“无序”的发展状态。大学统一规划、协调内部科研活动为提高大学科研的效率和效益做出了重要贡献。

随着全球化进程的不断加快以及科学技术国际交流的不断深入，摩洛哥政府开始重视国际合作对提高本国科研能力的重要作用。摩洛哥主要通过签订合作协议和共同开展合作计划等方式来促进本国科研的发展与进步。据统计，从 1998 年到 2006 年，摩洛哥分别与除澳洲之外的 15 个国家签订了相关合作协议。① 摩洛哥与他国签订的合作计划的内容主要包括高等教育机构和大学之间开展的合作项目、科学会议以及研究人员的交流与合作等。

第六，为解决高校毕业生失业率长期居高不下的问题，摩洛哥政府大力发展高等职业技术教育，以促进高校毕业生能够更好地为经济和社会发展服务。摩洛哥政府借鉴发达国家发展职业技术教育的做法，在全国不同地区建立了不同层次的职业教育与培训中心，打通中等职业教育与高等职业教育之间的联系，加强在职人员培训，促进高校毕业生能够更好地在劳动力市场就业；建立完整的职业资格证书制度；鼓励企业与高校签订协议参与职业教育与技术培训，发展和提高民办职业教育与培训的能力；运用现代信息技术促进高等职业技术教育的发展；通过加强与国际和地区组织的合作提高高等职业技术教育的质量。通过以上措施，摩洛哥高等职业技术教育在增加青年接受高等教育的机会，满足他们获得新的知识与技能的需要，以及使他们能够更好地适应劳动力市场的要求等方面做出了重要的贡献。同时摩洛哥的高等职业技术教育获得了更大的发展，摩洛哥的高等教育系统服务社会经济发展的能力得到进一步增强。

---

① Ministère de l'Enseignement Supérieur, de la Recherche Scientifique et de la Formation des Cadres. Science et Technologie（http：//www. enssup. gov. ma/index. php/recherche-technologie）.

第四节　当前高等教育面临的困境与挑战

尽管摩洛哥政府在扩大高等教育规模、完善高等教育制度和促进高等教育满足经济社会发展的需要等方面取得了一定成绩，但由于历史和现实等原因，摩洛哥高等教育在发展中仍然面临着诸多问题和挑战。从摩洛哥教育改革与发展的历史进程来看，有些教育问题很难通过一两次教育改革得到根本解决。当前，摩洛哥高等教育在发展中面临的突出问题与挑战主要有以下几个方面。

第一，摩洛哥高等教育的生源质量仍然有待提高。进入 21 世纪以来，摩洛哥教育经过十多年的改革与发展，基础教育入学率有了明显的提高，但摩洛哥中小学的失学率、辍学率和复读率以及成年文盲率却依然很高，直接影响了高等教育的生源质量，严重制约了高等教育的发展。摩洛哥的小学在校生人数从 2007—2008 学年的 3878640 人增长至 2013—2014 学年的 4030142 人。6—11 岁儿童的毛入学率从 2000 年的 84.6%（其中女童为 80.6%）增长至 2010—2011 学年的 97.5%（其中女童为 96.3%），2013—2014 学年增长至 99.5%（其中女童为 99.1%），基本实现了摩洛哥政府承诺的千年发展目标任务。但是，中小学生失学和辍学（包括复读）问题一直是摩洛哥一个非常严重的问题。例如，2005—2006 学年，9—15 岁儿童的失学和辍学人数估计超过 80 万，约占这一学龄人口的 15%。同样，虽然随着教育的普及，摩洛哥文盲率总体呈下降趋势，但成人文盲率比例过高的问题依然十分突出，2006 年摩洛哥 15 岁及以上年龄人口的文盲率为 43%，2012 年该年龄段的文盲率仍高达 31.2%。2007 年，摩洛哥中学的毛入学率为 55.8%，而高等教育的毛入学率仅为 11%，且在过去的几年中基本没有什么大的变化。[①] 基础教育是高等教育的基础，摩洛哥基础教育毕业生的质量问题和成人文盲率过高问题直接影响了摩洛哥高等教育的生源质量，成为制约高等教育发展的一个重要因素。

第二，摩洛哥受过高等教育人口的高失业率严重影响了高等教育为经

---

① Morocco: Education for All 2015 National Review（http://unesdoc.unesco.org/images/0023/002317/231799e.pdf）.

济和社会发展服务功能的实现。据摩洛哥高级规划委员会的数据，2010年接受过高等教育的人口中有77.6%的人失业时间至少为一年，他们的平均失业时间达40.2个月，即超过3年以上。[①] 摩洛哥受过高等教育人口的失业率居高不下的一个重要原因是长期以来摩洛哥中学和高校毕业生倾向于到公共部门找工作，公共部门几乎成为受过教育人员的唯一雇主。由于摩洛哥公共部门比私营部门工资高、福利待遇好、工作稳定、责任风险小等原因，公共部门仍然对受过教育的人员特别是拥有大学学位的人员极具吸引力。大学毕业生宁愿长期失业也不愿意到私营部门就业或自谋职业。然而，自1983年摩洛哥政府采纳了国际货币资金组织提出的结构调整计划政策之后，摩洛哥公共部门招聘的人员数量开始急剧减少。[②] 尽管有46%的年轻人表示相对于在私企工作或者自主创业，他们更愿意在公共部门工作，但实际上仅有5%的人能够进入公共部门。[③] 摩洛哥扭曲的就业市场反过来对摩洛哥高等教育产生了不利的影响，它强化了摩洛哥高等教育主要教授从事公共部门工作所需技能的传统，导致摩洛哥政府提出的教育政策难以落到实处，也使得摩洛哥高等教育对本国经济社会的发展无法做出应有的贡献。虽然摩洛哥政府采取了包括对高校的学位制度、课程与教学、质量保障等方面进行改革的多种措施，但毕业生的失业问题仍然十分突出。20世纪90年代，摩洛哥就出现了“失业毕业生运动”，大量失业毕业生反复到政府议会大厦前集会示威，争取进入公共部门工作的权利。[④] 这种状况一直延续至今，大学毕业生失业问题已经成为影响摩洛哥社会稳定的一个因素。

第三，摩洛哥高等教育入学人数的快速增长与高等教育质量保障之间的矛盾日益突出。虽然摩洛哥高等教育的毛入学率较低，但是进入21世纪以来摩洛哥高等教育入学人数仍在持续增长。与许多发展中国家一样，

---

① African Development Bank: Analysis of the Education and Training: Morocco（http://www.afdb.org/fileadmin/uploads/afdb/Documents/Project-and-Operations/Morocco_-_Analysis_of_the_Education_and_Training_Sector.pdf）.

② 於荣、孔祥茹：《摩洛哥教育改革的动向与挑战》，《比较教育研究》2012年第12期。

③ Juan Carlos Benítez Molina and Rosa Castro Zarzur: Youth Transition to the Labor Market in Morocco（http://harris.uchicago.edu/sites/default/files/2014%20Morocco%20IPP%20Paper_0.pdf）.

④ Mehdi Lbadikho: Moroccan Graduates: Jobless PHDs and Lucky Engineers（https://futurechallenges.org/local/moroccan-graduates-jobless-phds-and-lucky-engineers/）.

摩洛哥高等教育规模的扩大也导致了教育质量下降的问题。根据2014—2015年《全球竞争力报告》提供的数据，在参与评估的144个国家中，摩洛哥教育质量排第102位，高等教育与培训系统的质量排第104位。[①]摩洛哥当前的奖励制度和公共政策都提倡高入学率，却忽视了提高学生竞争力以及提高教育质量的重要意义。摩洛哥高等教育质量不高的一个重要原因是很多学校将财政补贴主要用于扩大招生而不是提高教育质量。另外，由于校际缺乏竞争，部分高等教育机构安于教育质量低下的现状而不愿做出改变。高等教育发展的预算资金中，有超过85%的资金用于经常性支出，只有0.1%用于学校教职工培训。庞大的教育经费支出，换来的却是不尽如人意的结果。[②] 这种片面重数量忽视质量的做法不仅无益于高等教育的发展，而且造成了有限教育资源的浪费。尽管高等教育成本分担制度对缓解高校拥挤的现状以及提高高等教育质量有着积极意义，但其在摩洛哥的推行并不顺利，遭到了来自各个方面的批评。此外，近年来私立高等教育虽然有了较大发展，但许多企业仍然认为私立院校的文凭含金量不如公立院校，因而在招聘时对私立院校的毕业生往往存在歧视现象。不仅如此，私立院校的多数教授主要来自公立院校，一些教师为在私立院校获得优厚的待遇而超时工作，由此对公立院校的教学质量和科研活动造成了更大的损害。[③]

第四，摩洛哥高等教育中的教学语言冲突问题仍然有待解决。教学语言问题仍然是近年来摩洛哥一个备受批评的热点问题。如前所述，历史上摩洛哥就是一个多语言国家，当前该国使用的语言主要有阿拉伯语、法语、柏柏尔语、西班牙语和英语等。摩洛哥政府在国家独立后推行一元化的阿拉伯化语言教育政策，使得学校教学语言随着中学生进入高等教育阶段而从阿拉伯语转变为法语，导致中等教育与高等教育在教学语言方面的断裂。这种状况使摩洛哥的教育系统处于一种不确定的语言环境之中，不

---

① Klaus Schwab：The Global Competitiveness Report 2014 - 2015（http：//www3. weforum. org/docs/WEF_ Global Competitiveness Report_ 2014-15. pdf）.

② Juan Carlos Benítez Molina and Rosa Castro Zarzur：Youth Transition to the Labor Market in Morocco（http：//harris. uchicago. edu/sites/default/files/2014%20Morocco%20IPP%20Paper_ 0. pdf）.

③ Mehdi Lbadikho：Moroccan Graduates：Jobless PHDs and Lucky Engineers（https：//futurechallenges. org/local/moroccan-graduates-jobless-phds-and-lucky-engineers/）.

仅给学生学习和掌握书面语言带来了许多障碍和困难，而且还加剧了不利于弱势群体学生发展的教育不公平现象，也造成了摩洛哥教育中的语言冲突问题。虽然摩洛哥政府在《国家教育与培训章程》中提出了多元化的教学语言政策，但是上述问题并没有得到有效解决。因此，在摩洛哥多种语言的现实情境下，摩洛哥在推进双语或多语教学过程中，如何解决中等教育与高等教育之间教学语言的割裂，如何加大对弱势群体语言教育的投入，构建更加公平的教育制度，帮助处境不利学生掌握国际通行的语言，为他们将来的发展和就业奠定更好的基础，仍然是影响和困扰摩洛哥高等教育发展的一个重要因素。

第六章　可再生能源发展研究

摩洛哥地处北非马格里布地区，西临大西洋，南邻撒哈拉沙漠，国内诸如石油、天然气等传统能源短缺，国家能源需求中约95%需要进口，[①]煤炭主要从南非和波兰进口，天然气从邻国阿尔及利亚进口。摩洛哥国内能源需求量增长速度较快，在过去10年中也以每年约7%的速度增长，目前石油占其能源消耗总量的比例约达62%。政府正在努力减少对化石燃料进口的依赖，同时通过增加可再生能源发电来填补供电缺口，大力发展可再生能源，替代传统石化能源，是中东和北非首批减少化石燃料补贴并采取节能措施的国家之一。摩洛哥政府预测，该国2030年的总电力需求将从2008年的2400万千瓦时增长到9500万千瓦时。

为摆脱对石油进口的依赖，摩洛哥政府制定了可再生能源发展战略，摩洛哥的可再生能源包括风能、潮汐能、水电，以及大量的太阳能资源，政府对于可再生能源的重视和开发均超过非洲其他国家，成为非洲各国中清洁能源发展的领先者。据阿拉伯石油投资公司最新报告显示，得益于政府对新能源发展的鼓励和支持，摩洛哥、阿联酋和约旦成为该领域发展最快的国家。[②] 摩洛哥的可再生能源发展战略主要依靠当地丰富的太阳能和风能资源，通过国家基金、吸引外资和鼓励私人投资等多种方式建设太阳能和风能发电站。[③] 摩洛哥政府希望到2020年，可再生能源发电的装机容量将占该国电力生产能力的42%，其中风能、太阳能和水能发电各占14%。此外，据英国安永会计事务所2015年发表的报告显示，全球可再

---

① Prospective Maroc 2030-Energie 2030：quelles options pour le Maroc. HCP，USA. 2011.

② 中华人民共和国驻摩洛哥王国大使馆经济商务处官方网站：《摩洛哥新能源领域发展迅速》（http：//ma. mofcom. gov. cn/article/jmxw/201805/20180502749208. shtml）。

③ 陈丹谊：《摩洛哥能源市场分析》，中国贸促会调研研发处，2014年7月1日。

生能源前40位的国家中，摩洛哥位居第14名，在非洲国家仅次于第11位的南非。①

第一节 可再生能源的分类和优势项目

一 摩洛哥可再生能源的分类和现状

(一) 风能

在风能方面，摩洛哥拥有长达2600千米的海岸线（包括西撒哈拉地区），另外还有广阔的沙漠地带，常年西风，平均风速8—12米/秒，最高可达20米/秒，所以摩洛哥风力资源极为丰富，拥有建设大规模风力发电厂的潜力。据估计风电可开发潜力达2.5万兆瓦。② 对于一个只有3000多万人口的国家来说，风力发电可以很大程度上缓解国家电力需求的压力。根据全球风能理事会（Global Wind Energy Council）公布的《2016全球风能报告》（Wind Energy Status Report-2016 Edition）③，风力发电现在已经成为具有全球竞争力的产业，不仅能够创造数十万个就业机会，并加快以实现清洁能源为主导的未来。

早在2000年，法国海峡风能公司就与摩洛哥签订在北部得土安省库迪亚·拜达地区建造风电园的协议。据摩洛哥商务部官方公布的数字，2010年风能发电占摩洛哥全国发电总量的比重高达4.4%。摩洛哥最大的风力发电站是于2010年投运的丹吉尔风电站，也是目前非洲最大的风电站。丹吉尔是摩洛哥最北部的城市，与欧洲的西班牙隔海相望，也是地中海和大西洋的分界地，具有重要的地理位置。该风电站由欧洲投资银行、西班牙官方信贷公司、德国复兴开发银行和摩洛哥国家电力公司共同出资，由西班牙卡美莎利卡（Gamesa Ealica）公司承建。丹吉尔风电站的建成不仅使摩洛哥成为地中海沿岸和非洲国家中可再生能源利用方面的领头军，甚至达到了欧洲发达国家的技术水平。2017年12月18日，由沙特

① "EY Renewable Energy Country Attractiveness Index Issue", Worldwide Transfer Pricing Reference Guide-EY-Global, 7 May 2016.

② "Project Marocain de l'Energie Eolienne de 2000 MW", Ministère l'Energie, des Mines et du Développement Durable, Morocco, 2009.

③ "Wind Energy Status Report", Global Wind Energy Council (GWEC), Belgium, 2016.

电力公司集团承建的哈拉迪（Khalladi）风能发电园区正式投入使用。该园区位于距丹吉尔30千米的地区，总投资额17亿迪拉姆，主要出资方为欧洲复兴开发银行，全球清洁技术资金及摩洛哥对外贸易投资银行（BMCE），该项目装机总容量为120兆瓦，发电量可以满足一个40万人口的中型城市居民一年所需。[①] 2018年，已经运行的风电装机总量计280兆瓦，分布在5个风电场，分别是丹吉尔（140兆瓦）、托雷斯（A. Torres，50兆瓦）、拉法基（Lafarge，30兆瓦）和阿姆戈多（Amougdoul，60兆瓦）。[②]

摩洛哥政府将投资315亿摩洛哥迪拉姆（约合35亿美元）用于发展风能，此举进一步提高摩洛哥的可再生能源利用水平。根据这项计划，摩洛哥全国将新建五座风能发电厂，主要位于摩洛哥北部和东部。到2020年，摩洛哥的风能装机容量将从目前的280兆瓦提升至2000兆瓦。[③] 此外，该项计划涉及风能工业研发和人员培训等内容。风能计划体现了摩洛哥政府在发展经济的同时，也非常注重保护环境和应对全球的气候变化。如果计划按期完成，摩洛哥将大幅度降低对进口能源的依赖程度，通过大规模开发利用本国可再生能源，提高装机发电量，最终实现能源转型。

（二）水资源

在水资源方面，由于良好的气候条件和海拔高度，摩洛哥拥有大量的水资源。高原地区的降雨量约为1800毫米，南部沙漠地区的降雨量不超过100毫米，国家储水量约为210亿立方米，摩洛哥水资源分为地表水和地下水两部分，其中地表水量为160亿立方米，约占80%，其余为地下水。按照科学计算，人均水量超过1064立方米/年。但是根据联合国教科文组织统计，1990年至2000年，摩洛哥国民的人均水量由每人每年1200立方米下降到950立方米，这一数字持续下降，接近水危机的门槛每人每年500立方米。1962年以后国家大力投资水坝和水库建设，建成97座水坝和80座水库。[④] 因为自然原因，摩洛哥水资源南北分布不均匀，在国家

---

① 中华人民共和国驻摩洛哥王国大使馆经济商务处官方网站：《摩洛哥风电发展及规划》（http：//ma. mofcom. gov. cn/article/jmxw/201712/20171202689225. shtml）。

② Zohra Ettaik，“Renewable Energy in Morocco：Large - Scale Deployment”，Ministry of Energy Mines Water and Environment，25 Jue 2013.

③ “Project Marocain de l’Energie Eolienne de 2000 MW”，*Ministère l’Energie，des Mines et du Développement Durable*，Morocco，2009.

④ د. حسن مصدق، الثروة المائية في المغرب العربي: واقع قائم وأرقام تلامس خط الفقر، صحيفة العرب، الباب السادس-في العمق، 23/01/2015 .

北部建有较为发达的水网体系。

摩洛哥是可再生水资源超过25亿立方米的阿拉伯国家之一。摩洛哥政府计划在海岸线附近2千米到3千米的位置，建立海水出口开放式循环冷却系统，运作模式类似传统的火力发电厂。

（三）太阳能

摩洛哥南部拥有世界上最大的撒哈拉沙漠，沙漠面积广大，光照充足，太阳能资源极为丰富。太阳直接辐射（DNR）是衡量一个地区是否适合发展太阳热能集中应用的重要指标，摩洛哥南部沙漠地区每年晴天数超过300天，年辐射时间高达3000小时—3600小时，日地面太阳辐射值接近每平方米9300兆焦耳，具有建造大型太阳能发电厂的得天独厚的优势，发电潜力高达每年2600千瓦时/平方米，是欧洲国家的两倍。[①] 在国家大力开发太阳能之前，大部分的太阳能采集都在小村庄里分散进行，没有实现规模化生产。《BP 2017世界能源展望》[②] 的数据表明，摩洛哥已建成光热发电项目装机容量为22兆瓦，位于西班牙、美国、印度、南非、中国等国之后，但在建的光热发电项目装机容量为510兆瓦，位列世界第一，在建电站主要是南部瓦尔扎扎特的努奥（NOOR，阿拉伯语：النور）电站，预计未来几年摩洛哥光热发电项目装机容量将稳步增长。最适合发展太阳能供热制冷、聚光型太阳能热发电技术（CSP）和聚光型光伏发电技术（CPV）应用。

摩洛哥政府于2009年启动的《太阳能计划》（Moroccan Solar Plan，简称MSP），该计划预计将于2020年完成，届时太阳能发电占总电量的比重提升14%，整体投运后生产的电能能够满足100万个摩洛哥家庭使用。

（四）其他可再生能源

除了太阳能和风能资源外，摩洛哥还有位于地下5000米且温度超过200摄氏度的地区，具有丰富的地热资源。

摩洛哥还积极参与大西洋能源图景，该图景重要性不断凸显，这些将

---

① Faouzi Senhaji，“Implementation of Moroccan Solar Energy Plan”，*Africa LEDS Partnership 2016 Annual Workshop*，27 June 2016.

② 《BP2017世界能源展望》：采用了国际能源署（IEA）、中国石油公司（CNPC）、国际能源咨询公司（PIRA）、美国能源情报署（EIA）等权威机构发布的国际能源数据，展现了当前全球能源结构。参考 https：//www. bp. com/。

直接促进摩洛哥的大西洋区域影响力。摩洛哥对可再生能源生产的大规模投资以及该领域潜在的区域合作将是一项关键举措。

二 摩洛哥太阳能发电重大项目：努奥发电站

（一）努奥发电站简介

摩洛哥南部城市瓦尔扎扎特进行的项目——瓦尔扎扎特努奥项目将成为世界最大规模的太阳能聚热电站项目。该项目分四期建设，即由四个相连的巨型太阳能发电厂组成，总容量为 580 兆瓦，一期装机容量为 160 兆瓦、二期装机容量为 200 兆瓦，这两期建设采用槽式太阳能热发电技术，三期装机容量为 150 兆瓦，采用塔式太阳能热发电技术，目前，一期至三期已经投产，四期装机容量 80 兆瓦将采用光伏发电技术。该项目计划在 2020 年前建成，建成之后，预计将生产 582 兆瓦电力，能为超 100 万个家庭供电。该项目能够满足摩洛哥全国约 50% 的能源需求，还有望为欧洲提供富余的电力供应。四期项目在建情况如表 II－6－1 所示。

表 II－6－1 已公布的摩洛哥太阳能努奥项目一览（2016 年）

进度	项目名称	装机容量（兆瓦）
已完工	瓦尔扎扎特项目一期	160MW
已开建	瓦尔扎扎特项目二期	200MW
	瓦尔扎扎特项目三期	150MW
正在进行投标者资格预审	努奥光伏一期项目（NOOR PV I）	170MW
	努奥米德勒特一期项目（NOOR M I）	至少 400MW
	努奥—塔菲拉勒特光伏项目（NOOR TAFILALET）	75MW
尚未开始	努奥阿特拉斯光伏项目（NOOR ATLAS）	200MW
	努奥阿甘纳光伏项目（NOOR ARGANA）	200MW

资料来源：MOJ Solar and Photoenergy Systems。

努奥太阳能电站不仅开发了摩洛哥丰富的太阳能资源，也体现了摩洛哥政府正在为发展可再生能源做出实践，努力创造良好的投资环境，提供大量就业岗位，并帮助摩洛哥减少对化石能源的依赖和能源进口，同时推动了科学技术更新发展，为非洲其他国家做出良好示范。

（二）努奥项目的积极作用

努奥项目已创造了多项世界纪录和成功经验：

（1）实现夜间持续发电技术。一期至三期项目采用了西班牙 SENER 公司先进的光热发电技术，分别配备 3 个小时、7 个小时和 8 个小时的熔盐储能装置[①]，可以在夜间日落后继续发电，弥补常规太阳能发电没有光照就无法进行的缺陷。

（2）实现多方面技术合作。该项目还包括促进技术专业化、推动研发、开发综合太阳能产业以及提升海水淡化潜力。通过公开招标选择投资方合作开发，既引进国外最为先进的技术，还不断降低了发电成本。

（3）吸引大量的国际投资。努奥项目需要巨额资金，约为 90 亿美元，摩洛哥政府自身的财力难以承担全部，于是吸引了来自世界各国的投资。

（4）助力能源替代，保护自然环境。此项目的完成将减少摩洛哥对传统化石能源的依赖，创造出相当于每年 100 万吨化石燃料的经济效益，并且可以减少每年 370 万吨二氧化碳的排放，从而增强对环境的保护。

第二节 可再生能源发展的积极环境

经济层面，摩洛哥是欧洲、非洲和中东三大市场的枢纽，区位优势明显，经济开放程度较高。为解决能源进口比例高、供应安全性不足问题，近年来，摩洛哥政府把可再生能源作为优先发展的行业，为可再生能源的开发和投资提供了优良的政策环境和机构保障。

一 法律和政策保障

摩洛哥电力部门预测，到 2030 年全国的总电力需求将增长到 9500 万千瓦时。[②] 面对如此巨大的电力需求，政府必须做出相应战略调整，逐渐降低对传统能源的依赖。为吸引和鼓励外国直接投资，以及为国内和国外投资者创造良好的金融环境，摩洛哥政府出台了一系列可再生能源领域投

① ESI Africa：Morocco's Total Energy Consumption to Comprise 50% Renewables by 2030（https：//www. esi-africa. com/moroccos-energy-transition-seeks-add-50-renewables/）.

② الاستراتيجية الطاقية الوطنية للمغرب، المكتب الوطني للكهرباء والماء الصالح للشرب، المغرب، ٢٠٠٩.

资的有关法规和优惠政策。如减免企业所得税、提供信贷支持等。在摩洛哥投资进行可再生能源项目，只需满足以下条件之一即可和摩洛哥政府签订特殊协定：投资额超过2亿迪拉姆（约2000万美元），或创造250个或更多的就业岗位，或保证技术转让的项目，或在环境保护方面有贡献的。

摩洛哥能源、矿产和可持续发展部在2009年第一届摩洛哥能源大会上发布了一项能源转型政策，即《国家能源战略》①，重点发展太阳能和风能项目，主要发展太阳能、风力和水力发电。该战略旨在加快绿色能源的发展步伐和提高能效，打破对进口能源的依赖。根据这项政策，预计到2020年，摩洛哥可再生能源装机比例将达到42%，其中太阳能、风能和水能的装机量均将达到2000兆瓦，在可再生能源领域的投资将达到90亿美元。到2030年，可再生能源装机比例将进一步达到52%。其中太阳能和风能装机比例约各占20%。截至2015年，在建或计划于2020年建成的可再生能源项目及对应的装机量如图II-6-2所示。

表II-6-2 在建或计划于2020年建成的可再生能源项目

能源类型	项目	装机量［兆瓦（WM）］
太阳能	瓦尔扎扎特	500
	福·艾勒·乌德	500
	萨巴赫·塔	500
	艾因·班尼·马达尔	400
	布支杜尔	100
风能	塔尔法雅	300
	提斯卡拉	300
	贾白勒·迪德	200
	库迪亚·拜达	200
	塔扎	150
	米德勒特	150
	贾白勒·哈拉迪	120
	丹吉尔	100
	布支杜尔	100

① الاستراتيجية الطاقية الوطنية للمغرب، المكتب الوطني للكهرباء والماء الصالح للشرب، المغرب، ٢٠٠٩.

续表

能源类型	项目	装机量［兆瓦（WM）］
水能	阿布代穆曼	350
	曼泽勒	170
	其他小项目	60
生物能	非斯垃圾场	5

资料来源：摩洛哥民用水利电力局（ONEE）。

表Ⅱ－6－3 **《国家能源战略》对能源发展的规划** 单位：%

能源占比	2009年	2015年	2020年
煤炭	29	35	27
石油	27	19	10
天然气	11	8	21
水能	29	21	14
太阳能	0	5	14
风能	4	12	14

资料来源：摩洛哥能源、矿产和可持续发展部。

摩洛哥能源、矿产和可持续发展大臣在2018年12月28日摩洛哥能效局第二届委员会会议上表示，摩洛哥的《国家能源战略》的推出和实施，是符合全球能源发展趋势的，发展可再生能源和提升能源效率，促进区域一体化发展。

2016年初政府通过了新的《可再生能源法》修正案，以促进可再生能源的开发利用，规范新能源项目的开展，优化国内能源结构，吸引私人投资和国际投资。其中，13－09法律为私营部门提供可再生能源生产电力的投资机会，规范了私人开发商开发风电、太阳能电站的审批，允许能源开发商投资可再生能源项目，并根据谈判合同将电力出售给选定的客户。为私营电力生产商开放中、高及非常高的电压水平，13－09号法令通过的风电项目有8个，累计457兆瓦；86－12号法令为公私合营提供了法律依据。同时，16－09号法令、47－09号法令、57－09号法令分别对可再生能源发展局、能效管理部门、新建立的实施机构等做出更具体、可操作的要求，从法律层面保证了可再生能源发展的政策基础。

此外，国王穆罕默德六世也呼吁国家职能部门配合2030年可再生能源发电在全部电力结构中占比至52%的目标，其在拉巴特王宫主持部署新能源战略的工作会议上指出，“公共管理部门要树立榜样，尽可能使用可再生能源，最大限度提高能源效率”。他强调海水淡化与可再生能源结合整体方案的重要性，以便保障能源自主和节能减排。①

二　支持太阳能发展的政策

2009年，摩洛哥发布了《摩洛哥太阳能计划》，该计划预计将于2020年安装完成17万平方米太阳能热传感器。根据这项电力发展策略，在2009—2015五年规划中，摩洛哥完成了2760兆瓦的装机量，接近全国装机容量的34%，在2016—2020五年规划中，还将完成5175兆瓦的电站装机量。根据该计划，摩洛哥将在瓦尔扎扎特、艾因·班尼·马达尔、福·艾勒·乌德、布支杜尔和萨巴赫·塔五个城市修建太阳能发电厂，发电总量将达2000兆瓦，预计在2020年时将太阳能发电占总电量的比重提升14%，整体投运后产生的电能将满足100万个摩洛哥家庭使用。

此外，太阳能水加热发电和太阳能光伏发电项目还可享受间接税自20%降至14%，太阳能面板进口关税下降至2.5%，太阳能水加热发电和太阳能光伏发电项目规范和标准可以获得认可和批准等特殊优惠。此外，在太阳能投资方面，摩洛哥政府鼓励可再生能源发展，对太阳能加热发电类的项目减免间接税，自20%降至14%；太阳能面板进口关税下降至2.5%，对欧盟国家施行免关税等政策促进可再生能源行业发展。

三　支持风能发展的政策

2011年，在第二届摩洛哥能源大会上，会议强调开发可再生能源为摩洛哥能源可持续发展的重要战略，制定了风电发展规划，启动了为期10年的《风能综合开发计划》（Projet Éolien Intégré，简称PEI）②：《近期风电发展规划》（2011—2015年）和《远期风电发展规划》（2015—2019年），具体分配见表Ⅱ－6－4。计划在2020年摩洛哥电能需求中20%是

① 中华人民共和国驻摩洛哥王国大使馆经济商务处官方网站：《穆罕默德六世国王主持新能源战略会议》（http：//ma.mofcom.gov.cn/article/jmxw/201811/20181102803005.shtml）。

② Project Marocain de l'Energie Eolienne de 2000 MW，Ministère l'Energie，des Mines et du Développement Durable，2009.

由风能发电提供的。总投资预计为315亿提拉姆，将使风能装机总量从2010年的280兆瓦提高到2020年的2000兆瓦，发电量达到20亿瓦，年均发电量为6600千兆瓦，每年节省150万吨化石能源。

表Ⅱ-6-4 2011年启动的风电发展计划分布

年份	风电场	位置	装机容量兆瓦（MW）
2011—2015年 720兆瓦	桑杜克Ⅰ期	丹吉尔附近	120兆瓦
	豪乌马	丹吉尔附近	50兆瓦
	阿赫法尼尔	阿加迪尔附近	200兆瓦
	塔尔法雅	阿尤恩附近	300兆瓦
	阿尤恩	阿尤恩	50兆瓦
2015—2019年 1000兆瓦	桑杜克Ⅱ期	丹吉尔附近	150兆瓦
	库迪亚·拜达	丹吉尔附近	300兆瓦
	塔扎	塔扎	150兆瓦
	提斯卡拉	阿尤恩地区	300兆瓦
	布支杜尔	阿尤恩地区	100兆瓦

资料来源：根据商务部网站公布数据整理。

四 专设机构与公司合作配合

（一）摩洛哥太阳能管理局（MASEN）

根据第57-09号法令，建立摩洛哥太阳能管理局（Moroccan Agency for Solar Energy，简称MASEN）全盘负责国家的可再生能源战略，该机构为摩洛哥政府、国家水利电力局、哈桑二世经济社会发展基金和能源投资公司组成的公私合营机构，四方各占25%股份，其从ONEE继承所有新能源电力生产方面的资产和人员，主要负责包括太阳能、风能、水电在内的所有可再生能源的发展规划及项目开发、实施、购电等工作。并与ONEE合作，监管和负责实施所有可再生能源项目，主要负责太阳能和风电站建设。

（二）摩洛哥电力和饮用水局（ONEE）

摩洛哥电力和饮用水局（The Office National de l'Electricité et de l'Eau Potable，简称ONEE），负责部分电力生产及全部的输电和配电工作，该局是摩洛哥可再生能源发展的主要控制方。其前身是摩洛哥电力局（Office Nationalde L'Electrite，简称 ONE)，曾经垄断摩洛哥全国的电力生产、运输和配送。由于电力缺口不断增长，以及为控制政府支出，1994 年，政府对摩洛哥电力局进行了重组，引入私人公司进入电力生产领域。目前，摩洛哥电力局和饮用水局主管的项目的电力生产能力大约能满足国内需求的三分之一，拥有全国的水电站和部分风电站。

（三）其他组织和公司

第 16－09 号法律将可再生能源发展中心（Center for the Development of Renewable Energy）的任务范围扩大，并更名为可再生能源和能效发展局（National Agency for the Development of Renewable Energy and Energy Efficiency）。一些当地公司，比如 NAREVA 公司也进入了风电领域。[①] 此外，摩洛哥能源、矿产和可持续发展部（Ministère l'Energie，des Mines et du Développement Durable，简称 MEM）负责制定和实施政府在能源、矿山和地质领域的政策，控制管辖范围内其他地区的信息和通信技术。所以也会一定程度地参与到可再生能源开发项目中。

五 国内外资金保障

摩洛哥政府已经成立了能源发展基金会（Energy Development Fund，简称 EDF），基金会接受来自沙特、阿联酋和哈桑二世基金会的资助，总额约 10 亿美元。能源投资公司（Energy Investment Corporation）资本达到 10 亿迪拉姆（约 11 千万美元），为可再生能源和能效项目提供资金保障。欧洲投资银行、世界银行和法国开发署（French Development Agency）等国外投资机构也参与投资可再生能源项目。[②]

据摩洛哥《经济学家》和《晨报》的数据显示，各国际机构承诺为摩洛哥努奥太阳能项目提供资金约 26 亿欧元，分别来自非洲开发银行、世界银行、沙特 ACWA 集团、欧洲投资银行、法国开发署、邻国投资支持基金、欧盟、德国及德国复兴信贷银行（KFW）。其中德国提供了近一半的资金，是最大的资金承诺国。多方投资，首先说明了摩洛哥太阳能资

---

① "Business Opportunities Report for Morocco's Renewable Energy Sector", Ministry of Foreign Affairs and International Cooperation, Morocco, 2018.

② La nouvelle Stratégie Energétique Nationale-Bilan d'étape/ Ministry of Energy, Mines, Water and Environment, Morocco, 2013.

源的吸引力，另外也成功规避了政治和国际局势带来的风险，说明摩洛哥为开发太阳能资源创造了良好外部环境，为后续开发积累了有益经验，也为其他北非国家起了示范作用。

表Ⅱ－6－5　　各国际机构投资太阳能项目资金承诺一览

机构名称	金额（百万欧元）
非洲开发银行（BAD）	200
气候投资基金—非洲开发银行	165
气候投资基金—世界银行	162
世界银行	76
德国及德国复兴信贷银行（KFW）	1260
欧洲投资银行（BEI）	209.5
法国开发署（FDA）	127.5
邻国投资支持基金（FIV）—欧盟	116
沙特 ACWA 集团瓦尔扎扎特项目公司	295
合计	2611

资料来源：整理自摩洛哥 2016 年 2 月 10 日《经济学家》和 2016 年 3 月 1 日《晨报》。

德国主导的沙漠太阳能项目“沙漠”（Desertec）将摩洛哥列为首个实验地点，得到了欧洲各银行和能源公司的投资达 8 亿美元。此外，2012 年美国在摩洛哥投资建设 0.1 万千瓦废热回收电站。

此外，2018 年 12 月在里斯本举行的研讨会上向 220 多家葡萄牙公司的代表展示了摩洛哥在能源领域潜在的投资机会。葡萄牙国家能源部长豪尔赫·塞古罗·桑切斯在以“摩洛哥能源部门：机遇与国际化”为主题的研讨会开幕式上发表讲话，重申葡萄牙愿加强与摩洛哥在能源领域和可再生能源领域的合作的决心。

第三节　中摩新能源合作现状分析

在国际能源形势严峻和急需转型的情况下，中摩两国均根据国情转变能源发展战略，积极寻求新的发展途径，不断开展国际合作和海外投资，来缓解本国的能源问题，探索可持续发展道路。2013 年 9 月 17 日，首届中阿博览会中阿能源合作论坛召开，会议的焦点由传统化石能源转向了新能源，中阿双方的能源企业进行了深入交流，来自埃及、沙特阿拉伯、摩洛哥等阿拉伯国家的政府官员和商业人士对本国发展新能源项目的现况进行了介绍，并希望能与中国在资金、技术等方面展开合作，解决本国的能源短缺和结构不合理等问题，同时促进中方的新能源技术走向国际市场。

通过图Ⅱ-6-1和表Ⅱ-6-6可以看出，2014年是中国对摩洛哥投资额激增的一年，并且投资额集中在大型工程领域，包括太阳能发电厂、风能发电厂的建设，以及太阳能热水器的市场推广、新能源汽车的引进等。目前，中摩在新能源领域的合作主要集中在太阳能电站的建设、沼气发电、新能源汽车等领域。

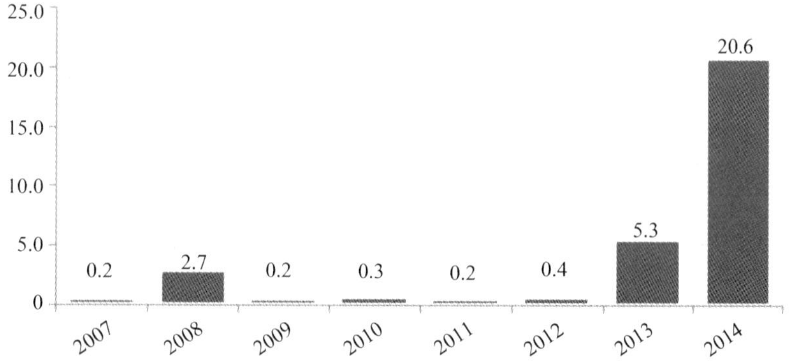

图Ⅱ-6-1　2007—2014年中国对摩洛哥投资额（百万美元）

表Ⅱ-6-6　**2007—2014年中国对摩洛哥投资领域**　单位：万美元

	2007	2008	2009	2010	2011	2012	2013	2014
房地产	—	6	2	—	1	36	12	45
工业	—	—	—	30	7	—	94	155
贸易	—	—	—	—	6	—	—	17
其他服务	—	262	—	—	—	—	428	—
大型工程	—	—	—	—	—	—	—	1830
变化	—	—	3	—	5	—	—	8
总计	24	268	23	32	19	36	535	2055

资料来源：摩洛哥外汇管理局。

一　太阳能领域

摩洛哥可再生能源署（MASEN）项目开发经理穆罕默德·萨赫里（Mohamed Sahri）一行四人于2017年3月23—24日出席了在北京召开的CSP Focus光热发电中国聚焦大会，这是摩洛哥可再生能源署首次来华参与光热发电商业峰会，萨赫里先生在会议期间发表主题演讲，向全体参会代表具体介绍摩洛哥市场及项目发展情况，两国就光热发电行业的发展进行了交流和探讨，共同寻求中摩两国政府与企业的光热合作机遇。同年6月，中国与摩洛哥能源合作执委会首次会议在摩洛哥首都拉巴特举行，双方就两国如何加强在电力、可再生能源等能源领域的合作进行了交流与探讨，并签署了中国援摩太阳能路灯项目交接证书。

2015年5月，中国电建集团签订了项目金额为20亿美元的摩洛哥努奥二期和三期光热电站项目总承包合同。该项目由摩洛哥太阳能管理局和沙特电力工程公司等共同出资，中国电建集团、山东电建三公司作为联合体的责任方，负责土建施工、常规岛供货、储热系统以及外围系统的设备供货和安装。2018年初，该项目并网一次成功，机组各项运行指标正常，标志着全球单机容量最大的槽式光热电站项目顺利并网发电，整个二期项目由65万块像这样的镜面组成，实现了发电过程的“零污染”，在建设中还为当地提供了近4000个就业岗位。[①] 摩洛哥工业基础比较薄弱，在国民生产总值中所占的份额也相对较小，缺乏专业的电力工程人才，通过努奥太阳能电站项目的建设，当地企业与中国公司积极合作，摩洛哥的电建工程队伍建设越来越专业，为摩洛哥的电建发展储备了大量优质人才。该项目的实施为中国电建掌握太阳能聚热发电世界前沿技术、拓展国内外太阳能聚热发电市场提供了契机。根据中国电建官网报道，努奥光热电站项目还成功带动了中国200多家相关企业的海外项目开展及机电设备出口，并极大地推动了中国技术人才“走出去”，成功与国际接轨。

2017年2月，深圳市能联电子有限公司（NENGLIAN SOLAR）投资了摩洛哥盖勒敏光伏电站（GSPP）项目，总金额近40亿摩洛哥迪拉姆

---

① 王云松：《中国建设者，让摩洛哥从能源匮乏走向富足（“一带一路”·互利互惠）》，《人民日报》2017年4月29日第3版。

(约合4亿美元)，该项目是首个由中国民营企业牵头在摩洛哥建设的光伏发电项目，政府预计，该项目的建成，将极大提高盖勒敏地区的经济水平。

此外，中摩两国太阳能项目的合作也涉及农业领域，2015年，保利新能源科技有限公司就与摩洛哥进行了名为“乡村可持续发展”（Village Durable）太阳能水泵的安装项目的合作，有效解决耕地灌溉、人畜用水等问题，节水节能，大幅降低传统能源的投入成本，促进农业的可持续低碳发展。

二 生物质能领域

中摩在生物质能领域的合作其实从20世纪80年代就开始了，只不过当时传统能源尚未面临当下这种困境，世界仍然处于油气时代，可再生能源的开发和利用并未受到重视。早在1987年，浙江省沼气太阳能所援摩沼气专家组就到达摩洛哥，先后在摩北方的肯尼特拉省和南方的马拉喀什省分别修建了两只10立方米闸塞自流出料顶反水亚式沼气池。这种新型沼气池出料自流、管理方便、气压稳定、产气率高，每池产气可供一户10口人用于烧饭和照明。[①] 当时摩洛哥的经济发展水平相对落后，两只沼气池的修建全部来自中国政府的援助，包括专家组和培训人员。之后又建造了一座180立方米沼气发电工程，有效解决了周围存户饮水、灌溉、照明的问题。为扩大沼气技术服务项目和培训更多技术人员，摩方与浙江省沼气太阳能所和浙江国际合作公司又签订了为期10年的服务合同，每两年将派遣一专家组去摩洛哥提供各类沼气技术服务，包括设计、施工、销售沼气配套设备及风力发电机组、沼气发电机组、太阳能热水器等。[②]

沼气的开发和利用主要集中在农村地区，相比之下，中国的沼气产业技术更为先进、规模更大，农村沼气池用户呈逐年递增态势。摩洛哥的城镇化水平远远落后于中国，南部山区等偏远地区的照明和用水问题一直存在，中国政府对于摩洛哥沼气工程的援助给当地带来了启发。随着两国的

---

① 朱永成：《浙江省沼气太阳能所与摩洛哥签订沼气服务和同》，《中国沼气》1991年第4期。

② 朱永成：《浙江省沼气太阳能所与摩洛哥签订沼气服务和同》，《中国沼气》1991年第4期。

外交关系进一步深化以及“一带一路”倡议的提出，中摩在沼气项目上的合作也在持续进行。2015 年摩洛哥派代表团赴中国绵阳，对农村沼气的应用和项目的建设进行实地考察，双方对沼气技术的发展历程、项目建设的技术要求和难点进行了交流，对沼气发电项目在节能减排、优化农村消费结构、改善生态卫生环境等方面发挥的作用给予了高度评价。

此外，2017 年 9 月在商务部主办、环保部承办的阿拉伯国家环境管理研修班中，摩洛哥作为参会人数最多的阿拉伯国家，在绿色经济发展、核电的开发利用、垃圾焚烧发电等可再生能源产业的发展现状和前景等问题上做出了有效磋商。来自摩洛哥矿产、能源和可持续发展部的处长、工程师实地参观了南京光大集团的垃圾焚烧发电控制中心和无锡市污水处理厂，这对摩洛哥在生物质能的开发利用上有着重要意义。

三　新能源汽车

自独立以来，摩洛哥成为非洲少数致力于发展汽车工业的国家之一，由于经济环境较为稳定，较早引进了欧洲的先进技术，该国汽车工业在过去的十年迅速崛起。2017 年，摩洛哥已经成为非洲最大汽车制造国，并大范围辐射欧洲汽车市场。① 近年来，汽车工业成为工业发展的引擎之一，尤其是 2014 年发布的《工业加速计划》中，重点强调大力发展新能源、航空，以及轨道交通等新兴产业。为此政府出台了一系列汽车工业投资优惠政策，还对在摩投资的部分汽车零配件厂商给予补贴，大力推进汽车领域人才培训，积极推进海外项目的合作。

作为北非可再生能源开发和利用的领军者，摩洛哥政府在应对全球气候变化方面一直做出不懈努力，加速实施国内生产总值的低碳计划，2018 全球气候变化表现指数榜单中，摩洛哥排名第六，第 22 届联合国气候变化大会于 2016 年 11 月 7—18 日在摩洛哥南部城市马拉喀什举行，摩洛哥从中国扬子江汽车集团引进新能源客车作为官方用车，每天接送参会代表往返酒店和会场，扬子江汽车集团此次向摩洛哥出口 35 辆纯电动客车，

---

① Said Temsamani, “Morocco Among Top Most Promising Markets For Automotive Industry” （https：//www. eurasiareview. com/26102018-morocco-among-top-most-promising-markets-for-automotive-industry-oped/）.

合同总价4000万美元，一次充电续航里程可达150千米，可实现全天候运行。首批10辆纯电动客车在完成联合国气候变化大会服务后，将与另外25辆客车一起投入马拉喀什两条BRT城市公交的运营。[①] 这批车辆加强了抗热、抗氧化、抗盐雾的性能，车窗玻璃采用纳米技术可以有效抵挡紫外线，在车内可以通过全景大弧度黑化曲面玻璃观看窗外风景。

“一带一路”倡议提出，要积极应对气候变化问题，采取有效措施减少碳排放，降低城市污染。为此，中国近年来逐步推进绿色环保新能源汽车的研发和市场推广，比亚迪作为国内新能源汽车的领头羊，生产的电动汽车已出口到美国、英国、新加坡、澳大利亚以及日本等国，出现在全球200多个城市的街道上，并且是世界上首家将新能源交通方案引进非洲的中国企业。目前，比亚迪云轨项目已获全球100多个城市客户来访与参观，在国内，已经有约20个城市签署云轨合作，在海外，已与菲律宾、埃及、摩洛哥等国家签订战略合作协议。2017年12月9日，摩洛哥政府与比亚迪签署国家级的绿色交通合作战略，中摩将在轨道交通、电动卡车和电动公交等领域进行合作，云轨将作为治理交通拥堵的首要解决方案。

比亚迪将在摩北部城市丹吉尔科技城设立工厂，生产电池、大型电动汽车和单轨电动列车，厂区占地面积为50公顷，将创造2500个就业岗位。[②] 比亚迪作为国内新能源汽车的领先企业，拥有强大的技术团队和海外业务开发经验，在与摩洛哥进行合作的同时，不仅能够有效解决当地的公共交通问题、推动电动化进程，还能把中国的新能源汽车技术、产品规格和标准引入北非其他国家，拓展更广阔的非洲市场，为下一步进军欧洲市场做好前期铺垫。

第四节　可再生能源发展困境及中摩合作挑战

摩洛哥的可再生能源的开发和能源转型虽然颇有成效，但现在在这一过程中也有困难并暴露出一系列问题，如政府部门职责不清、能效改革进展缓慢、大量可再生能源并网难题、在争议领土地区（主要指西撒哈拉地

① 张欧亚：《扬子江纯电动客车越洋运抵摩洛哥》，《湖北日报》2016年10月27日。
② 常亮：《比亚迪新能源汽车进入非洲》，《深圳商报》2017年12月11日。

区）建设电站带来的国际影响、沙漠地区建设电站“与民争水”现象。①对于包括中国在内的投资者来说，进入摩可再生能源发电市场仍存在许多困难和障碍。

一　中摩两国均面临能源转型的压力

当下，在能源需求不断增长、油价攀升和气候变化日益突出的形势下，新能源产业再次引起各国的重视，致力于新能源转型已成为一种国际趋势和许多国家的战略选择。中国和摩洛哥虽然能源分布、能源结构和能源消费量不同，但在面对国际能源形势的复杂变化中，都在积极推进本国的能源改革。

国务院2013年发布的《能源发展“十二五”规划》提出要加快能源生产和利用方式变革，积极有序发展水电，安全高效发展核电，加快发展风能、太阳能等可再生能源，同时推进电力、煤炭、油气等重点领域改革。2016年《可再生能源发展“十三五”规划》，提出实现2020年和2030年非化石能源分别占一次能源消费比重15%和20%的目标。摩洛哥作为一个化石能源短缺的非洲国家，也制定了符合本国国情的新能源发展战略，重点发展太阳能和风能项目，并于2016年通过了《可再生能源法》，目标是到2020年将可再生能源占整体能源的比例提高到43%，2030年达到52%。

截至2016年底，中国可再生能源装机量达到6.5亿千瓦，占全部电力装机的36.6%，发电量达到17000亿千瓦，占全部发电量的26.4%。这是“十二五”期间促进清洁能源利用，加快能源结构向清洁型高效型转型的成果，太阳能、风能、水电以及生物质能得到了极大的开发和利用。但同时，根据中电联统计，截至2016年底，我国发电装机容量达16.5亿千瓦，其中煤电装机容量9.4亿千瓦，占发电装机总量的57.3%；发电量达6.0万亿千瓦时，其中燃煤发电量约3.9万亿千瓦时，占总发电量的65.5%，煤电仍然是中国电力供应的主力电源和基础电源。能源改革和转型的道路漫长且曲折，尤其近几年在页岩气等非常规能源的冲击下，全球发展清洁能源的热度有所减弱，与此同时，为保护本国企业，欧

① 伊佳：《摩洛哥：新能源合作成焦点》，《国际商报》2017年3月13日。

美频对发展中国家太阳能、风电产品出口发起“双反”调查，2012年，美国际贸易委员会最终裁定对中国光伏产品征收18.32%—249.96%的反倾销税和14.78%—15.97%的反补贴税，[①] 国际清洁能源贸易摩擦加剧。摩洛哥于2009年启动太阳能发展计划，预计2020年之前在南部沙漠地区建成世界最大太阳能电站，此项目的展望是美好的，但是实施起来的困难也是巨大的，一是项目费用高达90亿美元，虽然吸引了各国际金融机构的资金，但是以摩洛哥总体的经济实力，短期内还无法全部偿还；二是项目周期长，整个努奥太阳能电站的建设分为四期，如果承包商和技术队不是从一而终，那么必将影响整个电站的建成和运行。虽然摩提出可再生能源的发展计划，但目前来看，传统能源仍然是整个国家能源消费的主体。

纵观能源发展的历史，从薪柴时代到蒸汽时代，再到电力时代，任何一次能源领域的更替都不是一朝一夕就能完成的，这中间要经过很长的变革和发展。尤其在社会发展极其迅速的今天，可再生能源替代传统化石能源的过程在成本和技术上都面临着前所未有的挑战，各国均面临能源转型的压力，中摩也不例外。

中国与摩洛哥建交以来，在经贸等领域有着持续的往来，尤其是茶叶出口领域，摩洛哥是中国最大的绿茶进口国，占我国茶叶出口总量的20%。但在新能源领域，中国与摩洛哥的合作起步相对较晚，随着“一带一路”倡议的提出和中摩战略伙伴关系的建立，越来越多的中国企业和能源公司踏足摩洛哥，但相对于法国、德国、西班牙等发达国家，中企的投资规模相对较小，大多数企业只是项目的承建者，提供建设队伍，并没有参与到项目的融资中，所以中摩的新能源合作还有很长的路要走。

二　公共购买权利的非公平竞争

可再生能源领域虽然是摩洛哥新兴的投资领域，得到大力的重视和开发，但是依然存在非公平竞争和垄断现象。首先，一些新进的投资者和开发商会发现，早期进入可再生能源市场的公司已经与电力采购方建立了稳固的采购关系，这种关系难以打破，新的独立电厂可能会感到进入市场的难度较高。

---

① 参考赵宏图《新能源观》，中信出版社2016年版。

其次，摩洛哥不是世界贸易组织公共招聘（Embauche Publique）协定签字国，因此对于其他国家的企业，在签订的获取商品或服务合同后申请摩洛哥政府审批时，会出现一些带有缺陷性的问题和不公正行为。例如，对美国企业有优待，但是对其他国家的企业则有限制，从而形成了公共购买权利（Achats Publics）的非公平竞争局面。摩洛哥和美国签订的自由贸易协定中包含公共购买权利方面的条款，其附件中规定了相关门槛和实体等具体内容，赋予美国企业在签订商品和服务购买合同时，享受国民待遇和非歧视。虽然摩洛哥政府于 2007 年 2 月 5 日批准了第 2 – 06 – 388 号法案，规定签订获取商品或服务合同（可以获得批准）的前提条件和形式，以及其他有关在此领域管理和控制的规定。但是这个第 2 – 06 – 388 号法案并没有规定其他国家投资者可以享受美国投资者在公共购买方面所享受的同样待遇，也没有取消美国投资者所拥有的优惠待遇。

三　海关估价的问题

虽然摩洛哥和欧洲签订的合作协定中规定，自 2002 年 8 月开始的三年内，对从欧洲进口的所有工业品取消以参考定价征收海关税的做法，并以实际报关发票价征收。但是摩方却没有完全执行该合作协定中的规定，即对所有自欧洲进口的工业品按实际报关发票价征收关税，只对其中一部分工业品执行了该规定①。当然，摩对从其他国家进口商品也是采取参考定价的方法征收海关关税。

摩洛哥海关的做法是，在确定对某一商品的海关征税的基础价格时，参照摩海关选定的该商品部分生产企业的报关时发票价格作为标准，制定同类商品海关征税的基础价，在该基础价上计算出海关税额，从而征收相对本国有利的较高关税。对于出口商要求对高额征税进行申诉的案件，其审理都必须在先付清关税后才能开始。

四　项目谈判慢，回报时间长，短期效益不明显

一方面，尽管政策利好，有多方机构配合，但是由于政府部门职责不

① 中国商务部网站：《在摩洛哥投资新能源领域应注意的问题》（http://ma.mofcom.gov.cn/article/ztdy/201212/20121208466571.shtml）。

清、能效改革进展缓慢，政策对接有困难，交易所需的谈判过程可能会复杂，达成可再生能源交易所需谈判过程漫长。例如一些开发商抱怨授权程序，尤其是 ONEE 的技术批准方面程序缓慢，耗时长。另一方面，由于可再生能源项目属于高技术高资本投入类型的项目，加上相对较高的运输、通信和能源成本，要求先期的投资额较高，而回报时间较长，存在一定的投资风险。

首先，在和普通传统能源发电的单位成本比较和竞争上，虽然长期看，随着传统能源价格的上涨，可再生能源生产成本不断降低，逐渐接近甚至低于传统能源生产成本，但是，短期内可再生能源的电力生产成本不具备明显的比较优势。对可再生能源所生产的单位电力出售价格，摩洛哥法律没有明确规定予以保护。其次，合适的消费者数量有限，竞争激烈，可再生能源项目必须同时向客户提供低于国有电网水平的电价，并同时兼顾成本压力，从而说服大规模工商业电力用户签署长达 15 年或 20 年的购电协议。相较之下，一些较小的电力用户可能只愿意签署期限更短的协议。

五　可再生能源金融体系待完善

摩洛哥的太阳能和风能项目的技术研发和市场推广缺乏稳定的资金来源。虽然可再生能源的应用成本已有所下降，但利用可再生能源发电仍然比传统能源发电的成本高得多。当前，利用可再生能源发电的难点在于，可再生能源项目需要的启动资金相对较高，项目建设周期也相对较长，同时又无法像传统化石能源具有相对稳定的电力输出，即使可再生能源项目的前景很可观，但投资者仍然面临较高的宏观政治和经济上的风险，因此很多机构和银行都对可再生能源项目望而却步。以努奥项目为例，由于项目分为四期，建设周期较长，所以投资回报存在着不可预见的风险。努奥项目吸引了来自世界的资金，也成立了专门发展可再生能源的摩洛哥可持续能源署，但是目前并没有一个固定的项目基金来支撑整个项目的完成，也没有完善的金融体系来保证项目的运作，如果前期工程遭遇中止，那么必将影响后期工程的招商引资。可再生能源开发投资风险基金和保险补偿机制仍需完善，国外企业投资缺乏金融保障体系，影响合作的深度和广度。

目前中方在参与中摩新能源领域的合作局限于个别国企和小型企业，

关乎国家命脉的企业和公司，需要政府更严格的审批，现行的投资体制尚不能满足中国企业在新能源领域的海外发展；缺乏可再生能源开发投资风险基金和保险补偿机制，企业“走出去”缺乏金融保障体系，合作的深度和广度均受限制。

六　工业用地和基础设施条件差

虽然摩洛哥的经济总量排在非洲前列，但是整个国家的产业分布和发展不均，工业基础比较薄弱，磷酸盐和渔业是支柱产业，如今旅游业也被列入支柱产业之一，农业产量起伏较大，粮食不能自给，农业人口约占全国总劳力的42%。这种产业结构导致摩洛哥地区发展差异较大，沿海城市和平原地区相对发达，沙漠和山区则比较落后。摩洛哥太阳能最为丰富的地区集中在南部沙漠地区，气候干燥，人口稀少，以村镇为单位，散落在沙漠边缘地带，相对比较闭塞。以瓦尔扎扎特努奥项目为例，位于南部沙漠地区，距离南部中心城市马拉喀什较远，两地没有修建铁路，因为中间经过阿特拉斯山，建造铁路的难度较大，只有一条险峻的环山公路，车程达到5个小时以上，为物资的运输和技术通信带来了极大不便。

基础设施的完善与否严重影响到项目和工程的进展，尤其是城市边缘或偏远地区的重大项目和基地建设，往往需要很长的时间，更需要配套的基础设施来保障项目的开展和推进。瓦尔扎扎特在开发太阳能电站项目之前，没有工业园区，更没有一块完整的工业用地，这在极大程度上加大了投资建设和开发商开展项目的难度，很多投资者都在这个环节上望而却步，导致摩洛哥可再生能源的开发没有计划中那么顺利。基础设施的落后，同样也给承建项目的中国企业带来了困扰，建设团队要面对艰苦的条件，同时也面临着高压的风险。

七　人力资源系统不完善

目前在摩洛哥，可再生能源作为一种新兴学科，尚未被纳入教育系统中，只有少数科技或工程部门有这方面的课程设置或培训，导致在开展可再生能源的项目中，大量缺乏本地的技术人才和管理人才。这是因为摩洛哥实行公立学校免费义务教育，其中包括公立高等院校，这种政策使大部分本地人得以获得大学文凭，但同时因为公立学校人数过多，课程设置、教师队伍以及教学质量都存在一定的问题，很难培养出在可再生能源领域从事科研或实际操作的技术人才。这个现状导致目前摩洛哥开展的可再生能源项目很大程度上依赖国外的专家和技术人员，这项花费也为当地造成了不小的压力，尤其在偏远地区，太阳能热水器和灌溉设备以及沼气池安装之后，没有专门的售后服务和维修人员，很少有人能够对设备进行正确维修和保养，可再生能源装机设备造价昂贵，发电功力强大，但是目前在技术的培训方面仍然有很大缺陷。随着中摩可再生能源合作的进一步加深，企业正在积极进行结构调整，大量的新技术、新工艺和新设备投放使用，对技术人才的需求越来越大，与当前的人才储备现状形成了一对亟待解决的供需矛盾。

八 其他问题

摩洛哥可再生能源发展过程中依然面临很多行政管理传统缺陷。如政府行政办事效率低，公务人员在执行规定和具体操作上缺乏灵活度，政府机构和公职人员存在腐败现象，尤其在海关、工商管理部门等与企业关系密切的部门，公务人员工作懈怠情况屡见不鲜，在一定程度上会打击中国企业在当地开展业务的信心。司法运作方面的不完善和存在的缺陷；大量可再生能源并网难度依然很高；缺少合适的和技术素质高的劳动力，用于培训的费用较高。以上问题不仅存在于可再生能源投资领域，在对摩洛哥的其他领域投资过程中也有相同的困扰。

此外，中摩两国语言文化差异也是一大障碍。摩洛哥的母语是阿拉伯语，确切说是摩洛哥方言，跟国际上使用的标准阿拉伯语有着极大差别，同时有超过40%的人会讲法语，部分官方工作人员使用英语，南部沙漠地区的柏柏尔人又有着自己的民族语言——柏柏尔语。复杂的语言环境为中国企业和当地机构的交流和沟通增加了难度，从项目初期的招标到签合同，再到建设队伍与当地劳工的沟通，语言障碍始终存在；其次是宗教方面的差异，99%的摩洛哥人是信奉伊斯兰教的穆斯林，由于当地宗教、族群问题的复杂性，导致其他热点地区，比如中东地区发生的冲突或者一些具有不确定性的政治事件的爆发都非常容易波及这一地区，因此对于在这一地区进行经济合作可能遇到的困难和风险必须要有一定的估计。[1] 摩洛哥在历史上长期受到法国、西班牙的殖民统治，对摩洛哥的经济、文化、语言、社会生活等方面造成了深厚的影响，这些影响直到今天仍然存在，导致了摩洛哥在对外贸易和文化交流领域都具有特殊性。

第五节 中摩深化新能源合作的建议

一 加强政策沟通为中摩新能源合作提供政治基础

（一）以“一带一路”为契机推动新能源合作

中国是古代丝绸之路的起点，摩洛哥是终点，中摩之间的友好关系从古代丝绸之路开始，直到21世纪“一带一路”建设从未间断。在当前经济全球化遭遇“逆风”的背景下，“一带一路”倡议的提出，不仅成为迷茫经济前景中的一道光明，更为世界贡献了共商共建共享全球治理观的东方智慧，为全人类许下了构建命运共同体的美好愿景。[2] 2016年摩洛哥国王访华，两国建立全面战略伙伴关系，并宣布对中国公民免签，极大促进了摩洛哥旅游业的发展，中摩之间的贸易额呈直线上升趋势，仅2016年下半年，中摩双边贸易额就达17.91亿美元，同比增长5.34%。习近平主席在“一带一路”国际合作高峰论坛上指出，要抓住新一轮能源结构调整和能源技术变革趋势，建设全球能源互联网，实现绿色低碳发展。随着新一轮能源变革时代的到来，如何进行能源转型、实现能源可持续发展，是“一带一路”建设需要重点推进的领域。中摩两国应以此为契机，回顾过去的交往历史，总结成功经验，“仰望星空”的同时还要“脚踏实地”，在“一带一路”倡议的框架下，制定新能源领域的发展战略和合作计划，建立双边磋商机制，立足于当下的国际能源形势，加快能源转型，在新能源领域建立交流机制和沟通平台。中国要继续实行“引进来”和“走出去”相结合的战略，利用本国的资金和技术输出，换取摩方的资源和市场，扩大利益共同点，加大基础设施和新能源领域的投资，共同培养

---

① 《中国与摩洛哥加强合作开拓北非经贸发展空间》（http://opinion.hexun.com/2016-03-08/182632835.html）。

② 驻摩洛哥大使李立在“丝绸之路的两端——中国与摩洛哥”国际学术研讨会上的致辞（http://www.fmprc.gov.cn/web/dszlsjt_673036/t1513886.shtml）。

技术型人才，双方取长补短，推动新能源产业合作共赢。

（二）建立政策磋商机制加强新能源战略对接

2017 年 5 月“一带一路”国际合作高峰论坛高级别会议举行了六场主题会议，“政策沟通和发展战略对接——创新机制、共谋发展”是其中的主题之一，与会各方全面阐述了“政策沟通和发展战略对接”的深刻内涵和深远意义，并分享了实践经验。之所以在“一带一路”建设中重视政策沟通，是因为政策沟通是开展各方面务实合作的前提和重要保障。这就要求我们加强与“一带一路”沿线国家在相关的立法、行政管理、产业政策等方面加强沟通协调，了解这些国家的法律法规、政策标准，为我国企业“走出去”提供政策基础，扩大互利共赢的合作理念和相关政策的影响力，规范我国企业“走出去”的海外投资行为，从而减少双方在文化观念上的冲突，规避政治、社会投资风险。①

中摩分别在新能源的发展上制定了短期和长期的战略计划和发展目标，这是两国在当前国际能源形势的复杂变化下做出的积极应对策略，要想进一步深化两国在新能源领域的合作，就必须进行新能源战略对接，建立有效的新能源政策磋商机制，加强高层对话，充分利用中阿合作论坛、中阿博览会、中非合作论坛等现有的合作机制来加强新能源政策的沟通、法律法规的制定、合作事宜的磋商；驻摩机构要与当地政府和可再生能源署进行深度交流，互相了解各自在新能源领域的发展现状，协商投资准入政策，寻找合作契机；两国共同设立专门的新能源合作署，积极关注国际新能源的发展态势，制定符合两国共同利益的新能源发展方案，引导合作方向、统一协调政府和企业的责任、推进合作进程。

二　健全基础设施和金融体系为中摩新能源合作提供经济保障

（一）加强基础设施建设提供稳固基础保障

基础设施建设作为保证国家和地区社会经济活动正常进行的公共服务系统，是“一带一路”五通的基础，发挥着先导作用，基础设施的完善能够为中摩在其他领域开展合作提供强有力的支撑。近年来，中国积极加

① 张中元：《“一带一路”背景下构建我国“走出去”企业社会责任软实力》，社会科学文献出版社 2016 年版。

强与非洲国家的基础设施建设合作，积极推动铁路“走出去”，于2016年建成非洲第一条电气化铁路，为当地的公共交通做出巨大贡献。

针对摩洛哥基础设施薄弱的现状，2013年摩洛哥政府公布了未来30年的基建投资规模，将在未来30年内投资6000亿迪拉姆用于基础设施建设，约占国内生产总值的2/3。中方积极参与摩洛哥基础设施建设的宏伟目标，2016年中铁大桥局参与摩洛哥布里格里格河谷斜拉桥项目，这是目前非洲最大的斜拉桥，极大促进了摩洛哥首都周边新兴城区的发展，并为马格里布地区和欧洲国家之间的物流发展提供了便利；中国华为、中兴公司目前在摩洛哥都设有办事处，为当地的通信做出了巨大贡献；2017年中国成都海特集团在摩洛哥北部城市丹吉尔建立首个科技城。海特集团退出后，中国交建和中国路桥在2019年5月与摩方签署建设丹吉尔科技城谅解备忘录。中国将作为唯一外商参与和推进丹吉尔工业园区建设，此工业园区的建设，必将带动相关产业如汽车、航空、电子商务和新能源的发展。

目前中摩在新能源领域的合作集中在太阳能和风能发电站，建造电站需要交通、通信、工业基地等配套的基础设施，以此来确保建材的运输畅通、与政府部门和相关机构联系的畅通。所以必须深化落实“一带一路”倡议，加快“中非十大合作计划”中的“中非基础设施合作计划”在摩洛哥落地，因地制宜，一方面在摩洛哥南部沙漠地区进行的太阳能电站建设项目中，重点推进铁路、公路等陆上交通建设，提高农村地区的基建水平。加快村与村、城与城之间的陆上联通；另一方面在北部沿海地区的风电站建设项目中，重点加快海上港口建设，增加海上运输通道；同时还要完善机场、通信网络和互联网建设，最终实现陆、海、空的全面联通，为新能源领域的合作奠定全方位稳固的基础。

（二）完善新能源金融体系加快本币结算

随着中摩不断深化的经贸合作，在新能源领域的合作必须要加强两国在金融领域的对话，要有完善的风险投资体系和保障措施，金融机构应该提供优质、高效的跨境金融服务。首先要制定完整的金融法律框架，明确跨国投资的行为规范，引导海外投资的健康发展，避免国内企业之间的无序竞争，加强金融监管；利用国际期货贸易来规避风险，建立境外投资的优惠财税制度，对企业在国外投资开发的新能源项目实行增值税减免；推行新的外汇管理政策，适当放宽审批手续，鼓励多元化投资。在中非合作论坛框架下，中国应该积极参与摩洛哥新能源项目的投资招标，充分发挥亚洲基础设施银行在“一带一路”项目中的作用，积极与当地企业、国际组织和基金参与投资的份额，组成联营体联合投资，做好项目的风险评估，做好风险预案，密切关注当地政府的法律和政策动态，及时调整投资计划，降低违约风险。政府部门要重点支持新能源项目的开发，为摩洛哥新能源的投资开发更多的资金来源，允许社会基金向新能源项目投资，对跨国公司给予优惠贷款或融资便利，甚至鼓励跨行业的联合投资来减轻政府和企业的投资负担。

2016 年中国银行在摩洛哥设立代表处，旨在帮助摩洛哥企业更好地了解中国经济和中国市场，加强与中国企业的合作与交流，为中摩双边经贸往来提供可靠的金融服务和支持。在此基础上，应当鼓励银行在境外资源的投资中发挥更重要的作用，鼓励中摩双方的货币互换，中方积极推动本币结算，双方中央银行应加强沟通，保持步调一致，对双方本币结算业务实施有效监管，从而降低交易时间和成本；财政部门应定期举行见面会和洽谈，就外汇、税收等相关政策和规定进行沟通，为双方银行更好地进行金融合作提供有力的保障；增加结算工具种类，鼓励双方的商业银行开发创新型结算方式，使用信用卡、票汇等结算工具开拓本币结算业务，避免国际金融危机对两国汇率和实体经济造成的冲击；在打击外汇黑市等违法活动方面加强合作，以维护双方正常的外汇市场秩序，促进人民币国际化，增强中摩两国货币的流通性，完善货币金融体系，促进双边贸易发展。

三　加强民间交流合作为中摩新能源合作提供多边支持

（一）以援助带动合作提供技术支持

在中摩的合作中，摩洛哥的主要优势是可再生能源量大、地理位置优越、市场广阔，但同时也存在国家财政能力不足和技术研发能力欠缺的劣势，开发可再生能源的资金来源关乎着项目能否顺利展开，而技术支持则会影响项目后期能否正常运行。

中国在新能源领域的发展虽然赶不上芬兰、德国等发达国家，但在新能源开发和利用技术上已有较为成熟的经验，在中摩新能源产业合作中，有必要向摩方提供技术和管理方面的援助。目前，中国商务部每年都会举办面向发展中国家的援外培训，旨在向发展中国家提供经验和技术，促进两国友好关系，为以后的经贸往来提供良好契机。应继续推行这种援助政策，首先要在制度上提供保障，建立人才培养机制，制定培养计划，设立专项基金来培养技术储备人才；两国的政府机构和能源部门要增强交流，充分发挥政府机构的主导作用和非政府组织的辅助作用，联合举办技术交流研讨会；在具体项目的实施上，中方应积极推动跨国技术合作，把中方企业的先进技术和管理经验带到摩洛哥，为项目的顺利开展提供技术支持和保障；此外，中方要定期为那些致力于新能源领域的人员开设课程、举办研讨会和讲座、安排实地考察，增强两国在技术层面上的交流，为中摩合作提供技术支持。

（二）加强文化合作机制促进民间人文交流

加强文化交流，首先要加强顶层设计和外交文化，作出宏观文化战略部署。2017 年中共中央办公厅、国务院办公厅联合印发了《国家“十三五”时期文化发展改革规划纲要》，提出要推动中华文化走出去，加强与“一带一路”沿线国家文化交流合作。

“一带一路”建设的核心内容是“五通”，其中“民心相通”就是要加强各国人民友好往来，增进相互了解和传统友谊，为开展区域合作奠定坚实民意基础和社会基础。中摩在新能源领域的合作不仅局限于经贸领域，这关系到两国在各领域的合作宽度和广度，必须利用好中外人文交流机制，深化中摩的民间文化交流。

积极推动中摩友好城市的建立。2011 年 6 月中国广州和摩洛哥拉巴特签署两市友好合作协议书，2016 年 5 月中国成都与摩洛哥非斯缔结友好城市关系，2016 年 6 月中摩签署了《武汉—马拉喀什建立友好交流城市意向书》。友好城市的建立直接加强了城市间的互相了解，并推动中摩在政治、经贸、交通、旅游、传媒等领域的互通和合作。

不断建立健全中摩教育交流机制。完善教育合作交流平台，扩大互派留学生规模，增强中摩校际交流合作。目前中国国家留学基金委每年都向中国高校学生提供公费赴摩留学机会，宁夏大学也与摩洛哥塞塔特大学建立了友好校际关系，为中国学生提供留学机会，在此基础上，要继续完善留学体系，建立长期的教育合作，完善双边学历认证制度。还要积极发挥孔子学院的作用，截至目前，摩洛哥共设有三所孔子学院，应该加强两国联合培养人才机制，为中摩新能源领域的合作培养双语人才。

不断推动民间多边文化交流。建设文化中心，展现中国的历史传统和民族文化，扩大对公众的开放度，增进当地民众对中国的了解；发挥海外华侨的作用，组建华人商会，与当地政府和企业联合会举办商业交流会，以促进中摩企业的互相了解和信任；鼓励艺术代表团互访，促进出版物的互译，加强中摩在文化上的全方位合作，为双方在新能源领域的合作提供智力支持。

第七章　西撒哈拉问题研究

西撒哈拉位于非洲西北部，与摩洛哥、毛里塔尼亚和阿尔及利亚为邻，西临大西洋，为阿尔及利亚通往大西洋距离最短的通道。西撒哈拉被摩洛哥视为领土不可分割的一部分，却被联合国视为非洲大陆上最后一个尚未解决的殖民问题。几十年来，西撒哈拉的主权归属问题引发了各方冲突。至今，西撒哈拉主要冲突方——摩洛哥与西撒哈拉萨基亚阿姆拉和里奥德奥罗人民解放阵线（简称“波利萨里奥阵线”）仍未在该问题上达成一致。这种久悬未决的状态不仅使得西撒哈拉产生人道主义危机，而且影响地区的和平与发展。然而，这场冲突近些年来逐渐被其他国际热点问题所遮盖，正在渐渐淡出国际社会的视野，有学者把它称为“被遗忘”或“被冻结”的纠纷。这场冲突只是偶尔引起人们的注意，不是因为西撒哈拉人民的合法权利，而是因为该地区内外势力对国家、地缘政治和经济利益的关系所引起的关注。① 西撒哈拉人民的自决权久久未能实现，以及摩洛哥在西撒哈拉问题上的坚决不妥协立场，除了从历史、冲突双方自身立场不可调和的矛盾以及域外势力干涉等因素外，该问题背后所隐藏的巨大的经济利益，尤其是西撒哈拉领土上潜力巨大的磷酸盐经济更是不可忽视的重要因素。认清这一点，对推动西撒哈拉问题解决具有重要的现实意义。

第一节　西撒哈拉问题的历史与现状

西撒哈拉问题是北非地区持续时间最长、最难以解决的冲突，其历史

---

① Yahia Zoubir, “Stalement in Western Sahara: Ending Internacional Legality”, *Middle East Policy*, Vol. 14, No. 4, 2007.

轨迹总体上经历了从武装冲突到政治解决再到陷入僵局的动态发展历程，该冲突的实质是西撒哈拉主权归属问题，即各利益攸关方围绕撒哈拉主权的选择。现今，西撒哈拉争端仍然未得到最终解决，但寻求“双方都能接受的、持久的政治解决方案”成为各方在解决西撒哈拉问题上的理想方案。

西撒哈拉被殖民统治历史久远。西撒哈拉的最早居民是黑人，前后罗马帝国征服西撒，开创了白人统治西撒的历史。7 世纪阿拉伯人入侵西撒地区，传入伊斯兰教，开始了阿拉伯人和当地居民柏柏尔人的融合过程，现在的萨拉维人（Saharawi）就是阿拉伯人和柏柏尔人的混血，他们在中世纪建立了自己的王朝，信奉伊斯兰教，通用阿拉伯—柏柏尔语。[①] 西撒哈于 1884 年成为西班牙的殖民地，1934 年成为西班牙的一个省，被称为“西属撒哈拉”（Spanish Sahara，1975 年改名为西撒哈拉）。20 世纪 50 年代，反殖民主义运动兴起，在民族解放浪潮的影响下，西撒哈拉的三个邻国为推动西撒哈拉的非殖民化进程做出了不同程度的贡献。1957 年，摩洛哥首先向国际法庭起诉，控告西班牙政府对西撒哈拉地区的殖民统治，并提出对西撒哈拉的领土要求。毛里塔尼亚也同时提出对西撒哈拉的领土要求，两国对西班牙殖民军的驻地和哨所发动袭击。而阿尔及利亚恪守民族自决原则和支持民族解放事业，更是高举旗帜反对西班牙对西撒哈拉地区的统治，明确提出给予西撒哈拉人民以民族自决权。同时，在联合国的框架下，西撒哈拉的非殖民化运动得到进一步的推进。1963 年，联合国承认西撒哈拉人民自决权，西撒哈拉被联合国列入非自治领土名单；1965 年，联合国大会通过第一项决议，要求西班牙对西撒哈拉实行非殖民化。从 60 年代末开始，摩洛哥、毛里塔尼亚与阿尔及利亚联合采取行动反对西班牙对西撒哈拉的殖民统治。1970—1973 年 ，三国首脑先后举行过 3 次峰会以联合反对西班牙对西撒哈拉的殖民统治。1973 年，在阿尔及利亚的支持下，“波利萨里奥阵线”成立并努力通过武装斗争来争取西撒哈拉独立。1975 年，35 万摩洛哥平民在其政府的组织与军队的保护下，高举代表伊斯兰的绿色旗帜，挺进西撒哈拉地区，发起了一场大规模的游行

---

① 曹华、刘世英：《西撒哈拉问题政治透析》，《四川理工学院学报》（社会科学版）2005 年第 3 期。

活动，史称“绿色进军”（Green March），目的是实现西撒哈拉的非殖民化，使“撒哈拉领土返回祖国的怀抱”[①]。

国际社会日益加大的非殖民化压力迫使西班牙宣布从西撒哈拉撤出。20世纪70年代世界民族自决和民族解放运动风起云涌，西班牙国内佛朗哥政权风雨飘摇，联合国、国际法院和非洲统一组织屡次通过决议要求给予西撒人民自决权，加上在阿尔及利亚、摩洛哥和毛里塔尼亚等国支持下，波萨阵线利用游击战给西班牙殖民政府以沉重打击。[②] 1975年11月，西班牙与摩洛哥、毛里塔尼亚缔结了《关于西撒哈拉的原则宣言》（即《马德里协定》），根据该宣言，西班牙作为该领土管理国的权力和责任移交给临时三方行政机构：摩洛哥与毛里塔尼亚，并宣称于次年撤离西撒哈拉以结束在该地区的殖民统治。摩洛哥、毛里塔尼亚随即签订分治协议把西撒哈拉北部17万平方千米纳入摩洛哥版图，而毛里塔尼亚则获得南部9万多平方千米。摩洛哥与毛里塔尼亚瓜分西撒哈拉的行为遭到当地人民、阿尔及利亚以及其他一些国家的强烈谴责与反对。1976年2月26日，在西班牙殖民者撤出西撒哈拉的同一天，“波利萨里奥阵线”宣布成立阿拉伯撒哈拉民主共和国（SADR，以下简称“撒哈拉共和国”），并宣布进行武装斗争以实现自决权利。阿尔及利亚迅速承认了撒哈拉共和国，并表示愿为西撒哈拉提供“实现其人民的民族愿望所需要的政治、道义和物质支持”。[③]

西班牙殖民势力的撤出并没有使西撒哈拉实现独立，反而进入了另一个冲突对峙阶段。西撒哈拉的冲突从非殖民化斗争转变为民族解放斗争，冲突的对象也随之发生了改变。在《马德里协定》签订后，“波利萨里奥阵线”在阿尔及利亚支持下，对摩、毛两个占领国发动了民族解放战争。1976—1977年，“波利萨里奥阵线”对毛里塔尼亚发生了多次武装袭击，袭击目标包括其首都努瓦克肖特以及祖埃拉特铁矿，并破坏了该矿至努瓦迪布海港的铁路线，重创了毛里塔尼亚的经济命脉。与此同时，一系列的

---

① 李冠一、李开盛：《西撒哈拉问题的由来、演变与前景》，《湖南城市学院学报》（人文社会科学版）2004年第1期。

② 曹华、刘世英：《西撒哈拉问题政治透析》，《四川理工学院学报》（社会科学版）2005年第3期。

③ 参见吴春秋主编《世界战争通鉴》，国际文化出版公司1995年版。

武装袭击所带来的安全问题和经济损失激起了毛里塔尼亚国内民众的不满情绪，毛里塔尼亚的政权岌岌可危。“1978 年 7 月 10 日，毛塔发生军事政变，达达赫政权倒台，新上台的军人政权海德拉采取积极的和平政策，于当年 10 月与‘波利萨里奥阵线’在利比亚首都的黎波里进行谈判。1979 年 8 月，毛塔政府与‘波利萨里奥阵线’在阿尔及利亚首都阿尔及尔签订和平协定：承认西撒哈拉人民的自决权；承认该阵线为西撒哈拉人民的合法代表，并宣布撤出里奥德奥罗地区[①]；同时宣布退出西撒哈拉纷争，取消与摩洛哥缔结的军事联盟。”[②]

在毛里塔尼亚放弃对西撒哈拉的领土要求的同时，摩洛哥趁机占领了毛里塔尼亚退出的地区，扩大了对西撒哈拉的控制而西撒哈拉问题的焦点也变成了“波利萨里奥阵线”与摩洛哥之间的冲突与矛盾。此后，摩洛哥无视联合国赋予西撒哈拉人民自决权的决定，不顾国际上的反对声音，加强了对西撒哈拉地区的控制。面对“波利萨里奥阵线”的攻势和袭击，摩洛哥从 20 世纪 80 年代起，在西撒哈拉土地上建起 6 道隔离墙，总长为 2700 多千米，这些隔离墙周围布满了地雷。隔离墙的建立使摩洛哥有效控制了围墙以西的区域，其称之为国家的“南方省”；而撒哈拉民主共和国只控制了围墙以东的少部分地区，其称之为“自由地带”，但该地带绝大多数地方气候环境恶劣，不适宜人类居住。特别是 80 年代中期后，摩洛哥在西撒修建了一道被称作“摩洛哥长墙”的包围地带，将具有经济意义的西撒哈拉地区全部包围起来，这就更加造成西撒哈拉的对峙局面。[③]

西撒哈拉问题经历了从武装冲突到政治解决冲突的转变。在联合国介入之前，非洲统一组织曾试图解决西撒哈拉争端。1989 年联合国提出的“解决方案”几乎与非洲统一组织最初提出的方案相同，即双方在国际监督下实现停火（1991 年生效）以及通过举行公民投票的方式来确定“独立”或“一体化”。1991 年摩洛哥与“波利萨里奥阵线”按照“解决方案”达成停火协议，并同意在联合国的组织下进行独立公投。但其后由于

---

① 即西撒哈拉南部。

② 赵慧杰：《西撒哈拉问题与马格里布一体化》，《西亚非洲》2010 年第 8 期。

③ 赵慧杰：《西撒哈拉问题与马格里布一体化》，《西亚非洲》2010 年第 8 期。

双方在选民资格问题上存在巨大分歧，自 1998 年来，公投计划陷入停滞状态。2001 年，时任联合国秘书长西撒哈拉问题私人特使贝克，提出了一项“框架协议”（Framework Agreement），即贝克计划一，Baker's Plan I，也被称为“第三条道路”（The Third Way）。协议的核心内容是公投将被有限自治的投票所取代。摩洛哥将控制该领土，而西撒哈拉人将对当地事务拥有排他性的权力。摩洛哥接受了该“框架协议”，但被“波利萨里奥阵线”拒绝。2003 年，贝克提出了另一项计划（即贝克计划二，Baker Plan II），即争议领土将在摩洛哥主权下自治五年，届时所有居住在争议领土上的人民将就“独立、自治”或“与摩洛哥完全融合”举行全民投票。该计划被“波利萨里奥阵线”、阿尔及利亚和安理会接受，但被摩洛哥拒绝。为改变现状，在联合国的协调下，冲突双方于 2007—2008 年先后举行了四次正式谈判，但未取得实质性结果。

2009 年以来，冲突陷入僵局阶段。经过多次正式谈判失败后，双方同意在联合国的协调下继续开展对话。因此，2009—2012 年来，在联合国的协调下，双方前后共进行了 9 次非正式会谈，但遗憾的是，冲突双方各持己见且严重缺乏信任，仍然未在和谈问题上取得实质性进展。摩洛哥的立场一直是拒绝联合国斡旋下的全民公投，坚持自身提出的自治计划，而“波利萨里奥阵线”也坚决不同意这一选择。为突破西撒哈拉问题形成的僵局，联合国多次延长了 1991 年为监督冲突双方在全民投票的过渡时期执行“解决方案”而设立的西撒特派团的任务期限，并使联合国秘书长任命的西撒哈拉私人特使就西撒哈拉问题进行斡旋，推动支持西撒哈拉人民自决的和平计划，联合国以“摩洛哥不愿意推进解决计划”为借口，不断提出其他替代方法，使得摩洛哥得以继续占领而不受联合国的惩罚。①

截至 2013 年，西撒哈拉地区约 85% 的领土实际为摩洛哥政府所控制，而“波利萨里奥阵线”领导下的阿拉伯撒哈拉民主共和国统治着该地区仅约 15% 的领土。② 然而即便摩洛哥控制了西撒哈拉的大部分领土，一直以来并未能达到兼并目的，因为战争的正义性使西撒哈拉人民独立解

---

① Yahia Zoubir，“Stalement in Western Sahara：Ending Internacional Legality”，*Middle East Policy*，Vol. 14，No. 4，2007.

② Mowafa Taib，“The Mineral Industries of Morocco and Western Sahara，U. S. Geological Survey Minerals Yearbook-2013”（https：//minerals. usgs. gov/minerals/pubs/country/2013/myb3-2013-mo-wi. pdf）.

放斗争获得广泛的国际社会支持。2017 年，西撒哈拉人民的自决权得到 87 个国家和国际组织的支持，包括联合国、欧盟和非洲联盟等组织，其中，已有 36 个国家承认阿拉伯撒哈拉民主共和国。[①] 实际上，摩洛哥声称对该领土拥有主权的理由被国际法院驳回，联合国也并没有承认过《马德里协定》。1975 年 10 月，国际法院发表了“没有证据表明西撒哈拉和摩洛哥之间存在领土主权的法律关系”的咨询意见。根据联合国法律顾问的意见，《马德里协定》没有移交对该领土的主权，也没有授予任何签署国以管理国的地位，因此，即便该领土的管理权于 1975 年移交给摩洛哥和毛里塔尼亚，但这没有改变西撒哈拉作为非自治领土的国际地位。[②]

近几年，国际和地区形势的发展可能打破西撒哈拉问题僵局。

第一个变化是 2017 年摩洛哥时隔 33 年重新加入非洲联盟。1982 年，阿拉伯撒哈拉民主共和国加入非洲统一组织（现为非洲联盟），1984 年，摩洛哥退出非洲统一组织，以抗议“波利萨里奥阵线”出席非统组织首脑会议。现今，摩洛哥时隔多年重新加入非洲联盟。鉴于该组织的多边性质，非洲联盟完全可能成为西撒哈拉争端利益攸关方（摩洛哥、毛里塔尼亚、阿尔及利亚）在正式多边框架下进行合作、对话的斡旋方。

第二个变化是美国向联合国施加压力、削减其经费预算。从 1975 年至今，解决西撒哈拉问题的出路依然遥不可及。联合国西撒特派团二十多年来的任期被安理会频频延长，联合国也频频为西撒哈拉问题专门召开安理会会议，近几十年来花费了大量的人力与物力，但关于西撒哈拉问题的最终解决却仍然看不到出路，以联合国为主的多方努力却收效甚微。作为联合国经费来源的主要贡献者，近年来美国一直提出削减联合国的经费问题。而美国削减经费的目标之一便是联合国的维和行动，尤其是西撒特派团，因为美国指责其效率低下。[③] 在美国的推动下，2018 年 10 月，联合国将西撒特派团的任务期限缩短到只延长 6 个月而不是继续过去多年来保

---

① Mohammed Cherkaoui，“The Four-Approach Dilemma of the Western Sahara Conflict”，Arab Center Washington DC，April 2017.

② UN Legal Office：S/2002/161，“Letter dated 29 January 2002 from the Under-Secretary-General for Legal Affairs，the Legal Counsel，addressed to the President of the Security Council”（http：//www. un. org/Docs/journal/asp/ws. asp？ m = S/2002/161）.

③ 具体参见 Security Council Report：“Western Sahara”，Monthly Forecast，December 2018（https：//www. securitycouncilreport. org/monthly-forecast/2019-01/western-sahara. php）。

持延长 1 年的惯例，美国以此来加大西撒哈拉冲突各方面临的压力，以期改变现状。如果西撒特派团受到联合国重大预算削减的影响，就可能对该地区的实际情况产生重要影响，现状有可能会被打破。

第三个变化是各利益攸关方已于 2018 年重启对话，朝着新的政治进程迈出重要的第一步。2018 年在联合国的协调下，摩洛哥、“波利萨里奥阵线”、阿尔及利亚和毛里塔尼亚出席在日内瓦举行的圆桌会议。该会议是摩洛哥和“波利萨里奥阵线”继 2008 年在纽约举行的最后一轮正式谈判以及 2012 年在格林特里举行的最后一轮非正式谈判以来的首次圆桌会议。各代表团对当时的事态发展及解决区域问题发表了看法，并讨论了西撒哈拉政治进程的下一个步骤，双方同意于 2019 年第一季度举行第二次圆桌会议。会议上“所有代表团都认识到，合作以及区域一体化，而不是对抗，是解决该地区面临的许多重要挑战的最好方法”。[①] 现今，尽管西撒哈拉争端仍然处于僵局状态，但维持现状始终没有赢家，寻求“双方都能接受的、持久的政治解决方案”成为各方在解决西撒哈拉问题上的理想方案。

第二节 西撒哈拉问题的政治动因

西撒哈拉问题至今仍未得到最终的解决自然有其复杂性，其中主要的政治动因有四个方面。首先，摩洛哥最初发动西撒哈拉战争的动因之一是出于缓解国内社会矛盾以及维持其统治地位；其次，阿尔及利亚与摩洛哥利用西撒哈拉问题相互制衡，以争夺地区主导权，加深了西撒哈拉问题解决的复杂性；再次，一直以来摩洛哥与“波利萨里奥阵线”各自所坚持的“自治”与“自决”立场具有难以调和的矛盾性是西撒哈拉问题久悬未决的直接因素；最后，强权政治压倒了国际合法性也是西撒哈拉问题久而未决的间接因素，西撒哈拉的国际合法性在强权政治的干涉下受到削弱，并未能在解决该地区冲突问题上充分发挥应有的作用。

从历史因素来看，过去西撒哈拉战争曾是哈桑二世缓解社会矛盾、维

---

① Security Council Report：“Western Sahara”，Monthly Forecast，April 2019（https：//www.securitycouncilreport. org/monthly-forecast/2019-04/western-sahara-2. php）.

护其统治地位的一种手段。1956 年摩洛哥独立以后，国内矛盾曾相当突出。当时，民众迫切要求改善生活条件、国内一些政党主张削减国王权力或废除君主制建立共和国，70 年代初还发生过两次未遂军事政变等，多方面因素使得摩洛哥长期存在的君主制受到挑战；而摩洛哥国内经济也曾一度陷入困境。1979 年摩洛哥政府财政赤字为 23.69 亿迪拉姆，1982 年上升至 68.65 亿迪拉姆，1983 年更高达 79 亿迪拉姆。60 年代摩洛哥的国内生产总值年均增长 4%，70 年代超过 5%，但 1980—1985 年国内生产总值年均增长率仅 2.9%。经济困难的原因主要是连年干旱，农业歉收，1975 年和 1976 年卷入西撒哈拉的武装冲突，世界性通货膨胀和美元贬值，以及政府对经济的不适当干预等。①

在这样的大背景下，摩洛哥政府通过发动西撒哈拉战争成功地把国民对政治与社会经济困境的注意力转移到冲突上来，并从美国、法国以及一些保守的阿拉伯国家的援助中吸收了大量资金。不仅如此，摩洛哥曾把经济改革所导致的不良影响归咎于西撒哈拉战争，1989 年摩洛哥将取消粮食补贴导致国内物品价格上涨的原因归咎于西撒哈拉战争，实际是为满足国际货币基金组织金融重组的要求而采取的财政紧缩措施导致的。② 总的来说，摩洛哥在西撒哈拉问题上坚持不妥协立场，部分原因最初来源于国内政治、经济和社会的利益需求。当摩洛哥社会经济陷入困境，其摆脱困境的方式是通过发动西撒哈拉战争来获得国家利益，并通过战争的方式来转移国内民众的注意力，掩盖国家发展的问题，以确保当时的政权稳定。

从地区霸权争夺的因素考量，阿尔及利亚与摩洛哥在西撒哈拉问题上的冲突是双方争夺马格里布地区霸权的体现。西撒哈拉争端是阿尔及利亚和摩洛哥长期以来关系紧张的核心要素。阿尔及利亚一直是“波利萨里奥阵线”的坚定支持者，在政治、财政及外交方面给予了“波利萨里奥阵线”在实现其自决权利的斗争中有力的支持。如阿尔及利亚“将其境内的廷杜夫地区辟为‘波利萨里奥阵线’开展活动的大本营，即成为新生的‘西撒国’的行政中心（这就是国际上有人所说的‘西撒国’的行政

① 潘蓓英：《摩洛哥的经济发展与政治改革》，《外交学院学报》2002 年第 2 期。

② 参考 Yahia Zoubir，“Western Sahara Conflict Impedes Maghreb Unity”，*Middle East Report*，No. 163，1990.

中心不在西撒哈拉地区，而是位于阿尔及利亚）；同时也是‘西撒国’安置难民的基地。阿尔及利亚也是联合国安理会介入西撒问题的主要推动者。”① 一直以来，阿尔及利亚—非洲联盟将自己定位为对法国和美国在撒哈拉问题上长期支持摩洛哥共识的战略平衡者。虽然阿尔及利亚没有对西撒哈拉提出领土要求，但在西撒问题上有其自身的利益诉求。有学者认为，阿尔及利亚主要是出于政治动机：首先，阿尔及利亚担心亲西方的摩洛哥兼并西撒哈拉后实力增长过快，会打破马格里布地区的力量均衡；其次，阿尔及利亚需要掌控更多出海口来平衡摩洛哥在这方面的优势；再次，摩洛哥对西撒哈拉的兼并会助长摩洛哥的扩张野心；最后，阿尔及利亚恪守民族自决原则和支持民族解放事业，能为其在第三世界赢得崇高地位与威望。②

而在摩洛哥看来，一方面，阿尔及利亚想与其争夺地区主导权，这种意图在摩洛哥看来在其与“波利萨里奥阵线”发生军事冲突初期时就显露出来，当时阿尔及利亚向“波利萨里奥阵线”提供了强大的军事、后勤、外交和财政支持，摩洛哥认为这直接展示了阿尔及利亚想争夺地区霸权的意图。另一方面，对摩洛哥来说，撒哈拉的“摩洛哥性”是“不可谈判的”。一直以来，在邻国阿尔及利亚的外交援助下，“波利萨里奥阵线”一直将冲突明确定义为为实现非殖民化和自决权利的斗争，而这种定位是在道德政治和国际合法性的基础上构建的。尽管两国一直在努力避免导致直接军事对抗升级，但这使两国长期存在巨大分歧，双方都认为自己是对方地缘政治野心的受害者。因此，摩洛哥认为“北非的未来在于摩洛哥和阿尔及利亚和解”。近些年来，为打破西撒哈拉问题上的僵局，联合国呼吁阿尔及利亚和毛里塔尼亚作为邻国为谈判做出贡献。然而，阿尔及利亚官方称，鉴于撒哈拉问题自 1991 年以来一直处于联合国的监督之下，它不属于阿摩冲突的一部分，也不应被列入谈判议题。③ 这与摩洛哥坚持认为阿尔及利亚应作为冲突的一方参加未来的政治进程意见相反，但阿尔及利亚表示准备作为邻国在政治进程中发挥更大的作用。因此迄今为止，选择圆桌会议的形式似乎是区别这种看法以及对阿尔及利亚今后如何参加

---

① 赵慧杰：《西撒哈拉问题与马格里布一体化》，《西亚非洲》2010 年第 8 期。

② 曹华、刘世英：《阿尔及利亚西撒问题策略研究》，《重庆大学学报》2006 年第 4 期。

③ Security Council Report, “Western Sahara”, Monthly Forecast, April 2019（https://www.securitycouncilreport.org/monthly-forecast/2019-04/western-sahara-2.php）.

谈判作出决定的一种方法。

从冲突双方自身立场的因素来看，摩洛哥与“波利萨里奥阵线”各自所坚持的“自治”与“自决”立场具有难以调和的矛盾性。尽管双方接受了联合国安理会第1754号决议，一致同意通过“自决”方式来解决争端，但一直以来双方在“自决”的定义上仍有很大分歧。“波利萨里奥阵线”坚持的立场是，西撒哈拉的最终地位只能通过全民投票的自决方式来决定，其中包括将独立举行全民投票作为一种选择；而摩洛哥则坚持西撒哈拉“在摩洛哥主权范围内实行高度自治”，在自治的基础上提供自决。值得一提的是，摩洛哥坚持西撒哈拉的“摩洛哥性”不可改变的依据来源于两方面：其一，摩洛哥与西撒哈拉历史上存在密切联系。“摩洛哥19世纪曾接受西撒哈拉某些部落‘效忠’以及两国居民在宗教、法律、文化上有过联系”，[①] 因此，摩洛哥以此为依据认为西撒哈拉为摩洛哥不可分割的一部分。其二，摩洛哥早对西撒哈拉提出过主权要求，仅“20世纪60年代，摩洛哥曾三次向联合国提出对西撒哈拉的领土要求”。[②] 但1975年国际法院发表的意见指出，“西撒哈拉沦为西班牙殖民地时，该领土并非属于任何一方的领土。西撒哈拉人民虽然与摩洛哥实体之间有某些法律关系，但不是主权关系，而且那些法律关系的性质还不能影响该领土实施自决原则”，而在摩洛哥看来，“国际法院确认的‘效忠’关系就是主权关系”。[③] 因此在国际法院发表咨询意见后，哈桑二世国王随即发动了“绿色进军”，其目的之一就是抗议国际法院的仲裁结果，并“恢复摩洛哥的西撒领土”，哈桑二世还因此赢得了摩洛哥“国家统一者”的称号。

除此之外，双方对西撒特派团的任务也有着截然不同的解释。摩洛哥认为西撒特派团的任务“仅限于监督停火”，而“波利萨里奥阵线”则认为组织关于自决的公民投票是“西撒特派团任务的核心要素”。[④] 事实上，1991年4月安理会通过的第690号决议设立了西撒特派团，并授权其在

① 李广一：《毛里塔尼亚西撒哈拉》，社会科学文献出版社2008年版，第154页。

② 李广一：《毛里塔尼亚西撒哈拉》，社会科学文献出版社2008年版，第154页。

③ 李广一：《毛里塔尼亚西撒哈拉》，社会科学文献出版社2008年版，第156页。

④ United Nations, Secretary General: “Report of the Secretary-General on the Situation Concerning Western Sahara for the Information of the Members of the Security Council”, S/2017/307, April 10, 2017 (https://www.docdroid.net/b54ohM0/100417-sg-report-on-minurso-advance-copy.pdf.html).

组织全民投票的过渡时期执行“解决计划”。该计划的主要内容是：在西撒哈拉实行停火，停火6个月后在西撒哈拉举行公民投票；任命一位秘书长特别代表，全权负责在西撒哈拉组织公民投票事宜；成立“联合国西撒哈拉公民投票特派团”，下设民事、军事和治安三个小组，负责监督停火，组织公民投票。[①] 该计划还设立了一个身份鉴定委员会来确定选民。因此，尽管多年来在联合国的协调下双方举行了多轮正式和非正式谈判，但双方在谈判时均保持以自身立场作为将来谈判的唯一基础。鉴于二者立场的巨大差异性，多年来双方在政治解决方案上的立场相互排斥，使得多轮谈判进程缓慢，收获甚微。概言之，一直以来，摩洛哥所坚持的西撒哈拉自治计划与“波利萨里奥阵线”所坚持的西撒哈拉民族自决立场存在的巨大矛盾是西撒哈拉问题陷入“僵局”的根本因素。

从地缘政治因素来看，强权政治压倒了国际合法性是西撒哈拉问题久而未决的间接因素。1960年12月联合国大会通过第1514（XV）号决议，即《给予殖民地国家和人民独立宣言》，其中确立了民族自决权为一项法律权利，并于1963年承认西撒哈拉人的民族自决权。然而国际合法性并没有阻止摩洛哥和毛里塔尼亚入侵西撒哈拉，摩洛哥不顾安理会在1975年11月6日第380号决议中从西撒哈拉撤退的要求，反而在美国和法国的支持下，通过军事、经济和其他镇压手段加强了对西撒哈拉领土的占领。此外，美国和英国军队曾于2003年以伊拉克不遵守联合国决议为由入侵伊拉克，然而美国和法国对摩洛哥行为却一直没有表现出关切，他们在西撒哈拉自决问题上的漠然态度鼓励了摩洛哥对西撒哈拉的占领。相反，法国、美国、英国出于地缘政治利益的考虑，利用其在联合国安理会的身份阻止了这场争端的解决，以作为摩洛哥长期充当其在非洲地区打击民族主义、共产主义代理人以及对“全球反恐战争”所做贡献的奖励，大大降低了联合国的权威性。[②]

长期以来，美国与法国在西撒哈拉问题上都是摩洛哥的主要支持者。有中国学者指出，“美国和法国在联合国以及其他国际场合不遗余力地为

---

① 李广一：《毛里塔尼亚西撒哈拉》，社会科学文献出版社2008年版，第173页。

② Yahia Zoubir, “Stalement in Western Sahara: Ending Internacional Legality”, *Middle East Policy*, Vol. 14, No. 4, 2007.

西撒问题投入大量精力和财力，力图使西撒问题获得有利于摩洛哥的解决，西撒问题是美国和法国在世界地区热点问题上能用同一个声音说话的为数不多的例子之一”。[①] 一些西方学者对此也持有同样的看法，如“曾尼斯在《美国和摩洛哥》一文中指出，西撒哈拉问题出现以来，美国是摩洛哥在西撒哈拉所持立场的主要支持者，缘于美国与摩洛哥的特殊关系。芒迪在《中立或同谋：美国和1975年摩洛哥人接管西班牙占领的西撒哈拉》一文中，认为美国在1975年西撒哈拉危机中，虽然在争议中保持中立，但美国政府最终还是把西班牙占领的撒哈拉交给了摩洛哥”。[②] 如今，法国依然在安理会中为摩洛哥提供坚定支持。如2018年10月西撒特派团任务期限延长期间，美国提出缩短西撒特派团的任务期限、向各方施加更大压力，以重启政治进程。法国是将任务期限延长12个月的主要支持者，这反映出法国在安理会中对摩洛哥的坚定支持。[③] 因为摩洛哥不希望由于任务期缩短而使安理会就西撒哈拉问题举行更频繁的报告和会议。国家利益和地缘政治是西撒哈拉问题久拖不决的重要因素。

由西撒哈拉问题所引发的长期冲突和对立，产生的后果是多方面的，严重影响该地区的和平发展以及国与国之间的关系。多年来，西撒哈拉问题不仅严重阻碍了西撒哈拉与摩洛哥的经济和社会发展，使得西撒哈拉陷入严重的人道主义危机，还对地区的和平、稳定与发展以及一体化建设构成不利影响。阿尔及利亚或出于对摩洛哥民族统一主义以及国家领土安全的担忧，或出于自由进入大西洋的战略动机[④]，坚决反对摩洛哥对西撒哈拉的占领，两国因此长期存在巨大分歧而导致关系紧张，阻碍区域一体化进程，特别是影响了阿拉伯马格里布联盟的建设；1984年摩洛哥宣布退出非洲联盟以抗议非洲联盟宣布承认西撒哈拉独立，曾长达30多年游离于非洲联盟之外，直至2017年才重新加入该组织；摩洛哥—西班牙和阿尔及利亚—西班牙关系围绕西撒哈拉问题也出现周期性摩擦；此外，长期

---

① 曹华、刘世英：《西撒哈拉问题政治透析》，《四川理工学院学报》（社会科学版）2005年第3期。

② 肖克：《摩洛哥内政外交研究综述》，《西亚非洲》2009年第8期。

③ Security Council Report："Western Sahara", Monthly Forecast, December 2018 (https://www.securitycouncilreport.org/monthly-forecast/2019-01/western-sahara.php).

④ Yahia Zoubir, "Stalement in Western Sahara: Ending Internacional Legality", *Middle East Policy*, Vol. 14, No. 4, 2007.

的冲突也使得西撒哈拉成为恐怖组织策划袭击活动的重要据点，对全球安全治理产生不利影响。

总的来说，“作为政治行动的手段”，国家利益“用来为某些政策进行辩护，提出谴责，或加以肯定”①，成为西撒哈拉各利益攸关方矛盾、冲突的理论依据，为霸权主义和强权政治提供了借口。西撒哈拉问题至今依然得不到有效解决，除了相关各国对政治利益的诉求外，各方对西撒哈拉的经济利益追求也是西撒哈拉问题的主要推动因素。接下来，本章将在西撒哈拉问题上围绕经济利益是如何削弱非洲最后一块殖民地的自决权进行深入探讨，尤其是摩洛哥对西撒哈拉磷酸盐的经济追求。

第三节　西撒哈拉与磷矿战略资源

摩洛哥作为西撒哈拉冲突方自然很清楚西撒哈拉冲突当中的利害关系，即便影响巨大也坚持对西撒哈拉的主权拥有。然而，往往容易被忽视的一个重要因素是西撒哈拉问题背后所隐藏的巨大经济利益，也导致了西撒哈拉争端的常态化，尤其是西撒哈拉土地中估计超过100亿吨②磷矿而产生的磷酸盐经济的潜在利益。一直以来，摩洛哥对西撒哈拉领土上战略资源（磷矿）的追求成为其对西撒哈拉强硬政策的利益因素。

战略资源一词较早出现在军事领域中，传统意义上的战略资源指的是影响和决定战争全局的人力资源和物质资源，是国家制定军事战略的重要依据。通常由一国的地理特征、人口参数以及能否合理开发、储备、分配、消耗等多个因素决定。现代意义上的战略资源“正逐步演化成在特定领域中，在各利益群体斗争中所必需的资源以及对最终竞争格局和竞争结果产生根本性影响的各种资源的总称”③。一般战略资源需满足以下几个条件：（1）关键的国防应用中必需品；（2）替代困难；（3）供给链较为

① 王玉红：《现实主义国家利益观的局限性》，《赤峰学院学报》（汉文哲学社会科学版）2009年第3期。

② 曹华、刘世英：《西撒哈拉问题政治透析》，《四川理工学院学报》（社会科学版）2005年第3期。

③ 曾少军等：《中国海外重要战略资源获取策略研究》，中国经济出版社2016年版，第1页。

脆弱；（4）进口依赖度高；（5）资源进口过度依赖某单一国家。[①] 从其含义以及满足条件看，战略资源的稳定供应对国家发展乃至国家安全都有极其重要的作用。

战略资源具有广泛应用和供应脆弱性的特点，越来越成为国与国交往的重要工具。战略资源包括金属资源和非金属资源等矿产资源、主要农产品等。据统计，“世界95%的能源、80%的工业原料和70%的农业生产资料都来自矿产资源”[②]。因此，战略资源是一国经济发展的基础和保障，更是基本民生的必需品，在强化国防安全方面有着不可替代的作用。此外，地球结构的不均匀性，决定了全球战略资源分布区域的差异性，使得大多数资源集中在少数国家手中。全球资源分布的不平衡性让各国、各地区难以依靠本国的资源来满足国内的需求，因此依靠他国或地区的资源供应已经成为资源获取的重要手段。对战略资源的控制、收缩、出口、垄断等手段也越发成为各国外交舞台上的重要筹码。如在第二次世界大战前，西方强国对战略资源的争夺一直是国际关系紧张和冲突频发的根源所在；工业化的发展加深了对进口材料的依赖，成为西方列强对原材料控制与掠夺的主要动因；冷战时期，主要大国对资源的战略性思考持续聚焦于减少战略资源进口依赖度和脆弱性，并且考虑对重要资源获取权的争夺而产生国际冲突的可能性。总之，“战略资源成为欧洲在全球范围实现扩张的动机和手段，也成为国与国之间竞争的焦点”。[③]

对战略资源的获取也是一国综合实力的体现，其政治化倾向越趋明显。自人类进入工业化时代以来，对矿产的争夺、开发、利用、占有一直处于各国政治与经济发展的重要地位。随着全球化的发展，资源全球化战略也不断推进，“资源外交”频繁地出现在各国的外交舞台上。20世纪70年代的两次石油危机给发达国家所带来的巨大经济冲击，加强了发达国家把保障资源的安全稳定供应作为国家整体战略的重要组成部分。为维护国家利益，国家通常采取政治、经济、外交乃至军事等手段来获得长期、稳定和安全的供应体系，如美国全球式的资源网络构建一直为美国外

① 于宏远：《战略资源政治与中国的应对策略》，上海人民出版社2016年版，第7页。

② 曾少军等：《中国海外重要战略资源获取策略研究》，中国经济出版社2016年版，第2页。

③ C. K. Leith, “The Mineral Position of the Nations”, *Foreign Affairs*, Vol. 9, No. 1, 1930.

交的重点。从1964年起，美国购买进口原料的数量开始超过出口的数量，消耗他国的资源战略，“其资源战略的重点是保证经济发展所需资源的安全供应，通过加强国际经济、资源合作减少资源供应的中断或价格剧烈波动”。[①] 一些拥有优势资源的国家也把资源作为一种工具，以改变其在国际上的影响力。如加拿大为充分发挥资源优势建立了世界矿业金融中心，试图从金融和信息方面控制国际矿业活动，加强优势矿产在国际市场上的垄断地位；[②] 俄罗斯自2005年以来多次把油气作为大国外交的重要筹码，试图扩大地缘政治影响力。总之，现今战略资源对全球战略资源市场以及对国家经济发展的影响，使其越来越成为国际政治舞台上的一种手段，而掌控战略资源较多的国家也往往希望发挥自身独特的战略资源优势来增强国际话语权。

磷矿作为一种非金属、不可再生的战略资源，战略价值类似于原油，所以具有极高的战略价值。磷矿主要用来提取磷资源，通常与硫酸反应可制得磷酸盐，大多用于磷肥生产和磷化工产品。此外，磷酸盐被称为“白色金子”，几乎是所有食物和植物生长所必需的天然成分之一，在粮食生产和磷化工中占有很重要的地位，所以具有极高的战略价值。

现今，磷矿的稀缺性正在逐渐显现。世界人口增长、工业化发展不可避免会引起不可再生自然资源耗竭的危险，而且这些都可能以“指数型增长”的方式进行。但值得注意的是，“增长并不必然导致崩溃，但是如果增长导致了过冲、导致需求的扩张超出了地球资源所能维持的水平时，崩溃必然紧随而来”。[③] 如今“磷峰值”与“石油峰值”一样，已经成为21世纪稀缺的代名词。由美国化学学会、英国皇家化学学会、日本化学学会、德国化学学会、中国化学学会五国化学学会共同发布的《化学助力全球可持续发展》报告指出，用于生产肥料的磷矿石资源（高品位磷矿石）有可能在未来的30—100年枯竭，高品位磷矿石稀缺性不断提升。[④] 一直以来专家、学者们在磷矿枯竭时间与储量上存在分歧，然而无论是乐观主

---

① 刘阳、柯佑鹏：《21世纪全球主要物质战略资源研究》，《热带农业科学》2010年第6期。

② 曾少军等：《中国海外重要战略资源获取策略研究》，中国经济出版社2016年版，第155页。

③ ［美］德内拉·梅多斯、乔根·兰德斯、丹尼斯梅多斯：《增长的极限》，李涛、王智勇译，机械工业出版社2013年版，第24页。

④ 郝庆：《中国磷矿资源开发利用现状及建议》，《国情研究》2014年第5期。

义还是悲观主义者都达成的广泛共识是：磷矿是有限的重要矿物资源，其减少是必然的，会对未来世界粮食供应产生极为重要的影响。2009 年，有关磷矿的议题已经摆上了联合国关于全球食品安全的会议讨论中。这表明，磷酸盐缺失的潜在影响开始引起国际社会的关注。磷酸盐的战略意义也越来越突出。在资源有限的情况下通常可以寻找替代品来满足需求，但农业中还没有磷的替代品。一些科学家和行业代表表示，随着政治和社会力量围绕磷矿储量为焦点的斗争加剧，世界可能会从依赖于石油的经济转向依赖于磷酸盐的经济。① 不管未来是否实现，磷矿在未来的国家政治和经济发展中的重要地位已经得到广泛认同。

由于地球自然资源分步的不均匀性，使得世界大部分的磷矿资源集中在北非地区，尤其是集中在摩洛哥手中，摩洛哥也被喻为“磷酸盐的沙特阿拉伯”。全球磷矿资源储量和开采大部分集中在少数国家的手中，其中以摩洛哥最为突出。根据美国地质调查局（USGS）最新公布的报告显示，2017 年，全球磷矿资源（可用于商业生产的磷矿）总储量为 700 亿吨，主要分布在非洲、中东、北美、亚洲、南美等地区（具体数据参见表 II－7－1）。

但全球战略资源的不均衡分布使得大多数磷矿资源集中在少数国家手中，其中摩洛哥和西撒哈拉储量约为 500 亿吨，占世界磷矿总储存量的 71.19%，且该地区集中了世界大部分的优质磷矿，接下来依次为中国（4.70%），阿尔及利亚（3.13%）、叙利亚（2.56%）、巴西（2.42%）、南非（2.14%）、沙特阿拉伯（1.99%）、埃及（1.85%）、约旦（1.85%）、澳大利亚（1.57%）、美国（1.42%）、芬兰（1.42%）、俄罗斯（1.00%）等国家。可见世界上大部分的磷矿集中在少数国家的手中，特别是摩洛哥和西撒哈拉地区的磷矿资源稳居第一。此外，2017 年全球磷产品总量为 26269 万吨，其中中国（14000 万吨）、美国（2770 万吨）、摩洛哥和西撒哈拉地区（2700 万吨）、俄罗斯（1250 万吨）是全球磷酸盐工业的主要地区，约占全球磷产品产量的 79%，大部分的磷矿被开采用作磷肥用途（具体数据参见表 II－7－1）。

① Natasha Gilbert, “The Disappearing Nutrient”, *Nature*, Vol. 461, October 2009.

表Ⅱ-7-1　　2017年世界磷矿产量及总储存量统计表　　(单位：千吨)

国家	加工后所得磷产品产量	磷矿总储存量	磷矿储量百分比（%）
摩洛哥和西撒哈拉	27000	50000000	71.19
中国	140000	3300000	4.70
阿尔及利亚	1300	2200000	3.13
叙利亚	100	1800000	2.56
巴西	5500	1700000	2.42
南非	1800	1500000	2.14
沙特阿拉伯	4500	1400000	1.99
埃及	5000	1300000	1.85
约旦	8200	1300000	1.85
澳大利亚	3000	1100000	1.57
美国	27700	1000000	1.42
芬兰	950	1000000	1.42
俄罗斯	12500	700000	1.00
以色列	4000	74000	0.11
印度	1800	65000	0.09
秘鲁	3900	400000	0.57
突尼斯	3700	100000	0.14
哈斯克斯坦	1600	260000	0.37
塞内加尔	2200	50000	0.07
墨西哥	2000	30000	0.04
多哥	1000	30000	0.04
越南	3000	30000	0.04
其他国家	1940	900000	1.28
总计	262690	70239000	100

资料来源：U. S. Geological Survey：“Mineral Commodity Summeries”（https：//minerals. usgs. gov/minerals/pubs/commodity/phosphate_ rock/mcs-2018-phosp. pdf）。

重要的是，摩洛哥在磷资源上逐渐呈垄断之势，作为全球最大的磷产品出口国，逐渐在世界磷酸盐市场中占主导地位。长时间以来，摩洛哥致力于建设世界级磷化工生产基地，磷酸盐的开采、加工和销售基本由其国有企业——摩洛哥皇家磷酸盐集团（OCP）支配，该集团一家独大，是摩洛哥最大的公共企业，也是世界最大的磷酸盐出口商和生产商，掌管胡里卜加、尤素菲亚、本格里尔、阿尤恩四大矿区，在四大出口港拥有专用码头，并拥有数家磷酸盐衍生品加工企业、子公司和研究所，其“目标是成为全球最大的磷肥生产商，以及加强其基础设施建设保证其国际贸易的畅通”。[①] 2014 年，摩洛哥就计划到 2020 年将其出口磷酸盐的国际市场份额从 30% 提高到 50%，将磷肥的市场份额从 10% 提高到 30% 左右。[②] 值得注意的是，摩洛哥还控制了西撒哈拉地区上丰富的优质磷矿。目前，摩洛哥磷酸盐及其衍生品总产量占全球市场约 30%。[③] 国际上少数磷矿生产企业垄断了磷产品的贸易，因而具有定价权。OCP 集团在磷产品的贸易中的重要份额使得摩洛哥在全球磷矿石定价权上具有相当的主导地位。因此，丰富的磷资源被采掘、加工出口到世界各地，使摩洛哥在世界磷产品贸易中占主导地位，成为摩洛哥创造收入的重要来源。

同时不可忽视的是，中国、摩洛哥、美国、俄罗斯等虽是磷产品的生产大国，但中、美、俄等国都是人口过亿的磷消费大国，三国所生产的磷产品大多用于内需而非出口，均有意识地减少磷矿开采、出口，以保证国内磷肥企业的可持续发展。如美国从 2001 年开始，就已经从一个传统的磷矿出口国转变为纯进口国，到 2015 年其国内仅有 5 家公司经营磷矿石生产。2001 年，中国将磷矿列入 2010 年后不能满足中国国民经济发展需求的 20 种矿种之一，并从 2008 年开始对磷矿出口实行配额制，以限制出口。而根据 2014 年进行的人口普查显示，摩洛哥人口数量为 3376 万人[④]，其作为磷产品生产大国，磷产品除了部分供内销，其余大多供出口。磷产品的出口为摩洛哥增加了巨大的财政收入，在该国的国民经济中占据举足轻重的地位。2013 年，仅磷矿开采和磷肥生产就约占摩洛哥 GDP 的 4.3%。[⑤] 2017 年，磷酸盐及其衍生品出口额约 440 亿迪拉姆，占全国出口总额的 18%。[⑥] 因此，全球磷产品贸易越来越倚重于非洲，尤其以摩洛

---

① 《OCP 计划占有全球 30% 磷肥市场》，《中国农资》2012 年 12 月 7 日第 13 版。

② 《世界磷酸盐产业竞争激烈，摩洛哥磷酸盐出口面临严重挑战》，2018 年 11 月，商务部网站（http：//ma. mofcom. gov. cn/article/ztdy/201402/20140200491674. shtml）。

③ 《摩洛哥磷酸盐集团（OCP）简介》，2018 年 9 月，商务部网站（http：//ma. mofcom. gov. cn/article/catalog/201809/20180902784506. shtml）。

④ 《摩人口数量达 3376 万人》，2018 年 11 月，商务部网站（http：//ma. mofcom. gov. cn/article/ddgk/）。

⑤ Mowafa Taib，“The Mineral Industries of Morocco and Western Sahara，U. S. Geological Survey Minerals Yearbook-2013”（https：//minerals. usgs. gov/minerals/pubs/country/2013/myb3-2013-mo-wi. pdf）.

⑥ 《了解摩洛哥工业巨头——摩洛哥磷酸盐公司（OCP）》，2018 年 9 月，澎湃新闻（https：//www. thepaper. cn/newsDetail_ forward_ 2434129）。

哥为主，未来磷酸盐的出口摩洛哥将占据主要地位。

概言之，磷矿作为一种重要的非金属战略资源，在世界粮食安全中占有重要地位。世界上大部分的磷矿资源集中在摩洛哥与西撒哈拉地区，而摩洛哥则掌握了世界大部分的磷矿资源（包括西撒哈拉领土上的优质磷矿），且在世界磷矿市场中呈垄断之势。尽管近年来磷酸盐价格波动，但随着人口的增长以及全球饮食结构的变化，未来对磷产品的需求将持续增加，磷矿资源的重要战略地位不言而喻。虽然现在磷酸盐的价格还不算太高，磷矿也不存在迫在眉睫的短缺，但磷酸盐产业的长期发展和需求前景向好的趋势未变。未来磷矿的价值上升空间巨大，拥有世界大部分磷矿储量的北非地区，或许会成为第二个因磷矿而致富的“中东”。

第四节 磷矿—西撒哈拉问题的经济动因

西撒哈拉为世界人口密度最小的地区之一，属于典型的沙漠地貌，降雨量极少，地区内基本无农业，常被误以为是一个空荡荡的沙漠，实际上却拥有丰富的资源和700千米具有战略意义的大西洋海岸。西撒哈拉沿海水产资源丰富，其附近海域被誉为世界上最丰富的渔业水域之一，近年来还发现石油和天然气。该领土更是蕴藏着如铁矿、氧化钛、钒、钾盐、铜、铀、白金、镍等有价值的矿产资源，尤其拥有大量的优质磷矿资源。然而这些丰富的资源并未给西撒哈拉人民带去福利，反而成为西撒哈拉土地上的诅咒。一直以来，各方对西撒哈拉丰富资源的追求是西撒哈拉问题久而未决的不可忽视的重要因素之一，尤其是摩洛哥出于对战略物资——磷矿的获取成为其占领西撒哈拉的重要原因。

西撒哈拉地区的磷矿很早就被发现，联合国派往西撒哈拉的一个代表团曾预测西撒哈拉很可能成为世界第二大磷酸盐出口地区，仅次于摩洛哥本土。1975年派到西撒哈拉的一个联合国使团曾经估计，如果西撒哈拉的磷酸盐矿能得到充分开发，它就能给西撒哈拉提供相当于某些欧洲发达国家的收入水平。[①] 西撒哈拉地下蕴藏的磷矿储存总量约为100亿吨，其

① 李广一：《毛里塔尼亚西撒哈拉》，社会科学文献出版社2008年版，第138页。

中著名磷矿区——布克拉矿区于1942年被发现，多为高品位矿产，且大部分为露天矿，其磷矿藏量达17亿吨，可开采130年，[①] 为世界上最大的磷矿区之一。该矿区年产量约240万吨，占全球产量的14%（2011年）。[②] 20世纪60年代末、70年代初，国际社会要求西班牙对西撒哈拉地区实行非殖民化的压力加大。为应对国际舆论，西班牙在西撒哈拉进行了适当的投资，以改善其国际形象，同时又可把西撒哈拉当作一个财富来源。[③] 如1968年后布克拉矿区由当时西班牙的一家国有公司管理，并于1972年进行开发。1975年西班牙虽然通过《马德里协定》把西撒哈拉的行政管理权转交给摩洛哥和毛里塔尼亚，但是其在西撒哈拉的经济和政治利益同时也得到了保障。作为交换，西班牙在西撒哈拉的渔业与磷酸盐的勘探和开采特权被保留了下来，其中就保留了布克拉矿区35%的股份，直至2002年西班牙才出售了其对布克拉矿区所拥有的股权。

摩洛哥声称对西撒哈拉地区拥有主权，背后巨大的经济推动力是出于对磷酸盐矿藏的垄断。一方面，为寻求保护本国的磷酸盐收入不受竞争的影响，摩洛哥希望通过对西撒哈拉磷矿占有来实现其经济利益。哈桑二世国王曾希望通过开发西撒哈拉，使摩洛哥在世界磷酸盐定价权上拥有与欧佩克在石油价格上同等的影响力。[④] 在1975年西班牙撤出西撒哈拉时，摩洛哥选择控制的是西撒哈拉拥有磷矿资源更为丰富的北部2/3领土，毛里塔尼亚则控制拥有相对丰富的渔业资源的南部1/3领土。然而，就在控制该地区的几周后，西撒哈拉布克拉矿床的顶级磷就被出口到北美、拉丁美洲、欧洲和大洋洲的化肥公司。另一方面，在冲突发生之初，摩洛哥就已经把磷矿作为促进经济增长的手段。早在70年代，当时的摩洛哥国王哈桑二世就希望利用西撒哈拉丰富的磷矿和其他矿产资源来解决国内的经济问题，可是当时的磷矿价格并没有如他所愿大幅上涨，反而在1975—1976年、1981—1982年大幅下跌，使得摩洛哥无法偿还其在国际金融市

---

① 曹华、刘世英：《西撒哈拉问题政治透析》，《四川理工学院学报》（社会科学版）2005年第3期。

② Earth Observatory，“Bou Craa Phosphate Mine，Western Sahara”（https：//earthobservatory.nasa.gov/images/92794/bou-craa-phosphate-mine-western-sahara）.

③ 李广一：《毛里塔尼亚西撒哈拉》，社会科学文献出版社2008年版，第153页。

④ Western Sahara Resource Watch，“P for Plunder-2018，WSRW Report”（https：//wsrw.org/files/dated/2018-04-24/pforplunder_ 2017.pdf）.

场上的大量借款。[①] 即便当时磷矿并没有在价格上实现上扬，但是几十年来摩洛哥在西撒哈拉领土上进行的自然资源开采和贸易为其带来了可观的财政收入，其国有企业 OCP 通过西撒哈拉磷资源为摩洛哥政府增加了大量的外汇收入。可以说，西撒哈拉是摩洛哥“白金梦”的重要组成部分。

磷矿一直是摩洛哥政府从西撒哈拉获得收入的主要来源。根据西撒哈拉资源观察组织（Western Sahara Resource Watch，WSRW）对摩洛哥过去在西撒哈拉非法开采、出口磷矿的调查报告显示，20 世纪 70 年代末，摩洛哥在该领土的武装冲突期间停止生产三年，到 90 年代末已逐渐达到 200 万吨。到 2006 年为止，磷矿的年平均出口量为 110 万吨，远低于 OCP 将西撒哈拉的年产量定为 260 万吨的期望。这些年来，摩洛哥继续在被占领的西撒哈拉采矿，并且每年产生了大约 2 亿美元的收入。尽管 OCP 声称对布克拉磷矿的开采量仅占其总开采量的 7% 左右，但其出口的磷矿有 25% 左右来自该矿。[②] 布克拉磷矿床由两层组成，2014 年 OCP 对第一层的顶级磷矿已经开采完毕，第二层由于质量较差暂被搁置开采。对此，西撒哈拉资源观察组织表示，“摩洛哥已经出售了撒哈拉人在实现自决权利后本应得到的所有优质磷酸盐”。[③]

摩洛哥在磷矿方面的政治化倾向也很明显，通过把磷矿作为国际政治交往与谈判的筹码，以实现其政治利益。“1975 年苏联公开表明它在西撒哈拉冲突中的立场，苏联驻联合国代表马利克声称‘西撒哈拉人民完全有权决定他们的未来’。苏联这一立场引起摩洛哥的不满，哈桑国王随即取消了与苏联正在进行的关于磷酸盐的谈判。”[④] 这些年来，摩洛哥意欲利用西撒哈拉的自然资源进行政治游说，以获得其他国家对西撒哈拉领土非法占领的支持。2014 年摩洛哥一份官方政府文件中提到，为丰富和加强摩洛哥和俄罗斯的战略伙伴关系，两国应当在对西撒哈拉传统渔业合作的基础上，对该地区包括磷酸盐在内的其他自然资源进行合作，而“作为回

---

① Yahia Zoubir，“Western Sahara Conflict Impedes Maghreb Unity”，*Middle East Report*，No. 163，March-April 1990.

② 资料来源于 Western Sahara Resource Watch，“P for Plunder-2018，WSRW Report”（https：//wsrw. org/files/dated/2018-04-24/pforplunder_ 2017. pdf）。

③ Western Sahara Resource Watch，“P for Plunder-2018，WSRW Report”（https：//wsrw. org/files/dated/2018-04-24/pforplunder_ 2017. pdf）.

④ 李广一：《毛里塔尼亚西撒哈拉》，社会科学文献出版社 2008 年版，第 214 页。

报，俄罗斯可以保证在联合国冻结西撒哈拉议案”。[①] 摩洛哥除了利用西撒哈拉的自然资源获取财政利益，还试图建立政治联盟以实现其对西撒哈拉的占领。

摩洛哥在西撒哈拉地区开采、出售其自然资源以及跨国公司关于西撒哈拉自然资源的投资、贸易活动是否合法，国际上存在争议。在此有必要对关于非自治领土矿物资源活动的合法性问题进行简要说明。联合国大会曾通过决议重申，“外国经济利益集团违反联合国有关决议开采和掠夺殖民地领土和非自治领土的海洋资源及其他自然资源，对这些领土的完整和繁荣构成威胁”，同时“任何管理国如果剥夺非自治领土殖民地人民行使对其自然资源的合法权利……就是违反其根据《联合国宪章》所承担的庄严义务”；联合国大会于 1995 年 12 月 6 日通过的第 50/33 号决议中，对损害非自治领土人民的利益和促进其利益的经济活动做了区分，肯定“与非自治领土人民合作并根据其意愿进行的外国经济投资的价值，即可为领土的社会经济发展作出有效的贡献”，并在其后的多个决议中也确认了这一立场。[②] 2002 年联合国法律顾问就已经阐明，未经当地同意在西撒哈拉开采矿产资源将违反《公民权利和政治权利国际盟约》《经济、社会和文化权利国际盟约》。[③] 因此，摩洛哥在占领领土上无视西撒哈拉人民的利益和愿望对磷酸盐进行的开采和销售是不被允许的。

回顾过去，各国参与西撒哈拉磷矿资源进口的交易也削弱了非洲最后一块殖民地的自决权。跨国公司与摩洛哥政府和企业在争议领土内进行的商业交易强化了摩洛哥对西撒哈拉的控制权，因为那些帮助加强摩洛哥占有西撒哈拉的协议、资金、项目，不仅为摩洛哥定居者提供了就业机会，还为摩洛哥政府创造了收入。长时间以来，来自多个国家的企业参与了西撒哈拉有争议的磷资源的投资与进口贸易，这种行为助推了摩洛哥对西撒哈拉的占领（具体参见表 II－7－2）。

---

① WSRW, “Morocco Admits to Using Saharawi Resources for Political Gain”（http://www.wsrw.org/a105x3070）.

② UN Legal Office: S/2002/161, “Letter dated 29 January 2002 from the Under-Secretary-General for Legal Affairs, the Legal Counsel, addressed to the President of the Security Council”（http://www.un.org/Docs/journal/asp/ws.asp? m = S/2002/161）.

③ Western Sahara Resource Watch, “P for Plunder-2015, WSRW Report”（https://wsrw.org/files/dated/2015-03-11/p_ for_ plunder_ 2014_ web.pdf）.

表Ⅱ-7-2　　2012—2017年西撒哈拉磷酸盐出口情况

时间	出口总量（万吨）	出口价值（亿美元）	进口国（国家按进口量由多到少排序）
2012年	180	3.4	新西兰、美国、墨西哥、立陶宛、印度、委内瑞拉、澳大利亚、韩国、阿根廷及其他国家
2013年	220	3.3	美国、立陶宛、新西兰、墨西哥、加拿大、哥伦比亚、澳大利亚及其他国家
2014年	210	2.3	加拿大、新西兰、印度、美国、澳大利亚、立陶宛、委内瑞拉
2015年	141	1.678	美国、加拿大、新西兰、立陶宛及其他国家（澳大利亚、委内瑞拉、乌克兰）
2016年	186	2.137	加拿大、印度、美国、新西兰、哥伦比亚、澳大利亚、立陶宛、委内瑞拉
2017年	159	1.427	加拿大、印度、美国、新西兰、哥伦比亚
2018年	193	1.639	加拿大、印度、新西兰、美国、中国

注：以上表格根据西撒哈拉资源观察组织发布的2015年、2017年、2018年、2019年的P for Plunder报告整理而得，具体参见网站https：//wsrw.org/。

自2012年以来，来自美国、加拿大、墨西哥、哥伦比亚、委内瑞拉、乌拉圭、立陶宛、西班牙、澳大利亚、韩国、巴西、乌克兰等国家的公司已经停止从西撒哈拉进口有争议的磷产品，其中美国和加拿大于2018年8月宣布停止进口，并将于同年年底生效。①2018年的一个明显的变化是：截至2018年底，摩洛哥对北美的磷矿出口已经结束，因为自20世纪80年代以来北美一直从摩洛哥进口有争议的产品。②但值得注意的是，2018年来自中国的一个新客户——中化化肥控股公司（Sinofert Holdings）的第二大股东为北美进口商海宁集团（Nutrien）。对此，西撒哈拉资源观察组织表示“当摩洛哥不再从对北美的出口中获利时，该国政府参与联合国和谈的可能性就更大”。③该组织“呼吁所有参与该贸易的公司立即停止购买西撒哈拉磷酸盐，直到找到解决冲突的办法，并向撒哈拉人民保证

① WSRW，“The New Zealand phosphate controversy”（https：//www.wsrw.org/a105x4268）.

② Western Sahara Resource Watch，“P for Plunder-2019，WSRW Report”（https：//www.wsrw.org/files/dated/2019-04-08/pforplunder2019_web.pdf）.

③ WSRW，“US imports of Western Sahara conflict rock to end”（https：//www.wsrw.org/a105x4267）.

行使其基本的自决权利”。①

这些年来，摩洛哥也试图通过贸易方式来得到其他国家对其占领领土的承认。对此，“波利萨里奥阵线”就曾向欧盟法院提起了四项针对欧盟理事会的诉讼，主要原因是欧盟与摩洛哥的贸易协定中包含了争议领土的产品交易，或者协定中涉及侵犯西撒哈拉人民利益及其主权的内容（具体详见表Ⅱ-7-3）。

表Ⅱ-7-3　“波利萨里奥阵线”向欧盟法院提起的四项针对欧盟理事会的诉讼

——呼吁废除《欧盟—摩洛哥农业协定》 2012年3月欧盟理事会与摩洛哥正式签署农业协定。2012年11月，“波利萨里奥阵线”对欧盟委员会提起诉讼，要求撤销欧盟委员会与摩洛哥达成农业协议的决定。2016年12月，欧盟法院最后裁定欧盟—摩洛哥联合协定和欧盟—摩洛哥农产品和渔业产品贸易自由化协定作废，原因是西撒哈拉没有参与实施2000年和2012年的协定。
——呼吁废除《欧盟—摩洛哥渔业伙伴关系协定》 2013年7月，欧盟委员会与摩洛哥签署了一项新的渔业协议，该协议将允许欧盟船只恢复在西撒哈拉海域捕鱼。2014年3月，“波利萨里奥阵线”对欧盟理事会提起诉讼，要求撤销理事会与摩洛哥签署渔业伙伴关系协定的决定。2018年7月，就在为期4年的《欧盟—摩洛哥渔业协议》将于2018年7月底到期前几周，欧盟法院裁定该协议不适用于西撒哈拉。
——呼吁废除《欧盟—摩洛哥航空协定》 2006年12月，欧洲联盟与摩洛哥王国之间的航空协定生效。2014年2月，考虑到欧盟内部的变化，欧盟委员会提议对该协议进行修订。2017年10月，欧洲议会批准该协议的修订版。2018年1月，经修订的《协定》由安理会通过。2018年4月，“波利萨里奥阵线”发起诉讼，要求停止在西撒哈拉实施《欧盟—摩洛哥航空协定》。2018年11月，欧盟法院宣布，欧盟与摩洛哥的航空协议在西撒哈拉无效。
——呼吁废除理事会2018年4月16日的决定（授权欧盟委员会与摩洛哥重新谈判渔业议定书） 2018年2月，欧盟法院表示与摩洛哥签订的《欧盟—摩洛哥渔业合作协议》不适用于西撒哈拉，因为该领土不属于摩洛哥“主权”或“管辖权”，不属于“摩洛哥捕鱼区”。2018年4月，理事会授权委员会与摩洛哥就修改《渔业伙伴关系协定》（包括西撒哈拉）的领土范围和缔结一项新的渔业议定书展开谈判。2018年6月，“波利萨里奥阵线”发起诉讼，要求撤销安理会与摩洛哥开始谈判的决定。2019年2月，法院宣布“波利萨里奥阵线”撤销上述理事会决定的请求不予受理，因为“波利萨里奥阵线”不直接受到该决定的影响。法院称，该决定仅旨在指定谁将领导谈判，因此只会在欧盟各机构之间发挥法律效力，并重申，“撒哈拉人民应被视为享有自决权，是欧盟与摩洛哥关系的‘第三方’”。

资料来源：WSRW：“Archive 2017：EU Court Cases on Western Sahara for Dummies”，https：//wsrw. org/a246x4109。

① WSRW，“New Report on Western Sahara Phosphate Industry Out Now”（https：//wsrw. org/a105x4497）.

近几年来，摩洛哥与欧盟的贸易协定经常受西撒哈拉问题的影响。如2018年9月，摩洛哥就提出将新的《欧盟—摩洛哥贸易协定》的适用范围扩大到其占领的西撒哈拉地区，并以这将会影响欧盟与摩洛哥在“打击恐怖主义、移民潮和安全问题”方面的关系对欧洲议会议员施加压力，试图打破西撒哈拉长期以来建立的作为一个非自治领土的合法地位。[①]

总之，一直以来，在西撒哈拉问题上，各方对现实利益的追求都直接或间接地削弱了西撒哈拉人民的自决权，尤其是摩洛哥对磷酸盐经济利益的追求成为其政策坚定的重要推动力。现今，摩洛哥继续在其争议领土开采磷矿与渔业，欧盟成员国仍然在开采西撒哈拉的矿产资源，依然有国家继续从西撒哈拉进口磷酸盐，近年来西撒哈拉发现石油和天然气的前景也使得冲突的解决变得更加复杂。西撒哈拉领土上丰富的自然资源，尤其是巨大的磷矿储量，成为西撒哈拉问题久拖不决的重要因素之一。

西撒哈拉问题处于久悬未决有其复杂的历史与现实根源，主要由政治与经济层面两大因素推动。在政治层面上，从历史因素来看，过去西撒哈拉战争曾是哈桑二世缓解社会矛盾及维护其统治地位的一种手段；从地区霸权争夺的因素来看，阿尔及利亚与摩洛哥在西撒哈拉问题上彼此对立，相互制衡，以争夺地区主导权，加深了西撒哈拉问题解决的复杂性；从冲突双方自身矛盾来看，摩洛哥所坚持的“自治”与“波利萨里奥阵线”所坚持的“自决”立场具有难以调和的矛盾性，成为西撒哈拉问题最直接的症结；从地缘政治因素来看，大国对摩洛哥的支持，如法国、美国等主导的强权政治压倒了国际合法性，也是导致这种僵局的外部因素。从经济动因来看，西撒哈拉领土上丰富的自然资源成为西撒哈拉争端中的重要推动力，尤其是其丰富、优质的磷矿资源。

总而言之，在西撒哈拉问题上，各方对自身利益的追求都直接或间接地削弱了西撒哈拉问题的和平与公正解决。西撒哈拉人民的不幸都同各方追求自身利益有直接或间接关系。摩洛哥、阿尔及利亚与相关的西方强国都无一例外地将现实主义国家利益引入外交政策之中。他们从各自的利益出发，加剧了西撒哈拉问题的矛盾与冲突，西撒哈拉人民的合法性权利长

---

① WSRW, “Morocco Draws Terrorism Card on Western Sahara Trade” (https: //www. wsrw. org/a105x4308).

期得不到实现，成为地区和平的隐患。

西撒哈拉问题是非洲地区难题之一，其长期存在已经严重影响到地区和平与发展，是世界不稳定因素的根源之一。因此，推动西撒哈拉问题朝着公平公正的方向解决迫在眉睫。展望未来，西撒哈拉问题的最终解决始终需要坚持政治解决的方向。“化解分歧，关键在于加强对话。对话过程虽然往往艰难甚至漫长，但后遗症最小，结果也最可持续”。如今最为迫切的是推动冲突双方重启对话，坚定各方谈判的信念。而在对话中尤为关键的一点是：西撒哈拉问题的最终解决需要利益攸关方的灵活性和创造力，以取得最大公约数，求同存异，分阶段化解危机，从而使谈判对话出现转机。

第八章　柏柏尔人问题研究

柏柏尔人分布于摩洛哥、阿尔及利亚、利比亚、突尼斯、埃及和萨赫勒地区。摩洛哥境内柏柏尔人约占全国总人口的40%，[①] 主要分布在三个柏柏尔方言区，即讲什哈语（Tashelhit）的南部苏斯地区，讲阿马齐格语（Tamazight）的中部阿特拉斯山地区和讲里夫语（Tarrifit）的里夫地区。[②]

柏柏尔问题贯穿于独立后的摩洛哥历史，是当代摩洛哥生活的重要组成部分。柏柏尔问题包括柏柏尔人为争取族裔权利与中央政府的各种冲突以及柏柏尔人文化复兴活动。不同于阿尔及利亚柏柏尔问题的政治化和萨赫勒地区操柏柏尔语的图阿雷格人的分裂主义暴力叛乱，摩洛哥的柏柏尔问题在很长一段时间内较为平静。然而，在席卷西亚北非的“阿拉伯之春”的影响下，摩洛哥的柏柏尔问题也开始凸显。2011 年 2 月 20 日，以柏柏尔人为主的民众走上街头，抗议摩洛哥政治、社会与经济等领域存在的不公正现象，但很快因国王穆罕默德六世宣布宪法改革而平息。[③] 2016 年 10 月，胡塞马（Al-Hoceima）警察以无证经营为由抄没了鱼贩穆赫萨·费克里（Mouhcie Fikri）的货物，随后费克里在找回货物的途中被一辆垃圾车碾压丧生，引发了旨在消除政治腐败、改变里夫地区边缘化地位的“人民运动”（*Al-Hirak al-Shaabi*）。相较于摩洛哥柏柏尔问题的主要形式——柏柏尔文化运动，这场主要由北部柏柏尔人参与的社会运动，开始趋向激进化并融入了地区主义诉求，摩洛哥柏柏尔问题因此再度进入公众视野。尽管摩洛哥安全部队迅速进行弹压，国王也积极展开对话，然而

---

① Senem Aslan, *Nation-building in Turkey and Morocco: Governing Kurdish and Berber Dissent*, New York: Cambridge University, 2015, p. 2.

② Michael Brett and Elizabeth Fentress, *The Berbers*, Oxford: Blackwell, 1996, p. 3.

③ 这场抗议运动被称为“2·20”运动。

“人民运动”非但没有被压制下去，反而迅速发酵。抗议活动领袖纳赛尔·泽夫扎非（Nasser Zefzafi）于2017年6月被捕并于2018年6月被判处20年有期徒刑，将这场社会运动推向了高潮。抗议活动从里夫地区蔓延至拉巴特、卡萨布兰卡、丹吉尔和纳多尔等地，并受到国际社会的广泛关注。[①] “人民运动”激起摩洛哥各地针对高物价、高失业和政治腐败的抗议活动。2017年10月，扎古拉（Zagora）民众走上街头抗议南部城镇供水管理不善；12月，杰拉达（Jerada）两名矿工之死引发群众抗议缺乏基础设施与安全的工作环境；2018年4月，摩洛哥民众在“脸书”等社交网络上发起针对物价上涨的抵制运动，不断扩大的抗议活动对摩洛哥的经济、政治与社会稳定均构成挑战。[②]

国内学界对柏柏尔问题的探讨始于阿尔及利亚的所谓“柏柏尔之春”，研究成果普遍着眼于阿尔及利亚的柏柏尔主义[③]，如黄慧的《阿尔及利亚柏柏尔主义研究》[④] 与慈志刚的《阿尔及利亚的柏柏尔人问题》[⑤] 等。国外学者的相关研究十分丰富，罗伯特·蒙塔涅（Robert Montagne）、厄内斯特·盖尔纳（Ernest Gellner）与大卫·哈特（David M. Hart）等学者立足于田野调查，从部落结构与部落认同角度阐释了摩洛哥的柏柏尔问题；[⑥] 塞内姆·

---

① 国际人权组织“大赦国际”于2018年6月27日发表声明，直指“人民运动”抗议者遭受不公正的对待，声称抗议人员在关押期间曾遭到严刑逼供。详见“Morocco: Guilty Verdicts Returned in Unfair Hirak Trials Must Be Overturned”（https://www.amnesty.org/en/latest/news/2018/06/morocco-guilty-verdicts-returned-in-unfair-hirak-trials-must-be-overturned/）.

② Anne Wolf, “Morocco's Hirak Movement and Legacies of Contention in the Rif”, *The Journal of North African Studies*, Vol. 24, No. 6, 2018, pp. 1 – 6.

③ 马格里布地区柏柏尔主义形成的直接原因为地区民族国家的阿拉伯—伊斯兰政策，其实质是争取柏柏尔文化认同在国家中的合法地位以及柏柏尔人的各项权益。阿尔及利亚和摩洛哥的柏柏尔主义有所差别，前者更加政治化；后者较为温和，主要关注族裔语言文化权利问题。但在阿拉伯—伊斯兰主义者口中，柏柏尔主义带有分裂主义和地区主义的暗示。

④ 黄慧：《阿尔及利亚柏柏尔主义研究》，社会科学文献出版社2015年版。

⑤ 慈志刚：《阿尔及利亚的柏柏尔问题》，《阿拉伯世界研究》2015年第1期。

⑥ Robert Montagne, *The Berbers: Their Social and Political Organisation*, London: Frank Cass and Company Limited, 1973; Ernest Gellner, *Saints of the Atlas*, Chicago: The University of Chicago Press, 1969; David M. Hart, *Tribe and Society in Rural Morocco*, London: Frank Cass, 2000; David M. Hart, *The Aith Waryaghar of the Moroccan Rif: An Ethnography and History*, Tucson: The University of Arizona Press, 1976; David M. Hart, *The Ait ‘atta of Southern Morocco: Daily Life and Recent History*, Cambridge: Middle and North African Studies Press, 1984; David M. Hart, *Dadda ‘Atta and His Forty Grandsons: The Socio-Political Organisation of the Ait ‘atta of Southern Morocco*, Cambridge: Middle East and North African Studies Press, 1981; Carleton Stevens Coon, *Tribes of the Rif*, Cambridge: Peabody Museum of Harvard University, 1931; Amal Rassam Vinogradov, *The Ait Ndhir of Morocco: A Study of the Social Transformation of a Berber Tribe*, Ann Arbor: Museum of University of Michigan, 1974.

阿斯兰（Senem Aslan）、约翰·沃特伯里（John Waterbury）和穆罕默德·托齐（Mohammed Tozy）等主张从摩洛哥的治理模式与政教关系透视柏柏尔问题；[①] 布鲁斯·麦迪—魏兹曼（Bruce Maddy-Weitzman）、保罗·希尔弗斯坦（Paul Silverstein）及安妮·沃尔夫（Anne Wolf）等人重点关注了独立以后的摩洛哥柏柏尔运动；[②] 苏珊·米勒（Susan Gilson Miller）、迈克尔·布雷特（Michael Brett）和伊丽莎白·芬特雷斯（Elizabeth Fentress）等学者则对这一问题的历史进行了系统研究。[③] 在前人研究的基础上，本章尝试在历史视域下发掘柏柏尔运动的社会、政治与经济等根源，并在此基础上剖析摩洛哥柏柏尔问题的演变及其特征。

第一节 柏柏尔问题的根源

摩洛哥柏柏尔问题有深刻的历史根源和现实背景。其中，传统柏柏尔社会特征以及法国殖民统治的遗产是最主要的根源。

第一，传统摩洛哥柏柏尔社会特征的影响。千百年来，柏柏尔人聚居于远离中央政权的崇山峻岭之中。在保护国时代（1912 年至 1956 年）以

---

① Senem Aslan, *Nation-building in Turkey and Morocco: Governing Kurdish and Berber Dissent*, New York: Cambridge University Press, 2015; Driss Maghraoui, "Constitutional Reforms in Morocco: Between Consensus and Subaltern Politics", *The Journal of North African Studies*, Vol. 16, No. 4, 2011, pp. 679 – 699; John Waterbury, *The Commander of the Faithful: The Moroccan Political Elite-A Study in Segmented Politics*, New York: Columbia University, 1970; Mohammed Tozy, "Islam and the State", in I. William Zartman and William M. Habeeb, eds., *Polity and Society in Contemporary North Africa*, Boulder: Westview Press, 1993, pp. 102 – 122; Douglas Ashford, *Political Change in Morocco*, Princeton: Princeton University Press, 1961; Abdellah Hammoudi, *Master and Discipie: The Cultural Foundations of Moroccan Authoritarianism*, Chicago: University of Chicago Press, 1997.

② Bruce Maddy-Weitzman, *The Berber Identity Movement and the Challenge to North African States*, Austin: The University of Texas Press, 2011; Graham H. Cornwell and Mona Atia, "Imaginative Geographies of Amazigh Activism in Morocco", *Social & Cultural Geography*, Vol. 13, No. 3, 2012, pp. 255 – 274; Paul Silverstein, "The Cultivation of 'Culture' in the Moroccan Amazigh Movement", *Review of Middle East Studies*, Vol. 43, No. 2, 2009, pp. 168 – 177; Katherine E. Hoffman, *We Share Walls: Language, Land, and Gender in Berber Morocco*, Malden: Blackwell, 2008; Anne Wolf, "Morocco's Hirak Movement and Legacies of Contention in the Rif".

③ Susan Gilson Miller, *A History of Modern Morocco*, New York: Cambridge University Press, 2013; Walter B. Harris, *France, Spain and the Rif*, New York and London: Longmans Green. E. Arnold, 1927; Michael Brett and Elizabeth Fentress, *The Berbers.*

前，摩洛哥柏柏尔人并不接受阿拉维王朝的统治，柏柏尔人聚居的希巴地区（Bilad al-Siba）与直接受素丹统治的马赫赞（Bilad al-Makhzen）是一组二元对立的概念。[①] 由于马赫赞难以对其进行政治和经济渗透，希巴地区保留了中古时期的传统社会特征，部落结构、隐士（maraboutic）崇拜和高度自治是当时摩洛哥柏柏尔社会的基本特点。

首先，部落结构是柏柏尔社会最重要的特征，部落是最基本的政治认同单元。北非历史上虽然存在过诸如穆拉比兑和穆瓦希德等柏柏尔王朝，但这些政权的兴起与统治模式从未超出过部落结构。例如，伊本·图默特（Ibn Tumert）领导的穆瓦希德运动倚靠的核心力量是马斯慕达（Musmuda）地区的 5 个部落，[②] 这些部落的成员是穆瓦希德王朝的核心统治力量，部落的兴衰决定着政权的命运。

其次，隐士崇拜是柏柏尔社会的另一大特征，通常会对中央政权构成严重威胁。[③] 传统柏柏尔社会中，社会单元可以无限细分，且不存在拥有绝对权力的世俗领袖，因此造就了柏柏尔社会的高度碎片化。绝大多数柏柏尔人都是穆斯林，但乡村柏柏尔社团中还存在着大量的非伊斯兰宗教实践，[④] 只有拥有圣裔血统的乡村隐士才能打破部落之间各自为政的藩篱，实现对柏柏尔部落的高度整合。自伊斯兰教传入北非以后，乡村圣裔隐士以“纯洁信仰”为名，屡次团结柏柏尔部落或部落联盟对马赫赞发起挑战。[⑤] 即便是声称建立共和国的阿卜杜·克里姆（Abd el-Krim），为取得建立国家的合法性和里夫众部落的支持，也虚构了圣裔血统，将自己装扮成隐士。[⑥]

---

① 这一组概念有不同层面的含义：就字面意思看，马赫赞指素丹治下的等级制中央政府，希巴则代表部落原始民主制。在多数情况下，马赫赞是“王治之地”，而希巴是“法外蛮荒之地”。同时，马赫赞还意味着阿拉伯人聚居的发达城镇，而希巴则为柏柏尔人栖息的落后山村。

② Robert Montagne, *The Berbers: Their Social and Political Organisation*, London: Frank Cass and Company Limited, 1973, p. 79.

③ Carleton Stevens Coon, *Tribes of the Rif*, Cambridge: Peabody Museum of Harvard University, 1931, pp. 148 – 150.

④ Mohammed Tozy, “Islam and the State”, in I. William Zartman and William M. Habeeb, eds., *Polity and Society in Contemporary North Africa*, Boulder: Westview Press, 1993, p. 103.

⑤ Robert Montagne, *The Berbers: Their Social and Political Organisation*, London: Frank Cass and Company Limited, 1973, pp. 10 – 12.

⑥ Mordechai Nisan, *Minorities in the Middle East: A History of Struggle and Self-expression*, London: McFarland & Company, 2002, p. 61.

最后，柏柏尔社会高度自治的特征增加了中央政府的治理难度。传统柏柏尔部落社会一般为贵族寡头制，社团被拥有高度权威性和合法性的地方精英统治。[①] 个人受到家族、部落或是部落联盟的庇护，效忠对象是传统社会单元及其首领。高度的社团自治和随之而来的部落认同意味着中央政府只能依靠部落显贵和地方精英实行间接统治，这阻碍了国家建立直接统治和构建共同的民族认同。

第二，法国殖民统治对摩洛哥柏柏尔人的整合。1912 年 3 月 30 日，摩洛哥正式成为法国的保护国。法国的殖民统治虽然为摩洛哥搭建了现代国家治理体系，然而也是现代摩洛哥柏柏尔问题的直接源头。1912 年以前，摩洛哥马赫赞对希巴虽时有整合，但二者之间存在广阔的中间地带，可以有效降低二者冲突的烈度和频率。保护国建立后，法国人以素丹为傀儡，将柏柏尔人纳入马赫赞的权威之下，然后又以“分而治之”的殖民统治策略在柏柏尔人和阿拉伯人之间制造矛盾，为现代民族国家建立后柏柏尔问题的出现埋下了祸根。

法国总督路易·于贝尔·冈扎夫·利奥泰（Louis Hubert Gonzalve Lyautey）在摩洛哥的殖民统治方略体现在两个方面：第一，重塑素丹的国家象征地位，以恢复马赫赞昔日荣光为借口，实现殖民政府对摩洛哥全境的控制。[②] 慑于法国的军事力量与“油渍”战略[③]，保护国时期摩洛哥境内的柏柏尔部落多向素丹效忠。第二，维持殖民地原有的政治与社会生态，保留所有族裔的传统与习俗，将传统统治阶层纳入保护国行政管理体系。[④] 殖民政府给部分柏柏尔部落的阿伽（amghar）授予卡伊德（qaid）[⑤]

---

① Senem Aslan, *Nation-building in Turkey and Morocco: Governing Kurdish and Berber Dissent*, New York: Cambridge University Press, 2015, p. 6.

② Walter B. Harris, *France, Spain and the Rif*, New York and London: Longmans Green. E. Arnold, 1927, p. 188.

③ “油渍”（*tache d'huile*）战略，即在某些部落地区边缘建立军事前哨和民用设施，引诱当地群众与之建立合作关系。法国先从摩洛哥与阿尔及利亚接壤的地区开始实行这第一次世界大战略。

④ Susan Gilson Miller, *A History of Modern Morocco*, New York: Cambridge University Press, 2013, p. 90.

⑤ 阿伽为柏柏尔部落的世俗首领的称号，通常为一个战争联盟的首脑。卡伊德原为前殖民时代摩洛哥官员称谓。在保护国时期，法国殖民政府从每个部落中选出一位世俗领袖，授予卡伊德头衔。

头衔，利用其进行间接统治，使其代替政府进行日常行政管理与收税。[①]

1920年之后，为确保本地精英忠于法国且充分具备为殖民政府服务的素质，法国殖民政府在乡村地区为柏柏尔人开设学校，其目的是通过教育为殖民政府培养人才。艾茨鲁学院（Collège d'Azrou）成为柏柏尔年轻人迈向统治阶层的阶梯，最优秀的毕业生可以进入梅克内斯（Meknes）的达尔贝达（Darel-Beida）[②] 军事科学院接受训练，成为殖民军队的军官。[③]

在所谓“尊重传统与习俗”的方针下，法国人强调保留柏柏尔人的文化与习俗的重要性。法国殖民政府鼓励对柏柏尔文化进行学术研究，其实质是以学术服务于殖民统治目标，实现“分而治之”的殖民策略。[④] 这一时期法语著作构建出的“柏柏尔叙事”与传统阿拉伯—伊斯兰语境截然相反，它们将“善良的”柏柏尔人和“不服管教的”阿拉伯人区分开来，[⑤] 这种人为建构的文化对立构成了当代摩洛哥柏柏尔主义的直接理论来源。

此外，法国人还将柏柏尔人的民俗与法律置于伊斯兰教的框架之外。1914年9月11日与1930年5月16日，法国分别推出由素丹签署的《1914年柏柏尔诏令》和《1930年柏柏尔诏令》，明确赋予柏柏尔部落议会依据习惯法裁决案件的权力，并规定在重大刑事案件中运用法国法律体系。[⑥] 殖民政府此举有着复杂的原因，但在客观上将马赫赞与希巴的二元划分具体化。在此之前，马赫赞与希巴的边界并不清晰，柏柏尔部落与中央政府的分歧也并不是摩洛哥社会的主要矛盾。这两纸诏书将二元对立具

---

① Robert Montagne, *The Berbers: Their Social and Political Organisation*, London: Frank Cass and Company Limited, 1973, pp. 64 - 65.

② 即卡萨布兰卡。

③ M. Gershovich, “A Moroccan St. Cyr”, *Middle Eastern Studies*, Vol. 28, No. 2, 1992, pp. 231 - 257.

④ G. Deverdun, “Institut des Hautes Études Marocains (IHEM)”, *Encyclopaedia of Islam*, second edition, Brill Online (https://referenceworks.brillonline.com/entries/encyclopaedia-of-islam-2/* - SIM_8703).

⑤ Bruce Maddy-Weitzman, *The Berber Identity Movement and the Challenge to North African States*, Austin: The University of Texas Press, 2011, p. 2.

⑥ Katherine E. Hoffman, “Internal Fractures in the Berber-Arab Distinction: From Colonial Practice to the Post-National Preoccupations”, in Katherine E. Hoffman and Susan Gilson Miller, eds., *Berbers and Others: Beyond Tribe and Nation in the Maghrib*, Bloomington: Indiana University Press, 2010, p. 45.

体化与合法化，立即引起摩洛哥城市阿拉伯人的骚乱，也成为独立后阿拉伯民族主义者“污名化”柏柏尔人的口实，导致柏柏尔人与阿拉伯人的对立不断加剧。

第二节 柏柏尔精英与政府的权力斗争

1956 年，摩洛哥脱离法国的殖民统治获得独立。从独立后至 20 世纪 70 年代中叶，摩洛哥柏柏尔问题的表现形式多样，包括叛乱、政变与文化宣传等。然而，这一时期的柏柏尔问题没有超出传统的部落政治框架，其实质是柏柏尔精英与中央政府的权力斗争。

独立前后，摩洛哥政治舞台上最强势的力量是领导反殖民运动、主要由城镇工人组成的独立党。[①] 1956 年至 1961 年，独立党把持着内阁中最重要的职位。其所坚持的民族国家构建政策对过去柏柏尔部落精英和中央政府权力共享的模式构成挑战，柏柏尔问题开始显现。[②] 这一时期摩洛哥柏柏尔问题的实质是传统部落精英与独立党的权力争夺，集中体现为 1957 年塔菲拉勒特（Tafilalt）部落与 1958—1959 年的里夫部落叛乱。[③]

独立党的集权化、去部落化、镇压多元主义以及阿拉伯化政策对传统柏柏尔部落精英产生了强烈冲击，激怒了一大批柏柏尔地方显贵。由柏柏尔富农和大地主组成的人民运动（Mouvement Populaire）公开宣称“实现独立不是为了失去自由”，表明他们不会放下武器，也不可能放弃征税权和政治职能。[④] 在此背景下，1957 年、1958 年至 1959 年柏柏尔人相继爆发叛乱。

---

① John Waterbury, *The Commander of the Faithful: The Moroccan Political Elite—A Study in Segmented Politics*, New York: Columbia University, 1970, p. 51.

② Bruce Maddy-Weitzman, *The Berber Identity Movement and the Challenge to North African States*, Austin: The University of Texas Press, 2011, p. 89.

③ Bruce Maddy-Weitzman, *The Berber Identity Movement and the Challenge to North African States*, Austin: The University of Texas Press, 2011, p. 85.

④ A. Coram, "Note on the Role of the Berbers in the Early Days of Moroccan Independence", in Ernest Gellner and Charles Micaud, eds., *Arabs and Berbers: From Tribe to Nation in North Africa*, Lexington: Lexington Books, 1971, p. 271.

1957 年，塔菲拉勒特部落发动叛乱。[①] 叛乱的直接诱因是出身于柏柏尔部落的内政部长拉赫辛 · 勒尤希（Lahcean Lyoussi）被独立党取代，还乡后他与几位部落首领共谋反对独立党的集权政策，强调独立党“将所有政治、社会与经济职责授予那些忽视部落与乡村的人”，违背了人民的利益[②]。塔菲拉勒特部落首领艾迪 · 欧 · 比希（Addi ou Bihi）受其感召，向部落成员分发 7000 把步枪，带头举事。1958 年至 1959 年，里夫的提格津亚部落（Tgzinnya）和瓦亚哈尔部落（Ait Waryaghar）发动叛乱。里夫叛乱的起因相对复杂。第一，独立党的集权化政策导致说柏柏尔方言和西班牙语的里夫部落成员与说法语和阿拉伯语的独立党基层行政人员交流不畅；第二，国家的独立阻断了里夫部落自由向外输送劳工移民的路径；第三，瓦亚哈尔部落不满于地方行政机构没有吸纳部落成员。[③] 叛乱发生三周后，里夫部落代表团向穆罕默德五世请愿，要求地方政府任用里夫人，同时任命一位里夫部落成员担任部长级高官。[④]

上述两场叛乱并没有超出前殖民时代与保护国时期部落叛乱的范畴，组织动员机制也停留在传统柏柏尔部落的框架内。这表明柏柏尔问题其实是柏柏尔部落对于独立党政府政策的应激性反应，其核心诉求是恢复柏柏尔政治精英的自治权力以及对国家政权的参与，尚不具备现代族裔运动的性质。

1961 年，哈桑二世继位，其统治被西方学者分为两个时期：一是 1961 年至 1975 年的“铁拳”时期；二是 1975 年至 1999 年的“天鹅绒手套”时期。[⑤] 在“铁拳”时期，摩洛哥柏柏尔问题可以细分为两个阶段，体现了君主与柏柏尔精英权力关系的两面性。

第一阶段为哈桑二世执政伊始至 1970 年，柏柏尔人与国王关系亲密，

---

① David M. Hart, *The Ait Waryaghar of the Moroccan Rif: An Ethnography and History*, Tucson: The University of Arizona Press, 1976, pp. 426 – 427.

② Douglas Ashford, *Political Change in Morocco*, Princeton: Princeton University Press, 1961, p. 200.

③ David M. Hart, “Rural and Tribal Uprisings in Post-colonial Morocco, 1957 – 60: An Overview and a Reappraisal”, *The Journal of North African Studies*, Vol. 4, No. 2, 1999, pp. 89 – 90.

④ David M. Hart, “Rural and Tribal Uprisings in Post-colonial Morocco, 1957 – 60: An Overview and a Reappraisal”, *The Journal of North African Studies*, Vol. 4, No. 2, 1999, pp. 91 – 93.

⑤ Susan Gilson Miller, *A History of Modern Morocco*, New York: Cambridge University Press, 2013, pp. 162 – 207.

摩洛哥柏柏尔文化认同开始萌芽。摩洛哥王权的对手一直是激进的伊斯兰主义者，因此王室乐于团结奉行世俗主义的柏柏尔人。摩洛哥君主吸纳柏柏尔上层精英的意图非常明确，利用其进行间接统治，并对国内主要反对力量进行制衡。1962 年独立党下台后，哈桑二世在柏柏尔政治与军事精英的支持下关闭议会，开启了“君主专制”时代。这一时期哈桑二世对国内进行控制的主要工具是由柏柏尔军官组成的皇家部队，而自称代表柏柏尔人利益与乡村文化的人民运动[①]从成立以来就被冠以“保皇派”的称号，是摩洛哥王室的坚定支持者。[②] 20 世纪 60 年代，摩洛哥内政部 320 位卡伊德中，有 250 位毕业于艾茨鲁学院。[③] 在王室的鼓励下，乡村柏柏尔显贵建立了摩洛哥农业联盟（Moroccan Union of Agriculture）的复兴，后来成为摩洛哥最大的利益集团。国王为笼络柏柏尔人，将从前法国人的土地分给柏柏尔地方精英。[④] 国王对柏柏尔人的友好态度为摩洛哥柏柏尔文化认同提供了一定的空间。这一时期，柏柏尔文化协会开始建立并组织文化艺术等宣传活动。1967 年，摩洛哥柏柏尔精英建立了第一个文化协会——摩洛哥文化交流研究会（Association Marocaine de Recherche et d'Echange Culturel）。该协会以赞助音乐团体的方式将柏柏尔文化搬上舞台，吸引了大批观众，其他团体组织也纷纷效仿。

第二阶段为 1971 年至 1975 年，柏柏尔精英发动的两场政变对王权构成直接威胁，摩洛哥政府与柏柏尔人的关系因而转入低谷。1971 年和 1972 年，出身于里夫和中阿特拉斯山柏柏尔部落的穆罕默德·迈德博赫（Mohamed Medbouh）将军和穆罕默德·乌弗基尔（Mohamed Oufkir）将军分别发动了两场针对国王哈桑二世的政变。[⑤] 两场政变爆发的原因基本相同。独立党式微后，在长达十年的时间里，主要由柏柏尔军事精英组成的

---

① John Laueremann, "Amazigh Nationalism in the Maghreb", *The Geographic Bulletin*, Vol. 50, No. 1, 2009, p. 44.

② John E. Kruse, *Amazigh-State Relations in Morocco and Algeria*, Master Thesis, Naval Postgraduate School, 2013, p. 2.

③ Octave Marais, "The Political Evolution of the Berbers in Independent Morocco", in Ernest Gellner and Charles Micaud, eds., *Arabs and Berbers: From Tribe to Nation in North Africa*, pp. 277－283.

④ Abdellah Hammoudi, *Master and Discipie: The Cultural Foundations of Moroccan Authoritarianism*, Chicago: University of Chicago Press, 1997, p. 101.

⑤ Bruce Maddy-Weitzman, *The Berber Identity Movement and the Challenge to North African States*, Austin: The University of Texas Press, 2011, p. 91.

皇家部队高层一直是国王进行权力分享的唯一对象。然而，20 世纪 70 年代初，哈桑二世出于各方考量，萌生重开党禁的想法，[①] 引起了军队对未来权力地位的担忧，因而酿成两场政变。两场政变的主导者虽然都出身柏柏尔部落，并且组织动员模式超出了传统柏柏尔部落的框架，但当时的摩洛哥柏柏尔问题仍然不具备现代族裔运动的内涵。[②] 政变后，大批在政府（尤其是安全、外交与财政部门）中任职的柏柏尔人遭到清洗。1973 年 2 月 22 日，国王哈桑二世派出由柏柏尔将士组成的摩托化步兵部队前往叙利亚与以色列军队作战，以此对摩洛哥柏柏尔人进行弹压，标志着王室与柏柏尔人的关系陷入低谷。

第三节 柏柏尔文化运动的起源与发展

1975 年至 21 世纪初，摩洛哥柏柏尔问题逐渐走出 20 世纪 70 年代初两场政变带来的阴影。在柏柏尔精英的努力和政府的引导下，柏柏尔问题逐渐形成了以文化运动为主流的特点。这一时期的柏柏尔文化运动分为生成、定型与高潮三个阶段，并取得了颇为可观的成绩。

（一）摩洛哥柏柏尔文化运动的生成

哈桑二世对 1971 年与 1972 年政变的镇压举措虽然稳定了政局并巩固了权力，但无异于自断其臂。失去军队支持的哈桑二世只得重开议会，并于 1977 年由独立党、人民力量社会主义联盟（*Union Socialiste des Forces Populaires*）、人民运动与一些无党派人士组阁，[③] 摩洛哥的政治氛围因而变得宽松。在确保政治运作仍然由王室主导的前提下，国王允许更大程度的党派竞争和权力分享，“天鹅绒手套”时期因此而得名。在政治环境宽松的背景下，摩洛哥的柏柏尔文化运动应运而生。

1978 年，时任摩洛哥皇家学院院长穆罕默德·查菲克（Mohamed Chafik）在向政府提交的报告中指出，柏柏尔语言是摩洛哥的重要遗产，

---

① 潘蓓英：《摩洛哥的经济发展与政治改革》，《外交学院学报》2002 年第 2 期。

② John Waterbury，“The Coup Manqué”，in Ernest Gellner and Charles Micaud，eds.，*Arabs and Berbers：From Tribe to Nation in North Africa*，p. 404.

③ Lise Storm，*Democratization in Morocco：The Political Elite and Struggles for Power in the Post-independence State*，London：Routledge，2007，p. 53.

强调摩洛哥全体国民都有学习该语言的必要。[①] 同时，人民运动秉承一贯反对阿拉伯化语言文化政策的传统，召开“迈向新社会会议”，呼吁认可柏柏尔语言作为民族语言的地位与设立专门机构保护柏柏尔文化。[②] 1980年8月18日至31日，柏柏尔文化精英们举行了重要的集会活动，阿加迪尔夏季大学协会（L'Association de l'Université d'Été d'Agadir）举办了“大众文化”年度学术讨论会。[③] 这次集会旨在促进柏柏尔语言、文学、艺术等领域的系统化研究，标志着摩洛哥柏柏尔文化运动的生成。

（二）摩洛哥柏柏尔文化运动的定型

20世纪80年代的“柏柏尔之春”造成阿尔及利亚的柏柏尔主义向马格里布逸散。[④] 20世纪末，北非和西方社会中的柏柏尔组织奔走于各个国际论坛，积极为柏柏尔事业大声疾呼。此外，新的全球化浪潮特别是互联网的出现和普及，催化了“群体认同”的构建。[⑤] 在此背景下，一批明确以泛柏柏尔主义为目标的组织建立起来。1990年2月，“大赦国际”就摩洛哥人权问题发布报告，促使哈桑二世成立人权咨议委员会（Conseil Consultatif des Droits de l'Homme）对此作出回应。[⑥] 尽管委员会的既定议程不包括族裔问题，但实际上多数受政治迫害群体来自柏柏尔社团。[⑦] 因此，政府的举措与柏柏尔精英建立一个多元主义开放社会的理想不谋而合，有助于双方建立更加和谐的关系。

在国内国际因素的双重作用下，从20世纪80年代起，摩洛哥的柏柏尔文化运动进入定型期，并且走向国际舞台。1981年，在穆罕默德·查菲克倡导下，摩洛哥柏柏尔运动的代表性刊物——法语双月刊《阿马齐

---

① Bruce Maddy-Weitzman, *The Berber Identity Movement and the Challenge to North African States*, Austin: The University of Texas Press, 2011, pp. 96 – 97.

② Senem Aslan, *Nation-building in Turkey and Morocco: Governing Kurdish and Berber Dissent*, New York: Cambridge University Press, 2015, p. 110.

③ Bruce Maddy-Weitzman, *The Berber Identity Movement and the Challenge to North African States*, Austin: The University of Texas Press, 2011, p. 98.

④ 黄慧：《阿尔及利亚柏柏尔主义研究》，社会科学文献出版社2015年版。

⑤ 即在全球建立一个“想象的”阿马齐格社团。

⑥ M. Howe, *Morocco: The Islamist Awakening and Other Challenges*, Oxford: Oxford University Press, 2005, p. 117.

⑦ Lise Storm, *Democratization in Morocco: The Political Elite and Struggles for Power in the Post-independence State*, London: Routledge, 2007, p. 73.

格》（*Amazigh*）开始发行。该杂志将柏柏尔语言文化相关问题引入大众视野，并予以广泛宣传。1991 年 8 月，摩洛哥文化研究与交流协会等 6 个柏柏尔文化协会联名起草了《阿加迪尔语言和文化权利宪章》（*Agadir Charter for Linguistic and Cultural Rights*，简称《阿加迪尔宪章》）。《阿加迪尔宪章》要求，柏柏尔语言应该成为受宪法认可的民族语言，中小学应该开设柏柏尔语言课程。同期，以《阿马齐格世界报》（*Le Monde Amazage*）为代表的柏柏尔语期刊的创立将摩洛哥柏柏尔文化运动推向了新阶段。

1991 年，塔米努特（Tamaynut）协会[①]将《世界人权宣言》翻译为柏柏尔语，推动了柏柏尔问题的国际化。1993 年，联合国邀请其参加在维也纳召开的国际人权会议。塔米努特强调用法律方式解决柏柏尔问题，即柏柏尔人符合联合国对"土著少数民族"的定义，应该受到国际法保护。1994 年 5 月，蒂勒利协会（Tilelli）在摩洛哥东南部组织游行示威活动。不久，政府解除视听媒体节目对柏柏尔语言的限制。[②] 同年 8 月 20 日，哈桑二世的演讲提及了《阿加迪尔宪章》，表示愿意将柏柏尔语言纳入中小学教育体系。[③] 哈桑二世强调三种柏柏尔方言对抵御西方文化入侵至关重要，赞同柏柏尔认同是摩洛哥认同的重要组成部分。至此，摩洛哥的柏柏尔文化运动定型，并以其语言文化权利为核心诉求。

（三）摩洛哥柏柏尔文化运动的高潮

1999 年 7 月哈桑二世去世，穆罕默德六世继位。穆罕默德六世执政伊始至 2011 年，摩洛哥政府在语言文化范围内较为成功地对柏柏尔问题进行了疏导。新国王推动深化政治改革，依法治国，促进社会平等，摩洛哥的政治环境骤然清朗，柏柏尔问题也随之趋缓。同时，摩洛哥的左翼世俗力量也渐渐接受柏柏尔运动，他们试图将对柏柏尔运动的支持作为倡导民主化和促进公民社会的一部分，以此达到制衡伊斯兰主义的目的。[④] 上

---

① 塔米努特协会为 1978 年创立的新阿马齐格文化艺术协会（Nouvelle Association de la Culture et des Arts Amazighs）的简称，其多数成员为律师。

② Katherine E. Hoffman, *We Share Walls: Language, Land, and Gender in Berber Morocco*, Malden: Blackwell, 2008, pp. 196 – 198.

③ Paul Silverstein and David Crawford, "Amazigh Activism and the Moroccan State", *Middle East Report*, Vol. 233, No. 34, 2004, pp. 44 – 45.

④ Bruce Maddy-Weitzman, *The Berber Identity Movement and the Challenge to North African States*, Austin: The University of Texas Press, 2011, p. 127.

述因素将摩洛哥柏柏尔文化运动推向高潮。

1999 年穆罕默德六世前往里夫地区巡视，首次肯定了里夫革命领袖阿卜杜·克里姆在摩洛哥反殖民斗争历史上的重要地位，[①] 以此扩大摩洛哥认同边界，将柏柏尔认同进一步囊括在内。2000 年 3 月，摩洛哥柏柏尔精英发布《柏柏尔宣言》，强调推进对柏柏尔语言教学与研究的立法和国家投资。2001 年，穆罕默德六世采纳了《柏柏尔宣言》的部分要求，在学校开设柏柏尔语言课程，允许并促进视听媒体节目以柏柏尔方言播出，[②] 并且确认柏柏尔文化为摩洛哥民族认同的重要组成部分。同年 10 月，国王发布诏令，正式组建“皇家阿马齐格文化研究院”（*Institut Royal de la Culture Amazighe*），穆罕默德六世任院长，穆罕默德·查菲克任副院长。该机构旨在保护、研究、弘扬并宣传柏柏尔文化。为彰显其柏柏尔血统，[③] 国王穆罕默德六世在庆典上穿戴了传统的柏柏尔头饰，并且许诺每年将给研究院投入 1 亿美元的科研经费。[④] 2003 年 2 月，穆罕默德六世下诏，宣布确立提非纳文字[⑤]为柏柏尔语言的官方书写系统，自此柏柏尔语进入了摩洛哥中小学课堂。[⑥]

2011 年，“阿马齐格运动”（Amazigh Movement）与伊斯兰主义运动“正义与行善”（*Al-Adl wa al-Ihsane*）以及“民主左翼联盟”联合，共同发起“2·20”运动，要求政府进一步推进民主，保障人权与民生。[⑦] 2011 年 7 月，摩洛哥通过宪法修订案，正式承认柏柏尔语是摩洛哥的官方民族语言，享有与阿拉伯语平等的法律地位。本次修宪是独立以来摩洛哥政府对柏柏尔认同最高层次的吸纳，标志着摩洛哥柏柏尔文化运动的高潮。

---

① Adel Darwish, “Mohammed's First 100 Days”, *The Middle East*, December 1999, pp. 16 – 18.

② Bruce Maddy-Weitzman, *The Berber Identity Movement and the Challenge to North African States*, Austin: The University of Texas Press, 2011, p. 165.

③ 穆罕默德六世的母亲出身于阿加迪尔的柏柏尔宰因（Zaiane）部落。

④ Bruce Maddy-Weitzman, *The Berber Identity Movement and the Challenge to North African States*, Austin: The University of Texas Press, 2011, p. 165.

⑤ 古代柏柏尔语言使用的文字，现在操柏柏尔语的图阿雷格人还在使用。

⑥ Bruce Maddy-Weitzman, *The Berber Identity Movement and the Challenge to North African States*, Austin: The University of Texas Press, 2011, p. 171.

⑦ Kenza Oumlil, “Making Sense of Recent Protests in Morocco”（http://www.aljazeera.com/in-depth/opinion/2017/06/making-sense-protests-morocco-170604092533766.html）.

肇始于 20 世纪 70 年代末的柏柏尔文化运动反映出摩洛哥国内柏柏尔问题的三个主要特点。首先，以温和的文化运动为主要形式，以柏柏尔语言文化权利为核心诉求。自摩洛哥建国以后，文化运动一直是摩洛哥柏柏尔人争取认同和族裔权利的主要形式。多数柏柏尔活动家采取了温和的做法，避免对政治制度构成挑战，更鲜有独立之类的追求。柏柏尔运动包含了上百种诉求，从消除乡村地区的社会不公正，到保护柏柏尔人的公民权利等。然而，其核心诉求始终是捍卫并提升摩洛哥柏柏尔语言文化权利。

其次，摩洛哥柏柏尔运动的核心领导力量是以城市为中心的柏柏尔知识精英。[①] 运动的主要领袖有艾茨鲁学院毕业生、著名语言学教授、摩洛哥皇家科学院成员、皇家学院院长、前教育大臣、皇家阿马齐格文化研究院副院长穆罕默德·查菲克；艾茨鲁学院毕业生、摩洛哥全国大众艺术保护委员会主席马赫祖比·艾赫达尼（Mahjoubi Aherdane），其家族是《阿马齐格》杂志的出版商；[②] 律师、塔米努特协会的创始人哈桑·伊德卜卡西姆（Hassan Idbelkassem）。摩洛哥柏柏尔文化运动在 21 世纪初取得惊人成果，很大程度上是由于查菲克与国王穆罕默德六世的师生之谊为该运动的进一步发展提供了机会。

最后，摩洛哥柏柏尔精英构建出一种融入型的族裔认同叙事。摩洛哥柏柏尔精英对政府的阿拉伯化政策强烈不满，但同时珍视柏柏尔人在摩洛哥独立事业中作为股肱栋梁的历史遗产，[③] 因此致力于构建融入型的族裔认同叙事，承认摩洛哥国家与国王统治的合法性。现代柏柏尔运动的主要目标是确定语言文化的合法权利，其主要对手是阿拉伯—伊斯兰主义者。[④] 在不带有分裂主义色彩的前提下，其民族主义叙事包含三大要素：一是“先于阿拉伯人建立文明的本土居民”身份构建。作为一种族裔认同，柏柏尔人强调其族裔身份的特殊性，尤其是柏柏尔文明对北非文明的奠基作用。[⑤] 二是“抗争的柏柏尔人”的形象建构。保护国时期与法国殖

---

① Senem Aslan, *Nation-building in Turkey and Morocco: Governing Kurdish and Berber Dissent*, New York: Cambridge University, 2015, p. 3.

② Bruce Maddy-Weitzman, *The Berber Identity Movement and the Challenge to North African States*, Austin: The University of Texas Press, 2011, p. 98.

③ 在摩洛哥独立进程中发挥重要作用的解放军主要由柏柏尔人组成。

④ David M. Hart, *Tribe and Society in Rural Morocco*, London: Frank Cass, 2000, pp. 7 - 20.

⑤ David M. Hart, *Tribe and Society in Rural Morocco*, London: Frank Cass, 2000, pp. 23 - 26.

民者的合作关系是现代阿拉伯精英攻击柏柏尔人的主要依据，[①] 为此，柏柏尔精英们积极利用历史叙事来重构一种“抗争的柏柏尔人”的形象。三是对阿拉伯—伊斯兰主义者进行污名化塑造。柏柏尔精英强调阿拉伯人是外来的侵略者，并且有意识地重释某些历史事件，以此宣传自身受到了阿拉伯人的迫害和抹黑。[②]

第四节　柏柏尔问题的激进化转向

2011 年宪法是摩洛哥柏柏尔文化运动取得的最高成就，同时也意味着在语言文化权利领域对柏柏尔问题进行政策疏导的模式已经走到了尽头。宪法承认柏柏尔语的民族语言地位是长期以来摩洛哥柏柏尔文化精英们最核心的斗争目标，该目标的满足短期内实现了分化“2·20”运动中柏柏尔人和其他激进派势力的目的，但从长期来看，也凸显出摩洛哥中央政府在面对柏柏尔问题时失去了将其控制在语言文化权利范畴内的制胜砝码。在此之后，摩洛哥柏柏尔问题逐渐向激进化方向演进。由于历史上摩洛哥柏柏尔问题一直较为温和，因此学界对近年来“人民运动”的定性与走向莫衷一是。总体来说，这场运动及其引燃的各类抗议活动虽然围绕民生问题展开，却已经初步呈现出激进化特征。

早在 2007 年 1 月 14 日，激进派柏柏尔精英们就发布了一份文件，宣称柏柏尔运动的重心应该是组织政治斗争，重新缔结社会契约，并强调柏柏尔人拥有对摩洛哥土地的所有权。[③] “人民运动”超出了以往摩洛哥柏柏尔问题的语言文化权利范畴，提出了一系列新命题，并直指王权与教权的关系。示威者打出限制国王权力的标语，运动领袖泽夫扎非将伊玛目贬斥为“骗子”，质疑“建立清真寺究竟是服务于真主还是服务于权贵?”[④] 他拒绝通过掮客而是坚持直接向国王提出诉求，这在摩洛哥以往的政治生

---

① Michael Brett and Elizabeth Fentress, *The Berbers*, Oxford: Blackwell, 1996, p. 271.

② 比如，柏柏尔知识分子改写了 1930 年“柏柏尔诏令”的始末，声称它是摩洛哥民族主义者操纵的结果。详见 David M. Hart, “The Berber Dahir of 1930 in Colonial Morocco: Then and Now (1930 - 1960)”, *Journal of North African Studies*, Vol. 2, No. 4, 1997, pp. 11 - 33。

③ Bruce Maddy-Weitzman, *The Berber Identity Movement and the Challenge to North African States*, Austin: The University of Texas Press, 2011, p. 174.

④ Kenza Oumlil, “Making Sense of Recent Protests in Morocco”.

活中极为罕见。其中，里夫的抗议活动凸显了地区认同。激进分子同时挥舞“里夫共和国”的旗帜与阿马齐格旗帜，并且吟唱歌曲纪念阿卜杜·克里姆。[①] 时任世界阿马齐格大会主席卡米拉·奈特·希德（Kamira Nait Sid）甚至在2017年7月28日就“人民运动”问题呼吁实现里夫地区自治。[②] 此外，杰拉达矿难引起的抗议活动持续了一年左右，[③] 发展为抗议群众与安全部队的暴力冲突。[④] 2018年4月20日开始的网上抵制运动的核心诉求是降低生活必需品价格，主要针对三家垄断巨头，它们背后分别是摩洛哥政治精英、跨国集团和商业精英，表明摩洛哥柏柏尔问题已不仅是民族整合问题，也是社会问题。[⑤] 当然，摩洛哥柏柏尔问题的激进化倾向才刚刚崭露头角。这种倾向未来将演变为一种持久的社会运动还是仅仅昙花一现，则取决于摩洛哥政府的整合能力。“人民运动”所折射出的摩洛哥柏柏尔问题的激进化倾向主要受到以下因素的推动。

第一，城乡、地域的经济社会发展不平衡。柏柏尔人聚居于中央政府难以控制的偏远地域，这些地方的经济整合与发展程度较低，往往成为所在国最贫困的地区。摩洛哥独立党曾践行去部落化的政策，但随着国王与柏柏尔地方精英建立恩荫关系而结束。摩洛哥君主与柏柏尔首领之间的“权力分享”[⑥] 策略，一方面可以维护部落固有权力秩序，确保地方社会政治相对稳定，另一方面影响了国家行政对部落地区整合的深度与广度。

---

① Anne Wolf, “Morocco's Hirak Movement and Legacies of Contention in the Rif”, p. 4.

② “Rif: Les Discriminations Et La Répression Doivent Cesser”（https://amazigh24.com/ar/node/17）.

③ 2019年1月，摩洛哥乌季达法院判处18名杰拉达矿难抗议者2年至4年有期徒刑，此后抗议活动渐渐平息。详见“Moroccan Court Hands out 60 Years of Prison for Jerada Protestors”（https://www.moroccoworldnews.com/2019/01/264081/moroccan-court-prison-jerada-protestors/）。

④ Ulf Laessing, “Moroccan Protesters Clash with Police in Poor Mining Town and ‘Set Cars on Fire’”（https://www.independent.co.uk/news/world/africa/morocco-jerada-protests-fire-riots-mining-town-police-rabat-africa-a8256886.html）.

⑤ 阿非奇亚汽油公司（Afriquia Gasoline）属于摩洛哥农业部长阿齐兹·阿克哈努齐（Aziz Akhanouch）所有的阿克瓦集团（Akwa Group）；中央达能奶制品公司（Centrale Danone）是法国达能集团的子公司；希迪·阿里·乌尔默矿泉水公司（Sidi Ali-Oulmes）属于摩洛哥最大的商业组织摩洛哥企业联合会（General Confederation of Moroccan Enterprises）主席玛利亚姆·本萨勒赫（Meriem Bensaleh-Chaqroun）。详见“Boycott in Morocco: Is This the End of the PJD?”（https://www.moroccoworldnews.com/2018/05/246878/boycott-morocco-pjd-afriquia/）。

⑥ Catherine Bonne, *Political Topographies of African State: Territorial Authority and Institutional Choice*, Cambridge: Cambridge University Press, 2003, p. 32.

维护部落秩序现状的代价是低水平的社会经济发展，国家很少投入大型项目促进乡村现代化，或提高农民的生活水平，部落地区如同一片死水。[①]在2018年联合国人类发展指数排名的189个国家里，摩洛哥只排在第123位，处于中低水平。[②] 该国城市化率仅为57%，83%的儿童在小学毕业后失学，其中大部分是农村儿童。[③]

摩洛哥工业体系薄弱，以农业生产和矿石出口为主要经济支柱。欠发达的经济发展水平决定了国家没有能力为偏远地区引入公共服务，但当地居民通常将基础设施落后解读为一种歧视，因而容易被动员起来反对政府。摩洛哥政府也曾努力改变柏柏尔人聚居地区贫困落后的局面，然而却无法真正实现这一目标。城市化对摩洛哥柏柏尔人最显著的影响是乡村劳动力逐渐涌入城市，使得农村人口进一步减少，城市人口激增。与农村人口迅速流入城市相伴生的是农村闲置土地的增加。在此背景下，非政府组织如高阿特拉斯基金会（High Atlas Foundation）与摩洛哥政府大力倡导农民种植果树，以此提高农民收入，改善生活质量，并希望以此达到遏制农村人口外溢的目标。[④] 果树种植推广却导致了粮食减产，越来越多的人依赖商品粮，国家对粮食进口的需求也逐年升高。然而，在自由化经济主导下，摩洛哥政府对基本商品的补贴呈递减趋势，极大伤害了底层人民的切身利益。[⑤] 2004年起，摩洛哥开始实施土地私有化，部落集体所有的1200万公顷土地首当其冲。[⑥] 同时，许多大型工程的推进往往以牺牲底层人民的生计为代价。2018年9月，摩洛哥经济、社会与环境委员会（Economic,

---

① Charles Micaud, "Conclusion", in Ernest Gellner and Charles Micaud eds., *Arabs and Berbers: From Tribe to Nation in North Africa*, p. 437.

② "Human Development Indices and Indicators 2018 Statistical Update" (http://hdr.undp.org/sites/default/files/2018_human_development_statistical_update.pdf).

③ Kiannah Sepeda-Miller, "Morocco's Teachers Battle Urban-rural Education Divide" (http://www.aljazeera.com/news/2015/06/morocco-teachers-battle-urban-rural-education-divide-150625081603977.html).

④ David Crawford, *Moroccan Household in the World Economy: Labor and Inequality in a Berber Village*, Baton Rouge: Louisiana State University Press, 2008, p. 160.

⑤ Joe Hayn, "Morocco's Burgeoning Resistance" (https://www.jacobinmag.com/2017/07/morocco-popular-movement-protest-islam).

⑥ Nadir Bouhmouch, "Morocco: A Dam Threatens to Drown a Village" (http://www.aljazeera.com/news/middleeast/2015/05/morocco-dam-threatens-drown-village-150503124915989.html).

Social and Environmental Council）发布年度报告，报告指出摩洛哥贫困率从45.1%上升至64%，社会不公正也在同步上升。[①]

此外，由于摩洛哥里夫地区是非洲通往欧洲的门户，此地毒品贸易盛行。世界阿马齐格大会（World Amazigh Congress）的倡议书中指出，罂粟种植和毒品贸易使少数显贵和官僚中饱私囊，平民越发穷苦，只能前往欧洲务工谋生。[②] 然而，摩洛哥与欧盟签署的《巴塞罗那进程》并没有真正惠及里夫等地，相关条约阻断了里夫人向外移民寻求工作的机遇，[③] 对当地人来说无异于雪上加霜。

第二，温和的柏柏尔文化精英逐渐失去了领导地位，草根阶层开始登上历史舞台。摩洛哥政府对柏柏尔人的民族整合模式有其优势，在一定程度上依靠与乡村柏柏尔集团的恩荫关系，保证政权牢牢掌握在王室手中，维持摩洛哥的政治稳定。然而，摩洛哥政府吸纳整合的手段也有较大局限性。其吸纳政策并不能兼顾所有柏柏尔精英群体，导致柏柏尔运动领导层发生分化，温和的柏柏尔精英逐渐丧失领导柏柏尔运动的合法性，这加速了柏柏尔群体的激进化倾向。由于政府的吸纳政策并不能有效消除民族冲突，没有被吸纳的领导人往往更倾向于发动暴力活动。[④]

摩洛哥王室对皇家阿马齐格文化研究院的慷慨资助并没有完全实现驯服柏柏尔精英的目标，反而造成研究院内部的分裂。该机构建立之初，部分里夫人就指出研究院人员构成存在地域不平等，领导层大多出身于南方的柏柏尔社团。2005年2月，皇家阿马齐格文化研究院咨议委员会的7名成员[⑤]公开发表联合声明，谴责南方伊谢尔新（Ishelhin）柏柏尔集团垄断研究院领导地位，默许国家蓄意为之的驯服和遏制政策，从而使柏柏尔事业推进频繁受阻。[⑥] 至此，摩洛哥柏柏尔问题超越了文化运动的范畴，摩洛哥柏柏尔运动领导层内部出现分裂。

---

① "Focus du Rapport 2017：Les inégalités Regionals et Territoriales"（http：//www. ces. ma/Pages/Rapports% 20annuels/Rapport-Annuel-2017. aspx）.

② "Rif：Les Discriminations Et La Répression Doivent Cesser".

③ Joe Hayn，"Morocco's Burgeoning Resistance".

④ 严庆：《冲突与整合：民族政治关系模式研究》，社会科学文献出版社2011年版，第199页。

⑤ 其中4人来自里夫地区，3人来自中阿特拉斯山区。

⑥ Mohammed Errihani，"Language Attitudes and Language Use in Morocco：Effects of Attitudes on 'Berber Language Policy'"，*Journal of North African Studies*，Vol. 13，No. 4，2008，pp. 411 -428.

摩洛哥政府资源并不能满足公共福利与民众生活水平，受到居高不下的房价、物价与失业率的刺激，校园、乡村和小城镇的激进主义者采取了各种直接行动手段，包括抵制、静坐以及非法集会和游行等。① 这一时期，柏柏尔运动不再受到温和派文化精英的领导。有西方媒体称，“人民运动”属于工人阶级，采取了反资本主义的姿态，将资产阶级视作政权的走狗。② 参与“2·20”运动的“阿马齐格运动”“正义与行善”组织以及“民主左翼联盟”与“人民运动”都没有直接关联，领导此次运动的是平民出身的失业工人泽夫扎非。③

2011 年的摩洛哥宪法修正案是柏柏尔文化运动的里程碑，标志着柏柏尔人的历史性胜利，但同时意味着自此之后在语言文化领域解决摩洛哥柏柏尔问题的空间与可能性逐步缩小。剥掉文化认同外衣后，当代摩洛哥柏柏尔问题的本质暴露出来，即当代柏柏尔人为挣脱城乡、地域社会经济发展不平衡的困局，不可避免地走上了激进化道路。

自 1956 年独立以来，柏柏尔问题引发的相关政治与社会事件在摩洛哥广泛存在。1980 年至 2011 年，摩洛哥柏柏尔人发起的冲突事件多达 272 起。④ 但摩洛哥柏柏尔问题仍呈现高频次、低烈度的态势，以文化运动为主流，社会危害较小。即便是 1958 年里夫地区爆发的暴力反抗活动也打着“独立党政府下台，国王万岁”的口号。⑤

然而，2016 年爆发的“人民运动”缺乏柏柏尔精英的领导背景，冲破了长期以来柏柏尔运动追求语言文化权利的框架，使得由社会经济根源造成的摩洛哥柏柏尔问题变得越发复杂。未来的摩洛哥柏柏尔问题可能呈现两面性：一方面，柏柏尔主义者与库尔德人和加泰罗尼亚人互动较多，容易受到他国民族问题的联动影响。在此背景下，摩洛哥的柏柏尔问题有

---

① Bruce Maddy-Weitzman，*The Berber Identity Movement and the Challenge to North African States*，p. 190.

② Joe Hayn，“Morocco's Burgeoning Resistance”.

③ “Morocco Arrests Rif Protest Leader Nasser Zefzafi”（https：//www. aljazeera. com/news/2017/05/morocco-arrests-rif-protest-leader-nasser-zefzafi-170529130103911. html）.

④ Suzanne Hollands，*A Correlation Analysis of Low-Level Conflict in North African Berber Groups*，1990 - 2011，Master Thesis，Georgetown University，2014，p. 95.

⑤ Bruce Maddy-Weitzman，*The Berber Identity Movement and the Challenge to North African States*，Austin：The University of Texas Press，2011，p. 86.

可能更加激进化且难以控制。“人民运动”的诉求不够清晰，它虽然提出了经济、民生、基础建设、司法公正、消除腐败与限制王权等多项议题，但并没有最核心的目标。甚至当国王承诺投入数十亿迪拉姆资助当地经济发展并兴建基础设施后，泽夫扎非依旧拒绝谈判；另一方面，摩洛哥王室虽然善于吸纳柏柏尔人的意见，然而“人民运动”直指王权与神权的关系，触及阿拉维家族君主统治的合法性，必然被王室所不容。此外，当今的国内国际形势不同于 2011 年，向柏柏尔主义者妥协来制衡其他激进势力已不是摩洛哥王室的上策，这种变化导致柏柏尔人实现理性诉求的概率暂时陷入低谷。当前摩洛哥柏柏尔问题的根源在于城乡、地域之间的政治、经济与社会断裂，因此，仅仅依靠政府以现实利益为考量的调控手段，难以从根本上解决这一问题。

第五节　柏柏尔人生存境况与挑战*

柏柏尔族群的身份问题曾长期受到摩洛哥政府的漠视，但自 2001 年以来，该族群获得制度上的认同，这主要归功于皇家阿马齐格文化学院（IRCAM）[①] 的创立与公共教育和媒体领域（部分）引入柏柏尔语言。2011 年 3 月 9 日，摩洛哥国王穆罕默德六世更是在公开演说中表露出从宪法层面承认柏柏尔人身份的意愿。本章通过对柏柏尔人运动的研究，回顾这一身份诉求产生的进程，并为围绕这一问题的演变而引发的各种现实挑战与争议提供佐证依据：（身份的）承认或恢复；（语言的）规范化与文字化；“民族”语言或官方语言。

摩洛哥的柏柏尔族群身份诉求进程最早出现于 20 世纪 60 年代末与 70 年代初。当时，一批知识分子（出身于接收良好教育的城市中产阶级）和文化协会，开始为推广柏柏尔语言和身份积极奔走，后来这些人和组织将他们的活动定名为“柏柏尔文化运动”（MCA）[②]，其目的在于按照文化多样性的标准，对“摩洛哥民族”进行重新界定。迄今，摩洛哥民族身

---

* 本节编译自摩洛哥知名社会学家法德玛 · 阿伊特 · 穆斯 2011 年发表在《地中海汇集》（Confluences Méditerranée）的论文，原标题为“摩洛哥阿马齐格人问题探析”。

① 法文全称为 l'Institut Royal de la Culture Amazighe。——译者注

② 法文全称为 le Mouvement Culturel Amazigh。——译者注

份的官方信条依然由“阿拉伯”与“伊斯兰”两大要素构成，这是文化同质化的结果。

身份构建的话语层面，柏柏尔知识分子将赋予族群统一名称作为首要任务，毅然抛弃被他们视为带有侮辱性色彩的“柏柏尔”① 这一称谓，而选择“阿马齐格”这一词汇。“名称”在族群的自我命名中具有重要的象征意义，社会族群在自我命名过程中构建身份，修正和摒弃他人强加于己的其他名称。不过，值得注意的是20世纪60、70年代，柏柏尔族群的诉求初现之时，柏柏尔知识分子使用频率最高的词依然是“柏柏尔”。这一策略与当时禁止言论自由的政治环境和（柏柏尔文化）运动诞生期的不稳定性所关联。直至20世纪80年代，“阿马齐格”一词方才被公开使用。

柏柏尔身份话语在运动发端时所依托的另一理念是“民间文化”。对于柏柏尔知识分子来说，认可民间文化的价值，就是认可柏柏尔文化的价值。这一核心思想促使柏柏尔文化运动在开始时特别关注口传文化的重要性，将其视为摩洛哥民族遗产的要素之一。

柏柏尔文化运动至关重要的一点依然是要使柏柏尔语作为一种语言的地位获得认可。在摩洛哥，阿拉伯语被视为《古兰经》与雄辩术的专属语言，与之相比，阿马齐格族群的各种方言总要“低人一等”。柏柏尔知识分子——其中相当一部分本身就是语言学家，依据国际上享有盛望的语言学家们对于语言的各种定义，对贬低本民族各种方言的观点予以驳斥，由此证明以具有（书写）文字作为界定语言的标准带有意识形态色彩。一种方言并非是缺失文字系统的语言，而是在政治领域处于劣势的语言。

一　摩洛哥柏柏尔身份诉求产生的历史过程

柏柏尔族群诉求经历了一个漫长的历史过程，包括以下三个层面：话语层面（语言、文学和思想产品）、组织层面（协会、合作、国际化）和具体诉求层面（从文化诉求到政治诉求）。下文将按时间先后顺序，介绍若干重要节点。

① 由于“柏柏尔”这一称呼源自拉丁语的“蛮族”，带有贬义，故目前通用的称呼是“阿马齐格”。——译者注

1967 年，摩洛哥文化研究与交流协会①在拉巴特成立，旨在推广民间文化与艺术，进行口头传统（文化）的搜集和保存工作。该组织名称的选择本身就是一种带有战略意图的行为，其创立者们有意回避“柏柏尔”这个词，从而强调协会具有“摩洛哥”全国性特征。当时的摩洛哥刚获得独立，主流政治明显表现出构建民族团结意愿，与把摩洛哥分化为“阿拉伯”与“柏柏尔”的殖民主义观念决裂。不过，谈论“柏柏尔问题”依然是一种禁忌，因为“柏柏尔”等同于殖民主义，有损民族团结。

自 20 世纪 70 年代起，其他一些协会组织陆续在拉巴特、纳祖尔、阿加迪尔和卡萨布兰卡等地创建。1980 年成为起步阶段的柏柏尔文化运动引人注目的一年，这与“阿加迪尔暑期大学”第一期学习班举办密切相关。这期学习班的主题为“民间文化：多样性中的统一”。十几年之后，人们见证了《摩洛哥阿马齐格语言和文化宪章》的签订，这被视为柏柏尔文化运动具有里程碑意义的事件。这份“阿加迪尔宪章”由 6 个协会共同签署，其内容汇聚了柏柏尔文化运动主要的诉求，具体划分为七大目标，其中包括宪法中对于柏柏尔语言的国家地位予以明确表述，从而与阿拉伯语“平起平坐”；柏柏尔语言和文化全面融入各类文化和教育活动，同时进入各级学校的教学计划；柏柏尔语言在媒体领域享有法人地位。这一宪章的意义尤其在于促使柏柏尔族群诉求的公开化，而不再以“民间文化”作为“掩饰”，或者局限于科研和学界领域。宪章签署后，一大批协会应运而生，除大城市外，还遍及小城市和乡村。数年后，摩洛哥大学生全国联合会（UNEM）② 中出现了一场以政治诉求为特点的柏柏尔学生运动，旨在推动柏柏尔事业的进一步发展。

摩洛哥社会对于柏柏尔问题的关注度越来越高，1994 年达到一个高潮：拉希迪耶“五 · 一”大游行后，Goulmima 的“第勒里”协会③的 7 名成员遭到逮捕，起因是协会成员在游行队伍中高举标语，同时齐声高喊口号，要求学校进行柏柏尔语言的教学和宪法承认其地位。当时的摩洛哥政治环境已相对宽松，柏柏尔文化运动也得到了越来越多的理解，因而这

---

① 法文名称为 l'Association Marocaine pour la Recherche et les Echanges Culturels（AMREC）。——译者注

② 法文名称为 l'Union Nationale des Etudiants du Maroc。——译者注

③ 此处“第勒里”源自阿马齐格语，即“自由”的意思。——译者注

次逮捕行动遭到普遍的质疑，无论国内还是国外，要求释放被拘捕的协会成员的呼声极为强烈。这一事件的影响可以用摩洛哥政府随后做出的被评价为“具有象征意义的”行为作为佐证：1994 年 6 月 14 日，新任首相阿卜杜勒·拉蒂夫·菲拉利在议会发表的演说中宣布从即日起，摩洛哥电视台将用“柏柏尔语”播放部分新闻节目。

1994 年 8 月 20 日，摩洛哥国王哈桑二世在演说中对他称为“柏柏尔方言”的语言及文化加以赞扬，宣布摩洛哥的小学开始柏柏尔语言教学。事实上，国王的讲话的实际效果仅为设立了一个用三种柏柏尔方言播报的电视新闻节目，每一个方言播报几分钟。然而，从摩洛哥官方对待柏柏尔问题的立场来审视，哈桑二世国王的这次讲话仍被视为迈出了“历史性的”一步。柏柏尔运动的积极分子认为国王的讲话打破了长久以来的“禁忌”，官方敢于承担起应对挑战的责任。这次讲话被视为政治解决柏柏尔问题的机遇，全国各地纷纷建立相关的协会，将所有柏柏尔协会整合统一的理念随之而生，最终建立了摩洛哥柏柏尔协会组织全国协调委员会[①]这一机构。

从 1993 年至 21 世纪的最初十年，柏柏尔运动经历了一个国际化的过程，各类协会逐步“走出国门”，在摩洛哥以外的国家或地区设立机构，并提出“本土化”作为诉求的核心理念。1995 年，世界阿马齐格大会召开，使得这一国际化进程实现了“正规化”，建立起一个独立于任何政府和党派的非政府国际组织，其宗旨在于提升柏柏尔族群的语言文化权利。

21 世纪初，柏柏尔文化运动成为摩洛哥政治领域，特别是多党制背景下的重要事件。事实上，运动的参与者多种多样（个人与团体，国内与国际），其目的与战略差异明显，造成运动内部经历了对立与冲突，其中最为激烈的是摩洛哥研究与文化交流协会（AMERC）[②]与摩洛哥民间艺术新协会（Tamaynut）两大协会围绕“原住民族”概念使用的严重分歧。与摩洛哥民间艺术新协会的观点相反[③]，摩洛哥研究与文化交流协会认为

---

① 法文名称：le Conseil National de Coordination des associations amazighes du Maroc。——译者注

② 法文全称为 l'Association marocaine de recherche et d'échange culturel。——译者注

③ 这一组织认为摩洛哥的“原住民族”是阿拉伯人，从而将柏柏尔人视为“非原住民族”，即所谓“外来民族”。——译者注

“原住民族”这一概念与摩洛哥的国情不符，因为“柏柏尔”本身就是摩洛哥的国内问题，不应将摩洛哥划分为两个民族：原住民族与非原住民族。

另一大分歧在于是否应将柏柏尔运动引入政治领域。2000 年 3 月，根据穆罕默德·沙菲克[①]的倡议，一个“长期关注柏柏尔公众意见的柏柏尔语知识分子群体”签署《柏柏尔宣言》（Manifeste berbère），强调摩洛哥官方承认柏柏尔族群身份的必要性，从而引发有关柏柏尔文化运动是否“政治化”的广泛议论。

二 柏柏尔运动的制度化：摸索、抗争与风险

摩洛哥官方对于柏柏尔族群诉求的正式回应“突现”于 2001 年，这与根据摩洛哥国王诏令创建“皇家阿马齐格文化学院”密切相关。学院负责“保卫、推广和加强柏柏尔文化在教育、社会文化、国家媒体以及地方、地区事务管理中的地位”。

柏柏尔文化运动的制度化在运动的参与者内部引发新的争论。部分成员觉察到政府意图通过“制度化”手段最终消弭柏柏尔文化运动的“战斗性”，从而终止其政治化进程。

2003 年，柏柏尔文化运动支持者与伊斯兰传统派产生严重对立，原因在于学校中的柏柏尔语言教学选择何种书写方式的问题。皇家阿马齐格文化学院当时面临三种选择：提非纳文字[②]、拉丁文字和阿拉伯文字。最终，提非纳文字入选，成为官方认定的柏柏尔文字系统。这一选择从技术层面来说成本确实很高，但从身份认同层面来看，意义非凡：柏柏尔语言拥有自身特有的文字，即提非纳文字，成为柏柏尔语言文化真实性的象征和保障。官方书写方式的确认虽出现在语言官方地位得以确认之前，不过至少使长久以来柏柏尔语言“书写混乱”的状态得以终结。但争议并未由此消失，长期而又复杂的柏柏尔文字规范化进程，在支持皇家阿马齐格文化学院采用提非纳文字的群体内部引发争议，有的人主张以法国国立东方语言与文化学院（Inalco）认定的提非纳文字为准，有的人则建议将柏

---

① 穆罕默德·沙菲克（Mohamed Chafik，1926— ）：摩洛哥著名学者，阿马齐格文化运动的代表人物之一。——译者注

② 提非纳文字：古代地中海和北非地区的一种古老文字，柏柏尔人的主要书写方式。——译者注

柏尔学术院[1]的提非纳文字作为范本。

（提非纳文字）书写方式一经确认，2003 年 9 月 15 日新学年开学之际，摩洛哥国家教育部发出在全国 317 所学校开展柏柏尔语“试点”授课的指令，具体实施阶段为小学第一学年，每周共 3 个小时课程，分 5 天完成，预计到 2008 年在所有学校中普及柏柏尔语教学。

柏柏尔运动制度化进程在教育与媒体领域困难重重，导致皇家阿马齐格文化学院遭到批评和反对，其方案也被贬斥为准备不足。以 2005 年为例，各种突发事件层出不穷。

2005 年 2 月 21 日，皇家阿马齐格文化学院行政委员会的 7 名成员同时提交辞呈。这一集体辞职事件在一份公开的报告中得到证实，该报告指责皇家柏柏尔文化学院与政府的行动不足且“毫无显著效果”，理由则是“每天所发生的事实证明柏柏尔问题依然停滞在 2001 年之前的态势”，而“柏柏尔族群过去饱受边缘化、歧视，甚至‘文化杀戮’的那一页历史始终没有翻过去”。集体辞职举动的目的就在于将争论扩展至学院之外，引起公众舆论对于“皇家阿马齐格文化学院工作懈怠，毫无进取心”这一问题的关注，同时对学院在使柏柏尔语言和文化获得认同方面的失败加以谴责。事实上，在所承担的使命方面，学院确实毫无建树。

批评的矛头直指负责摩洛哥阿马齐格文化和语言的两大官方机构，即国民教育部与文化和交流部。集体辞职者指责国民教育部尽管之前宣布将在 2008—2009 年度普及柏柏尔语言教育，但却继续公开表示严格遵守《白皮书》和《国家宪章》。上述两部文件均在 2001 年之前颁布，其内容都认为柏柏尔语言“仅仅是小学一二年级阶段阿拉伯语学习中的辅助手段，这一点令人感到耻辱。至于教学质量，支持柏柏尔语言教学的任何方法和手段（如教师培训、教学手段、教学器材等）均没有实际实施”。

自 2003 年 9 月起，柏柏尔语进入小学阶段的教学大纲，至 2005 年已完成三个学年的教学。2003—2004 学年度，开设柏柏尔语课程的学校有 354 所，2004—2005 学年度迅速增加至 914 所；2005—2006 学年度则达到 2204 所。这一学年开学伊始，一本新的教材 *Tifawin a tamazighte 3* 编纂

① 柏柏尔学术院（l'Académie Berbère）：1966 年在巴黎成立的旨在保护柏柏尔文化的协会组织。——译者注

完成并正式出版，用于小学第三学年的柏柏尔语言教学。事实上，这本教材是对第一、二学年所学知识的复习和巩固，正好与之前出版的 *Tifawin a tamazighte 1* 和 *Tifawin a tamazighte 2* 成为系列。新教材与前两本一样，均由皇家阿马齐格文化学院的专家与国民教育部教学大纲和课程指导委员会合作编纂，遵照的也是 2004 年颁布的《108 通知》。这份文件明确指出柏柏尔语言教学所要达到的目标，同时对教学要遵循的基本原则进行了规定：

· “纵向”普及柏柏尔语言教学，即（按照时间）覆盖至所有阶段、所有年级。

· “横向”普及柏柏尔语言教学，即（按照空间）覆盖摩洛哥王国的所有地区。

· 柏柏尔语言为必修课程，无论是柏柏尔语言为母语的学生，还是阿拉伯语为母语的学生，都在一个体系中进行评价。

· 柏柏尔语言教学应循序渐进，所教授的应为标准语，语音、形态、词汇、句法等方面必须统一规范，每周 3 课时。

传播交流方面，辞职者们指出“摩洛哥公共视听媒体大家庭中，柏柏尔语媒体是一个‘可怜的’成员”。从 1991 年的《阿加迪尔宪章》发布起，柏柏尔文化运动始终要求在纸质与视听大众媒体领域赋予柏柏尔语言真正的“公民权”，但直到 2004 年摩洛哥文化和交流部才与皇家阿马齐格文化学院签订了一份合作框架协议，算是在这个领域有了一点突破。这份协议旨在媒体与传播领域巩固和提高柏柏尔文化的地位。由此，从 2005 年 11 月 15 日起，摩洛哥国家电台的柏柏尔语频道每天增加 4 个小时的播放时长，时段从 8 点直至午夜 0 点，平均每天柏柏尔语节目的时长达到 16 小时——此前每天的平均时长为 12 小时，节目内容多样，完全用柏柏尔语播放。

此外，皇家阿马齐格文化学院与摩洛哥文化和交流部共同建立起一个合作研究委员会，目的在于推进柏柏尔语言进一步进入国家电视媒体领域。不过，等到 2010 年，公共频道“塔马扎格特电视台”（Tamazight TV）方才设立，旨在推广和保护摩洛哥及北非地区的柏柏尔文化。

集体辞职者们发布的公告在结尾处提出上述解决方案，以此暂时应对最为棘手的问题，即柏柏尔语言“入宪”问题。

三　“入宪”的挑战

长期以来，柏柏尔文化运动的积极分子始终要求从宪法层面确认柏柏尔族群的地位，他们认为只有获得国家最高法律的承认，柏柏尔身份、文化和语言才能真正得到保护。这一“入宪”诉求一直没有得到官方的回应，直至2011年2月20日柏柏尔文化运动发起抗议示威行动才有所变化。同年3月9日，穆罕默德六世国王发表演说，提及柏柏尔问题时表示出修宪的意愿。当然，某些人认为国王的建议带有纯粹的政治机会主义色彩，目的在于转移柏柏尔运动激进分子的视线，从而逐渐淡化政府负责柏柏尔事务的部门办事不力而造成的负面影响（例如，柏柏尔语言教学计划进展不顺，禁止国民使用阿马齐格名字，柏柏尔语媒体规模过小等）。

围绕通过修宪使摩洛哥的柏柏尔族群地位获得承认这一问题，柏柏尔运动内部展开大辩论，最终分化成两大派别：一派坚决捍卫柏柏尔语言作为“民族语言”的地位；另一派则要求赋予柏柏尔语言正式官方语言的地位。修宪咨询委员会提交的第一份宪法草案中有关这个问题的表述仅有一句：“阿拉伯语和柏柏尔语是摩洛哥的官方语言”。然而，国王的高级顾问穆罕默德·穆阿塔西姆召集各党派就该问题进行咨询讨论即将结束时，迫于独立党和正义与发展党的压力，这一表述被修改和弱化。这两大党派被柏柏尔运动视为“反阿马齐格”的保守政治势力集团。

最终，宪法修正案在2011年7月1日的全民公决中获得通过，从形式上确认了柏柏尔语言和文化的地位，但其内涵却十分空洞。针对上述两种语言，新宪法中有两段截然不同的表述：“阿拉伯语依然是国家的官方语言 。国家致力于保护和发展阿拉伯语及它的使用。同样，柏柏尔语作为全体摩洛哥国民共同的文化遗产，也是国家的官方语言之一。国家将颁布一部正式的组织法，据此确定这种语言正式拼写形式的制定步骤，以及将其列入学校教学计划和引入公共生活的方式，从而达到实现其官方语言地位的目标”。也就是说，柏柏尔语确实得到了官方的承认，但还要等待一部组织法的颁布方才得以真正实现。

新宪法在柏柏尔运动积极分子中引起的反响并不相同。一部分人对于柏柏尔语言实现官方化这一事实采取欣然接受的态度，将此看做多年来斗争和诉求的重要成果。另一部分人则认为这仅是一种“幻象”，指责宪法中有关表述模糊不清，很可能产生不同的解读，不符合宪法力求清晰准确的基本原则。柏柏尔权利与自由观察团（l'Observatoire Amazigh des Droits et des Libertés）在2011年6月17日公报中明确指出："……在不同段落中对阿拉伯语和柏柏尔语的官方地位加以界定，本身就意味着两种语言之间存在等级差异，即阿拉伯语是第一官方语言，柏柏尔语则屈居第二位。鉴于语言与所属族群的身份和地位密切相关，新宪法如此表达，等同于将所有摩洛哥人划分为明显区别的两个等级：（阿拉伯语的）一等公民与（柏柏尔语的）二等公民。'确定这种语言正式拼写形式的制定步骤，以及将其列入学校教学计划和引入公共生活的方式'的这部组织法的制订本身就会引发法律问题，毕竟多年来我们的尊严遭到践踏，我们的文明遗产遭到摧毁。仅凭这么一部法律就能够将过去的一切都抹杀，就可以一切都从头开始吗？或者这部法律能否认真审视近些年来柏柏尔文化运动所取得的成就，尤其是在教育领域，尽管这种语言由于缺乏立法保护其发展受到了阻碍？究竟多久柏柏尔语言才能完全进入教育领域？所需要的投入究竟会多少？就此看来，柏柏尔文化捍卫者们将会迎来更为艰巨的一场战斗。"

该机构的这份公报还提醒对以下两点应予以重视：首先，与其他咨询建议机构的性质相反，皇家阿马齐格文化学院始终未得到宪法的确认；其次，虽然新宪法中规定"柏柏尔语言文化是柏柏尔族群身份确定过程的第一且基本要素"，但这一原则在摩洛哥国家范畴中实现的时间表未得到遵守。因而，许多柏柏尔运动的激进分子面对不确定的未来发出了警示。皇家阿马齐格文化学院学者和柏柏尔权利与自由观察团成员玛莉姆·丹姆纳提（Meriem Demnati）对上述立场进行了概括："目前态势下，数个工作委员会在近期纷纷设立，其组成包括部分柏柏尔协会和与之结盟的部分政党，如进步与社会主义党或人民运动，旨在为柏柏尔语言正式融入各公共机构制订一份路线图，并为对抗反柏柏尔的保守势力做准备。"

第九章　正义与发展党研究

摩洛哥实行君主立宪制，但实际属于君主专制国家，建立在神权统治思想基础上的王室牢牢掌控着摩洛哥的最高宗教和政治权力。“真主、国家和国王”是根植于政体中的三大不可动摇要素。正义与发展党（以下简称“正发党”）由于其伊斯兰背景而长期遭受王室打压，但该党不断调整指导思想和组织结构，努力谋求政治合法性，并积极参与国内政治活动，逐渐获得王室认可，成为摩洛哥国内一股不可忽视的政治力量。正发党在2011年和2016年两次议会选举中获胜，已成为摩洛哥的第一大党。而左翼政党（如独立党）在独立后因试图建立民族主义国家而被王室打压，执政表现不佳，民意支持率不断下降。2016年议会选举后，保皇政党因真实性与现代党的加入实力得到增强。全国力量社会主义联盟在议会中的席位数虽然减少了，但其作为联合政府的拉拢对象，正努力建立一个以自我为中心的集团对抗正发党。而真实性与现代党在议会中的席位数不断增加，甚至接近于正发党的席位数，实力不容小觑。当前摩洛哥国内呈现出以温和伊斯兰力量为主导、左翼力量下降、保皇力量逐渐上升的局面。

第一节　2011年议会选举及正发党的表现

一　2011年议会选举的背景和结果

2010年12月17日，突尼斯青年穆罕默德·布瓦吉吉（Mohamed Bouazizi）因无证经营被没收货物，申诉无果后自焚以示抗议，事件引发了全国大规模群众抗议游行。2011年1月14日，突尼斯总统本·阿里引咎辞职并出逃沙特阿拉伯。1月25日，埃及群众在开罗解放广场聚集示威，18天后总统穆巴拉克辞职。1月27日，也门民众也开始抗议示威，试图推翻总统萨利赫。2月27日，利比亚西部城市班加西爆发反对卡扎菲政权的示威活动。3月15日，叙利亚南部城市德拉发生警民冲突事件，随后抗议风波席卷全国。部分海湾国家也出现群众性示威活动，但由于应对及时，避免了危机恶化。

位于北非最西端的摩洛哥在这场连锁危机中也未能幸免。一个叫赛义德·本·杰布里（Said Benjbli）的摩洛哥人在社交网站“脸书”（Facebook）上发起了“2·20”运动，号召摩洛哥民众在2月20日这一天走上街头静坐示威抗议，呼吁废除1996年宪法，制定新宪法并限制国王的权力，效仿西班牙和英国实行君主议会制；解散当前的腐败政府，成立新政府；反对腐败；增加就业，提高生活水平等。面对日益严峻的国内危机和不断恶化的地区局势，穆罕默德六世国王引以为戒，避免采用血腥镇压的方式处理民众的游行示威，而是采用一贯的手法——修改宪法来平息民众的愤怒。

3月9日，摩洛哥国王发表电视讲话，承诺将成立一个18人的制宪委员会制定新宪法，并表示会下放部分权力给新一届内阁，承认少数民族的文化和社会权利。7月1日，摩洛哥对新宪法进行了全民公投，72%的选民参与投票，最后新宪法以98.5%的高支持率通过。[①] 国王还将原本应在2012年举行的议会选举提前至当年11月25日。2011年议会选举的突出特点在于自由、公正和透明的选举环境，以及任命新的独立选举委员会和采用更民主的选举分配方法，选举投票率为45%。大选结果是，正发党获得议会395个席位中的107个，独立党获得60个席位，全国自由人士联盟获得52个席位，真实性与现代党获得47个席位。[②] 拥有伊斯兰背景的正发党获胜，重组了摩洛哥的政治格局，正发党也从微不足道的反对党转变为国家政治决策中的主要参与者。该党总书记本·基兰被国王任命为政府首相。此后，本·基兰开启了与各党派的对话，旨在组建一个摩洛哥人民期望的政府，实现国家发展，扩大公民参与，落实新宪法。

2013年夏天，伊斯兰力量的命运出现转折，甚至滑入低谷。从穆兄

---

① 黄培昭、张梦旭：《开明国王，让摩洛哥避免阿拉伯之春》，《环球人物》2012年第30期。

② 摩洛哥政府网站：http：//www.elections2011.gov.ma/fr/index.html。

会在埃及的戏剧性倒台，到其在约旦的分支遭受重创，再到2014年初利比亚的正义与建设党退出政府，突尼斯的伊斯兰复兴运动从主导政府，到退而求其次与多党联盟，伊斯兰力量似乎已失去了当年在“阿拉伯之春”中的主动权和发展势头。此时，唯有摩洛哥的正发党在经历2013年独立党退出联合政府危机后，仍屹立不倒，历经数月的政治僵局，继续领导联合政府，并在2016年11月的议会选举中再次获胜。正发党的例外论引起了国内外学者的注意，如果说该党在2011年大选中获胜主要归功于“阿拉伯之春”带来的机遇（如埃及穆兄会），那么在2016年大选中再次获胜则证明了该党所拥有的强大的民意基础、高超的政治手段和有效的改革政策，是该党在选举中获胜的关键因素。

二　正发党获胜的原因分析

（一）外部原因

“9·11”事件发生后，以美国为首的西方国家加大了对中东极端组织的打击力度，中东各国政府也趁机压制国内的伊斯兰力量，由此促使伊斯兰组织开始转型。多数伊斯兰组织或政党转而奉行务实主义策略，通过组建合法政党和参加政治选举来增强自身合法性，获取权力和更多的民意支持，实施自己的政治主张。与此同时，部分国家的世俗主义政党参政表现差强人意，未能有效改善国内的政治、经济和社会状况，促使民众转而支持温和伊斯兰力量，大大提高了其民意支持率和政治影响力。土耳其的公正与发展党就是其中的典型代表，它在2002年的选举中获胜，成为土耳其历史上首个具有伊斯兰背景的政党，并在2007年、2011年和2015年的大选中连续获胜。①

自独立以来，摩洛哥王室与国内伊斯兰力量之间就有着难以调和的矛盾，主要原因在于摩洛哥王室在确立其合法性时依靠的是传统的思想体系，该体系的核心思想是神权政治论，通过确立国王信士长官的地位和展现高贵的先知家族血统来确立和巩固自身统治的合法性。② 任何从伊斯兰

---

① 刘中民、李志强：《中东变局与伊斯兰政党的新发展》，《阿拉伯世界研究》2013年第6期。

② 阿卜杜·拉希姆·瓦尔迪费：《天平上的阿卜杜拉·本·基兰政府》（阿拉伯文），信件出版社2014年版，第3页。

教获取思想指导的组织必然会与王室的宗教利益发生冲突，因而遭到王室的排挤和打压。正发党的前身可追溯到1969年成立的伊斯兰青年组织（以下简称“伊青组织”）。作为一个拥有伊斯兰背景的政党，正发党虽然做出让步，但依然遭到王室的防范和打压。

冲突政治学提到，“政府与反对派之间的冲突越大，一方宽容另一方的代价就越大。而当宽容的预期代价下降时，一个政府宽容一个反对派的可能性将增加”。[①] 正发党代表的温和伊斯兰力量做出的改变和让步导致王室宽容正发党的代价降低。相比于未转变以前的温和伊斯兰力量，王室现在宽容的是一股极力拥护自身统治并能够掌控的势力，因此王室出让的利益和付出的代价大大降低。宽容的预期代价降低后，接纳正发党对王室自身利益的影响很小，并且将部分伊斯兰势力保持在可控范围之内，可以提升王室自身的安全。而正发党获得政权后，自身的安全性也得到了提高，双方之间形成了一种近似“共生”的状态，加强了国内的政治稳定。同时，王室接纳正发党为代表的温和伊斯兰力量进入政治领域可以增强自身的合法性，获取更多的民意支持。[②]

2011年“阿拉伯之春”爆发后，摩洛哥邻国突尼斯和埃及的伊斯兰政党上台。这让对世俗政党失望的摩洛哥人民看到，应该给正发党一个机会，且正发党提出的改革方案符合人民的需求。而对于穆罕默德六世国王来说，邻国伊斯兰政党的上台和地区伊斯兰力量的崛起，给他发出了一个讯息，摩洛哥急需扩大民主，打压伊斯兰力量的做法已不再可行。正发党作为摩洛哥独立以来第一个成功上台的伊斯兰政党，为国际地区对待伊斯兰力量起到了良好的示范作用，也展现了国王成功的统治理念和国家民主的进步。

与此同时，在往届选举中国王会通过施压、不透明操作手段干涉选举，但此次选举国王明确表示要让摩洛哥人民选出自己的政府。国王的改革举措保证了议会选举更加公正和透明，新选举制度设立了新的立法委员会监督选举，保证有限的外部干涉和更合理的选举程序。新宪法规定政府

① ［美］罗伯特·达尔：《多头政体——参与和反对》，谭君久、刘惠荣译，商务印书馆2003年版，第25页。

② 宋衍涛、陈明磊：《政治宽容与政治冲突的互动关系》，《燕山大学学报》（哲学社会科学版）2004年第4期。

首相从在议会选举中得票最高的政党中产生，这些都有助于民意支持率较高的正发党成功上台。

（二）内部原因

正发党在2011年选举中的成功并非一蹴而就，而是自组织成立以来不断自我完善和改革，逐渐弱化组织中的伊斯兰因素，妥善处理宗教和政治问题，主动向王室示好，使用务实的工作方法的结果。

1. 前期准备充分

摩洛哥王室对宗教领域的绝对掌控和正发党拥有的伊斯兰背景，让王室难以接受这个可能在宗教领域与其竞争的政治行为体。正发党必须通过获取政权来捍卫自身利益、保障自身安全，而要想获得政权就要得到王室的认可和批准，唯一的途径便是减少或避免与王室产生冲突，尤其是王室的根本利益，为此不得不在思想和组织上做出调整和让步。①

20世纪80年代，正发党的创始成员脱离伊青组织，宣布摒弃秘密工作和语言暴力，选择通过对话处理问题。他们坚信，摩洛哥的问题不在于改变制度，而是要重新审视摩洛哥现状并作出改革。建立初期，正发党明确要以民主方式管理组织内部，以政治协商为起点，致力于确立和发展政治多样性。同时在组织宣言上作出退让，软化立场，向王室表达了迫切想要参与政治活动的愿望。② 此外，该党还积极表态支持摩洛哥政体合法性，接受建立在宗教基础上的王室执政，不直接批评政府机构，重视媒体作用，关注全世界穆斯林问题和摩洛哥民族面临的问题。如让党内成员积极投票，支持哈桑二世国王在1993年实行的宪法修正，并不断在政治话语和工作报告中强调，维护国家的政治稳定是一切改革的前提，绝不会挑战王室的合法性。③

2. 组织管理严格民主

正发党作为一个新型的制度化组织（见表Ⅱ－9－1），遵守现代机构

---

① 卡麦勒·卡希尔：《摩洛哥正义与发展党和王室：重新审视关系》（http：//studies. aljazeera. net/ar/reports/2013/12/2013121081926423328. html）。

② 巴希尔·穆塔吉：《摩洛哥的伊斯兰运动和政治参与：以正义与行善会、正义与发展党为例》（阿拉伯文），《政治研究和国际关系》2009年第16期。

③ 正发党内部编制宣传册《第六次全国会议白皮书》（阿拉伯文），系笔者2015年12月采访正发党拉巴特总部获得。

管理原则，在管理事务上采用大区制、非中心制和非集中制，推行行政权力清单制度，坚持一体化与和谐原则，在制定决策、分配责任、拟定计划、责任互换时采用内部民主制，领导层、行政机构和监督机构相互制约，逐步提高妇女和青年在党内监督和行政机构中的地位。[①]

表Ⅱ-9-1 正发党组织结构

全国机构	全国大会	最高决策机构，每4年举行一次
	全国委员会	继全国大会后的最高决策机构
	总秘书处	该党的政治和组织领导机构，最高实施机构
	总管理处	专门负责组织、管理和财政事务的机构
	全国委员会	负责协调、沟通、监督大区政党工作和全国委员会决策实施的机构
中央机构	政治委员会	机会公平委员会和摩洛哥侨民委员会
	功能委员会	中心委员会，负责该党的具体职能
	专题委员会	监督和评估公共政策和部门政策，撰写报告、建议和计划
区域机构	大区机构	由大区大会、大区议会、大区办事处、大区审判机构和大区委员会组成
	区域机构	由区域大会、区域议会、区域办事处、区域审判机构和区域委员会组成
	地方机构	由地方大会、地方总机构和地方办事处组成

资料来源：正发党内部编制宣传册《正发党的纲领和历程》（阿拉伯文），系笔者2015年12月采访位于拉巴特的正发党总部获得。

正发党的组织机构遵循四大原则：制度统一；内部民主；责任互换；相互制约，提高妇女和青年在国家和地方机构中的地位。在尊重机构和领导人合法性、遵守法律制度、接受政党机构决策、提出建议、批评和协商的框架内，根据《观点自由和决策必须》原则，保障党内言论自由。[②]

该党还按照民主和透明原则挑选候选人参加选举活动，候选人拥有法

① 正发党内部编制宣传册《正发党的纲领和历程》（阿拉伯文），系笔者2015年12月采访正发党拉巴特总部获得。

② 正发党内部编制宣传册《总纲领》（阿拉伯文），系笔者2015年12月采访正发党拉巴特总部获得。

律资格，廉洁、忠诚、有才干，具有从事代表和规划工作的能力。党内所有机构重视履行国家准则，这是该党创立者奋斗的目标。[①]

正发党在2002年的议会选举中获得42席，2007年获得46席。该党的议会小组表现良好、积极主动，依照宪法规定提出建议。议会小组成员积极出席公共会议、委员会会议以及众议院的活动。在立法领域表现出色，对政府工作提出了建设性的监督建议，履行了与公民在全国和地方机构进行定期互动的承诺。

3. 务实肯干的作风

正发党作为一个务实的参与者，认真做好政治工作，重视寻找有效的方法解决社会民生问题。该党在政治、经济和社会方面作出的努力，让它获得了良好的政治基础和广泛的民意支持。

正发党付出了巨大努力，在议会中认真工作，堪称典范。该党定期分发考勤表，确保其议会成员按时参加议会会议和委员会听证会，并要求议会认真处理成员缺席问题。正发党的议会小组以提交最多的书面和口头建议闻名。该党还重视培训议会成员在起草和提出立法草案方面的能力，拥有一支由专家组成的专业团队，可为有关公共政策和立法的技术问题提供专业咨询。他们还倡导提高众议院的透明度，大力支持反腐败倡议，要求不断改进问责制和改革行政机构。[②]

4. 从政经历清白

自1998年正式改名到2011年，正发党共参加过两届选举活动，虽然获得了可观的票数，但从未加入联合政府。纵观现今摩洛哥的主要政党，除正发党外均参加过联合政府。由于近年来摩洛哥国内的政治、经济和社会问题未能得到妥善解决，腐败、高失业率和人民生活水平低下等问题未能缓解，民众对这些政党颇感失望，对它们的支持力度显著下降。而正发党作为唯一一个没有参加过1998年以来联合政府的重要政党，避免了遭受公众对其在经济、政治和人权方面的谴责，不会被贴上“腐败”或“合谋者”的负面标签。

---

① 正发党内部编制宣传册《正发党第七次全国会议》（阿拉伯文），第77页，系笔者2015年12月采访正发党拉巴特总部获得。

② 努尔丁·哥百利：《摩洛哥正义与发展党及其参政》（阿拉伯文）（https://www.hespress.com/writers/93243.html）。

5. 改革方案迎合人民需求

2011 年摩洛哥的群众抗议活动提出了政治和社会诉求，间接反映出当时摩洛哥面临的政治、经济和社会问题。正发党在热情高涨的抗议浪潮中能够保持清醒，支持摩洛哥人民要求改革的呼声，将更多的努力投入实际改革中。正发党清楚地认识到，摩洛哥急需谨慎大胆的综合改革，满足人们对改革的需求，同时要维护政权稳定。国家需要进行实际有效的宪法改革和政治改革，恢复政府和议会丧失的信誉，确保司法独立；制定新的选举法，确保选举进程更加有效；关心和接纳社会中的青年和边缘群体。正发党在 2010 年议会选举中提出的改革方案迎合了摩洛哥人民的需求，其“为了建设新摩洛哥，自由、发展、自尊、公正的摩洛哥”的选举口号，简单明了，表明了该党的政策和目的，令公众满意。正发党坚信，摩洛哥能够利用自身的人力资源、文化资源、自然资源和地理位置，维护摩洛哥人民的尊严，实现发展和民主，在第三世界国家中获得独特地位。正发党计划在 2011 年 7 月宪法的框架下，与摩洛哥人民联合起来，紧密联系群众，以负责任的态度带领人民共同建设新摩洛哥。该党的选举方针主要集中在五个方面，分别是继续机构建设、民主建设和反腐；建设富强、有竞争力、多产和保障社会公平的国民经济；以强大的家庭、受尊重的妇女和杰出的青年为支柱，以特色学校和尊严为基础，建设团结互助的繁荣社会；在伊斯兰渊源和摩洛哥身份的基础上复兴和更新纯正的摩洛哥价值观；维护主权，加强摩洛哥影响力，提高外部领导力。具体内容如下：①

一　继续机构建设、民主建设和反腐

1. 进行宪法、立法和机构的合法化，继续选举改革；

2. 恢复统治制度、反腐，对国家和公共服务体制进行改革，建设先进的大区制；

3. 重新审视人力资源，发挥它在公共生活和公共管理中的作用；

4. 恢复司法权效力，为司法廉洁营造环境；

5. 为自由和人权制定新契约。

---

① 正发党内部编制宣传册《正发党的选举纲领》（阿拉伯文），第 25 页，系笔者 2015 年 12 月采访正发党拉巴特总部获得。

二　建设富强、有竞争力、多产和保障社会公平的国民经济

1. 在善治的基础上促进国家经济发展；

2. 提高国家经济竞争力；

3. 奠定透明、有效和善治的原则，消除经济体制内的垄断，改善工作环境；

4. 制定高效、简洁和包容的公共财政和税务框架新制度；

5. 建立有效的框架分配发展成果、解决贫困和失业，扶持中产阶级；

6. 通过有效的行业战略提高国家经济生产率。

三　以强大的家庭、受尊重的妇女和杰出的青年为支柱，以特色学校和尊严为基础，建设团结互助的繁荣社会

1. 建立特色学校，建设在教学、名声、科研方面出色的摩洛哥大学；

2. 制定全面有效的医疗政策，保障公民的医疗权利；

3. 通过简化入住条件和对各阶层的资助，创造宜居条件；

4. 通过鼓励创造和巩固稳定条件来安定家庭，使用有效政策改善妇女地位；

5. 实现有效的社会发展，执行公平的集体政策；

6. 举办针对青年的培训和指导，提供合适的体育运动条件，关注有特别需求的人。

四　在伊斯兰渊源和摩洛哥身份的基础上复兴和更新纯正的摩洛哥价值观

1. 实行包容有效的管理，加强伊斯兰价值观和文化，巩固和完善国家价值观体系；

2. 实施旨在实现多样化，维护统一、开放和语言主权的国家语言政策；

3. 以公民身份、自由、责任和创造为基础，实施新闻、文化和艺术政策，重新审视摩洛哥身份和摩洛哥人。

五　维护主权，加强摩洛哥影响力，提高外部领导力

1. 使用多种有效办法来加强国家统一、解决塞伯特和梅利利亚被占领问题；

2. 将摩洛哥侨民纳入外交战略和国家政策中；

3. 维护与欧洲和美国的特殊关系，使用更加平衡的政策处理伙伴关系和保障公平互利；

4. 鉴于战略、历史和地理渊源，加强与阿拉伯世界、伊斯兰世界和非洲世界的关系；

5. 通过重新审视任命政策，建立新的治理制度，采用民主、共同参与和专业方法，改革外交政策。

正发党的选举方针不仅指明了该党未来在政治、经济、文化和社会方面的工作方向，还针对国家存在的问题提出了自己的对策，覆盖面广，针对性强，具有实际的指导意义。

三　正发党获胜的意义

2011 年，正发党在选举中获胜有多重意义。此次胜利不仅证实了该党思想和组织管理的正确性，帮助该党获得权力，从反对派转变为国家政治决策中王室的重要伙伴，它还重组了摩洛哥国内政治权力格局。虽然国王依然是政治游戏的主导者，但左翼势力的下降与温和伊斯兰力量的上升构成了摩洛哥新的政治格局。因此，正发党在 2011 年议会选举中取得成功的意义有如下几点：

第一，证明该党理念和方针的正确性。正发党的成功意味着该党自成立以来进行的自我改革以及发展方向是正确的，这些改革帮助该党逐步获取权力。摒弃暴力和秘密工作，承认王室的合法性，避免与王室发生冲突，平衡宗教和政治间的关系，迎合现实需求等思想和组织上的改变把正发党和其他伊斯兰力量区别开，促使其从伊斯兰教中获取合法性。

第二，增强王室合法性，树立良好的国家形象。自成立以来，正发党为增强合法性和获得国王的信任，始终强调承认国王在政治和宗教方面的合法性，这一点在其公开演讲和政党文件中都被反复提及。正发党领导新一届政府后，采取了与王室和谐共处、避免与之发生冲突的策略，这有助于增强国王的合法性，巩固王室统治。同时，正发党作为拥有伊斯兰背景的政党在“阿拉伯之春”发生之际上台执政，有助于更好地实施民主改革和推进民主化进程，宣扬国王开明的政治态度和愿意改革的决心，为摩洛哥在国际上树立良好形象。①

第三，增强选举结果的权威性。在 2002 年和 2007 年的选举中，国王曾通过干涉选举投票来阻止正发党获取更多的选票。然而，2011 年选举的国际地区背景发生了很大变化，“阿拉伯之春”波及地区的伊斯兰力量迅速崛起，这让国王意识到无法再像以前那样控制正发党，故在 3 月 9 日的电视讲话中承诺一个公平透明的选举。有着广泛民意基础的正发党在选举中的高得票率向摩洛哥人民证明了此次选举顺应民心，是公平可信的。

第四，证明国家尊重人民改革的愿望。正发党拥有广泛的群众基础和高民意支持率，相比于其他政党，其在议会选举活动中提出的政治、经济和社会改革倡议更符合摩洛哥人民的需求。如该党在选举计划中提出建设新摩洛哥的大方针——继续机构建设、民主建设和反腐；建设富强、有竞争力、多产和保障社会公平的国民经济等。摩洛哥人民青睐的正发党上台，有助于缓解国王与人民之间的冲突，证明国王愿意作出政治让步，主动进行改革。

第五，重组国内政治格局。2007 年选举后，议会 395 个席位中，库特拉民主集团中的独立党、人民力量社会主义联盟、进步与社会主义党分别获得 52 个、39 个和 17 个席位，占 27.3%；保皇党中的全国自由人士联盟获得 39 个席位，真实性与现代党未参加选举，占 9.9%；而伊斯兰政党正发党获得了 46 个席位，占 11.6%，虽位列第二，但没有参加联合政府。当时的联合政府由独立党领导，人民运动、全国自由人士联盟、人民力量社会主义联盟、进步与社会主义党参与。

2011 年选举后，议会 395 个席位中，正发党获得席位数最多，为 107 席，占 27.1%；库特拉民主集团中的独立党、人民力量社会主义联盟、进步与社会主义党分别获得 60 个、38 个和 18 个席位，占 29.4%；保皇党中的全国自由人士联盟和真实性与现代党分别获得 52 个和 60 个席位，占 28.4%。② 本届联合政府由正发党领导，独立党、人民运动、进步与社

① 努尔丁·哥百利：《摩洛哥正义与发展党及其参政》（阿拉伯文）（https://www.hespress.com/writers/93243.html）。

② LEGISLATIVE ELECTIONS OF 25 NOVEMBER 2011，http://psephos.adam-carr.net/countries/m/morocco/morocco2011.txt.

会主义党参与。在2013年独立党退出该联合政府后，全国自由人士联盟加入。（参见表Ⅱ-9-2）

表Ⅱ-9-2 2002—2011年议会各主要党派获得席位数变化

政党名	2002年	2007年	2011年
正发党（PJD）	42	46	107
独立党（PI）	48	52	60
人民力量社会主义联盟（USFP）	50	39	38
全国自由人士联盟（RNI）	41	39	52
真实性与现代党（PAM）	—	—	47
人民运动（MP）	27	41	32
进步与社会主义党（PPS）	11	17	18
宪政联盟（UC）	16	27	23

资料来源：摩洛哥内政部网站，http://www.elections2011.gov.ma/fr/index.html，2011-11-26。

2011年选举后，左翼政党整体席位数未发生显著变化。保皇政党整体席位数由于真实性与现代党的加入得到很大提升，但由于真实性与现代党未加入联合政府，所以该派只起到了压制正发党获得更多选票的作用，两党最初都未加入联合政府，不能发挥很大的政治影响。而正发党虽然没有取得绝对多数席位，但其相对较高的席位数证明了该党影响力的上升和高民意支持率。因此，2011年大选后，摩洛哥的政治格局从左翼力量为主导，转变为以温和伊斯兰力量为主导，左翼力量衰退，保皇派力量缓慢上升。但正发党代表的温和伊斯兰力量仍未得到国王的完全信任，联合政府的权力虽有所增加，但依然受到王室的牵制，无法参与真正的决策，是一个实施决策的“傀儡政府”。①

第二节 正发党领导的联合政府

一 联合政府的工作表现

在该届政府中，正发党是主要执行者，其他加入联盟的政党虽有参与

① 阿卜杜·拉希姆·瓦尔迪费：《天平上的阿卜杜拉·本·基兰政府》（阿拉伯文），信件出版社2014年版，第28页。

权，但没有真正的决策权和实际作用，无法担任大部分重要职位，这也是导致独立党退出联合政府的原因之一。同时，由于政府的行为往往被等同于正发党的行为，政府的工作成绩也等同于正发党的工作成绩，这使得摩洛哥人民对政府的不满也都转向了正发党。因此，政府的工作计划和工作表现，可以反映正发党的工作方针和执政表现。

组建于2011年宪法改革之后的联合政府，被摩洛哥人民寄予了很大希望。政府在其工作计划中承诺要将反腐作为工作重心，推动经济发展，保持财政和宏观经济平衡，降低失业率，创造就业，改革管理，发展社会计划，促进社会团结互助和机会公平。①

但是，政府的工作业绩并未达到预期目标。2012—2015年，经济增长率只有3.7%。而政府把失败原因归结于三年干旱和前几届政府遗留下来的宏观经济失衡等内部原因，归结为不稳定的地区环境，摩洛哥的重要合作伙伴，特别是南欧国家遭受持续的金融危机，2012年和2013年原材料价格上涨等外部原因。至于失业率，政府的目标是8%。而2012年至2015年间，平均失业率为9.45%，2016年第二和第三季度分别为8.5%和9.6%。此外，改革需要强大的机构来维护，但政府的改革几乎没能触及政权核心、司法体系、内政部和公共媒体，这些战略机构阻碍了政府工作。政府反腐进度缓慢，远未达到人民预期，本·基兰本人也说："是腐败在打击我，而不是我在打击腐败。"②

尽管如此，政府在任期内努力解决经济失衡、恢复宏观经济平衡上，取得了一定成绩。组建以来，政府通过降低国内财政赤字和提高硬通货储备来控制公共财政赤字，实现经济增长率高于地区经济增长率，改善工作环境，提高外资投资吸引力，清算公共机构拖欠承包商的债务，改革补偿基金会，挽救国家水电办事处。同时，政府主动规划税收改革、投资最优支出、管理费用合理化（即减少政府支出，控制人员开支，改革补偿制度，改革养老金制度等），控制公共债务（即使用国债融资新战略，加强流通，完善国债市场透明度等），以及改革法律体系框架，调整和实施财

① 拉希德·穆格塔迪：《审视摩洛哥正义与发展党的政治实践》（阿拉伯文），《阿拉伯政治》2013年第3期。

② 穆罕默德·巴勒卡西姆：《本·基兰，我在和腐败作斗争》（http://www.hespress.com/politique/252009.html）。

政法，保障其对公共财政的长久影响。[①]

2012年以来，摩洛哥的经济增长率不断提高，财政赤字和通货膨胀率降低，出口额逐步增长。2012—2016年，政府成功将财政赤字率缩小一半，2012年财政赤字率为7.3%，但在2013—2016年逐渐降为5.2%、4.9%、4.3%、3.5%，只比原计划的3%多了0.5%。并且赤字率降低并没有缩减投资规模和提高税收。2012—2016年，摩洛哥所得税率达到了19.2%，而在2008—2011年是20.8%。2012—2016年，赤字占GDP的比例从9.2%降至2%。这是近8年来第一次，要归功于政府大胆负责的改革和坚定的财政措施，成功控制了国债利率的恶化。硬通货储备在2012—2016年也增加了60%，从1450亿迪拉姆增涨至2432亿迪拉姆。政府还改革了税收，2012—2016年，营业税降低了近100亿迪拉姆。

2012—2016年，出口行业发展良好，汽车成为最大的出口商品，2014年底交易额达到400亿迪拉姆，2016年达到500亿迪拉姆。其他行业的出口也出现了增长，特别是磷酸盐行业出口增长了19%，食品行业增长了14%，纺织业出口额超过了250亿迪拉姆。这些增长也得益于2014年第四季度开始的石油产品价格下跌、雨水充沛带来的粮食丰收。鉴于行业计划和工作环境改善，摩洛哥贸易赤字减少了22%，外国投资吸引力增强，2015年9月底外国投资增加了20%。

在社会领域，联合政府的主要成就是成立了多个基金会。如帮助残疾人士的社会团结基金会，并拨款5000万迪拉姆；帮助寡妇基金会，每月发放1000迪拉姆补助。此外，还设立了疾病保险，并启动医疗救助制度。34万个家庭约92万人从中受益，惠及了80万患有慢性病需要大量资金治疗的病人。同时，政府提高大学奖学金，扩大获奖人数，激活针对离异女性及其子女的家庭互助基金会。

除此以外，政府还努力提高医疗服务水平，并使医疗服务多样化。政府购买了4架医疗直升机用于农村地区的医疗急救，分配了330辆救护车，并使2740种药品的价格降低了5%—80%不等。

---

① 萨阿德丁·奥斯曼尼：《摩洛哥正义与发展党，回顾和展望其政治未来》（阿拉伯文），战略思想研究中心。

然而，政府在涉及医疗领域的许多社会政策并未取得成功。如政府首相在竞选时承诺过要降低家庭承担的医疗开支比例，同时大部分联合政府成员在其竞选计划中也承诺要把这个比例降至30%。但仅从任期初期的53.6%降至53%。同时，政府还承诺要把文盲率从39%降至20%，然而到2016年底只降低至30%。教育改革状况更为糟糕，政府曾隐晦地承认其在教育改革上的失败。如政府首相曾提到，国家是时候在医疗和教育这样的一些服务行业放手了。

总而言之，这届政府开展了国家经济迫切需要的结构性改革。取消燃料的公共补贴，以降低赤字；改革濒临崩溃的养老金制度，将退休年龄从60岁提升至63岁，降低退休人员的养老补贴，以及提高在职人员缴纳的养老金数额。尽管改革补偿基金和养老制度是不受民众欢迎的政策，前几届政府迟迟没有推行，但是正发党领导的联合政府敢于为了改革，用自己的民意支持率冒险。

二　联合政府存在的问题

2011年宪法改革为正发党领导的联合政府提供了大展宏图的机会，但纵观联合政府五年来的工作，不但未达到民众预期，过程还充满坎坷与阻碍，政府也险些解散。究其原因是多方面的，不仅有来自内部的管理不善和管理者“各怀鬼胎”的原因，还有来自外部王室的压力。

第一，政府首相本·基兰的工作逻辑阻碍了政府工作，落实新宪法速度缓慢。[①] 摩洛哥的政治大权掌握在国王手中，国王主导了政治游戏，所以本·基兰的首要目的是取悦王室及麦赫赞[②]，为此他对自己和政府实施了过分的自我监督。这种监督常常体现在对宪法进行国王解释，而不是民主解释。比如请求国王批准组建政府，尽管宪法并没有要求组建政府需要获得国王的批准。同时，始终将自己处于被动地位，一切以国王的指示为准。

第二，与前几届政府相比，本·基兰领导的政府联盟相对脆弱。政党

---

① 穆罕默德·巴斯克·木纳尔：《摩洛哥正发党领导的政府实践，背景、初期成果和展望》(阿拉伯文)，《阿拉伯政治》2013年第2期。

② 麦赫赞，传统上围绕王室形成的延续至今的政治—宗教—军事精英集团，被称作麦赫赞(Makhzen)，他们组成亲王室的政党。

间有明显的利益冲突和思想分歧，影响了政府工作。联盟中其他政党的行为显示，其主要职能便是压制正发党的部长，反对它们不喜欢的提案或决议。此外，因为政府没有明确首要工作目标，也没有制定每年的工作时间表，导致政府结构不清晰，没有以政府计划为基础组建政府，而是组建了一个旨在取悦参与党和王室的混乱集团，甚至在一些部门中出现两个对立的领导人。①

同时，多党派组成的联合政府并没有达到绝对多数。2013 年独立党退出联合政府事件给政府带来了持续数月的政治危机，尽管最后本·基兰通过让全国自由人士联盟加入政府化解了危机，但这种模式下的政府联盟显然过于脆弱，且受牵制过多。最好的办法是与多党联盟，达成绝对多数，使任何一党退出联盟都不会影响政府工作。

来自王室的压力。本·基兰政府在任期内进行了艰难的改革，不得不承认每一届政府都想要把改革做好，让人民满意。但摩洛哥改革的难点在于，国王需要维护现存政体的合法性和合理性，而一旦放手让政府开始深入改革，摩洛哥执行改革政策的主体就会变成政府，或者说是正发党。一旦这种情况发生，国王便会失去改革领域的主动权，王室利益会受到冲击。因此，鉴于摩洛哥的特殊政体，政府的重大战略决策必须要与“王室政府”（即国王的顾问、王室事务负责人、技术监督责任人）协商。这并不奇怪，因为连宪法都规定了国王在上层建筑中的中心地位，并规定政府制定的法律草案只有经过国王本人领导的部长委员会同意后才能递交议会。② 因此，本·基兰才会称正发党没有统治摩洛哥，只是领导联合政府在国王穆罕默德六世统治的国家框架内工作。此外，一直以来联合政府并没有真正的决策权，只是一个政策实施者。穆罕默德六世国王虽默许正发党领导政府，但从一开始就没有打算让它成为决策团体中的一员。因为国王需要牢牢控制政治决策权，制定有利于自己的政策，一旦放手让他人参与，局面就会难以控制。

---

① 拉希德·穆格塔迪：《审视摩洛哥正义与发展党的政治实践》（阿拉伯文），《阿拉伯政治》2013 年第 3 期。

② 穆罕默德·巴斯克·木纳尔：《摩洛哥正发党领导的政府实践，背景、初期成果和展望》（阿拉伯文），《阿拉伯政治》2013 年第 2 期。

第三节 正发党在2016年议会选举中的表现

一 2016年议会选举的结果及分析

2016年10月7日，摩洛哥举行了第十届议会选举。这是2011年“阿拉伯之春”发生以来的第二次选举，共有来自超过30个政党的候选人角逐395个议会席位。尽管各个政党的竞选口号不同，但是改革目标相似，主要集中在反腐、教育、医疗、就业和投资问题上。[①] 此外，仍有一些组织坚持不参加选举，如公正与慈善组织、“2·20”运动。最终，有10个政党在议会中获得了席位。从选民数据来看，相较于2007年37%和2011年45%的投票率，2016年的选民注册人数达到1600万（摩洛哥人口约3600万），实际投票率约为43%，依旧不高。同时，此次选举被认为存在大量“买票”现象，而尽管王室坚持不干涉政治冲突，仍有一些势力试图迫使穆罕默德六世国王介入选举。

选举结果是，正发党获得议会395个席位中的125个，真实性与现代党获得102个，独立党获得46个，全国自由人士联盟获得37个，人民运动联盟获得27个，人民力量社会主义联盟获得20个，宪政联盟获得19个，进步与社会主义党获得12个，其他政党获得7个。正发党再次获胜，领导下一届政府。

虽然正发党领导的联合政府长期以来被多方指责无能和低效，并在反腐、教育、失业等问题上也没有取得重大进展。但该党在此次选举中的胜利，依然证明了其日益强大的竞争力和治国理政能力。为防止2013年独立党退出联合政府事件再次发生，正发党在胜利后努力寻求达成绝对多数联盟。一旦组成了绝对多数联盟，某一政党的退出便不会对新政府产生影响。虽然从数量上来说，支持新政府的政党和代表越多，政府就越强大。但实际上，组建政府的政党数量越多，制定、实施计划和分配任务就越难。再加上摩洛哥各政党间分歧严重，更难以在政府计划和政治立场上达成共识。

---

① 《摩洛哥的议会选举，基本信息》（https：//www.aljazeera.net/encyclopedia/events/2016/10/3/）。

除了正发党再次获胜值得注意外，真实性与现代党在本次选举中的表现也值得关注。成立于2008年的真实性与现代党，虽然组建时间不长，在2011年选举中只获得47个席位，但该党背后有国王的强大支持，实力不容小觑。[①] 2011年选举后，该党总书记福阿德·阿里·希玛（Fouad Ali Al-Hamma）辞职，转而担任国王的顾问，由伊利亚斯·阿马里（Elias Ammari）继任总书记。重组后的真实性与现代党在本次选举中增加了55个席位，席位数翻了一倍多。但该党与正发党素来不和，选举结束后立刻发声，明确表态不参与正发党领导的联合政府。由于占有席位数颇多，且背后有国王支持，真实性与现代党未来将会在议会中发挥很大的作用，这也会使正发党的处境更加艰难。

此外，独立党是摩洛哥最早的左翼民族政党，由于其在独立后试图建立民族主义国家而被王室打压，在近几届的选举中表现不佳。而在本次选举中，独立党失去了14个席位。但由于它深深扎根于摩洛哥的政治文化中，作为长期的改革倡导者，成为新政府的重点拉拢对象。人民力量社会主义联盟的命运可以说是不断衰退。1997—2007年，人民力量社会主义联盟早已失去往日辉煌，从曾经的联合政府领导者变成了反对派中的小股力量。在本届选举中，该党失去了19个席位。全国自由人士联盟失去了15个席位，其领导人萨拉赫丁·梅祖阿尔（Salah Eddine Mezouar）在选举结束几天后辞职了。但该党作为保皇党始终拥有王室的支持，且新任总书记阿齐兹·阿赫努什（Aziz Akhnouch）不但跻身非洲大陆富豪榜，而且常伴国王左右，参与了国王几乎所有的官方外事活动，该党影响力依旧不容小觑。其他政党在议会中占有的席位数变化不大。

此次选举结果在大多数分析家看来是意料之中，43%的投票率也合情合理，因为摩洛哥民众对待政治仍然冷漠，对政党政治依旧不信任。虽然他们希望更进一步改革，但当前并没有令他们满意的组织来完成这项工作。现在的选民更希望与政党领导人接触，而不是被动听取政党的竞选宣言。摩洛哥的政党要想获取更多的民意支持，必须要在与选民的相处方式

---

① Thierry Desrues, "Authoritarian Resilience and Democratic Representation in Morocco: Royal Interference and Political Parties' Leaderships since the 2016 Elections", *Mediterranean Politics*, 05 November 2018.

上作出改进，拿出务实的态度和计划，用实际行动向民众证明改革的决心和能力，加快国内的民主化进程。

二　正发党获胜的原因分析

尽管正发党及其总书记本·基兰在领导政府工作的五年间遭受了多方指责，如一些人认为政府的反腐力度不够，正发党为谋求连任，牺牲了深度政治改革。即便如此，正发党依然能在2016年议会选举中获胜，并增加了18个议会席位。本·基兰在选举前曾扬言称，正发党若不能在此次选举中获胜，他就会辞职，结束政治生涯。一些专家分析称，本·基兰此举是在挑战自我，将这次选举看作是对他个人从政经历的民意测验。

选举开始前几小时，土耳其阿纳多卢通讯社（Anadolu）曾在采访本·基兰时问道，将自己的仕途和选举胜利联系起来是否太冒险了？这个"挑战"有什么隐晦含义？本·基兰回答道，"我有一个为之奋斗的目标，那就是在稳定下进行改革"。[①] 同时还称，自2008年当上正发党总书记以及2011年领导政府以来，"所有迹象证明了正发党在政坛上的领先态势，如果这个（指选举胜利）没有发生，那么一个有想法的人就无法实现自己的想法，为什么不辞职"。[②] 投票处关闭两小时后，本·基兰声称他的政治生涯很可能不会结束。10月8日内政部长宣布的结果表明，本·基兰的预料是正确的。

可以认为，多重因素促成了正发党在2016年选举中的胜利。除了正发党本身的表现外，本·基兰的个人魅力，以及各反对派政党的弱势也是摩洛哥人民投票支持正发党的重要原因。

1. 本·基兰的个人魅力

本·基兰是正发党的先锋人物，是该党当前最有影响力的领导人，在正发党的发展史上发挥过突出作用。本·基兰拥有卓越的沟通能力和幽默感，生活极为朴素，了解摩洛哥的政治生活。他的政敌认为他是民粹主义者，但他的支持者们认为他简朴的生活是真实的。尽管人们对他的评价不

---

① 《正发党获胜的五大原因》（https：//almesryoon. com/story/945683/5-أسباب-ساهمت-في-نجاح-العدالة-والتنمية، 2016-10-11）。

② 《正发党获胜的五大原因》（https：//almesryoon. com/story/945683/5-أسباب-ساهمت-في-نجاح-العدالة-والتنمية، 2016-10-11）。

一，但不得不承认，本·基兰让摩洛哥的政治生活变得多姿多彩。

他是一个卓越的政治家，能联合不同的党派。他在跟随前任总书记工作时意识到，任何与政权的冲突都是不必要的，只会导致政治僵局。因此，他反对与王室发生任何冲突，并能容忍国王偶尔干预政党事务。本·基兰明白，只有淡化与国王的冲突，才能获得保障正发党存在的一切要素，特别是权力。

竞选活动的设计凸显了本·基兰个人的政治才能，除了“人民需要第二个任期”的口号外（意思是在第一届政府任期结束后的第二届任期），正发党还打出了“人民还要本·基兰”这一口号，这些口号活跃在整个竞选活动期间。他本人甚至提出了要么选举胜利，要么结束从政的挑战。

1997 年选举中，正发党仅在几个城市获胜。自 2008 年本·基兰担任总书记以来，正发党在选举中的表现大为改善。2015 年 9 月的乡镇选举中，摩洛哥的重要城市都掌握在正发党手中，包括拉巴特、卡萨布兰卡、非斯、马拉喀什、阿加迪尔、丹吉尔。而另外两大政党却在其自己的选区失败，真实性与现代党在穆罕默迪耶失利，独立党在非斯失利。在 10 月 7 日的选举中，正发党的胜利甚至扩大到了农村地区，而此前正发党在偏远农村地区的影响微弱。

2. 反对派的虚弱与持久内斗

从 2011 年议会选举结果可以发现，除了“新起之秀”真实性与现代党，摩洛哥国内的反对派正呈现衰退趋势。反对派势力的衰退，促成了正发党在此次选举中的胜利和在议会中增加了 18 个席位的局面。这些反对派在竞选活动中未能说服选民支持它们，替换正发党领导的政府。

尽管正发党领导的联合政府在过去五年间取得了一些成绩，但这些似乎与联合政府中的其他政党并无关系，它们并没有从政府工作中受益。相反，与 2011 年议会选举结果相比，大多数政党反而丢失了几个议会席位。全国自由人士联盟失去了 15 个席位，进步与社会主义党失去了 6 个席位，人民运动失去了 5 个席位。而有些反对派政党的损失更大，除了真实性与现代党增加了 55 个席位外，人民力量社会主义联盟失去了 19 个席位，独立党失去了 14 个席位，宪政联盟失去了 4 个席位。

此外，对于来自中产阶级的选民来说，哪怕他们没有从政府的社会政策中受益，对当前政府的政绩不满意，但也找不到比正发党更好的政党来领导政府。因为，摩洛哥的大部分反对派都加入了“阿拉伯之春”前的几届政府，差强人意的政绩让这些政党被打上“无能”和“不被信任”的标签。因此，正发党的政敌们惨淡的政治表现帮助它获得了更多的民意支持。这也解释了真实性与现代党在此次选举中的巨大进步，新鲜的血液总是需要的，希望总是寄托在“新人”身上。

同时，人民力量社会主义联盟、独立党、宪政联盟和真实性与现代党本可以组成强大的四联盟，反对伊斯兰力量，但这些政党内部的组织结构差异、相互间为权力和利益争斗，阻碍了它们结盟。如人民力量社会主义联盟内部的斗争自伊德里斯·舒克里（Idris Shuker）担任总书记以来不仅没有消失，反而变得更加严重。政党内部出现了一支强大流派，被称为“开放和民主”，竭尽全力想要取缔总书记。独立党参与了正发党领导的联合政府，2012 年 9 月该党换总书记后，立刻采用了双重话语，在部分成员担任政府部长职位的情况下，领导议会小组反对政府。真实性与现代党的情况也不乐观，在 2011 年摩洛哥抗议活动中，抗议者要求该党的一些代表人物下台，如要求国王的朋友希玛退出该党，回去做国王的顾问。

3. 与王室保持友好

正发党在“阿拉伯之春”后，坚决维护稳定，提出“在稳定下改革”和“反对专制和腐败”的口号，在处理与王室的关系时，继续坚持合作而不冲突的原则。本·基兰在这方面的言论，准确地表达了这一原则。但在打出这些口号五年之后，正发党及其担任政府首相的总书记本·基兰遭到了多方指责，一些人认为反腐力度不够，为维护稳定牺牲了深度政治改革，并且为取悦国王获得连任，在部分宪法职责上步步退让。[①] 尽管本·基兰在很多场合反复声明称，他对王室的忠诚并不意味着阿谀奉承，他说“有时人不得不让步，但是我没有在我的任何宪法职责上让步，相反我以合作的态度与尊敬的国王相处”。本·基兰还曾提到，如果摩洛哥人民想要一个与国王对抗的人，那他不适合。

4. 政府成绩的助力

本·基兰政府增加了社会项目的财政拨款，开展了强大的药物游说以

---

① 穆罕默德·巴斯克·木纳尔：《摩洛哥正发党领导的政府实践，背景、初期成果和展望》（阿拉伯文），《阿拉伯政治》2013 年第 2 期。

降低某些药物价格，并发起了针对贫困者的大型公共医疗援助制度（RAMED），同时减少了对燃料、电力和水的补贴。他还恢复了宏观经济稳定，并支持延迟退休年龄，提高养老金缴款等。这些都是以前政府极力避免的大胆改革。[①]

根据2014年3月由《自由摩洛哥报》（*Marocliberty*）的经济学家专栏发表的一项民意调查显示，58%的摩洛哥人认为政府处于正确的轨道。[②]许多摩洛哥人，特别是那些中产阶级，似乎仍然承认正发党正在尽一切可能加快改革速度。正发党的官员们没有滥用他们的权力，这也有助于维持该党的廉洁形象。

第四节　混乱的联合政府

2016年议会选举中进步最大的政党莫过于真实性与现代党，议会席位翻了一番，而正发党只增加了18个席位。显然，成立不过八年多的真实性与现代党能取得这样的成绩，离不开国王的强大支持。特别值得一提的是，该党前总书记希玛辞职后做了国王的政治顾问，显然国王有意扶持一个新保皇党上台，与日益壮大的正发党抗衡。正发党在此次选举中的胜利，使得摩洛哥国内的政治格局出现温和伊斯兰力量上升，左翼力量继续下降，保皇派力量逐步上升的态势。因此，当前摩洛哥政治格局中对峙的两大阵营是以国王为中心的保皇力量和以正发党为代表的温和伊斯兰力量，未来这两大力量的对抗将会更加激烈。目前看来，在摩洛哥国王掌权的政治格局下，正发党与保皇派间将长期处于敌对僵持状态。且长久以来的君主统治让摩洛哥民众变得忠于国王，推翻国王的可能性微乎甚微，温和伊斯兰力量可能为权力继续屈服于国王的威权之下。

对于穆罕默德六世国王来说，维持国内政治稳定，有利于他的统治。2016年选举作为“阿拉伯之春”后的第二次选举，继续展现了摩洛哥的民主特性。对于国王来说，允许正发党再次获胜会让该党更加感激和忠于国王，加快国内的民主化进程。

---

① 《正发党获胜的五大原因》（https：//www. alayam24. com/articles-29530. html）。

② Anouar Boukhars，“Morocco’s Islamists：Bucking the Trend?”，*FRIDE*，June 2014.

对于民众来说，2011 年宪法改革以及五年改革，并没有给摩洛哥带来明显变化。民众依旧对政党政治没有信心，在这种情况下，支持正发党更多地变成了一种博弈。正发党继续改革的计划令他们心动也担忧。虽然正发党在第一届任期内进行的改革并没有达到人们的预期，但相对于前几届政府来说，正发党已经有了很大进步。给予正发党信任和连任的机会，或许会让该党在第二个任期内更好地开展工作。

2017 年 3 月 15 日，皇宫传出消息称，穆罕默德六世国王认为政府首相五个月来与各政党协商无果，到目前为止还未能组建新政府，且没有迹象表明将要组建成功。因此，国王根据宪法权利，尊重宪法和机构的有序运转，重视国家和人民的最高权力，努力打破当前的僵局，决定从正发党中挑选其他人担任新的政府首相，近期就会公布名字。此消息一出，在摩洛哥政界激起了千层浪，然而当事人本·基兰却对此缄口不言，有消息称，本·基兰告诫正发党成员当晚不要对皇宫消息作出任何形式的评论。

3 月 18 日，国王任命萨阿德丁·奥斯曼尼（Saad al-Din Ottoman）为新首相，负责组建新政府工作。经过谈判和妥协，全国独立人士联盟、人民运动、人民力量社会主义联盟和进步与社会主义党同意加入正发党领导的联合政府。虽然议会内部暂时形成了“三足鼎立”的微妙平衡，但由于各自代表的利益不同、政治理念不一致，联合政府常出现意见不合、相互羁绊的尴尬局面，导致政府工作效率低下。

国王给了正发党第二个五年，但却在起步阶段就设下重重障碍，似乎是在用一种“水到渠成”的方式削弱正发党的势力，进而起到压制温和伊斯兰力量的效果。类似手法被已故的哈桑二世国王用得非常娴熟，暗中支持伊青组织压制左翼势力，让以独立党和人民力量社会主义联盟为首的左翼势力长期领导政府，授予有限权力并处处制约导致政府无所作为，民意支持跌倒谷底，自此一蹶不振。虽然穆罕默德六世国王更加注重在体制内影响政党，希望培养更多的政治精英，避免权力争夺。但类似的情况依然可能会发生在正发党身上，摩洛哥长期的政治精英碎片化形态，难以产生团结一致的联合政府，最终导致国王不断更换执政党。

因此，正发党的第二个任期面临的挑战更为严峻，哪怕当前克服了组建新政府的危机，如果它在下一次选举到来之前还不能处理好改革问题，极有可能走上独立党的老路。近两年，摩洛哥多地爆发民众游行示威，抗议政府的治理能力和王权制度。因此，正发党未来需要重点关注和努力的是反腐、教育、失业、改善经济等在上一个任期没有完成的改革任务，并勇于与国王抗争，争取更大的权力进行改革，积极落实宪法条款，组建绝对多数的高效联合政府，制定清晰明确的工作计划，加强议会管理。虽然正发党在新任期内将会面临诸多挑战，但该党过去五年的从政经验有助于其在未来调整工作方式。摩洛哥君主专制的状态在短期内不会得到改变，正发党可以借助民众呼声，加强 2011 年宪法的落实，加速分权与制衡进程，为政府争取更大的行政权，为开展进一步改革奠定基础。

第五节　国内政党形势：分裂与崛起

2016 年 10 月，摩洛哥举行了 2011 年“阿拉伯之春”后的第二次议会选举，温和伊斯兰主义政党——正发党获得 125 个席位，从而第二次赢得议会选举，时任总书记阿卜杜拉·本·基兰负责组建联合政府。然而，由于与亲王室政党和传统世俗政党政见不合，本·基兰组阁失败，遭到国王穆罕默德六世的罢免。

正发党 61 岁的二号人物萨阿德丁·奥斯曼尼临危受命负责组阁，经过谈判和妥协，亲王室的全国独立人士联盟（RNI）、人民运动（MP）、传统左翼的人民力量社会主义联盟（USFP）和进步与社会主义党（PPS）同意加入奥斯曼尼政府。2017 年 3 月 26 日，经历了长达 5 个月之久的“政府瘫痪”，新一届联合政府正式成立。

虽然从形式上看，亲王室政党、传统左翼政党和伊斯兰政党形成了“三足鼎立”的平衡局面，但事实上由于所得利益的不平衡和政治意识形态分歧，政党组成的政府内部常出现意见不合、互相掣肘的情况，从而使政府效率低下。因此，在组阁仅时隔 7 个月后，2017 年 10 月 24 日，因“胡塞马：地中海之灯”发展项目执行不力，国王罢免了 3 名来自政党的大臣。2017 年 12 月 11 日，国王因地方发展项目拖沓又罢免了 300 多名地方官员，其中有不少来自议会政党的地方政治精英。2018 年，政党政治精英危机恐还将继续。

一　不受信任的政党

根据摩洛哥政府网站统计，摩洛哥目前共有33个合法政党，这在全世界也算是政党数目较多的国家之一了。[①] 虽然政党数目从一定程度上可以反映一国国民的参政情况，但是在摩洛哥，政党却是一个不受欢迎的政治组织。有学者认为，摩洛哥政治文化中的“不信任”是导致该现象的主要原因。[②] 这种不信任一方面来自民众，另一方面来自国王。根据全国民主国际事务协会（NDI）2011年的调查显示，摩洛哥年轻人对政党的普遍印象是，“政党是自大的且不代表民众，只要在需要人民（投票）的时候才想起来”。[③] 从议会选举的实际投票率来看，2007年议会选举达到历史新低，只有37%，即使在“阿拉伯之春”后的2011年和最近的2016年选举也分别只有45%和43%。低投票率充分反映了民众对政党在选举后政治行为的不信任。

除了政治文化的视角，不信任的原因还来自制度层面——多党制的存在。在摩洛哥政治多元化的背景下，多数政客、资本家以及地方贵族等为获得政治收益往往仅仅是为选举而加入小党或组建新政党，从本质上讲并不代表人民的利益。另一方面，从政党本身来看，其在摩洛哥政治中的处境也较为尴尬。国王作为摩洛哥最高统治者，长期以来控制着国家立法、司法、军队、宗教和行政权等。虽然2011年宪法改革后，国王将一部分权力下放至政府和首相，如首相具有独立组阁和任命大臣的权力，议会有立法的权力等。然而，实际上，国王仍然保留着“大臣委会员”主席以及解除大臣职位的权力。[④] 不仅如此，政府中重要的职位，如国防、外交、宗教、内政部、司法和诸多经济职位均由国王亲信或亲王室政党担任。而多数参阁政党只担任一些不太重要的职位，如人权、文化、教育、妇女等。

---

① 参考摩洛哥政府网站，http：//www. maroc. ma/en/content/political-parties-0。

② Gregory White，“Morocco”，in Bernard Reich ed.，*Handbook of Political Science Research on the Middle East and North Africa*，London：Greenwood Press，1998，p. 182.

③ “Youth perceptions in Morocco：Political Parties and Reforms：Findings from Qualitative Research in Morocco Conducted in July 2011”，*National Democratic Institute*，2011，p. 14.

④ Mohammed Darif，“Morocco：A reformist Monarchy?”，*Journal of the Middle East and Africa*，Vol. 3，No. 1，2012，pp. 82－103.

这也体现了国王对政党的不信任，或者说对偏离王室利益的政党的不信任。理论上，摩洛哥政党可以被分为左翼、右翼和中立政党。然而在现实中，这种西方式的左右分类毫无意义。有学者认为，摩洛哥有三类政治力量：第一，议会政党，也就是说获得议会席位的政党，包括参阁政党和政府反对派，如议会第二大党真实性与现代党（PAM）；第二，非法但具有温和性的社会运动，如正义与行善会（Al-Adl Wal Ihsane）；第三，极左政党，主要是一些小政党，既反对政府又反对王权制度。[①]

而对于国王来说，只有两类政党，支持和反对政党。从哈桑二世时期，在应对民族主义和左翼反对政党，就“炮制”了右翼的人民运动和宪法联盟，以及中立的全国独立人士联盟等支持政党。到了穆罕默德六世时期，虽然传统左翼政党逐渐衰弱，但随着伊斯兰主义政党的崛起，传统右翼式微，王室统治面临威胁。因此2007年议会选举后，国王的密友福阿德·希玛组建了新党——真实性与现代党，扮演新右翼政党，抗衡新左翼。虽然该党在2011年和2016年议会选举均失败，但也拒绝加入正发党领导的联合政府。

二 议会政党的衰落与分裂

从2016年议会选举结果来看，除了新左翼正发党和新右翼真实性与现代党获得超过100个席位外，其他政党所得席位均在50个以下，其中独立党获46个席位、全国独立人士联盟获37个席位、人民运动27个席位、人民力量社会主义联盟获20个席位、进步与社会主义党获12个席位以及宪法联盟获19个席位。而从2017年新联合政府中的职位来看，人民力量社会主义联盟和进步与社会主义党等传统左翼政党总共只获得了5个大臣级职位，其中三个只是大臣代表，进步与社会主义党书记穆罕默德·纳比尔·本·阿卜杜拉担任的大臣在2017年10月已被国王罢免。此外，传统右翼人民运动也只获得了3个大臣级职位，其中有两个是大臣代表，书记穆罕默德·哈萨德担任的教育大臣也已被罢免。

虽然议会第一大党正发党获得了多达12个大臣级职位，然而除了政

---

① Anouar Boukhars, *Politics in Morocco: Executive Monarchy and Enlightened Authoritarianism*, New York: Routledge, 2011, p. 63.

府首相外，其他均是边缘部门。因此，在新联合政府中，即使经历了民主选举和政党之间的妥协，但最终的结果仍然是国王实际控制政府重要职位。从 1998 年实行“政权重组”，允许政党最大程度参政以来，摩洛哥经历了 2002 年、2007 年、2011 年和 2016 年议会选举，几乎所有的议会政党都经历了先盛后衰的趋势，如 1998 年组阁的人民力量社会主义联盟就在 2007 年选举中大败，2007 年组阁的独立党在 2011 年选举中落败于正发党，2009 年在地方选举中大胜的真实性与现代党，在 2011 年和 2016 年的议会选举中的表现也不尽如人意。即使在 2011 年达到巅峰的正发党近年来也出现下滑的趋势，如前文所述，该党所担任的大臣也正被“渐进式边缘化”。

因此，无论是老牌政党还是新兴政党，都没有逃出“议会政党陷阱”。在当前摩洛哥政治制度下，国王所推崇的是“行政君主制”，政府的职能更多是一种“参与”和“执行”。在摩洛哥国王身边由一群亲信和技术官僚组成了“影子内阁”，或曰“深层国家”，他们负责国家各项重大决策，如经济发展、对外贸易、军事、外交等。那么，在这种情况下，政党在政府中就很难代表民意，只能执行国王的意志。因此，国王就会有意地控制由政党组成的“执行者”，也即每当一个政党占主导地位时，在下一次政府组阁时就会因出现“钟摆效应”而逐渐式微①。

议会政党衰落的过程也伴随着内部分裂，派系斗争，进而导致政党常出现领导人危机。2016 年议会选举，独立党落败，随后便陷入派系之争，甚至在 2017 年 9 月 30 日第 17 届全国代表大会上爆发现场暴力冲突，在餐桌上互相扔碟子。冲突发生在时任总书记哈密德·沙巴特的支持者与反对派之间。在后来的选举中，前金融大臣尼扎尔·巴拉卡当选为独立党新总书记。

同样的情景也发生在“执政党”——正发党身上。作为正发党功勋人物，前总书记本·基兰欲修改党章竞选第三任期，这遭到了党内众多人士反对。一时间，正发党也出现了两派对峙局面。但是，在 2017 年 12 月 17 日举行选举上，由于正发党二号人物奥斯曼尼任政府首相，加上众多大臣们的支持，其成功当选总书记。

---

① 张玉友、孙德刚：《摩洛哥政党治理的理念与实践》，《阿拉伯世界研究》2017 年第 5 期。

同样在2016年选举失败的真实性与现代党也出现了类似情况，该党领导人伊里亚斯·奥马里“主动揽责”并于2017年8月辞去书记一职。然而，2个月后，10月30日奥马里又宣布重回总书记一职。此举遭到众多反对人士抗议，甚至抵制参加“欢迎奥马里”的会议。此外，进步与社会主义党穆罕默德·纳比尔·本卜杜拉也在寻求连任，势必也会引起内部分裂。

究其原因，政党的衰落与分裂根源还是在政党的内部。其中最为重要的是议会政党内部缺乏民主化，主要特征是政治“贵族化”和“家族化”。在由王室支持的政党中，该现象尤为严重，根据摩洛哥《求实》杂志2007年统计，在摩洛哥议会两院中共有16支家族直接控制议席，这些家族的后代长期把控各政党的重要职位。[①] 在其他非王室政党，如独立党和人民力量社会主义联盟也存在该现象。以独立党为例，该党从1944年由阿尔·法西创立以来，除了上一任书记沙巴特不是法西家族外，其他均由该家族担任书记，如2007年的摩洛哥首相阿巴斯·法西和2017年新上任的前金融大臣尼扎尔·巴拉卡。长此以往，政党内部会出现无组织、无纪律的情况，进而出现分裂，导致政治行动偏离政治纲领。

三　新型左翼的整合与崛起

相对于议会政党的衰落与分裂，近年来，摩洛哥新型左翼势力出现了上升的趋势。摩洛哥左翼政党在哈桑二世时期一直扮演着反对派的角色，其势力也基本主导了摩洛哥20世纪60年代至90年代的政治斗争。然而随着21世纪的到来，人民力量社会主义联盟和进步与社会主义党等老牌左翼势力纷纷加入国王主导的政府，其策略是通过加入政治体制内部寻求改变。但是，正如摩洛哥政治学家德里斯·马格洛维所言，“结果，他们并没有改变体制，而是被改变，进而也失去了合法性”[②]。

摩洛哥有众多左翼政党，除了传统的议会政党外，还分为两大类：第一，完全游离于体制外的小政党，主要代表为“民主之路党”（An-

---

① Nadia Lamlili, “Parlement. Une affaire de familles”, *TelQuel*, 22 – 27 July, p. 270.

② Ahmed El Amraoui and Nora Kipnis, “The fall and the rise of Morocco's left”, *Aljazeera*, 10 October, 2016, http://www.aljazeera.com/news/2016/10/fall-rise-morocco-left-161004132254602.html.

nahj Addimocrati)，该党主张马列主义和社会主义，结束资本主义和剥削制度。[①] 2017 年 10 月 15 日，“民主之路党”曾主张举办俄国“十月革命”纪念日。此外，该党还反对摩洛哥王权体制，抵制选举；第二，试图进入体制的小政党，这些左翼政党大部分以联盟的形式参与地方和议会选举，其中最有影响力的是由联合社会党（PSU）书记纳比拉·穆尼卜领导“民左联盟”（Democratic Left Federation）。

“民左联盟”成立于 2007 年，由联合社会党、社民先锋（PADS）和全国联合大会（CNI）3 个左翼政党以及 1 个左翼运动组成，参加了 2007 年和 2016 年议会选举，是目前摩洛哥最受民众欢迎的左翼势力。纳比拉·穆尼卜领导的“民左联盟”曾在 2011 年支持“2·20”民众运动，抵制国王主持的新宪法，同时也拒绝参加当年的议会选举。“民左联盟”在 2016 年虽然参加了选举但仅获议会两个席位，然而考虑到 2011 年的抵制历史，该成绩已算不错。同时，“民左联盟”众多成员表示“这次选举只是一个开始，我们目标是在 2021 年选举取得重大突破”。2017 年 10 月，“民左联盟”举办了第一次公开会议，讨论合并三大左翼政党，以“民左联盟”为名成立新的左翼政党。2018 年 1 月 19 日，联合社会党召开第四届全国代表大会，纳比拉·穆尼卜将召集 900 名成员选出“民左联盟”三个候选政治纲领——“新地平线”“平等”和“民主改变”[②]。

在摩洛哥政党发展历史上，多数小党联合成大党，从而赢得议会选举的例子并不少见，如正发党就是从小党慢慢扩展至大党，“民左联盟”正是基于这一思路循序渐进地扩大政党规模和影响力。然而，由于“民左联盟”积极的政治活动，有批评人士认为，这是新型左翼政党进入体制的信号。但是对于纳比拉·穆尼卜来说，她认为进入体制是实现其政治理想的重要步骤，也是新型左翼思想能够付诸实践的唯一途径。因此，在这种思想的指导下，合并后的“民左联盟”极有可能会模仿正发党和真实性与现代党，积极整合各领域优秀人才，提出清晰而有吸引力的政治纲领，从

---

① 易小明：《转型时期的摩洛哥左翼政党》，《当代世界与社会主义》2017 年第 3 期。

② “新地平线”是由纳比拉·穆尼卜提出的政治纲领，其核心是通过大范围政治体制改革来解决社会问题；“平等”和“民主改变”是由另外两个加盟政党提出，前者指提倡追求性别平等、消除贫富差距等理念，后者是指寻求实现国家真正的民主化，如弱化国王的权力等。最终选举结果显示，“新地平线”当选为“民左联盟”的政治纲领。

地方选举开始入手，试图在下一次议会选举中获胜。

四　国王的困境

对于摩洛哥国王来说，始终存在着无法调和的国家治理困境：如何维持王权、民主化与国家稳定三者之间的平衡。自1999年穆罕默德六世继位以来，其延续前任哈桑二世时期的策略，即采用政治多元化、笼络与平衡以及政治威逼等方式，试图解决上述困境。然而，在这种治理方式下，政党势力虽日渐衰弱，但也出现诸多负面效应，如由政党主导的政府容易出现“瘫痪”状况。如2012年，独立党因政见分歧退出了联合政府，导致政府运转不畅，2016年议会选举后，本·基兰领导的正发党无法与其他大党达成妥协，出现了持续5个多月的“无政府状态”。

与哈桑二世对反对政党实施强硬打击政策不同，穆罕默德六世更加注重在体制内影响政党，希望政党能够培养技术性官僚人才，不过多涉及权力之争。但是，在国王的政治多元化制度设计下，由于摩洛哥长期以来的政治精英碎片化特征，使得很难达成一个团结的政府，政府的公信力也很难维持，从而可能威胁国家的稳定。因此，在2017年“国王日”的演讲中，穆罕默德六世第一次“痛斥”一些政治精英不负责态度，敦促各政党内部实现民主化，提高政治治理水平。因此，在政府层面，穆罕默德六世在人事安排上实行“总体把控、任命亲王室的技术官僚、拉拢政党精英参政”方式维持王权、国家稳定与民主化三者之间的平衡。然而从地方层面来看，近两年，摩洛哥多地爆发名为“人民运动”的民众游行示威，质疑王权制度和政府治理效率。因此，新时期国王如何解决上述治理困境仍然是一个值得深思的问题。

第十章　媒体发展现状研究

摩洛哥位于非洲西北角，因其地理位置的特殊性以及资源丰富等优势，经常成为欧洲国家垂涎的对象。在欧洲国家特别是法国和西班牙的影响下，摩洛哥媒体的出现时间较早，并且随着国家政局的变化经历了漫长且复杂的发展历程。在 1912 年以前，欧洲国家就已经开始在摩洛哥发行西班牙语和法语报纸。而后在 1912 年至 1956 年，摩洛哥成为法国和西班牙的殖民对象，殖民者更是大肆推行新的新闻法令和媒体政策，并以媒体为平台宣传本国的文化和语言。即便是在 1956 年国家独立以后的很长一段时间内，国家的媒体政策和法律法规仍然受到法国新闻法令的影响。

在国家独立后，随着国际社会对新闻、言论自由以及人权重视程度的不断提高，摩洛哥国内的新闻、言论自由也成为外界关注的焦点，不过，由于王室高度中央集权的特征，以及信息部门制定的严苛的新闻审查制度，国际社会对于摩洛哥媒体的言论自由始终批评不断。而时至今日，摩洛哥的媒体从业者们也依然在为争取新闻自由而不懈奋斗。

摩洛哥媒体主要分为印刷媒体、音频媒体、影像媒体和电子媒体。印刷媒体作为摩洛哥最早出现的媒体形式，受国内政治局势变化的影响较大，因此经历了较为漫长的发展历程。音频媒体是在 20 世纪上半叶出现的，当时主要是被殖民统治者用来宣传殖民主义的思想和文化。影像媒体和电子媒体的出现则相对较晚，它们的兴起和发展主要集中在 20 世纪后半叶。媒体的发展历程，是国内外局势和政策共同作用的结果，因此也是国家发展历程的体现。

第一节 印刷媒体发展历程

一 前殖民时期

在新闻出版业正式出现以前，摩洛哥的信息传播主要依靠以下途径：市场里的商贩扮演着传播消息的重要角色；清真寺、扎维亚和古兰经学校成为礼拜者、学习者交换信息和讨论问题的重要场所；商队、商人和旅行者成为国内外传递信息的重要桥梁；邮差在信息传递方面发挥重要作用。

在殖民者选中这片土地作为殖民对象后，他们便开始用新闻的手段来对当地人施加影响，从而达到实现平稳过渡的目的。

塞卜塔地区（Sebta）[①] 首次出现了报纸出版的尝试。1820 年首次出版的报纸被命名为《非洲自由报》（*El Liberal Africo*），该报是一份西班牙语报纸，在西班牙马德里印制完成。但在出版了 5 期之后，于 1821 年更名为《宪法的回声》（*Eco Constitucional*）。[②]

丹吉尔地区的首次报纸出版尝试产生于 1884 年，西班牙语报《丹吉尔之眼》（Loeil de Tanger）被认为是该地区的首份报纸刊物。[③] 由于丹吉尔独特的地理位置和多样化的人口组成，自 1780 年开始便成为摩洛哥的外交中心。因此在摩洛哥新闻发展业兴起的初期，它曾一度是报纸发行和新闻出版的中心。

得土安地区的首次报纸出版尝试出现在 1860 年。当时的一位西班牙小说作家在摩洛哥北部的城市发行了第一份报纸，该报共有 4 页，被命名为《得土安的回声》（*El Eco de Tetuan*）。[④] 该报一直延续到 1929 年。

早期的报纸均是在摩洛哥北部沿海城市发行的，并用西班牙语写成。直至 1870 年，才开始出现法语报纸。

---

① 也被称作休达（Ceuta）。

② 哈桑·尤斯菲·麦阿里，摩洛哥新闻史摘要（阿拉伯文）（https：//blogs. aljazeera. net/blogs/2017/5/22/لمحات-من-تاريخ-الصحافة-المغربية）。

③ 哈桑·尤斯菲·麦阿里，摩洛哥新闻史摘要（阿拉伯文）（https：//blogs. aljazeera. net/blogs/2017/5/22/لمحات-من-تاريخ-الصحافة-المغربية）。

④ 哈桑·尤斯菲·麦阿里，摩洛哥新闻史摘要（阿拉伯文）（https：//blogs. aljazeera. net/blogs/2017/5/22/لمحات-من-تاريخ-الصحافة-المغربية）。

1870年7月，摩洛哥的第一份法语报纸《丹吉尔公报》（*La Gazette de Tanger*）在丹吉尔发行，该报主编为受英国人保护的犹太人。他们借助其同巴黎世界以色列协会的联系，对摩洛哥统治高层麦赫赞以及法国、西班牙的殖民者发动攻击。该报纸发行者随后被英国免除被保护身份，该报也被禁止继续发行。1883年，另一份法语报纸《揭幕摩洛哥》（*Le Réveil du Maroc*）受到法国官员的支持，并在丹吉尔设立分支机构。

大约在同一时间，西班牙人爱步林斯（G. T. Abrines）出版了西班牙语报纸《遥远的西方》（*al-Moghreb al-Aksa*），主要面向丹吉尔的西班牙语社区，包括因政治动荡而来的安达卢西亚难民，以此来维护自身利益、干涉摩洛哥事务并攻击法国政策。该报享有绝对的自由，并对麦赫赞的官员和素丹政权进行批判，因而受到素丹驻丹吉尔代表普尔喀什的反对并要求禁止该报的编辑工作。而后该报的主编与英国主编巴吉特·米金（Budgett Meakin）进行了合作，发行英文报纸《摩洛哥时报》（*Moroccan Times*），目的是揭露欧洲人为控制摩洛哥本地人所使用手段，并在国外引起人们对摩洛哥发展的更大兴趣。

阿拉伯语报纸的出现则晚一些。1889年，摩洛哥首份阿拉伯语报纸《摩洛哥》（*Maghreb*）成功发行，而后《萨阿德报》（*S'aada*）也于1904年由法国使馆开始出版发行。1906年，首份用阿拉伯语手写体写成的报纸《瘟疫》（*Tauun*）于非斯发行。

在素丹哈菲兹统治时期，报纸开始刊登不同派别的文章，作用逐渐增强。《萨阿德报》的主编是一位生活在丹吉尔的叙利亚人，他被称为纳哈达（Nahda）文字觉醒运动的追随者。1908—1909年，该报站在法国立场上支持阿卜杜·阿齐兹，结果遭到亲哈菲兹的卡塔尼派的猛烈攻击。

1909年，另一份阿拉伯语报纸《马格里布之声》（*Lisan al-Maghrib*）的编辑因刊登了一个自由宪法文本而被攻击。该编辑在其公开信中提出了“言论自由”等新颖概念，为摩洛哥读者了解进步思想提供了渠道。这些尝试虽然以失败告终，但依然为人民思想的进步做出了重要的贡献。

由于特殊的历史条件等因素，综观前殖民期的新闻出版业，可以发现大致有以下几个特点：

第一，由于在金融财务、报纸编辑、新闻获取方面得到法国公馆的支持，部分报纸成为捍卫欧洲国家利益的武器，并煽动欧洲政府反对麦赫赞。这使得欧洲的价值观得以传播，殖民的利处被夸大，并导致麦赫赞的权威受到挑战。①

第二，报纸被给予绝对的自由，殖民者间的竞争为报纸的发展提供了契机。这使得报纸可以全面反映摩洛哥问题。

第三，报纸抹杀了摩洛哥的主权，并未考虑摩洛哥人民的情感和价值观，并煽动欧洲人到摩洛哥定居。

第四，为宣传殖民的好处，一些丹吉尔的欧洲国家代理人发行了阿拉伯语报纸，以达到更好的同当地人沟通的效果。

二　殖民时期

1912 年 3 月 30 日，《非斯协定》的签署标志着素丹哈菲兹统治时代的终结以及法国委任统治的开始。如果对殖民时期摩洛哥新闻的发展历程进行细分的话，还可将其分为四个发展时期：一是利奥泰时期，二是里夫战争至第二次世界大战爆发时期，三是第二次世界大战时期，四是殖民结束前的危机时期。

（一）利奥泰时期的新闻传播业发展（1912—1925 年）

在摩洛哥沦为法国保护国之后，利奥泰担任总督职务。他将一些有过在阿尔及利亚、突尼斯等国同法国政权对抗经历的狂热分子驱逐出境，并于 1914 年 4 月 27 日颁布了有关新闻职业管理的诏令。这条法令颁布的目的主要有三：其一，在当地去除法国法律中有关言论自由的部分；其二，防止新闻业落入竞争对手国的手中；其三，避免出现煽动性的当地新闻媒体。法令的内容主要是借鉴了 1881 年法国颁布的新闻法，但是摩洛哥的版本相对来说少了更大的自由度，主要表现在以下几个方面：

第一，任何一份报纸在印刷前必须获得授权。

第二，必须提供 6000 法郎的资产担保。②

第三，增强对阿拉伯语报纸和希伯来语报纸的限制，以此来确保新闻媒体不会成为摩洛哥人手中的利器。

---

① 脸书主页：《摩洛哥史，摩洛哥新闻业的兴起》（阿拉伯文）（https：//ar-ar. facebook. com/Moroccan. History/posts/772467632828159：0）。

② 脸书主页：《摩洛哥史，摩洛哥新闻业的兴起》（阿拉伯文）（https：//ar-ar. facebook. com/Moroccan. History/posts/772467632828159：0）。

随着战争的爆发，法国统治阶层为防止反动言论的渗透，派遣官员对报纸进行严格审查，使得报纸失去了多样性，并丧失了许多读者。这进一步导致报社面临财政危机，期刊数量和版面都被迫缩减，新闻服务的质量也逐步下降。由于战争危机，一些报纸暂停编辑工作，如《拉巴特之声》和《阿特拉斯》。[①] 在这种形势下，丹吉尔的《电讯报》获得了法国政府的支持，并被用以对抗在这所国际都市中散布的敌对言论。

1919 年以后，新闻业获得了一定自由。尽管受到 1914 年诏令和战争的限制，摩洛哥的新闻业依然顽强发展并在当时的社会中发挥重要作用。例如大胆发表反对意见的《摩洛哥经济报》，不仅大胆批评法国总督，还要求政府派遣新人来替换时任总督。

经过一段松懈期，利奥泰重掌对新闻业的控制，并通过一系列手段使持有反对言论的刊物破产：首先，停止一切经济支持；其次，禁止其与印刷厂接触；再次，禁止银行同其接触；最后，为报社社长制造种种困难。最终，这些社长被迫将报社出售给法国商人皮埃尔·马斯，再由他同利奥泰及法国外交部进行交易。在金融手段行不通的情况下，利奥泰便会采用其称为“净化新闻产业”的方法，对报社记者进行威胁。如果威胁无效，便会以《紧急法案》为依据，将他们驱逐出境。这一《紧急法案》直到第一次世界大战结束时才被取消。利奥泰禁止媒体报道有关里夫反抗斗争的情况，以防止武装斗争的情绪感染更多人。他的目的是，通过对新闻媒体的控制使摩洛哥人远离政治事务。

在 1919 年之后的一段时期里，由于采取了以上种种措施和政策，企业家马斯成为摩洛哥新闻行业的垄断巨头，并开始了他的新闻帝国的建立。他独占了一切报纸的广告收入，并建立了纸张进口公司。他旗下的报纸不带有任何政治色彩，并且仅仅报道涉及新闻、信息、体育、娱乐、时尚和官员的内容。[②]

另一位法国企业家弗朗西斯·布西也创建了一份名为《摩洛哥新闻》（*La Presse du Maroc*）的报纸。他以此向摩洛哥民众普及法国革命理念，并对利奥泰总督进行批判。利奥泰同布西进行了沟通，并以为其提供贷款

① 穆罕默德·布阿齐兹：《摩洛哥报业的产生》（阿拉伯文）（http：//alifpost. com）。
② 穆罕默德·布阿齐兹：《摩洛哥报业的产生》（阿拉伯文）（http：//alifpost. com）。

援助为条件，要求为该报社任命新的新闻编辑，并使该报成为一份报道世界新闻但不涉及任何有关摩洛哥消息的报纸。布西在巴黎进行了抗议但也未果而终，最终该报社被一名军官接管，并成为为总督府服务的报纸。

总体而言，在第一次世界大战冲突不断的时期，摩洛哥的新闻业处在完全丧失言论自由的政治环境之中。无论是第一次世界大战、里夫战争的原因，还是利奥泰政权的政策和行动，都使得这一时期内媒体的一切活动都无法超越政府所设定的界限，而任何偏离规划路线的新闻活动最后都会以失败告终。

（二）里夫战争至第二次世界大战期间（1926—1939 年）

随着第二任法国总督西奥多·斯蒂格的到来，摩洛哥新闻业进入了新的发展时期。在此期间，摩洛哥的印刷媒体行业经历了两方面重要变化。

1929 年，马斯于非斯创办日报《摩洛哥邮报》（*Le Courrier du Maroc*），旨在消除东部阿尔及利亚报纸的影响。该报 1934 年的刊发量达到 2.1 万份。[①] 在第三任总督到来之后，马斯的新闻帝国再度扩大，此外他还掌控了摩洛哥的法国记者职业协会。在此期间，多数日报均被商人掌控，因此很少表达政治观点，只是对新闻信息进行报道。

在利奥泰离开以后，摩洛哥新闻界发生的一大显著的变化就是周报的繁荣发展。同日报不同的是，周报大多持有明确的政治观点，例如持右派观点的《法国回声》（*L'Echo de France*）和持左派观点的《福音》（*Redd-Balek*）。由于散布"政府利用弱势农民群体"等言论，在 1926—1927 年，33 家报纸被禁止发行。1935 年，第一份宣传共产主义的报纸《红色摩洛哥》（*Le Maroc Rouge*）秘密发行。[②]

这一时期的另一显著变化是民族主义刊物的诞生。1932 年 7 月，第一本摩洛哥月刊杂志《马格里布》第一期发行。其创办者是民族主义领导人艾哈迈德·巴拉弗雷杰（Ahmed Balafrej），目的是宣传社会主义，鼓励民族主义运动。这本杂志在其存在的两年的时间内产生了巨大的影响，杂志中的文章涵盖了教育、法律、巴勒斯坦问题、妇女权利等多方面的主

---

① 脸书主页：摩洛哥史，摩洛哥新闻业的兴起（阿拉伯文）（https：//ar-ar. facebook. com/Moroccan. History/posts/772467632828159：0）。

② 脸书主页：摩洛哥史，摩洛哥新闻业的兴起（阿拉伯文）（https：//ar-ar. facebook. com/Moroccan. History/posts/772467632828159：0）。

题。该报纸还受到摩洛哥境内扎维亚的支持。1933 年 8 月 4 日，穆罕默德·哈桑·乌赞尼主编的杂志《人民行动》（*L'Action du People*）在非斯出版，涵盖了许多类似《马格里布》的议题，并指出周报应当捍卫摩洛哥人民的权益。这些民族主义刊物被广泛阅读，使得越来越多的人意识到教育改革、实现平等的重要性。民族主义者通过新闻宣传，激发民众对日益衰退的经济和政治形势的愤怒，因此他们的活动受到政府的严格审查。[①] 在 1934 年 5 月穆罕默德五世访问非斯期间，民众爆发了大规模示威游行。法国总督以此为由，禁止了非斯、得土安和巴黎所有民族主义刊物的出版，并随后加强了对 1914 诏令的强调。新闻界由此再一次在法国政权的压制下丧失了言论自由。

1936 年，法国人民阵线开始在新闻法方面实行更加宽松的政策，允许创办同情民族主义事业的报纸。阿拉伯语的《阿特阿斯报》（al-Atlas）和法语的《人民行动》（*L'Action Populaire*）都是在此期间创办的。1936 年 9 月夏尔·诺盖（Charles Nogues）将军接官总督府。他的到来激发了新一轮的变革。诺盖对民族主义者并不持有好感，并且要求报纸必须表明自己的政治立场。在劳工斗争爆发的情况下，诺盖仍然拒绝同其谈判，由此创造了工人阶级同民族主义者并肩作战的契机。支持劳工的报纸《光明报》（*Clarte*）宣布摩洛哥工人运动的时机已经成熟："摩洛哥无产阶级终于表明，他们已经具有了阶级意识，并将永远同欧洲工人阶级站在一起，为争取面包而捍卫自己工作的权利。"

第二次世界大战爆发前夕，摩洛哥新闻传播界主要被马斯的新闻帝国垄断着。该帝国在此期间共发行了 115 份报纸，其中卡萨布兰卡有 73 份，拉巴特有 42 份，日报有 9 份、周报 36 份。[②] 由于西班牙内战以及欧洲右翼势力的强大等因素，摩洛哥的新闻中还出现了许多关于左翼和右翼冲突的报道。商人所持有的报纸主要报道新闻消息，而民族主义报纸则主要反映各派观点。因此可以说，这一时期的新闻界被当作政治斗争的武器。

---

① ［美］苏珊·吉尔森·米勒：《摩洛哥史》，刘云译，中国出版集团·东方出版中心 2015 年版，第 176 页。

② 脸书主页：《摩洛哥史，摩洛哥新闻业的兴起》（阿拉伯文）（https：//ar-ar. facebook. com/Moroccan. History/posts/772467632828159：0）。

（三）第二次世界大战期间（1939—1945年）

第二次世界大战爆发后，法国殖民者利用时势条件对新闻传播业进行了整顿。继1937年民族主义报纸被禁之后，1939年，左翼和工会报纸也被禁止发行。1939年8月29日，法国总督府颁布法令，并规定：扩大总督府的新闻审查权，中央政府的代表可以自行对报纸发行工作进行管理；任何非政府机构发布有关军方的新闻都要受到处罚；在摩洛哥多个城市设立公共新闻办公室，负责报社、印刷厂、图书馆等机构的审查工作；禁止发行新刊物，禁止重启已停刊的刊物。

1940—1942年，右翼刊物数量不断增多。反对派刊物秘密刊发，其中包括《自由报》和《国土报》，并首次提出独立的要求。除阿卜杜·拉提夫主编的《民族声音》（*La Voix Nationale*）符合总督府的新闻出版要求之外，1937年之后同情民族主义的报纸均被停止刊发。

1942年，盟军在卡萨布兰卡登陆。盟军登陆后，并未对民族主义者的诉求予以回应。随后，抵抗刊物开始公开发行。《自由报》公开宣传共产主义，并对总督府进行批判。与此同时，工会报也开始增多，《工会行动》要求为摩洛哥工人增长工资收入，享有同法国工人相同的待遇。工会还收购了马斯旗下的《小摩洛哥人》（*Le Petit Marocain*），并把它变成了参与斗争的刊物。该报一直发行至1971年。

1945年2月19日，政府颁布诏令，打击新闻产业的垄断行为。尽管如此，皮尔·马斯仅出售了旗下的一家报纸，其新闻帝国顽强坚持到1971年。

（四）殖民结束前的危机时期（1946—1956年）

在这一时期，法语报纸主要分为两派，即右翼和自由派。右翼报纸反对摩洛哥民族独立，并倡导反对民族主义运动的活动，认为民族主义运动属于恐怖活动。而自由派则认为，对历史的正确解读就意味着，应当支持摩洛哥的独立、释放被关押者、将权力交还素丹并使摩洛哥人参与到改革进程中。这是企业家杰克·沃特尔在其所创办的报纸《摩洛哥新闻报》（*Maroc Press*）中所发表的内容，这份报纸的创办目的在于，打击美国所支持的共和主义，并支持摩洛哥的民族主义事业。

与此同时，民族主义报纸开始变得多样化，以三种形式为主：党报、工会报和独立报。

1944 年 1 月 11 日，独立党（Al-Istiqlal）发布的“独立宣言”标志着摩洛哥国内的民族主义斗争取得了重要进展。与此同时，民族主义运动的重心发生转移，由非斯转移到拉巴特，运动参与者也不断增多，其中包括城市资产阶级和无产阶级。1946 年，独立党创办了它的第一份用阿拉伯语写成的党报《旗帜报》（*al-Alam*）。而后其名为《观点报》（*L'Opinion*）的法文版本，于 1947 年开始发行。此时，几乎所有的政党、团体都创办了自己的报纸。

同期，反映工人阶级事务问题的工会类报纸也不断增多。在 1946 年至 1948 年间，摩洛哥工会联盟的规模不断扩大，其成员数量由 5 万人增加到 10 万人。[①]《工会行动报》（*L'Action Syndicale*）反映了工人阶级所作的斗争。

此外，一种新的报刊体也应运而生，即独立报。这种报刊不隶属于任何党派，因此在多党派竞争的历史条件下发行数量有限。其中的突出代表是《年轻的马格里布》，由木阿提·鲍来管理。该报要求建立国家教育部和能反映民族身份的学校。

在总督艾利克·拉邦纳（Eirik Labonne）统治时期，新闻界得到了一定程度的复兴，但在其接任者阿尔方斯·宋安（Acphonse Juīn）将军上任后，新闻活动再次受到严格限制，民族主义报纸的刊发被减少，党派发行的《独立报》也被禁止刊发。1952 年 12 月，达尔贝达爆发 3500 名工人的大规模游行示威，这使得总督禁止了《旗帜报》《希望报》两份党报的发行，并解散了独立党和共和党。但在穆罕默德五世回归摩洛哥之后，民族主义报纸再度兴起，而处于党争环境中的独立报仍未得到较大发展。

直到 1955 年，摩洛哥人在新闻传播业的参与度仍处于较低水平，94% 的报纸都是法语报纸，而只有 4% 是阿拉伯语报纸。外资持有的报社纸张消费量达 95. 5%，而摩洛哥人的报社则仅占 4. 5%。[②]

（五）后殖民时期

1956 年 3 月独立以后，报纸又成为反对党派和王室政权的斗争地。

---

① 脸书主页：《摩洛哥史，摩洛哥新闻业的兴起》（阿拉伯文）（https：//ar-ar. facebook. com/Moroccan. History/posts/772467632828159：0）。

② 脸书主页：《摩洛哥史，摩洛哥新闻业的兴起》（阿拉伯文）（https：//ar-ar. facebook. com/Moroccan. History/posts/772467632828159：0）。

印刷媒体主要归政治党派所有。由于电视和广播都为政府所有，因此如果政治党派想要挑战王室权威，他们别无选择，只能把报纸当成政治斗争的武器。但考虑到摩洛哥高文盲率的问题（在20世纪60年代高达86%），报纸的影响力较为有限。

自1987年开始，摩洛哥就为报纸和杂志提供固定额度的补贴，以此来支持官方版本的发行。1997年，原本作为反对派的人民力量与社会主义联盟开始领导政府。自此，政府和媒体之间的关系发生了重大转折。政府对媒体的限制放松了一些。

当前，摩洛哥的印刷媒体除了为党派所有的那些外，还多出了一批私家媒体，并且它们的数量正与日俱增。这些独立性的印刷媒体为记者们开拓了新的空间，使得他们可以不再受雇主们设定的严格的、高度政治化的编辑政策的约束。摩洛哥的报纸数量高速增长，2005年的日均销量达到25万份。尽管如此，摩洛哥人均报纸阅读量同其他国家相比，仍处于较低水平。在摩洛哥，平均每1000人阅读13份报纸，这远远低于世界上每1000人阅读95份报纸的平均水平。

2006年，摩洛哥为50家印刷媒体机构（18家日刊，27家周刊，5家月刊）提供了补贴，补贴总额400万美元。[①] 因为政府意识到，提供资金援助是控制这些媒体的有效手段，因此提高了补贴额度，以此作为对媒体施加政治控制的机制。由于文盲率较高，许多完全不识字或识字不多的人，几乎不怎么接触印刷媒体，其主要是通过电视和广播来获取信息。

摩洛哥的报纸主要有以下几个划分维度。按语言来分，这些报纸可分为阿拉伯语报、法语报、阿马齐格语报和西班牙语报。其中，阿拉伯语报有448家，法语报有164家。按出版周期来分，可分为日报、周报、半月报和月报。其中，日报有26家，周报有136家，半月报有78家，月报有254家。按照报纸的来源分，可分为独立报和党报。大约有698家都属于独立性报纸，党报数量不超过26家。按照栏目来分，可分为新闻报和专栏报。其中，新闻性报纸约占全国报纸的54%，专栏性报纸如经济类占10%、文化类占12%、体育类占6%、旅游类占2%、女性类占2%、艺

---

① 《摩洛哥新闻与视听传媒行业2006年度报告》（法文），摩洛哥文化与通讯部（http://mincom.gov.ma/landing/demo/template/wordpress/media/k2/attachments/RapportdelapresseVF2006_1.pdf）。

术类占3%、本地社区类占2%。而按照覆盖的地域来分，则可分为全国性报纸和地方性报纸。其中，全国性报纸有456家，地方性报纸有162家。

新的政治环境也使杂志产业的发展更具多样性。摩洛哥的主流杂志面向不同的受众，并且是专题类，例如女性、健康、体育、运动、电影、商务等。民主化进程使得这些出版物的出版量急速增长。独立性杂志不仅数量增加了，而且出版量也相应增加。

表Ⅱ-10-1　　摩洛哥发行量最大的5家报纸

名称	语言	发行量占比（%）
《摩洛哥晚报》（Al Massae）	阿拉伯语	75
《新闻报》（Al Akhbar）	阿拉伯语	65
《晨报》（Assabah）	阿拉伯语	46
《撒哈拉晨报》（Le Matin du Sahara）	法语	21
《今日新闻报》（Akhbar Al Yaoum）	阿拉伯语	20

资料来源：《阿拉伯媒体2013—2018年概览》，https://egypt.mom-rsf.org/uploads/tx_lfrog-mom/documents/7-1456_import.pdf。

第二节　音频媒体发展历程

摩洛哥广播形态的正式出现是在1928年2月28日。当时的摩洛哥正处于法国殖民时期。此前，法国殖民统治者为宣扬殖民主义、传播法国文化、维护自身统治，已经于1925年在位于马格里布地区中部的阿尔及利亚进行了成功的广播尝试，取得了较好的效果。因此，他们相信能够将这种经验继续应用在摩洛哥。

1928年，法国人开始用一家名为“摩洛哥国家广播电台”的广播站进行广播，信号从首都拉巴特发出，广播的语言为阿拉伯语。法国总督任命广播站站长，并对新闻内容进行监督。从1922年至1930年，法国对北非地区多国进行殖民统治，并在此过程中普遍利用建设广播站的方式来宣传殖民政策、传播法语和法国文化、确立霸权地位。到1934年的时候，法国殖民者已经在摩洛哥各地都建设了广播站。在20世纪30年代至40年代后期第二次世界大战期间，欧洲各国之间的竞争十分激烈，因为他们都具有扩大自身版图的野心。在摩洛哥境内，法国和西班牙的竞争也十分胶着。西班牙电台号召摩洛哥人民奋起反抗法国的殖民统治，而法国电台则竭力抹黑西班牙的形象。

与此同时，一些具有强烈爱国情怀的摩洛哥民族主义者，也意识到这一新出现的媒体形态对于扩大宣传所具有的不可小觑的作用。于是他们也开始寻求利用广播来扩散自己的声音，呼吁国内民众对殖民主义奋起反抗。但是迫于法国殖民者的压力，民族主义者只能通过建于西班牙和意大利的秘密电台来表达对民族解放的想法。尽管如此，这种活动还是受到了法国殖民者的阻挠。为限制摩洛哥人使用广播，1929 年，殖民者发布皇家诏令，宣布一切的信号传输，无论是广播、电视还是电报，都要归法国政府管辖。在这种情况下，摩洛哥的民族主义者只能另辟蹊径。他们开始寻求埃及开罗之声电台①（由埃及总统、阿拉伯革命先锋阿卜杜·纳赛尔建立的电台）的帮助，并利用这个平台来交流信息，为争取民族独立而努力。

摩洛哥广播的黄金时代开始于 20 世纪 70 年代。一份 1973 年的研究报告显示，城市 92.1% 的人口和乡村 75.2% 的人口都有按时收听广播的习惯。这主要是由于广播具有覆盖范围广且容易被理解的优势。尽管摩洛哥国内的受教育程度较低，但是广播这种较低门槛的媒体形式还是取得了不错的传播效果。

摩洛哥广播电视台（Radiodiffusion et Télévision Marocaine，缩写为 RTM）创办于 1928 年 4 月 15 日，1959 年成为国家电台，20 世纪 50 年代成立之初，受信息部②管辖，因此被认为是政府的喉舌。自 1972 年开始隶属于新闻部。1962 年 3 月，政府在摩洛哥广播电视台的基础上，建立了国家广播电视系统，并取名“国家广播电视公司”（Société nationale de radiodiffusion et de télévision，缩写为 SNRT）。20 世纪 60 年代，国家广播电视公司开始致力于扩大广播的普及范围，希望广播可以触达所有摩洛哥人。

---

① 总部位于埃及开罗，是一个面向国际的平台，20 世纪五六十年代成为整个阿拉伯世界的革命讲台。

② 1995 年 2 月更名为通讯部。

在音频媒体层面上，目前国家共有 14 家广播电台，包括国家的和地方的。国内几家主要的广播电台是：

第一，隶属于国家广播电视公司 SNRT 的广播电台。目前，该公司旗下共拥有 4 家国家广播站以及若干家区域性广播站①。这些广播站提供阿拉伯语、法语、阿马齐格语等多语言播报服务，广播内容涵盖文化、社会、宗教、教育等各个各方面。

第二，地中海国际广播电台（Radio-Mediterranee International，简称 Medi 1）。该电台创建于 1980 年 7 月，由摩洛哥和法国的银行、主要企业合资创办，面向马格里布、中东、撒哈拉以南非洲以及欧美国家首都。地中海国际广播电台是摩洛哥第一个私家广播电台。它是一家双语（阿拉伯语、法语）播报国际新闻和娱乐信息的电台。

第三，卡萨布兰卡广播电台（Casablanca Radio）。创建于 1987 年，是一家区域性私家广播电台。该电台主要面向卡萨布兰卡地区，播报的主要是音乐（占 70%），还有新闻和文化节目。

第四，美国萨瓦广播电台（US Sawa Radio）。2003 年，萨瓦电台开播。这是一家由美国国会公开资助的隶属美国国际广播公司的广播平台，全天 24 小时都用阿拉伯语从摩洛哥本土进行播报。在当时还没有相应法律框架的条件下，这家电台破例获得了政府的播报授权。

在摩洛哥全部广播电台中，除了地中海国际广播电台（即 Medi 1）和美国萨瓦广播电台以外，其他的广播站都属于国有。不过，在 20 世纪 90 年代末期，广播的收听人数开始急速下降。这主要是由于当时电视行业的兴起、卫星技术的发展以及后来互联网在国内的普及。

表 II－10－2 **摩洛哥国内触达率最高的几个广播频率**

名称	触达率（%）
穆罕默德六世电台（Radio Mohamed VI）	18

① 4 家国家级广播站分别是：国家广播站（SNRT Radio National）、国际广播站（SNRT Chaîne Inter）、阿马齐格广播站（SNRT Radio Amazigh）、穆罕默德六世—古兰经广播站（SNRT Radio Mohammed VI du Quran）；区域性广播站主要有：卡萨布兰卡广播站（SNRT FM Casablanca）、丹吉尔广播站（SNRT FM Tanger）、马拉喀什广播站（SNRT FM Marrakech）、阿尤恩广播站（SNRT FM Laâyoune）、非斯广播站（SNRT FM Fes）等。

续表

名称	触达率（%）
MFM 广播	15
地中海国际广播电台（MED 1）	12
MED Radio	11
摩洛哥国家广播电台（Al Ida Al Wataniya）	10

资料来源：《阿拉伯媒体 2013—2018 年概览》，https：//egypt. mom-rsf. org/uploads/tx_ lfrog-mom/documents/7-1456_ import. pdf。

近年来，除了国有广播电台以外，还出现了一些私人的广播电台。这些电台的出现为摩洛哥广播行业的发展注入了新的动力与可能。新出现的私人广播电台通过开设辩论直播和新闻节目，为讨论国家事务提供了可能性和平台。与公共电视和广播不同的是，这些电台更关心本地的、地区的和国家的事务，并使用受摩洛哥民众广泛认可的语言——一种介于标准阿拉伯语和达利伽（摩洛哥本地方言）之间的语言。

第三节　影像媒体发展历程

在影像媒体层面上，目前摩洛哥国内共有 9 家是由国家负责资助、管理和监督的公共电视频道。在阿马齐格语频道出现以前，这些频道主要是用阿拉伯语和法语播报节目。此外，在个别频道如一频道，还有用西班牙语播报的新闻简讯。

1951 年，首个电视执照发给了一家法国私家电视公司——TELMA。它从 1952 年开始播放，并被认为是首家阿拉伯—非洲电视台。这家电视台运行了 3 年后，于 1955 年 5 月因财政困难和紧张的政治氛围而被迫停止了工作。在后殖民时期，电台和电视成为摩洛哥现代化建设的重要部分。

1962 年 3 月，RTM 建立。尽管它自诩为公共服务平台，实际上却是政府和王室的喉舌。在新闻价值方面，对王室和政府活动的报道是其最重要的议题。RTM 所扮演的角色就是鼓吹民族主义，强调君主的神圣性，诋毁共产主义、反君主制或共和主义的意识形态。

彩色电视的面世始于 1972 年，到 1973 年，全国仅有 33% 的领土有电视覆盖。而直到20世纪70年代末期，电视机的价格依然超过绝大多数摩洛哥人的负担能力。1997年，全国电视观看人数约达310万人。2006年，几乎每家每户都拥有一台电视机。①

1989年以前，RTM一直是国内唯一一家电视台。1989年，2M电视台建立。这是阿拉伯世界第一家地面付费频道，从卡萨布兰卡开始进行信号传输。该频道自称自己的功能是娱乐。新闻播报以简讯居多，80%的节目都是法语播出。这家电视台以订阅形式为基础，并且需要解码器来获得清晰的信号。这种情况一直持续到1997年，在它成为公共频道后，只需要天线就可以接收信号。由于许多订阅者后来逐渐转向了其他提供免费且更有趣味的卫星电视频道的节目，因此2M电视台在后期遭遇了严重的经济危机。在这种情况下，政府以保护言论自由为由，收购了这家电视台。来自不同阵营的政客们均赞成政府的这一举动，因为2M是唯一一家公开开展政治辩论的国家频道。并且对于多数对RTM的节目感到不满的摩洛哥人来说，2M还为他们提供了新的角度和信息。这家电视台打破了一些旧有的标签，并解决了一些具有争议的问题。它的第一个反常规举动体现在新闻播报的形式上。与RTM相反，2M的新闻更加紧凑，并且不将重点集中在王室和政府的活动。在报道相应活动时，这家电视台的新闻更加简短，也更具有客观性。此外，它还会谈及一些具有争议的问题，比如贫穷、腐败、政府低效等。

2002年9月，政府颁布了一项法令，规定了RTM和2M这两家摩洛哥主要电视台的义务。法令还终止了政府在广播管理方面的垄断情况，将RTM由一家受通讯部补贴的公司变为一家自管机构，即国家广播电视公司（SNRT）。SNRT是一家负责管理两家电视台的公共公司，不再受通讯部的财政控制和监督。RTM频道更名为“一台”。

由于电视具有低成本、触达范围大、受众面广的优势，因此“一台”和2M频道成为摩洛哥国内获取新闻和信息最重要的来源。据摩洛哥电视观众评级公司（Marocmétrie）的官方报告，2010年3月，这两个频道共占40.3%的观众，其中2M占27.3%，一台占13.0%。

---

① 《摩洛哥新闻与视听传媒行业2006年度报告》（法文），摩洛哥文化与通讯部（http://mincom.gov.ma/landing/demo/template/wordpress/media/k2/attachments/RapportdelapresseVF2006_1.pdf）。

目前，SNRT 共拥有 10 个电视频道，其中“一频道”（الأولى）影响力最大。此外，还有一些新建的电视频道，如：体育频道（Arriyadia）、宗教频道（Assadissa）、教育频道（Arrabia）、电影频道（Aflam TV）、阿马齐格频道（Amazigh TV）以及一些地方性频道。

摩洛哥有两家电视台，分别是摩洛哥电视台（La Television Marocaine，Radidiffusion Television Marocaine，缩称 TVM）和摩洛哥电视二台（2M International）。摩洛哥电视台于 1962 年 3 月 3 日正式投入运营，隶属于摩洛哥国家新闻部，是目前摩洛哥最主要的新闻媒体之一。其总部设于首都拉巴特，并在多个城市设有转播站。摩洛哥电视二台于 1989 年 3 月 3 日正式投入运营，在 1996 年以前为国内唯一的私营性电视台，后于 1996 年被政府收购 68% 的资产。该电视台每天 24 小时播出节目，其中法语节目约占 70%，阿拉伯语节目约占 30%。

表 II－10－3　　摩洛哥国内触达率最高的几个电视频道

名称	属性	触达率（%）
二台（2M）	本地	24
一台（Al Aoula）	本地	9
Medi 1 频道	本地	8
马格里布频道（Al Maghribia）	泛阿拉伯地区	4

资料来源：《阿拉伯媒体 2013—2018 年概览》，https：//egypt. mom-rsf. org/uploads/tx_ lfrogmom/documents/7-1456_ import. pdf。

第四节　电子媒体发展历程

20 世纪 90 年代早期，一些摩洛哥研究机构开始引领互联网的发展。1993 年，穆罕默迪耶的拉巴特工程学院完成了国内首个互联网连接。自 1995 年 11 月开始，摩洛哥民众开始接入互联网。学生和研究员是首批使用者。由于电脑价格高昂、国内基础设施建设较为落后，所以摩洛哥的互联网发展进程比较缓慢。

根据通讯部报告显示，摩洛哥共有几十份电子报纸，其中 5 家法语报，2 家英语报，1 家阿拉伯语报，这些报纸网站归私人所有。此外，还有一些国家部委的官方网站，但却由于不能够按时为人们提供有效信息而饱受诟病。

2005 年至 2010 年间，摩洛哥互联网使用者迅猛增长。2009 年，互联网使用者达到 120 万，占摩洛哥人口的 4.51%。其中，54% 的使用者使用的是 3G 网络，人数超过 56.6 万，占总人口的 1.8%。截至 2019 年 2 月，摩洛哥共计有网民 2250 万。[①] 政府并未出台有关限制网站的政策。但是网民通常需要避免谈论敏感话题，如西撒哈拉问题、王室成员问题等。

在互联网普及以前的很长一段时间里，新闻报道都只是专业记者的专属工作。但自从有了互联网，每个人都可以成为内容生产者。他们通过社交媒体来传播民众暴乱以及警察暴力镇压学生、工党和其他活跃分子的视频。网络视频的发布促进了新闻信息的增长。而移动设备的使用则让很多摩洛哥人成为移动的网络记者。这些草根记者甚至在很多情况下优先于主流媒体。例如，社交媒体记者对前通讯部大臣和政府发言人哈利德·纳希里（Khalid Naciri）丑闻事件的揭露。纳希里利用职务之便要求警察释放他的儿子，这个过程被手机记录下来并发布在“油管”等网站上，视频点击量达 30 万次，随后很多纸媒才进行报道。

但是，截至目前，互联网的普及和使用主要还是集中于城市和受教育群体。尽管摩洛哥的网民比例高达 33%，但是多数网民都是利用网络来进行休闲娱乐，而不是获取新闻资讯。虽然新闻媒体都有自己的网络门户，但是这些平台却由于较高的文盲率和数字文盲率而无法成为网友获取新闻和信息的重要来源。这也是摩洛哥的数字媒体在新闻业中地位不甚重要的原因。

社交媒体在摩洛哥发展得异常迅猛。据估计，摩洛哥拥有 300 多万的脸书使用者，在阿拉伯世界仅次于埃及和沙特。此外，社交媒体还日益成为政治运动的重要平台。

2016 年爆发的“人民运动”就是一个最佳证明。31 岁的穆赫欣·费克里（Mouhcine Fikri）是摩洛哥北部城市胡塞马的一名鱼贩。2016 年 10 月 28 日，由于在休渔期捕捞剑鱼，费克里受到当地警察的制止并因此同警察发生冲突。在其同警察抢夺剑鱼的过程中，费克里爬进压缩机的翻斗

---

① Zakaria Oudrhiri，“Report Finds 19 Million Moroccans Go Online Everyday”（https：//www.moroccoworldnews.com/2019/02/265099/report-moroccans-internet-morocco/）.

中，却被突然运转的翻斗机绞死其中。围观人群将视频发布到各大社交网站上后，迅速引起了摩洛哥全国范围内的抗议。以“人民运动”为标签的话题在脸书上迅速被转载开来，并引发了大规模的线下游行抗议活动。

2017 年 5 月 29 日，“人民运动”领袖纳赛尔·泽夫扎非在胡塞马被捕，理由是他在穆罕默德五世清真寺的一位伊玛目宣讲“示威活动威胁社会安全”时与其发生了争论，并被判处“干涉宗教自由”“威胁国家安全”等多项罪名。按照摩洛哥宪法规定，这些罪名将会导致他被判处死刑或被长期监禁。而此后又有大批参与示威活动的活跃分子被捕并被判入狱。在泽夫扎非被捕后，摩洛哥国内爆发了更大规模的游行示威。2017 年 7 月 11 日，52000 人走上拉巴特街头，被认为是继 2011 年“阿拉伯之春”爆发以来摩洛哥爆发的最大规模的游行示威活动。而在这场示威活动中，脸书这一社交平台发挥了最主要的作用。

表 II－10－4　　摩洛哥国内使用人数最多的几大社交平台

名称	使用人数占比（%）
脸书（Facebook）	80
问（Ask）	31
推特（Twitter）	15
照片墙（Instagram）	8
谷歌＋（Google＋）	7

资料来源：《阿拉伯媒体 2013—2018 年概览》，https：//egypt. mom-rsf. org/uploads/tx_ lfrog-mom/documents/7-1456_ import. pdf。

第五节　言论自由与语言使用

一　摩洛哥媒体环境与言论自由

（一）受国家管控的媒体环境

独立初期，摩洛哥无论是在立法、政治、教育还是新闻方面，都是以法国殖民时期所培育的框架为基础。对于当时的法国媒体而言，它们的存在主要是为表达一些政治观点，而不是为进行客观的新闻报道。当时，摩洛哥的媒体也继承了法国媒体的这一特点，所以国内的报纸多数是为表达政治观点而生的。与此同时，国家同样继承了法国对媒体赋予新闻自由的传统。因此，当时国内奉行较为宽松的新闻政策，使得很多报纸都可以自由地表达政治观点甚至是提出政治批评。摩洛哥通过的第一部宪法规定，“宪法保障全体公民享有言论自由、以各种方式表达意见的自由和集会自由”。不过，批评王室和伊斯兰教是绝对不允许的。政府通过微媒体发放补贴的手段来保证新闻媒体不进行出格的报道。并且由于当时报纸的自身销售利润和广告收入都不高，因此它们要想维持正常的运营就不得不依靠政府的补贴。

相比于马格里布地区的其他国家，摩洛哥对于新闻业的约束和限制相对宽松。1971 年之后，除一直代表着官方观点的《撒哈拉晨报》外，还有大量涵盖政治、经济、文化、社会问题的周刊呈现出急剧增长的态势，它们都表达着不同政治派别的不同观点。不过自 1990 年起，党报的地位逐渐衰微，而独立报却日渐兴起。这是 20 世纪 90 年代后印刷媒体领域所发生的最主要的变化，独立报不仅数量越来越多，并且开始在新闻界占据越来越重要的地位。

20 世纪末期，国内关于改革的呼声越来越高。人们不仅希望进行政治、经济和法律等方面的改革，也希望国家能够在保障人权和媒体自由方面取得进步。1999 年，哈桑二世去世，其子穆罕默德六世继位。同年夏天，穆罕默德六世在发布就职演讲时承诺，要建立一个现代化的民主国家，要尊重法律和自由。尽管国王做出了民主改革的承诺，但是外界多数人认为，国家在政策制定和政策施行之间仍然有着巨大的鸿沟。

《杂志》就是一个典型的例证。1997 年，阿里·欧麦尔（Ali Amar）和艾布·伯克尔·贾玛伊（Abubakr Jamai）创办了《杂志》（Le Journal）。这本刊物成为同类期刊中的典型案例和代表。《杂志》面向受教育程度较高的摩洛哥人，勇于揭露腐败、挖掘过去、反思历史。但是，由于煽动性言论较多，该杂志的编辑多次受到政府高层的骚扰。2001 年，《杂志》因为本·纳伊萨案的关系，被处以 50 万迪拉姆的罚款，这使它面临严重的财务危机。此后，该报依然不屈不挠地攻击高层腐败问题，并因此引发了政治高层的愤怒。2007 年，艾布·伯克尔·贾马伊被起诉并逃离摩洛哥。

2010 年，前编辑阿里·奥马尔宣布《杂志》因为政府对其采取的经济限制而停办。类似的案件还有很多。阿里·穆拉贝特（Ali Mrabet）的《明日报》（*Demain*），因为表现出“对国王的不尊重”而遭到政府的报复；拉希德·奈尼（Rachid Niny）的《晚报》（*al-Masa*）由于刊登“虚假信息”而被逮捕。一些杂志例如《求实》（*Telquel*）设法生存下来，但其他许多报刊则被迫停刊。显而易见的是，激进刊物在当代摩洛哥已经没有了市场。

2011 年，“阿拉伯之春”爆发后，经摩洛哥精通技术的青年和街头活跃分子通过社交网络互动和脸书群组发起，摩洛哥于 2011 年 2 月 20 日爆发了游行示威。抗议者有两项主要诉求：消灭腐败、结束独裁。[①] 很多人认为 2011 年的宪法改革是摩洛哥朝司法独立、承认人权方向的巨大飞跃，因为它首次为许多基本权利提供了保障。然而，这一宪法却因为自上而下、非民主性的立法进程，以及王室的权力而受到批评。因此，在修订后的宪法中，国王仍然保留着自己在宗教、安全事务和国家重大政治决策这三个领域里至高无上的权力，并因此继续维持着自己在宗教、社会文化和政治领域的重要作用。

作为对国内抗议示威活动的回应，国王于 2011 年 3 月 9 日发表电视讲话，承诺将进行大规模的宪法改革来回应示威者的主要诉求。2011 年 7 月 1 日，国家举行了新宪法公投。尽管“2·20”运动的组织者号召抵制这一公投，但是最终仍然有 98.49% 的人参与了投票，新宪法以压倒性票数获得通过。[②] 国王也因此得以控制住国内的动荡局势。

2011 年修订的宪法中第 28 条明确规定：“新闻自由是受到保护且不为任何形式的谴责所限制”，“所有人都有权在法律运行的范围内，自由表达和传播信息、想法和意见”。

尽管如此，摩洛哥的新闻自由和言论自由却还是饱受外界特别是西方国家的诟病。根据“记者无国界”组织发布的关于言论自由指数的调查报告，在全部被调查的 180 个国家中，2014 年摩洛哥的言论自由指数排名为第 136 位，2015 年为第 130 位，2016 年为第 131 位，较上年还下降了一位。而 2017 年至 2019 年的排名则回落至第 135 位。该组织认为，摩

---

① Lahcen Achy, Rachid Touhtou and Mohemed el Hachimi, “*State and Civil Society in Morocco: Assessing the Arab Spring Effect*” (http://carnegieendowment.org/2012/07/17/state-and-civil-society-in-morocco-assessing-arab-spring-effect/duk1).

② “*Morocco Approves Constitutional Reforms*” (http://edition.cnn.com/2011/WORLD/africa/07/01/morocco.vote.reforms).

洛哥存在“审查、恐吓、高额罚金和监禁、威胁记者”的情况。并且“在2018年，国内的记者面临严重的司法压力。政府刻意阻止国内外有关里夫‘希拉克’运动和非法移民的报道”，使得“一些记者被判监禁并被处以高额罚金，还有一些外国记者被驱逐出境”。[①]

无独有偶，在美国智库自由之家（Freedom House）于2015年至2019年发布的自由程度评估报告中，摩洛哥的新闻自由等级始终为：不自由[②]，网络自由等级为：部分自由[③]。在该机构发布的摩洛哥2019年的报告中，关于媒体自由的评估如下：“尽管独立型媒体在报道经济和社会政策时享有较高程度的自由，但是政府仍然会用许多金融和法律机制来惩罚批判型记者，尤其是当他们涉及国王、王室、西撒哈拉问题或是伊斯兰教的时候。”而关于网络空间的自由程度，该份评估的结论是：“政府仍然会时不时地干扰一些网站和网络平台。许多在网上匿名发布攻击君主内容的博主仍然会受到骚扰。”[④]

但是，在摩洛哥政府看来，这些机构发布的报告缺乏公正性和不够透明。通讯部官方发言称，国家尊重国际社会普遍承认的言论自由和人权，并致力于尽快出台相关新闻法，取消监禁处罚、建立新闻业高级委员会、保障信息获取权，从而将建设民主国家的努力落到实处。

不过，还是有案例证明，摩洛哥的新闻自由程度远没有宪法所规定的那样高。2017年，网上商城巴迪勒的哈米德·马哈达威被判处一年监禁，原因是他批评政府禁止里夫地区举行“人民运动”抗议运动的决定。而后在2018年6月，哈米德再次被判处三年监禁，理由是他没有向政府报告2017年的一通监听电话。当时，一个激进分子曾在电话中称自己准备将武器走私到摩洛哥。但是哈米德的法律辩护抗议说，监听电话是违法

---

① “记者无国界”网站发布的2019年摩洛哥的报告：《媒体人士的巨大司法压力》（阿拉伯文）（https：//rsf. org/ar/lmgrb-lshr-lgrby）。

② 2015年的报告：https：//freedomhouse. org/report/freedom-net/2015/morocco，2016年的报告：https：//freedomhouse. org/report/freedom-net/2016/morocco，2017年的报告：https：//freedomhouse. org/report/freedom-net/2017/morocco，2018年的报告：https：//freedomhouse. org/report/freedom-net/2018/morocco，2019年的报告：https：//freedomhouse. org/report/freedom-world/2019/morocco。

③ 摩洛哥网络自由报告（https：//freedomhouse. org/sites/default/files/FOTN% 202016% 20Morocco. pdf）。

④ 参考自由之家网站，https：//freedomhouse. org/report/freedom-world/2019/morocco。

的。对此，有学者认为："摩洛哥的国内媒体曾拥有几段短暂的开放时期，但是它仍然未能摆脱政权的控制手段，也未能战胜这一政权对新闻自由所采取的敌对立场。"①

呼吁民主的"摩洛哥之春"游行活动，虽然为新闻业的发展提供了几次扩大开放的机会，但是持续的时间都不长。在这几段时间内，一些原本被禁止的条令被拿出来进行广泛讨论，其中也包括政府和国王。如今，摩洛哥的新闻业主要以反恐、民族主义为食。②

（二）不可触碰的"三条红线"

尽管摩洛哥的媒体行业始终在努力争取实现言论自由，但是宪法中新闻业相关的禁令或者说所谓的"红线"——即君主、伊斯兰教、王国的领土完整——等问题在变革的潮流中却依然挺立。"改革虽然有利于提升政治参与度和改善人权状况，但却不足以保障公民自由表达观点的权利。在摩洛哥……一旦触碰了'红线'，自由表达的权利也就终止了"。③

根据记者保护协会2004年发布的报告，2002年摩洛哥的新闻法令规定，凡是批评国王、"诽谤"君主、挑战摩洛哥在撒哈拉地区主权，都属于犯罪行为。违法者可能被判处多至五年监禁。此外，政府还可能会吊销执照、关停报刊并没收那些被认为是威胁公共秩序的出版物。

批评国王是《宪法》中明确禁止的行为。《宪法》第3条说明，"国王是神圣且不可侵犯的"。摩洛哥王室是高度政治集权，麦赫赞这一提法就是直观的体现。根据宪法规定，国王是"国家的最高代表和团结的象征"，是"国家永存和延续的守卫者"。④ 因此任何对君主的批评或是对其合法性的质疑本身就是一种犯罪。而若是批判伊斯兰教，则会受到政府和伊斯兰主义者的双重攻击。至于国家的领土完整，如果公开议论国家在西

---

① Fatima El Issawi，"*Moroccan National Media*：*Between Change and Status Quo*"，Technical Report，London School of Economics and Political Science，Middle East Centre，2016.

② Fatima El Issawi，"*Moroccan National Media*：*Between Change and Status Quo*"，Technical Report，London School of Economics and Political Science，Middle East Centre，2016.

③ Andrew R. Smith and Fadoua Loudiy，"*Testing the Red Lines*：*On the Liberalization of Speech in Morocco*"，*Human Rights Quarterly*，Vol. 27，2005，p. 1083.

④ Mohamed Madani，Driss Maghraoui and Salma Zerhouni，"The 2011 Moroccan Constitution：A Critical Analysis"（http：//www. idea. int/publications/the_ 2011_ moroccan_ constitution/loader. cfm? csModule = security/getfile&pageid = 5678）.

撒哈拉地区的主权问题，那么就可能会被指责为破坏“国家的共识”。因为在历史上，西撒哈拉问题曾被王室用来加强其政治合法性，特别是王室发动的绿色进军行动，彰显了王室为维护国家领土完整的决心和意志，体现了其作为国家守卫者的作用。因此除了少数极左的激进团体外，其他媒体都对西撒哈拉问题缄口不言，以免被指责为不爱国甚至是叛国。

（三）法律审查与自我审查

独立初期，摩洛哥曾一度实行较为自由的新闻法令。1958 年 11 月 15 日发布的诏令中所设立的新闻法令，是摩洛哥日后进行媒体立法的基石。在摩洛哥处于机构转型的背景下，当时颁布的新闻法令依然允许结社自由和公共集会自由，因而被认为是阿拉伯和非洲世界相对而言最自由的新闻法令之一。①

然而到了 20 世纪 60、70 年代，摩洛哥政府开始对媒体机构进行垄断式控制。通讯部对媒体机构实行直接管理，管理依据就是 1924 年 11 月 25 日发布的诏令。从 60 年代开始，媒体相关的法律日益严苛起来。摩洛哥曾于 1963 年 11 月 17 日和 1973 年 4 月 12 日对新闻法令进行修订。经过修订的新闻法令更为严格，于是媒体从业者开始受到越来越多的限制和审查，甚至有时会被监禁。到了 80 年代，由于国内外批评的声音都日渐高涨，政客们不得不开始做出改变。于是便有了第一家私家电台 Medi 1 的诞生。但是政府真正开始表示出实现媒体自由化的政治意愿则是到了 1989 年，于是便有了 2M 电视台。② 不过，等到国家真正具有实现媒体自由化的条件则要到 90 年代的过渡政府时期（即阿卜杜·拉赫曼·优素福时期）。自此之后，实现媒体自由的前景与挑战也开始显现出来。③

2002 年 9 月 30 日，国家发布第 2－02－663 号诏令，正式取消了国家对

---

① Ahmed Ghazali, “Assessment of Media Legislation in Morocco”, Med Media Project Funded by the European Union（https://www.menamedialaw.org/sites/default/files/library/material/medmedia_morocco.pdf）.

② Ahmed Ghazali, “Assessment of Media Legislation in Morocco”, Med Media Project Funded by the European Union（https://www.menamedialaw.org/sites/default/files/library/material/medmedia_morocco.pdf）.

③ Ahmed Ghazali, Assessment of Media Legislation in Morocco, Med Media Project Funded by the European Union（https://www.menamedialaw.org/sites/default/files/library/material/medmedia_morocco.pdf）.

媒体机构的垄断控制。自国家取消了对视听媒体的垄断后，政府就不再对播出进行任何行政审查了。不过，第 77 - 03 号法律和视听传播高级管理局（HACA）仍然对播出机构的言论自由做出了法律层面的约束。新的立法允许视听传播高级管理局（HACA）授权建立新的私家广播电台和电视台。

视听传播高级管理局（Haute Autorité de la Communication Audiovisuelle，缩写为 HACA）建于 2002 年 8 月 31 日，是被宪法所承认的管理机构，负责保障执行管理播出媒体的法律法规。尽管这家机构的定位是独立机构，但事实上它依然受到“国王的保护”[①]。“高级视听委员会”（Conseil Supérieur de la Communication Audiovisuelle，缩写为 CSCA）是视听传播高级管理局 HACA 的审议机关，共由 9 名成员组成。其中包括主席在内的 5 名成员都是由国王提名，有 2 名由首相提名，剩下的 2 名分别由国会的两院提名。因此，外界对于“视听传播高级管理局”的独立性及其同政权的关系多有批评，认为该机构只是名义上的独立机构，实则听命于王室。此外，人事任命权也主要由国王掌握，且没有明文规定的可依据标准，因此选用的人员往往并不具备新闻专业资质，使得这一机构的人员组成缺乏专业性，也是该机构的另一缺陷。[②]

2011 年的新宪法对新闻行业的基本权利进行了界定。但是这些条款在落实的时候却有很多例外的情况。这使得这些内容在实际工作中几乎无用，形同虚设。而检方时常对记者提起的诉讼也成为一种强大的武器，使得记者无法挑战这些根深蒂固的禁令。例如，在有关反恐的法律条文中，并无对恐怖主义的明确定义，也没有关于“赞扬”“鼓吹”“美化”恐怖主义的具体情形的界定，因此它偶尔也会成为政府干涉言论自由的工具。[③]

出于对摩洛哥严格审查制度的恐惧，记者们为保护自己，只能采取保

---

① Aârab Issiali, “Liberalization of the Moroccan Broadcasting Sector: Breakthroughs and Limitations”, in Tourya Guaaybess, eds., *National Broadcasting and State Policy in Arab Countries*, Palgrave Macmillan, London, 2013, p. 138.

② Fatima El Issawi, “Moroccan National Media: between Change and Status quo”, Technical Report, London School of Economics and Political Science, Middle East Centre, 2016.

③ “Human Rights Abuses in the Fight against Terrorism”, Fédération Internationale des Ligues des Droits de l'Homme (https://www.fidh.org/International-Federation-for-Human-Rights/north-africa-middle-east/morocco/Human-Rights-abuses-in-the-fight).

守的新闻态度。传统新闻行业的不断变化，也使得记者工作的不稳定性加剧，导致职业发展机会匮乏，职业稳定性降低、离职率升高。由于新闻业的投资与政治和意识形态相联系，因此维护民主的价值观并不是目前摩洛哥记者的首要考虑。

二　摩洛哥媒体的语言使用

多语种媒体是摩洛哥媒体发展的特有现象之一。媒体的语言使用问题，既反映了政治局势、文化政策的变化过程，也映射出多民族国家内部的民族关系。

（一）法语与阿拉伯语主导地位的竞争

在语言使用方面，摩洛哥媒体也经历了语言种类的变迁和丰富，这主要与国内的政治局势和民族问题有关。在法国殖民时期，阿拉伯语受到政府的严格制裁，因此发行量并不高。1951 年，只有 5% 的报纸是用阿拉伯语写的。当时，由于报纸的受众主要是社会上层，占有大量的社会文化资本和经济资源，并且这一阶层在相当长的一段时间里都是法语使用者，因此法语新闻比较容易获得商业投资，而阿拉伯语报纸则读者较少，收益也不多。

摩洛哥独立之后，媒体在很长一段时间内仍然是以法语为主的，直到 20 世纪 70 年代摩洛哥开始重新唤醒对传统文化遗产的重视，阿拉伯语才开始在媒体领域占据日益重要的地位。1983 年，摩洛哥日发行量最高的日报仍然是法语报纸《晨报》，日均发行 5 万份。但是到了 2002 年，阿拉伯语报纸《社会主义联盟报》（*Al Ittahid Al Ichtirak*）则成为发行量最高的日报，日均发行 11 万份。

到了 1985 年，阿拉伯语和法语出版物几乎各占一半。但是 2014 年，这种情况发生了很大的变化。数据显示，2014 年摩洛哥国内的阿拉伯语出版物占 70.9%，而法语出版物仅占 19.0%。6.6% 的出版物是阿拉伯语和法语双语的，2.5% 的是英语或西班牙语的，阿马齐格语占近 1.0%。

而在网络平台上，阿拉伯语的媒体网站则呈现出垄断的状态。20 世纪 90 年代至 21 世纪初期的时间里，阿拉伯语的纸质和电子新闻均以膨胀式速度迅猛发展。

（二）阿马齐格语地位的提升

作为一个多民族国家，摩洛哥还面临着协调原住民阿马齐格人同后来者阿拉伯民族之间关系的挑战。历史上，由于长期受到边缘化对待，柏柏尔人无论是在政治、经济还是在文化方面的发展都受到限制。因此，自柏柏尔人的民族意识日渐觉醒之后，媒体也成为他们为自己发声和争取权益的平台。

1991 年 8 月，六个阿马齐格文化协会①联合发表了《阿加迪尔语言文化权利宪章》（以下简称《阿加迪尔宪章》），其宗旨在于强调摩洛哥文化身份的多元性，阿马齐格文化是其中最原始的组成部分。他们共提出了 7 点要求②，其中就包括：在印刷、视听等大众传媒领域，赋予塔马齐格特语语言文化合法地位。

1991 年，《阿加迪尔宪章》的发表是阿马齐格人首次要求政府承认塔马齐格特语的合法地位，这标志着阿马齐格文化运动的正式开端。

经过阿马齐格人坚持不懈的斗争和努力，政府日益对他们的诉求重视起来。1994 年 8 月 20 日，哈桑二世国王在王位日演讲中要求“摩洛哥文化研究与交流协会”起草一份文件，并详细列出阿马齐格运动的具体诉求。国王在演讲中称，摩洛哥的活力就在于它的多样性，而方言正是这种多样性的一个重要组成部分。他还称，坚持《古兰经》的语言是必要的，但是不应该以牺牲方言为代价。哈桑同时宣布，国家应当使学校教授阿马齐格语合法化，并倡导多种语言、方言的混合使用。

---

① 包括拉巴特的摩洛哥文化交流与研究协会（The Moroccan Research and Cultural Exchange Association in Rabat）、阿加迪尔夏季大学协会（The Agadir Summer University Association in Agadir）、顾勒敏的格里斯文化协会（The Aghris Cultural Association in Goulmina）、拉巴特文化与流行艺术新协会（The New Association for Cultural and Popular Arts in Rabat）、纳祖尔伊马斯文化协会（The Ilmas Cultural Association in Nador）和卡萨布兰卡的苏斯文化协会（The Soussi Cultural Association in Casablanca）。

② 7 点要求分别是：第一，宪法承认塔马齐格特语的“国家身份”，并同阿拉伯语一样成为国家的官方语言；第二，重振“全国塔马齐格特语语言研究中心”，并使其担负统一字母、语法标准化，教学工具现代化的职责；第三，将塔马齐格特语言文化纳入文化、教育活动的各个方面，在公共学校特别是大学里设立塔马齐格特语语言文化系；第四，在学术领域增设对塔马齐格特语的科学研究项目；第五，在印刷、视听等大众传媒领域，赋予塔马齐格特语语言文化合法地位；第六，鼓励塔马齐格特语相关知识、文化领域的生产和创造；第七，创造、统一塔马齐格特语的学习和表达方式。

1994 年，摩洛哥除了允许开设塔马齐格特语课程外，还首次允许在电视台用塔马齐格特语进行新闻播报。此后，柏柏尔人还要求在电视上增设用塔马齐格特语节目，理由是柏柏尔人也是国家纳税群体的一部分，因此应当享有观看自己民族语言节目的权利。他们希望改善新闻媒体被阿拉伯语、法语垄断的情况，并通过设置一些塔马齐格特语节目来传播阿马齐格思想以及扩大塔玛齐格特语的传播范围。

穆罕默德六世继任后，于 2001 年 10 月 17 日发布皇家诏令，宣布建立皇家阿马齐格文化研究院。2004 年，摩洛哥广播、电视节目开始播放一些关于柏柏尔人的纪录片，对他们的艺术、文化进行介绍。2005 年，在柏柏尔人的不断要求下，塔马齐格特语官方电视频道建立。2009 年 4 月，SNRT 设立了一个新的本地广播站，覆盖了包括里夫地区等多个柏柏尔人聚集区。多数播报是里夫语，节目播报从早上 9 点到晚上 7 点。设立该站的目标，就是兑现王室促进多元文化的承诺。

在摩洛哥媒体漫长的发展过程中，印刷媒体、音频媒体、视频媒体和网络媒体的形式和种类也随着国家的政治、经济、社会、法规等诸多方面的变化而不断变化。媒体的发展历程与国家的发展历程息息相关。摩洛哥的媒体既经历过较为开放宽松的时期，也经历过政策较为严苛的时期。不过总体而言，在国内外对媒体言论自由的呼声日渐高涨的情况下，国家还是在政策和立法方面做出了一些让步，这让我们有理由相信摩洛哥是在朝着加强言论自由和保护人权的方向而努力的。

第三篇
双边关系研究

第一章　中摩关系的历史与前瞻

2013年9月和10月，中国国家主席习近平在出访哈萨克斯坦和印度尼西亚时，先后提出共建“丝绸之路经济带”和“21世纪海上丝绸之路”的重要倡议，引起国际社会高度关注。中国与摩洛哥虽相隔甚远，但丝绸之路早将两国紧密相连。古代海上丝绸之路和陆上丝绸之路在北非地区交汇，而位于北非的摩洛哥更是具有得天独厚的地缘优势，北隔直布罗陀海峡，连接欧洲和非洲，可谓是地中海和大西洋之间的门户。在古代东方和西方交往史中，摩洛哥是重要的丝绸之路贸易中心和文化纽带，将中国的茶叶、丝绸和瓷器等特色商品大量输入欧洲地区。当今建设“一带一路”符合双方共同利益，可谓是历史上存在的海陆丝绸之路的复兴和延续，将推动摩洛哥继续发挥向周边辐射的区位优势。

中摩关系发展既是历史文化渊源的延续，也是中国“一带一路”倡议的客观需求和拓宽外交空间的战略抉择，同时这与摩洛哥自身的利益相互契合，并非是中国单方面的愿望与努力。两国人民也在中摩关系发展演进的过程中，感受到了这种“南南合作”的巨大价值，为政局不稳、经济发展滞后的发展中地区带来了更多的信心和希望。当前，中摩关系发展稳步推进，呈现明显的上升态势，中摩关系发展将迎来广阔前景。

第一节　历史上的中摩交流方式

现实是历史的延续，国家发展战略要立足于历史的客观总结，只有对历史上的中摩交流方式进行全面考察，才能为当下和未来的双边交流合作机制建设打下扎实的基础。历史上中国与外国交往和接触的途径主要有：“华夷关系”理念下的朝贡方式和使节来往、包括自由贸易和贡赐贸易在内的商贸交流、民间游历、军事冲突、宗教活动、学者研究和著述等。而中国和摩洛哥的历史接触也大同小异，具体而言，主要有以下三类途径：

一 军事冲突客观上促成的中摩交流

中摩交往历史悠久。根据中国古典文献记载，“唐朝的杜环是中国历史上有据可考的首位踏足摩洛哥的中国人”。[①] 唐天宝十年（751），安西节度使高仙芝与大食（阿拉伯帝国）激战于怛逻斯（哈萨克斯坦的奥利阿塔，今称江布尔城），[②] 杜环作为随军书记官参与其中。因唐军大败，包括杜环在内的万余唐军被俘，被俘后随阿拉伯军队西行，从西亚、北非到达现今摩洛哥一带。在宝应元年（762），杜环随商船返回广州，之后将其经历写成《经行记》一书。“《经行记》原书已佚，我们所能看到的是杜环族叔杜佑在《通典》及《西戎总序》中引述的片段，只有1511字。”[③]

关于摩洛哥一带，该书记载了该地名为“摩邻国”，其位置在西班牙的南方，人民皮肤黝黑，风俗粗犷，“少米麦、无草木。马食干鱼，人餐鹘莽[④]”。[⑤] 通过对物产、地理、风俗、气候，以及根据读音等综合印证，目前学界支持“摩邻”所指为摩洛哥的甚多，如丁谦、张星烺、艾周昌、郑家馨、许永璋等。吴毅、艾周昌等认同，杜环是从伊拉克的巴士拉（即勃萨罗）登程陆行，途经苏伊士地峡抵达埃及，此后跨越撒哈拉沙漠到达摩洛哥的。[⑥]《经行记》中“马食干鱼”“少米麦，人餐鹘莽（椰枣）”的描述，同摩洛哥盛产沙丁鱼和椰枣等物产实况相印证，“无草木”也与当地沙漠荒野的地貌和气候相匹配。

中国著名世界史学家彭树智认为，和平与暴力是文明交往的两大基本形式，中阿交流史也有暴力冲突的一面，如著名的怛逻斯战役。战争总是伴随着伤亡和惨痛，但从客观层面来看，战争中穿透着文明交往，超越战

---

① 肖克编著：《列国志·摩洛哥》，社会科学文献出版社2008年版，第365页。

② ［法］沙畹：《西突厥史料》，冯承钧译，中华书局2004年版，第274页。

③ 《杜环：第一个踏足非洲的中国人》，《河北工人报》2015年6月（http：//character.workercn.cn/451/201506/23/150623091200209_2.shtml）。

④ 鹘莽，意为摩洛哥特色食物椰枣。

⑤ 《谁是最早到达摩洛哥的中国人》，中国新闻网，1999年10月（http：//www.chinanews.com/1999-10-29/26/5701.html）。

⑥ 参见许永璋《古代中非关系史若干问题探讨》，《西亚非洲》1993年第5期。

争本身。怛逻斯战役并没有产生任何历史遗留问题，也没有影响或是中断中国与阿拉伯世界的往来，冲突持续的时间也并不长久。该战役客观上促进了包括摩洛哥在内的中阿文明的交往，伊斯兰教得以在中国进一步传播，中国人对阿拉伯伊斯兰文化有了更深刻的了解。中国的战俘中不乏技艺工人和造纸工人，从而促进了中国先进工艺和造纸术的西传。而战役中被俘的杜环，则有机会游历诸多阿拉伯地区，并著书介绍阿拉伯国家的风土人情。

二 商贸交流

早于唐时代，中摩之间官方记载的商贸交流事件和数据稀少。事实上，中摩之间是从民间交往、间接联系向官方交往和直接联系发展的过程。中国中非关系史的研究者们结合古代文献记录，就中非关系何时开始看法不同，但是都早于官方认可的杜环所处的唐朝时期。部分学者如宫达非、葛佶、杨入楩等认为，中非贸易关系始于汉代；张象认为，中非关系史的起点大大早于张骞通西域之前，即中非联系开始于汉代以前；沈福伟则认为，中非之间最早发生的往来，可以追溯到前770—前476年的春秋战国时期。因此，我们几乎可以断定，在汉朝时期（前202—前220年）中国和摩洛哥之间已经存在间接的或是辗转的商贸交流。

中摩商贸交流基于当时欧亚非地区打破了孤立和封闭的状态，由分散走向整合，从而为中摩直接或是间接接触交流提供了可能性。贸易大发展的一个原因是中国不断提升的影响力和陆路海路交通网的完善。“丝绸之路”是世界上最早开通的连接亚、欧、非三洲的大动脉，靠着“丝路通西域、海舶达天方”的文明对话与理解通道，中国同其他国家进行物质文明和精神文明之间的双向和多向交流。唐时国力强盛，中国的造船航海技术达到了很高的水平，中国商人们可以远航至阿拉伯地区进行贸易。伊历3世纪（约9世纪），伊本·希拉克略说：“船是联系中国和非洲的媒介，商人们从大西洋海岸出发，途经埃及、叙利亚、伊拉克、波斯，以最终到达中国。”①

另一个原因是科学技术进步以及文明交往和帝国扩大。伊斯兰教的崛

① د. عبد الهادي القازي: "بين الصين والمغرب من أقدم العصور إلى اليوم"، شؤون مغربية، العدد الثامن عشر دجنبر 1997، ص 17.

起与扩张，以及其后欧洲基督教军队的反攻（尤其是十字军东征），土耳其人与蒙古人的相继崛起等极大地改变了中东与欧洲之间的关系，穆斯林主政者对于欧洲商人们设立的据点不干涉，任其自由通商。“欧洲商人继续在之前十字军的各个据点做生意，甚至还往来于埃及和其他十字军未曾征服的地方。”① “总的趋势是贸易量上升，尽管贸易方向发生过各种转变，其贸易范围大为扩大，贸易额巨幅增长。不论是在地中海、阿拉伯海，还是在欧亚大草原的某些地带，其贸易范围都不再局限于单个地区，而是随着货物经由海陆两路从欧亚大陆的一端运送到另一端而愈来愈成为跨地区的。”② 元朝时，摩洛哥著名旅行家伊本·白图泰曾在其游记作品中写到：“中国瓷器运销印度等地区，直至马格里布。”③

中国唐、宋时期随着社会生产力的进步及开明的对外政策，外贸活动空前活跃，甚至在扬州、广州等城市设置专门职位如市舶使等，管理和善待来华外商。到元朝时，远航贸易发展迅速，在承袭设置市舶司制度的基础上，还制定了有关市舶的法令。摩洛哥学者阿卜杜·哈迪·高齐在文章中写到，摩洛哥的文献记录明确记载了历史上到访中国的摩洛哥人士，如在伊历6世纪（约12世纪），从安达卢西亚而来仰慕中国的民间人士艾布·哈桑·萨阿德·哈以拉·安萨里·白拉斯，曾自称为中国人。④ 他们成为早期联结中国和摩洛哥的重要因素。

三　民间漫游

密切的贸易往来，或是强烈的求知欲望，促成了中摩历史上互访的佳话，同处于14世纪的中国旅行家汪大渊和摩洛哥旅行家伊本·白图泰可以作为双方古代友好交往的表率。历史资料记载，两位都达至对方国土，实现历史上的“互访”，并各自留下了宝贵的作品《岛夷志略》和《伊本·白图泰游记》。

---

① ［英］刘易斯：《穆斯林发现欧洲：天下大国的视野转换》，李中文译，生活·读书·新知三联书店2013年版，第24页。

② ［美］斯塔夫里阿诺斯：《全球通史：从史前史到21世纪》（上册）第7版，吴象婴等译，北京大学出版社2006年版，第90—91页。

③ ［摩］伊本·白图泰：《伊本·白图泰游记》，马金鹏译，宁夏人民出版社2000年版，第540页。

④ د. عبد الهادي القازي: "بين الصين والمغرب من أقدم العصور إلى اليوم"، شؤون مغربية، العدد الثامن عشر دجنبر 1997، ص 14.

摩洛哥大旅行家伊本·白图泰（Ibn-Battutah）（1304—1378 年），生于北部城市丹吉尔的学者之家，深受伊斯兰文化传统的影响。1325 年，白图泰前往麦加朝圣，因此行而钟爱旅游，立志游览天下。他在 29 年内，完成了行程 10 万余千米的旅行生涯。“伊历 725 年（1325 年），他从丹吉尔出发，游经摩洛哥、埃及、沙姆、希贾兹、伊拉克、波斯、也门和巴林。为履行朝觐功修，再次返回埃及，从埃及前往沙姆、地中海东部地区、安纳托利亚、土耳其斯坦、印度、中国、非洲中部等。”① 伊本·白图泰于 1346 年才到达中国，② 所到之处，都有记载。《伊本·白图泰游记》（原名《异域奇闻揽胜》）全书共 4 卷 502 节，其中第 4 卷最为重要，有关中国的部分即收在这一卷中，约占 20 余节，虽然所占内容比例不大，但是介绍内容十分丰富，如“关于中国海舶、市舶规定、商旅保护、纸币制度、风俗习惯、瓷器丝绸、阿拉伯商人以及中国伊斯兰教情况等”③。参考该游记，可以发现白图泰在中国时曾访问过泉州、杭州、广州等地，并盛赞中国大都市的繁华，如称泉州“是一巨大城市，该城市的港口是世界大港之一，甚至是最大的港口”，称广州“街市繁华有序，最大的街市要属瓷器街，瓷器由此被运往中国各地和印度、也门等地”。④

《伊本·白图泰游记》不仅是摩洛哥大旅行家访华这一历史事实的例证，也是中摩友好往来的里程碑。摩洛哥学者阿卜杜·哈迪·高兹称：“伊本·白图泰是首位也是最近一位开拓中国的人物。”⑤ 伊本·白图泰的学识、见闻和游程令其在伊斯兰世界和欧洲声名显赫，有穆斯林旅行家王子之称。他到访中国，并在游记中向摩洛哥乃至整个阿拉伯伊斯兰世界详细介绍了当时“中国的社会、经济、风土、人物、贸易、工艺以及山川、地理等情况”。⑥ 作为中摩之间共同的重要历史文化记忆符号，近现代中

---

① Resource For Arabic Books "الورق" رحلة ابن بطوطة على موقع انترنب （http：//alwaraq. net/Core/waraq/coverpage？ bookid =67）.

② تشو وي ليه: "رحلة ابن بطوطة في الصين"، صور من العصر الوسيط، مجلة فصلية تصدرها وزارة الشؤون الثقافية المغربية، صور من العصر الوسيط يناير 2000- السنة 24 – عدد 60 – شوال 1420- يناير 2000، ص15-20.

③ 孟昭毅：《丝路驿花：阿拉伯波斯作家与中国文化》，宁夏人民出版社 2002 年版，第 220 页。

④ ［摩］伊本·白图泰：《伊本·白图泰游记》，马金鹏译，宁夏人民出版社 2000 年版，第 545 页。

⑤ د. عبد الهادي القازي: "بين الصين والمغرب من أقدم العصور إلى اليوم"، شؤون مغربية، العدد الثامن عشر دجنبر 1997، ص 14.

⑥ 纳忠、朱凯、史希同：《传承与交融：阿拉伯文化》，浙江人民出版社 1993 年版，第 302 页。

摩文化交流合作活动中常常提及这一段佳话。

汪大渊（1311—?），是中国元朝时期的民间航海家，字焕章，江西南昌人，20岁左右曾尝试两次乘船出海，游历东西洋。1330年，他由泉州第一次浮海，1334年返国。1337年，他由泉州第二次浮海，1339年返国。两次航海历时约8年。1349年冬，应泉州官员之请，撰写《岛夷志略》，本为《清源[①]续志》而作，附于其后。

从地缘角度看，中国与摩洛哥不接壤，甚至是相距极远，由于古代远距离洲际海陆交通系统的不便，加之古代中国文化是以农业为基础的定居文明，安居乐业，不具有对外扩张性，因此东方的中国文化传播至北非摩洛哥并没有官方活动，很大程度上依赖于个人旅行家或者商人贸易行为带来的间接文化交往和人员流动，虽然其影响的深度和广度一般，但是旅行家们的文字作品成为双方相互了解的重要媒介和历史见证。

四 对于中摩交往历史渊源的争议

中外学者对于前文所述中摩交往历史渊源的看法并不一致，原因主要有二，游记作品在旅行家记述时，以及后人抄本、刻本收藏时由于疏忽不慎而存在错误；后人考证、校释该游记作品时，对于地名或是物名的多种解读和求证辩白，以及过于依赖读音相近的音译手段时，难免会出现名似而实异的情况。

（一）杜环《经行记》之“摩邻国”

《经行记》原版已佚，据杜佑《通典》卷一九三（标点本）记载于下：“摩邻国，在勃萨罗国西南，渡大碛，行二千里至其国，其人黑，其俗犷，少米麦，无草木，马食干鱼，人餐鹘莽。鹘莽即波斯枣也。瘴疠特甚。”[②]

关于这个“摩邻国”的位置，中外学者长期存在争论。

1. 劳费尔考订为，在今肯尼亚著名港口马林迪（Malindi），戴闻达、张铁生持相同看法。

2. 葛佶、唐大盾认为，在西非的曼迪（现肯尼亚的拉木附近，马林迪以北）。

---

① 即泉州。

② 转引自艾周昌《杜环非洲之行考辨》，《西亚非洲》1995年第3期。

3. 奥利弗主编的《剑桥非洲史》第三卷认为，摩邻可以界定为麦罗埃（Meroe）。

4. 张星烺认为："摩邻乃麻格力伯·爱尔·阿克萨的音译……后欧人讹作摩洛哥也。"[①]

5. 沈福伟认为："摩邻国不过是阿克苏姆的别称。"[②]

6. 贝烈史奈德认为，在摩尔人的国家毛里塔尼亚，或是利比亚。

7. 《辞海》注释："摩邻在今巴基斯坦西部和伊朗东部俾路支沿海的马克兰一带。"[③]

（二）汪大渊《岛夷志略》之"哩伽塔""挞吉那"

冯承钧在《中国南洋交通史》中写道，"此书（《岛夷志略》）久无刻本，今所见者有三本，一为《四库全书》所录之天一阁本；一为丁氏善本书室本；一为《知服齐业书》本，此书（《岛夷志略》）不问是钞是刻，皆错讹难读。"[④]《岛夷志略》文渊阁传抄本吴鉴作序中也写道，"汪氏是书校之五年旧志，大有径庭"[⑤]，意为汪大渊在第一次出游归来后已有述作，与第二次口述记录成书的记载有所出入。因此，目前学界对《岛夷志略》考证校释版本较多，如沈曾植之《岛夷志略广证》（19 世纪中叶西方学者陆续对该书进行征引和考证），日本藤田丰八之《岛夷志略校注》，美国人柔克义（Rockhill）将该书三分之二译成英文，并作考证，日本桑田六郎《岛夷志略新证》，等等，考订之间互有出入。

其中，关于汪大渊作品中两地"哩伽塔"和"挞吉那"是否指代摩洛哥，尚存争议，众说纷纭。周运中在《〈岛夷志略〉地名与汪大渊行程新考》一文中对"挞吉那"所指为丹吉尔这一观点予以否定，"《岛夷志略》中的挞吉那更不可能是丹吉尔，挞吉那人皮肤很黑，肯定不是摩洛哥人"。[⑥] 而沈曾植认为该地名是突厥的转音，疑其为《明史》之底

---

① 张星烺：《中西交通史汇编》第 1 册，中华书局 2003 年版，第 111 页。

② 沈福伟：《唐代杜环的摩邻之行》，《世界历史》1980 年第 6 期。

③ 参见《辞海》（缩印本），上海辞书出版社 1980 年版，第 2061 页。

④ 冯承钧：《中国南洋交通史》，第 84 页和第九章，转引自《岛夷志略校释》"叙论"第 9、392 页。

⑤ （元）汪大渊原著，苏继庼校释：《岛夷志略校释》，中华书局出版 1981 年版，"叙论"第 11 页。

⑥ 周运中：《〈岛夷志略〉地名与汪大渊行程新考》，《元史及民族与边疆研究集刊》（第二十七辑）。

里国（Delhi）。藤田则认为是西印度沙漠名，即这两位学者都认为该地在现印度。而苏继庼则认为不在印度，是波斯古港塔黑里（Tahiri）之对音。

至于《岛夷志略》中的第 91 条地名“哩伽塔”，原文描述共两段，原文为“国居辽西之界，乃国王海之滨。田瘠，宜种黍。民叠板石为居，掘地丈有余深，以藏种子，虽三载亦不朽也。气候秋热而夏凉。俗尚朴。男女瘦长，其形古怪，发长二寸而不见长。穿布桶衣，系皂布捎……”①，共约 212 字，介绍了该地的地理位置在辽西之界，气候秋热夏凉，风俗简朴，此外还涉及地质、人物形貌、居住房屋、食物制造、生活方式、生活环境、特产等。

原文中描述地理位置时依据“国王海”一词，然而该地名也是学界考证地名之一，观点各异，因此鉴于这一核心提示模糊，致使学界对“哩伽塔”这一地名所指观点不同。日本学者藤田认为，“哩伽塔”在非洲西北端濒地中海区域，即《诸蕃志》中所载“默加腊”，也是《事林广记》中所载“默加腊”，即夏德所还原的极西之地马格里布（Magreb，el ak-sa）。而中国学者沈曾植认为，“哩伽塔”在阿拉伯半岛南部国家阿曼的首都马斯喀特（Mascat）。美国学者柔克义则认为在巴贝拉（Berbera），可能为索马里人②，中国学者周运中赞同该观点，认为是索马里首都摩加迪沙③。德国波恩大学汉学系主任廉亚明教授（Ralph Kauz）则认为，“哩伽塔”是与阿曼、也门有关的地名，即在今天的南阿拉伯岛④。

（三）伊本·白图泰是否到达中国

部分西方的东方学家如 H. Yule、G. Ferrand 不承认伊本·白图泰曾到过中国，中国学者朱威烈对此加以反驳，他指出伊本·白图泰到过中国，并在清真寺内礼拜，但是中国史书上关于他的记载屈指可数⑤。摩洛哥学

① （元）汪大渊著，苏继庼校释：《岛夷志略校释》，中华书局 1981 年版，第 349—350 页。

② 参考苏继庼校释《岛夷志略校释》和周运中《〈岛夷志略〉地名与汪大渊行程新考》一文。

③ 周运中：《〈岛夷志略〉地名与汪大渊行程新考》，《元史及民族与边疆研究集刊》（第二十七辑）。

④ 《德国波恩大学汉学系主任廉亚明教授作客我院“史学前沿论坛”》，广东省社会科学院（http：//www. gdass. gov. cn/MessageInfo_ 1936. shtml）。

⑤ تشو وي ليه: "رحلة ابن بطوطة فى الصين"، صور من العصر الوسيط، مجلة فصلية تصدرها وزارة الشؤون الثقافية المغربية، صور من العصر الوسيط يناير 2000- السنة 24 - عدد 60 - شوال 1420- يناير 2000.، ص15-20.

者阿卜杜·哈迪·高兹也表示赞同，他说："伊本·白图泰是首位也是最近一位开拓中国的人物。"①

关于伊本·白图泰来过中国的异议并不如对汪大渊和杜环的争议强烈，这得益于游记作品对中国尤其是重要港口城市的清晰记载和描述，因此绝大多数学者对于白图泰来华这一历史事实持认同态度。甚至有摩洛哥学者认为，早在伊本·白图泰来华之前就有摩洛哥人来过中国，仅仅是没有确切的文本记载而已。摩洛哥学者穆罕默德·本·谢里发（Mohammed ben Sherif）曾写文《伊本·白图泰是否是第一个到达中国的摩洛哥人?》，他指出艾布·哈桑·萨阿德·哈以里（Abu al-Hasan Saad al-Hairy）早于白图泰两个世纪，就从安达卢西亚前往中国。资料文献中关于此人出生地的记载有异，本·加齐（Jawzī-Ibn al）在他的著作第十部分写到，此人是马格里布安达卢西亚人（Maghribiyy'Andalusiyy），而雅古特·哈马维的列国志中记载其为 Balansiyy-al，而本·阿卜杜·马立克·马拉喀什基于诸位谢赫的记述，将其称为 īniyy-Balansiyy-al②。

考察中摩关系的历史渊源十分有意义且很必要。正如前文所述，中外学者对于中摩之间的历史联系存在一些质疑和否定，某种程度上说明了这一课题还有很大的研究空间和研究意义，中摩学者可以参照其他史籍或地理交通类古籍记载，共同研究，再作考释，把先贤的文化底蕴古为今用。

第二节　20 世纪中叶以来中摩关系发展

一　中摩关系的开启

（一）*以万隆会议为契机，以政治团结为主调*

中摩双边友好关系始于 20 世纪中叶，双方关系的发展既是符合各自政治诉求的必然结果，更有其复杂而深刻的时代背景的影响。中华人民共和国成立以后，中国争取包括摩洛哥在内的非洲国家的支持是其外交布局

---

① د. عبد الهادي القازي: "بين الصين والمغرب من أقدم العصور إلى اليوم"، شؤون مغربية، العدد الثامن عشر دجنبر 1997، ص 14.

② محمد بنشريفة: "هل كان ابن بطوطة أول مغربي دخل الصين؟"، مجلة فصلية تصدرها وزارة الشؤون الثقافية المغربية، صور من العصر الوسيط يناير 2000- السنة 24 - عدد 60 - شوال 1420- يناير 2000 ص9-11.

的重要一环，相对而言，摩洛哥等北非地区的反殖民运动也需要中国的政治支持。

双方的首次接触发生在1955年4月的万隆会议上，摩洛哥代表团[①]为寻求亚非国家支持其反法殖民，获取独立而来。对于摩方这一诉求，周恩来总理表示，无条件支持摩洛哥人民的反法殖民运动。此次会议一年后，摩洛哥于1956年3月2日获得独立。1958年11月，中摩发表共同宣言，宣布中摩建交，摩洛哥成为继埃及（1956年3月30日中埃建交）后，第二个与中国建交的非洲国家。鉴于当时复杂艰难的国际环境，中摩建交可谓是一次激动人心的政治突破。1963年12月27日，周恩来总理访问摩洛哥，与哈桑二世国王、摩洛哥首相、外交大臣，以及其他诸多政府官员会面交流，并于12月31日促成双方发表联合宣言。

中国对摩洛哥的支持不仅体现在反殖民运动时期，而是长期向摩洛哥给予媒体和政治上的帮助和支持。“1950年根据美法签订的军事协定，美国获得在摩洛哥派驻军队和建立军事基地及充分自由行动的特权，美军在摩洛哥建立了军事基地。”[②] 当时摩洛哥主张清除美国在摩的军事基地，对此中国政府通过各种新闻媒体、政治组织呼吁支持摩洛哥的合理诉求和坚定立场。[③]

相应地，尽管美国等西方国家频繁施压，但是摩方并未屈服，而是珍视中摩彼此之间的政治团结，守望相助。中摩友好关系的发展一直承受着来自西方的巨大压力，尤其是美国始终注视着中国在非洲的行动，视中摩建交是对西方的巨大挑战。“1960—1963年，摩洛哥向中国提供战略资源钴（Cobalt）。美国指责摩洛哥给中国的核武器计划提供帮助，向摩洛哥开展激烈的外交和媒体攻势，甚至扬言，如果摩继续向中国提供核材料，将中断美国对摩的经济援助。”[④] 但是摩洛哥方面顶住了美国的压力和威

---

① 摩洛哥参会时未获得独立，摩洛哥独立党以观察员身份参加。

② 肖克编著：《列国志·摩洛哥》，社会科学文献出版社2008年版，第338页。

③ 1958年12月《人民日报》中写道，“美国在摩军事基地将直接威胁摩洛哥和地区安全。摩洛哥政府要求取消在它的领土上的美国基地，是行使一个主权国家的合法权利。”Beijing Review, December 30, 1958 Vol. 1, No. 44, p. 19.《摩洛哥要求取消美国军事基地》，《人民日报》1958年12月21日。

④ Alaba Ogunsanwo and Frank E. Rogers, *China's Policy in Africa. 1958 – 1971*, Cambridge: Cambridge University Press, p. 151.

胁，并未停止向中国销售这种重要资源。

摩洛哥承受西方压力，支援中国的另一事件是支持中国恢复联合国合法席位。中华人民共和国成立后，中国就提出了恢复在联合国合法权利的提案，然而在20世纪50年代，以美国为首的资本主义西方国家敌视、孤立和封锁中华人民共和国，二十年里在美国的操纵下，以各种借口为中国恢复其席位设置了重重障碍。在1971年的第26届联合国大会上，包括摩洛哥在内的23国“联合提出恢复中国在联合国一切合法权利，立即把国民党集团的代表从联合国及其所属一切机构中驱逐出去的提案”①。1971年11月，摩洛哥驻联合国常任代表马赫迪·麦拉尼·赞道尔代表非洲国家欢迎联合国的中国代表，说：“我们急切希望中国代表团的到来，与我们坐在一起。”②

概而言之，自1955年开始的中摩关系早期阶段，其主旋律是以政治支持和政治团结为主，例如1955年万隆会议的首次接触、1958年中摩建交、摩洛哥支持中国恢复联合国合法席位、中方媒体与政府对摩洛哥维护国家主权的支持，以及双方的政治互访等。

(二) 中摩经贸往来渐趋平衡，文娱和体育交流云程发轫

“双方间的首次商贸交往开始于1950年，中国向摩洛哥出口达789万美元的中国产品。”③ 但直到1957年，这种商贸交往都是单方面的，中国始终处于向摩出口商品，却未从摩洛哥进口商品的状态。为改变这种不平衡局面，1958年10月27日，中摩双方在拉巴特签订了第一个商贸协定，规定要打破双方间的贸易不均衡局面。“根据这项协定，中国将从摩洛哥进口磷酸盐、过磷酸盐、运输车辆、矿产品及有色金属、沙丁鱼等。摩洛哥将从中国进口茶叶、机器设备和人造纤维织品、丝绸等。协定规定两国之间的贸易在平衡的基础上进行。每一国将出口价值达51亿摩洛哥法郎的货物，这个数目比去年（1957年）两国之间的贸易量大大增加。”④ 这项协定对摩洛哥的经济意义重大，特别是在国际贸易方

---

① 许文颖：《上海援摩洛哥医疗队研究（1975—1985）》，硕士学位论文，华东师范大学，2011年。

② جعفر كرار أحمد: "العلاقات المغربية ـ الصينية، الماضي والحاضر والمستقبل (أبريل 1995م- أغسطس 2000م)"، مطبوعة أكاديمية المملكة المغربية، مجلة أكاديمية المملكة المغربية، العدد 18، سنة 2001، ص234.

③ Editorial Board of Almanac of China's Foreign Economic Relations And Trade, *Almanac of China's Foreign Economic Relations and Trade*, China Resources Advertising Company Hong Kong, 1984, p. 864.

④ 《我国和摩洛哥建立外交关系　中摩第一个贸易协定在拉巴特签字》，《人民日报》1958年11月2日第1版。

面将起到重要作用。作为该项合同的补充，“1960 年 3 月，中国驻摩大使馆商务参赞张廷禹和摩洛哥方面签订一项合同，中国将从摩洛哥进口 60 万吨磷酸盐”。[①]

自 1958 年 10 月 27 日至 1961 年 10 月 27 日，中摩签订了一系列商贸协议。除上文所述 1958 年 10 月 27 日签订的协议外，还签订了其他四项协议，皆旨在改善和鼓励双边商贸交流，解决贸易弊端和失衡。

鉴于上述协议和协定，双方间的贸易交往有了很好的改善。“1958 年，中国从摩洛哥进口额达 544 万美元。1959 年，双方间的贸易额达 1537 万美元，摩洛哥实现了贸易顺差，达 531 万美元。”[②]

1963 年 12 月 27 日，周恩来总理访摩时提出双边贸易八项原则，其中最重要的内容概括如下：①根据平等互利原则，提供帮助；②尊重受助国的主权；③帮助非洲国家逐渐自立，增加收入；④提供中国最先进的技术，保障其传入非洲国家；⑤中国专家享受非洲当地专家的同等待遇；⑥无息贷款。此次访摩给双方经贸交往注入了新的活力，“1964 年，中摩贸易额达 3262 万美元，摩向中国的出口额达 2226.5 万美元”[③]。值得一提的是，1963 年 3 月 30 日，中摩签订贸易协议，并纳入 1966 年 5 月 20 日签订的贸易协定，促进了两国贸易合作。

此外，为巩固和丰富双边友好关系，中摩双方在政治支持、政治互助的基石上积极搭建文化交流的平台和框架。但自万隆会议首次接触以来，两国人文交流的事例零星可见，且大多为团体或个人的访华活动，交流目的一定程度上仍然服务于两国政治互助和政治团结的需要，“人文”意义居于次要地位。例如“自 20 世纪 50 年代，我国出版界开始关注摩洛哥，不仅编写出版了《摩洛哥共产党文件集》、《摩洛哥、突尼斯、阿尔及利亚的民族解放斗争》等著作，还译介出版了美国、苏联作者所著的《摩洛哥史》《摩洛哥：自然地理和经济地理概况》等”。[④] 1957 年 8 月，摩

---

① 参见《我国将向摩洛哥进口磷酸盐》，《人民日报》1960 年 3 月 7 日第 6 版。

② Editorial Board of Almanac of China's Foreign Economic Relations And Trade，*Almanac of China's Foreign Economic Relations and Trade*，China Resources Advertising Company Hong Kong，1984，p. 864.

③ جعفر كرار أحمد: "العلاقات المغربية – الصينية، الماضي والحاضر والمستقبل (أبريل 1995م- أغسطس 2000م)"، مطبوعة أكاديمية المملكة المغربية، مجلة أكاديمية المملكة المغربية، العدد 18، سنة 2001، ص240-241.

④ 《以书为媒感受北非明珠——数据透视第 25 届图博会主宾国摩洛哥主题图书出版》（http：//www.xinhuanet.com/zgjx/2018-08/21/c_137406507.htm）。

洛哥青年代表团访华。1958 年 2 月，中国杂技团在摩洛哥演出，值得一提的是，此次文艺表演受到摩洛哥观众的热烈欢迎和国王的大力表扬，加演了九场。[①] 在中摩人文交流的起步阶段，中国的杂技、乒乓球、足球、武术已经开始在摩洛哥出现，通过展示表演和与当地民众切磋，拉近了两国民众的心理距离。

二　中摩关系的稳步发展

20 世纪 70 年代末，中国实施对外开放政策，80 年代的中摩关系在各个层面更加活跃，包括两国高层频繁互访，政治互信进一步增强，经济贸易合作领域也进一步拓展，由进出口贸易失衡向贸易平衡转变，而人员往来和文化交流在这一时期也处于继续发展、稳步推进的阶段。一方面延续了前期涉及的领域，并在此基础上从数量和质量上都有所提升，另一方面也拓展了新的合作领域，如教育、媒体、宗教事务和社会事务等领域。

到 20 世纪 80 年代，中摩两国领导人互访频繁。1979 年 4 月，中国外贸部副部长赵长春访摩。1980 年 3 月，中国外经部长陈慕华访摩。1980 年，摩洛哥青年体育部长阿卜杜·哈菲兹·卡迪里访华。1981 年 3 月，中国外贸部长李强访摩。1982 年 2 月，摩洛哥首相马弟·布阿比德率团访华。1982 年 12 月，中国国务院总理访摩。1984 年 8 月，摩洛哥文化事务大臣赛义德·贝勒巴希尔夫妇访华。1984 年 10 月，摩洛哥宗教基金部代表团访华。1985 年 10 月，国务院副总理田纪云访摩。1986 年，摩洛哥众议院主席艾哈迈德·以萨姆为首的议会代表团访华。1987 年，摩洛哥公主拉娜·玛丽娅和丈夫访华。1987 年 3 月，摩洛哥全国自由人士联盟主席艾哈迈德·奥斯曼一行代表团访华。1987 年 7 月，外交部副部长齐怀远访摩。1987 年 11 月，人大常委会副委员长王任重为首的中国人大代表团访摩。1988 年 11 月，外经贸部副部长李岚清访摩，主持召开中摩经贸混委会第三次会议。1988 年，穆罕默德·本·以萨率团访华，签署文化协议执行计划。值得指出的是，“1982 年 2 月，摩洛哥首相马弟·布阿比德率团访华，是两国建交以来第一位摩洛哥政府首脑访问中国”。[②]

---

① 参见《我国杂技团在摩洛哥演出受到观众热烈欢迎》，《人民日报》1958 年 2 月 18 日第 6 版。

② 肖克编著：《列国志·摩洛哥》，社会科学文献出版社 2008 年版，第 366 页。

“在经贸领域，中摩坚持平等互利、优势互补的原则，积极开展合作，取得了显著成果。1983 年，中摩经济贸易和技术合作混合委员会成立。1988 年 11 月，中国政府向摩洛哥提供 3000 万元人民币的无息贷款。”[①]“80 年代末，中国水产总公司和上海等多家地方水产公司先后同摩洛哥方面开展合作，投资组建合资公司。”[②]

在人文交流领域签订了一系列协议，涉及领域包括体育、文化、卫生、教育、媒体、宗教等。具体而言，如 1980 年 10 月 29 日，中摩两国宣布签署 1981—1982 年的体育和青年领域的合作协议。1982 年 2 月，摩洛哥首相马弟·布阿比德率团访华期间，两国签署了内容全面的文化协定，旨在加强文化、体育、卫生、教育领域的合作和信息交流。1984 年 8 月，两国再次签署 1984—1986 年的文化协议，不仅包括原有的协议条款，还增加了在媒体、宗教事务和社会事务领域的合作内容。1984 年 12 月，中国新华社和摩通讯社之间签订了信息交流协议。其次是务实地开展了一系列关于人文交流合作的活动和项目。（1）媒体领域。为进一步加强两国媒体间的信息交流，80 年代中期，双方成立了新闻文化交流机构。（2）医疗卫生领域。1980 年 6 月，两国组织传统医学和药草学领域的专家和学者进行交流。此外，中国于 1980 年、1983 年分别向摩又派出三批医疗队，医疗队人员不但从事原有的医疗工作，还需要培训摩洛哥当地医生。（3）国际教育领域。据教育部统计，1978 年摩洛哥来华留学生仅 1 人（来自摩洛哥的中国政府奖学金学生）。1978—1990 年，摩洛哥来华留学生已达到 41 人。[③] 但是，该时期摩洛哥来华留学生每年的名额不到 10 人，教育领域的交流并不活跃。（3）技术领域。两国在农业、工业、卫生、体育等领域开展了技术合作和经验交流共享，客观上带动了双方的人员交流，如 1983 年 1 月，两国签订会议备忘录，内容为中国将派出部分种粮、种茶、采矿、手工业、交通运输领域的专家。

---

① 《世界知识年鉴》编辑委员会编《世界知识年鉴 1990/1991》，世界知识出版社 1991 年版，第 385 页；转引自肖克编著《列国志 · 摩洛哥》，社会科学文献出版社 2008 年版，第 366—367 页。

② 肖克编著：《列国志 · 摩洛哥》，社会科学文献出版社 2008 年版，第 367 页。

③ 陈越洋：《阿拉伯文化在中国：以二十世纪为例》，宁夏人民出版社 2016 年版，第 311 页。

三　中摩战略伙伴关系的全面推进

（一）政治领域

20 世纪 90 年代至今，中国与摩洛哥之间的政治团结和政治支持仍在延续，一方面是中摩两国政府高层互访不断，政党间的对话交流更加密切。“两国政治友好不断加深。双方互访频繁。中方重要往访有：江泽民主席（1999 年）、朱镕基总理（2002 年）、吴邦国委员长（2005 年）、胡锦涛主席（2006 年）、中共中央政治局常委李长春（2008 年）、温家宝总理（2012 年，过境卡萨布兰卡）、全国政协主席俞正声（2014 年）等。摩方重要访问有：穆罕默德六世国王（2002 年、2016 年国事访问、2008 年私人访问、2015 年、2018 年私人访问中国香港）、杰图首相（2006 年）、众议长拉迪（2010 年）、参议长本希马（2017 年）、首相欧斯曼尼（2018 年 9 月来华出席中非合作论坛北京峰会）。”[①] 另一方面是摩洛哥对于中国在国际和地区事务上的立场和态度日益关注与尊重，认同感日趋强烈。在涉及中方核心和重大利益问题上，摩洛哥政府一贯坚持支持中方，例如，2016 年 7 月美国、日本等积极挑唆菲律宾前总统阿基诺三世炮制的南海仲裁案，包括摩洛哥在内的 60 多个国家明确表态，支持中国在南海的立场。[②] “摩洛哥继续在包括人权在内的诸多方面与中国保持良好合作，支持中国加入世界贸易组织，坚持一个中国的立场，不同台湾发生任何官方关系。”[③] 中摩相似的政治立场扩大了双方的战略共识，这种战略互信为中摩战略伙伴关系的全面推进夯实了基础。

（二）经贸领域

为促进两国经济合作领域进一步扩大，中摩政府间成立了经济、贸易和技术混合委员会，并签署多项协定，包括 1992 年 6 月的《中国和摩洛哥政府经济技术合作协定》，1995 年的《经济和贸易协定》，1995 年 3 月的《投资保护协定》，1996 年的《民事和商事司法协助协定》，2002 年 4

---

① 中国外交部官网：《中国同摩洛哥的关系》（https://www.fmprc.gov.cn/web/gjhdq_676201/gj_676203/fz_677316/1206_678212/sbgx_678216/t359843.shtml）。

② 陈轩甫：《南海仲裁结果即将出炉，至少 66 国支持中国立场》（https://www.guancha.cn/Neighbors/2016_07_11_367098.shtml）。

③ 肖克编著：《列国志·摩洛哥》，社会科学文献出版社 2008 年版，第 367 页。

月的《避免双重征税协定》。由于中摩两国关系持续稳定的发展和中摩经济之间互补性强，自 21 世纪初，中摩经济贸易合作不断拓展：合作领域扩大，合作项目增多。经贸关系成为两国友好合作关系的一个重要组成部分。“2015 年 1 月，摩洛哥企业联合总会和摩洛哥外交与合作部共同举办了第一届‘中国—摩洛哥经济论坛’。双方经济合作又有实质进展，中摩签署了 20 多份合作协议。”①

对摩洛哥而言，中国的茶叶、纺织品、机械器材以及中国在基础设施建设、电力、通信技术等方面具有的专业能力，可以满足摩洛哥日常生活和振兴经济发展的需要。摩洛哥外贸部政府文件统计数据显示，中摩双边贸易中摩洛哥的年进口总额逐年上升，涨幅较大，中国已成为摩洛哥的第三大进口来源国。② 特别是在摩洛哥和亚洲地区贸易中，中国占绝对优势，“2015 年，摩洛哥与亚洲大陆的贸易总额为 960 亿迪拉姆，其中摩洛哥与中国的贸易总额为 333.7 亿迪拉姆，中国占摩洛哥和亚洲大陆之间的贸易总额的三分之一”。③

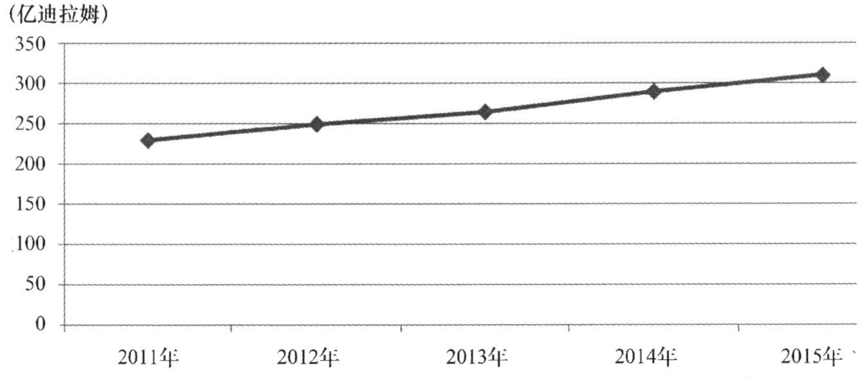

图 III-1-1 2011—2015 年中摩双边贸易中摩洛哥的年进口总额统计数据

① 社会科学文献出版社和中国银行股份有限公司编：《摩洛哥》（文化中行：“一带一路”国别文化手册），社会科学文献出版社 2016 年版，第 93—94 页。

② FACTIVA 数据库，2014 年 11 月 28 日，الصين أضحت ثالث بلد مصدر للمغرب بين شركائه الدوليين، الإحداث المغربية。

③ محمد لديب: "المغرب يستورد 2.43 مليون طن من بضائع الصين في 5 سنوات"، هسبريس، الأحد 02 أكتوبر 2016 （http://www.hespress.com/economie/322922.html）

同样，摩洛哥对中国也有着强大的吸引力。随着中国经济的快速发展，中国对原材料、市场、土地等有着迫切需要。摩洛哥丰富的矿产资源如磷酸盐、矿产品、铜等，以及人力资源、优越的地理位置都是吸引中国投资和合作的重要优势，摩洛哥已成为中国在非洲的第九大贸易伙伴，是中国实施对外经济发展战略、进一步融入全球产业链的一个重要环节。截至2015年底，在中华人民共和国驻摩洛哥王国大使馆经济商务处备案的中资企业已达28家，摩洛哥已成为中国企业所寻求的稳定且蕴含潜力的市场和投资地。

（三）人文交流合作领域

至20世纪90年代，中国与摩洛哥的人文交流合作的广度和深度进一步拓展，其内容丰富、形式多样、主体多元，如今中摩在教育、人力资源开发、医疗、体育、旅游、广播影视、新闻出版、民间交往、青年妇女交流等诸多方面开展了积极务实的交流与合作，体现了双方交往的多样性和全面性，并且更具人文意义，表现出内容多元化、利义共存、官民并举的发展趋势与特点。而以中国援摩医疗队、孔子学院、中摩文娱和体育交流等为代表的典型运作模式，在传承友谊共识、加强人文合作上发挥了积极的效能，取得了良好的成效，树立了更具亲和力的中国形象，提升了中国的道义感召力。

第三节　新时期中摩关系前瞻

一　对中国发展中阿、中非关系具有重要战略意义

摩洛哥位于非洲西北部，西濒大西洋，北临地中海，隔直布罗陀海峡与伊比利亚半岛隔海相望，是非洲和欧洲之间的重要枢纽。在非洲50多个国家中，摩洛哥综合实力较强，在多个领域尤其是经济总量和军事实力上对非洲乃至世界有重要影响力。近年来非洲特别是北非地区突尼斯、利比亚、埃及、阿尔及利亚、苏丹等国陷入动荡或政权更迭，这使得局势相对安全稳定的摩洛哥在非洲的地位进一步提升。

西方文明、制度、知识和经验并不是先进性和现代性的唯一尺度，当今时代，中国同时看重亚洲和非洲文明体系的历史智慧和现代发展经验。对于中国而言，非洲大陆是一个特殊的机会和外部舞台，一是寻求非洲政

治支持和扩大商品、投资市场等战略利益诉求；二是超越利益层面的南南合作和中国的世界责任，这是谋求中国自身利益和履行相应国际义务的统一。然而中非合作机制在当下面临诸多压力和挑战，既有“新殖民主义”的攻击，也有其他第三方的介入，如何向世界尤其是非洲国家阐释中国的发展观和合作观，为发展中非关系夯实基础，寻找新的增长点，是我们应该考虑的着手点。其中，中国发展中摩关系不仅可以成为非洲他国发展与中国友好关系的模范示例，也可以为中国推进中非合作积累更多经验和知识。

摩洛哥人口总数为 3655 万人（2019 年 6 月数据），其中阿拉伯人约占 80%，柏柏尔人约占 20%。摩洛哥宪法明文规定，摩洛哥的国教为伊斯兰教，大多数摩洛哥人都信仰伊斯兰教。摩洛哥是个多元文化、多种民族融合的君主立宪制国家，兼具传统伊斯兰特性和受历史殖民的影响而具有的现代化特性。在北非，甚至是整个阿拉伯世界，摩洛哥在政治、经济、文化领域都具有不可忽视的重要性。摩洛哥作为阿拉伯国家联盟成员国之一，也是中国—阿拉伯合作论坛的成员之一，中国与摩洛哥的关系一定程度上将影响中国与阿拉伯国家之间的整体关系。而在中国的外交布局中，始终从战略高度看待中阿关系，巩固和深化中阿传统友好，是中国长期坚持的外交方针。然而现今的阿拉伯—伊斯兰世界处于变革动荡之中，而作为其中之一的摩洛哥却处于相对稳定的境况。因此，发展中摩关系具有重要战略意义，可以持久产生更大范围的区域性效应，影响在全球事务中有特殊影响力的阿拉伯、伊斯兰和非洲地区。

二　战略互信、经贸合作、人文交流齐头并进

中摩合作的起点萌芽在摆脱西方殖民压迫和实现民族独立的历史背景中，在反殖民、反霸权、维护国家主权的斗争中，中摩两国政府和人民携手合作、同气相求。而随着世界格局的改变，中摩关系经历了历史性变迁与结构性调整：从早期的政治互助，到政治支持与经济援助合作齐头并进，发展成现代各领域的全面合作。2016 年 5 月，以摩洛哥国王穆罕默德六世访华为契机，中摩关系更是跃升为“战略伙伴关系”。

摩洛哥方面对中国国家主席习近平提出的“丝绸之路经济带”和“21 世纪海上丝绸之路”的倡议，以及中阿合作论坛、中非合作论坛等战

略表示信任和赞赏。在2015年中非合作论坛峰会上，摩洛哥国王穆罕默德六世说："中非合作论坛的重要性，实现了南南合作框架下的政治对话平台和平等相待、互利互惠基础上的中非双边合作机制之间的均衡。"[①] 摩洛哥国王对中非合作论坛所实现的卓有成效的合作，以及成功的战略型伙伴关系感到骄傲，强调这个论坛已经成熟，不断向前迈进，向深处扩展。摩洛哥国王穆罕默德六世在2016年明确赞同中国提出的"一带一路"倡议，他说："这是历史性的倡议，新丝绸之路经济带反映了双边和多边关系的真正战略愿景，致力于加强亚非欧间的联系。摩洛哥王国将依靠其地缘战略位置，可在保障海上丝路的延伸上发挥建设性作用，不仅延伸至欧洲大西洋，特别是延伸至西非国家，因为摩洛哥王国是多元关系的汇聚处。"[②] 此外，摩洛哥驻华大使贾法尔·阿尔热·哈基姆、摩洛哥工业、贸易与新技术大臣埃拉拉米、摩洛哥侨民委员会秘书长阿卜杜拉·布素福等政府官员都高度评价"一带一路"倡议，多次重申，摩方愿积极参与实现这一进程。2017年11月17日，中国与摩洛哥两国外长共同签署《中华人民共和国政府与摩洛哥王国政府关于共同推进丝绸之路经济带和21世纪海上丝绸之路的谅解备忘录》。摩洛哥成为首个签署该文件的马格里布国家。

而新时期中摩之间的经贸交流与合作进一步发展，双边贸易稳定增长。"2017年双边贸易额为38.26亿美元，同比增长5.5%，其中中方出口额为31.76亿美元，同比增长3.2%，进口额为6.5亿美元，同比增长17.4%。"[③] 此外，摩洛哥对华经济政策也作了新调整，如对中国公民入境实施免签政策、与中国的银行交易网络系统对接、金融机构结算方式的完善、直飞航线的建设等，都预示着中摩经贸关系的良好发展前景。中国和摩洛哥之间的经济交流与合作加深，加大了两国利益的相互依存度。2016年5月11—12日，应中国国家主席习近平邀请，摩洛哥国王穆罕默

---

① منى الصنهاجي: "الملك: تطوير العلاقات الإفريقية الصينية خيار استراتيجي نلتزم به"، الجريدة الالكترونية خبر بريس، في: اقتصاد وأعمال، في 05 ديسمبر 2015.

② عبد الله بوصوف (الأمين العام لمجلس الجالية المغربية بالخارج): "الملك يرسخ أقدام المغرب على "طريق الحرير" الصيني، أول جريدة إلكترونية مغربية هسبريس، الأحد 15 مايو 2016 (http://www.hespress.com/orbites/306109.html)

③ 中国外交部官网：《中国同摩洛哥的关系》，更新于2018年9月（https://www.fmprc.gov.cn/web/gjhdq_676201/gj_676203/fz_677316/1206_678212/sbgx_678216/t359843.shtml）。

德六世访华，两国元首签署了《中国与摩洛哥建立战略伙伴关系的联合声明》，并见证了两国在公有和私有行业领域15项协议的签订。中国媒体和摩洛哥媒体对此都作出了积极正面的评论，认为两国关系发展已经跃升至一个新阶段，发展前景良好。

至于新时期中摩人文交流合作，则在原有基础上获得内容上的极大拓展，其朝着机制化、制度化方向发展是一个必然结果。政治支持和战略互信是中摩合作的基础，经济合作共赢互利是中摩关系的牵引力，而中摩人文交流合作机制建设将为双方人文交流与合作搭建新的平台，助力实现各个领域的交流，以获取务实成果为目标，丰富中摩关系的内涵，拉动双边战略伙伴关系的发展。

三 其他助力因素的支撑

（一）现有平台和机制提供的保障

中国一贯重视发展同阿拉伯国家和非洲国家的友好关系，中阿合作论坛和中非合作论坛的成立标志着中阿、中非关系开始向机制化方向发展，摩洛哥作为阿拉伯国家和非洲国家的一员，必然将受益于两个合作论坛框架下的各种机制。从发展机遇看，2013年中国提出了“一带一路”倡议，2017年1月，中国文化部发布《文化部“一带一路”文化发展行动计划（2016—2020年）》，该计划指出重点任务是健全“一带一路”文化交流合作机制、完善“一带一路”文化交流合作平台等。此外，2016年中国与摩洛哥两国元首共同签订了《中国与摩洛哥关于建立两国战略伙伴关系的联合声明》，其中包括“鼓励继续在相互尊重文化传统和文明多样性的框架内，支持教育、卫生、旅游、体育、新闻交往与合作”。[①] 可以看出，中国和摩洛哥人文交流合作机制建设与中国“一带一路”倡议是紧密对接的，因此必须要抓住这一机遇，跟上发展的大潮。从发展经验看，中摩人文交流机制建设并非从零做起，他山之石，可以攻玉，目前中国已经先后建立了中俄、中美、中英、中欧、中法和中印尼六大高级别中外人文交流机制，借鉴和学习其中已经发展稳定，并趋于成熟的人文交流机制，这

① 《中华人民共和国和摩洛哥王国关于建立两国战略伙伴关系的联合声明（全文）》（http：//www.81.cn/jmywyl/2016-05/11/content_7049706_2.htm）。

对推动中摩人文交流格局的形成，统筹规划各个领域的交流合作，实现朝着机制化、制度化的方向发展的目标有重要的现实意义。

（二）中国文化和中国经验的内容支撑

中国优秀传统文化和今日中国经验在一定范围内得到了国际社会的认可，尤其是对发展中国家更具吸引力，因此，将会在文化内容上支撑中摩关系发展。儒家文化是中国传统文化的主流，但并不是中国文化的全部。中国文化内涵丰富，包罗万象，既有书法、戏曲、功夫、饮食、服饰、茶艺等有形文化，也有“崇德贵民的政治文化、孝悌和亲的伦理文化、文质彬彬的礼乐文化”① 等无形精神文化。如此丰厚的文化遗产和历史资源将给中摩人文交流合作提供强大的内容支撑，也使中国有“资本”挖掘出更多可以和摩洛哥分享的文化价值观。近年来，阿拉伯国家纷纷“向东看”，希望加强和中国的合作，学习中国改革开放的经验和学习中国的“发展速度”，摩洛哥也是如此。2016 年 3 月，新华社驻摩洛哥拉巴特记者采访了几位摩洛哥学者和官员，如前贸易大臣穆斯塔法·迈沙胡里、阿卜杜勒–马利克·艾萨阿迪大学亚洲事务专家纳迪尔·巴卡尔、卡迪·阿亚德大学国际法教授法蒂阿·阿萨伊、知名经济学家、高级商贸学院教授德里斯·格鲁伊等，他们都表达了类似的看法，即中国经验是值得发展中国家借鉴的②。摩洛哥学者哈立德·本·夏里夫撰文写道，“摩洛哥背向欧洲，面向中国，不再固守着不可靠的西方盟友”。③

（三）学术研究成果的智力支持

国家制定发展战略和政策措施，需要各项研究成果提供智力支持和决策咨询。近年来，中国政府机构、学界、智库等密切跟踪国际学术前沿，定区域、定国别开展研究。然而，中国对摩洛哥的研究重视程度还未达到对欧美、日俄等国家的重视程度，因此，现在尚未设立专门研究摩洛哥的研究中心或是国别研究基地。但是，中国的非洲和阿拉伯区域研究中心（基地）、中摩研讨会、中摩学者个人等，都已经取得了一定的学术研究

---

① 汤一介：《新轴心时代与中国文化的建构》，江西人民出版社 2007 年版，第 214 页。

② 《摩洛哥学者热议中国道路对世界产生的深远影响》（http：//news. xinhuanet. com/2016-03/01/c_ 1118202892. htmhttp：//news. xinhuanet. com/2016-03/01/c_ 1118202892. htm）。

③ خالد بن الشريف: "المغرب يدير ظهره للغرب ويتجه إلى الصين"، ساس sasapost، 14 مايو 2016. （https：//www. sasapost. com/morocco_ and_ china）

成果，为中摩人文交流合作机制建设提供了智力支持。目前国内对摩洛哥的研究越加重视，研究人员的数量不断增加，联合研究的项目不断增多，中摩学术交流的方式渐渐趋向机制性，正有序渐进地开展，这都凸显了本书对于国别研究、人文交流机制研究的重要性。通过中国的非洲和阿拉伯区域研究中心（基地）、中摩研讨会、中摩学者个人等方式，中摩政界、学界、非政府组织的有关人员可以增进学术交流和相互了解，有助于消除对中国的偏见、误解和疑虑。中摩研究水平的提升，将为未来中摩人文交流机制建设提供智力支持和宏观谋划指导。

（四）人才资源的实践推动

2013年9月，习近平在中共中央政治局第九次集体学习时强调，人才资源是第一资源，也是创新活动中最为活跃、最为积极的因素。[①] 在中国和摩洛哥人文交流合作过程中，既需要学术研究成果提供分析和理论，也需要人才资源的实践推动，因为理论来源于实践，更需要切实的实践活动去推动理念的实施。在中摩关系发展过程中，华人华侨、教育界、艺术界、学术界等社会精英广泛参与到诸多领域，成为一个不可忽视的力量，发挥积极作用。他们通过自己的社会影响力和社会地位，积极组织和协调两国的交流活动，具体来看，主要包括三种形式：摩留华学生反哺于双方的人文交流合作、华人华侨参与摩洛哥社会建设并履行社会责任、中国各界精英的与摩互动。

① 《十八大以来习近平总书记对人才工作的重要论述》（http：//www.chisa.edu.cn/news1/ssyl/201608/t20160803_ 508862.html）。

第二章　中摩人文交流合作研究

人文交流与合作是实现国家利益、提升国家软实力和实现多元文明之间协调发展的一种重要手段。近年来，中国对外交往超越了传统的政治、经济和安全领域交流合作的范畴，越加重视文化这一新驱动力量在发展国际关系中的作用。学者们认为，“文化”不仅可以影响一个国家的外交决策，其本身也是一种重要的外交手段。因为“文化作为人的生存方式，像血液一样溶进总体性文明的各个层面中自发地左右着人的各种生存活动”①。事实上，中国日益强大的政治、经济实力已经引起国际社会的瞩目和重视，作为国际舞台的重要角色之一，中国有必要主动地参与国际政治，发挥自身价值，向外界叙述中国故事，表达中国观点。当下，中国更加提倡“人文”交流与合作，这种从“文化”过渡到“人文”的转变，体现了中国“以人为主”的执政理念和价值观，这不仅是国内执政的核心，也是发展对外关系的趋向。

新时期中摩友好合作关系在原有基础上，获得性质上的提升和内容上的极大拓展，中摩关系已跃升为“战略伙伴关系”，人文范畴的交流与合作被提升到新的战略高度，成为中摩两国构建战略伙伴关系的新支柱，而中摩人文交流合作朝着机制化、制度化方向发展将是其必然结果。中摩人文交流合作机制建设将为双方人文交流与合作搭建新的平台，实现各个领域的交流，以获取务实成果为目标，丰富中摩关系的内涵，拉动双边战略伙伴关系的发展，甚至可以持久产生更大范围的区域性效应，影响在全球事务中有特殊影响力的阿拉伯和非洲地区。

---

① 衣俊卿：《文化哲学十五讲》，北京大学出版社2004年版，第289页。

第一节　中摩人文交流合作的发展历程

对外人文交流合作对一个国家的内外发展至关重要，从文化发展看，可促使民族沟通和文明融合，是人类文明进步的推动力；从国家战略看，一定程度上影响了该国国际沟通的成效，有利于形成良好的“国缘”和提升国家软实力。人文交流合作已经成为推动国际关系发展的一个重要杠杆，越来越多的国家重视其在对外交往时发挥的积极而温和的作用。中国和摩洛哥的友好往来历史悠久，特别是古代旅行家们留下的文字作品成为两国传统友谊的见证。虽然后来中国人民和摩洛哥人民因遭受殖民主义侵略，而使两国的友好交流陷于中断，但是自 20 世纪中叶以来，共同的反殖民主义和争取民族独立的目标，再次开启了两国的交流之路。自 20 世纪中叶以来，中摩人文交流合作进程大体经历了三个阶段的演变，并表现出内容多元化、利义共存、官民并举的发展趋势与特点。

一　第一阶段：萌芽期（1955—1978 年）

自 1955 年始，中摩双方交流的主旋律是以政治支持和政治团结为主，例如 1955 年万隆会议的首次接触、1958 年中摩建交、摩洛哥支持中国恢复联合国合法席位、中方媒体与政府对摩洛哥维护国家主权的支持，以及双方的政治互访等。1963 年 12 月 27 日，周恩来访问摩洛哥，并于 12 月 31 日双方发表联合宣言，“强调了扩大两国贸易、文化和科学交流的重要性”①。这次宣言可视为中摩人文交流合作进程的开端。

到 70 年代，双边人文交流活动的内容有所拓展，主要体现在文化、体育、艺术和医疗领域，但是活动数量较少。具体来看，包括 1972 年 7 月，中国乒乓球运动员访摩，和摩运动员举行首次友谊比赛。1973 年 7 月，北京体院足球队访摩，与摩洛哥国家“希望队”举行了首次友谊赛。1975 年，中国武术代表团访摩，先后在拉巴特、卡萨布兰卡、非斯和马拉喀什举行四场表演。1975 年 3 月，中摩签订了《关于在摩洛哥建设一

---

① جعفر كرار أحمد: "العلاقات المغربية – الصينية، الماضي والحاضر والمستقبل (أبريل 1995م- أغسطس 2000م)"، مطبوعة أكاديمية المملكة المغربية، مجلة أكاديمية المملكة المغربية، العدد 18، سنة 2001، ص239.

个综合体育设施的合作协定》《关于中国派遣医疗队赴摩洛哥工作的议定书》。1977 年 6 月，中国青年乒乓球队访摩，同摩乒乓球队举行四场比赛和友好表演赛。至 1977 年，中国向摩洛哥提供的支援达 3200 万美元，[①] 包括艺术、经济、体育方面对摩的支持。70 年代也是两国卫生领域合作的开端，“1975 年 9 月中国向摩派出了第一批医疗队，派遣省市为上海”。[②] 1978 年 12 月，中摩再次签署协定，中国向摩再派一批医疗队伍。1966—1976 年是中国内外动荡的十年，但是中国却依然组织向摩派出医疗队，中摩友谊并未遭受过多影响。

20 世纪中叶至 70 年代末是中摩人文交流的起步阶段，上述人文交流合作事件几乎是这一阶段的全部内容，而交流目的一定程度上仍然服务于两国政治互助和政治团结的需要，“人文”意义居于次要地位。

二　第二阶段：发展期（1978—1990 年）

20 世纪 70 年代末，中国实施对外开放政策，80 年代的中摩关系在各个层面更加活跃，而人员往来和文化交流在这一时期也处于继续发展、稳步推进的阶段。在这一阶段，中摩人文交流合作的内容一方面延续了第一阶段涉及的领域，而且在此基础上数量和质量上都有所提升，另一方面也拓展了新的合作领域，如教育、媒体、宗教事务和社会事务等领域。

首先是签订了一系列文化交流与人员往来的协议，涉及领域包括体育、文化、卫生、教育、媒体、宗教等。具体而言，如 1980 年 10 月 29 日，中摩两国宣布签署 1981—1982 年的体育和青年领域的合作协议。1982 年 2 月，摩洛哥首相马弟·布阿比德率团访华，成为中摩建交后首位访华的摩洛哥政府首脑。访问期间（1982 年 2 月 25 日）两国签署了内容全面的文化协定，旨在加强文化、体育、卫生、教育领域的合作和信息交流。1984 年 8 月，两国再次签署 1984—1986 年的文化协议，不仅包括原有的协议条款，还增加了在媒体、宗教事务和社会事务领域的合作内

---

① George T. Yu, “The Tanzania-Zambia Railway: A Case Study in Chinese Economic Aid to Africa”, in Warren Weinstein and Thomas H. Henriksen, eds., *Soviet and Chinese Aid to African Nations*, New York Praeger Publishers, 1980, p. 121.

② 2000 年，江西加入派遣。参考李安山《中国援外医疗队的历史、规模及其影响》，《外交评论》2009 年第 1 期。

容。1984 年 12 月，新华社和摩通讯社之间签订了信息交流协议。

其次是务实开展了一系列关于人文交流合作的活动和项目。（1）媒体领域。为进一步加强两国媒体间的信息交流，20 世纪 80 年代中期，双方成立了新闻文化交流机构。（2）医疗卫生领域。1980 年 6 月，两国组织传统医学和药草学领域的专家和学者进行交流。此外，中国于 1980 年、1983 年分别向摩又派出三批医疗队，医疗队人员不但从事原有的医疗工作，还需要培训摩洛哥当地医生。（3）国际教育领域。据教育部统计，1978 年摩洛哥来华留学生为 1 人（来自摩洛哥的中国政府奖学金学生）。1978—1990 年，摩洛哥来华留学生已达到 41 人。[①] 但是，该时期摩洛哥来华留学生每年的名额不到 10 人，教育领域的交流并不活跃（见图 III－2－1）。（4）技术领域。两国在农业、工业、卫生、体育等领域开展了技术合作和经验交流共享，客观上带动了双方间的人员交流，如 1983 年 1 月，两国签订会议备忘录，内容为中国将派出部分种粮、种茶、采矿、手工业、交通运输领域的专家。

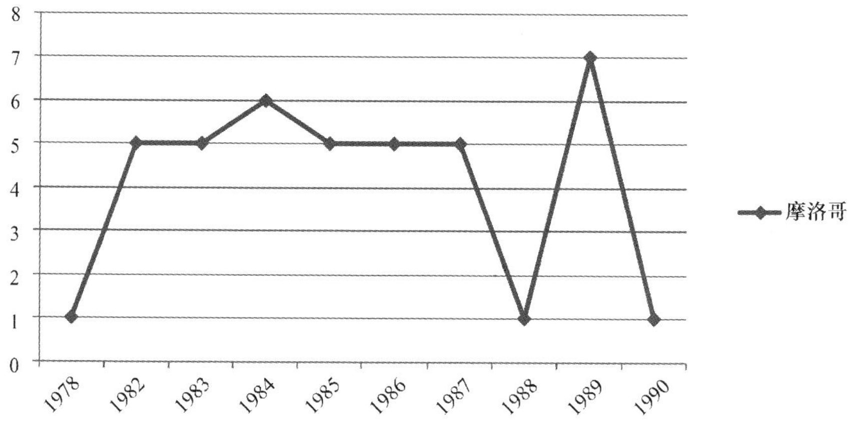

图 III－2－1 1978—1990 年摩洛哥来华留学生统计

资料来源：根据李滔《中华留学教育史录》（1949 年以后），高等教育出版社 2000 年版，第 872—876 页和《中国教育年鉴（1982—1992）》资料整理。

综上，20 世纪 80 年代是中摩人文交流合作的稳步推进阶段。值得一

① 陈越洋：《阿拉伯文化在中国：以二十世纪为例》，宁夏人民出版社 2016 年版，第 311 页。

提的是，中国和摩洛哥一直续签文化和卫生领域的协议，其中援摩医疗队更是作为一种成功模式传承至今，是一种经过实践检验证明的、有效且较为固定的模式。

三　第三阶段：上升期（1990年至今）

至20世纪90年代，中摩人文交流合作的广度和深度进一步拓展，实现了医疗卫生、教育和人力资源开发、旅游、广播影视、新闻出版、智库、体育、青年和妇女等各领域的全面交流与合作。

在教育领域，中摩交流与合作的内容主要体现在两个方面：一是中摩之间的大学校际合作，二是孔子学院的设立和发展。在中摩校际合作方面，20世纪80年代，摩洛哥来华留学生每年的名额不到10人，但是到2012年，摩洛哥在华留学生总数已达396名。[①] 另外，孔子学院作为中国文化的"名片"，已在摩洛哥取得很好的反响，发展势头强劲。目前在摩洛哥首都拉巴特、卡萨布兰卡、北方重镇丹吉尔各设一所孔子学院，摩洛哥也成为中国在整个非洲国家中，唯一设立了三所孔子学院的国家。

在旅游领域，中摩交流与合作的重要内容主要体现在三个方面：一是2007年10月，中摩签订的《中国旅游团队赴摩洛哥旅游实施方案的谅解备忘录》正式实施，中摩旅游业相关人员和机构之间团组互访不断。二是中摩缔结友好城市和地方政府旅游合作成为推动旅游领域务实合作的重要力量。中摩目前已缔结九对友好城市关系，拉动了两国地方和民间的直接交往。三是2016年5月，摩洛哥宣布自6月1日起对所有中国公民实施免签，免签政策的施行将刺激过去因摩洛哥签证办理困难且手续烦琐而退避的中国公民再次兴起摩洛哥旅游热。"据摩洛哥旅游观察所统计数据显示，中国来摩游客持续强劲增长，游客人数从2016年的4.3万人暴涨至2017年的10.7万人。2018年仅1—4月，中国游客数已突破10万人，同比增长80%，预计全年可达20万人。"[②] "2018年共有约18万人次中国游客赴摩洛哥旅游，较2017年增长52.5%。为进一步提升对中国游客的

---

① 林峰：《中国高校在摩洛哥联合举行留学中国推介》（http：//news.xinhuanet.com/2013-03/24/c_115135074.htm）。

② 中华人民共和国驻摩洛哥王国大使馆经济商务处：《2018年1—4月，中国来摩洛哥游客突破10万人》（http：//ma.mofcom.gov.cn/article/zxhz/tjsj/201808/20180802774283.shtml）。

吸引力，摩洛哥正着手改善酒店、交通设施。摩洛哥旅游、航空运输、手工业与社会经济大臣穆罕默德·萨吉德表示，摩洛哥和中国的直航线路正在筹备中。”①

在广播影视领域，一是双方代表互访不断，并签订相关合作协议。2005 年 12 月，中国国际广播电台代表访问摩洛哥。2015 年 5 月，国家新闻出版广电总局局长蔡赴朝访摩，同摩方签署了影视合作协议，双方还共同举办了“中国电影日”活动。二是中国电影在摩洛哥国际电影节的参与度和获奖率有所提高，中国电影和电影人借此平台渐渐走向摩洛哥公众视野。马拉喀什国际电影节是摩洛哥规模最大的电影节，并日益成为非洲大陆知名的电影盛会。中国导演陆川执导的影片《可可西里》（2005 年）、张弛的影片《地下的天空》（2008 年）、张艺谋执导的影片《金陵十三钗》（2013 年）、青年导演王学博的作品《清水里的刀子》（2016）、臧启武作品《捐赠者》（2016 年）等参加了马拉喀什国际电影节的评选角逐并收获奖项。2017 年第 23 届摩洛哥得土安国际电影节选择中国为主宾国参映，该电影节展现了不同时期的中国电影和中国电影拍摄艺术，摩洛哥主流报纸《晨报》对此做了专题报道，并详细介绍了中国电影发展简史和各时期的代表作品。②

在图书出版领域，两国出版机构通过国际书展等平台进行出版文化交流活动，讲述中国故事，传播中国声音，此外还加大了两国书籍尤其是经典作品的翻译力度。卡萨布兰卡国际书展是摩洛哥及北非地区的年度文化盛事，也是阿拉伯语与法语图书的重量级展览会，每年都有中国出版公司的代表参加此次展览。在 2017 年 2 月 9 日至 19 日举办的第 23 届卡萨布兰卡国际书展上，湖南人民天舟出版有限公司代表中国出版商参展，这是历届卡萨布兰卡国际书展中国参展团规模最大、品种最多、展位面积最大的一届。“进入 21 世纪后，摩洛哥主题图书出版呈现大跨步上升，2016 年中摩两国建立战略伙伴关系，进一步助推了摩洛哥主题图书出版，仅 2016—2018 年 3 年，有关图书就出版了 24 种。统计图书来源显示，除从

---

① 《摩洛哥 2018 年吸引中国游客人数大增五成》（http：//www. xinhuanet. com//2019-02/15/c_ 1124121494. htm）。

② "السينما الصينية ضيفة مهرجان تطوان"، الجريدة الالكترونية الصباح، في 20 فبراير 2017، في: إذاعة وتلفزيون （http：//assabah. ma/186138. html）

摩洛哥翻译引进、我国作者创作之外，30 余种摩洛哥主题图书引进自其他国家。”①

此外，中摩在其他诸多领域如科技、人力资源培训、法律等进行了积极而有效的交流，签署了相关合作协议，或是成立了相关机构。

需指出的是，该阶段更偏向于双方政治经济条件的成熟而促成的人文交流合作的广泛发展，而非双边人文交流合作自身的机制性活动已日趋成熟。可以预见，未来中摩人文交流合作的第四个趋势和特点就是实现机制化。

第二节　中摩人文交流合作的理念

在既往的人文交流合作历程中既有成功的经验，也存在需要改进的问题和不足。推动双边人文交流合作是一个具有重大理论意义和实践意义的研究课题，我们不能将其视为短期的、临时性的利益目标的实现，而是围绕契合战略理论所确立的指导行动的原则来开展全局性文化互动。无论是中摩还是中国同其他国家的人文交流互动，都需要科学而系统的规划，从而充分发挥软实力的价值，切实推动双方友好关系的发展，为中国和平发展创造良好的国际环境。因此，中国在推进中摩人文交流合作机制化建设过程中，必须从战略高度，科学系统地确定和把握该课题的基本原则。

一　显性与隐性目标

显性目标是明确具有的目标，而隐性目标是不一定具有的，却可能实现的目标。一个国家的对外文化交流合作应该是显性“人文”目标和隐性“政治”目标的结合体。

第一，中摩人文交流合作目标表现出来的隐性“政治”目标。第二次世界大战结束后，国与国之间除了政治、经济和军事交往外，文化的接触和交流也逐渐增多，人文交流的功能和地位已提升到国家扩大政治影响力、提升文化软实力、改善对外关系和传播价值理念的战略高度。中国需

---

① 《以书为媒感受北非明珠——数据透视第 25 届图博会主宾国摩洛哥主题图书出版》（http://www.xinhuanet.com/zgjx/2018-08/21/c_137406507.htm）。

要更多可靠的合作伙伴，获取政治支持及政治互助。无论是摩洛哥，还是其他阿拉伯国家抑或是非洲国家，都是中国希望借重的政治伙伴和拓展海外利益的重要战略依托。中国加强与他国的人文交流合作，确有提高在受众群体中的政策影响力的政治目标。

第二次世界大战后，西方学者曾先后将意识形态和文明的对立牵扯到全球冲突之中，从而使文化传播更加敏感，易于引起受众戒备和反感。以孔子学院这一典型运作模式为例，某种程度上，在摩洛哥开设孔院的数量和运行质量可视为衡量中国文化影响力的一个指标。然而部分摩洛哥人对于中国的孔子学院怀有戒备心理，担心中国政府支持的孔子学院是否包含一些中国宗教的色彩，通过文化渗透或是“社会文化的复制”，威胁和动摇阿拉伯伊斯兰文化的主导地位。因此，在孔子学院的建设和发展中，不能过分强调其为国家外交战略服务的政治使命，“过分的地域文化宣传和某一语言的推广可能直接或间接地导致接受国有意无意的抵制，更不用说中国在意识形态领域与很多国家尚有差异”。①

第二，中摩人文交流合作具有的显性“人文”目标。随着中国综合实力的快速增长，部分发展中国家希望借鉴中国经验和获得中国经济援助，而长久以来，中国的对外援助政策也在持续施行。就摩洛哥而言，中国自 20 世纪 60 年代周恩来总理提出的对摩经济技术援助的八项原则，至 70 年代的医疗援助，到现在的各类技术人员培训，中国始终在尊重受助国主权，尊重受助国自身的政治、经济等利益诉求的基础上提供帮助。值得注意的是，从中摩近年来的人文交流合作内容看，将中国文化推广、落地同解决当地民众的实际需求相结合成为一种新趋势，如中国援摩医疗队在客观上推动了中国非物质文化遗产即中国针灸术、推拿术的走出去和顺利落地。

综上，推动中摩人文交流合作的目标应该是显性“人文”目标和隐性“政治”目标的结合。中国应该着眼于尊重文化差异性和实现文明多样性的出发点，推动两国人民的沟通和对话。此外，中国的对摩援助需要结合当地居民的实际需要，更加务实、惠民、公益性地进行交流合作。

---

① 金立鑫：《试论汉语国际推广的国家战略和学科战略》，《华东师范大学学报》（哲学社会科学版）2006 年第 4 期。

二　双向文化交流的形式

中国大力开拓公共外交和人文外交，希望补充传统意义上的政治外交，达到政策沟通和民心相通的效果，为中国的文化走出去奠定坚实的社会根基和民意基础。但若要实现长期的自觉能动的文化互动，需要将单向灌输式的文化独白转变为双向性的文化交流。这种理念要求考虑受众的文化差异和心理感受，不能仅仅选取自己希望传递的文化信息，不能引起目标受众的排斥，不能以自我为中心，在向摩洛哥介绍和传播中国文化的同时，欣赏和学习摩洛哥当地的文化，从而才能有效传递中国文化深层价值观念的真实信息。

近年来中摩人文交流与合作蓬勃发展，尤其是孔子学院的设立和拓展，然而不同阶层的受众对汉语语言与中华文化的需求有很大差异，所以在传播中华文化时，首先应充分考虑到受众不同层次的社会和心理需求。其次，“传播本身是一种编码和解码的过程，传播出去的文化是否能够被受众顺利而准确地解读直接影响着传播的效果”。[①] 因此，孔院工作者应该对当地文化有一定的了解和研究，通过比较研究的方法来介绍中国文化。

此外，中国文化走出去应该注意到，“传受双方是在个人经验背景下创造和理解信息的。因此，传受双方所拥有的共同经验越多——双方的经验领域能重合，他们就越能更好地理解对方”。[②] 例如，中国提出的“一带一路”倡议和古丝绸之路历史文化在摩洛哥进行推介时，可以将从丝绸之路传入的中国茶叶与摩洛哥的“国饮”相互链接。摩洛哥人“宁可一日无食，不可一日无茶”。茶是摩洛哥人日常生活不可缺少的饮料，而“摩洛哥消费的绿茶全靠输入，自从中国和摩洛哥建立贸易关系以来，摩洛哥人喝的绿茶基本上是从中国进口的”。[③] 基于文化共性基础上的文化交流往往更易被接受和理解，两国共同的茶文化将使摩洛哥民众更能切身感受这种丝路情缘。这种基于共性的合作在中摩人文交流中已经有所体

---

① 张春燕：《中华文化海外传播的路径和内容选择》，《云南师范大学学报》（对外汉语教学与研究版）2014 年 1 月 22 日。

② 张殿军：《当代中国对外文化交流战略》，天津人民出版社 2014 年版，第 192 页。

③ 吴富贵：《茶在摩洛哥》，《人民日报》1981 年 9 月 19 日第 7 版。

现，如文娱和体育交流模式，交流内容大多是中摩文化的共性方面，如武术交流、足球交流、艺术交流等。

综上，无论是文化互动还是人员交流，中方应该关切摩洛哥独特的国情、文化和民族性格，欣赏和学习摩洛哥的优秀艺术文化，不能“一边倒”地灌输中国文化信息。抱持着谦逊平等的态度，考虑目标受众的双向文化交流合作是中摩人文交流合作机制建设的基本原则之一。

三　多样化的内容

中摩人文交流与合作的第三个原则涉及双方的交流内容，即输出的文化信息和人文精神应该具有真实性、及时性和多样性。

第一，文化内容的真实性。“文化自身是否具有客观的真理性、现实的解释力从根本上决定着文化的可信性。信息的可靠性是有效的文化传播活动所需遵循的首要原则。”[①] 有效的文化信息传播活动应该保障信息的可靠性，遵循及时报道的原则不能与此相悖。2017 年 2 月，《北京晨报》、新华网、中国新闻网，摩洛哥华人大多使用的微信公众号平台等报道了一则消息，“中国作家刘震云获摩洛哥荣誉碑表彰最受欢迎作家”。[②] 时任中国驻摩洛哥大使馆文化参赞石岳文向新华社记者证实，摩洛哥根本就不存在所谓的“荣誉碑表彰最受欢迎作家”奖项。而被误认为是摩洛哥文化部副大臣，实为摩洛哥文化部图书管理司司长的哈桑·沃扎尼表示：“中国某些媒体的报道严重失实，摩洛哥文化部没有设立过这个奖项，我也不是副大臣。”[③]

另外，文化内容的真实性要求在提升国家软实力和树立良好的中国形象的目标驱使下，要避免为“正面效应”而计划或是塑造舆论环境的行为。通过刚性手段将国家形象套在现实事件之上是不明智之举。树立中国形象是一项难以量化测知的任务，不能为制造美好的形象而选择脱离社会现实的文化输出内容。

---

① 张殿军：《当代中国对外文化交流战略》，天津人民出版社 2014 年版，第 190 页。

② 王琳：《刘震云摩洛哥获大奖》（http：//www. xinhuanet. com//local/2017-02/13/c_ 129476612. htm）。

③ 卢苏燕：《刘震云获摩洛哥国家级文学奖？你确实读了条假新闻》（http：//xinhua-rss. zhongguowangshi. com/233/ –8243510397293591651/1572470. html）。

第二，文化内容的及时性。近年来，政府大力扶持包括传统媒体和新媒体在内的国际传播渠道，但是中国在摩洛哥的传播效能仍然很低，认知度和影响力甚至不及日韩文化，摩洛哥民众对中国的了解实际上非常有限。对于国内或是国际上重要突发事件，或是摩洛哥民众可能感兴趣获取的中国重要政策的相关信息，中国的传播平台无法有效地通过原创性、首发性的及时报道，抢占新闻的源头，从而引导舆论走向，不至于在被怀有恶意的第三方媒体所营造的舆论氛围中处于不利境地。而摩洛哥在新闻信息和运作模式上相对依赖西方媒体或是与其观点相近，甚至是直接援引西方报道，这将对中国产生负面影响，使中国媒体处于失语和缺位的状况。

第三，文化内容的多样性。中国面向摩洛哥的文化宣传内容有限且单一，多样性不足。从中国文化输出或是传播至摩洛哥的几种主要形式来看，目前中国的文化输出在摩洛哥尚无法形成规模，处于起步阶段，影响力较小。一是囿于传播渠道较少，有待扩展，二是已建渠道的宣传内容单一或是宣传面狭窄。在文化输出过程中，为达到预期积极的政治影响和政策效果，对出口的电影、电视剧等文化产品严格审查和限制，侧重于保守的传统文化宣传往往灵活性和吸引力不够，适当地添加中国现代化的生活方式和文化内容，有助于让摩洛哥民众尤其是年轻人感受到中国经济发展和现代文化的魅力。

除了高层或是高雅文化交流，流行文化对于政治软实力也有相当的作用，流行文化不仅寻求大众娱乐的共性，“还包含着潜在的图像和信息，这些信息关乎个人主义、消费选择，甚至包括可能对政治产生重要影响的价值观，具有很长的触角，甚至连流行的体育运动也能在沟通价值观方面发挥作用”①。

第三节　中摩人文交流合作机制建设面临的挑战

落实和推进中摩人文交流合作机制建设战略意义重大，客观上有利于巩固传统友谊、强化两国间的政治经济关系和实现不同文化之间的沟通交

① ［美］约瑟夫·奈：《软实力》，马娟娟译，中信出版社2013年版，第64—65页。

流，但是在既有优势的情况下，也存在着一些问题和挑战：从国际政治角度来看，首先随着中国经济实力的跃升和国际地位的提高，引起了其他部分国家对中国崛起的担忧、疑虑和误解，而国际敌对势力的遏制，将对中国与摩洛哥的人文交流机制建设稳步发展形成一定的制约；其次，地区性冲突和动荡时有发生，“一带一路”沿线国家的不安全局势将会对基础设施互联互通产生不利影响。从经济层面看，中摩经贸额虽然呈现明显上升态势，但是进出口贸易失衡的现状将使中摩人文交流机制建设的牵引力变弱，贸易逆差也可能产生经贸摩擦和经济问题政治化。从民意基础来看，中摩双方对彼此国情民状有了解，但是了解的范围依旧有限，无论是文化传播渠道还是传播内容都有待进一步拓展。最后，从实践落实效果看，中摩人文交流合作签署的部分成果尚缺乏良好的追踪机制或体制，需要制定明确的实施方案。

一　安全环境和舆论环境的影响

中摩人文交流合作机制建设，乃至中摩关系的发展都不能脱离稳定的外部环境。第一个外部环境是国际局势安全环境。近年来，出于谋求更多的利益和战略空间，加之部分国家内外部矛盾激化的缘故，国际局势纷繁复杂，正处于激烈较量中，地区性冲突时有发生，尤其是中东地区，更是成为大国博弈的主战场。在北非，“阿拉伯之春”的“后遗症”依然潜伏于突尼斯、摩洛哥、利比亚、阿尔及利亚等国。当下“一带一路”沿线国家或是摩洛哥所在的北非地区的不安全局势可能会对基础设施互联互通造成阻碍，从而一定程度上间接影响中摩人文交流合作机制建设。

第二个外部环境是西方话语体系营造的舆论环境。近几十年来，中国和平发展，迅速崛起，不但成为全球第二大经济体和亚太地区的重要国家，还是联合国安理会五个拥有否决权的常任理事国之一，中国正以积极主动的姿态，广泛参与世界和地区事务，因此在全世界引发了广泛的关注，同时招致某些国际势力的遏制和觊觎。“西方话语体系习惯运用‘中国责任论’和‘中国威胁论’牵制中国，以他们的标准来评价中国与其他发展中国家的经贸人文合作，指责中国在中东、非洲、拉美等地区搞

‘新殖民主义’。”[①] 从长远看，这种敌对的干涉和质疑将对中摩人文交流合作机制建设的稳步发展形成一定的制约，影响中摩双方合作的信心和意志。

西方话语体系营造的舆论环境对摩洛哥影响很大，因为摩洛哥等北非国家曾是法国殖民地，其语言、文化、思想观念受法国等西方国家影响较深，独立后仍与法、美等西方国家保持密切联系，并将其视为传统盟友。冷战后，西方在国际话语权上位居主流，通过媒体、互联网和出版物等强势发表符合自身利益的观点和立场，而中国则相对弱势，加之摩洛哥的多语环境（虽然官方语言为阿拉伯语，但通用语言为法语，高校教育中英语的地位也不断上升），语言便利促使摩洛哥各界更倾向于阅读和转载西方传播渠道所发表的观点和立场。

通过搜集摩洛哥媒体就中摩关系的报道内容，尤其是对2016年摩洛哥国王穆罕默德六世访华事件的热点评论可见，部分摩洛哥媒体和学者的评议内容似乎带有“中国扩张”和“利益掠夺者”的色彩，认为中国借助摩洛哥地理位置优势，打开非洲市场，向非洲销货，将非洲视为施展权力的沃土（见《撒哈拉报》[②]《SASA邮报》[③]）。加之虽然中摩经贸合作不断加深，但摩洛哥却常处于贸易逆差的境况，两国贸易失衡（见《Howiya报》[④]）。

因此，建设中摩人文交流合作机制需要增强中国对摩话语权，如何拓展对摩话语权的话语平台，加大中国对摩传媒力度，说明自身发展道路的正当性，回应摩洛哥各界的质疑和忧虑，这是一个巨大的挑战。

二　双方民众对彼此国情的认知程度浅

近年来中摩在政治、经济、文化等领域的交流与合作越加频繁，通过

---

① 潜旭明：《一带一路战略的支点：中国与中东能源合作》，《阿拉伯世界研究》2014年第3期。

② "جلالة الملك يترأس ببكين توقيع اتفاقيات شراكة بين القطاعين العام والخاص في إطار الشراكة الاستراتيجية التي تربط المملكة المغربية والصين الشعبية"، الجريدة الالكترونية، الصحراء، 12-05-2016.

③ إبراهيم بديوي: "هل يكون المغرب بوابة الصين إلى إفريقيا؟"، ساس sasapost، 3مارس 2017（https：//www.sasapost.com/is-morocco-be-chinas-gateway-to-africa）

④ "المغرب – الصين: نحو شراكة استراتيجية متينة في خدمة الشعوب الإفريقية"، بواسطة هوية بريس، الثلاثاء 10 مايو 2016（http：//howiyapress.com/47703-2/）

文化艺术节、书籍和网络、学生留学、旅游等渠道，双方对彼此国情民状的了解已经有了明显改善。然而这种了解十分有限，集中体现在双方普通民众阶层对彼此的认知程度浅。普通民众对国家决策者的对外政策制定有相当大的影响，从目前的中摩交流程度来看，尚未夯实中摩关系发展的民意基础和情感纽带，绝大多数普通民众依旧对彼此的生活方式、精神理念和感情习惯知之甚少。

从新生代青年群体来看，随着新兴传媒技术的广泛普及和快速发展，新生代更加热衷于使用社交网站和社交软件与他人互动。摩洛哥青年群体常用社交软件是 WhatsApp、Messenger、脸书、推特等，而中国青年群体则较常使用微博、微信、腾讯 QQ 等。至于网民分享自制内容的社交网站，摩洛哥较常使用 Youtube，中国则使用优酷、土豆等。新生代青年群体是未来影响中摩人文交流合作的重要力量，但是两国青年群体因使用不同的新媒介而缺乏交流和互动。

总体而言，相比日韩欧美等国的文化产品和文化传播，中摩民众互相了解的主要渠道如电影、电视、书籍、新媒体、报纸期刊等并不通畅。部分摩洛哥民众获取的大多有关中国的信息都来源于网络，这种信息获得方式一是不全面，二是碎片化的信息甚至可能受到隐形因素或是意识形态的导向性影响。中国现代化面貌和对摩长久以来的人道主义关怀或是经济援助等努力和成效并没有有效地传达给当地民众。

经过几十年的发展，中国面向摩洛哥的国际传播渠道发展较为完整，如平面媒体（在阿拉伯国家发行的阿拉伯语刊物《今日中国》杂志）、广播媒体（中国国际广播电台阿拉伯语和法语广播）、卫星电视媒体（中央电视台阿拉伯语和法语频道），以及网络媒体（新华网、人民网、中国网、中国网络电视台等）。“虽然传播渠道看似完整，但是传播的有效性不高，各种渠道的认知度和关注度并不高，受众规模比较少。”①

三　上层建构和细处落实之间的差距

尽管中摩双方已经意识到人文交流合作在发展两国关系上的重要性，但实际的文化资源和配套政策还远远跟不上，因此常出现已签订的文化合

① 刘欣路：《中阿关系发展中的中国软实力研究》，光明日报出版社 2014 年版，第 91 页。

作协定，由于缺乏具体可行的后续计划，或是两国行政部门间缺乏良好的追踪机制或体制，而很难落实或是计划搁置。

回顾20世纪中叶以来的中摩人文交流合作，双方签订的文化合作协定在内容上都越来越具体和全面。但总体来看，务实做到做好的并不多，如在媒体、宗教、广播影视领域，仅仅是双方代表互访，签订的协议没有取得实际成果，文化交流合作需要投入多，又往往很难在短期看到收益，因此推进的速度缓慢。中摩人文交流合作不能是空中楼阁，需要着眼于具体的事实。分析当下的中摩人文交流合作内容，上层建构和细处落实之间差距仍旧存在。因此，相对于政治、经济方面的密切交往和合作，中摩人文交流则处于一个滞后的状态。

（一）文化中心的创建

2016年1月21日，中摩签署《关于在摩洛哥设立中国文化中心的谅解备忘录》，中国文化中心将成为在摩洛哥传播中国文化的平台，然而中国文化中心的文化产品和文化场所如何规划，才能满足摩洛哥人民追求文化艺术和精神生活的需求，仍需要更加详细的执行方案。

（二）教育合作

在教育领域，学历互认和学分换算是未来中摩教育合作必须要解决的一个问题。资助学生来华留学对中国与留学生来源国的关系有着积极的影响，如何使学成归国的学生利用从中国所学协助政府，或是服务社会，或是从事中摩双边贸易合作，成为拉动摩洛哥经济增长的因素，尚需具体研究和落实。

（三）旅游合作

摩洛哥拥有丰富的旅游资源，旅游业是其三大经济收入来源之一。“近年来，中国每年约有1.1亿人选择去国外旅游，中国旅游市场不容忽视。目前，摩洛哥是中国游客增长率最高的国家，将近60%。”而游客数量的激增确实给摩洛哥带来较大压力，因为旅游业的发展涉及各个配套环节，如旅行社、住宿服务、航空运输、公路运输等，甚至是国家经济模式的改变也会造成影响。摩洛哥的配套资源是否完备，接待能力是否可以满足中摩旅游交流与合作还有待观察。

（四）语言沟通

摩洛哥语言环境颇为多元化，官方语言是阿拉伯语，2011年修宪后，把土著民族柏柏尔人的柏柏尔语也确定为官方语言。法语是通用语言。可是在曾经由西班牙托管的丹吉尔地区，讲西班牙语亦相当普遍，但英语并不通用。此外，摩洛哥还存在急需中文导游的问题，“一名摩旅游行业人士说，目前只能期待旅游联合会和摩洛哥孔子学院联合组织培训，尽快选拔出合格的中文导游。”① 多语问题和语言人才的稀缺会给中国旅游者和投资者带来实际困扰。

（五）经贸合作

中摩人员交流的渠道之一是通过双方经贸往来实现人员流动，然而中摩在经济实力和各类资源方面存在较大的差距，从而容易导致贸易失衡，或是共建项目建设融资困难。长久以来，摩方处于贸易逆差的境况并未有太大改变：2006 年，摩洛哥对中国贸易逆差为 11.5 亿美元；2012 年，摩洛哥对中国贸易逆差为 25.73 亿美元；2013 年，摩洛哥对中国贸易逆差为 27.4 亿美元；2014 年，摩洛哥对中国贸易逆差为 32.1 亿美元；2015 年前 9 个月，摩洛哥对中国贸易逆差为 16.6 亿美元；2016 年，摩洛哥对中国贸易逆差为 25.3 亿美元 。尽管中摩双边贸易总额保持稳定增长，但不足以正确反映或是判断双边关系是健康发展的，今后贸易逆差可能会引起如“反倾销”“增税”“进口限制”等潜在问题和矛盾。

综上，中摩人文交流合作机制建设在既有优势的情况下，也存在着一些问题和挑战。因此，中国必须适应机遇和挑战并存的形势，因势利导，不可过于乐观，只有根据各方面的情况实时评估，注重实地的研究和勘查，不断调整和制定应对之策，才有利于双方人文交流合作的持久推行。

第四节　中摩人文交流合作机制建设的对策建议

一　因“国”制宜：做好国别研究

国别研究，以研究个别的文化，“研究的方法，要合之见其大，必先分之而致其精。欲策将来的进步，自必先了解既往的情形。迎受外来的文

① 潘亮：《摩洛哥对中国公民免签效果显现　游客增多使摩政府发愁》（http://oversea.huanqiu.com/article/2016-12/9840414.html）。

化，亦必有其预备条件，再定其迎距的方针”。[①]

2000 年，我国和非洲国家宣布成立“中非合作论坛”；2004 年，我国和阿拉伯国家联盟成员国宣布成立“中阿合作论坛”。截至目前，上述论坛已发展成为涵盖众多领域、多项机制的对话合作平台，中非和中阿关系得到全面提升和夯实。摩洛哥作为北非的阿拉伯国家，自然包含于上述两项之内，然而无论是中阿还是中非关系研究，涉及领域都广泛复杂，各个具体国家的国情民状、历史文化都有所差别，并且具有不断变化和动态发展的特点。因此，建设中摩人文交流合作机制的路径之一必须是因“国”制宜、一国一策，做好摩洛哥国别研究。现有大框架下的平台、论坛和合作机制，以及中国政府于 2016 年 1 月 13 日发布的《中国对阿拉伯国家政策文件》等，可以成为发展中摩合作关系的基础和推动力，从战略高度提供全局性的规划和指导原则。反之，中摩人文交流合作的经验和创新又能丰富和支撑已形成的机制和平台。

中摩人文交流合作的发展要坚持实事求是的原则，根据研究对象的特点对其进行认知和理解，在实践中不断探索完善。我国学者认为，“客观地看，我国对欧美的西方文化的了解和研究，已有相当的深度和广度，但对世界文明史和当今国际舞台上占据重要地位的阿拉伯、伊斯兰文化，却还知之不多，研究机构和人员的数量、水平都无法与我国对美、欧、日、俄的研究相提并论。”[②] 那么，更遑论对摩洛哥的研究情况，目前关于中国和摩洛哥人文交流领域的研究成果并不多，缺乏系统性介绍和理论探讨，在理论建构的独创性方面仍有欠缺。关于对摩洛哥的研究，则大多停留于对现状的描述，对深层次问题的探讨较少。

做好摩洛哥国别研究，首先需要设立国别研究中心，从而为中摩人文交流合作发展战略、政策措施提供智力支持。目前我国高校共设有 12 个国别研究基地，主要集中在西方国家、日本和俄罗斯，因此从可执行性角度来看，摩洛哥国别研究中心适合设立在开设阿拉伯语专业或法语专业的外语类院校，组织学校教师或研究生参与研究中心的建设，发布摩洛哥社会与文化介绍、中摩交流新闻动态、研究动态和研究成果等信息，组织研

---

① 吕思勉：《吕思勉讲中国文化》，九州出版社 2008 年版，第 7 页。

② 朱威烈：《文明对话与大中东改革》，文明对话国际学术研讨会论文汇编，2005 年 11 月。

究人员进行实地调研，具体内容包括建立门户网站、译介摩洛哥人物传记、译介摩洛哥典籍、关注摩洛哥学者各界的对华政论和学术文章、提供中摩交流资料和数据分析、展示摩洛哥图片和地图、落实中摩典籍互译出版工作，研究中心或研究基地的相关学术成果可以集结成册，编著专门的学术期刊。

其次，开展中摩联合研究项目，摩洛哥国别研究中心可以邀请摩洛哥中国学或是其他领域的专家学者开展联合研究项目，针对一些具体问题进行交流与合作，如研究中摩人文交往的历史遗存和文化传承，挖掘共同的历史文化记忆，研究中摩文化交流与汉语推广、中摩智库交流与合作，探讨中摩高等教育交流合作的相关议题，包括教育政策和教育战略、中摩高等院校的学分认证体系、中摩高等院校的人才培养模式、中摩高等院校优质在线教育资源共建和共享等。目前我国部分高校已经开始这条路径的实践，如北京第二外国语学院已成功举办八届中国—摩洛哥文化与教育交流研讨会①、上海外国语大学与摩哈桑二世大学已成功联合主办四届“丝绸之路的两端：摩洛哥与中国”国际学术研讨会②。2018 年 4 月 26 日至 27 日，摩洛哥哈桑一世大学和中国宁夏大学在摩洛哥马拉喀什共同举办了首届“一带一路”中国・摩洛哥协同发展战略关系国际会议。中摩政府、高校和科研院所、企业界 80 余人参加了此次会议。会议的举办标志着“一带一路”中国・摩洛哥联合研究所正式成立并开展工作。③

通过与国外院校、思想库以及研究机构开展广泛深入的交流合作，密切双方专家学者交流，积极研究建立中阿智库长效交流机制，是我国完善摩洛哥国别研究，以及建设中摩人文交流合作机制的重要渠道。

二 发展以政府为主导的多渠道宽领域合作模式

作为人员互动和精神文化领域的国际交流，人文交流合作的主体十分

① 《中国和摩洛哥推动丝路东西两端文化互鉴》，2014 年 10 月，新华网（http：//news. xinhuanet. com/world/2014-10/27/c_ 1112998324. htm）。

② 分别于 2015 年 11 月 23—25 日和 2017 年 11 月 24 日在摩洛哥卡萨布兰卡、2016 年 12 月 8—9 日和 2018 年 12 月 8 日在上海外国语大学举行。

③ 《首届“一带一路”中国・摩洛哥协同发展战略国际会议在马拉喀什召开》（http：//baijiahao. baidu. com/s？ id = 1598957745690635324&wfr = spider&for = pc）。

广泛。在全球化和信息化时代，当今中摩交往的参与主体、参与方式更加丰富和多元化。鉴于人文交流的战略重要性和在外交活动中越加凸显的作用，人文交流参与主体中中央政府及地方政府应该发挥主导作用，相比一般的人文交流活动，以中央政府为主导的人文交流活动属于人文外交的范畴。近年来，为渐进实现国家软实力和获取国际舆论的支持，我国政府越来越重视人文交流活动在发展国际关系中的作用，如2008年，外交部长杨洁篪在《奥运后的国际形势与外交工作》报告中提出要“大力推进人文外交”；习近平主席在会见他国领导人时也曾多次强调人文交流是发展中国与其他国家友好关系的“重要支柱”“重要驱动力”和“纽带”。

具体而言，中央政府在中摩人文交流合作机制建设中可以做到以下几点：(1) 明确我国对摩人文交流合作的政策理念、战略和基本原则，完善“顶层”文化战略的制度设计，使其更加系统，减少零散和突击式的文化交流传播活动，“加强文化领域知识产权保护，建立和完善文化产业、文化事业和对外文化贸易的相关法律法规体系”①，使中摩人文交流活动在正确的轨道上稳步前行，并且帮助社会组织和广大公众理解和参与其中。(2)“通过政府主导、授权和委托等多种方式，鼓励和支持思想、教育、科学、文化等领域持续性的人员交流、文化传播和思想沟通，以渐进实现国家软实力提升和文明推广等目的的外交活动”，② 如支持学者（包括智库专家、汉学家、青年人才、翻译家等）培养和交流、推广汉语国际教育、拓展校际教育合作的规模、鼓励和支持民间层面的交流活动，并为其创造空间。(3) 协调外交部、文化部、中宣部、中国国际广播电台等从事文化交流的国家机构和国家媒体的力量，发挥统合效应，提高传播效率和灵活度，例如完善外交部驻摩使馆的网站建设，加强驻摩工作人员与当地政要、学者、媒体等涉外接触；鼓励中摩新闻出版机构开展交流与合作，特别是落实古代典籍和现当代文学作品互译和出版推广合作，支持双方出版机构参加在对方国家举办的国际书展；在现有执行计划和合作协议的框架内，鼓励和深化双方在影视广播方面的合作，加快电视剧和电

① 参见中国文化部网站编《文化部“一带一路”文化发展行动计划》（http://www.mcprc.gov.cn/whzx/ggtz/201701/t20170106_475010.html）。

② 赵可金：《人文外交：全球化时代的新外交形态》，《外交评论》2011年第6期。

影的译制工作，加深两国普通民众对彼此的认知和了解。（4）开展爱国主义教育，提升我国公众人文素养，帮助广大民众意识到自身行为在维护国家形象和文明推广进程中的作用。（5）及时追踪反馈，同摩方积极协调和解决实际操作中的问题，缩小上层建构与细处落实之间的差距。例如，协助摩洛哥完善基础设施建设，加大摩洛哥城市在发展国内经济、扩展旅游业务的消化能力；为摩洛哥人才培训和人力资源开发提供适当帮助，尤其是保障语言人才和技术人员的充分供给；支持摩洛哥企业在中国参加各种商业展、国际贸易展，促动双方企业家的交流互访，通过介绍和宣传摩方商品，加大对摩商品的进口力度，促进中摩贸易平衡；加强两国在反恐、防恐等安全领域和司法领域的合作，创造安全有序的外在环境，并使更多的中国企业或是个人了解摩洛哥相关法律法规，减少摩擦和分歧。

中摩人文交流合作路径建设以中央政府为主导，起到传播和提升国家形象的作用，然而中国全貌很难窥见，大多外国民众往往是通过一个或几个地区来了解中国，并且潜意识中会将部分与整体相等同。因此，以行政区划划分的某一个城市和因地理接近而聚合的几个城市集合体区域，可以作为政府主导下的中摩人文交流活动的着力点和突破口，城市与城市之间的人员流动和文化合作是国家开展对外人文交流的辅助，发挥“排头兵”和“主力军”的作用。参考中国国际友好城市联合会的统计数据，目前中摩两国已缔结了9对友好城市关系。

表III－2－1　　　　**中国和摩洛哥缔结友好城市统计**

序号	结好时间	中方城市	摩方城市
1	1985—05—14	昆明市	舍夫沙万市①
2	1986—09—08②	上海市	卡萨布兰卡市③
3	1993—10—15	景德镇市	萨菲市
4	2000—06—29	杭州市	阿加迪尔市

① 舍夫沙万市是最早同中国城市缔结友好关系的摩洛哥城市，位于摩洛哥西北部里弗山区，系摩洛哥历史文化名城，人口3万多，1985年同昆明结为友好城市。中国自1983年起向该市派遣医疗队。

② 参见中国国际广播电台网站编辑《上海市与非洲友城交往大事记》（http：//hausa.cri. cn/other/aminai/05. htm）。

③ 这是上海与非洲国家缔结的第一个友好城市。

续表

序号	结好时间	中方城市	摩方城市
5	2006—01—03	宁夏回族自治区	沙乌亚·乌尔迪加大区
6	2011—11—22	无锡市	非斯市
7	2013—05—20	常熟市	索维拉市
8	2013—10—03	广州市	拉巴特市
9	2015—12—29	成都市	非斯市
10	2019—11—14	西安市	非斯市

资料来源：中国国际友好城市联合会官网（http：//www. cifca. org. cn/Web/YouChengTongJi. aspx）。[①]

借助城市之间自主开展的交往合作，完善地方政府所代表的区域形象建设，通过塑造典型城市，反映区域魅力，形成吸引力和辐射力，不仅将抽象的国家形象细化聚合，而且有利于吸引外资、企业、人才和游客。2016 年 4 月 21 日至 24 日，首届“中国摩洛哥友谊论坛”在摩举办，全国友协及部分友好城市代表团赴摩出席，就经济、文化、旅游等领域的合作进行深入交流。

缔结友好城市有利于双方增进友谊，促进共同发展，推动人员往来，根据双方城市的发展优势，实现优势互补或是切磋进步。2014 年 5 月 8 日，广州市东川路小学管乐团出席第八届拉巴特利雅德艺术节开幕式，并举行了精彩表演[②]。这次活动某种程度得益于广州和拉巴特于 2013 年缔结的友好城市关系，并且成为两市友好的见证。

地方政府须基于自身的历史文化资源和社会发展基础，因地制宜，突出该城市的优势和特色，不过分夸张和捏造，进行“主动的区域形象传播”，即有计划、有步骤地按照区域特色对区域形象进行规划、设计、包装，再按照媒体传播规律和国内外公众的接受心理和习惯进

① 广州市人民政府外事办公室网站编辑：《广州市与摩洛哥拉巴特市建立友好城市关系》（http：//www. gzfao. gov. cn/Item/6445. aspx）；成都市人民政府门户网站编辑：《成都与摩洛哥王国非斯市建立友好城市关系》（http：//www. chengdu. gov. cn/info/00020101/2015/12/30/affb908c682b4b1eb53e92d812abd852info. shtml）。

② 《张进珠临时代办出席拉巴特利雅德艺术节开幕式》（http：//ma. china-embassy. org/chn/whjls/t1154512. htm）。

行有效传播[1]。具体而言，地方政府可以利用重大活动的举办例如承办奥运会、世博会、国际展览会等，快捷、高效地向国际传媒宣传城市形象，使来华的外国友人可以直接体验城市魅力；或是通过缔结友好城市在经贸、文化、教育、旅游、古迹保护和社会问题等领域开展全方位、多层次的交流合作。例如，摩洛哥最古老的皇城非斯，是一千多年来的文化和艺术中心，当地的手工制品、皮革等都是其特色名产，作为其结好城市的中国成都，也是中国历史文化名城，著名古都之一，具有丰富的旅游资源，非斯与成都可以在文化、古迹保护、经贸等领域开展务实合作。

三 推进文化产业和文化贸易的国际化发展

中摩人文交流合作的载体之一在于双方的文化产品和服务，因此大力发展我国的文化产业和文化贸易、加强中摩文化产业合作是扩大中国文化影响力和推动双方人文交流合作的重要举措。观察近年来中国政府发布的诸多报告，可以发现文化建设的重要性越加凸显，如党的十七大报告指出，“在时代的高起点上推动文化内容形式、体制机制、传播手段创新，解放和发展文化生产力，是繁荣文化的必由之路”。[2] 2011 年 10 月，党的十七届六中全会通过《关于深化文化体制改革、推动社会主义文化大发展大繁荣若干重大问题的决定》等。在诸多政策的促进下，近年来，我国文化产业发展迅速，然而在文化产业的整体实力上远不及欧美、日韩国家。中国学者走访摩洛哥家庭，经常可以看到当地家庭正在播放译成阿拉伯语的爆款韩国电视剧，如《来自星星的你》《继承者们》等，摩洛哥青年们在言谈中也表现出对韩流明星们的如数家珍。在摩洛哥穆罕默德五世剧场举办的亚洲文化节上，摩洛哥青年也更加倾向于表演代表韩国和日本的文化形象或文化品牌。

为改变中国文化产业占摩洛哥文化市场份额低的严峻形势，我国可以借鉴日流韩流乃至其他国家的成功经验，积极推进中国文化产业和文化贸易的国际化发展。首先，从国家层面看，我国政府应健全已列入国家战略

---

① 赵启正：《公共外交战略》，海南出版社 2014 年版，第 142 页。

② 《高举中国特色社会主义伟大旗帜　为夺取全面建设小康社会新胜利而奋斗——在中国共产党第十七次全国代表大会上的报告》，2017 年 10 月，新华网（http：//news. xinhuanet. com/newscenter/2007-10/24/content_ 6938568_ 6. htm）。

的文化产业发展战略，修订和完善有关影像、著作权、电影、演出、广播等法律体系和政策规范，为文化产业的发展营造良好的环境；通过税收减免政策、财政奖励支持，以及设立专项基金和名誉奖项等途径，扶持文化产业的发展，包括非商业性基础领域的文化创作、公益性文化事业、创新文化企业和优秀对外文化人才等，减轻发展的负担。

从文化内容看，“推进文化创新，增强文化发展活力”①，加大开发优质文化内容，支持原创文化内容和数字文化内容的开发及制作；为扩大摩洛哥市场，应根据该地区的特点和受众需求加强中国传统文化的复融合，积极同摩洛哥实现文化内容项目的共同制作；挖掘和集中扶持具有潜力和竞争力的优秀文化内容，丰富核心文化产品。

从文化产业发展模式看，应推进中国文化产业的集群化、规模化和品牌化，只有充分利用各方资源，优势互补，才能形成强劲的竞争优势，实现资源的优化配置，提高在摩洛哥市场的竞争力和占有率；在不熟悉摩洛哥文化投资环境和经验缺乏的情况下，中国文化企业可加强与海外文化企业的合作交流，通过注资、合资和代理等方式拓展国外文化市场。此外，文化产业发展的基础建设至关重要，需要加大对优秀文化商品生产和流通的支持，建立先进的流通基础渠道。

四　发挥中国驻摩洛哥文化机构的引领作用

孔子学院、摩洛哥中国文化中心及驻摩洛哥大使馆等是我国对摩文化交流与合作的一号窗口，是推广中国文化的重要平台，中摩人文交流合作机制建设需要发挥好以三者为主体的中国驻摩机构的引领作用。

语言作为文化的载体和积淀，汉语的国际化推广必然将中国文化的影响力在海外不断扩大，因此，孔子学院在中国文化走出去中发挥重要作用，是中外文化交流的重要平台和窗口。近年来，随着中摩友好合作关系不断向前发展，孔子学院也随之发展壮大，我国在摩洛哥已成功建立三所孔院。汉语教学以及中国文化的传播渐渐从数量发展向质量提升的方向转

① 《高举中国特色社会主义伟大旗帜　为夺取全面建设小康社会新胜利而奋斗——在中国共产党第十七次全国代表大会上的报告》，2017 年 10 月，新华网（http：//news. xinhuanet. com/newscenter/2007-10/24/content_ 6938568_ 6. htm）。

变，教学对象不仅仅是对汉语感兴趣的社会人士，将不断向摩洛哥教育体系内部发展，鼓励更多的摩洛哥学生在高考后选择中文专业，以修学分的方式使汉语教学更加规范、更加体系化，从而在将来有机会跻身摩洛哥主流社会和教育系统内，消除当地保守人士对中国语言文化传播的偏见。借助孔子学院的作用，培养一批钟情中华文化、怀有友好情感的摩洛哥本土汉学家，这些汉学家可以更好地向社会各阶层介绍中国历史文化和当代国情民状，用本土语言创作介绍中国文学与历史的作品。中摩学者应协力合作，通过翻译和注解中国优秀文化典籍和文学作品，将中华文明的精华引入摩洛哥，甚至是其他周边国家。

孔院建设在取得成就的同时，亦存在亟待改善的进步空间，例如，实现师资的本土化，改变教师的构成比例；编写适用的教材、练习册和研发网络教学资源；提高三所孔子学院之间的资源共享程度；改善孔院自身的硬件设备；文化宣传推广活动由单一固定的中国传统文化的主题，转向传统文化和现代文化、发展经验兼顾。

2016 年 1 月 21 日，中摩签署《关于在摩洛哥设立中国文化中心的谅解备忘录》，尚处于起步阶段的摩洛哥中国文化中心，应在评估的基础上开展规划工作，将其打造成为面向摩洛哥民众的集娱乐、休闲和阅读等为一体的平台，展示中摩双方的音乐、电影和绘画等。互设文化中心是双边文化关系进一步深化的体现，在双方的努力下，将成为全面构筑中摩文化交流与合作的桥梁。

此外，作为在摩洛哥派驻的常设外交代表机关，中国驻摩洛哥大使馆肩负领事服务，促进两国政治关系，以及促进经济、教育、文化等领域交流合作的重要职责。相较于前文所述的孔子学院、中国文化中心，大使馆的权力范围更大，灵活协调性更高。根据 1961 年通过和订立的《维也纳外交关系公约》的第三条规定，使馆具有“5 + 1”项基本职能，其中前 5 项中包括“观察”和“促进”2 项职能。“观察”职能是指大使馆可以通过一切合法手段调查派驻国情况的职能；“促进”职能是指大使馆具有“促进派遣国与接受国间友好关系，及发展两国间之经济、文化与科学关系”这一基本职务①。因此，中摩人文交流合作机制建设的可行性路径之

① 黄金祺：《〈维也纳外交关系公约〉的特点和意义》，《外交学院学报》2002 年第 2 期。

一是要充分发挥中国驻摩大使馆的作用。从驻摩大使馆的实际工作内容看，大使馆及大使馆文化处切实地履行了其职责，一是为国内的摩洛哥国别研究提供了真实、丰富的信息和数据，二是协调国内机构、孔子学院、摩洛哥华商华侨和摩洛哥当地各界人士、各个机构之间的相互关系，通过“牵线搭桥”，推动、协助两国之间人员往来和文化交流合作活动。2014年9月，摩洛哥大使馆支持旅摩华人华侨商会进行的“求学之路”倡议行动，作为该活动的一部分，于29日共向摩洛哥大卡萨布兰卡地区5所小学贫困学生捐赠书包5000个[①]。2015年5月8日，驻摩洛哥使馆在摩洛哥首都拉巴特“第七艺术”电影院成功举办了“中国电影日”活动，并为当地观众首次带来中法合拍影片《狼图腾》[②]。2015年11月，大使馆协助摩洛哥哈桑二世大学与上海外国语大学，共同举办了第一届“丝绸之路的两端：中国与摩洛哥”国际研讨会等。

五 重视传播媒体的渠道建设和内容建设

当今世界信息技术和网络技术不断发展，社会已是个巨大的舆论场，正如希腊历史学家波里比阿说，“世界上发生的各种事情彼此间没有任何联系。每一种活动仅引起当地人的注意。但自那以后，一切重大事件都开始联结成为一个整体”。

相比传统媒体，互联网具有“无可比拟的突发性、匿名性、互动性与群体极化性等特征，网络成为越来越多的人传播信息、发表言论与抒发情感的主要媒介”。[③] 网络的普及率不断提高，网民规模急剧增长，他们可以随时随地实现文化信息的互换，影响社会生活和社会结构，具有强大的传播功能和舆论影响力。这种网络文化交流具有灵活和宽松的氛围，更容易传递思想和价值观，推动多元文化深度融合。

所以，“当今世界各国已都将网络空间作为继现实物理空间之后的国际文化竞争的又一重要场所”。[④] 在国家政策的大力扶持和资金支持下，

---

① 《驻摩洛哥大使孙树忠出席旅摩华人华侨商会向当地小学生捐赠书包仪式》（http://ma.china-embassy.org/chn/whjls/t1197004.htm）。

② 《驻摩洛哥使馆成功举办中国电影日活动》（http://ma.china-embassy.org/chn/whjls/t1263370.htm）。

③ 陈福集、郑小雪：《面向网络舆情的政府知识管理》，科学出版社2016年版，“绪论”。

④ 张殿军：《当代中国对外文化交流战略》，天津人民出版社2014年版，第229页。

中国已经初步建立起包括传统媒体和网络新媒体在内的国际传播渠道。“2009 年，中国中央电视台海外中心开通了阿拉伯语频道，这一时间恰逢‘七·五’事件的发生，阿拉伯语频道的设立对中国政府传播事实真相起到了重要的作用。”① 中国国际广播电台阿语部、中央电视台海外中心等，对加强中国和摩洛哥人民之间的相互了解发挥了积极作用，有利于中国立场的国际表达。

传播媒体并不局限于中国本国的国际传播渠道，经媒体效果研究证实，“目标国家新闻媒体制作的国际新闻，能够影响该国民众对外国重要性的判断和对外国的好感度”②，可以说，摩洛哥媒体往往是直接影响了当地人民对中国的认识、态度和评价。因此，进一步加强中国和摩洛哥新闻界的交流与合作，运用摩洛哥媒体的力量，向民众释放信息，是一种获得当地民众好感度的有效方式。我国在加强与摩洛哥媒体间的合作上已经作出了积极的努力，1964 年，中国国家外文出版发行事业局在阿拉伯世界开始发行《今日中国》阿拉伯语版。1982 年，阿拉伯摩洛哥通讯社和中国新华社签署中摩文化合作协议③，至今已签署 9 个年度执行计划。

但是总体而言，目前我国建立的传播渠道在摩洛哥的传播效能仍然较低，认知度和影响力不高，无法有效完成推广文化、政策和价值观的预期目标，今后应该用越加踊跃的姿态，通过一定的投送技巧和传播能力，积极反复地利用多种渠道介绍中国的历史、文化和政策。

上文所述的新媒体或是传统媒体是一种重要传播渠道，而积极推动中摩民间及地方交流合作，则是通过人员实践交流实现文化传播的另一种重要渠道。我国政府应该积极鼓励中国和摩洛哥的民间艺术团体或是商业性艺术团体，按照自身需要开展多样化的交流。组织中国的艺术家和团体去摩洛哥摄影、采风和创作，培养懂得摩洛哥文化艺术的中国专家学者。在加强政府交流的同时，推进地方城市与摩洛哥友好城市之间的往来合作，

---

① 闵捷：《中国对阿拉伯世界人文外交的历史回顾及现实挑战》，《阿拉伯世界研究》2011 年第 6 期。

② Wayne Wanta, Guy Golan, and Cheolhan Lee, “Agenda Setting and International News: Media Influence on Public Perceptions of Foreign Nations”, *Journalism & Mass Communication Quarterly*, Vol. 81, No. 2, 2004, pp. 364 – 377.

③ د. عبد الهادي القازي: "بين الصين والمغرب من أقدم العصور إلى اليوم"، شؤون مغربية، العدد الثامن عشر دجنبر 1997، ص15.

鼓励开展符合自身特色的系列专题活动。

最后，传播渠道建设和传播内容建设是有机统一体，不能脱离内容而谈形式。我国在通过文化互动和人员交流传播文化时，应该要考虑受众的信息需求和接受习惯。一味强行地把自己的政治立场与利益取向灌入目标国，必然会适得其反，因为每一个文化圈都有一定数量的文化因素，在其他文化圈传播扩散时，必然出现受众文化圈“维模”[①]机制的阻碍。中国对摩洛哥而言，“是一个文化和地理上均遥远的国度，要向他人讲述中国故事，就要把故事讲得简单、视觉化和贴近生活”。[②]因此在中摩人文交流合作时，应该兼顾传播文化的内容建设，即培育共同的价值观，发掘和塑造共同关心的话题。

六　构建中国公民人文交流的素养和能力

公民在国家外交和促进世界和谐方面具有明显的潜力，互联网产生的新媒体赋予了公众广泛参与外交事务的权利，公众可以通过新媒体表达民意和对国际形势的评议，往往更易取得外国民众和媒体的信任感。此外，中国民众在国内外的具体行为表现也是外国人认知中国的途径之一。但是，要实现民众在对外交往中的积极作用，需要加强公众的文化素养和爱国责任感，只有在政府的有效引导下，培养公众肩负外交任务的意识概念，让公众了解并正确介绍国家政策和国情，才能有效发挥其正面作用。2016 年 5 月，摩洛哥国王穆罕默德六世宣布，将对中国公民实施免签，可以预见，此后到摩洛哥旅游的中国游客数量将与日俱增。中国游客的言行举止将成为摩洛哥民众了解中国的一面镜子，如何加强中国游客的民族责任意识，了解自身在民间交往中扮演的使者角色，以及提升其向摩洛哥民众解读中国国情国策时的公民责任感，都是形成中国“国缘”需要注意的。这种要求不局限于中国游客，甚至延伸至在摩洛哥工作、学习和生活的中国人。

此外，非政府机构如体育机构、研究机构、智囊机构、慈善机构、媒

① 维模（Latency）原理：文化的维模功能是社会文化的基本功能之一。在文化传播中，维模功能使文化圈对外来文化起选择作用和自我保护作用。

② 丁磊：《国家形象及其对国家间行为的影响》，知识产权出版社 2009 年版，第 214 页。

体机构，以及非政府组织如医疗卫生组织、政治组织、工会组织等，都可以发挥对外展示中国国情，解读本国政策的重要作用。社会活动家、宗教领袖、学者、演艺界人士等社会精英同样肩负优化国家的国际舆论环境的重任。只有各方相辅相成，双边关系才能具有发展潜力和广阔的空间，从而形成良好的国际舆论环境和好的“国缘”，增强摩洛哥各界对中国文化的认同感，提升国家软实力。

上述路径旨在通过政府、高校、传媒、智库、利益集团、企业以及普通民众等多元主体，既形成多个相互独立的行动体和舆论中心，又聚合成一支多元对外人文交流合作队伍，发挥合力作用，共同推动中摩人文交流合作机制健康有序地发展。

第三章　摩洛哥的中国观和“一带一路”舆情

中国位于亚洲的东部，摩洛哥位于非洲的西北部。两国虽相距遥远，但友好交往的历史源远流长。摩洛哥的中国观，以及摩洛哥政府与民众的对华认知经历了从模糊到清晰、从神秘到现实的发展过程。21 世纪以来，特别是 2013 年“一带一路”倡议提出以来，摩洛哥在中国外交全局中的地位上升，中国在摩洛哥“多元外交”中的地位也不断提高。[①] 中摩政治、经济、人文交流日益密切，双方领导人在双边和多边领域互动频繁，摩洛哥的中国观也在悄然发生变化；“一带一路”倡议的提出、现代科技进步和新媒体的发展，进一步拉近了两国关系，摩洛哥政府、媒体和民众对中国政治、经济、社会、文化、环境和体育等诸多方面的了解也不断走向深化。

第一节　摩洛哥中国观的历史变迁

摩洛哥对中国的认知是一个动态变化的过程，受 1500 年来双方友好交往历史的深远影响。如前所述，8 世纪，唐朝文官杜环据称是首个踏足非洲的中国人。他曾参与怛罗斯战役，被俘后随团考察非洲各地，并游历了非洲、中亚、西亚诸国，最后把所见所闻辑录成《经行记》；他在《经行记》中介绍了一个名为“摩邻国”的非洲国家，形容当地少有谷物和

① 近年来，摩洛哥政府除保持与美国、法国、西班牙、沙特、阿联酋等传统友好关系外，还与中国、俄罗斯、印度、土耳其、非盟等新兴经济体和发展中国家组织也积极构建新型战略伙伴关系。

植物，马匹主要吃咸鱼，人民都是黑人。“摩邻国”被认为就是今天的摩洛哥。[①]

14 世纪，摩洛哥旅行家伊本·白图泰曾经在中国生活了 3 年多。在其著名的《异域奇游胜览》中，白图泰向世界介绍了神奇、美丽、富饶的中国：“这里是世界上房舍最美好的地区。全境无一寸荒地……沿河两岸皆是花园、村落和田禾。从汉沙至汗八里城，为六十四日程……一路都是田地，生产水果和蔗糖。我在世界各地从未见有如此好的地方。”[②] 几乎同一时期，元朝汪大渊从泉州出海，经过长途跋涉到达今天的摩洛哥，编写了著名的《岛夷志略》，向中国介绍了摩洛哥的异国风情。[③] 在 1000 多年的历史长河中，摩洛哥对中国的印象是物产丰富、文明先进、经济发达、人民友善。

第二次世界大战结束后，亚非民族解放运动风起水涌。中国和摩洛哥同属发展中国家，在追求民族独立过程中彼此相互同情、相互支持。摩洛哥于 1956 年宣布独立建国，周恩来致电摩洛哥政府高层，对摩洛哥独立表示热烈祝贺；当时的摩洛哥对中华人民共和国颇为友好，而周恩来在 1955 年万隆会议的发言也令摩洛哥人欢欣鼓舞，印象深刻。[④] 1958 年，摩洛哥与中华人民共和国建立外交关系。尽管受西方制裁中国、摩洛哥与美国特殊关系、中国支持阿尔及利亚民族解放运动的负面影响，但除“文化大革命”特殊时期外，摩洛哥政府长期赞赏中国支持非洲和阿拉伯民族独立运动国家的正义立场，反对西方污蔑中国是“激进”“革命”和“暴力”的代名词。20 世纪 70 年代末，随着中国对外开放的步伐不断加快，中国与西方关系得到改善，中摩也开启了经济为先、互利共赢、友好交往的新征程，“改革开放”“锐意进取”“务实友好”成为改革开放时期摩洛哥对中国的新评价。

如前所述，摩洛哥既是阿拉伯国家，又是非洲国家；21 世纪以来既是“中阿合作论坛”机制又是“中非合作论坛”机制的参与方和建设者。

① 参见郭晔旻《怛罗斯战役与造纸术西传杜环：第一个踏足非洲的中国人》，《国家人文历史》2014 年第 13 期。

② 邱树森：《摩洛哥旅行家伊本·白图泰的中国之行》，《历史教学》2001 年第 5 期。

③ 孙树忠：《中摩友好，从不朽记忆中走来》，《人民日报》2014 年 11 月 26 日第 3 版。

④ 陈敦德：《探路在 1964：周恩来飞往非洲》，解放军文艺出版社 2007 年版，第 24 页。

2000年“中非合作论坛”以及2004年“中阿合作论坛”成立以来，中摩双边和多边合作机制化建设取得了丰硕成果，外交部西亚北非司和非洲司、国家发改委能源局、财政部行政政法司、商务部西亚非洲司、文化部外联局、贸促会国际联络部、国务院新闻办二局、对外友协亚非工作部等国内各职能部门的工作得到了统筹，中国给摩洛哥留下了“不断走向世界舞台中央”“勇于担当国际责任”“坚定奉行多边主义”“积极构建人类命运共同体”的积极形象。

20世纪末以来，摩洛哥与中国友好关系不断加强，双方高层互访频繁。中方出访摩洛哥的重要领导人有：江泽民主席（1999年）、朱镕基总理（2002年）、吴邦国委员长（2005年）、胡锦涛主席（2006年）、中共中央政治局常委李长春（2008年）、温家宝总理（2012年）、全国政协主席俞正声（2014年）等。摩方重要访华官员有：穆罕默德六世国王（2002年、2016年国事访问、2008年私人访问、2015年、2018年私人访问中国香港）、杰图首相（2006年）、众议长拉迪（2010年）、参议长本希马（2017年）。[①]

2016年5月11—12日，摩洛哥国王穆罕默德六世访华属于标志性事件，两国宣布建立战略伙伴关系。中摩共建“一带一路”成为双方重要共识，摩洛哥政府、媒体和民众对华了解也日益走向深入。中国银行等大型国有银行在摩洛哥设立分部；中国港口企业如招商局港口参与摩洛哥卡萨布兰卡等港口的建设和运营；中资企业参与卡萨布兰卡科技城建设。2018年9月5日，国家主席习近平在北京会见摩洛哥首相欧斯曼尼时指出，中摩交往源远流长，早在14世纪，摩洛哥著名旅行家伊本·白图泰就来到中国，沟通了中国与非洲和阿拉伯世界的联系。2018年是中摩建交60周年，中方愿以此为新起点，同摩方一道努力，推动中摩战略伙伴关系取得新的、更大发展。中方将一如既往地坚定支持摩方维护国家稳定、实现经济社会发展的努力，视摩方为共建“一带一路”的重要合作伙伴。双方要在重大国际和地区问题上加强沟通和协调，维护两国和发展中国家共同利益。[②]

---

① 中华人民共和国外交部：《中国同摩洛哥的关系》（https：//www. fmprc. gov. cn/web/gjhdq_676201/gj_ 676203/fz_ 677316/1206_ 678212/sbgx_ 678216/t359843. shtml）。

② 中阿合作论坛：《习近平会见摩洛哥首相欧斯曼尼》（http：//www. chinaarabcf. org/chn/zyhd/t1592523. htm）。

新时期，摩洛哥认为中国是工业发达、技术先进、人民勤劳、敢于创新的新兴发展中大国。例如，摩洛哥被称为“北非花园”，但是石油和天然气等能源匮乏，电力需要从欧洲进口。如前所述，从 2015 年起，中国电建集团下属的山东电建三公司在瓦尔扎扎特承建努奥光热电站项目二期和三期工程。努奥光热电站项目是目前全球规模最大的光热电站项目。二期工程槽式光热电站现已进入商业运行，三期塔式光热电站也于近日顺利实现首次并网目标。摩洛哥国王穆罕默德六世还亲自考察光热电站项目，并给予高度评价。待项目完全建成后，努奥光热电站将为超过 100 万的摩洛哥家庭提供清洁能源，还可以把富余的电能出口到欧洲。①

摩洛哥还认为，中国和摩洛哥的人文交流也不断登上新的台阶，如 2016 年摩洛哥在阿拉伯国家中率先实现对华所有公民免签，近年来中国赴摩洛哥旅游的中国游客成倍增长，2018 年共有约 18 万人次中国游客赴摩洛哥旅游，较 2017 年增长 52.5%，而在 2016 年对中国公民实施免签前，摩洛哥年均接待中国游客不到 2 万人次。② 人文交流的增加使摩洛哥对中国的了解更加全面和充分；上海外国语大学等在摩洛哥哈桑二世大学、穆罕默德五世大学和阿卜杜勒 – 马立克·艾萨阿迪大学三所高校设立孔子学院，进一步改善了中国在摩洛哥的形象。③

第二节 摩洛哥媒体对华报道与新时期摩洛哥的中国观

摩洛哥媒体发达，主流媒体大多为法语或者阿拉伯语，包括《新贵论坛报》（*La nouvelle tribune*）、摩洛哥新闻社（*Agence Marocaine de Presse*）、Al Bayane、《摩洛哥新闻》（*Al Ahdath Al Maghribia*）、Lemag. ma、《经济生活报》（*La Vie Eco*）、《晨报》（*Le Matin*）、《解放报》（*Liberation*）和 H24 9 家。其中《晨报》被认为是摩洛哥最可信、最可靠的报纸；摩洛哥新闻

---

① 陈斌杰：《中国建设者助力摩洛哥能源结构调整》（http：//www. scio. gov. cn/31773/35507/35513/35521/Document/1636806/1636806. htm）。

② 新华网：《摩洛哥 2018 年吸引中国游客人数大增五成》（http：//www. xinhuanet. com/world/2019-02/15/c_ 1124121494. htm）。

③ 摩洛哥哈桑二世大学、穆罕默德五世大学已开设中文系。

社是摩洛哥第二大报纸；*Al Bayane* 是摩洛哥报纸中报道较为生动活泼的一种。近年来摩洛哥媒体对华报道数量较多，尤其对中国政治、经济、社会和文化的报道不断增加。本节基于 Factivia 数据库，对 2011—2016 年摩洛哥上述 9 家媒体的涉华报道的数量、态度立场（正面、中性与负面）进行统计分析，以考察新时期摩洛哥的中国观。

一　报道数量

统计显示，2011 年 1 月至 2016 年 12 月，摩洛哥上述 9 家主流媒体对华报道总篇数为 385 篇，其中 56 篇属于社论，占 14.54%；329 篇属于新闻报道，占 85.45%。在这些涉华报道中，76 篇是阿拉伯文，其余为法文。摩洛哥涉华报道的数量呈逐年增加的趋势，如 2011 年为 11 篇，2012 年为 27 篇，2013 年为 30 篇，2014 年为 45 篇，2015 年为 83 篇，2016 年为 133 篇。

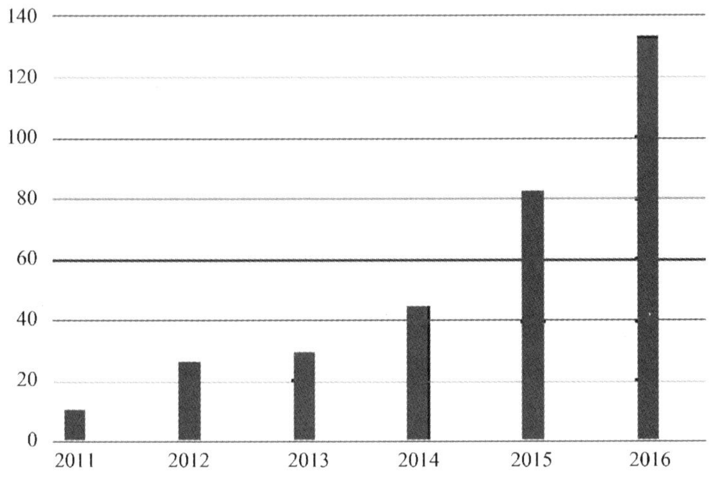

图 III－3－1　摩洛哥主流媒体涉华报道数量的增加（2011—2016 年）

在摩洛哥主流媒体中，由于各家报纸定位和读者群不同，摩洛哥对中国问题以及中摩关系的关注程度不同，其对华报道的数量也不一样。《新贵论坛报》涉华报道的数量最多，达 224 篇，其中社论 28 篇，新闻报道 196 篇。《经济生活报》涉华报道 28 篇，其中社论 5 篇，新闻报道 23 篇。

摩洛哥新闻社涉华报道26篇，其中社论7篇，新闻报道19篇。*Al Bayane* 涉华报道也是26篇，其中社论10篇，新闻报道16篇。

表III－3－1 摩洛哥9家媒体涉华报道（社论与新闻报道）数量对比

Newspaper	Number of Articles	Percent	Editorials	Percent	News	Percent
La nouvelle tribune	224	58.10	28	50.00	196	59.57
La Vie Eco	28	7.34	5	8.92	23	6.99
Agenoe Mar ocainede Presse	26	6.75	7	12.50	19	5.77
Al Bayane	26	6.75	10	17.85	16	4.86
Lemag. ma	25	6.49	2	4.00	23	6.99
Al Ahdath Al Maghribia	22	5.71	2	3.57	20	6.07
Le Matin	18	4.67	1	1.78	17	5.16
H24	10	2.59	1	1.78	9	2.73
Liberation	6	1.55	0	0	6	1.82

二 报道内容

从摩洛哥主流媒体对华报道的329篇内容来看，关于政治议题的报道共98篇，占24.01%；经济类议题93篇，占23.40%，包括中国的产业发展、宏观经济、货币与金融等内容；社会类议题45篇，占13.06%；文化类议题24篇，占7.29%；科技类议题17篇，占5.16%；体育类13篇，占2.73%。由此可见，摩洛哥政府、民众和社会对中国政治、经济的关注程度最高，尤其对中国政治发展、经济政策、经济改革等关注度比较高，尤其是有关中国“一带一路”倡议和摩洛哥与中国政治经济关系的议题，更受关注；其次是文化、社会和体育等议题。

表III－3－2 摩洛哥主流媒体涉华报道的内容分类表

类型	报道篇数	占总篇数百分比（%）	平均报道长度（单词）
政治	98	24.01	480.40
经济	93	23.40	493.25

续表

类型	报道篇数	占总篇数百分比（%）	平均报道长度（单词）
社会	45	13.06	473.46
体育	13	2.73	480.11
科技	17	5.16	464.41
灾害	21	6.38	437.57
文化	24	7.29	342.85
环境	18	4.55	342.13

需要指出的是，2011—2016 年，摩洛哥主流媒体以社论的形式评价中国的篇数越来越多。在总共 56 篇涉华社论中，21 篇关于中国经济，占 30.35%；21 篇关于中国文化，占 12.5%；13 篇关于中国政治，占 16.01%；4 篇关于中国社会，占 7.14%；关于中国科技和环境议题的社论各 1 篇，分别占 1.78%；社论中没有关于灾害和体育的涉华内容。

三　报道立场

摩洛哥政府和民众对华总体评价积极，尤其是主流媒体对华报道总体上克服了西方主流媒体对华恶意抹黑和偏见，大多报道中国积极正面的形象。在总共 329 篇涉华报道中，131 篇属于正面评价，占 39.51%；102 篇属于中性评价，占 31.00%；96 篇属于负面评价，占 29.00%。2011—2016 年共 6 年当中，2012 年摩洛哥对华负面评价最突出，主要是涉及中国的环境问题；2015 年摩洛哥对华报道偏负面，而 2016 年受摩洛哥国王穆罕默德六世访华这一重大事件的影响，又趋于正面。

从表 III－3－3 可以看出，摩洛哥涉华媒体报道的立场涉及经济、政治、体育、社会、科技、灾害、文化、环境共 8 个议题。摩洛哥对中国文化的积极评价指数最高，达 0.65，其次是中国政治，高达 0.32，表明摩洛哥主流媒体对中国政治制度和对外政策的认可度远远高于社会、科技和自然灾害等领域。摩洛哥对中国政治的高认可度成为中摩共建“一带一路”、构建战略伙伴关系的重要基础。

表 III－3－3 摩洛哥主流媒体涉华报道的立场分析

议题	2011	2012	2013	2014	2015	2016	平均值
经济	0.50	－0.14	－0.25	－0.16	－0.20	0.17	－0.01
政治	0.66	0.13	0.55	0.15	0.05	0.38	0.32
体育	—	0	0	1.00	0.33	0.16	0.29
社会	1.00	－1.00	－0.85	－0.33	－0.71	0.11	－0.29
科技	－1.00	－0.33	0.14	0	0	—	－0.23
灾害	0	—	－0.50	－0.50	－0.55	－0.87	－0.40
文化	0.25	1.00	1.00	0	1.00	0.66	0.65
环境	—	—	1.00	—	－0.57	0.44	0.29
平均值	1.41	－0.34	1.09	0.16	－0.65	1.05	0.26

注：正数代表“正面”；负数代表“负面”；0 代表“中性”。

第三节 摩洛哥对“一带一路”的认知

如前所述，摩洛哥既是地中海国家，又是大西洋国家；既是阿盟成员国，又是非盟成员国，成为沟通大西洋与地中海、非洲与欧洲、海上与陆上交通要道的关键国家，是“一带一路”在中东、地中海和非洲推进的战略支点。2019 年摩洛哥经济总量在非洲排名第六（在尼日利亚、埃及、南非、阿尔及利亚和安哥拉之后），北非排名第三。磷酸盐出口、旅游业、侨汇是摩经济主要支柱。2010 年，摩洛哥同欧盟建立自由贸易区。2014 年启动“2020 工业加速发展计划”与“一带一路”倡议和理念高度契合。

近年来，中阿全方位交流日益频繁，“一带一路”在阿拉伯世界逐渐深入人心，摩洛哥民众对发展中阿关系期望值很高。2016 年第七届中阿合作论坛部长级会议在多哈成功召开；2016 年 9 月“中阿汉语翻译联合培养项目”在上海外国语大学启动；2017 年 4 月中国作为主宾国参加阿布扎比国际书展；2017 年 5 月中国—阿拉伯国家合作论坛第十四次高官会在北京成功召开；2017 年 5 月“中阿改革发展研究中心”在上海外国语大学揭牌并迎来第一批 20 余位阿拉伯学员；2017 年 5 月中阿关系研讨会暨“西行万里——阿拉伯风情摄影展”在北京外国语大学举行；2017 年 6 月首届中阿北斗合作论坛在上海召开；2017 年 7 月“中阿文明对话暨去极端化圆桌会议”在成都召开；2017 年 9 月首届中阿农业合作论坛在银川召开；2017 年 9 月第二届中阿妇女论坛在北京召开；2017 年 11 月中阿友好协会联合会会议（民间交流）在苏丹首都喀土穆召开；2018 年 7 月，中阿合作论坛第八届部长级会议在北京召开。[①] 由此可见，中阿合作论坛的机制化建设正在稳步推进，“一带一路”建设已成为中摩交流的重要“名片”。

此外，摩洛哥媒体高度评价“一带一路”建设在摩合作项目，如“穆罕默德六世大桥”、摩洛哥北部新一代战略项目、港口、光伏发电项目等。2017 年，摩洛哥外交大臣布里达访华期间，与中方签署共同推进“一带一路”谅解备忘录，摩洛哥成为首个签署该文件的马格里布国家[②]，在摩洛哥国内也受到广泛关注。

第一，摩洛哥学者高度重视中国提出的“一带一路”倡议，认为它是中国为国际社会提供的走向共同富裕的“公共产品”。同其他阿拉伯国家一样，摩洛哥认为中国作为发展中大国，希望通过“一带一路”为国际社会提供公共产品，这个公共产品的目标，一是走向富裕，二是保持稳定。“一带一路”是综合性的工程，是联系国际经济与国内经济的纽带，需要各国共同合作，分工明确，承担各自的任务，但又保证整个集体的完整性。无论是陆上、海上还是空中交通，互联互通都是关键。“一带一路”不分“中心区”“核心区”与“边缘区”。

第二，摩洛哥政府和民众普遍认可中国“以发展为首要”的治国理政经验。中国是世界大国之一，世界第二大经济体。中国现在有很多富余的优势产能和劳动力，因此需要扩大市场、对外开放，推动了“一带一路”建设。中国希望在“一带一路”倡议下，帮助其他国家建立公司，开展互利合作，加大资金投入。中国的治理经验不同于西方霸权主义——中国不干涉他国内政，而是帮助这些国家一起发展，民生是最大的政治。阿拉伯世界对于中国来说是个大市场，中国的“一带一路”倡议可以改变西方所主导的经济体系，阿拉伯国家也希望在中国的帮助下共建国际政

---

① 上海外国语大学中东研究所、中阿合作论坛研究中心：《共建“一带一路”，推动中阿集体合作站上新起点——“中国—阿拉伯国家合作论坛”成就与展望》，2018 年，第 22 页。

② 陈斌杰：《专访：中非合作论坛北京峰会将成为中非合作的加速器——访中国驻摩洛哥大使李立》（http：//www. xinhuanet. com/world/2018-08/25/c_ 1123328025. htm）。

治经济新秩序。

第三，摩洛哥认为，中国“尊重他国”“不干涉内政”原则有助于“一带一路”倡议的实施。中国政府对中东转型国家重建的态度是积极的。中国尊重每一个国家、每一个民族，中国希望中东地区所有国家都能在和平的环境下发展。中国政府不打代理人战争，却愿意同阿拉伯各国合作，努力把基础设施搞上去。中国改革开放的总设计师邓小平说过，“发展才是硬道理”，这句话在摩洛哥深入人心。发展是基础，没有发展，社会稳定问题解决不了。中国作为联合国安理会常任理事国，积极参与中东安全与发展事务，帮助阿拉伯国家实现“联合国2030可持续发展议程”设定的目标。

第四，摩洛哥和其他阿拉伯国家学者认为，中国有“一带一路”倡议，也有两个“百年奋斗目标”；阿拉伯国家也有各自的发展战略。如沙特的“2030愿景”，埃及的“经济振兴计划”，阿联酋的“2030工业发展战略”等。这些都是综合性政治、经济、社会发展战略，其目标是保持社会稳定，实现经济发展。摩洛哥近年来也制定了一系列产业发展规划，如2030年摩洛哥港口发展规划[①]、2030年能源发展规划、2020年旅游业发展规划、2020年绿色农业摩洛哥计划、2017—2021年食品工业发展规划等。

2014年，为促进经济发展，摩提出了2014—2020加速工业发展战略，目标是到2020年工业产值占国内生产总值的比例从2014年的14%增长到23%，创造50万个就业岗位。摩将通过吸引外资，加快发展新兴的汽车工业、航空工业，推动家电、电子、农产品加工、新能源产业投资，提升纺织服装业水平。[②] 根据《摩洛哥离岸行业2020年发展规划》，到2020年，该行业的直接就业岗位增加6万个，用于出口的营业额增加180亿迪拉姆，并吸引投资15亿迪拉姆。上述离岸行业包括客户关系管理（CRM）、业务流程外包（BPO）、离岸信息技术外包（ITO）、工程服务外包（ESO）和知识流程服务外包（KPO）。[③]

① 张玉友：《中国参与摩洛哥港口建设的前景与风险》，《当代世界》2017年第6期。

② 中华人民共和国驻摩洛哥王国大使馆经济商务处：《中国和摩洛哥建立战略伙伴关系，合作将提速》（http://ma.mofcom.gov.cn/article/about/greeting/201608/20160801375413.shtml）。

③ 中华人民共和国商务部：《摩洛哥离岸行业2020年发展规划》（http://www.mofcom.gov.cn/article/i/jyjl/k/201605/20160501320135.shtml）。

对于当今这个多元文化、多元国际关系的世界来说，中摩双方都希望能实现双赢和多赢的合作目标。摩洛哥虽然石油与天然气资源匮乏，但磷酸盐储量丰富，有自己的发展议程，也都自身发展的局限性和短板，只有通过“一带一路”建设，才能实现可持续发展。

第四节 摩洛哥“一带一路”舆情与中摩未来努力方向

2017年11月17日，中国外交部长王毅在北京同摩洛哥外交与国际合作大臣布里达举行会谈，两国外长共同签署《中华人民共和国政府与摩洛哥王国政府关于共同推进丝绸之路经济带和21世纪海上丝绸之路的谅解备忘录》。尽管两国共建“一带一路”的顶层设计已经完成，但是“一带一路”倡议在摩洛哥的具体规划、领域规划还不完善，亟须解决的问题在于双方的需求还不明朗，发展战略对接还停留在宣传层面。需要把理念转化为现实，必须要有项目来支撑，包括项目、职能部门的对接，这需要双方在今后几年里不断努力和完善。摩洛哥是中国与欧洲、非洲和中东贸易的中转站。

第一，摩洛哥学者也有人认为，中摩在战略对接层面有些具体问题需要解决。首先，中摩经济合作主要集中在商品销售、基建、高速公路等重大基建合作方面，但在一些具体的工业领域，这种合作仍比较薄弱，而美国、西班牙、法国都已在阿有大规模的投资。每个阿拉伯国家情况不同，需求不同，所以合作项目需更有针对性。中国在阿拉伯国家工业化方面虽取得重要成果，但很多资源有待开发，如阿方急需太阳能，希望中方能在阿拉伯世界多开设太阳能企业。其次，摩洛哥沟通欧亚非等世界性市场，中国产品可以此作为转口基地，但是与本地产品形成竞争关系，对当地的市场冲击很大。最后，中国制造的商品不少物美价廉，关键是没有在当地找到好的适合的合作伙伴。某些中国的产品价格低，质量良莠不齐，影响了中国在摩洛哥出口商品的形象。

第二，中摩双方还需要建立专门的机构来讨论双边和多边合作项目与具体实施方案。例如，苏丹成立了最高委员会，专门从事与中国的合作项目，这个机构的会长由苏丹总统亲自担任；沙特则由王储穆罕默德·本·

萨勒曼亲自担任；埃及由总统和总理亲自担任。不仅在苏丹和阿尔及利亚，在其他阿拉伯国家也有类似的机构。摩方欲与中方合作，但具体联系单位不详。苏丹最高委员会响应中国“一带一路”建设的号召，现已启动203个项目，包括为中方免费使用土地，并建立两幢大楼，专门用于中非合作，定期举办中苏高级别委员会会议。2016年签订的《中国和摩洛哥关于建立两国战略伙伴关系的联合声明》指出：“摩洛哥王国对习近平主席阁下提出的建设丝绸之路经济带和21世纪海上丝绸之路的倡议表示赞赏，愿积极参与推动和丰富这一重大合作倡议。”① 中摩尚未像中国和苏丹、中国与埃及那样建立高级别委员会以落实双方合作谈判的结果。

第三，中摩共建“一带一路”还需要改变“官方热、民间冷”“经济热、人文冷”的局面。在共建文化“一带一路”过程中，中国和摩洛哥仍有进一步提升合作水平的空间。要促进中阿民心相通，必须着眼于共同的历史记忆与文化遗产，如联合制作关于古代丝绸之路的中阿电视节目和纪录片，使年轻人对中阿友好交往史和彼此文化有更深的理解。中国政府近年来给阿拉伯世界的留学生提供了更多的奖学金，但即使如此，来自摩洛哥的留学生数量仍未达到预期数量，大部分学生仍选择去欧美留学。

中阿都是古老的文明，都有丰富的文化遗产，这将成为双方交流合作的宝贵资源。“一带一路”倡议提出加强中阿民心相通以来，近几年中阿之间的人文交流日益频繁，中阿合作论坛在增强中阿人文交流中发挥重要作用。希望通过民间和青年之间的交流，共同应对全球挑战；还应加强在社会、科学、文化和教育等人文方面的深度合作，包括教育、典籍互译和媒体合作。

第四，中摩教育交流需进一步加强。阿拉伯国家青年从阿拉伯世界来华，需花费很长时间，多数阿拉伯国家学生会选择去欧美求学，包括选择地理距离比较近的英、法、西班牙和意大利等国家。但如果中国的中文教学项目落户阿拉伯世界，阿拉伯青年就可以在国内或阿拉伯世界学习中文，这样就更便利。虽然穆罕默德五世大学、哈桑二世大学有中文系，但仍供不应求，应在阿拉伯国家多设立一些中国文化中心和中文系。

---

① 新华网：《中国和摩洛哥关于建立两国战略伙伴关系的联合声明》（http：//www. xinhuanet. com//politics/2016-05/11/c_ 1118849465. htm）。

以摩洛哥高等教育为例，该国人文学院目前的专业设置更多集中在欧洲文化、美国文化等领域。摩洛哥有法国文化中心，当地人就在该中心学习法语。中国文化对于摩洛哥人而言是陌生的。摩方希望中方能够大力推进在摩中文教育。在摩洛哥，外语是高中选修课程，大部分学生选英法德等语言，却不会选择中文，多数大学的文学专业的学生会选择希伯来语或法语。中国已在三个摩洛哥城市成立了孔子学院，但对中文学习的需求仍不能满足。[①] 摩洛哥已先后开设三家孔子学院，分别是位于首都拉巴特的穆罕默德五世大学孔子学院、地处经济中心卡萨布兰卡的哈桑二世大学孔子学院、丹吉尔阿卜杜勒－马立克·艾萨阿迪大学。与此同时，2017 年 2 月，哈桑二世大学继穆罕默德五世大学之后也开设了中文专业，旨在为摩洛哥培养更多高等汉语专业人才。[②]

第五，双方经典著作的互译需进一步机制化。翻译与人文交流、学术交流是比经贸往来更重要的民心工程。中阿之间的经典互译工作最初是从回族开始的。中国穆斯林在历史上曾为中阿文明之间的交往作出了重要贡献。毫无疑问，早期中阿之间的翻译工作是一项十分艰巨的任务。回族人马坚翻译的《古兰经》作为典范，见证了伊斯兰教在中国传播的历史。

近年来，随着中国文化“走出去”步伐加快，中国阿拉伯语学界在翻译阿拉伯典籍上所做的贡献值得赞赏，许多著名的阿拉伯文学作品都被翻译成了中文，例如纳吉布·马哈福兹、纪伯伦的文学作品等。阿拉伯国家也有一定数量的中文学习者，但对翻译中国典籍的热情不足。尽管中国每年都会向阿拉伯国家提供部分翻译成阿拉伯文的中文作品，但在阿拉伯国家，这些作品影响范围有限，销路也不畅；上海外国语大学王有勇教授翻译的《荀子》深受阿拉伯国家读者喜爱，但同类译作仍然不多。未来会有更多学习中文的阿拉伯学生投入翻译事业，使阿拉伯大众能够阅读更多的中文作品，从中领会中国的治国理政智慧和人文精神。随着需求不断增加，中阿之间有望建立一个合作翻译网络，整合已完成的互译作品，通过互荐机制推进中阿典籍的互译工作。

---

① 孙德刚、马雨欣：《阿拉伯人如何看待“一带一路”——基于对阿拉伯学者的采访分析》，《对外传播》2018 年第 6 期。

② 新华社：《摩洛哥第三所孔子学院正式揭牌》（http：//www. xinhuanet. com//world/2017-03/29/c_ 1120717243. htm）。

第六，中摩媒体交流需再上一个新台阶。新闻传播在加深中阿民间交往中发挥重要作用，让摩洛哥人通过电视媒体看到新时代中国的进步。向摩洛哥等阿拉伯国家开放部分中国电视节目有助于中国对外宣传。但同时，中国电视台、中国节目也应该为阿拉伯国家观众提供使用阿拉伯语的电视节目，包括介绍中国的内政外交、中国的观点、中国现代生活方式和微信等社交手段等。中阿电视媒体和新媒体之间应加强合作，尤其是央视阿语频道与阿方的官方媒体间的合作可以进一步提升。还需要加强报纸、出版物之间的合作，专门设立有关中阿媒体合作交流的板块，打造“中阿媒体合作论坛”，讨论中阿共同关心的议题。

目前，央视阿拉伯语频道在阿拉伯世界收视率较高，成为中外媒体沟通和人文交流不可或缺的载体。自 2007—2008 年以来，央视阿语频道在促进中阿人文交流方面发挥了重要作用，阿拉伯民众足不出户都能通过电视频道或网络收看，了解中国大事。

中摩媒体合作不是单向的，而是互动的，中摩媒体还需要挖掘对方文化、文明和社会中的闪光点，从而产生共鸣，真正起到正面引导作用。不少阿拉伯世界学者发现，中国人眼中的阿拉伯世界有两种：一种是“动荡、冲突和战争”；一种是“富裕、石油和土豪”。而阿拉伯人眼中的中国则是廉价低质商品的出口国，甚至还停留在每个人都会功夫的碎片化印象中。所以，双方都应该努力报道对方的真实情况，中国并非之前的单一形象，摩洛哥也拥有自身独特的文化和文明。中阿之间还有不少相互认知的误区，甚至完全被西方的媒体所左右，渲染“中国威胁论”和“伊斯兰威胁论”，给中阿民众留下扭曲的中阿印象。

摩洛哥的中国观和“一带一路”建设在摩洛哥的深入推进息息相关，摩洛哥媒体对华报道中，涉及“一带一路”建设的内容较多，可以说“一带一路”建设已经成为中国在摩洛哥塑造“充满活力”“敢于创新”“多边主义”“构建人类命运共同体”等积极形象的最靓丽“名片”。

2014 年 11 月，摩政府在北京召开中摩经贸论坛，摩外交与合作大臣梅祖阿尔、经济与财政大臣布赛德、农业与海洋渔业大臣阿赫努什等大臣，中国国际贸易促进委员会副会长于平出席。2017 年 6 月，中摩能源合作执委会首次会议在摩召开。近年来，中摩经贸合作进一步发展，双边贸易稳定增长。2017 年双边贸易额为 38. 26 亿美元，同比增长 5. 5%，其中中方出口额为 31.76 亿美元，同比增长 3.2%，进口额为 6.5 亿美元，同比增长 17.4%。[①] 随着“一带一路”建设的推进，中阿政治、经贸和人文交流成为三大支柱，中国在摩洛哥的国家形象正在不断改善。今后，围绕“一带一路”建设项目的落地与推进，围绕中摩产能合作，中国对摩洛哥的战略传播需注意以下两点。

第一，高度重视中摩“民心相通”。中国目前在“一带一路”建设方面的推广以经济为主，经济上的“一带一路”是有形的，互利共赢是关键；文化上的“一带一路”是无形的，民心相通是关键。除了“经济丝绸之路”外，中国还应重视建设“文化丝绸之路”，与阿拉伯国家共建文化“一带一路”。无论是摩洛哥旅行家伊本·白图泰，还是中国航海家郑和，以及今天的义乌阿拉伯商人和迪拜 30 万中国人，都是“文化丝绸之路”的友好使者。中国有 60 多所公办和民办高校开设了阿拉伯语课程，中国在埃及、摩洛哥等越来越多的高校开设中文系和孔子学院及孔子课堂，促进了中阿之间的文化传播，推动了中阿民间交流和“文化丝绸之路”建设。

第二，注意“丝路精神”在摩洛哥的宣传。目前中国政府门户网站都有关于“一带一路”的介绍和宣传，甚至还建立了“一带一路”专门网站，但中国官方媒体在宣介“一带一路”时，配的地图只标了两条线，一条线是：中国新疆—中亚—伊朗—土耳其—俄罗斯—欧洲；另一条线是：东南亚—南亚—红海—地中海—南欧，包括摩洛哥在内的整个阿拉伯世界除了埃及外，既不在“一带”上，也不在“一路”上。建议中国政府门户网站今后在“一带一路”配图时，最好用“一带一路”网状图，体现出“丝路精神”的包容性、合作性与非对抗性，把“一带一路”沿线 60 多个国家主要城市全部串起来，避免有些摩洛哥人担心自己不在“一带一路”上，从而产生不必要的疑虑。

总之，中东国家国情不同，需求也不一样，必须根据每个国家的具体情况实施。摩洛哥石油和天然气资源匮乏，但是磷矿储量世界第一，且具有发展渔业的独特优势，航运业和港口发达，具有发展工业、高科技和现

---

① 中华人民共和国外交部：《中国同摩洛哥的关系》（https：//www.fmprc.gov.cn/web/gjhdq_676201/gj_676203/fz_677316/1206_678212/sbgx_678216/t359843.shtml）。

代农业的潜力。摩洛哥是中东地区唯一既属于地中海国家、又属于大西洋国家的成员，地理位置优越，海上贸易线畅通，对华友好度高，对“一带一路”建设认可程度和参与程度均较高。正如中国驻摩洛哥大使李立所指出的，未来中摩两国围绕“一带一路”建设开展经贸合作潜力巨大。摩洛哥汽车、航空、纺织等产业都在进入新的发展阶段，随着摩洛哥工业的加速发展，两国贸易的产品结构也将发生进一步变化。据摩洛哥国家旅游局中国代表处统计，2017 年中国赴摩游客数量近 12 万人次，而仅 2018 年 1—5 月，中国赴摩游客数量已达到 10 万人次，[①] 2018 年全年中国游客达 18 万人次。只要双方本着互利共赢的原则，“一带一路”必将给中摩实现“五通”带来巨大红利。

---

① 陈斌杰：《中非合作论坛北京峰会将成为中非合作的加速器——访中国驻摩洛哥大使李立》（http：//www. xinhuanet. com/world/2018-08/25/c_ 1123328025. htm）。

第四章　“一带一路”与中摩战略关系

摩洛哥与中国于1958年11月建立了外交关系。两国在诸多问题上一直保持一致立场，包括领土完整问题，如摩洛哥坚定奉行“一个中国”原则。此外，两国都坚持互不干涉内政原则，并积极参与南南合作。这些共同利益，加上双方在各自经济发展阶段中的互补性，可以说奠定了两国在国际舞台上建立富有深意的伙伴关系的基础。

近年来，摩洛哥与中国等新兴经济体密切合作关系，使其合作伙伴多元化。① 最明显的标志是摩洛哥国王在摩洛哥与海合会首次峰会期间的讲话，表明摩洛哥全球伙伴外交正在走向成熟。这种外交调整是国际舞台上新情况与新格局直接推动的结果。自从2008年金融危机以来，全球经济力量重心开始从西方向东方倾斜②，摩洛哥也因此试图扩大其合作伙伴，把中国、印度、俄罗斯和一些非洲国家纳入其伙伴关系网中。此举主要是因为以美国为代表的“传统伙伴”在摩洛哥领土完整问题上开始奉行模糊立场。2013年，美国突然提议将人权监测纳入联合国西撒公投特派团的“摩洛哥撒哈拉”任务中，这种强硬立场引起摩洛哥政府的强烈不满。③ 对于摩洛哥而言，“向东看”战略至少在某种程度上是一种现实需要，用于抵制美国或其他大国在领土问题上可能采取的消极立场。

---

① “Full Text of HM the King’s Speech to Morocco-GCC Summit in Riyadh”（http：//www. mapnews. ma/en/dossier/full-text-hm-kings-speech-morocco-gcc-summit-riyadh-0）.

② Martin Jacques, *When China Rules the World*：*The End of the Western World and the Birth of a New Global Order*, London：Penguin Books, Second edition, 2012.

③ Louis Charbonneau and Aziz El Yaakoubi, “U. S. proposes U. N. Western Sahara Rights Monitor：Morocco Warns of ‘missteps’”（https：//uk. reuters. com/article/uk-westernsahara-un/u-s-proposes-u-n-western-sahara-rights-monitor-morocco-warns-of-missteps-idUKBRE93G00Z20130417）.

而中国方面正在努力实施“走出去”战略和“一路一带”倡议。[①] 考虑到这一点，同时注意到摩洛哥2009年制订的“国家工业发展公约”和已实施的崛起计划，摩洛哥无疑是推动“一带一路”项目落地的重要合作对象。此外，自2014年以来，摩洛哥一直在实施“2014—2020年工业加速计划”，到2020年将工业在国内生产总值中的份额从14%提高到23%。该计划将为包括中国在内的外国公司提供投资良机。

可以说，上述事实明确地构成了摩洛哥与中国未来双边关系的基础。我们还应考虑到，摩洛哥正尝试从国际舞台的形势变化，尤其是与中国关系的变化中，获得最大的经济和政治优势。中国正在经历一场从“中国制造”到“中国创造”的革命，同时摩洛哥正努力实现以经济多元化来促进“工业崛起”的模式。这些共同的诉求加强了摩洛哥与中国之间的合作关系。因此有必要提出以下问题：国际舞台上的哪些变化正在推动摩洛哥的外交政策向东看？中摩双边关系在政治层面有什么动力？增加或阻碍两国关系的经济因素（贸易和外商直接投资）是什么？

第一节　摩洛哥外交：保持东西方平衡

作为国家元首，摩洛哥国王保留了制定外交政策的权力。政府的作用是实施王室制定的相关政策，处理与他国和国际组织的关系。因此，政府的职能并不是对能够影响摩洛哥与其他国家未来长期关系的战略问题作出“重大决定”，而是执行国王的重大决定。如作为政府高级官员的外交大臣不得不做出此类战略决策，他会咨询国王，并按照国王的指示开展工作。可以说，政府的主要职能并不是制定外交政策，而是执行国王的有关政策，并在实践中提出不同意见与建议。

值得注意的是，在国王和政府之外，还有其他角色参与或至少影响摩洛哥外交政策的制定。这些角色主要有议会、政党、民间社团、摩洛哥海外公民以及近年来的社交媒体。因此，国王必须考虑到这些不同主体的立

---

① Scott Kennedy and David A. Parker, “Building China’s ‘One Belt, One Road’”, *CSIS*, April 3, 2015, accessed 2016 October 31 (https://www.csis.org/analysis/building-china%E2%80%99s-%E2%80%9Cone-belt-one-road%E2%80%9D).

场和观点，并调和有时甚至完全相反的主张，从而做出正确的决定。这些决定首先需要被摩洛哥人民接受，同时又要维持国际力量的平衡。①

摩洛哥外交政策的首要任务，是动员必要的外交资源，来捍卫摩洛哥的领土完整，并加强在“摩洛哥西撒哈拉”地区的主权和治权。我们可以认为，其他国家在该问题上的立场，决定了摩洛哥与该国关系的亲疏。最近和最明显的证据就是，奥巴马执政期间，摩洛哥与美国关系经历了挫折，尤其是美国在联合国的提议给美摩关系带来了严重后果。该提议要求扩大联合国西撒公投特派团的职能，包括人权监督。美国的立场被摩洛哥官方描述成“令人惊讶的举动”，摩洛哥为解决西撒哈拉问题被迫做出重大外交努力。

大多数摩洛哥人、媒体和学者明显观察到摩洛哥在西撒哈拉问题上的强硬立场。我们能据此得出结论：近年来（准确地说从 2011 年到现在）摩洛哥的“进攻性外交”，至少一定程度上意味着，摩洛哥必要时会对一些“传统伙伴”做出强烈反应。例如，法国对摩情报部门负责人阿卜杜勒—拉迪夫·哈姆齐提起司法诉讼，声称其对被捕的“恐怖分子”嫌疑人施以酷刑。作为反制措施，摩洛哥终止了与法国的司法合作。而巴黎恐怖袭击事件发生后，法国需要恢复与摩洛哥的司法合作，被迫放弃了对埃尔哈姆的指控。该举动被摩洛哥视为两国面向未来关系的重要标志。②

此外，摩洛哥还尝试建立多元化的合作伙伴。这方面最显著的一步是回归非洲。近年来，国王穆罕默德六世访问了撒哈拉以南的几个非洲国家。他与多个非洲国家的总统们一起主持签署了数十项条约，旨在加强双边经济、文化和安全等领域的合作。③ 另外，他还于2016 年访问了数个东非和西非国家，包括 10 月访问了卢旺达和坦桑尼亚，11 月访问了埃塞俄比亚和马达加斯加，以及 12 月初访问了尼日利亚和赞比亚。在访问期间，

---

① Aloual Presse, “Interview with the President of the Government Abdelilah Benkirane (Arabic)”, Published on Jul 13, 2016, accessed 2016 July 28 (https://m.youtube.com/watch?v=zwpRK03Wiec).

② “La France et le Maroc Rétablissent Leur Coopération Judiciaire” (http://mobile.lemonde.fr/afrique/article/2015/01/31/la-france-et-le-maroc-retablissent-leur-cooperation-judiciaire_4567458_3212.html).

③ Yassine Majdi, “Quels Sont Les Enjeux de La Tournée Royale en Afrique?” (http://telquel.ma/2015/05/21/quels-les-enjeux-tournee-royale-en-afrique_1448115).

这些国家的高级官员与摩洛哥签署了关于经济、贸易和旅游等领域合作的若干协议。这次王室访问期间最引人注目的协议，是摩洛哥与尼日利亚签署的天然气管道协议，通过西非和摩洛哥将非洲与欧洲连接起来。总之，摩洛哥与非洲国家之间的双边关系近年来取得了显著的发展。从1956年到现在，双方已经签署了949项协议，其中几乎一半是在1999年之后签署的。[①]

在2016年7月非盟峰会期间，摩洛哥宣布重新加入这一区域组织的意愿。[②] 宣布之后，28个非洲国家要求暂停“波利萨里奥阵线”在非盟所有机构中的活动。[③] 数月之后，摩洛哥于2017年1月31日在亚的斯亚贝巴举行的第28届峰会上正式返回非盟。摩洛哥的回归得到了代表非盟成员的54位领导人中的39位的支持。

与此同时，摩洛哥成功地与海合会国家签署了战略伙伴关系协议。此举被解读为针对阿拉伯国家所面临威胁的对抗措施。[④] 在峰会期间，各国元首们一致明确支持摩洛哥维护领土完整。摩洛哥国王穆罕默德六世重申了对海湾国家的支持、与传统伙伴紧密可持续的合作以及与其他大国关系多元化的明确倾向。他在讲话中提到了印度和中国。此外，他宣布对中国进行正式访问。在访问中双方签署了战略伙伴关系协议。这一举措成功抵制了冷战对抗的长期政治关系的成果，对摩洛哥与其他非洲国家在不同领域的合作起到了显著的影响。

第二节 中摩关系的历史演变

对中国而言，摩洛哥和其他马格里布国家一样，同属阿拉伯国家和非

---

① Discours royal au 28è sommet de l'UA à Addis-Abeba ：“L'Afrique est Mon Continent, et Ma Maison”（https：//m. youtube. com/watch？ v = dPRQhTbPl24）.

② Cyril Bensimon，“ce message de Mohammed VI qui veut le retour du Maroc au sein de l'Union africaine”（http：//mobile. lemonde. fr/afrique/article/2016/07/18/ce-message-de-mohamed-vi-qui-veut-le-retour-du-maroc-au-sein-de-l-union-africaine_ 4971339_ 3212. html）.

③ Peter Mulvany，“Majority of African Countries Want Morocco Re-Take its Place in African Union”（http：//me-confidential. com/13173-majority-of-african-countries-want-morocco-re-take-its-place-in-african-union. html）.

④ Samir Bennis，“Morocco's Strategic Alliance with the Gulf Insulates Their Monarchies”（https：//www. alaraby. co. uk/english/comment/2016/4/25/moroccos-strategic-alliance-with-the-gulf-insulates-their-monarchies）.

洲国家。这一前提定义了中国与摩洛哥双边关系的框架。摩洛哥方面则尝试同时从双边与多边层面增进与中国的关系。因此，随着中国发起中非合作论坛和中阿合作论坛，摩洛哥积极成为两个论坛的重要参与者。这从侧面反映了双方在过去数十年中双边关系的良好状态，尽管冷战时期双方处于不同的阵营。

冷战时期，摩洛哥倾向于西方，而中国倾向于东方，但双方从未间断过在政治上建立密切的外交关系。其中一个主要原因是两国强调当时各自的政策是由外部因素导致的，而不是自主选择的结果。在中华人民共和国成立之后，中国曾努力向世界开放，但美国的敌意和欧洲的禁运导致中华人民共和国从一开始就被迫倒向苏联，以此作为一种自卫措施。后来中苏关系恶化，特别是 20 世纪 60 年代末，中国开始倾向于联合“第三世界”。[①] 而摩洛哥方面，该国一直被反对君主制的民族新兴国家所攻击和打压，所以被迫倒向西方。但一个值得注意的事实是，尽管双方加入不同阵营，但仍保持相对独立和平衡的外交政策。这促使中国后来从根本上改变了对苏联的政策，也促使摩洛哥远离任何代理人战争，尽管摩洛哥常常被迫加入这些战争。

因此，中摩双边关系始终以务实的现实政治为指导。一个最重要的例子是，摩洛哥政府在 1959 年取缔了摩洛哥共产党，中国立刻切断了与该政党的联系。与摩洛哥保持良好外交关系的必要性促使当时的政策制定者避开意识形态方面的考虑。此外，双方在领土完整问题上的相互支持也促进了两国的双边关系。中摩同属第三世界国家，双方强调，有必要努力合作，一同解决第三世界的问题。例如，中国曾经为争取独立的阿尔及利亚提供军事援助，摩洛哥是该援助的主要入口。[②]

两国间的高层互访从未间断。冷战期间最值得一提的正式访问是由中方的周恩来总理（1963 年）和摩方的哈桑二世国王王兄阿卜杜拉（1964 年）、布阿比德首相（1982 年）等高层领导人的互访。在这一时期，中方

---

① Dwight H. Perkins, “History, Politics and 30 Years of Development and Reform”, in Hoo Mou and Yang Yao, eds., *Reform and Development in China: What Can China Offer to Developing World?*, London: Routledge, 2011, p. 59.

② David H. Shinn and Eisenmen Joshua, *China and Africa: A Century of Engagement*, Philadelphia: University of Pennsylvania Press, 2012, pp. 229 – 248.

领导人的出访主要目的是与台湾当局在国际上展开竞争，同时也是与苏联争夺在非洲的影响力，尤其是在 20 世纪 70 年代以及苏联入侵阿富汗之后。①

从 20 世纪 90 年代开始，双方官员互访次数显著增加。冷战时期我们只能注意到一些高官访问，后来这些访问的数量和层级都有所增加。例如，摩洛哥王储穆罕默德于 1991 年 11 月到访中国。1992 年后，中国国家主席杨尚昆对摩洛哥进行了正式访问，双方于 1992 年 6 月至 7 月签署了一项经济技术合作协议。此外，中国国务院总理李鹏于 1995 年到访问摩洛哥期间，签署了文化合作实施方案和中国援助摩洛哥的文件。1998 年，摩洛哥首相尤素菲对中国进行了正式访问。②

我们可以很容易地看出，这些访问超越了政治合作领域，覆盖了从经济到文化的各个部门，为近二十年来代表中摩关系的更高层互访铺平了道路。

至今共有四次中摩最高领导人互访。1999 年 10 月底，中国国家主席江泽民访问了摩洛哥。访问期间双方签署了中方向摩方提供优惠贷款的框架协议，并发表了联合公报。三年后即 2002 年，摩洛哥国王穆罕默德六世进行了回访。他是第一位对中国进行国事访问的摩洛哥国王，访问期间双方签署了“经济合作、技术合作、环境保护、社会发展、就业、卫生、旅游和新闻”八个领域的协议。③ 同时，两国领导人强调通过合作来确保双方在不同领域促进共同利益的重要性，并重申了双方在领土完整和不干涉他国内政方面的立场。这些立场构建了摩洛哥对“一个中国”政策和“西藏、新疆同属中国”的支持，也构建了中国对摩洛哥拥有“西撒哈拉”南部主权的支持。这是双边关系可持续的现实。总之，双方不断强调在许多国际问题上“持有相似或接近的观点”。④

---

① George T. Yu, “Africa in Chinese Foreign Policy”, *Asian Survey*, Vol. 28, No. 8, 1988, p. 855; George T. Yu, “China's Role in Africa”, *Annals of the American Academy of Political and Social Science*, Vol. 432, No. 1, 1977, pp. 99 – 108.

② Chronology: “Key Events of Exchange of Visits Between Chinese-Moroccan Leaders Since 1990” (http://www.gov.cn/english//2006-04/24/content_262516.htm).

③ Chronology: “Key Events of Exchange of Visits Between Chinese-Moroccan Leaders Since 1990” (http://www.gov.cn/english//2006-04/24/content_262516.htm).

④ “Sino-Moroccan Bilateral Ties” (http://news.xinhuanet.com/english/2006-04/13/content_4414769.htm).

2006年4月，中国国家主席胡锦涛访问了摩洛哥，在当地会见了国王穆罕默德六世和摩洛哥议会议长。访问期间，两国有关部门“签订了一系列经贸、文化、医疗和卫生领域的合作协议”。[①] 此外，胡主席还会见了中国援助摩洛哥医疗队的代表。摩洛哥是胡主席在访问美国和沙特拉伯之后的第三站，他离开后继续访问了尼日利亚和肯尼亚。访问期间，两国“就中非关系和双方共同关心的国际与地区问题交换了意见，并同意在中非合作论坛的框架内进一步加强合作”。

“阿拉伯之春”后，作为对“2·20”运动的回应，摩洛哥进行了宪法改革。在此之后，中国总理温家宝于2012年6月访问了摩洛哥，会见了民主选举产生的摩洛哥首相本·基兰，并讨论了双边合作问题。温家宝表达了中国对摩洛哥改革进程和持久稳定的支持，并“强调了中国与摩洛哥新当选政府合作的意愿”。他同时指出，中国对“摩洛哥响应改革要求的方式”表示满意。[②]

2013年12月，中国国家主席习近平邀请摩洛哥国王穆罕默德六世访问中国，“以期达成战略合作关系”。[③] 这意味着两国的双边关系已经足够成熟，可以上升到新的水平。穆罕默德六世接受了邀请。访问原定于2014年，但由于国王的健康问题被推迟。[④] 2016年5月11日至12日，摩洛哥国王对中国进行了为期两天的访问。访问期间，摩洛哥与中国签署了15项协议和谅解备忘录，覆盖了司法、经济、金融、工业和能源领域的合作。此外，这些协议也涉及“基础设施、旅游、文化、科学、技术、国防工业和食品安全”的合作。不过，中摩之间最重要的协议是达成战略合作关系。双方的联合声明“将两国的合作意愿转化为一种互惠合作模式的建立。这不但会对两国有利，也将惠及各自的合作伙伴”。

从政治层面来看，双方在建立战略合作关系的联合声明中重申了“坚

---

① “Hu Jintao Concludes State Visit to Morocco” (http://www.fmprc.gov.cn/zflt/eng/zt/hjtff/t249410.htm).

② Muhamad S. Olimat, *China and North Africa Since the World War II*, London: Lexington Books, 2014, p. 107.

③ Muhamad S. Olimat, *China and North Africa Since the World War II*, London: Lexington Books, 2014, p. 107.

④ Sabah Lebbar, “Morocco-China Strategic Partnership, a Roadmap to Shore up Longstanding Ties” (http://northafricapost.com/12129-morocco-china-strategic-partnership-roadmap-shore-longstanding-ties.html).

持尊重各国主权和领土完整原则”，并“支持各方为维护其所在地区和平与稳定所作的努力”。

过去 20 年中除了上述访问之外，中摩两国还有其他几次访问。例如 2006 年摩洛哥首相杰图会见了中国总理温家宝。会面期间，摩洛哥首相呼吁扩大在“农业、渔业、电信、个人培训和劳务合同”方面的合作。另外，中国政府非洲事务特别代表刘贵今受摩洛哥外交大臣费赫里的邀请，于 2009 年访问了摩洛哥。摩外交大臣表示：“新疆问题是中国的内政，其他国家或组织不应当以宗教为借口进行干涉。”[①] 总之，双方的高层互访从未间断。

随着中摩双边关系的不断演进，可以说，双边关系经历的重大变化，一方面主要反映了中国的发展，另一方面也逐渐反映出摩洛哥外交政策的调整。这些外交政策对传统伙伴之外的新伙伴更加开放。这一框架可以解释双边关系发展的显著加速。

数十年来，中国的外交政策也发生了重大调整。在冷战初期，中华人民共和国对摩洛哥外交政策的主要考量是争取国际承认；在 20 世纪 70 年代，是与苏联竞争势力范围。20 世纪 70 年代末，中国将关注点转移到经济发展上，与海外建立外交关系的意愿下降，因为其主要精力是让尽可能多的中国人民脱贫，配合改革开放政策。1982 年赵紫阳对摩洛哥的访问是对非洲国家访问的一部分，包括对突尼斯和阿尔及利亚等。这次访问主要目的是巩固中国反美反苏的国际统一大战线，扩大与非洲的政治合作。在这一时期，中国宣布继续援助非洲国家，不过中国作为第三世界的一部分，援助额在有限能力范围内。[②]

20 世纪 90 年代，中摩互访加速可以用中国外交政策的转变来解释。这些政策是为面对冷战结束后的现实，并调动足够的外交资源来应对西方在 1989 年政治风波后的对华禁运。然而，为抵御来自西方尤其是美国的压力，反对西方关于民主和人权的说教，中国积极争取非洲和第三世界的支持。[③]

---

① David H. Shinn, Eisenmen Joshua, *China and Africa*: *A Century of Engagement*, Philadelphia: University of Pennsylvania Press, 2012, p. 236.

② From the Archives: Africa- China Policy in the 1980s (http://www.aaionline.org/from-the-archives-2/).

③ Ian Taylor, *China and Africa*: *Engagement and Compromise*, New York: Routledge, 2007, p. 63.

这结束了中国十多年来对于第三世界外交关系的“忽视”。所以，作为中国宏观外交政策变化的结果之一，中摩两国双边关系的升级和发展再次备受瞩目。

到了21世纪初，中摩双边关系受益于另一个转变，即中国的“走出去”战略。中国希望通过该战略在外交上取得重大突破。值得注意的是，一开始阿尔及利亚似乎是从中国获益最多援助的马格里布国家，因为该国成功地于2004年达成了与中国的战略合作。这一成功应部分归功于当时新当选的阿尔及利亚总统布特弗利卡本人。从他任期一开始，特别是从1999年到2004年，他运用自己在外交政策上的经验，来提高自己国内的合法性。[①] 这一成功的另一个原因是，中阿双边关系当时已经是，现在仍旧是中国与所有马格里布国家中最深厚的，尽管对于阿尔及利亚与摩洛哥在“西撒哈拉”的摩擦，中国试图保持对双方关系的平衡。

摩洛哥在这段时间内加速了与中国的互动。如上文中所提到的，国王穆罕默德六世于2002年对江泽民主席1999年的国事访问进行了回访。此外，胡锦涛2006年对摩洛哥的访问，被视为对阿尔及利亚与中国战略合作关系的平衡。[②] 2007年，摩洛哥与中国启动了政治磋商机制。到了2010年，中摩两国签署了《关于摩洛哥承认中国市场经济地位的联合公报》。我们很容易由此得出，在2016年摩洛哥国王访问北京达成战略合作关系之前，两国的双边关系就得到了稳步的发展和改善。这一举措是中国实施“走出去”战略意愿的成果之一，并巩固了中国在马格里布地区最稳定国家中的影响。这一举措也是摩洛哥近年来努力使外交关系多元化的成果之一，以适应“阿拉伯之春”后世界的新形势。同时，这一举措也是摩洛哥经济关系多元化的努力，以期从中国的贸易和对外直接投资中利益最大化。在这方面，本章认为中国对摩洛哥经济的发展而言，更多是机会而不是威胁。检验这一猜测的方法之一，就是分析双边贸易和中国对摩洛哥直接投资的趋势所带来的结果。

---

① Robert A. Mortimer, “Algerian Foreign Policy: From Revolution to National Interest”, *The Journal of North African Studies*, Vol. 20, No. 3, 2015, pp. 466 – 482.

② Robert A. Mortimer, “Algerian Foreign Policy: From Revolution to National Interest”, *The Journal of North African Studies*, Vol. 20, No. 3, 2015, p. 236.

第三节　中摩双边贸易关系

我们将中国与摩洛哥的双边贸易放在中国与马格里布国家的贸易中比较，可以看出2014年摩洛哥是中国对马格里布国家出口的第二大目的地，仅次于阿尔及利亚。同时摩洛哥也在中国从马格里布国家的进口额中排名第四，在阿尔及利亚、毛里塔尼亚和利比亚之后。可以认为，摩洛哥与阿尔及利亚、毛里塔尼亚和利比亚相比，资源的匮乏是导致对华出口额较小的原因。毛里塔尼亚近年来已经成为石油和天然气的净出口国，同时，该国巨大的矿产储量以及渔业和铁矿石的巨大产量，拉动了对华出口的增长。①

表III-4-1　　中国对马格里布国家的进出口（万美元）②

	2008		2014	
	出口	进口	出口	进口
总量	143069307	113256216	234229270	195923465
非洲	5123992	5596694	10603475	11563138
摩洛哥	234893	46106	296299	51850
阿尔及利亚	375191	84922	739518	131468
利比亚	164045	258899	215761	72637
突尼斯	69686	9030	123578	21192
毛里塔尼亚	18909	104414		116813

资料来源：《中国年鉴》。

摩洛哥则越来越强调自己是中国的重要贸易伙伴，即使对华出口额仍远低于阿尔及利亚等邻国。截至2014年，中摩双边贸易额已达34.86亿美元，其中29.67亿是中国对摩洛哥的出口，而5.19亿美元是摩洛哥对

① Muhamad S. Olimat, *China and North Africa Since the World War II*, London: Lexington Books, 2014, p. 91.

② 参考中国统计局网站（http://www.stats.gov.cn/english/）。

中国的出口。今年双边贸易额同比下降了8.41%，其中中国对摩洛哥的出口下降了9.35%，摩洛哥对中国的出口下降了2.63%。[①]

2005年至2014年，中摩两国的双边贸易（表III-4-2）显著增长，这包括了摩洛哥从中国的进口从2005年的94亿迪拉姆跃升至2014年的295亿迪拉姆。[②] 对该增长最主要的解释是便宜的中国产品适合摩洛哥市场，同时也适合马格里布地区和非洲。[③] 因此可以注意到，中国与摩洛哥的贸易至少对摩洛哥消费者有一个正面影响，就是使低收入人群有机会享受中等收入人群的生活水平，这与非洲总体情况一致。

表III-4-2 **摩洛哥对中国的进出口（10亿迪拉姆）**[④]

	2005	2011	2012	2013	2014
进口	9.4	23.3	25.6	26.5	29.5
出口	0.67	1.59	2.41	2.87	2.27

资料来源：《中国年鉴》。

另外，廉价的中国商品有时质量较差，损害了中国的海外形象。这促使中国领导人呼吁中国的企业提高产品质量。[⑤] 为此，他们甚至在2010年12月到2011年3月采取了一些提高质量的措施，阻止达不到质量标准的产品发货。随着中国决策者对软实力的重视程度越来越高，中国推出了具体措施来维护中国在海外的形象。

与此同时，中国企业做生意的理念也在发生全面转变，从而影响了中国产品的总体质量。中国企业把更加重视产品质量作为公平获得市场份额

① 参考中国商务部网站（http://english.mofcom.gov.cn/article/newsrelease/significantnews/201508/20150801074201.shtml）。

② Frédéric Maury and Nadia Rabbaa, “Le Maroc, un pont d'or pour la Chine?”（http://www.jeuneafrique.com/mag/286294/economie/maroc-pont-dor-chine/）.

③ Tom Burgis, “Cheap Chinese imports satisfy rising middle-class aspirations”（http://www.focac.org/eng/jlydh/t708223.htm）.

④ Frédéric Maury and Nadia Rabbaa, “Le Maroc, un pont d'or pour la Chine?”（http://www.jeuneafrique.com/mag/286294/economie/maroc-pont-dor-chine/）.

⑤ Zhang Hong and Liu Xinlu, “The Economic and Trade Factors in China's National Image in the Arab World”, in Sun Degang and Yahia H. Zoubir, eds., *Building a New Silk Road: China and the Middle East in the 21th century*, Shanghai: World Affair Press, 2014, pp. 304–306.

的手段，这主要是为在发达国家市场攻城略地。因此，中国企业之间的相互竞争以及对质量的要求日益重视，有望在未来改善中国产品的质量。

总体来说，中国对摩洛哥的出口反映出其数额的增长与质量的改善。例如，2001 年摩洛哥从中国进口的前 20 种产品占进口总额的 64.2%，而 2011 年只占 57.4%。质量方面则由单位进口量的价值来衡量，该值从 2001 年的 11.384 迪拉姆跃升至 2011 年的 29.782 迪拉姆，是巨大的进步。[①]

另外，中国因为中摩双方巨大的国际贸易顺差受到了众多的批评。但是我们可以认为，中摩双边贸易的不平衡的主要是由摩洛哥的出口能力薄弱导致的。总体上，摩洛哥对大多数贸易伙伴，尤其是对传统伙伴和欧洲，都是贸易逆差。并且这种趋势还将延续，因为摩洛哥出口增长的速度低于进口增长的速度。从 2000 年到 2015 年，摩洛哥的出口年均增长了 6.9%，而进口年均增长了 7.6%，导致在此期间摩洛哥出现年均 8.7% 的贸易逆差。[②]

无论这种贸易不平衡的原因是什么、程度有多深，结果可能是，中摩双边贸易如同中非贸易一样，有重蹈非洲国家与发达国家过去数十年贸易覆辙的危险。非洲国家在这些贸易中向发达国家出口资源、进口产品，中国则出口工业产品。[③] 这一事实严重威胁到中国的国际形象，损害其国际地位，并有可能给中国贴上“第三世界剥削者”和“新殖民主义者”的标签。这种情况不符合中国的利益，迫使其消耗大量外交资源来试图说服国际社会尤其是国际舆论，以展示自己希望与其他第三世界国家构建双赢合作关系的初衷与决心。

摩洛哥方面与其他非洲国家一样，需要“投资与技术”来增强自己的出口能力[④]，实施“摩洛哥制造”激励项目和“工业加速”计划。所以，中国成为外商投资的重要来源，促进了摩洛哥的“向东看”战略。

---

① Hafti Youssef, “Moroccan-Chinese Bilateral Economic Relations: The Case of Trade”, *Master Degree Paper*, East China University of Science and Technology, 2013.

② Ambassade de France Au Maroc, Le commerce extérieur du Maroc en 2015 (http://www.tresor.economie.gouv.fr/File/425597).

③ “Economic Development in Africa Report 2010, South-South Cooperation”, *United Nations Conference on Trade and Development*, 2010, p. 100.

④ 参考中国外交部长王毅接受采访（https://allafrica.com/stories/201209101007.html）。

第四节 中国在摩投资及其对双边关系的影响

过去几年里，摩洛哥从未出现在获得中国1亿美元或以上对外直接投资的国家名单上。这一事实可以通过美国传统基金会提供的中国投资记录证实，因为摩洛哥的数据从未出现在中国投资目的地中。[①] 然而，缺乏的数据可以通过摩洛哥政府提供的一些统计以及不同报纸采集的数据来填补。

表 III－4－3 摩洛哥的中国对外直接投资（百万迪拉姆）[②]

年份	2005	2011	2012	2013	2014
数额	1.1	1.9	3.5	52.7	202.6

资料来源：《中国年鉴》。

中国对摩洛哥的直接投资从2004年的110万迪拉姆，增长到2014年的2.026亿迪拉姆。这是巨大的增长，但仍远远落后于中国在该地区其他国家的投资，例如阿尔及利亚。此外，截至2014年，中国的直接投资仅占摩洛哥外商直接投资总额的0.56%。同时需要指出的是，摩洛哥在1998年至2012年间，从来都不是中国公司前20佳投资目的国。而且，在2009年至2014年，中国对摩洛哥的投资是6360万迪拉姆，而法国仅在2013年一年就投资了301亿迪拉姆。[③]

中国近年来成为世界的主要投资者之一，而摩洛哥似乎没有从中受益，主要是因为中国投资者对这个遥远的国度缺乏必要的了解。中国至今的海外投资与建设总额为1.3万亿美元。[④] 到2020年之前，其对外直接投

---

① 参考美国传统基金会网站（https://www.heritage.org/asia/report/china-global-investment-tracker）。

② Frédéric Maury and Nadia Rabbaa，“Le Maroc，un pont d'or pour la Chine?”（http://www.jeuneafrique.com/mag/286294/economie/maroc-pont-dor-chine/）.

③ Frédéric Maury and Nadia Rabbaa，“Le Maroc，un pont d'or pour la Chine?”（http://www.jeuneafrique.com/mag/286294/economie/maroc-pont-dor-chine/）.

④ “China Global Investment Tracker”（http://www.aei.org/china-global-investment-tracker/）.

资预期每年会增长10%以上。[1] 此外，摩洛哥“自2005年以来收到的相关工程与服务合同从未超过350亿美元”，尽管这类投资主要投向了非洲国家和阿拉伯世界。在那里我们可以看到工程建设多于其他类型的投资。其中埃塞俄比亚与阿尔及利亚是最明显的例证。比如后者已经与中国公司签署了200亿美元的政府工程合同。因为，中国土木工程集团有限公司正在修建145英里长的阿尔及利亚东西高速公路的三分之二。此外，阿尔及利亚还与这家公司签署21亿美元的铁路网络建设合同。总之，阿尔及利亚已将自己定位成中国对非洲直接投资的主要目的地之一，并领先于摩洛哥和该地区其他国家，尤其在马格里布国家中更为明显。[2]

然而，中国在摩洛哥的投资正在不断拓展，并可以认为正走上正轨。为何下此结论？首先，近年来，特别是2014年以来，随着摩洛哥官方宣传一直强调合作伙伴多元化的重要性，中国已经成为摩洛哥外交政策的重点。[3] 其次，中国对摩洛哥的直接投资似乎在过去几年中显著增长。2014年中，中国在摩洛哥的投资比上年增加了94%，达到4000万美元。这一中国对外直接投资从2011年到2015年增长了195%，而在2013—2014年间翻了5倍。除此之外，在对摩洛哥投资的国家中，“中国的排名从2013年的第32位上升到2015年的第17位，上升了15位”。[4] 无论如何，摩洛哥预计都将受益于中国经济在过去几十年中的变化。随着中国努力转型为更复杂的高科技主导型经济体，预计大量投资将会转移到中国的西部和海外。因此，8500万个就业机会将从中国流向邻国及其他较远的地区，例如拉丁美洲和非洲。后者预计将获得这些工作的10%。[5] 据此，摩洛哥官方预计中国的对外直接投资将在未来几年内为摩洛哥创造85万个工

---

① Albert N. G., *Riding the Silk Road: China Sees Outbound Investment Boom*, *Outlook For China's Outward Foreign Direct Investment*, EY Knowledge, March 2015, p. 20.

② David H. Shinn, Eisenmen Joshua, *China and Africa: A Century of Engagement*, Philadelphia: University of Pennsylvania Press, 2012, p. 234.

③ Frédéric Maury and Nadia Rabbaa, “Le Maroc, un pont d'or pour la Chine?” (http://www.jeuneafrique.com/mag/286294/economie/maroc-pont-dor-chine/).

④ “Morocco Sees Sharp Rise of Chinese Investment in Various Sectors” (http://www.xinhuanet.com//english/2017-08/06/c_136503745.htm).

⑤ Justin Lin, “China's Economic Rise and the Global Economy” (http://m.youtube.com/watch?v=Kwa3Oez21cQ).

作岗位。[1]

中国对外直接投资正在经历两个转变，所以中国对摩洛哥的直接投资将会受此影响。首先，中国投资者的目标正从自然资源转向高科技和消费导向的行业。其次，从中国对外投资的主要参与者来看，出现了越来越多的私营企业，其投资量也越来越大，已经占到了中国对外直接投资的一半。[2] 这意味着在选择投资目的地时，中国的对外投资将越来越少地附带政治上的考量。因此，中国对摩洛哥的直接投资数额，至少会受到摩洛哥为外国投资者利益最大化所提供便利的影响。

无论如何，根据官方说法，摩洛哥将为包括中国人在内的外国投资者提供三大便利。[3] 首先，摩洛哥毗邻欧洲和其他非洲国家，同时与西非国家保持历史上的联系。摩洛哥是西非的第一大投资者，也是排在南非之后全非洲的第二大投资者，在 25 个国家有投资项目。因此从这个角度看，中国公司在摩洛哥建立分部与生产单位是明智之举，可以将其扩大成进入该地区其他国家的平台。其次，摩洛哥与美国和土耳其等国有自由贸易协定，使其间接成为一个拥有超过 10 亿消费者的国家。从这点出发，摩洛哥会成为中国投资者的理想市场。最后，摩洛哥是一个稳定的国家，这使其成为中国对外直接投资的安全之地。同时，根据 2016 年的经商报告，摩洛哥在对投资友好国家中的排名最近有所改善。以上理由会让中国投资者信服，但仍需要时间检验。

除此之外，中摩两国可以与双方共同的伙伴和盟友一同实施中国的“一带一路”建设方针。这可以通过巧妙地利用世界正在经历的现实和深刻变化来实现，尤其是在共赢政策的基础上，努力制定出保护各方利益的政策。

中摩双边关系总体上是冷战时期和 20 世纪 90 年代中国外交政策进程的结果。在此期间，国际环境总体上是对中国和第三世界不利的。所以两

---

① “Moulay Hafid Elalamy：Nous sommes en pole position pour accueillir des délocalisations”（http：//www. jeuneafrique. com/mag/286253/economie/moulay-hafid-elalamy-ministre-marocain-de-lindustrie-sommes-pole- position-accueillir-delocalisations/）.

② Albert N. G.，*Riding the Silk Road：China Sees Outbound Investment Boom*，*Outlook For China's Outward Foreign Direct Investment*，EY Knowledge，March 2015，p. 1.

③ 参考摩洛哥投资署网站（www. invest. gov. ma）。

国之间的双边关系进程都是由第三方（美国、苏联以及主要通过民主和人权的恐吓）间接强行施加的。但情况在21世纪初发生了改变，中国开始实施“走出去战略”。而“阿拉伯之春”后，两国的双边关系又受摩洛哥“外交伙伴多元化”或“向东看”战略的影响。这一战略不但没有妨碍中国的“走出去战略”，而且提升了它，并在贸易与投资方面开辟了深度合作的新机会。

在摩洛哥努力促进出口之际，中国正努力调整经济结构，使其变得更加环保和可持续。这些调整在整体发展上需要依靠国内的消费和服务。在这种背景下，摩洛哥至少在官方宣传话语中，热情欢迎中国的对外直接投资，并希望能够从中创造更多就业机会和促进对欧洲、非洲和中东的出口。为在这方面成功抓住机会，中摩双方应当共同努力，防止可能破坏环境的投资来到摩洛哥。

在中摩政治关系层面，中东地区的客观事实促使两国与相同的盟友和伙伴走到一起，因为中摩两国都与沙特阿拉伯和其他海合会成员越靠越近。摩洛哥始终是这些国家的好伙伴，并在2016年4月摩洛哥与海合会的峰会上得到进一步加强。对于中国而言，沙特与其他海合会国家是最可靠的石油供应国，而中国也是它们最可靠的客户，尤其我们可以看到美国在逐步减少对中东石油进口的依赖。在此之上，伊朗作为中国的好朋友，在核问题协议被美国撕毁后，其局势前途未卜。

总而言之，除了推动摩洛哥与中国相互靠近的内部因素外，国际环境也为两国提供了在多边层面实施“一带一路”倡议的可能。中方可以从中实现利益最大化，而这也为摩方提供了一个促进经济增长和保持领土完整的重要框架。

第五章　中国参与摩洛哥港口建设研究

摩洛哥地处非洲西北端，东接阿尔及利亚，北部与西班牙隔海相望，扼守地中海通向大西洋的直布罗陀海峡，有长达3500千米的海岸线，濒临地中海与大西洋。得天独厚的地理位置，使其可以辐射欧洲、美洲和非洲市场。此外，摩洛哥近年来与东亚国家联系也越发紧密。尤其在中国提出“一带一路”倡议后，作为该倡议重要的交汇点与支撑点，摩洛哥正成为中国在马格里布地区重要的合作伙伴。

摩洛哥是中东与北非地区经济较为发达的国家，国土面积45.9万平方千米（不包括摩洛哥控制的西撒哈拉26.6万平方千米），人均GDP为2878美元（2014年为3629美元），其经济发展在非洲大陆中处于领先地位。①

自1956年独立以来，摩洛哥基本保持国内政局的稳定，民主化也在逐步推进中。1999年穆罕默德六世即位后，在政治领域，积极促进国家体制改革，特赦哈桑二世国王期间的政治犯，鼓励政党多元化；在公民生活领域，鼓励建立各类非政府组织，监督政府的运作。2010年肇始于突尼斯的阿拉伯剧变虽然也波及摩洛哥，民众多次走上街头游行示威，但穆罕默德六世国王迅速回应民众变革诉求，宣布进行全面宪法改革，新政府成立后实现平稳过渡，摩政局总体保持稳定。2012年至2016年，摩洛哥已经顺利举办过两次全国议会选举，部分立法权和行政权已经顺利过渡至议会和联合政府。摩洛哥稳定的社会和政治局势为其国内经济发展提供了良好的外部环境。

---

① 资料来源：世界银行（http：//data. worldbank. org. cn/indicator/NY. GDP. PCAP. CD）。

第一节 摩洛哥港口发展战略分析

一 总体概况

摩洛哥拥有漫长的海岸线，海上交通运输业发达，成为沟通欧洲、非洲和美洲的桥梁与纽带。由于特殊的地理位置，摩洛哥的港口以海港为主，其分布从摩洛哥西北部一直延伸至西南沿海城市。虽然位于主要国际运输航线上，但2004—2007年，其海运运输联结性指数（LSCI）仅为8.50—9.40；但近年来大幅度上升，2008年就达到30，2011年更是达到38。据摩洛哥设备与运输部官方网站，摩洛哥现有各类港口共38个（具体见表III－5－1）[①]，其中商业港13个、渔港19个、游艇停泊港6个。正是由于港口数量众多，摩洛哥98%的进出口货物均依靠海运实现，2014年港口货运量为11510万吨，其中进口和出口货物量分别为4780万吨和2800万吨；集装箱307万标箱。丹吉尔地中海港（Tangier-Med）是最大的港口，集装箱货运量300万标准箱（TEU）以上，超过卡萨布兰卡港的200万标准箱。[②] 2016年，根据最新评估，丹吉尔地中海港实际吞吐量2018年达到900万标准箱，摩洛哥在世界航运业的排名将从第49位上升至第30位以内，同埃及和南非一起成为非洲三大海运国。[③]

表III－5－1 摩洛哥港口一览

功能	港口中文名	港口英文名	港口代码
商业港	纳祖尔	Nador	MANAD
	胡塞马	Al Hoceima	
	拉巴特	Rabat	MARBT

① 包括西撒哈拉地区在内的港口。

② 资料来源：世界银行（http：//data. worldbank. org. cn/indicator/IS. SHP. GOOD. TU？ locations＝MA）。

③ “Tanger Med to Transform into Biggest Container Port in Africa：Magazine”（https：//www. moroccoworldnews. com/2016/12/203649/tanger-med-to-transform-into-biggest-container-port-in-africa-magazine/）；胡英华：《摩洛哥丹吉尔港》，《环球港城》2009年第10期。

续表

功能	港口中文名	港口英文名	港口代码
商业港	地中海丹吉尔港	Tanger Med	MAPTM
	盖尼特拉	Kenitra	MAKEN
	穆罕默迪耶	Mohammedia	MAMOH
	卡萨布兰卡	Casablanca	MACAS
	约夫·拉斯法	Jorf Lasfar	MAJOL
	萨菲	Safi	MASAF
	阿加迪尔	Agadir	AGADIR
	坦坦	Tantan	
	阿尤恩（西撒哈拉）	Laayoune	
	达赫拉（西撒哈拉）	Dakhal	
渔港（区域）	拉斯·艾布达纳	Ras Kebdana	
	杰卜亥	El Jebha	
	玛蒂格	M'diq	
	拉腊什	Larache	MALAR
	莫汗迪亚	Mehedia	
	贾迪达	Jadida	MAEJA
	索维拉	Essouira	MAESS
	西迪伊夫尼	Sidi Ifni	
	塔尔法亚	Tarfaya	MATAR
	布支杜尔（西撒哈拉）	Boujdour	
渔港（地方）	卡拉·伊里斯	Cala Iris	
	西迪·哈赛因	Sidi Hassine	
	马拉	Chmaala	
	福尼代格	Fnideq	
	卡萨尔·斯基赫	Ksar Sghir	
	艾西拉	Assilah	
	萨累	Sale	
	苏伊里亚·迪马	Souiria Kdima	
	伊默苏安	Imesouane	
游艇停泊港	赛迪亚	Saidia	
	卡比拉	Kabila	
	玛丽娜·萨米尔	Marina Smir	
	布赖格赖格	Bouregreg	
	撒布勒道赫	Sables d'or	
	玛丽娜·阿加迪尔	Marina Agadir	

资料来源："La stratégie portuaire nationale à l'horizon 2030", *le Ministère de l'Equipement et des Transports*, 2011, p. 6。

二　主要港口发展概况

（一）丹吉尔地中海港

丹吉尔位于摩洛哥西北角直布罗陀海峡南岸，扼地中海进出大西洋的咽喉，与西班牙隔直布罗陀海峡遥遥相望，其与欧非大陆间最短距离只有14千米，可见其战略位置的重要性。17世纪，丹吉尔港就被用来作为散货枢纽中心以及抵抗自然灾害，19世纪一度成为统治者的“外交门户”（Diplomatic Gateway），但其港口业务因基础设施的落后而被邻近的得土安（Tetouan）港超越。此后近200年里，丹吉尔港都未成为摩洛哥的重点开发项目。1999年，穆罕默德六世国王登基，一改前任哈桑二世国王的经济政策，转而选择一种自由主义和国家干预相结合的经济政策，其中最主要目的是应对现代化和经济全球化的挑战。具体到港口领域，丹吉尔新港——丹吉尔地中海港的启动就是这一期最重要的经济发展举措之一。[①]

丹吉尔地中海港位于丹吉尔湾，处于丹吉尔以东约30千米。该项目启动于2002年，摩洛哥政府共投资35亿欧元，并在2007年7月开放第一个集装箱专用港口。新港建设有巨大的石油码头和集装箱码头。丹吉尔新港建成后，除了旧港业务转移至新港外，周边其他港口业务也逐步转移进来。为继续扩大丹吉尔地中海港的运营能力，摩政府2010年又启动了丹吉尔港二期工程，于2015年完成并投入使用，计划将其吞吐能力提升至800万标准箱。2014年，丹吉尔地中海港首次达到设计最大吞吐量308万标准箱。在英国《集装箱管理》杂志发布的2014年度排名中，丹吉尔地中海港世界排名提升了9位，上升至第46位，并位居地中海沿岸港口第5位。[②] 2005年至今，丹吉尔地中海港业务处于稳步增长。据丹吉尔新港管理局数据显示，2016年增长了8.7%。[③] 据英国《集装箱管理》杂志发布的最新“全球集装箱港”排名，2017年摩洛哥丹吉尔地中海港1期

---

① Cesar Ducruet, Fatima Zohra Mohamedcherif, Najib Cherfaoui, “Maghreb port cities in transition: the case of Tangier”, *Portus Plus*, 1.1, 2011, pp.4－5, http://www.reteonline.org.

② 中华人民共和国驻摩洛哥王国大使馆经济商务处：《英杂志排名：摩丹吉尔地中海港位居世界第46位》（http://ma.mofcom.gov.cn/article/jmxw/201507/20150701066270.shtml）。

③ “Overall Activity of Tangier Med Port Grows 8.7% in 2016”（https://www.moroccoworldnews.com/2017/01/205719/overall-activity-tangier-med-port-grows-8-7-2016/）.

共处理331万个标准集装箱，高出其300万个标准箱的处理能力约11%，超过埃及塞得港和南非德班港，成为非洲第一大集装箱港，在全球500个集装箱港口中排名第45位，首次跻身前50位。[①]

除了发展港口贸易，摩洛哥还希望通过丹吉尔港口的便利条件和海运优势，吸引外国投资，充分发挥本国经济，将丹吉尔建成以工业为基础的出口中心，并以此促进该国经济相对落后的北部地区的发展。为此，摩洛哥政府在丹吉尔新港附近建立了总面积达550平方千米的自由贸易区、工业园区和物流中心，并制定了一系列优惠政策吸引外资。目前，有超过500家外资企业入驻丹吉尔，其中更是不乏多家世界级船运公司，如马士基航运、法国达飞（CMA CGM）、Delmas、商船三井（MOL）和汉堡南美等。此外，还有法国汽车制造巨头雷诺公司，其于2013年与丹吉尔工业园区签约的协议，为摩洛哥直接或间接创造超过3.6万个工作岗位。[②]

（二）卡萨布兰卡港

卡萨布兰卡港，又称达尔贝尔港，位于摩洛哥西北沿海，东北距首都拉巴特约88km，濒临大西洋东侧，是摩洛哥面积最大的港口，也是世界上最大的人工港之一。作为摩洛哥经济和文化中心，卡萨布兰卡在历史上一直担负着摩洛哥经济发展的重任，而港口的发展正是其缩影。卡萨布兰卡这一名称是由葡萄牙人所命名，此前卡萨布兰卡地区被当地人称为安法（Anfa）。1515年，葡萄牙人使用安法的废墟建造了一个军事要塞。19世纪，随着人口的增长，卡萨布兰卡地区成为英国的主要羊毛供应区，随着贸易的增加，航运也开始频繁起来。到了18世纪60年代，卡萨布兰卡地区常住人口达到4000人，80年代末达到9000人。1906年法国殖民主义者进入卡萨布兰卡时，该地区（还是个镇）已经是一个中等规模的港口城市，人口超过12000人，由摩洛哥最高统治者苏丹管理。卡萨布兰卡港口的建设也开始于1906年，当时管理政府委托第三方机构进行建设，1938年基本完工。[③] 1956年独立后，随着卡萨布兰卡逐渐成为全国经济

① 参考《摩洛哥丹吉尔港成非洲最大集装箱港口、跻身全球集装箱港TOP50》（http://www.mofcom.gov.cn/article/i/jyjl/k/201808/20180802776070.shtml）。

② 胡英华：《摩洛哥丹吉尔港》，《环球港城》2009年第10期。

③ 参见摩洛哥港口管理局网站，http://www.anp.org.ma/En/Services/Casablancaport/Pages/Presentation.aspx；CRPennel，*Morocco from Empire to Independence*，Oxford：Oneworld，2003，p.121.

中心，王室开始大力扩建卡萨布兰卡港口，到20世纪90年代，卡萨布兰卡港超过丹吉尔港成为摩洛哥第一大港口。

1996年改造后的卡萨布兰卡港，由四个码头组成，港区主要码头泊位有44个，岸线长达7000米，最大水深12米，是现代化集装箱港口，集装箱在2009年之前吞吐量占全国92%，货运量每年超过200万标准箱。同时，根据摩洛哥港口管理局数据表明，近年来卡萨布兰卡港承担超过70%的海上贸易，吸引了大部分国家的贸易增加量。2007年，启动丹吉尔新港建设后，卡萨布兰卡港口也在努力提高码头处理能力。但是，由于诸多原因，卡萨布兰卡港口也表现出后劲不足的问题。主要体现在：(1) 港口承载量已不能满足日益增长的贸易量，该港存放的集装箱数量高达1.6万个，已接近正常储存容量极限，然而，港口附近缺乏足够的土地用以扩建；(2) 缺乏政府优惠政策和资金的支持，港口若要以回填造陆的方式获得营运场地，需要大量的资金投入。①

（三）阿加迪尔港

摩洛哥大多主要港口都分布在西地中海区域和拉巴特—卡萨布兰卡区域，前者主要以丹吉尔地中海港为主，后者除了上文提到的卡萨布兰卡港外，还有穆罕默迪耶港、拉巴特港、约夫拉斯法港以及萨菲港。西南地区虽也多以海滨城市为主，港口发展却不如上述地区。阿加迪尔港在摩洛哥西南区以及“大南方”（Greater South，主要指西撒哈拉地区）中属于较大港口，是摩洛哥近年来重点发展的商业港之一。

阿加迪尔是摩洛哥西南部港口城市，苏斯—马萨大区首府，是摩洛哥重要的旅游中心，也是少有的具有天然良港的城市。阿加迪尔港位于摩洛哥西南沿海阿加迪尔湾的东北岸，濒临大西洋东侧，是摩洛哥的矿石输出港，又是主要渔港之一。1960年，曾遭受地震破坏，重建后现由城堡废墟及港口东部的新镇和新镇东南部的工业区组成。② 港口拥有四个码头，年货物吞吐能力约360万吨，集装箱码头年吞吐能力约19.7万标准箱。出口货物主要为柑橘、时蔬、冷冻鱼等。港口与城市之间通过主干公路连

---

① 李幼萌：《非洲西北部地区港口发展动态》，《集装箱化》2008年第12期。

② 参见摩洛哥港口管理局网站，http：//www. anp. org. ma/En/Services/agadirport/Pages/Presentation. aspx。

接，衔接较为紧密，且港口北部拥有较大的发展空间。[①] 近年来，阿加迪尔港经过政府和民间投资，现已发展成一个多用途港口，包括商业、渔业和旅游。

第二节　港口地位与作用

作为临海国家，港口在摩洛哥的地位犹如其经济发展的生命线，港口的重要性及其发展战略在2015年时就被以法律条文的形式对外公布。摩洛哥法律15－02写道，"要想进一步提升摩洛哥经济，我国政府必须要为港口部门制定相关法律法规，具体来说，就是通过各类协议和条约，形成一个完整的制度体系，以此来鼓励港口经营者积极参与港口建设"。[②] 根据这条法律，摩洛哥在国家层面设置了"国家港口管理局"（l'Agence Nationale des ports）和"港口开发公司"（la Société d'exploitation des ports）。这两个机构主要有以下三个功能：（1）在王室层面，由摩洛哥设备与交通部领导统筹摩洛哥港口的整体规划，如扩建和拓展新港口等，同时负责制定相关规则；（2）在港口管理层面，主要由摩洛哥港口管理局负责对全国港口运营进行监督和管理；（3）在商业运营层面，港口的商业层面功能主要体现在委托给具体航运公司（包括摩私有企业、外资企业以及摩洛哥相关机构）进行操作。[③] 由此可见，港口在摩洛哥国家经济发展中处于重要地位并发挥关键作用。

一　摩洛哥港口2030发展规划

为提升港口的数量以及港口运营的效率，摩洛哥设备与交通部在2012年发布了一份《2030国家港口战略》（Stratégie Nationale Portuaire 2030，下文简称《2030战略》）。《2030战略》的发布也是摩洛哥经济发

---

① 南京大学非洲研究所：《非洲所赴摩洛哥考察》（http：//hugeo. nju. edu. cn/africa/？p=267）。

② 参见"Loi 15-02 au maroc"（http：//www. etudier. com/dissertations/Loi-15-02-Au-Maroc/67099. html）。

③ "La stratégie portuaire nationale à l'horizon 2030", le *Ministère de l'Equipement et des Transports*, 2011, p. 6.

展区域化与全球化的表现，因为对摩洛哥来说，港口是其联通内外部联系的最佳工具。《2030 战略》主要有以下三个部分：第一，“三个行动”。其一，大扩建。扩建的港口有穆罕默迪耶港、卡萨布兰卡港、约夫拉斯法港和阿加迪尔港，其中扩建成本均在 2 亿美元以上；其二，将若干港口整合至各自城区环境，计划港口有肯尼特拉河港、丹吉尔城港、卡萨布兰卡港和萨菲城港；其三，建立新港。计划建设的新港肯尼特拉新大西洋港（New Atlantic Port of Kenitra）、纳多尔新地中海港（Port of Nador West Med）、约夫拉斯法新液化天然气港（New LNG port of Jorf Lasfar）和萨菲新港（New port of Safi）。

第二，提升各个港口的交通便利性和效率，具体速度方面要从 2012 年最高的 92mt 提升至 280mt。

第三，建立全国“港口极”（Les pôles portuaires）。“港口极”的提出是为按区域进行经济发展，以每一极港口群为中心带动周边经济。2012 年出台的《2030 战略》共提出了 6 个“港口极”，分别为东方极（Le pôle de l'Oriental）、西北极（Le pôle du Nord-Ouest）、肯尼特拉—卡萨布兰卡极（Le pôle de Kenitra-Casablanca）、阿巴达—杜卡拉（Le pôle Abda-Doukkala）、苏斯—邓斯夫特（Le pôle du Souss-Tensift）、南方港口极（Le pôle des Ports du Sud）。① 具体情况参见表 III－5－2。

表 III－5－2 **摩洛哥 2030 港口战略“港口极”分布**

港口极	包含港口	定位和功能
东方极	纳祖尔港	辐射欧洲、地中海尤其是马格里布地区；渡船、煤、集装箱、邮轮和游艇
西北极	丹吉尔地中海港 丹吉尔城港 拉腊什港	直布罗陀海峡和丹吉尔区域；提供货物中转、渡船以及邮轮和游艇
肯尼特拉—卡萨布兰卡极	盖尼特拉港 穆罕默迪耶港 卡萨布兰卡港	重新整合了城市群的两大港口；能源、集装箱、邮轮和游艇

① “La stratégie portuaire nationale à l'horizon 2030”, *le Ministère de l'Equipement et des Transports*, 2011; “2030 National Port Strategy-Morocco”（http://portfinanceinternational.com/downloads/presentations/2016pficasablanca/1%20Sanae%20El%20Amrani.pdf）.

续表

港口极	包含港口	定位和功能
阿巴达—杜卡拉	约夫拉斯法港 萨菲港	重工业中心；能源、烃等
苏斯—邓斯夫特	阿加迪尔港	服务阿加迪尔地区；集装箱、邮轮和游艇、渔业
南方港口极	坦坦港 阿尤恩港 布支杜尔港 达赫拉	重新整合坦坦、阿尤恩和达赫拉三地的港口；渔业、物流出口、领土管理以及未来潜力

资料来源：笔者根据《摩洛哥 2030 国家港口战略》文件整理而成。

二　摩洛哥港口的战略意义

摩洛哥通过立法和制定中长期规划的形式将港口作为国家发展的重要战略之一。自 1999 年穆罕默德六世继位以来，摩洛哥先后经历了 2003 年卡萨布兰卡恐怖袭击、金融危机、2011 年阿拉伯剧变，此外西撒哈拉领土归属问题没有得到解决。因此，反恐、经济以及领土问题是当下摩洛哥面临最紧急的三个问题。笔者认为，港口战略可以成为解决上述三个问题的重要抓手之一。纵观穆罕默德六世以来摩洛哥的外交政策可以发现，其外交对象主要有四层，分别为美国、欧盟、海湾阿拉伯国家、非洲（尤以西非为主）以及远东（亚洲）地区（俄罗斯和中国等）。外交政策是国内政治延伸，也是为解决国内问题而服务的。所以，如何将上述三大问题与四层国家联系在一起，是摩洛哥国王任内最重要任务。港口正是具有这样的战略价值，既可以单向指向国内，又能联通两国间的关系。

第一，港口是摩洛哥国民经济发展的重要驱动力。摩洛哥支柱产业主要是矿业、渔业和旅游业，新兴工业产业近几年也迅速发展起来，2014 年和 2015 年汽车行业出口均是摩洛哥第一位。[①] 矿业、渔业和汽车均以出口为主，港口作为重要的物流始发点、中转站和集装箱储存地，为上述产品的出口提供了重要的保障。摩洛哥拥有多个旅游港，每个旅游港均有邮轮和游艇，吸引来自世界的游客。

第二，港口是摩洛哥与欧盟和美国建立良好关系的润滑剂。摩洛哥地

① 中华人民共和国驻摩洛哥王国大使馆经济商务处：《2015 年摩洛哥经济情况》（http://ma.mofcom.gov.cn/article/c/201608/20160801376881.shtml）。

处西地中海，与欧洲国家隔海相望，多年来，欧洲（以法国和西班牙为主）一直是摩洛哥第一大贸易伙伴，而摩洛哥是欧洲近年来反恐上的重要依赖对象。近年来，摩洛哥通过建立纳多尔西地中海港（在建）和丹吉尔地中海港，增加与欧盟国家的货运联系，进而夯实双方的贸易依赖性。美国虽然与摩洛哥距离较远，但两国早已设立自由贸易区，两国港口之间的联系也早已开通。

第三，港口是摩洛哥发展非洲战略的重要依托。作为非洲国家，摩洛哥长期以来都把发展与非洲国家关系作为其长期的战略，一方面通过在非洲实现经济区域化进而惠及本国经济，另一方面，借助其他非洲国家解决西撒哈拉问题。此外，通过本国港口打通西非和其他地区的联系，从西非国家出发，经过摩洛哥（以丹吉尔地中海港为主）到达欧洲和亚洲，从而增加其在西非国家的影响力。①

第四，港口为摩洛哥发展与远东国家，尤其是俄罗斯与中国关系提供新的机遇。作为摩洛哥外交的最后一环，俄罗斯与中国是其近期重要的外交对象。摩洛哥近年来一直致力于外交多元化，寻求更多的助手，经济是切入点，港口是保障。

第三节 中国参与摩洛哥港口建设现状与风险

中国与摩洛哥建交于 1958 年 11 月 1 日。建交 60 多年来，两国在政治、经济、文化、军事等多个领域进行了持续、健康的发展。2016 年 5 月，摩洛哥国王穆罕默德六世访问中国，并签署了《关于建立两国战略伙伴关系的联合声明》。这份极具战略意义的联合声明进一步推动了两国关系的发展。2016 年中摩贸易额达到 17.91 亿美元，同比增长 5.34%，其中中国在摩洛哥承包工程新签合同额 5.34 亿美元，同比增长 0.28%，完成营业额 4.57 亿美元。② 目前在摩洛哥投资发展的中资企业有 30—40 家，一类是以华为、中兴为代表的信息、通信技术企业，另一类为工程建设企

① Habibulah Mohamed Lamin, "What's on Morocco's agenda as it rejoins the African Union?"（http://www.al-monitor.com/pulse/originals/2017/02/morocco-agenda-join-african-union.html#ixzz4YWWqOtQk）.

② 中华人民共和国外交部网站：《中国同摩洛哥的关系》（http://www.fmprc.gov.cn/web/gjhdq_676201/gj_676203/fz_677316/1206_678212/sbgx_678216/t359843.shtml）。

业，主要从事高速公路和路桥港口等基础设施的项目承包。[①]

一　中国参与摩港口建设现状

摩洛哥地处古丝绸之路最西端，连接非洲、欧洲和阿拉伯世界，也是新时期中国海上丝绸之路的终端。中国通过摩洛哥可以将其市场和影响力同时投射非洲和欧洲，甚至其他阿拉伯国家。然而，由于地理和历史等多种原因，中国在摩洛哥港口建设的参与方面还处于较低水平。在非洲大陆，中国已正式参与投资的国家和港口项目有：尼日利亚的拉各斯庭堪岛港、多哥集装箱码头、吉布提集装箱码头和埃及塞得港苏伊士运河码头等，其中前三个项目是由招商局港口[②]投资，最后一个由中远太平洋投资。[③] 中国在摩洛哥参与港口方面的投资，主要有三种形式：第一，中企参与港口基础设施项目承包及其周边交通建设，以大型国企为主，如中国电建和中国中铁等；[④] 第二，港口技术和设备贸易，摩洛哥很多港口的核心技术和重要设备来自中国，如丹吉尔地中海港的运营方 A. P. 穆勒曾向上海振华重工公司（ZPMC）购买超巴拿马型集装箱装卸桥；第三，中国港口运营商参与摩洛哥具体港口业务，目前招商局港口已将丹吉尔地中海港作为其海外投资项目之一。

二　中国参与摩港口建设前景展望

虽然目前中国在摩洛哥港口建设和运营方面参与水平较低，但摩洛哥港口投资市场及其战略意义，对中国来说都是非常重要的。摩洛哥为吸引外资，近几年做了很多工作。2014 年摩洛哥设备与运输部曾在卡萨布兰卡举办国际港口投资大会，旨在吸引全球投资商参与摩港口建设与运营。2015 年 12 月，摩国家港口局出台港口投资规划，计划到 2019 年共投资 7. 2 亿美元，其中 52% 由外部提供，主要用来扩建、翻新和新建港口。另

---

① 郑怡、刘烁、冯耀祥：《中企在摩洛哥投资情况调研发现：营商环境友好尚存五大投资障碍》，《中国对外贸易》2016 年第 4 期。

② 前身是招商局国际股份有限公司，2016 年 6 月 3 日更名为招商局港口股份有限公司。

③ 陆海鹏：《中资企业“一带一路”港口投资分析及银行策略初探》，《国际金融》2016 年第 3 期。

④ 智宇琛：《中国央企参与非洲交通基础设施建设的现状及特点》，《亚非纵横》2014 年第 4 期。

外，据摩洛哥设备与运输大臣阿齐兹·拉巴赫（Aziz Rebbah）在参议院的讲话中指出，摩洛哥港口领域需要超过60亿美元的总投资。[①] 因此，巨大的港口需求为中资企业参与摩洛哥港口提供了广阔的市场。除了投资需求，摩洛哥临港园区以及自贸区也具备巨大潜力，欧美已有多家大企业入驻，如法国雷诺、加拿大庞巴迪（Bombardier）、德尔菲法（Delphi）和法国苏伊士集团（Suez）。中国政府可以鼓励中国企业在摩港口附近的园区建立工厂，在自贸区开办业务等，进而辐射非洲和欧洲业务。近年来，中国企业已经开始探索摩洛哥商机。2017 年 3 月 20 日，摩洛哥和中国海特集团签署协议，在丹吉尔附近为200 家中国企业建造工业园区。这将是中国在北非地区首个工业基地。

三　中国参与摩港口建设风险预判

新时期中国参与摩洛哥港口建设与运营主要面临以下几个方面的风险：第一，可能会招致欧美大国的批评。以摩洛哥为中心的马格里布地区，历来都是欧美大国，尤其是法国和西班牙的“势力”范围，对提升和维护其经济发展与国家安全都起到重要的作用。近年来中国在“一带一路”倡议下，在全球范围内参与诸多重要港口的建设，引起了西方媒体的关注，认为中国投资民用港口，表面是商业性质，终极目标是军事用途。[②] 摩洛哥地处西地中海范围，如若中国投资力度过大，必将引起法国和西班牙的关注；第二，政治风险。虽说摩洛哥是西亚和整个非洲大陆中政局最稳定国家之一，但是摩周围国家，要么是仍处于动乱的国家，如利比亚，要么具有极高的不稳定性，如突尼斯和阿尔及利亚，加之该地区是恐怖组织较为活跃的地区，给企业的投资带来了不确定性。另外，摩洛哥政府腐败现象较重、政府部门办事效率较低，加大了具体项目的运营成本和经验风险；第三，投资港口的资金回收期比较长，导致投资成本相对较高。摩洛哥自从 2012 年提出《2030 国家港口战略》以来，进行了多个港口的扩建和新建，但由于摩洛哥资源有限，特别是原材料方面，工期经常会延长，导致建设周期冗长。

---

① 中华人民共和国驻摩洛哥王国大使馆经济商务处：《摩洛哥国家港口局计划到 2019 年共投资 59 亿迪拉姆》（http：//china. huanqiu. com/News/mofcom/2015-12/8236306. html）。

② James Kynge，Chris Campbell，Amy Kazmin and Farhan Bokhari，“How China rules the waves”（https：//ig. ft. com/sites/china-ports/）.

第六章　摩洛哥农业发展与中摩农业合作

农业是摩洛哥经济发展的支柱产业，对稳定摩洛哥政治秩序和推动经济发展起着重要作用。整体来看，当前摩洛哥农业发展仍面临着气候干旱、耕地面积小、农业劳动力减少、科技水平有限、农产品出口市场较为单一等困境。为解决这些问题，政府既积极制定了“绿色摩洛哥计划”“摩洛哥太阳能项目规划”“强化农产品价值链项目”等发展规划和发展项目，也引进了先进的农业技术，并修建新的灌溉工程，亦积极开展对外农业合作，并通过借助域外贷款和援助改善农业发展现状，以期推动农业发展和提高农业对国家发展的经济贡献。农业合作是中摩双边合作的重要领域，在双边和多边机制的框架下，形成了“政府引领、企业实施”的合作模式，为两国农业合作的稳步推进提供了新机遇。

第一节　农业发展概述

一　农业在国家政治经济发展中的作用

自近代以来，农业一直作为摩洛哥的重要支柱产业，是稳定国家秩序和推动经济发展的重要动力。

从政治维度看，发展农业有助于维护社会稳定。粮食安全是世界各国高度重视的非传统安全问题，不仅关系人民生存，更影响政府执政根基。2010 年底，阿拉伯剧变席卷西亚北非，粮食危机虽不是根本诱因，但也是造成此次剧变的重要因素之一。相比埃及、利比亚、突尼斯等北非国家，摩洛哥虽然受波及较小，但也应予以警惕。经济学人 2017 年《全球粮食安全指数报告》也显示，摩洛哥粮食安全指数仅为 52. 8%，比 2016

年下降了0.7%。[1] 2016—2017年农季，摩三种主要谷物（硬质小麦、软质小麦和大麦）总产量大幅减少，从2015—2016年农季的1.15亿公担减少70%，减至3350万公担。其中，软质小麦从2014—2015年农季的5560万公担减产至2016—2017年农季的1860公担，用于制作面粉和面包等主食的软质小麦是摩家庭必备谷物，需通过进口来保证供应，据摩洛哥《经济学报》报道，摩洛哥2016—2017农季需进口400万吨软质小麦，创历史新高。[2] 但同时摩小麦消费量却居高不下。如表III-6-1所示，从横向来看，小麦消费量始终大于生产量和储存量；从纵向来看，生产量和消费量并未保持持续增长，这意味着摩洛哥需要通过进口满足消费需求，同时储存量的减少也将减弱国家在粮食危机时的应对能力。如果粮食安全不能得到保障，将会成为威胁摩社会稳定的潜在因素。如1981年、1984年、2008年摩洛哥均爆发了由于粮食减产引发的社会动乱。推动农业发展是确保粮食安全的关键举措，一方面有助于国家将饭碗端在自己手中，在全球粮价上涨时掌握更多主动权，不会因进口依赖性强而向粮食进口国让渡政治经济利益；另一方面粮食产量的提高有利于减少粮食进口，进而减少财政购粮支出。

表III-6-1　**摩洛哥小麦的生产量、消费量和储存量**　（单位：千吨）

时间	生产量	消费量	储存量
2013/2014	6934	9000	4317
2014/2015	5116	9000	4281
2015/2016	8064	9800	6856
2016/2017	2731	10200	4544

资料来源：Foreign Agricultural Service/USDA Office of Global Analysis，"Wheat：World Markets and Trade"，March 2018。

从经济维度看，发展农业有益于缓解摩洛哥贫困和缩小城乡差别。据

① The Economist Intelligence Unit，*Report of Global Food Security Index 2017*，London：The Economist Group，2017，pp.9-10.

② 中华人民共和国驻摩洛哥王国大使馆经济商务处：《摩洛哥软质小麦进口量将创历史新高》（http：//ma.mofcom.gov.cn/article/jmxw/201610/20161001410532.shtml）。

2018年商务部发布的《对外投资合作国别（地区）指南·摩洛哥》数据显示，2017年，摩农业领域增长15.1%，对国内生产总值的拉动为1.6个百分点，高于旅游业和工业，排在首位，从业人员占全国总人口的40%。[①] 此外，据全球贸易信用风险保障机构科法斯发布的2019年国家和行业风险报告显示，摩洛哥的贸易风险评级持续保持在A4，为可接受风险级别，是非洲地区表现最好的国家，其中农业发展态势良好是主要的动力之一。[②] 对农民而言，农业是维持生计的主要渠道，农业收成的好坏和农产品销售额的多少直接决定了农民生活质量的高低。

在摩300万的农业家庭中，200万家庭全年从事农业，100万家庭季节性从事农业，农民80%的收入来自农业。[③] 但在占摩洛哥总人口40%左右的农民中，有2/3以上的人是贫困人口。[④] 农民是粮食的生产者，但获

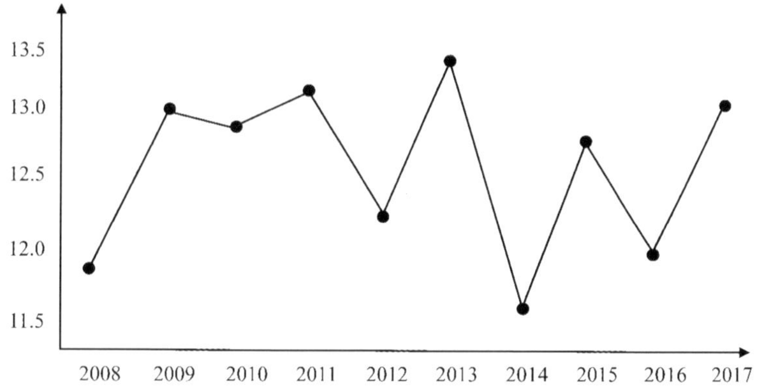

图Ⅲ-6-1 2009—2017年摩洛哥农业增加值占GDP的百分比（%）

资料来源：The World Bank, "Agricultural Value Added (% of GDP)", https://dat a. world-bank. org. cn/indicator/NV. AGR. TOTL. ZS? Locations = MA&v iew = chart。

① 商务部国际贸易经济合作研究院、中华人民共和国驻摩洛哥王国大使馆经济商务处、商务部对外投资和经济合作司：《对外投资合作国别（地区）指南·摩洛哥》，2018年版，第17页。

② 中华人民共和国驻摩洛哥王国大使馆经济商务处：《科法斯发布2019年国家风险评级：摩洛哥国家贸易风险级别维持在A4》（http://ma. mofcom. gov. cn/article/jmxw/201902/20190202834630. shtml）。

③ 原农业部国际交流服务中心编著：《非洲农业国别调研报告集》（第一辑），中国农业科学出版社2012年版，第129页。

④ Nuno Santos and Iride Ceccacci, *Egypt, Jordan, Morocco and Tunisia: Key Trends in the Agri-food Sector*, Rome: FAO, 2015, p. 16.

取粮食的能力却相对薄弱，导致多数年轻人选择放弃农业生产，从而形成“农业发展缓慢—农民贫困加剧—农业劳动力减少”的恶性循环。因此，对摩洛哥而言，推动农业发展并加大对农村、农民的补贴是帮助农民摆脱贫困的关键，也有助于减少农业劳动力的流失。摩洛哥农业生产总值占GDP的比重并未持续上升，且波动性较大，这主要是受自然因素和社会因素的双重影响，也是未来摩洛哥推动农业发展所需解决的问题。

二　农业发展自然禀赋

位于非洲大陆西部，东部东南部接阿尔及利亚，南部为西撒哈拉，西部、北部分别濒临大西洋和地中海，扼地中海西部出入门户，海岸线长1700多千米。从地形上看，摩洛哥既有陡峭的阿特拉斯山脉，也有大西洋海岸延伸至蒂夫山和阿特拉斯边缘形成的肥沃沿海平原。从气候来看，摩洛哥以地中海气候为主，夏季炎热干燥，冬季温和多雨。但受纬度、大西洋和地中海、阿特拉斯山和撒哈拉沙漠的综合影响，摩洛哥地中海气候呈现多样性。复杂的地形和多变的气候使摩洛哥农业生产的自然环境呈现出以下特征。

第一，耕地面积占国土面积比例下降。塞布平原是摩洛哥主要的农业区，该平原面积宽广，土壤肥沃，雨水丰富，适合农作物生长。但受荒漠化、过度放牧、城市化等因素的综合影响，摩洛哥耕地面积占国土面积的比例整体呈下降趋势。如表III-6-2所示，从2003年到2010年摩洛哥耕地面积占国土面积比例一直保持下降趋势，尽管2010年之后该比例稳步上升，但仍低于2003年的水平，且2016年耕地面积所占百分比仅和10年前的数值持平。

表III-6-2　2003—2016年摩洛哥耕地面积占国土面积的比例（%）

年份	2003	2004	2005	2006	2007	2008	2009	2010	2011	2012	2013	2014	2015	2016
比例	20.3	18.4	18.2	18.1	18.1	18.0	18.0	17.3	17.5	18.0	18.2	18.2	18.2	18.2

资料来源：The World Bank，“Arable Land（% of Land Area）”，https：//data. world bank. org/indicator/AG. LND. ARBL. ZS? locations = MA&view = chart。

第二，水资源短缺，降水量时空分布不均。根据联合国的规定，一国从可供使用的淡水中回收再利用的水量如果低于 10%，即被视为低度缺水；如果在 10%—20%，就被视为中度缺水；如果处于 20%—40%，则被视为中高度缺水；如果超过了 40%，则被认为是高度缺水。[①] 按照这个标准，摩洛哥属于中高度缺水国家，根据世界银行数据显示，2014 年摩洛哥淡水回收再利用比例达 36%，[②] 即将突破 40% 进入高度缺水国家。

从时间维度看，摩洛哥降水量呈现季节性反差，冬季多夏季少。从空间维度看，摩洛哥气候变化多样，从北向南呈现四种类型：摩洛哥北部和中部沿海地区受地中海影响，属地中海气候，年降水量从北向南减少了近 400 毫米；西部和西北部的沿海地区，在大西洋的影响下，气候温和，属亚热带地中海气候，降水量在 300—800 毫米；涵盖大、中、小阿特拉斯山地的中部内陆区属亚热带山地气候，年降水量和山脉的海拔高度呈正相关，其中低处仅 300 毫米，最高处可达 1400 毫米；大阿特拉斯山以南及东部地区属沙漠性气候，年降水量还不到 250 毫米。[③] 不同的气候分层导致摩洛哥由北向南、由沿海向内陆的降水量持续减少。据 2018 年中国商务部发布的《对外投资合作国别（地区）指南·摩洛哥》显示，摩洛哥从北向南主要城市年降雨量依次为：丹吉尔（810 毫米）、拉巴特（570 毫米）、卡萨布兰卡（450 毫米）、马拉喀什（253 毫米）、阿加迪尔（289 毫米）。[④]

摩洛哥农业发展以降水为主，当降水充沛且时空分布均匀时，摩农业收成便会好转。如摩农渔部在 2018 年 4 月 23 日表示，得益于当年春季降水充足且时空分布均匀，2017—2018 年农季，摩三大主要粮食作物的种植面积为 450 万公顷，同比下降 16%，平均单产增长 23%，达到每公顷 21.8 公担，总产量有望达 9820 万公担，同比增长 3%，其中，软质小麦为 4810 万公担，硬质小麦 2280 万公担，大麦 2730 万公担。[⑤] 但若降水时

---

① A. Hamdy and R. Monti eds., *Food Security under Water Scarcity in the Middle East: Problems and Solutions*, Greece: CIHEAM Press, 2005, p. 251.

② World Bank, "Annual Freshwater Withdrawals" (https://data.worldbank.org/indicator/ER.H2O.FWTL.ZS? loc ations = MA&view = chart).

③ 肖克编著：《列国志·摩洛哥》，社会科学文献出版社 2008 年版，第 10 页。

④ 商务部国际贸易经济合作研究院、中华人民共和国驻摩洛哥王国大使馆经济商务处、商务部对外投资和经济合作司：《对外投资合作国别（地区）指南·摩洛哥》，第 3 页。

⑤ 中华人民共和国驻摩洛哥王国大使馆经济商务处：《摩洛哥 2017—2018 农季粮食增收》（http://ma.mofcom.gov.cn/article/jmxw/201804/20180402738119.shtml）。

空分布不均，则将导致农业生产出现地域差异，影响整体的农业产量。据摩洛哥水利部门披露，摩洛哥水资源蕴藏量评估为700立方米/人·年，低于1000立方米/人·年的标准，已近于警戒线。2010年全国水资源需求量约145亿立方米（其中85%用于农业灌溉），而到2030年将上升至255亿立方米。此外，水价上涨、地下水过度开采、干旱及水质污染也导致水资源储量下降。[①] 据世界粮食计划署预计，受降水量减少的影响，预计摩洛哥将于2030年成为干旱多发的国家之一。[②]

第三，土壤肥力下降。在摩气候干旱地区，降水稀少易诱发土地荒漠化，并加重土壤受侵蚀的程度，导致钙质土、黑色黏土等土壤的有机质含量降低，进而造成这些土壤在重型机械的作用下，更容易遭受风蚀和水蚀，影响粮食单位产量的增加。

三　农业发展的机构设置

健全的农业管理体制和完善的部门设置是促进农业生产、加工、销售的关键，在农业生产中能够实现事半功倍的效果。

首先，垂直型农业行政管理体系的形成。为推动摩洛哥农业发展，摩洛哥政府已形成了以国家—大区—省—地方为格局的垂直管理体系。在政府机构中设立农业与渔业部，负责统筹国内农业发展和农业方针政策的制定；农业与渔业部下辖大区农业发展署、国家农产品卫生安全办公室、农业和农村发展联合会、国家农业工会等，并在大区农业局下形成了省级农业局及农垦局—农业工程中心、农业和农村发展联合会下形成了行业协会—农业组织、国家农业工会下形成了大区农业工会—省级农业工会分会—农业组织3个管理层次。[③] 各机构各司其职，在水源灌溉、土地开垦、基础设施修建、农业技术传播等农业领域发挥作用，合力推动农业发展。

其次，部属企事业单位和科研院校的成立。为培养摩洛哥农业科技人才和推动摩洛哥农业走出去和引进来，摩洛哥农业与渔业部还成立了14

① 中华人民共和国驻摩洛哥王国大使馆经济商务处：《摩洛哥水资源紧缺》（http://ma.mofcom.gov.cn/article/jmxw/201402/20140200497493.shtml）。

② Guy Jobbins and Giles Henley, *Food in Uncertain Future*, Rome: WFP Press, 2015, p. 26.

③ 农业部国际交流服务中心编著：《非洲农业国别调研报告集》（第一辑），中国农业科学出版社2012年版，第131页。

所直属企事业单位和4所农业科研院校（如图Ⅲ-6-2）。

从图Ⅲ-6-2中可以看出，摩洛哥农业与渔业部部属的企事业单位和科研院校既有负责农产品研发与推广，又有负责为农业科研和基础设施建设提供贷款，亦有负责农产品检验、仓储和运输，其职能几乎涵盖了农业发展的各个方面，并在国家农业方针的指导下配合政府机构的相关工作。

摩洛哥农业与渔业部

- 港口筒仓公司
- 化学分析与研究官方实验室
- 生物产品、药品与兽医产品公司
- 国家农学研究学院试验与规范化处
- 国家推广研究中心
- 阿加迪尔综合园艺学院
- 哈桑二世农学与兽医学院
- 塞勒国家林业工程学院
- 梅克内斯国家农业学院
- 皇家马类促进公司
- 摩洛哥农产品商品化公司
- 国家农业信贷银行
- 出口协调与监测自治机构
- 国家跨行业种子蔬菜局
- 国家畜牧发展公司
- 农业发展公司
- 农业土地管理公司
- 国家种子商品化中心

图Ⅲ-6-2　摩洛哥农业与渔业部部属企事业单位和农业科研院校

资料来源：农业部国际交流服务中心编著：《非洲农业国别调研报告集》（第一辑），中国农业科学技术出版社2012年版，第132页。

四　主要农作物

摩洛哥农作物品种丰富，主要种植品种包括粮食作物、油料作物、糖料作物和蔬菜水果，其中摩洛哥粮食作物主要包括小麦、大麦、水稻、玉米、高粱等；油料作物主要包括向日葵和花生；糖料作物主要包括甘蔗和甜菜；蔬菜水果主要包括马铃薯、番茄、洋葱、橄榄、柑橘、葡萄、草莓、梨、香蕉、苹果等。此外，摩洛哥还种植茶叶、玫瑰、藏红花等。[①] 根据联合国粮农组织数据库的数据显示（见表Ⅲ-6-3），在粮食作物中小麦种植面积最大、总产量最多，但单位产量低于稻谷；在糖料作物中，甜菜的三个统计数值均高于甘蔗，这也得益于摩洛哥不断推广Desprez、Heros、Aupoly等新品种，而甘蔗产量较低也导致摩国内食糖的需求量有一半以上需要通过进口满足[②]；在蔬菜中，马铃薯的种植面积和总产量均高于番茄和洋葱，促使鲜薯成为摩主要出口的农产品之一；在水果种植中，橄榄的种植面积最大、总产量最高，这主要是由于一方面橄榄是“绿色摩洛哥计划”的重点产业之一，预计到2020年摩橄榄种植面积将达到122万公顷，产量250万吨，其中橄榄油33万吨，食用橄榄果23万吨；另一方面橄榄是摩洛哥人最喜欢的水果之一，计划到2020年人均消费橄榄油4公斤，人均食用橄榄果5公斤。[③] 整体来看，从2015年到2017年，摩洛哥主要农作物中，仅玉米、番茄、草莓的单位产量保持持续增长，其他农作物单位产量均有所浮动。

丰富的农作物品种推动了摩洛哥农产品加工业的发展。农产品加工业是摩洛哥重要的传统行业，以农产品和海产品加工为主。据商务部统计数据显示，摩洛哥国内约有农产品加工企业2000家，产值约800亿迪拉姆[④]，约占工业总产值的1/3，其中25%用于出口。[⑤] 当前，橄榄油、水果罐头、蔬菜、水产等都是摩洛哥出口的主要产品。而就国内市场而言，政府供应的主要农产品包括面粉、糖、蒸粗麦粉（摩洛哥传统食物）、植物油等。以食糖加工为例，摩境内共有20家糖厂，大约能满足国内市场需求的一半，并面向国内和国外两个市场。据中国商务部数据显示，2017

---

① 农业部国际交流服务中心编著：《非洲农业国别调研报告集》（第一辑），中国农业科学出版社2012年版，第149—158页。

② 农业部国际交流服务中心编著：《非洲农业国别调研报告集》（第一辑），中国农业科学出版社2012年版，第152页。

③ 农业部国际交流服务中心编著：《非洲农业国别调研报告集》（第一辑），中国农业科学出版社2012年版，第154—155页。

④ 商务部国际贸易经济合作研究院、中华人民共和国驻摩洛哥王国大使馆经济商务处、商务部对外投资和经济合作司：《对外投资合作国别（地区）指南·摩洛哥》，第19页。

⑤ 商务部国际贸易经济合作研究院、中华人民共和国驻摩洛哥王国大使馆经济商务处、商务部对外投资和经济合作司：《对外投资合作国别（地区）指南·摩洛哥》，第18页。

年摩农产品出口额达521.8亿迪拉姆[①]，同比增长7.6%。而据中非贸易研究中心数据显示，2017年1月到8月，摩洛哥出口1576亿迪拉姆，同比增长6.7%，而出口额的增加主要归功于农业和农产品加工业的出口增长了9%，达到343亿迪拉姆。[②]

表Ⅲ-6-3 2015—2017年摩洛哥主要农作物的种植面积、单位产量、总产量

年份	种植面积（万公顷）			单位产量（吨/公顷）			总产量（万吨）		
	小麦	玉米	稻谷	小麦	玉米	稻谷	小麦	玉米	稻谷
2015	327.38	12.59	0.83	2.46	0.75	7.61	807.46	9.50	6.32
2016	241.36	13.88	0.75	1.13	0.92	7.08	273.11	12.87	5.33
2017	338.42	13.07	0.80	2.10	0.94	7.20	709.08	12.24	5.77
年份	大麦	高粱	向日葵	大麦	高粱	向日葵	大麦	高粱	向日葵
2015	200.01	0.50	3.69	1.69	1.04	1.41	339.69	0.53	5.23
2016	120.76	0.19	3.79	0.51	0.91	0.79	61.99	0.18	3.01
2017	200.15	0.41	1.89	1.23	0.90	1.26	246.65	0.36	2.38
年份	甘蔗	甜菜	马铃薯	甘蔗	甜菜	马铃薯	甘蔗	甜菜	马铃薯
2015	0.84	6.09	6.45	46.59	63.62	29.82	39.53	387.56	192.44
2016	1.04	6.09	6.94	40.87	69.18	29.33	42.65	421.89	174.36
2017	1.06	5.78	6.43	52.20	64.74	29.94	55.31	374.14	192.49
年份	番茄	洋葱	橄榄	番茄	洋葱	橄榄	番茄	洋葱	橄榄
2015	1.75	3.22	100.64	80.53	25.66	1.13	141.24	82.87	114.42
2016	1.52	2.50	100.83	80.79	27.32	1.40	123.12	68.56	141.61
2017	1.59	2.78	102.06	81.43	27.12	1.02	129.38	75.41	103.91
年份	柑橘	葡萄	草莓	柑橘	葡萄	草莓	柑橘	葡萄	草莓
2015	5.43	4.65	0.34	15.97	9.39	41.50	86.90	41.83	14.11
2016	5.58	4.60	0.31	16.29	7.93	43.05	90.92	36.48	13.68
2017	5.66	4.28	0.36	18.31	8.23	44.59	103.72	37.81	16.18
年份	梨	香蕉	苹果	梨	香蕉	苹果	梨	香蕉	苹果
2015	0.33	0.84	4.52	13.59	39.74	14.91	4.59	33.49	67.41
2016	0.35	0.84	4.86	7.88	39.32	8.34	2.77	33.38	40.63
2017	0.31	0.85	4.95	11.13	39.16	16.58	3.40	33.36	82.05

资料来源：Food and Agriculture Organization of the United States，“FAOSTAT”，http：//www.fao.org/faostat/zh/#data/QC。

---

① 1迪拉姆约等于0.27美元。

② 中非贸易研究中心网站：《摩洛哥农产品加工需求大》（http：//news.afrindex.com/zixun/article10998.html）。

第二节　农业发展的困境

如前文所述，农业是摩洛哥经济发展的支柱产业，对稳定摩洛哥政治秩序和推动经济发展起着重要的作用，但同时也面临着诸多挑战。

一　气候干旱影响农作物产量的提高

农业是对气候变化最为敏感的产业，降水、耕地、土壤等多重自然因素都直接影响农业种植品种、生产规模、粮食产量等。摩洛哥地处北非，属半干旱地区，气候变化对其农业生产的影响尤为突出，由降水量的时空分布不均而造成的干旱等气候问题是摩洛哥提高粮食产量的首要困境。在摩洛哥农业生产的历程中，已经历 1979—1984 年、1994—1995 年、1998—1999 年、2006—2007 年四次长期的旱灾，其中 2007 年旱灾导致当年粮食产量比 2006 年减少 76%。[①] 但受全球气候变暖的影响，干旱在摩洛哥并未得到有效缓解，如 2011—2012 年农业生产季的降雨比上一年度减少了 50%，据预测，摩洛哥平均农业生产率将在 2080 年减少 30%[②]。此外，在一些降水充沛的丘陵地区，由于坡度较大，如遇暴雨会造成水土流失，导致土壤层被侵蚀破坏，土壤肥力下降，土地沟壑加深，更易受干旱的侵扰，影响农作物生产。

二　土地耕种面积小

受制于传统的家庭经营模式，摩洛哥多数农户的土地耕种面积均少于 5 公顷，虽保证农民享有土地，但小规模耕种对农民生活和国家农业生产都将产生不利的影响。一方面，随着家庭人数的增加，对粮食的需求量也不断上升，小规模的种植面积难以使农民实现家庭生产的自给自足。另一方面，耕种面积小限制了农民的粮食产出，导致农民通过售粮获得的收入

---

① JanpeterSchilling and E. Hertig et al., "Climate Change, Vulnerability and Adaptation in North Africa with Focus on Morocco", *Agriculture Ecosystems and Environment*, 2012, p. 21.

② Giannakopoulos C. and Le Sager P. et al., Climatic changes and associated impacts in the Mediterranean resulting from a 2℃ global warming, *Global and Planetary Change*, Vol. 68, 2009, pp. 209 - 224.

受限，当农民日益增长的物质文化需求和农业生产带来的收益并未显著增长时，多数农民，尤其是青年，会选择放弃农业，从事第二或第三产业，直接影响了农业从业人数。

三 农业劳动力减少

农业劳动力削减是多重因素共同作用的结果，除上文提及的耕种面积小之外，城市化的快速发展和财政投入较少也是两个主要原因。首先，城市化的快速发展扩大了城乡差距，城市繁荣和农村落后形成了鲜明对比，导致农民心理形成落差，进而选择外迁从事非农职业。一方面，城市发展过程中所创造的就业机会成为吸引农民的主要动力。城市化进程的加快带动第三产业的发展，吸纳了更多的侨汇和外商投资，创造了更多的新就业机会。相较于在农村日夜耕种却没有等价回报的生活而言，城市的工作更具诱惑。在城市日益兴盛农村日渐落后的社会环境下，务工人数增多、务农人数减少这一趋势将会持续保持。[①] 另一方面，城市优越的生活环境吸引农民前往。在农民眼中，城市就是美好生活的象征，它可以提供更好的医疗设施、安全的饮用水和更好的食物。其次，政府对农业生产的财政投入有待提高。例如在农业生产资料方面，每公顷用肥量只有法国的1/4，农机普及率只有西班牙的1/11，银行系统用于支持农业的项目贷款较少，仅18%的农户有能力贷款，且政府对农业的补贴仅是欧洲国家的1/4，甚至更低。[②] 综上所述，农业对农民的吸引力不断下降，农业劳动力外迁的现象更加普遍。如表III－6－4所示，女性从事农业生产的人数比例远高于男性，是摩洛哥农业生产的主力军；另一方面，除2015年外，男性和女性从事农业的人数整体呈下降趋势，倘若这一趋势持续蔓延，农业生产将出现“用人荒”。从公民个人来看，选择非农职业是一种正常的发展需求，既可以获得更高的物质报酬和更好的生活质量，也便于使用城市所提供的便利服务。但从农业可持续发展来看，农民是粮食生产的主力军，农村是居民所需食物的供给地，但农民外迁削弱了国家内在的自

① 张帅：《埃及粮食安全：困境与归因》，《西亚非洲》2018年第3期。

② 农业部国际交流服务中心编著：《非洲农业国别调研报告集》（第一辑），中国农业科学出版社2012年版，第176页。

我供给能力。[①]

表 III-6-4　　2011—2017 年摩洛哥农业劳动力数量占总就业人数的比例（%）

年份	男性	女性
2011	32.2	61.2
2012	32.0	60.0
2013	31.3	57.2
2014	30.5	56.3
2015	31.7	58.0
2016	30.9	57.2
2017	30.6	56.9

资料来源：The World Bank，"Employment in agriculture，male/female"，https：// data. worldbank. org. cn/indicator/SL. AGR. EMPL. MA. ZS? locations = MA&view = chart；https：//data. worldbank. org. cn/indicator/SL. AGR. EMPL. FE. ZS? locations = MA&view = chart。

四　农业科技水平有限

科学技术是第一生产力。对农业而言，科技水平的高低关乎粮食产量的多少和粮食生产效率的高低。但摩洛哥农业科技水平有限，主要体现在以下两方面。

第一，农业机械化水平整体偏低。摩洛哥农业机械化水平的提高主要受制于以下三方面：其一，小规模耕地降低了农民对机械化设备的需求，他们依靠犁、耙等传统的农业生产工具就足以完成耕种任务，导致机械化设备缺乏销售市场。其二，政府缺乏对机械化的研发和教育的重视。摩洛哥政府并未设立专门研发农机设备的机构或科研院校，造成国家农业机械化研发能力薄弱，本国的生产水平仅局限于传统的农业耕种工具，重要的机械化设备仍依赖于进口。其三，机械化发展不均衡。摩洛哥西北部和东南部农业机械化水平差距较大，其中前者发展较快，机械化水平较高，综合水平达到60%，而后者水平较低，在阿特拉斯山的东南部地区以人力

① Abdulaziz Y. Saqqaf, *The Middle East City: Ancient Tradition Confront a Modern World*, New York: Paragon House Publisher, 1987, p. 244.

和畜力为主，影响了国家整体水平的提升。[①]

第二，技术创新能力有待提升。由于摩洛哥以传统农业经营为主，科技创新和先进技术推广面临阻力，加之农民的文化水平和知识结构有限，不易接受新技术和新理念。此外，便利的地理位置为摩洛哥引进欧洲国家的先进技术创造了条件，无助于摩公民培养农业创新理念。毋庸置疑，农业科技创新是国家改善农业生产环境、保障粮食安全的重要举措，这在农业强国以色列的发展中得到证实。但对摩洛哥而言，依旧任重而道远。

五　农产品出口市场尚需拓展

欧盟是摩洛哥农产品出口的主要市场，对欧盟出口的农产品既无上限也无关税。例如2016年摩大米87%出口到西班牙，9.3%出口到比利时；橄榄油65%出口到西班牙；蔬菜汁30%出口到法国，7%出口到英国，6%出口到德国；果汁16%出口到荷兰，15%出口到法国；葡萄酒81%出口到法国；热带水果57%出口到西班牙，17%出口到德国，6.7%出口到荷兰。[②] 尽管摩洛哥也向美国、俄罗斯、中国、阿曼、埃及、毛里塔尼亚等地出口，但从整体出口规模看，欧盟仍占据主要地位。诚然，对任何国家而言，地缘是国家出口农产品的优先考虑因素，有助于减少运输成本和增进与周边国家的关系，但地缘不能成为国家出口的唯一决定因素。若长期“把鸡蛋放在一个篮子里”，无疑将增加出口风险。欧盟的经济发展状况、政治改革、对外关系、汇率等一系列因素的改变，都将影响摩洛哥外向型农业的发展。

摩洛哥农业发展所面临的困境是自然因素和社会因素所致，其中前者包括气候干旱和土地耕种面积小，后者包括农业劳动力减少、农业科技水平有限和农产品出口市场有待扩展。综合来看，气候干旱和农业科技水平有限是摩洛哥农业发展亟待解决的两个问题，都关系到摩洛哥农业发展的现代化和可持续化。

---

① 农业部国际交流服务中心编著：《非洲农业国别调研报告集》（第一辑），中国农业科学出版社2012年版，第177页。

② OEC, “What does Morocco export” (https://atlas.media.mit.edu/en/visualize/tree_map/hs92/export/mar/all/show).

第三节 农业发展路径

尽管当前摩洛哥农业发展面临诸多困境，但政府也在制订科学的发展规划和推动相关农业项目的发展，以期减缓不利因素对摩农业生产的影响。

一 制定摩洛哥农业发展战略和项目规划

第一，“绿色摩洛哥计划”。2008 年，为发展现代集约型农业，使小规模农业现代化并提高农民收入，摩洛哥政府实施了“绿色摩洛哥计划”(Green Morocco Plan)。“绿色摩洛哥计划”主要包括以下六个方面：第一，在农业生产者、加工者和销售者之间构建一个共赢的伙伴关系；第二，推动现代农业和传统农业共同发展，即关注由私人投资的且能带来高附加值的现代农业，如乳制品行业和瓜果蔬菜等，同时，提高农业边缘区农民的收入，确保传统农业的发展；第三，推动私人在农业领域的投资；第四，采取合同制的方式，促使政府、政府代理人、专业管理人员、相关机构各司其职；第五，推动摩洛哥在气候、水源等诸多领域实现农业可持续化；第六，解决土地占有制等跨区域问题。[①] 自政府实施绿色摩洛哥计划以来，摩洛哥农业领域已吸引 560 亿迪拉姆来自私营领域的投资，粮食自给率不断提高，目前已实现肉类、果蔬的 100% 自给，可满足 96% 奶制品需求，50% 糖类需求，60% 谷物需求，以及 20% 食用油需求。[②] 此项规划计划到 2020 年，农业领域投资额达到 1500 亿迪拉姆，农民收入提高 2—3 倍，创造 150 万个就业岗位。[③]

为保障该计划顺利实施，摩建立了农业发展署，每年投资 10 亿美元，一方面实施可为农业产品和农业食品提高附加值的上千个新项目，促进农

---

① Hamid El Bilali and Sinisa Berjan et al.,“Agricultural and Rural Development Governance in Morocco”, *The Conference of the Third International Scientific Symposium*, November 2012, p. 671.

② 商务部国际贸易经济合作研究院、中华人民共和国驻摩洛哥王国大使馆经济商务处、商务部对外投资和经济合作司：《对外投资合作国别（地区）指南・摩洛哥》，2018 年，第 17 页。

③ 中华人民共和国驻摩洛哥王国大使馆经济商务处：《摩洛哥农业发展规划：“绿色摩洛哥计划”》(http://ma.mofcom.gov.cn/article/tzzn/201710/20171002658654.shtml)。

业现代化，另一方面通过落实困难乡村地区 545 个小农场项目来支持小农农业。摩洛哥农业发展规划在摩农业发展中的积极作用已经凸显。据摩农业与渔业部发布的 2017—2018 年农季农业生产数据显示，尽管受 2017 年冬雨季延迟的不利影响，但在“绿色摩洛哥计划”的整体部署下，摩该农季农业收成形势良好。谷物产量 1.03 亿公担，同比增长 7%，为“绿色摩洛哥计划”实施十年来的第三大丰收年份。橄榄产量 200 万吨，同比增长 72%，糖类作物产量同比增长 3.6%，可满足全国需求的 46%，柑橘产量 262 万吨，同比增长 17%，单产达到每公顷 22.1 吨。蔬菜产量 200 万吨；同期，摩农业出口同比增长 3%。[①]“绿色摩洛哥计划”已成为推动摩洛哥农业发展的重要国家战略。

2018 年 12 月底，摩洛哥农渔大臣阿齐兹·阿赫努什对“绿色摩洛哥计划”（Plan Maroc Vert）实施十年以来的成就做出总结。他强调，得益于“绿色摩洛哥计划”，2018 年摩农业 GDP 总产值达 1250 亿迪拉姆，与计划推出的 2008 年相比上升了 60%，年均增长率为 5.25%，摩农业总产值预计在 2019 年达到 1280 亿迪拉姆。[②] 十年来，农业领域累计投资总额为 1040 亿迪拉姆，其中 60% 来自私营部门。根据农渔大臣估计，2019 年累计投资将达到 1150 亿迪拉姆。国际机构和其他出资方共提供 340 亿迪拉姆的融资，其中 37% 是无偿援助。[③]

具体而言，在农业机械化方面，大额资金的投入让每公顷机械化率由 5 台拖拉机上升为 9 台。自从绿色摩洛哥计划施行以来，农业生产和加工业每单位产能提升了 44%；在农产品加工方面，该领域在绿色摩洛哥计划一直处于弱势地位。但在计划的大力推广下，自 2018 年 2 月开始，农业发展基金已收到了约 90 个项目材料，投资总额达 20 亿迪拉姆；粮食安全方面，计划的施行还促进了摩粮食的进出口平衡，这主要得益于出口粮食产值提升了 117%，粮食自给率也由 2008 年的 50% 上升到现在的 66%；

---

① 中华人民共和国驻摩洛哥王国大使馆经济商务处：《摩洛哥发布 2017—2018 农季农业数据》（http：//ma. mofcom. gov. cn/article /jmxw/201810/20181002794022. shtml）。

② 中华人民共和国驻摩洛哥王国大使馆经济商务处：《摩洛哥“绿色摩洛哥计划”实施十年成效显著》（http：//ma. mofcom. gov. cn/article/ztdy/201901/20190102827044. shtml）。

③ 中华人民共和国驻摩洛哥王国大使馆经济商务处：《摩洛哥“绿色摩洛哥计划”实施十年成效显著》（http：//ma. mofcom. gov. cn/article/ztdy/201901/20190102827044. shtml）。

农村基础设施方面，根据“绿色摩洛哥计划”的要求，国家共投入30亿迪拉姆为415个市镇修建公路和车站，既改善了农村偏远地区的交通状况，又为农产品运输提供了便利；在保障农民基本生活方面，摩农渔部从2012年至2017年，将领取国家社保的农业从业人员从16.5万余人扩大到25万余人，获得医保的人数从23万余人增加到36万余人，旨在解决农民基本生活的同时，稳定农村劳动力资源，防止农业从业人员大规模流失。[①]

第二，“摩洛哥太阳能项目规划”。在2017年末，摩洛哥公布了“太阳能计划”，将投资2亿欧元发展该项目，以用于服务国家农业生产。该项目将由摩能源矿业和可持续发展部门主管，旨在将太阳能作为水泵的主要动力，以服务于水源灌溉，既有助于减少农民的生产成本，也将减少丁烷在农业生产中的使用，使农业生产更加灵活化。该项目计划到2021年使农业用水覆盖到新增的10万公顷土地，以提高农业生产效率和利润。[②]同时，政府将对太阳能抽水项目给予更多的补贴，以期确保大型农场可以发展更多农业项目。

第三，“强化农产品价值链项目”。该项目旨在通过提高农产品贸易、农产品竞争力和市场效率，以提高农业产值。2017年12月，世界银行已就该项目向摩洛哥贷款了2亿美元，希望推动摩洛哥农业可持续发展和消除国家贫困。[③] 该项目的实施将会改善中小农产品生产者、企业以及他们的合作伙伴的经营状况，将强化农产品价值链的可持续性。同时，为提高市场运作效率，该项目也将通过提高市场准入度来使整个销售市场的管理模式更加现代化。此外，该项目也为中小生产者提供接触销售者的机会，以期加强中小生产者的参与程度。上述三个项目是摩洛哥制定的旨在实现农业可持续发展的重要组成部分，既有助于保障国家粮食安全，又为国家创造了更多就业机会，兼顾了农业和城市的双向发展。

---

① 中华人民共和国驻摩洛哥王国大使馆经济商务处：《摩洛哥“绿色摩洛哥计划”实施十年成效显著》（http：//ma. mofcom. gov. cn/article/ztdy/201901/20190102827044. shtml）。

② Mccall Robisan，“Sustainable Agriculture in Morocco Ensuring Food Security”，*World News*，January 17，2018.

③ Mccall Robisan，“Sustainable Agriculture in Morocco Ensuring Food Security”，*World News*，January 17，2018.

二 倡导保护性农业试验免耕法

保护性农业（Conservation Agriculture：CA）是一种管理农业生态系统的农业模式，旨在提高农业生产率、增加农产品利润、保障粮食安全、保护农业资源和生态环境，实现可持续发展。① 加拿大学者朱利安·杜曼斯基（Julian Dumanski）等人将保护性农业视为一种自然资源管理和可持续经济农业生产的结合，将产生较少的侵蚀和污染、干净的水源、清新的空气、健康的土壤、天然的肥料、可持续和高效的农业生产率。② 免耕法（No-tillage：NT）是保护性农业的一种特殊类型，包括三个方面：在没有耕种或准备苗床的情况下直接播种，农作物残渣保留在土壤表面，杂草的处理主要通过除草剂或轮流耕作。③ 经过长期的试验，免耕法的优点已经凸显，如免耕法的产量高于传统耕种方法，增加的作物残渣更有助于能量的转换和平衡，促使小麦产量比连续耕种更加稳定等。同时，免耕的农作物抗旱性更强，因为这些农作物在休耕时期或成长期可以储存水分，既有助于干旱时期农作物的生长，同时如果补给水源充沛还可以增加每年耕种的次数。此外，免耕法有益于促进农民收入的提高。一方面，通过免耕种植的小麦，既缩小了生产成本又增加了单位产量，有效改善了农民收成；另一方面，免耕减少了劳动力成本，农民有更多的时间从事其他职业，从而获得双倍收入。为更好地推广免耕法，摩洛哥还需建立一个涵盖科学家、制造者、生产者、农民等各相关主体的网络，以期总结免耕法的实施经验，不断满足人民对粮食的需求。

三 改善农业灌溉条件

为解决农业发展用水问题，摩政府在灌溉工程和灌溉技术两方面采取了措施。摩洛哥农业用水主要源于降水，且主要集中于每年的 11 月到翌

---

① FAO, *Conservation Agriculture: Matching Production with Sustainability*, *Land and Water Digital Media Series*, No. 18, 2002.

② J. Dumanski et al., "The Paradigm of Conservation Agriculture", *Proceedings of World Association of Soil and Water Conservation*, No. 1 – 7, 2006, pp. 58 – 60.

③ Rachid Mrabet et al., "Conservation Agriculture in Dry Areas of Morocco", *Field Crops Research*, Vol. 132, 2012, p. 85.

年的3月，修坝蓄水是摩洛哥解决农业灌溉用水的主要途径。目前，摩已建成135个大型水坝和100余个中小型水利工程，总设计蓄水量达175亿立方米，另有多个项目正在实施。据摩洛哥《经济学家报》8月11日报道，摩洛哥将新建两个大坝，分别是位于札哥拉（Zagora）的阿戈代兹（Agdez）大坝和位于廷吉尔（Tinghir）的桃吉哈（Toudgha）大坝。两个项目总投资预计17亿迪拉姆，由摩洛哥农业工程公司（STAM）负责实施。摩能源、矿产、水和环境部大臣级代表查拉卡·阿菲拉（Charafat Afilal）表示，两个项目已完成前期研究，预计2021—2022年建成。[①] 同时摩政府还鼓励私人公司参与灌溉工程建设与管理，以帮助农民减少水费，并依据行业规划科学评审，培养经济灌溉理念，促使摩经济灌溉率达到43%。[②]

另一方面，大力推广灌溉技术。与喷洒式灌溉不同，滴灌是通过田间滴灌喷嘴将水直接输送到植物的根部，既有助于植物生长，又减少了灌溉过程中的水源浪费，亦减少了劳动成本。由加拿大和英国分别出资的两个国际发展团队已将滴灌技术在摩洛哥农田进行试验，并使农民意识到了气候改变的严重性和滴灌的重要性，促使一些农户在自家农田安装滴灌系统，并向周围农户推荐和分享滴灌经验。[③] 这不仅有助于缓解气候干旱造成的水源短缺，而且也逐渐调节了水源的供需平衡，并为农民种植高利润且高耗水的经济作物提供了可能。

在摩洛哥，灌溉技术已推广到16亿公顷的土地上，占可耕种土地面积的18%和已耕种土地面积的21%。灌溉相关举措已覆盖75万公顷，让22万农业经营者受益，这其中90%是耕种面积少于10公顷的小微农业经营者。摩农业发展基金投入123亿迪拉姆，为56万公顷的土地安装了灌溉系统，2019年将扩大到61万公顷。[④]

---

① 中华人民共和国驻摩洛哥王国大使馆经济商务处：《摩洛哥将新建两个大坝》（http：//www. mofcom. gov. cn/article i/jyjl/k/20 1608/20160801380746. shtml）。

② 陶传友：《灌溉工程架起摩洛哥出口农业之桥》，《世界农业》2004年第6期。

③ Khalil Badran，Jennifer Baker，Benjamin Collins，*Water Management and Conservation in Rural Morocco：A Follow-up Study to AUI Pilot Implementation of Drip Irrigation*，October 17，2012，pp. 12－13.

④ 中华人民共和国驻摩洛哥王国大使馆经济商务处：《摩洛哥“绿色摩洛哥计划”实施十年成效显著》（http：//ma. mofcom. gov. cn/article/ztdy/201901/20190102827044. shtml）。

据摩农渔大臣反映，得益于灌溉新技术的普及，摩洛哥农业可以在使用一半水资源的前提下让产量增长3倍，同时滴灌技术让摩洛哥每年节省16亿立方米的水资源。目前灌溉农业贡献了摩农村地区50%的就业，对农业GDP贡献率为45%，在2016年这样的干旱年份甚至达到75%，灌溉农业产品创造了75%的出口收入。[①] 同时，摩洛哥农业大臣于2013年宣布，到2020年摩将有55万公顷土地采取滴灌技术，比传统的灌溉方式节水20%（约14亿立方米）。国家对使用这项技术将予以补贴，小于5公顷的耕地面积补贴率为100%，大于5公顷的补贴率为80%。[②]

此外，在2013年4月，摩洛哥开始将光伏发电用于农业灌溉。摩洛哥光能资源十分丰富，年平均光照约3000小时，每平方米太阳能硅板能辐射5千瓦/小时的电能。据统计，摩洛哥农业灌溉所产生的附加值约占总体的45%，约占农产品出口的75%；而农业灌溉设备用电约占国家电力消耗的6%。[③]

四　积极开展对外农业合作

如上文所述，农业是摩洛哥经济发展的重要支柱之一，受到政府的高度重视。无论是摩高层出访还是接见来访的外国领导人，农业都是双方会谈和签署协议的重要方面。如2018年4月，摩洛哥农业、海洋渔业、乡村发展、水资源与森林大臣阿赫努什（Aziz Akhannouch）和法国农业与食品部长特拉韦尔（Stéphane Travert）签署了一项关于两国在农业、农产品、农村发展领域合作的协议，旨在加强双方在公共政策、研究、培训、灌溉和土地开发领域的合作，帮助摩更好地融入欧洲蔬菜和水果的市场机制；[④] 2013年4月3日到4日，法国总统奥朗德对摩进行国事访问，双

---

① 中华人民共和国驻摩洛哥王国大使馆经济商务处：《摩洛哥“绿色摩洛哥计划”实施十年成效显著》（http：//ma. mofcom. gov. cn/article/ztdy/201901/20190102827044. shtml）。

② 中华人民共和国驻摩洛哥王国大使馆经济商务处：《摩洛哥大力推广农业滴灌技术》（http：//ma. mofcom. gov. cn/article/jmxw/201307/20130700208206. shtml）。

③ 中华人民共和国驻摩洛哥王国大使馆经济商务处：《摩洛哥农业将使用可再生能源》（http：//ma. mofcom. gov. cn/article/jmxw/201306/20130600169844. shtml）。

④ 中华人民共和国驻摩洛哥王国大使馆经济商务处：《法国与摩洛哥希望加强农业领域合作》（http：//ma. mofcom. gov. cn/article/jmxw/201805/20180502742147. shtml）。

方签署了包括农业、农村建设和农产品合作伙伴协定在内的19项合作协议；[①] 2013年6月3日到4日，土耳其总理埃尔多安率团访问摩洛哥，双方拟签署双边农业合作总协定，摩将借鉴土方在农业研究等领域的经验；[②] 2012年6月19日，摩洛哥政府首脑本·基兰与西班牙王储费利佩共同主持召开摩洛哥—西班牙企业家投资与合作论坛，其中农业是双方会谈的重点领域之一。[③]

摩洛哥将农业作为国家外交的重要内容之一，旨在通过双边外交关系带动摩洛哥农业发展，通过学习和借鉴域外国家的农业经验提升本国农业在国际市场的竞争力。同时，在多次高层会谈中，摩都将农业作为主要议题之一，既是对摩洛哥农业的宣传，也为摩农企与域外企业合作搭建了平台，有助于加强企业间的交流与合作。

五　借助域外贷款和援助改善农业现状

借助域外贷款属于"外部资金改善内部困境"的发展模式。对摩洛哥农业发展而言，域外国家的贷款和援助为摩农业发展提供了坚实的物质保障，也是摩洛哥各项农业发展规划得以顺利实施的一个重要因素。

2016年日本国际协力机构（JICA）摩洛哥办事处与摩财政部签署了总额1.32亿美元的贷款协议，将用于"绿色摩洛哥计划"的农业现代化项目；[④] 2015年11月25日，德国开发银行与摩洛哥农业信贷集团签署贷款协议，将向该集团提供5000万欧元贷款，主要用于支持农业领域的中小企业提高生产力、竞争力和创造就业；[⑤] 2013年法国开发署向摩洛哥农村信贷银行下属的子公司"Tamwill EL Fellah"农业发展融资公司提

① 中华人民共和国驻摩洛哥王国大使馆经济商务处：《法国总统奥朗德访问摩洛哥王国双方签署多项合作协议》（http：//ma. mofcom. gov. cn/article/jmxw/201304/20130400081021. shtml）。

② 中华人民共和国驻摩洛哥王国大使馆经济商务处：《土耳其与摩洛哥将进一步密切经贸合作》（http：//ma. mofcom. gov. cn/article/jmxw/201307/20130700182030. shtml）。

③ 中华人民共和国驻摩洛哥王国大使馆经济商务处：《摩洛哥—西班牙企业投资与合作论坛召开》（http：//ma. mofcom. gov. cn/article/jmxw/201206/20120608198079. shtml）。

④ 中华人民共和国驻摩洛哥王国大使馆经济商务处：《日本向摩洛哥贷款1.32亿美元用于绿色摩洛哥计划》（http：//ma. mofcom. gov. cn/article/jmxw/201603/20160301270244. shtml）。

⑤ 中华人民共和国驻摩洛哥王国大使馆经济商务处：《德国开发银行向摩提供贷款》（http：//ma. mofcom. gov. cn/article/jmxw/201512/20151201203052. shtml）。

供优惠贷款2000万欧元，用于支持无法获取传统银行信贷的农业开发活动。此外，法国开发署还出资30万欧元支持摩洛哥农村信贷银行研究中心关于摩农业领域加强社会和环境责任能力建设、农业信贷资金影响评估、农业合作社理事会管理等方面的研究；[①] 2013年4月18日，摩洛哥经济与财政大臣巴拉卡、农业与海洋渔业大臣阿赫努什以及比利时驻摩大使让—吕克·博德松共同签署了比利时向摩洛哥捐赠1.91亿迪拉姆用于支持摩农业项目的协议；[②] 2012年10月16日，摩洛哥国王穆罕默德六世与沙特阿拉伯国王举行会晤，沙方表示沙特基金会将向摩洛哥提供12.5亿美元援款，主要用于支持摩洛哥农业、卫生等领域的发展。[③] 除上述主权国家之外，欧洲投资银行和非洲发展银行等区域性组织也都向摩农业发展提供过资金支持，如前者将4250万欧元用于摩洛哥绿色农业计划中灌溉工程，近8000个农业个体者均得到资金赞助，[④] 后者出资1.05亿欧元支持"绿色摩洛哥"计划。[⑤]

从上述贷款和援助的来源地可以看出，欧洲是摩洛哥获取农业贷款和援助的主要地区，这一方面是由摩洛哥地理位置所决定的，另一方面是因为欧洲是摩洛哥农产品出口的主要市场，摩因此被誉为欧洲的"菜市场"。同时，欧洲国家对摩农业发展提供贷款和援助，也是间接地增加欧洲各国的农产品进口量和减少农产品进口成本。

如上所述，摩政府已针对农业发展困境实施了相应的解决办法，以期实现摩洛哥农业的现代化和促进外向型农业的发展。综合来看，发展技术是摩洛哥解决农业困境的根本途径，但技术发展需以经济实力为依托，国家财政支出应平衡对工农业的补贴和贷款，增加对农业技术创新和先进技术引进的资金支持。同时，政府应缩小城乡差距，让农民生活得有尊严。

---

① 中华人民共和国驻摩洛哥王国大使馆经济商务处：《法国开发署为摩洛哥农业发展提供2000万欧元贷款》（http：//ma. mofcom. gov. cn/article/jmxw/201307/20130700202120. shtml）。

② 中华人民共和国驻摩洛哥王国大使馆经济商务处：《比利时向摩洛哥捐赠1.91亿迪拉姆》（http：//ma. mofcom. gov. cn/article/jmxw/201304/20130400096653. shtml）。

③ 中华人民共和国驻摩洛哥王国大使馆经济商务处：《沙特阿拉伯向摩洛哥提供12.5亿美元贷款》（http：//ma. mofcom. gov. cn/article/jmxw/201210/20121008407431. shtml）。

④ 中华人民共和国驻摩洛哥王国大使馆经济商务处：《欧洲投资银行对摩洛哥的投资概况》（http：//ma. mofcom. gov. cn/article/jmxw/201306/20130600169837. shtml）。

⑤ 中华人民共和国驻摩洛哥王国大使馆经济商务处：《非洲开发银行为摩洛哥提供资金支持情况》（http：//ma. mofcom. gov. cn/article/jmxw/201305/20130500117339. shtml）。

农民是农业的生产者和第一责任人，确保农民生活水平的提高和农村基础设施的改善是稳定农业劳动力的重要举措。此外，尽管欧洲是摩农产品的主要供给地和资金贷款的主要来源地，但国家农业发展不能主要依赖外部贷款和援助。诚然，域外贷款和援助能够解决摩农业发展的资金问题，但不是长久之计，农业发展若以域外资金为主，无异于将国家农业发展的主动权交由域外国家，一旦援助国经济下滑，将直接影响摩贷款额度，进而导致农业生产资金不足。另一方面，当摩洛哥和贷款国或援助国在外交事务上产生矛盾时，停止贷款和援助将成为制约摩外交政策的重要武器，这从纳赛尔时期美埃关系中也可管窥。因此，对摩洛哥而言，若要实现农业可持续发展，除了大力发展经济、提高农业科技创新外，获取外部贷款的渠道应该更加多元化，防止农业发展出现资金断裂的问题。

第四节 中摩农业合作的机遇与前景

中摩两国农业合作由来已久，早在中华人民共和国成立初期，中国专家就指导摩洛哥人种植茶叶，促进了国家间了解，增进了两国人民的沟通。新时期，中摩两国农业合作不断加深，如 2014 年 1—7 月，摩洛哥从中国进口的茶叶数量达 37579.1 吨，总金额 13700.4 万美元，同比增长 19.8%，按照中国茶叶出口金额排名，摩洛哥位居榜首；[①] 中国商务部每年主办的对外人力资源合作项目，都为摩洛哥农业等领域的发展培养专业人才。中摩两国农业合作将在已有的基础上，完善合作机制，拓展合作领域，开拓合作平台。

一 高层互访奠定农业合作的政治基础

国家领导人出访、部长访问、大使出席等都是以高层交流带动双边合作的重要方式，有助于明确国家间合作的具体领域和各领域的发展方向，中摩两国农业合作正是得益于双方高层访问和交流，才能够扩展农业合作的深度和广度。

---

① 中非贸易研究中心网站：《2014 年 1—7 月中国茶叶出口额排位摩洛哥居榜首》（http：//news. afrindex. com/ zixun/article3213. html）。

2016年5月11日至12日，摩洛哥王国国王穆罕默德六世对中国进行国事访问，双方共同发表了《中华人民共和国和摩洛哥王国关于建立两国战略伙伴关系的联合声明》（以下简称《声明》），《声明》明确指出在经济、贸易和投资领域，为实现两国经济优势互补，将深化石油、矿业、农业等领域合作。[①] 这表明农业已成为深化两国战略伙伴关系的重要领域。同时，在习近平主席和穆罕默德六世国王的共同见证下，中摩双方共同签署了《中华人民共和国国家质量监督检验检疫总局与摩洛哥王国农业渔业部关于进出口食品安全合作的谅解备忘录》。根据此次签署的合作备忘录，中摩将建立进出口食品安全合作机制，共同提升食品安全保障能力，在确保安全的前提下，进一步便利双边农产品贸易发展。[②] 2013年8月26日至29日，农业部副部长牛盾应摩洛哥农业和海洋渔业部邀请率代表团访摩，并与摩农业和海洋渔业部秘书长穆罕默德·萨迪卡进行会谈，双方回顾了中摩农渔合作25年来取得的丰硕成果，并就进一步加强两国在农业贸易、投资、科研、人员交流等方面的合作进行交流。[③] 2014年1月10日，中国驻摩洛哥大使孙树忠出席摩洛哥中资企业大会暨中资企业协会会议，并强调中国企业在新形势下开拓摩洛哥市场要加强战略规划，充分利用摩洛哥的地缘优势以及与其他国家签订的自由贸易协定，深化基础设施和投资领域的合作，特别是农业、矿业、高铁等各方面。[④]

双方高层的友好往来为农业合作提供了制度保障，为民间农业交流创造了便利。无论是国家领导人出访，还是部长访问，抑或是大使出席东道国会议，都具有国家身份象征，体现国家的发展方向和发展战略。农业是中摩双方高层对话的重要议题，是两国共同的关切点，深化农业领域的合作符合双方的共同利益。对中国而言，加强与摩农业合作有助于扩展中国农业走出去的市场，同时中国也可以摩洛哥为桥梁，借助摩在欧洲市场的优势加强与欧

---

① 《中华人民共和国和摩洛哥王国关于建立两国战略伙伴关系的联合声明》（http：//www.xi nhuanet. com//politics/2016-05/11/c_ 1118849465. htm）。

② 鞠文：《支树平与摩洛哥农业和海洋渔业大臣签署质检合作协议》，《中国质量报》2016年5月13日第1版。

③ 中华人民共和国驻摩洛哥王国大使馆经济商务处：《农业部副部长牛盾率团访问摩洛哥》（http：//ma. mofcom. gov. cn/article/gzdt/201309/20130900279638. shtml）。

④ 中华人民共和国驻摩洛哥王国大使馆经济商务处：《孙树忠大使出席摩洛哥中资企业大会暨中资企业协会会议》（http：//ma. mofcom. gov. cn/article/gzdt/201402/20140200478900. shtml）。

洲国家的农业交往与合作。对摩洛哥而言，与中国深化在农业领域的基础设施建设和投资合作，益于扩宽摩农产品出口市场，从而推动摩农产品贸易的发展。此外，随着中国“一带一路”倡议的稳步推进，摩洛哥也可以中国“一带一路”倡议为平台，深化与沿线国家的农业交流与合作，并顺势扩宽农业资金贷款的来源，降低贷款渠道单一所带来的风险。

二　民间企业交流拓宽农业合作领域

高层互访是从宏观层面明确农业合作框架，完善双边合作的顶层设计，明确双边农业合作的发展方向，并规范和塑造双方角色，但并不涉及农业合作的具体问题和项目的实施。企业是推动农业合作项目落地的主要执行者，也是深化农业技术和人才交流的民间使者。两国农企间的互动能够发掘合作潜力并有针对性地对具体问题展开讨论与合作。自中摩建交以来，随着两国政府对农业合作的高度重视，农企间的合作也日益频繁。2018 年 9 月 25 日，摩磷酸盐集团与湖北富邦集团签署框架协议，旨在共同开发新一代高附加值肥料、促进智能农业发展，双方还计划在中国设立联合研发中心；[①] 2018 年 10 月 11 日，中国亿利资源集团与摩洛哥东部大区政府签署了一项协议，双方拟在该地区的半干旱区域建立 250 千米的防沙绿化带，以推广中国治沙模式。[②]

对于政府而言，农业是促进两国外交发展的政治资源，但与企业而言，农企间相互合作较少触及政治利益，更多关注经济效益，更注重项目实施过程中的细节问题，易于发现双方合作的短板。同时，农企交流也是增进双方民间往来的重要途径，有助于农企在实施项目过程中更好地了解当地农民的诉求，以期转变合作思维，调整合作方向，有针对性地进行项目对接。此外，企业作为母国形象的代表，也是国家外交的主要行为体。中摩两国农企间的交流与合作不仅促进两国农业发展，更益于以民间交往为推手增进两国的友好往来，以农业“小外事”助推国家“大外交”。

---

① 中华人民共和国驻摩洛哥王国大使馆经济商务处：《OCP 集团与湖北富邦集团签署框架协议》（http：//ma. mofcom. gov. cn/article/jmxw/201809/20180902790330. shtml）。

② 中华人民共和国驻摩洛哥王国大使馆经济商务处：《中国亿利集团计划与摩洛哥东部大区开展农业合作》（http：//ma. mofcom. gov. cn/article/jmxw/201810/20181002796043. shtml）。

三　论坛型机制为中摩农业合作搭建平台

2015 年和 2016 年中国先后发布《中国对非政策文件》和《中国对阿拉伯政策文件》，前者明确指出将支持非洲农业现代化建设作为新时期中国对非合作的优先重点领域，切实加大投入，扩大合作，着力帮助非洲国家解决这一事关国计民生和经济独立的基础产业发展问题；[①] 后者着重强调中国和阿拉伯国家将在旱作农业、节水灌溉、清真食品、粮食安全、畜牧与兽医等农业领域加强双多边合作，鼓励双方农业科技人员加强交流。继续在阿拉伯国家建设农业技术示范项目，扩大农业管理和技术培训的规模，加强项目跟踪和评估。[②] 上述两份文件构成了中国对非洲国家和阿拉伯国家合作的顶层设计，农业作为其中的一个重要组成部分，是中国在阿拉伯地区和非洲地区开展外交的重要领域。中阿合作论坛和中非合作论坛是中国落实对阿拉伯国家和非洲国家政策的重要机制，在历届论坛中，农业都是双方共同关注的重要领域，也是中国积极参与地区治理，分享中国经验的重要领域。

2018 年 7 月和 9 月，中阿合作论坛和中非合作论坛先后在北京召开，并分别发表《中阿合作论坛 2018—2020 行动计划》（以下简称《2018—2020 行动计划》）和《中非命运共同体北京宣言》（以下简称《北京宣言》）。《2018—2020 行动计划》强调，“致力于巩固和加强农业领域的双多边机制，在农业、有机农业/生物农业、粮食安全领域加强合作，交换在卫生监管领域的相关法律法规，借鉴中国在基因改良方面的经验，鼓励双方农业科技和管理人员加强交流，增加信息沟通；积极建立中国与阿拉伯国家农业合作机制，继续加强双方农业领域的合作，包括通过双多边机制加强节水农业、有机农业/生物农业、粮食安全、农产品市场体系建设、动物和渔业资源及食品工业和兽医服务等领域合作，积极开展农业领域经验交流，借鉴中国的经验；充分发挥中阿博览会平台作用，在中阿博览会

---

① 中国外交部：《中国对非洲政策文件》（http：//www. fmprc. gov. cn/web/ziliao_ 674904/tytj_ 674911/zcwj_ 674915/t1321556. shtml）。

② 中国外交部：《中国对阿拉伯国家政策文件》（http：//www. fmprc. gov. cn/web/ziliao_ 674904/tytj_ 674911/zcwj_ 67491 5/t1331327. shtml）。

期间举办中阿农业贸易与农业投资洽谈会。双方呼吁为对方企业在本国投资营造良好的投资环境，出台相关优惠政策，提供便利措施和服务；加强在水务技术、水资源利用和节约、雨水收集、废水处理再利用和干旱地区水资源管理等领域的合作，加强双方水资源研究中心的合作关系；鼓励在农业领域建立联合企业，包括化肥生产、农业机械装备制造，以提高各类农业活动生产率等”。[①]《北京宣言》指出，“中国支持非洲在2030年前基本实现粮食安全，同非洲一道制定并实施中非农业现代化合作规划和行动计划，实施50个农业援助项目，向非洲受灾国家提供10亿元人民币紧急人道主义粮食援助，向非洲派遣500名高级农业专家，培养青年农业科研领军人才和农民致富带头人；中国决定为非洲实施50个绿色发展和生态环保援助项目，重点加强应对气候变化、荒漠化防治等方面的交流合作”。[②]

可见，农业是中阿合作论坛和中非合作论坛的重点关注领域之一，这既是对接阿拉伯国家和非洲国家的农业需求，也是对中国对阿政策文件和对非政策文件的落实。在多边的论坛机制下，中国是个体（1），区域国家是群体（N），农业合作是“1”与“N”的互动过程。对于中国而言，农业被纳入多边合作规划表明，区域国家对中国农业发展高度认同，他们愿意加强与中国在农业领域的交流与合作，这是中国开展多边农业外交的前提。同时，中国是唯一的域外国家，在多边农业合作中不受其他域外大国的干预，有助于中国农业治理理念和智慧为合作伙伴所接受，并变为区域共识，进而转化为实践，以促进“规范构建，传播农业外交理念”，[③]增强中国在区域农业合作中议题设定的能力。对于区域国家而言，由于各国在农业发展中存在共性问题，且担忧在双边合作中处于被动地位，因而借助集体力量开展对华农业合作战略。同时，为明确农业领域的共同需求，形成对华合作的统一立场，增强与中国农业合作讨价还价的筹码，区域国家也逐渐加强区域一体化，定期召开会议，制定合作规划。[④]

---

① 中阿合作论坛：《中国—阿拉伯国家合作论坛2018年至2020年行动执行计划》（http：//www.cascf.org/chn/lthyjwx/bzjhy/dbjbzjhy/t1577009.htm）。

② 习近平：《携手共命运同心促发展》，《人民日报》2018年9月4日第2版。

③ 郑先武：《构建区域间合作“中国模式”——中非合作论坛进程评析》，《社会科学》2010年第6期。

④ 参见张帅、孙德刚《论新时期中国特色的农业外交》，《宁夏社会科学》2019年第1期。

摩洛哥是两个论坛的参与者和倡导者，既有助于借助合作平台拓展中摩农业合作空间，也有助于在中摩农业合作的基础上开拓与地区国家的多边合作，实现以双边带多边，以多边促双边的农业合作模式。

随着“一带一路”倡议的提出，中国主张与各国共建命运共同体，实现互联互通。2017 年 5 月，农业部、国家发展改革委员会、商务部和外交部通过发布了《共同推进“一带一路”建设农业合作的愿景与行动》，文件指出“中国农业与世界农业高度关联，推进‘一带一路’建设农业合作意义重大，既是中国扩大和深化对外开放的需要，也是世界农业持续健康发展的需要，有利于推动形成全球农业国际合作新格局，有利于沿线各国发挥比较优势，促进区域内农业要素有序流动、农业资源高效配置、农产品市场深度融合，推动沿线各国实现经济互利共赢发展”。[①] 农业关乎国家发展和人民生存，是构建命运共同体的重要领域之一。2017 年 11 月 17 日，中摩两国外长共同签署了《“一带一路”谅解备忘录》，摩洛哥成为马格里布地区首个签署该文件的国家。在“一带一路”框架下，中摩农业合作将逐步深化与发展，将充分利用两个市场和两种资源，以双边合作为基础，以多边合作为平台，构建“政府搭台、企业唱戏”的合作模式，共同推动两国农业可持续化发展，进而为联合国 2030 年实现“零饥饿”的目标做出应有的贡献。

---

① 农业部、国家发展改革委员会、商务部和外交部：《共同推进“一带一路”建设农业合作的愿景与行动》，2017 年，第 3 页。

第七章　摩洛哥旅游发展与中摩旅游合作

2016 年 5 月摩洛哥国王访问中国，其间两国签署了建立中摩战略伙伴关系的联合声明，旨在深化两国在经贸、基础设施建设等领域的合作。自 2016 年 6 月 1 日起，摩洛哥对中国游客实行免签政策，赴摩旅游的中国游客人数激增，中摩两国在旅游方面的合作也日益增多。本章对摩洛哥旅游发展现状进行态势分析法（SWOT），对中摩旅游合作发展中存在的劣势和优势作出相应的分析，并提出解决思路和建议，为“一带一路”倡议下中摩两国的旅游合作提供有利的发展线索。

第一节　旅游发展现状

一　优势与机会

（一）丰富独特的旅游资源

比较优势理论认为，国家应充分利用其自然优势，培育后天优势，以期获得最大的经济收益。摩洛哥无疑十分适合发展旅游产业，它拥有丰富而又独特的旅游资源。

首先，丰富的自然资源。摩洛哥位于非洲西北角，隔地中海与欧洲相望，常年气候宜人，被誉为“北非花园”和“烈日下的清凉国土”。其东南部是广阔无垠的撒哈拉沙漠，每年吸引着无数汽车、摩托车拉力赛爱好者和勇猛无畏的沙漠探险者。其西部大西洋及北部地中海沿岸有绵延 3500 千米的海岸线，沙滩、海滨和明媚的阳光令人心驰神往。阿特拉斯山脉成为一道天然的屏障，将烈日与沙尘阻隔在另一片天际。即便是冬季，摩洛哥的南方白日里依然温暖如春。这些多样的自然资源可以延伸出自然景观观光游、海滨度假休闲游、温泉疗养游、沙漠探险游等多种项目，旅游价值极高。

其次，丰富的人文景观。国王皇宫所在的拉巴特是摩洛哥的政治首都；享誉世界时尚现代的卡萨布兰卡是摩洛哥最大的城市，被认为是国家的“国际、工业、经济中心”；非斯是摩洛哥最古老的皇城①，被列入联合国教科文组织的世界文化遗产（表Ⅲ－7－1）；摩洛哥最重要的旅游海滨城市阿加迪尔，将海洋沙滩旅游与海滩度假奢华游完美结合；马拉喀什，一座具有中世纪风格异国情调的红色文化古城，是摩洛哥最重要的皇城，吸引了最多的游客。正如南希·纳比尔·阿里·黛沫黛识所言，“马拉喀什的活力取决于其旅游业东方化的营销模式”，“马拉喀什不仅仅是一个景点，它已经成为一个品牌”。② 她认为，“麦地那③的神话是用一种‘东方品牌效应’的方式被重新塑造，以满足外国游客的需求”。丰富的文化遗产、古老的历史名城、热情好客的当地人民，使得摩洛哥成为名副其实的最佳旅游目的地之一。

表Ⅲ－7－1　**摩洛哥世界文化遗产**

类型	名称	批准时间
世界物质文化遗产	非斯古城	1981
	马拉喀什古城	1985
	阿伊特·本·哈杜宫殿	1987
	梅克内斯历史名城	1996
	得土安古城	1997
	瓦卢比利斯考古古城遗址	1997
	索维拉古城	2001
	马扎甘葡萄牙城	2004
	现代首都历史古城拉巴特	2012

① 摩洛哥的皇城是摩洛哥的四个历史首都：非斯、马拉喀什、梅克内斯和拉巴特。

② Nancy Nabeel Aly Demerdash，“Mapping the Myths of the Medina：French Colonial Urbanism，Oriental Brandscapes and the Politics of Tourism in Marrakech”，*Master's degree*，Cambridge：Massachusetts Institute of Technology，2009，p. 19.

③ 麦地那（Medina）在阿拉伯语中译为城市。

续表

类型	名称	批准时间
世界非物质文化遗产	坦坦游牧部落盛会	2008
	杰玛·艾勒·法纳广场的文化空间	2008
	萨弗鲁城樱桃节	2012
	地中海饮食	2013
	种植阿甘树摘取其果实的方法	2014
	猎鹰，活的人类遗产	2016
	踏丝吉文（Taskiwin），大阿特拉斯山西部战斗舞	2017
	枣椰树，知识、技能、传统和实践	2019
	格娜瓦（Gnawo）	2019

资料来源：联合国教科文组织。

最后，多元包容的文化氛围。按照世界经济论坛的评论标准，摩洛哥的文化资源全球排名第 41 位①。由于历史上曾多次受到殖民统治和外族征服，摩洛哥文化本质上是杂糅了腓尼基文明、古波斯文明、古希腊文明、古罗马文明、安达卢西亚文明、柏柏尔文明以及伊斯兰文明之后形成的一种综合体，16 世纪后又受到法国、西班牙殖民文化的浓重影响，逐渐呈现出一种多元包容的文化特点。自 1970 年以来，去性别隔离化在摩洛哥社会逐渐兴起，男性不再主宰全部的社会公共空间。在城市，妇女占据了劳动力人口的 30% 以上；她们同男性共处同一空间，如大学、海滩、游泳池、咖啡厅、迪厅、电影院等，只有在清真寺特定场所男女才会分隔一方；如今在摩洛哥的大街小巷上，也经常能看到一起行走的年轻男女，以及装扮时髦不戴头巾的少女们，这种开放的社会风气在其他阿拉伯国家是很少见的。

2011 年摩洛哥通过的新宪法第九条中提道“保障妇女与男子享有公民和社会平等”，在原有的“政治平等”基础上赋予了女性更多的权利。同时摩洛哥女性的政治参与度与政治地位也在不断提高。摩洛哥正以一个开放包容的伊斯兰国家形象，吸引着来自全球各地的游客。

对于旅行社而言，摩洛哥在一个国境内融合了多种旅游元素，就旅游

① The World Economic Forum, “The Travel & Tourism Competitiveness Report 2017”, 2017, p. 47.

资源而言它堪称一个完美的旅游推荐目的地，这是许多世界热门游目的地所无法媲美的。

（二）良性发展的旅游市场

摩洛哥被称为非洲“新兴旅游王国”，旅游业是其第二大支柱产业、第二大平衡国际收支来源和第二大吸引就业行业。摩洛哥在“政府优先考虑旅游业发展”方面全球排行第35位。[①]

根据世界银行统计数据，1995—2018年摩洛哥入境国际游客数及国际旅游收入整体持续增长（图Ⅲ-7-1）。2008年国际金融危机爆发，摩洛哥入境国际旅游收入小幅下滑，但其入境游客数依然保持增长。受2010年“欧债危机”和2011年“阿拉伯之春”的双重影响，部分阿拉伯国家旅游业表现不景气，但摩洛哥旅游业保持稳步发展。据摩洛哥旅游观察所统计，2018年摩洛哥接待游客人数达到1230万人次，同比增长8.3%，其中外国游客增长14%，居住在境外的摩洛哥人入境人数2%。摩洛哥主要客源市场均有所增长，意大利增长15%、德国增长10%、法国增长8%、西班牙增长6%。[②] 2000—2018年，摩洛哥游客人数实现年均6%的增长，比世界平均水平高出两个百分点。摩洛哥自2014年开始一直保持非洲大陆接待国际游客量首位，目前是非洲第一大旅游目的地国和世界第三十位旅游目的地国。[③] 但这种成功，可能有一部分要归因于官方统计数据时将外国游客和居住在境外的摩洛哥人合并计算。2018年摩洛哥入境游客总数约为1230万，其中包括560万居住在境外的摩洛哥人，大约占了46%（图Ⅲ-7-2）。

世界旅游观光理事会（WTTC）的数据显示，2010年摩洛哥旅游收入为560亿迪拉姆，2015年为590亿迪拉姆，2016年为642亿迪拉姆。2017年摩洛哥旅游业对GDP的综合贡献为1953亿迪拉姆，占GDP总量的18.6%，比2016年增长了8.3%；对GDP的直接贡献为859亿迪拉

---

① “The Travel & Tourism Competitiveness Report 2017”, *The World Economic Forum*, 2017, p. 39.

② Ministry of Tourism of Morocco, “Tourism in Figures” (http://www.tourisme.gov.ma/en/tourism-figures/key-figures).

③ 中华人民共和国驻摩洛哥王国大使馆经济商务处：《2018年摩洛哥游客量达到1200万人次》（http://ma.mofcom.gov.cn/article/jmxw/201901/20190102829955.shtml）。

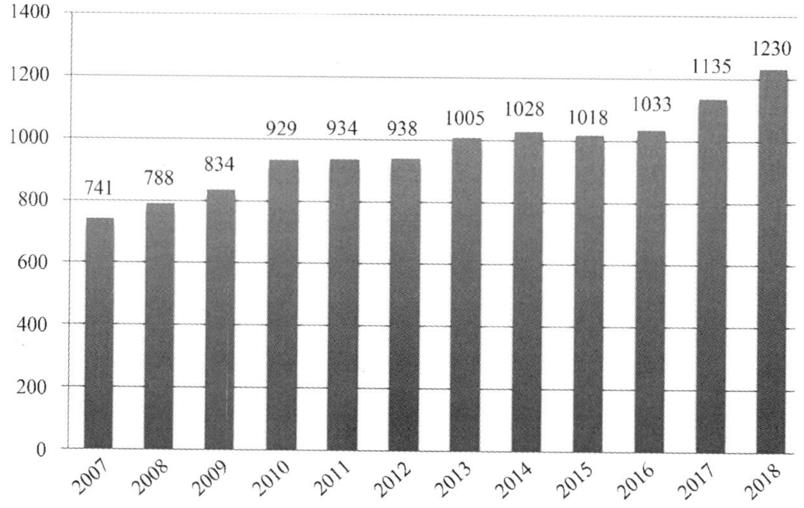

图 III－7－1　2007—2018 年摩洛哥入境旅游人数（万人）

资料来源：世界银行和摩洛哥旅游观察所。

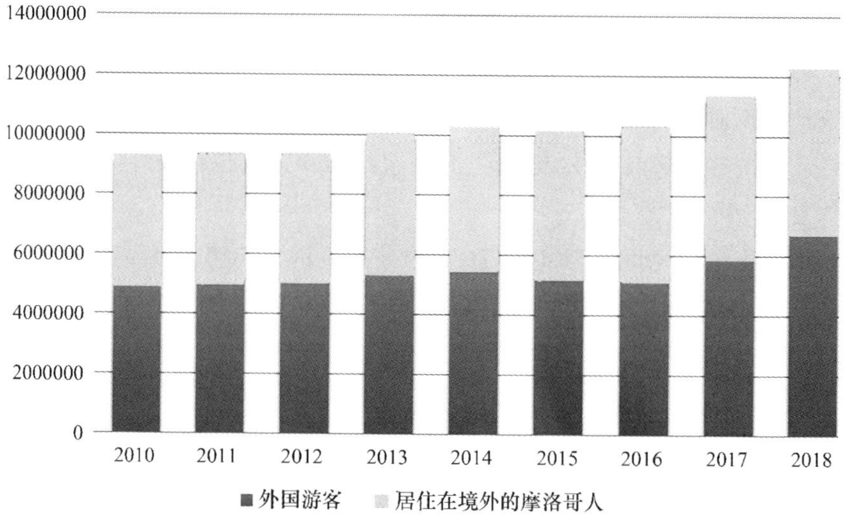

图 III－7－2　摩洛哥入境的外国游客与居住在境外的摩洛哥人

资料来源：摩洛哥旅游部官网，http：//www. tourisme. gov. ma/。

姆，占 GDP 总量的 8.2%；提供了 190 万个工作岗位[①]，占就业总数的 16.4%，其中直接创造了 82 万个工作岗位，占就业总数的 7.1%；游客消费 816 亿迪拉姆，占总出口额的 21.5%；旅游投资额为 444 亿迪拉姆，占总投资额的 13.5%。2018 年摩洛哥旅游业对 GDP 的综合贡献为 2127 亿迪拉姆，比 2017 年增长了 1.5%，提供了 193 万个工作岗位，占就业总数的 16.7%。2018 年，摩洛哥境内旅游消费约为 1317 亿迪拉姆，比 2017 年增长 6%；其中，入境旅游产生的外汇收入总额约为 907 亿迪拉姆，旅行收入为 731.5 亿迪拉姆。2017 年摩洛哥床位总数为 251206 张，与 2016 年相比增加了 8499 张；三、四、五星级酒店及酒店会所占旅游住宿类别的 49%。[②] 2018 年，摩洛哥分类住宿场所的过夜住宿同比增加 8.7%，其中入境旅游增长 12%，境内旅游增长 1.5%。2018 年床位总数为 261256 张；三、四、五星级酒店及酒店会所占旅游住宿类别的 56%。[③]

（三）相对安稳的旅游环境

影响跨境旅游最为直接的因素就是旅游目的地的社会治安和政局情况。2016 年 11 月，英国在线新闻报《独立报》对英国公民公布了一张地图，地图中显示在全球最安全旅游目的地中摩洛哥位列第一。法国和英国外交部都曾将摩洛哥列入推荐国民旅游的安全国家名单。世界经济论坛 2017 年报告显示，摩洛哥是全球排行第 20 位的最安全的国家。[④]

这得益于摩洛哥政治稳定及其国内一系列的改革措施及其灵活务实的外交政策，为游客及旅游投资者提供了相对安全稳定的政治社会环境。2011 年初开始的“阿拉伯之春”，给阿拉伯国家的旅游业带来了极大的消极影响。摩洛哥通过修宪以及政治民主化改革等行动积极调整，得以平稳过渡，并成功地利用了这一契机，凭借自身稳定的国内政治社会环境，从竞争对手那里获得了更多的北非旅游市场份额。相较之下，近年来，埃及

---

① 中华人民共和国驻摩洛哥王国大使馆经济商务处：《摩洛哥成为最受游客欢迎的非洲国家之一》（http://ma.mofcom.gov.cn/article/jmxw/201809/20180902782365.shtml）。

② Ministry of Tourism of Morocco, “Tourism in Figures” (http://www.tourisme.gov.ma/en/tourism-figures/key-figures).

③ Ministry of Tourism of Morocco, “Tourism in Figures” (http://www.tourisme.gov.ma/en/tourism-figures/key-figures).

④ The World Economic Forum, “The Travel & Tourism Competitiveness Report 2017”, 2017, p. 35.

旅游景区枪袭、旅游巴士爆袭事件频发，突尼斯也多次发生较为严重的恐怖袭击，严重影响着当地旅游业的发展。以沙特阿拉伯游客为例，2011年埃及和突尼斯出现动荡后，一些原本计划去埃及红海旅游胜地赫尔格达和沙姆沙伊赫以及突尼斯地中海旅游胜地哈马迈特的沙特游客，转而去了摩洛哥的海滨胜地阿加迪尔。在外交上，摩洛哥意识到自身对欧盟的过度依赖，开始寻求发展多元外交关系，在保持同传统盟国战略关系的基础上，积极在俄罗斯、中国和印度等国之间寻求建立新的政治、战略和经济伙伴关系。这种多元外交关系在摩洛哥旅游政策的制定上也有所体现。此外，近年来摩洛哥更加强调其非洲国家的身份定位，远离中东冲突；2017年重返非盟，并努力加入“西非国家经济共同体”；同时积极向外输送其成功的反恐策略，推广温和的伊斯兰模式，在国际上树立良好的国家形象。

摩洛哥还为旅游投资者提供了一个稳定的宏观经济环境和优质的营商环境。摩洛哥是非洲和阿拉伯世界最稳定、最可靠、最有竞争力的经济体之一，保持宏观经济的稳定是摩洛哥政府优先关注的部分。在全球金融危机中，摩洛哥经济发展仍然显示出强大的韧性，自2010年其GDP年均增长率约为4%，达到一个稳定的宏观经济水平。世界经济论坛通过分析企业的开放性、未来GDP及人均购买力走势、文化影响力、企业精神、权力和生活品质冒险性、公民权、遗产等标准，发布的2016年《全球最佳国家排行榜》中，摩洛哥排名第三十五位，领先于中东和北非地区的其他任何国家。根据世界经济论坛2015年数据，摩洛哥在欢迎外商直接投资一项排名全球第十位①。2016年1月，法国咨询公司COFACE把摩洛哥排在非洲最安全投资国家的第二位。这家咨询公司把摩洛哥投资安全程度的等级定为A4，意味着低风险和适宜投资，确定摩洛哥为中东和北非地区投资最安全的国家。② 世界银行和世界经济论坛发布的《2018年阿拉伯世界竞争力报告》中，摩洛哥成为北非地区最具竞争力经济体，位列阿拉伯国家第8位。世界银行发布的《2019年全球营商环境报告》中，摩洛哥

① The World Economic Forum, “The Travel & Tourism Competitiveness Report 2017”, 2017, p. 35.

② The World Economic Forum, “The Travel & Tourism Competitiveness Report 2017”, 2017, p. 34.

在190个国家中排名第60位，较2018年上升9位，为北非地区表现最好的国家，在中东和北非地区中排名第二，仅次于阿联酋（第11位），在非洲国家中排名第三，仅次于毛里求斯（第20位）和卢旺达（第29位）。10项评价指标中，摩洛哥在开办公司、获得电力、登记财产、跨境贸易、办理破产5项指标中有所改善。

此外，摩洛哥总体物价水平、劳动力成本低于欧美及中国，“年轻的劳动力是摩洛哥的优势资源，摩洛哥46%以上的人口都在34岁以下，每年还有约一万名学生毕业，投入人才市场”。[①] 其老城、海边、人文遗迹等诸多景点都可免费观光，其他收费景点收取的费用也不高。

表III-7-2　　2016年和2019年摩洛哥热门景点门票

景点	城市	成人价格（迪拉姆）	
		2016年	2019年
舍拉废墟	拉巴特	10	70
拉巴特王宫	拉巴特	免费	200
穆罕默德五世陵墓	拉巴特	免费	免费
乌达雅堡	拉巴特	免费	免费
哈桑二世清真寺	卡萨布兰卡	120	120
迈阿密海滨大道	卡萨布兰卡	免费	免费
马拉喀什博物馆	马拉喀什	50	70
马约尔花园	马拉喀什	70	70
阿里·本·优素福神学院	马拉喀什	50	暂停开放
巴迪皇宫	马拉喀什	20	70
巴希亚宫	马拉喀什	20	70
杰玛·艾勒·法纳广场	马拉喀什	免费	免费
马拉喀什老城	马拉喀什	免费	免费
库图比亚清真寺	马拉喀什	免费	免费
阿布伊南神学院	非斯	20	20
非斯老城	非斯	免费	免费
皮革染坊	非斯	免费	免费
卡鲁因大学	非斯	免费	免费
瓦卢比利斯遗址	梅克内斯	10	120
梅克内斯老城	梅克内斯	免费	免费

① 黄婧：《开启中非全面合作新格局》，《中国联合商报》2015年3月23日。

续表

景点	城市	成人价格（迪拉姆）	
		2016 年	2019 年
斯帕特尔海角灯塔	丹吉尔	免费	免费
非洲洞	丹吉尔	免费	免费
阿伊特本哈杜宫殿	瓦尔扎扎特	免费	30
舍夫沙万蓝色小城	舍夫沙万	免费	免费
艾西拉小镇	艾西拉	免费	免费

（四）政府积极的旅游规划

2008 年，摩洛哥政府成立了旅游发展局；2010 年，摩洛哥政府出台了“2020 旅游愿景”[①]，在延续“2010 旅游愿景”进展的基础上，继续促进旅游业的发展，还为此专门成立了摩洛哥旅游发展基金（FMDT），其初始资本由摩洛哥政府和哈桑二世基金提供，金额为 18 亿美元。2010 年，三个海湾阿拉伯主权财富基金（SWFs）和阿联酋房地产开发商马巴尔为摩洛哥旅游发展基金贡献了至少 150 亿迪拉姆。[②]“2020 旅游愿景”相关目标包括：使摩洛哥成为全球 20 佳旅游目的地之一；使旅游住宿设施的容量增加一倍；使入境旅游人数增加一倍，达到每年 2000 万人次；使国内游客人数增加两倍。具体来说还包括新增 8 个目的地；新增 20 万个酒店床位；从目标新兴市场吸引 100 万游客；创造 47 万个直接就业岗位；2020 年的旅游总收入达到 1400 亿迪拉姆；旅游业 GDP 达 1500 亿迪拉姆。“2020 旅游愿景”的基本原则为：（1）以“2010 旅游愿景”取得的成就为基础；（2）寻求更加综合的领土改善形式；（3）充分利用国内多种多样的资源，满足最有前景的市场需求；（4）弥补行业持续的结构性弱点；（5）将可持续发展置于战略核心地位。

“2020 旅游愿景”主要通过 AZUR 2020 计划、文化遗产计划、绿色生态可继续发展计划、高附加值商业康养计划、体育运动休闲计划、国内

① Ministry of Tourism of Morocco，“Vision 2020 for tourism in Morocco”，*Ministry of Tourism of Morocco*. 2010，p. 14.

② Breanne Henkelman，*American Real Estate Firms' Failure to Buy-in to Morocco's Vision：Why American FDI in the Real Estate Sector Will Continue to Lag*，Evanston：Northwestern University，2013，p. 35.

旅游计划六大框架计划，来改善旅游多元化产品服务。AZUR 2020 计划：通过完成 AZUR 计划以及在南方开发新产品，来提供具有国际竞争力的海滨度假胜地，加强大西洋和地中海沿岸海滨度假胜地的建设。文化遗产计划：充分利用摩洛哥的物质和非物质遗产，增强文化体验，开发特定的住宿设施，重建历史古迹，修建重点博物馆，增加传统节日的价值。绿色生态可继续发展计划：通过创新一流可持续发展产品（如生态小屋，沙漠度假村，玻璃幕墙等），开发更多绿色自然景观。高附加值商业康养计划：创建可以举办大型国际活动的基础设施，并与体育、康养、展览以及文化部门建立协作关系，使摩洛哥成为新的国际康养目的地。体育运动休闲计划：开展一系列国际级文化休闲活动（如休闲城市、主题公园和度假村等），提升旅游目的地的吸引力。国内旅游计划：提供符合摩洛哥人旅行习惯和方式的产品。

“2020 旅游愿景”的一个重要支柱是区域规划政策，它将摩洛哥分为八个主要旅游区，即“Souss—撒哈拉—大西洋区”“地中海摩洛哥区”“北海角区”“摩洛哥中心区”，“中大西洋区”和“马拉喀什大西洋区”“南大西洋区”和“阿特拉斯山谷区”。

摩洛哥针对旅游业制定了一套完善的激励框架措施，比如在征税方面“对运营旅游和酒店行业的实行前五年减税 50% 的政策；对其在摩洛哥制造的所有货物、设备和工具 24 个月内免增值税，对其进口的所有货物、设备和工具等实行 36 个月内免增值税。”①

另外，摩洛哥正努力开发多元化的客源市场，在稳定传统旅游客源市场的基础上，积极开拓新市场，如中国和俄罗斯。2015 年 12 月摩洛哥国家旅游局董事会会议上，摩洛哥旅游大臣拉赫森·哈达德（Lahcen Haddad）表示：“希望到 2020 年，摩洛哥能吸引 60 万东欧、土耳其和德国游客以及 12 万中国游客和 20 万俄罗斯游客，并将摩洛哥变成全球最大的 20 个旅游目的地之一。”俄罗斯是摩洛哥十分看好的新兴旅游市场。2016 年俄摩两国结成深度战略伙伴关系，两国签署了 12 项与旅游有关的协定。哈达德表示，摩洛哥希望俄罗斯游客人数在未来能够增加五倍，从 2015

① 摩洛哥旅游工程公司：《摩洛哥：旅游休闲产业投资胜地》，《中国科技投资》2016 年第 8 期。

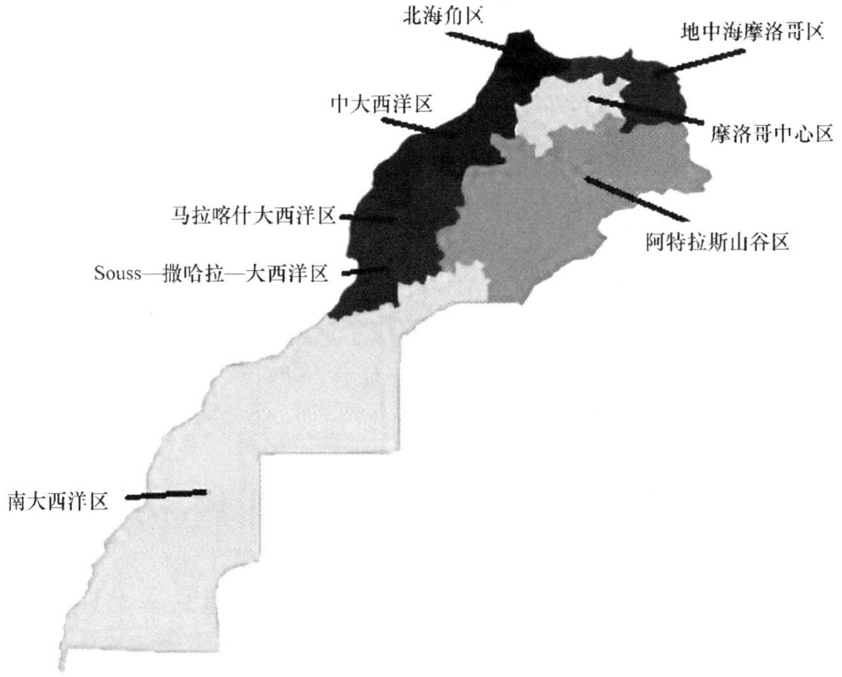

图 III－7－3　摩洛哥“2020 旅游愿景”区域规划（含西撒哈拉）

资料来源：摩洛哥“2020 旅游愿景”。

年的 4 万人增加到 2019 年的 20 万人，并将积极开通莫斯科、圣彼得堡与马拉喀什、阿加迪尔之间的新航线。2016 年 1—9 月，摩洛哥外国游客数量同比减少 3.6%，英国、德国和法国来摩游客人数分别减少 7%、3% 和 2%，相比之下，俄罗斯和中国的赴摩游客人数实现井喷式增长，增长率分别为 102% 和 184%。这说明，摩洛哥多元化旅游政策已经产生了现实的效果。

游客的心理感知距离影响其跨境旅游决策的做出及其对跨境旅游的质量评价；快捷的出入境办理、航班和航线的增加、海陆空交通网络的建设都可缩短游客心理感知距离，延长其在旅游目的地的逗留时间，加快游客的周转速度，提高旅游产品的性价比。摩洛哥旅游业的快速发展离不开其便利的交通设施。摩洛哥地理位置绝佳，距游客资源丰富的欧洲及其他中东旅游目的地仅一两千千米之遥，从欧洲主要城市搭乘两个半小时的飞机即可抵达。摩洛哥与欧盟及突尼斯签署天空开放协议，并就此推出低成本服务和廉价航班，为摩洛哥空中服务和休闲旅行带来了极大的便利。[①]“摩洛哥一共拥有17个机场，开通的直航航班连接了超过32个欧洲国家城市和18个非洲国家城市。”[②] 2018年摩乘坐飞机的旅客达到2250万，同比增长10.4%。其中，国际旅客人数为2008万，同比上涨了10%，国内旅客人数为240万，同比上涨14.3%。欧洲航线游客1570万人，同比增长11.5%；北美、南美和中东地区航线旅客人数分别增长了11.6%、18.9%和6.2%。[③] 在摩洛哥乘飞机旅行最受游客欢迎，卡萨布兰卡穆罕默德五世国际机场每年接待的游客最多。根据国际机场理事会的调查，在2018年非洲机场排行榜中，该机场被评为最佳机场之一。

摩洛哥还拥有良好的铁路道路基础设施，主要的旅游中心城市都有铁路和高速公路相连接，使得游客能在各目的地间畅通无阻地旅行。2018年11月15日，非洲首条时速300千米以上的高速铁路“丹吉尔—卡萨布兰卡高铁”正式通车，全程用时从原先的4小时45分钟缩短至2小时10分钟。[④] 此外，市内还覆盖出租车、公共汽车及有轨电车（在卡萨布兰卡和拉巴特）等公共交通工具，方便游客出行。

二 劣势和威胁

（一）落后的服务设施

摩洛哥在食、住、行、游、娱等几大方面的旅游配套设施及接待能力已无法满足日益增长的游客需求。其境内五星级酒店、连锁品牌酒店较少，运营良好的中档酒店也为数不多，且酒店规模普遍偏小、客房数量偏

① Frederic Dobruszkes, Veronique Mondou, Aymen Ghedira, “Aviation liberalization as a means to promote international tourism: The EU-Morocco Case”, *Journal of Air Transport Management*, Vol. 29, 2013, pp. 23-34.

② 摩洛哥旅游工程公司：《摩洛哥：旅游休闲产业投资胜地》，《中国科技投资》2016年第8期。

③ 中华人民共和国驻摩洛哥王国大使馆经济商务处：《2018年摩洛哥乘坐飞机旅客达到2250万》（http://ma.mofcom.gov.cn/article/jmxw/201901/20190102829957.shtml）。

④ 中华人民共和国驻摩洛哥王国大使馆经济商务处：《摩洛哥与法国2017年双边贸易概况》（http://ma.mofcom.gov.cn/article/jmxw/201811/20181102809412.shtml）。

少，管理、服务水平也差强人意，如缤客（Booking）酒店预订网显示摩洛哥有1100多个商家提供住宿服务，其中五星级酒店仅有80多家，连锁品牌共有10个且分布不均；餐饮方面，国际化水平低，无论是餐饮品种、品质还是服务质量，都难以满足越来越多的游客对国际服务质量、速度的需求；景区方面，路况及路线指示图、导览图等都需要建设和完善，配套设施设备老化明显、规格不一，文化遗产、自然景观的保护和维护状况也令人担忧。

此外，摩洛哥的旅游产品比较单一，根据世界旅游观光理事会的数据，2018年摩洛哥休闲旅游消费占直接观光旅游GDP的89%，商务旅行消费占11%。摩洛哥旅游产品以休闲观光为主，商务会展、休闲养生、文化探险等类型产品相对薄弱，相应的多元化的配套设施也十分缺乏。

较为烦琐的出入境办理会延长游客的心理感知距离，降低旅游体验的质量。自2015年开始，摩洛哥机场安检升级，但由于工作人员配备不足、管理不够畅通，进入机场需要耗时很久，相同的问题也出现在办理值机和出入境的环节，部分游客因此错过航班，造成直接的经济损失。对于自由行的游客来说，公共交通也是个棘手的问题。除了拉巴特和卡萨布兰卡外，其他城市并没有市内电车穿行；而摩洛哥的公交系统也比较落后，车辆破旧、站牌标示不明、没有电子报站服务；出租车的计价方法较为复杂，部分司机会利用这一点进行“宰客”。

（二）松散的行政管理

摩洛哥的行政机构遍及全国，但在提供基本行政服务方面仍显不足，市政府对于国家下放的权力没有很好地进行消化，无法妥善地控制行政预算。[①] 对于“2020旅游愿景”战略的具体方案实施，执行不力、拖沓滞后。目前摩洛哥旅游市场的运行机制和管理制度还不够完善，摩洛哥政府的监管手段亟待改进。

摩洛哥政府部门官僚主义严重、腐败严重，效率低下，增加了完成商业投资所需的时间、人工和资金成本，阻碍着旅游产业的良性发展。摩洛

---

① Bertelsmann Stiftung, “2016: Morocco Country Report”, *Bertelsmann Stiftung's Transformation Index*, 2016, p. 25.

哥的基层公务员，尤其在海关和出入境部门，腐败现象较多，工作执法随意性大、透明度不高且互相冲突。比如在摩洛哥工作的中国人获取有效期一年的居住证，就要历时数月，常常要折返多次提交材料，还会受到办事人员的刁难。尽管摩洛哥政府作出了一些努力，进行司法制度现代化改革，加强预防腐败的体制框架，还专门设立了中央预防腐败局（ICPC），但收效甚微。全球清廉指数（CPI）徘徊在全球第70—90名间。

表Ⅲ－7－3　**全球清廉指数（CPI）分数及176个国家中的排行（满分100）**

分数/排行	2012年	2013年	2014年	2015年	2016年	2017年	2018年
丹麦	90/1	91/1	92/1	91/1	90/1	88/2	88/1
阿联酋	68/27	69/26	70/26	70/23	66/24	71/21	70/23
摩洛哥	37/87	37/90	39/79	36/88	37/90	40/81	43/73

资料来源：透明国际。

（三）过于集中的客源市场

客源市场的稳定与否关系着旅游业的持续稳定发展，摩洛哥最主要的客源地是欧洲（图Ⅲ－7－4）。由于摩洛哥临近欧洲，又具有多样的文化和低廉的旅游消费，吸引了大量欧洲游客，尤其是欧洲民众刚刚从金融危机中走出来，正在寻找更廉价的假期目的地替代品。2018年摩洛哥入境国际游客近80%来自欧洲，以法国和西班牙为主①，摩洛哥国际航线中78%是欧洲航线。② 可见欧洲客源对于摩洛哥的旅游发展至关重要，当前摩洛哥经济的潜在下行风险仍然来自欧元区，一旦欧洲形势发生变化便会对摩洛哥的旅游业产生重大影响。

（四）安全威胁

安全方面，恐怖主义和“阿拉伯之春”的外溢效应都不容轻视。2018年摩洛哥境内爆发多次民众游行示威活动。仅2018年摩洛哥境内就

① Ministry of Tourism of Morocco, “Tourism Statistics in Morocco August 2018”（http：//www.tourisme. gov. ma/sites/default/files/tbnat_ 08-18_ anglais. pdf）.

② 中华人民共和国驻摩洛哥王国大使馆经济商务处：《2018年摩洛哥乘坐飞机旅客达到2250万》（http：//ma. mofcom. gov. cn/article/jmxw/201901/20190102829957. shtml）。

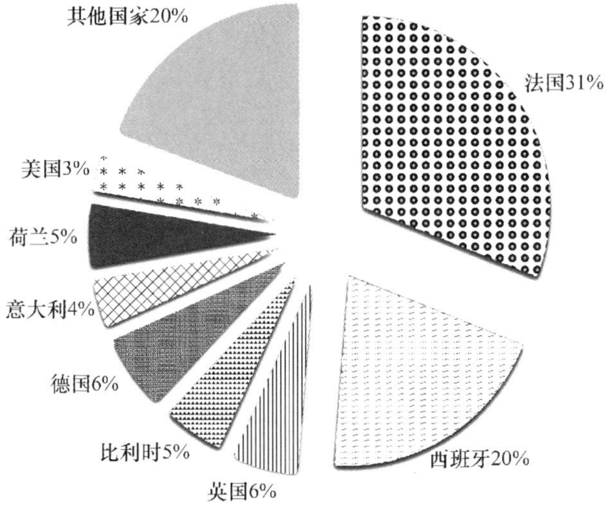

图 III－7－4　2018 年摩洛哥入境客源国

资料来源：摩洛哥旅游部官网，http：//www. tourisme. gov. ma/。

出现了多次民众游行示威活动。

对入境旅游目的地来说，一旦发生恐怖袭击事件，其“挤出效应”和“替代效应”会使入境旅游地或国家承担被“挤出”或“替代”的风险。近年来恐怖主义一直都威胁着北非旅游业的持续发展。由于恐怖袭击事件的影响，2015 年埃及损失了 70% 的旅游业收入；突尼斯在 2015 年 6 月的恐怖袭击之后，旅游业收入损失了 3. 8 亿美元。其他国家也有同样的遭遇，2015 年查理周刊办公室的恐怖袭击使得法国旅游业及相关产业蒙受损失，袭击十天后，与旅游相关的行业收入下降了 26% 。这对法国的经济产生了巨大的影响，因为其 GDP 的 7% 来自旅游业。2017 年春节，到土耳其旅游的中国旅客锐减 14% ，主要原因同样是恐怖主义威胁。

“9·11”事件后，国际恐怖主义势力向摩洛哥渗透，其境内激进的宗教极端势力也有所抬头，恐怖主义组织已经多次密谋在摩洛哥制造事端。2011 年马拉喀什一家咖啡馆发生恐怖袭击，17 人遇难，且大部分为外国人。这是自 2003 年卡萨布兰卡爆炸导致 45 人死亡以来最严重的袭击。虽然致命性的袭击事件很罕见，但恐怖主义仍然不可忽视。自 2014 年极端组织“伊斯兰国”宣布成立后，摩洛哥便加强了安全措施。2014

年6月，摩洛哥情报显示，国内存在严重的恐怖威胁，主要来自在伊拉克和叙利亚作战后返回家园的伊斯兰激进分子。为此摩洛哥安全部门高度戒备，2015年新建立了一个不同安全机构间相互协调的体制框架。受地区动乱和恐怖袭击的影响，2016年上半年摩洛哥外国游客的增长有所减慢。2018年两名北欧女游客在摩洛哥遭人割喉、斩首杀害，给当地旅游业带来了一些负面影响。据摩中央司法调查局提供的数据，2015年初至2018年6月，摩洛哥共捣毁53个恐怖主义团伙，将815名涉恐嫌疑人移交司法机关。

摩洛哥整体社会治安良好，刑事犯罪现象很少发生，对游客来说主要的风险为盗窃。[①] 在摩洛哥外国游客被盗抢事件屡有发生，当地警察对此习以为常、多数时候不予作为。另外，非法移民也成为危害摩洛哥社会治安的不稳定因素之一。叙利亚内战爆发后，大批难民进入摩洛哥境内；摩洛哥对很多非洲国家持开放政策，目前有9个非洲国家公民可无签证进入摩洛哥，另有12个非洲国家的公民可以获得落地签证，但这也造成了大批非洲非法移民滞留摩洛哥的现象，他们同叙利亚难民一样，沿街乞讨，成为摩洛哥社会的不稳定因素之一。

贫困、失业、腐败、贫富不均、社会不公平、非法移民、叙利亚和利比亚难民、北部毒品走私、民主化抗议、领土归属争端、同邻国军事冲突等一系列问题造成的持续性社会积怨，危害着摩洛哥的社会治安和政局稳定，同时滋生了盗窃抢劫等犯罪行为，给摩洛哥的旅游业蒙上了一层阴影。

（五）环境威胁

摩洛哥特殊的气候条件决定了农业受降雨影响极大；降雨好的年份，其GDP增速可达到4%以上，如2011年、2013年、2015年；而像2016年，降雨量低于平均水平，农业产量和出口也相应减少，其GDP增速就仅为2%左右。农业是摩洛哥的支柱产业，雇佣了大约40%的劳动力，是其贫困人口的主要谋生手段。因此，旱灾、粮食安全和社会稳定三大问题在摩洛哥具有一定的关联性，这种关联性也会间接影响到旅游业的持续稳定发展。

---

① Africa Middle East, "Tourism in Morocco Down Amid Regional Unres" (http://africa-me.com/tourism-morocco-amid-regional-unrest).

摩洛哥人口增长和城市化趋势明显，已经带来交通拥堵、生活拥挤等城市问题。摩洛哥2015年国家统计数据显示，其人口总数超过3200万，60%的人口居住在市中心；摩洛哥高级规划委员会预计，到2030年会有2840万居民住在城市，即占摩洛哥总人口的68.5%。① 通过图III-7-5，我们可以发现，摩洛哥的旅游人口高度集中在几座城市，马拉喀什和阿加迪尔是最受欢迎的旅游地点，2018年马拉喀什和阿加迪尔的过夜住宿数占总数的60%，分别增长了10%和8%。其他城市如非斯、丹吉尔和拉巴特分别增长了16%、10%和9%。蓬勃发展的旅游业可能会加剧城市问题，挤压当地人的生活空间，加剧当地人对外国游客的不满。

表III-7-4　**摩洛哥10个最大城市的人口预估**　（单位：百万）

城市	2010	2020	2030
卡萨布兰卡	3.3	3.9	4.7
拉巴特	1.8	2.1	2.4
非斯	1.0	1.2	1.3
马拉喀什	0.9	1.0	1.2
阿加迪尔	0.8	1.0	1.1
丹吉尔	0.8	0.9	1.1
梅克内斯	0.6	0.7	0.7
盖尼特拉	0.4	0.5	0.5
乌季达	0.4	0.5	0.5
得土安	0.3	0.4	0.5

资料来源：麦那普利斯（MENAPOLIS）咨询公司。

经济和营商环境方面，2018年摩洛哥经济表现乏力，增长缓慢、失业严重、贸易和财政逆差扩大、外汇储备下降、物价上涨，形势不容乐观；改革推进也不如预期那么顺利。摩洛哥计划高专署署长艾哈迈德·拉赫利米（Ahmed Lahlimi）在对2019年经济预测中表示，摩洛哥经济增长

① Bertelsmann Stiftung，“2016：Morocco Country Report”，*Bertelsmann Stiftung's Transformation Index*，2016，p. 24.

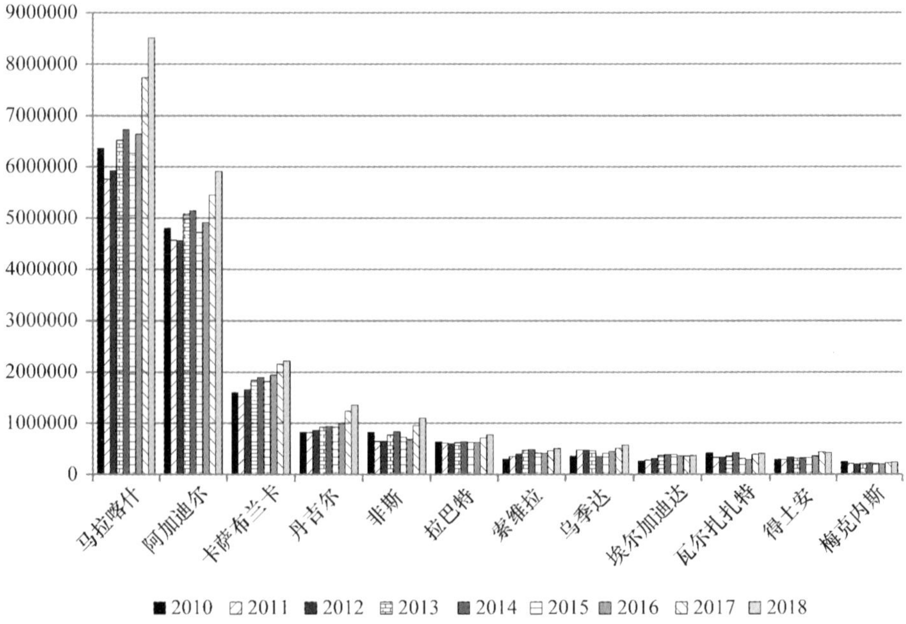

图 III－7－5 摩洛哥12个最大城市过夜住宿人次对比

资料来源：摩洛哥旅游部官网，http：//www. tourisme. gov. ma/。

依然乏力。[①] 另外，摩洛哥的商业交际文化比较封闭，主要靠人脉拓展商业关系。易卜拉欣·卡林（Ibrahim Kalín）认为："摩洛哥面临着两大内部问题：深层国家势力和裙带资本主义。裙带资本主义，建立了国家和商业精英之间的特殊关系，是摩洛哥经济和政治不平等的根源之一。"[②] 在摩洛哥，王室贵族、家族企业垄断着主要行业，地方保护主义严重，外来企业很难进入当地市场，将会影响摩洛哥旅游市场的进一步扩大开发。

（六）竞争威胁

根据世界旅游观光理事会（WTTC）对未来十年的预测，地中海海域

① 中华人民共和国驻摩洛哥王国大使馆经济商务处：《2018 年摩洛哥经济表现乏力》（http：//ma. mofcom. gov. cn/article/ztdy/201812/20181202819602. shtml）。

② Kalin I.，"Democracy，Deep State and Crony Capitalism in the Arab World"，Todays's Zaman（http：// www. todayszaman. com/columnist-268959-democracy-deep-state-and-cronycapitalism-in-the-arab-world. html，2012-1-18/2016-12-12）.

的旅游活动将非常活跃。这一预测主要反映在三个层面：旅游 GDP 平均年增长率 4.15%，到 2020 年达到每年 1483 亿美元；游客人数平均每年增长 3.12%，到 2020 年达到 7.32 亿人次；旅游收入平均每年以 5.57% 的速度增长，到 2020 年达到 470 亿美元。地中海海域旅游发展的大趋势，必然会惠及摩洛哥，但同时摩洛哥也将面临更大挑战，北非各国将在一个充满活力的旅游市场中寻求更大的市场份额。

摩洛哥两大强劲的竞争对手是突尼斯和埃及。首先，三国都地处北非，地理位置临近，同属阿拉伯国家和非洲国家；其次，旅游资源相似，着重发展阿拉伯文化游和海滨风情游，且价格低廉；最后，三国都将旅游业视为国家重点发展项目。根据世界经济论坛 2017 年的"旅游观光竞争力指数"和世界旅游观光理事会"2018 旅游观光经济影响·摩洛哥篇"数据，摩洛哥的整体竞争力高于突尼斯和埃及，但是在卫生健康、人力资源与劳动力市场、价格竞争力、环境可持续发展等方面明显落后于其他两国；埃及在价格竞争力、卫生健康、航空运输基础设施、文化资源和商务旅游以及旅游拉动 GDP 和就业方面有明显优势；突尼斯在信息通信技术、对外开放程度、旅游服务基础设施等方面有优势，但入境游整体发展状况同摩洛哥和埃及相比差距较大。

在营商环境方面，摩洛哥明显优于埃及和突尼斯。埃及是摩洛哥最大的竞争者，世界旅游及旅行理事会日前发布的数据显示，2018 年埃及旅游业增长 16.5%，远超 3.9% 的全球旅游业平均增长水平。从客源地多元化标准来看，埃及吸引游客的集中度不超过 50%。突尼斯旅游部发布的报告显示，2018 年突尼斯共接待外国游客约 830 万人次，同比增长 17.7%，来自阿尔及利亚、利比亚等国的游客约为 430 万人次，同比增长 11%；来自法国、德国、俄罗斯等欧洲国家的游客超过 240 万人次，同比增长 42%[①]；这些游客已占该国游客总数的 80%。摩洛哥的情况比较特殊，通过计算六个主要客源国法国、西班牙、德国、英国、意大利和比利时的游客总数，其旅游集中度不超过 40%；但由于摩洛哥有大量人口旅居在外，如果将居住在境外的摩洛哥人入境数也计算在内，这个比例就上升到了 80%。

① 新华网：《2018 年赴突尼斯中国游客同比增长近四成》（http://www.xinhuanet.com/world/2019-01/08/c_1123961390.htm）。

表 III－7－5　　摩洛哥、突尼斯和埃及的“旅游观光竞争力指数”(TTCI)

排行	摩洛哥	突尼斯	埃及
TTCI 全球	65	87	74
商业环境	49	66	78
安全防范	20	102	130
卫生健康	99	75	68
人力资源与劳动力市场	117	113	102
信息通信技术	77	73	89
政府优先发展旅游观光	35	48	37
对外开放程度	91	76	102
价格竞争力	47	9	2
环境可持续发展	107	89	67
航空运输基础设施	63	85	59
地面和港口基础设施	60	95	82
旅游服务基础设施	80	69	93
自然资源	47	94	97
文化资源和商务旅游	41	83	22

资料来源：世界经济论坛（WEF）旅游观光竞争力报告 2017。

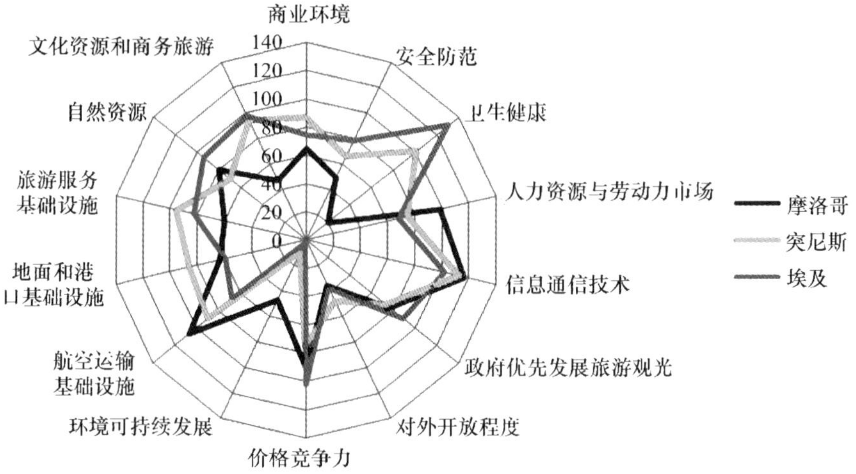

图 III－7－6　摩洛哥、突尼斯和埃及竞争力比较的可视化图

表 III-7-6 2018 年摩洛哥、突尼斯和埃及营商环境对比

全球排名	摩洛哥	埃及	突尼斯
营商环境便利度	60	120	80
开办企业	34	109	63
办理施工许可证	18	68	77
获得电力	59	96	51
登记财产	68	125	87
获得信贷	112	60	99
保护少数投资者	64	72	83
纳税	25	159	133
跨境贸易	62	171	101
执行合同	68	160	80
办理破产	71	101	67

资料来源：世界银行《2019 全球营商环境报告》。

表 III-7-7 2017 年摩洛哥、突尼斯和埃及旅游对国家经济的贡献

旅游业的贡献	摩洛哥	埃及	突尼斯	北非平均
旅游对 GDP 的直接贡献（单位 10 亿美元）	8.8	10.7	2.7	5.8
旅游对 GDP 的直接贡献百分比（%）	8.2	5.6	6.9	5.2
旅游对 GDP 的总贡献（单位 10 亿美元）	20.0	21.1	5.7	12.2
旅游对 GDP 的总贡献百分比（%）	18.6	11.0	14.2	10.9
旅游对就业的直接贡献（单位 1000 个）	824.5	1099.0	225.1	501.5
旅游对就业的直接贡献百分比（%）	7.1	3.9	6.3	4.4
旅游对就业的总贡献（单位 1000 个）	1901.8	2425.4	464.1	1113.3
旅游对就业的总贡献百分比（%）	16.4	8.5	13.0	9.8
旅游投资（单位 10 亿美元）（%）	4.6	3.4	0.8	2.1
旅游投资占国内总投资百分比	13.5	11.4	9.7	6.9

资料来源：世界旅游观光理事会（WTTC）“2018 旅游观光经济影响·摩洛哥篇”。

第二节 中摩旅游合作发展

一 中摩旅游合作现状

（一）免签前后的变化

2016 年摩洛哥国王访问中国，其间两国签署了建立中摩战略伙伴关

系的联合声明，还签署了《中华人民共和国国家旅游局和摩洛哥王国旅游部关于加强旅游合作的谅解备忘录》和《中华人民共和国政府和摩洛哥王国政府文化合作协定2016年至2020年执行计划》，决定于2020年共同举办中国—摩洛哥旅游文化年，在旅游、文化、传统手工业、物质文化遗产和非物质文化遗产等领域组织各类活动，促进中摩文旅交流与合作提升至更高水平。

自2016年6月1日起，摩洛哥对中国公民实行免签。免签前，获取摩洛哥旅游签证通常至少需要三周且手续复杂，许多中方旅行团和自助旅行者因为这个原因打消了赴摩旅行计划。2015年9月3日，因“通信系统故障问题”，摩洛哥驻中国大使馆停止向中国公民发放签证，很多申请人被迫更改行程和工作学习计划。免签后，中国游客人数激增。摩洛哥旅游观察所统计数据显示，2015年赴摩中国游客约1万人次，2016年4.3万人次，2017年达到12万人次；2018年共约18万人次，同比增长50%左右。2015年12月摩洛哥国家旅游局大会上，摩洛哥旅游大臣哈达德表示，“希望到2020年，摩洛哥能吸引12万中国游客”。这一数字比预计时间早两年多就实现了。中国已成为摩洛哥旅游业重要的亚洲客源国，目前摩洛哥年均接待的中国游客人数已经远超日本和韩国游客人数。摩洛哥北部城市丹吉尔也逐渐成为中国游客最钟爱的摩洛哥旅游城市之一。中国游客成为继西班牙和法国游客后，丹吉尔接待的第三大外国游客群体；2018年超过2.5万人次中国游客到达丹吉尔，同比增长105%，过夜天数为4.1万晚，同比增长130%。丹吉尔旅游业人士计划同中国相关行业人士合作，进一步开展交流和宣介。[1] 途牛旅游网《2017年春节出行大数据预测报告》显示，摩洛哥为中国出行人次增速最快的国家，出行人次增速超过130倍。由于摩洛哥临近欧洲、交通便利、性价比高和充满异域风情等原因，其免签也吸引了不少在欧洲求学的中国留学生。

餐饮方面。据了解，免签前摩洛哥境内中餐馆不足5家，而目前已超过20家，仅旅游热点城市非斯就有6家中餐馆。

消费支付方面。银联国际与摩洛哥最大的商业银行阿提贾里瓦法银行

---

① 中华人民共和国驻摩洛哥王国大使馆经济商务处：《丹吉尔2018年接待中国游客数量增幅达105%》（http：//ma. mofcom. gov. cn/article/jmxw/201903/20190302839457. shtml）。

（Attijariwafa）合作，实现该行旗下所有 2000 台 ATM 支持银联卡，当地 ATM 的银联卡受理覆盖率从 15% 提升至 45%。这些 ATM 遍布卡萨布兰卡、马拉喀什等各大城市和主要景区，为入境游客持银联卡取款带来更多便利。目前，摩洛哥三大银行已全部开通银联卡受理业务。根据摩洛哥旅游部门调研，中国游客在当地购物、饮食、住宿和娱乐等很多方面习惯使用银联卡支付，越来越多当地银行和商户把银联卡支付作为服务中国顾客的重要手段。① 在移动支付方面，摩洛哥电子银行支付中心（CMI）计划引进支付宝，主要目标客户就是中国游客。2017 年，平均每位中国游客在摩洛哥期间使用信用卡消费 2662 迪拉姆，远高于 1613 迪拉姆的平均水平，其中购物占中国游客消费的一半以上。摩洛哥酒店业和奢侈品业将是首批接受支付宝结算的行业。下一步，CMI 还打算引进微信支付。②

航运方面。目前中国游客主要搭乘法国航空、土耳其航空、卡塔尔航空、阿联酋航空及阿提哈德航空前往摩洛哥，在巴黎、伊斯坦布尔、多哈、迪拜及阿布扎比中转。自 2016 年 11 月 1 日起，阿联酋政府为中国游客开放免费落地签，这使得阿布扎比及迪拜成为中国游客前往摩洛哥的理想中转站。阿提哈德航空运营着阿布扎比至卡萨布兰卡的每日航班，以及阿布扎比至拉巴特的每周两班航班。摩洛哥国家旅游局表示，将强化与阿提哈德航空的合作，进一步服务中国旅游市场。摩洛哥国家旅游局还在北京开设了办事处，派驻了代表。摩洛哥旅游、航空运输、手工业与社会经济大臣穆罕默德·萨吉德在 2018 年 2 月 1 日卡萨布兰卡举办的中摩旅游合作论坛上表示，“目前摩洛哥正不断改善酒店、交通等配套设施与服务，提高承接能力，为中国游客赴摩提供更多便利，期望到 2020 年实现每年吸引 50 万名中国游客”。2019 年 9 月，摩洛哥皇家航空公司发布公告，将于 2020 年初正式开通卡萨布兰卡至北京的直航。摩洛哥方面也在积极说服西班牙和法国的旅游公司，吸引去这两个国家的中国游客顺便来摩洛哥旅游。从 2015 年 12 万游客的目标到 2020 年 50 万游客的增长，恰恰反映出摩洛哥对于开拓中国旅游市场的信心。

---

① 中华人民共和国驻摩洛哥王国大使馆经济商务处：《摩洛哥最大银行全面开通 ATM 受理银联卡》（http：//ma. mofcom. gov. cn/article/ddfg/whzhch/201710/20171002658644. shtml）。

② 中华人民共和国驻摩洛哥王国大使馆经济商务处：《支付宝准备进军摩洛哥市场》（http：//ma. mofcom. gov. cn/article/jmxw/201812/20181202819556. shtml）。

摩洛哥的中国客源市场发展得如此之快，首先要得益于摩洛哥政府对开发中国为新兴旅游市场的重视，对免签政策的积极落实；其次，中国的出境游开展了许多年，中国人出境游目的地正在发生转变，中国游客开始向往更加原始、质朴、小众的旅游体验，这为摩洛哥吸引中国游客的到来提供了契机；再者，国内旅游的可吐槽点颇多，同质化现象严重，违法经营、欺客宰客、强迫消费等现象频现，旅游成本也居高不下，而相比之下，摩洛哥物美价廉的旅游产品深受中国游客的喜爱；另外，根据中国旅游研究院的调查，中国出境旅游者最注重的就是旅游的安全性，同埃及和突尼斯等国相比，在旅游安全性上，摩洛哥更具优势。

（二）存在的问题

摩洛哥对中国免签前并未做好目标定位和市场细分的提前准备。

旅游服务方面。首先，摩洛哥的官方语言是阿拉伯语和法语，缺少精通中文、了解中国的旅游从业者；旅游景点鲜有中文标识或中文旅游辅助工具。目前，在摩正规注册的中国旅行社寥寥无几，摩洛哥地接社还存在与中国国内旅行社沟通不畅的问题。摩洛哥规定需取得特定的导游证才可担任导游，但目前这种导游证只允许本国人获取。由于中文导游稀缺，大部分旅行社会雇佣无导游证的中国人或会说汉语的摩洛哥人为导游，甚至在旺季对应聘人员来者不拒，后续也没有进行系统的导游培训，这样一来无法保证服务质量，也无法保障游客在摩洛哥的人身安全。部分导游还会私自添加购物行程，或为此而压缩固定景点的游览时间。其次，摩洛哥旅游市场的很多配备主要针对的是欧洲游客，缺少满足中国游客多种需求的特色旅游线路和旅游项目。中国游客的“中国胃”无法顿顿享受摩餐或西餐，当地中餐馆不多，星级酒店也基本没有中餐供应。2016 年 12 月，摩洛哥《挑战》周刊表示，中国游客在摩洛哥的平均消费额是欧洲游客的 2.6 倍；但显然摩洛哥在旅游消费品开发方面还不成熟，缺少高档精装、满足中国游客伴手礼需求的特产，缺少奢侈品购买等高端服务，缺少相应的媒体宣传。第三，由于文化差异的存在，在很多问题的处理上中摩两国人民很不相同。摩洛哥人的生活工作节奏较中国比慢很多，部分中国游客会“水土不服”。中国游客习惯了国内明码标价的消费，对于摩洛哥一些场所需支付小费的习俗有所抵触；而摩洛哥部分景点的体验项目也确实标价不清，一些商家甚至会坐地起价。另外，目前摩洛哥的中国旅游团被强制消费的现象并不常见，但免签红利退去、市场趋于稳定后，伴随着价格竞争的开始，可能会出现服务质量下降、接待标准降低，甚至强迫游客参加自费行程的现象。中国游客出境游的不文明行为在摩洛哥也时有发生，如在公共场所大声喧哗、聚众吵闹，不尊重当地居民的宗教信仰、生活习俗和生活方式，不遵守排队秩序，在景点乱写乱画，等等，影响当地人对中国的整体印象。

配套设施方面。首先，摩洛哥酒店、景点、餐厅的接待能力无法完全满足中国旺季游客需求，比如蓝色小城舍夫沙万，在对中国免签不到半年就出现了没有足够的四星级、五星级酒店接待中国游客团的问题；另一个值得注意的现象是，摩洛哥景区缺少公共卫生间，中国游客常常需要在咖啡馆进行消费来换取使用卫生间。其次，摩洛哥手机使用普及率很高，但互联网使用普及率比中国低很多（表 III－7－8），网络速度也比中国慢，提供 WIFI 服务的公共场所凤毛麟角，而中国游客已经习惯通过网络解决出行中的大部分问题，如预订酒店和机票火车票、查询地图和美食等，而互联网普及情况也会直接影响到游客移动支付的使用情况。第三，交通上中摩相距较远，两国间最快也要飞机中转一次 17 个小时到达；2014 年摩洛哥旅游大臣曾表示，2016 年将开通中摩直航，但时至 2019 年仍没有进展；目前中国游客在摩洛哥境内旅行通常是乘坐大巴，如进出沙漠的行程，车程长、景点少且景色相对枯燥，而私人飞机定制奢华游等项目也刚刚起步。

表 III－7－8　2018 年中国和摩洛哥信息通信技术使用情况对比

排行	移动电话订阅	移动宽带订阅	固定宽带互联网订阅	光纤互联网订阅
中国	94	45	36	7
摩洛哥	58	85	93	94

资料来源：世界经济论坛《2018 全球竞争力报告》。

地区竞争方面。2013 年，埃及公布了《埃及 2022》远景发展规划，其中设定了实现 2500 万游客的目标，并积极制定旅游政策，加强与世界各大旅行社的联系。埃及在中国的知名度较高，国内赴阿拉伯国家旅游的近 200 条线路中，埃及和阿联酋旅游线路占到了 97%。[①] 2016 年下半年，埃及放松了中国游客个人落地签的标准，简化了中国团队落地签的手续，还陆续开通了 8 条每周直飞航线，为中国人赴埃旅游提供了极大的便利。中国旅游研究院和携程旅游集团联合发布的《2017 春节旅游趋势报告与人气排行榜》显示，埃及成为 2017 年春节出境游十大黑马目的地之一。中青旅遨游网发布的《2018 中国公民非洲旅游报告》显示，埃及是中国公民赴非旅游的五大热门目的地之一。由此可见，埃及是摩洛哥吸引中国游客最强劲的对手。继摩洛哥对中国公民免签后，2017 年 2 月 26 日起突尼斯也对中国公民实施免签政策。免签当年，中国游客一举成为突尼斯增长最快的旅游客源市场。人民币已被纳入突尼斯央行的外汇储备篮子，这意味着人民币可以在当地直接兑换成突尼斯货币第纳尔，减少了第三方货币转换的反复手续。突尼斯政府正积极与中国商议开通直航航班的事宜，直航航班开通后，中国到突尼斯的航程有望从 20 小时缩短至 11 小时。[②] 据突尼斯旅游部统计，2018 年约有 2.79 万人次中国游客入境突尼斯，同比增长 37%，突尼斯旅游业也正以良好的发展态势殷切期望着中国游客的到来。[③]

在安全方面，由于摩洛哥在中国的旅游宣传不足，中国游客对摩洛哥的了解尚少，一些潜在游客群体也会担心摩洛哥作为非洲伊斯兰国家的安全问题。在摩中国游客被盗抢事件屡有发生，一方面是中国游客消费较高、携带的手机等物件跟当地人比更为高端，易被当地的盗窃团伙盯上；另一方面是中国游客保管财物的戒备心不足。另外，摩洛哥南部靠近西撒哈拉的区域安全系数稍低，中国驻摩洛哥大使馆也建议游客规划行程时尽量避开该地，但仍有不少游客前去游玩。随着旅游电子商务的不断发展，以及对于深度体验式旅游的追求，越来越多的中国游客尤其是年轻游客更倾向于选择“自由行”出境游。但自由行相较于跟团游，必然会到更多

① 曹笑笑：《丝绸之路经济带建设背景下的中阿旅游合作策略研究》，《回族研究》2016 年第 2 期。

② 人民网：《中国游客赴突尼斯免签人民币可直接兑换突第》（http://world.people.com.cn/n1/2017/0223/c1002-29103881.html）。

③ 新华网：《2018 年赴突尼斯中国游客同比增长近四成》（http://www.xinhuanet.com/world/2019-01/08/c_1123961390.htm）。

当地社会治安问题，也带来了更多的隐患。

中国来摩游客人数在经历 2 年的急速攀升后，增速有所放缓。2019 年前 4 个月，中国来摩游客有 6 万—7 万，低于去年同期的 10 万人次，这代表免签红利释放后，游客增幅的正常回归。2019 年全年，摩洛哥有望接待 20 万中国游客，高于 2018 年的 18 万人次，但是将远远低于官方预期的 50 万人次。①

二　中摩旅游合作策略

（一）共建旅游市场

第一，加强顶层设计，借助中阿合作论坛、中非合作论坛等平台，建立两国旅游部长会议机制，积极支持中摩城市间缔结友城，建立“国家主导、区域旅游组织参与、旅游城市联合行动”的合作策略。

第二，建立中国旅游企业对摩投资咨询服务体系，为其提供当地投资政策、法律、劳动力市场以及文化背景等方面的信息咨询服务指导，中方积极配合摩方旅游部门在中国进行招商引资。

第三，完善两国旅游监管服务平台，建立有效的投诉渠道，即时受理投诉、反馈信息，切实提高旅游服务质量；发挥摩洛哥旅游行政管理部门的监管作用，完善保护当地无形文化、文化遗产、景区生态的法律法规和市场机制；规范文明旅游，提高地接社和导游对文明旅游引导的执行力。

第四，尽快开通中摩直航线路，增加中摩航班次数；完善摩洛哥铁路网络建设，尤其是南部旅游城市的铁路覆盖；加快机场出入境办理速度。

第五，加快摩洛哥热门旅游城市的酒店和旅馆建设，规范各类民宿，满足各层次游客的住宿需求，鼓励星级酒店推出中餐套餐产品。

第六，联合开展旅游营销，利用媒体宣传等手段提升摩洛哥在中国的旅游知名度，塑造其古老神秘、异域风情、多元文化、安全惬意的旅游品牌形象；加强两国旅行社之间的合作，联合推出符合市场需求的旅游产品，开发融合游览观光、度假休闲、经贸合作、商务会展、文化体验、学术研讨、修学科考、休闲地产、医疗养生、美体健身、体育竞技等功能于

---

① 中华人民共和国驻摩洛哥王国大使馆经济商务处：《2019 年 1—4 月，中国赴摩洛哥游客人数下降》（http：//ma. mofcom. gov. cn/article/jmxw/201905/20190502860570. shtml）。

一体的复合型国际旅游精品线路，开发历史文化游、民族风情游、特色村镇游、文化体验游等特色旅游线路以及私人高端定制线路；整合摩洛哥及欧洲、中东国家的旅游优势资源，开发多国连游的精品旅游线路，可避免单一小众产品过度消费而产生的审美疲劳。

第七，发展旅游电子商务，提供多样化的在线旅游服务，共建互联网旅游产业和旅游数据信息平台，改善景区网络环境；推进基础设施、交通运输工具、交互信息的互联网化、平台化；继续提高银联卡使用及移动支付等服务在旅行社、酒店、景区的覆盖面。

第八，推出中文路标、中文旅游手册、中文菜单，提供针对中国游客的特色化服务，例如酒店可提供饮用热水、拖鞋、中餐、SPA 按摩等用品和服务。

第九，开发高档精装特产完整的生产销售链，提供奢侈品购买等高端化服务。

第十，鼓励当地居民积极参与到旅游发展的各个环节中去，成为旅游发展的主体。首先，居民的参与可以缓解当地就业问题，增加居民收入，减少社会不稳定因素。2018 年摩洛哥旅游业创造的 190 多万个工作岗位主要来自酒店、旅行社、航空公司和其他客运服务公司，以及餐饮业、休闲产业等直接受旅游业辐射的产业，这些产业的发展离不开当地居民的参与。其次，有利于营造独特的当地文化氛围，使游客获得良好的文化体验，增加旅游吸引力。最后，旅游景点同时也是当地居民的生活场所，居民的参与为保护旅游生态提供了强大保障。

（二）加强人文交流

加强文化交流，发挥拉巴特中国文化中心在“文化交流、教学培训、思想对话、信息服务”等方面的职能，鼓励互办文化周、旅游推介展、教育交流展、影视交流会等形式多样的文化交流活动，继续开展中摩书籍互译项目；建立中摩间长期的教育交流机制，扩大互派留学生规模，完善双边学历互认体系；积极发挥三所孔子学院的作用，延续摩洛哥两所大学中文专业的开设，继续实施摩洛哥国家旅游局与孔子学院合作的中文导游培训计划；加强中摩旅游职业专科学校或高校旅游专业、语言专业间的合作交流，根据市场需求设置旅游汉语课程；组织中摩旅游领域的智库专家定期互访，举办研讨会，为中摩旅游合作发展献计献策，为争议性问题的处理提供建设性方案。

从中国角度来看，还要强化公民出境游教育，提升公民素质及自我保护意识，尊重理解文化的心理培育；通过媒体宣传和旅行社推介的方式，对赴摩游客普及摩洛哥国情概况；加强对赴摩领队的专业培训，使他们切实掌握摩洛哥的历史地理、人文风俗、法律法规等各方面知识，提高其语言交流和跨文化交际能力。

（三）加强安全保障

建立以中摩国家旅游局为主导，中国驻外机构及摩洛哥其他部门联动的全方位安全预警体系，分级分类发布旅游预警信息，加强对中国旅行社及摩洛哥地接社的安全培训，保障其接收预警信息的畅通性；与社会安全机构及国际救援中心合作，建立健全安全救助制度，及时、高效地应对旅游安全突发事件；完善中国使馆领保联络员网络，加大对赴摩中国游客的海外领事保护力度。

摩洛哥方面应加强景区的安全布控，增设巡警及监控摄像头，提高景区办案效率，打击旅游盗窃团伙；做好跳伞、跳高、沙地摩托、冲浪等高风险旅游项目的安全管理；加强高速公路行车安全管理，实施旅游用车联合检查制度；加强对山区高速公路附近山坡坍塌、碎石的防治与处理；加强对景区自然灾害的安全跟踪。

习近平主席在2016年新年致辞上提道，“只要路走对了，就不怕遥远”。虽然摩洛哥与中国相距过万千米，但两国都有在“一带一路”倡议下加强双方各方面合作发展的强烈意愿。中摩旅游合作正处于发展的上升阶段，两国的政策性战略性指导将助力其良性发展。旅游合作或将为两国在各个方面带来积极的影响：政治上，良好的旅游合作发展，会促进国家间的政治友好交往，为将来中摩全面战略伙伴关系的形成奠定基础；经济上，跨境旅游合作将带动两国工业、制造业、建筑业、服务业等一大批产业的发展，形成区域经济发展的联动效应；文化上，旅游合作发展也将促进两国间文化交流与民间交往，加深两国人民间的情谊。国际旅游循环特征表明，出境旅游与入境旅游是相对的，目的地与客源地也是相对的，摩洛哥作为中国旅游目的地的发展，也为将来中国吸引摩洛哥游客来华、进一步开拓入境旅游市场打下基础。

第八章　摩洛哥体育发展和中摩体育合作与交流

摩洛哥是一个历史悠久、充满地域特色和有着浓厚体育氛围的国家，其地理位置独特，并有着优越的自然地理条件。2017 年 11 月 12 日，总人口约 3600 万的摩洛哥时隔 20 年再次晋级 2018 世界杯决赛圈，刷新了世界对于摩洛哥体育发展的认识。在摩洛哥，足球被称为“国王的运动”。摩洛哥有着非洲最高水平的足球甲级联赛，并且和英国足球超级联赛同属于一个赛事运作公司。在摩洛哥，竞技体育类的新闻在各大媒体上时常占据头条版面。在摩洛哥 71 万平方千米（包括西撒哈拉）的土地上，有 15 个遍布全国的体育特色旅游城市。除此之外，摩洛哥还有世界知名的马术俱乐部、汽车拉力赛、沙漠马拉松、高尔夫等体育赛事活动。2008 年摩洛哥国王穆罕默德六世在全国体育发展大会上颁布《国王体育书》后，摩洛哥国家青年与体育部制定了一系列的体育发展改革政策。改革涉及体育运动的发展、运动机构管理、训练中心建设、运动竞赛、商业体育、体育教育和体育协会等方面，这使得摩洛哥在过去 10 年的体育发展上取得了较大的进步。然而，在摩洛哥的体育发展中也出现了许多不平衡的发展局面。全国 70% 的人口居住在西北沿海地区导致了各地区的体育设施建设及体育教育发展水平不平衡，且在城市地区和乡村地区体育设施建设和体育资源分配上存在诸多问题。

在竞技体育发展方面，自 1968 年第一次参加奥运会到 2016 年的第 14 届夏季奥运会中，摩洛哥一共获得了 26 枚奥运会奖牌。但在所有的比赛项目中，金牌数在总奖牌数中仅占 26%，且几乎所有的奖牌都是通过田径竞赛项目获得。体育竞赛项目种类发展不均衡也是摩洛哥现存的一个体育发展问题。在体育教育上，以国家青年与体育部为代表的政府职能部门，一直致力于推动体育教育的发展和改革，及推动体育教育水平和教学条件的改善，但频繁颁布的体育改革政策和各地区经济水平发展差异之间的矛盾，导致一系列改革尝试陷入困境。国家针对体育人才培养和体育教育体制的改革仍然处于初级阶段。

2016 年摩洛哥国王访问中国后，随着“一带一路”倡议在全球的推进，且凭借 2018 年世界杯上摩洛哥男足在晋级世界杯时的高光表现，摩洛哥与中国在政治、经济、文化、体育等方面的人文交流也在逐渐加深。截至 2018 年，中国在摩洛哥境内建立了 3 所孔子学院，使摩洛哥成为阿拉伯国家中孔子学院数量最多的国家。在以孔子学院为桥梁的文化传播中过程当中，传统体育文化、体育赛事等交流合作也越来越深入。伴随着中摩官方和民间经济文化上的进一步深入合作，中摩两国之间通过体育交流建立起了另一座相互了解的体育桥梁。

第一节　多元的体育文化

从体育地理的视角来看，摩洛哥以山地和沿海平原地带为主。广阔的海岸线提供了绝佳的海洋运动场所，境内悠久的历史古城和传统的居民聚集区又衍生了极具特色的本国民族体育项目。在快速发展的时代大背景下，摩洛哥有了一系列知名度较高的职业体育赛事，如：摩洛哥甲级足球联赛、卡萨布兰卡高尔夫巡游赛、摩洛哥法国跳伞俱乐部、马拉喀什网球大师赛、汽车拉力赛、阿特拉斯马拉松、攀岩系列赛、马术大师赛、世界 MSL 冲浪大赛、伊芙兰滑雪比赛等诸多赛事。依托摩洛哥全境温暖少雨的地中海气候与沙漠气候，以及摩洛哥全境的多样的地势地形，这些赛事得以成功举办。

一　多元的社会体育基础

在摩洛哥，足球是当之无愧的第一运动。除此之外摩洛哥还有着国际体育赛事上参与度较高的赛车运动、马术运动、板球、篮球、田径、曲棍球、手球等主流运动项目。在田径项目上，摩洛哥长跑运动员希沙姆·古鲁支更是获得过2004年夏季奥运会两枚金牌[①]。

表 III－8－1　　摩洛哥本土主流体育项目及联赛

项目	相关赛事及组织
足球	摩洛哥足球甲级联赛
马术	摩洛哥皇家马术协会联赛
汽车	摩洛哥大奖赛、马拉喀什世界巡回赛、摩洛哥女士汽车大赛
板球	摩洛哥杯
橄榄球	摩洛哥皇家橄榄球联合会杯

资料来源：作者自制。

在国王穆罕默德六世的大力支持下，国家青年与体育部主导的全国各级比赛包括全国学校体育运动会、农村体育运动会、民族传统体育比赛。摩洛哥政府一直以不断开化的姿态促进着摩洛哥体育的发展，同时制定了有利于体育发展的规划。例如，青年与体育部的76个省直属机构每年会组织3万多名摩洛哥青少年参与体育选拔培训，并在摩洛哥全境的12个地区举办体育比赛（每年超过8000名儿童参与比赛选拔[②]）。摩洛哥的体育协会如今更是倡导性别平等，鼓励男女共同参与到体育运动和体育比赛中来。

摩洛哥对本国传统体育项目的发展一直较为重视。以地方政府部门、民间体育协会、国家文化部门、联合国教科文组织为依托，由国王亲自主导传统体育发展项目计划的制定。从2012年开始，进行了一系列针对传统体育的扶持项目，如开展青年运动员选拔人才项目、女性体育运动扶持项目、民族传统文化继承项目等。

2018年，国家青年与体育部在伊芙兰开展了为期3天的阿拉伯传统民族体育运动会。截至2018年，摩洛哥已经开展了四届民族传统体育运动会，该活动由国王穆罕默德六世赞助、举办。摩洛哥、巴勒斯坦、科威

① David Hassan and Jim Lusted, *Managing Sport: Social and Cultural Perspectives*, Paris: Foundations of Sport Management, 2013, pp. 1－45.

② MSJ Programmes, "Lettr Royale 2017" (http://www.mjs.gov.ma/fr/content/programmes-et-activit-s.2017).

特、阿拉伯联合酋长国的300多名年轻代表参加此次民族传统运动会①。近年来，国家青年与体育部纳入了4项本国的民族传统体育项目（表III－8－2），将其作为传统民族体育文化继承项目。

表III－8－2 **摩洛哥主要传统体育**

项目名称	项目数量
Chirra（摩洛哥曲棍球）	1
Tire à la corde（摩式摔跤）	2
La lute（摩式拔河）	3
Jeux Al hite（摩式斗鸡）	4

资料来源：作者自制。

摩洛哥国家青年与体育部通过与联合国教科文组织的合作，以本土民族传统体育项目比赛节日为根基，宣传和保护本国传统的体育文化。在这4项主要的传统体育项目中包含了1项团体运动和3项单项运动。这映射出摩洛哥对于传统体育文化的自我认同——注重勇敢独立的民族性格特点。同时，这也是民众将敢于战斗和拼搏的人称呼为“勇敢的狮子”② 的原因。

在摩洛哥其他特色体育项目中，最出名的传统体育项目之一就是马术。对于摩洛哥人来说，马是在所有动物中最后被创造出来的，因而认为它是一种不同寻常的动物。在传统的历史文化中，马对于摩洛哥人来说是非常神圣的动物，它们是摩洛哥传统文化一部分。国王哈桑二世曾说：“马是我们家庭的一部分，我们的文化和我们的文明的一部分③。”这就解释了为什么整个摩洛哥有五个国家级别的种马场，摩洛哥王室养育的马匹在全世界都久负盛名，并且在摩洛哥重要的官方仪式或标志上都会出现马的标志或图腾。马的重要性还表现在摩洛哥人的生活中。在许多地区，时

① Lematin，“Festival Arabe des Jeux 2016”（https：//lematin. ma/journal/2016/cloture-du-4e-festival-arabe-des-jeux）.

② Saïd Zerzouri，*L'histoire du Sport au Maroc*，Bruxelles：l'Université Libre de Bruxelles，2006，p. 15.

③ Saïd Zerzouri，*L'histoire du Sport au Maroc*，Bruxelles：l'Université Libre de Bruxelles，2006，pp. 10－15.

至今日，马与重大节日和仪式总是联系在一起。对于普通民众，马仍是摩洛哥人日常生活中的重要“伴侣”。在如今的休闲运动中，马术运动才是真正与激情相关的传统体育运动。

摩洛哥农业部长阿齐兹·阿赫努什（Aziz Akhennouch）在2018年摩洛哥马博会发言中就提到，第11届杰迪达马博会现已成为马术产业发展的标志性活动之一。这进一步肯定了马在国家遗产和社会经济发展中的积极作用。在2018年与马相关的产业直接或间接地贡献了全国0.61%的GDP。为提高摩洛哥在马术运动上的国际影响力，在王室和相关国家旅游部门的支持下，摩洛哥逐渐将马术发展推向了国际舞台。并且，越来越多的摩洛哥人开始从事马术运动相关的职业。据摩洛哥皇家马术运动联合会数据显示，在摩洛哥皇家马术运动联合会下的48家附属俱乐部中，共注册有14400名练习骑手。2018年3月20日，世界排名第44位的摩洛哥马术选手阿布德勒克比尔·瓦达尔（Abdelkebir Ouaddar）赢得了巴黎爱马仕大奖赛的冠军[①]。

在马术传统文化方面，摩洛哥最有名的Tbourida（التبوريدة）是最能代表摩洛哥马文化特色的表演之一[②]（该表演被称为马术幻想曲或者人马共鸣）。Tbourida是由多个骑手并排组成一列队，骑手身着白色传统长袍，手持火枪。骑手以相同的速度在约200米长的场地上并排驾马快速前进。在临近终点时，用旧的火枪或枪口装弹步枪同时鸣枪，以声音一致、速度一致、动作一致为观赏点。模拟摩洛哥先民族部落在抵御外敌时的场景，以纪念他们勇敢不屈的作战精神。Tbourida作为传统庆典项目在摩洛哥重大节日和表演中一直经久不衰。

二　摩洛哥优越的体育资源

（一）体育气候资源

摩洛哥的地形与狭长的海岸线一样复杂多变，南北有贯穿全境的阿拉

---

① Fédération Royale Marocaine des Sports Equestres，“L'extraordinaire Exploit du Marocain Ghali Bouka 2018”（http：//www.frmse.ma/article/lextraordinaire-exploit-du-marocain-ghali-boukaa：232.html）.

② See Gwyneth Talley，“The Gunpowder Games：Traditional Equestrianism as Moroccan Invented Heritage Tourism”，Miriam Adelman and Kirrilly Thompson，eds.，*Equestrian Cultures in Global and Local Contexts*，Berlin：Springer，July 2017.

特斯山脉和广阔的撒哈拉沙漠，西北沿岸的地区毗邻地中海和大西洋。摩洛哥的气候也深受其地理位置的影响。摩洛哥的气候在地理上大致可分为两部分：东南部和西北部。东南部，气候干旱。西北部，气候温和，降水充足。地中海沿岸的摩洛哥西北部以地中海气候为主，冬季与夏季气候温和。如首都拉巴特，经济中心卡萨布兰卡，北部海港城市丹吉尔都是位于西北部沿海地区，平均 1 月低温为 46℉（8℃），7 月平均高温为 82℉（28℃）的气温。95%的摩洛哥人口居住在西北沿海地区①，人口的大量聚集为体育项目的发展奠定了社会基础。摩洛哥的人口聚居地区气候温润，全年光照日较多，为室外体育活动的开展提供了有利的气候条件。每年春季摩洛哥都会举办知名的拉巴特国际马拉松、马拉喀什国际马拉松、摩洛哥汽车拉力赛和足球非洲冠军联赛。在夏季又有各式各样的冲浪、赛马、帆船等室外体育赛事活动。冬季在伊芙兰等地区又有滑雪比赛项目。摩洛哥凭借其独特的地理自然环境，为众多体育活动的开展提供了自然保障。

（二）体育地理资源

摩洛哥北部海岸和内陆地区多山，有大片山地高原、山间山谷和广阔的沿海平原。在西部沿海平原地区，摩洛哥还有因河流泥沙沉积而形成的平原地带。这些广阔的平原地带提供了肥沃的农业用地，并为当地提供了 15%的 GDP 的经济支持。随着经济的发展，摩洛哥由于其独特的地理气候环境和社会历史文化，第三产业为主的旅游业已经成为摩洛哥第一大经济支柱。

在体育方面，摩洛哥承办了众多的国际体育赛事，并兴建了大型的体育设施场馆。摩洛哥在沿海地区有着众多知名的皇家高尔夫球场。2018 年，在最大的城市卡萨布兰卡以及旅游城市马拉喀什就有 9 场国际或者洲际高尔夫比赛被举办。因摩洛哥地理特色而举办的比赛还有沙漠马拉松、世界攀岩大赛、徒步穿越大赛、山地自行车大赛、汽车拉力赛和世界铁人三项大赛等体育赛事。同时围绕着摩洛哥独特的地理风格和文体艺术特色，还有众多的摩洛哥音乐节、艺术节、历史文化和国际电影节等活动。

① Hans Jürgen Bolle, *Editerranean Climate: Variability and Trends*, New York: Springer, 2003, pp. 5 – 22.

2019年，在摩洛哥举办的重大活动一共有27项，其中体育赛事一共有10项（表III-8-3），占据总活动数量的37%。这些活动无不彰显着因摩洛哥独特的地理风貌而形成的体育文化和体育社会氛围，吸引着世界各地的体育旅游爱好者前往摩洛哥参加体育比赛和进行体育旅行[①]。

表III-8-3　2019年摩洛哥部分国际体育赛事一览

活动名称	活动时间	活动地点
马拉喀什国际马拉松	2019/1/27	马拉喀什
摩洛哥拉力赛	2019/3/16—22	卡萨布兰卡
摩洛哥山地追逐大赛	2019/3/15—30	马拉喀什
赛布勒斯马拉松	2019/4/5—15	赛布勒斯
拉巴特国家马拉松	2019/4/21	拉巴特
哈桑二世—拉勒梅里姆杯赛	2019/4/22—4/28	拉巴特
摩洛哥山地追逐大赛	2019/9/12—9/16	马拉喀什
山地骑行挑战赛	2019/10/26—11/4	马拉喀什
摩洛哥全国游泳运动会	2019/11/26—12/1	达赫拉

资料来源：摩洛哥各赛事网站。

（三）体育人口基数福利

世界银行研究数据显示，截至2019年5月6日，摩洛哥人口为36564861人，相当于世界总人口的0.47%，人口密度为每平方千米82人，其中60.3%的人口居住在城市。摩洛哥人口的平均年龄为28.3岁，25岁以下的人口占总数的25.77%，25—54岁的人口数量占总数的42.32%。女性占人口50.47%，男性人口占49.53%。在地域人口分布上46%的人口居住在丹吉尔和塞塔特之间的大西洋沿岸省份（以卡萨布兰卡和拉巴特周围地区为主），城市化率达到84%—92%[②]。

① Claudio Minca, "The Tourist Landscape Paradox le Paradoxe du Paysage Touristique la Paradoja del Paisaje Turístico", *Middle Eastern and Islamic Studies*, Vol. 5, No. 3, July 2007.

② Rachid Cheddadi, Alessio Palmisano, José Antonio, López Sáez, Madja Nourelbait, Christoph Zielhofer, Jalal Tabel, Ali Rhoujjati, Carla Khater, Jessie Woodbridge, Giulio Lucarini, Cyprian Broodbank, William J. Fletcher, C. Neil Roberts, "Human Demography Changes in Morocco and Environmental Imprint During the Holocene", *The Holocene*, Vol. 10, No. 2, July 2019.

从体育发展的角度来看，摩洛哥是一个充满体育发展机遇的国家。其体育人口基数大，按人口性别和年龄分析，年轻人更愿意参加体育活动和体育比赛。从城市化率上来看，摩洛哥主要人口聚集地区的城市化率甚至高过部分发达国家。以卡萨布兰卡和拉巴特地区为例，较高的城市化率能更好地促进体育和商业体育的发展，并促进体育直播与转播市场的发展。从性别比例来看，摩洛哥的男女性别比例较为均衡。自摩洛哥2011年《宪法》出台以来，摩洛哥的国内人均生产总值稳定增长，GDP增速在2018年达到3.2%，人均GDP在2017年达到8566美元[①]。贫困人口逐渐减少——经济的发展给商业体育市场形成提供了很大的发展空间，无论是在竞技体育还是在商业体育方面，摩洛哥都是一个潜在的体育消费大国[②]。

在欧洲国际投资（Euromonitor International）的商业体育报告中，摩洛哥的体育经济投资来源以英国和法国为主，在商业体育传播和体育商业营销等方面咨询业务逐渐形成，与商业足球相关的体育产业占摩洛哥体育经济总量的30%。摩洛哥全国有超过24万人从事体育相关的职业，体育职业带来的就业总收入达6亿迪拉姆（约4.68亿元人民币）[③]。加之近几年，摩洛哥政府部门进行了一系列体育政策改革，兴建和翻新了一批大型体育场馆，并鼓励发展中小型商业体育公司。虽然摩洛哥仍是一个发展中国家，却也是一个充满潜在体育机遇和体育人口红利的国家。

摩洛哥人称摩洛哥足球甲级联赛（Bolota）为男人之间的比赛。联赛商业运营和英国足球超级联赛同属一家运营公司。联赛共有16支球队，在每年8月到次年5月比赛期间，每支球队每个赛季需参加24场比赛。保证了比赛数量的前提下，为提高比赛的收视率和关注度，比赛安排充分考虑了宗教和节假日等社会因素。大多数的比赛都在周六下午、周日下午或是晚上进行。经过27年的发展，摩洛哥甲级联赛已经成长为非洲最受

① Susan Gilson Miller, *A History of Modern Morocco*, London: Cambridge University Press, 2013, pp. 56 – 82.

② Malki Said, "An Evaluation of Human Development in Morocco: A Comparative Approach", *Journal of Applied Business and Economics*, Vol. 9, No. 20, September 2018.

③ Euromonitor International, Pre-season 2017: Growing Opportunities From Summer Football friendlies (https://www.euromonitor.com/pre-season-2017-growing-opportunities-from-summer-football-friendlies/report).

欢迎、水平最高的足球联赛之一——比赛现场观众平均上座率达92%。在2018年世界杯比赛期间，摩洛哥国家足球队的每一场比赛的电视收视率达88%[①]。从王室到平民百姓对于足球的热爱带动了整个国家对于足球和体育赛事的关注度，足球明星更是成为平民百姓心中的英雄和偶像。

二　摩洛哥与奥运会

在摩洛哥，奥运会事务由摩洛哥国家奥委会（Comité National Olympique Marocain）负责。该组织成立于1959年，总部位于摩洛哥首都拉巴特[②]。截至2016年，摩洛哥一共参加了14届夏季奥运会，7届冬季奥运会（表III－8－4）。在历届奥运会比赛中，摩洛哥代表团一共获得了23枚奥运奖牌。其中获奖数最多的单项比赛是拳击——共4枚奖牌（表III－8－5）。

表III－8－4　　**摩洛哥奥运会（夏季、冬季）参加一览**

奥运会类别	参加奥运会时间
夏季	1960年、1964年、1968年、1972年、1976年、1980年、1984年、1988年、1992年、1996年、2000年、2004年、2008年、2012年、2016年
冬季	1968年、1984年、1988年、1992年、2010年、2014年、2018年

表III－8－5　　**摩洛哥奥运会获得奖牌数**

时间/地点	金牌	银牌	铜牌	总数
1960年罗马奥运会	0	1	0	1
1964年东京奥运会	0	0	0	0
1968年墨西哥城奥运会	0	0	0	0
1972年慕尼黑奥运会	0	0	0	0
1976年蒙特利尔奥运会	0	0	0	0
1984年洛杉矶奥运会	2	0	0	2
1988年首尔奥运会	1	0	2	3

① 摩洛哥足球甲级联赛官网：摩甲简介（https：//www. elbotola. com）。

② S. Lozano，G. Villa，F. Guerrero and P. Cortés，"Mesuring the Performance of Nations at Summer Olympics Using Data Envelopment Analysis"，*Journal of the Operational Research Society*，Vol. 5，No. 5，May 2011.

续表

时间/地点	金牌	银牌	铜牌	总数
1992 年巴塞罗那奥运会	1	1	1	3
1996 年亚特兰大奥运会	0	0	2	2
2000 年悉尼奥运会	0	1	4	5
2004 年雅典奥运会	2	1	0	3
2008 年北京奥运会	0	1	1	2
2012 年伦敦奥运会	0	0	1	1
2016 年里约热内卢奥运会	0	0	1	1
总计（14 次奥运会）	6	5	12	23

摩洛哥近代竞技体育的发展要追溯到法国殖民时期。在法国殖民时期，殖民者将现代体育带进了非洲，使其在非洲得到进一步的传播和发展[①]。1960 年的罗马夏季奥运会是摩洛哥首次参加奥运会。摩洛哥男子马拉松运动员拉迪·本·阿布得斯塞拉姆（Rhadi Ben Abdesselam）第一次参加奥运会并获得了一枚银牌[②]。在 2016 年里约热内卢奥运会上，摩洛哥在奥运会比赛项目的 13 项运动中，一共派出 49 名运动员（包括 29 名男子运动员和 20 名女子运动员），这也是摩洛哥有史以来最大的奥运代表团。但因没有参加团体项目，所有运动员都仅参加个人单项，如：皮划艇、马术、击剑、高尔夫、射击等（表 III－8－6）。

表 III－8－6 **摩洛哥夏季奥运会获得奖牌信息及比赛项目一览**

奖牌	获奖运动员	时间/地点	运动项目
银牌	拉迪·本·阿布得斯塞拉姆	1960 年罗马	男子马拉松
金牌	纳娃·艾拉·穆塔瓦克勒	1984 年洛杉矶	女子 400 米跨栏
金牌	赛义德·奥维塔	1984 年洛杉矶	男子 5000 米
金牌	巴伊·布塔耶布	1988 年首尔	男子 10000 米
铜牌	赛义德·奥维塔	1988 年首尔	男子 800 米
铜牌	阿布得勒哈克·阿西德	1988 年首尔	男子拳击羽量级

① John Nauright, Mahfoud Amara, *Sport in the African World*, London, Taylor and Francis: 2018, pp. 1－80.

② 摩洛哥奥委会（https://www.cnom.org.ma/en）。

续表

奖牌	获奖运动员	时间/地点	运动项目
金牌	哈立德・斯卡	1992 年巴萨罗那	男子 10000 米
银牌	拉希德・艾拉・巴斯尔	1992 年巴萨罗那	男子 1500 米
铜牌	穆罕默德・阿奇克	1992 年巴萨罗那	男子拳击轻量级
铜牌	萨拉・休斯苏	1996 年亚特兰大	男子 10000 米
铜牌	哈立德・布拉米	1996 年亚特兰大	男子 5000 米
银牌	西查姆・艾拉・古耶尔如其	2000 年悉尼	男子 1500 米
铜牌	阿里・艾兹因	2000 年悉尼	男子 3000 米障碍赛
铜牌	勒扎・必都阿纳	2000 年悉尼	女子 400 米跨栏
铜牌	布西姆・拉拉菲	2000 年悉尼	男子 5000 米
铜牌	塔哈儿・塔姆萨马尼	2000 年悉尼	男子拳击羽量级
金牌	西查・艾拉・古赫胡	2004 年雅典	男子 1500 米
金牌	西查・艾拉・古赫胡	2004 年雅典	男子 5000 米
银牌	哈斯纳・本哈斯	2004 年雅典	女子 800 米
银牌	亚乌阿德・甘瑞布	2008 年北京	男子马拉松
铜牌	哈斯纳・本哈斯	2008 年北京	女子 800 米
铜牌	阿布达拉提・伊圭布	2012 年伦敦	男子 1500 米
铜牌	穆罕默德・拉比	2016 年里约热内卢	男子拳击次中量级

纵观摩洛哥的奥林匹克竞技运动发展轨迹，自 1960 年到 2016 年的 56 年里，摩洛哥在奥运会级别的高水平竞技体育运动中取得了一定的成绩——过去 20 年获得奖牌数与前 30 年获得奖牌数相当。从摩洛哥参加的奥运会获奖项目和奖牌数量中我们可以了解到：相比其他参赛国家，摩洛哥奥运会参赛项目少，参赛历史短，获奖项目单一（以田径类奥运项目为主，获得 19 枚奥运——占总奖牌数的 82.6%）。这得益于以摩洛哥国王为引导的国家青年与体育部的成立以及摩洛哥各个机构对体育发展的不断投入，也与 1960—2016 年以来摩洛哥的经济发展状况的改善密切相关。

第二节　深厚的足球文化

一　“国王的足球”推动足球竞技发展改革

在摩洛哥，足球和政治、民族、区域问题总是相互交织在一起，足球被称为“国王的运动”。摩洛哥国王哈桑二世和现任国王穆罕默德六世都在其执政期间担任过体育类的相关职位，大力推动足球在本国的发展。在特殊的体育时刻，国王都扮演了重要的推动角色，如发布皇家体育书和进行体育比赛电视讲话①。

在过去半个世纪中，摩洛哥进行了一系列的政治、经济、文化、教育改革。如今摩洛哥社会发展日渐稳定，社会经济基础稳固。2008 年，摩洛哥发布《国王体育书》以推动体育（足球）项目在摩洛哥的发展，鼓励不同体育项目同时开展、同时进步。摩洛哥王室和国家青年与体育部还加大了在体育教育、体育竞赛、体育管理、体育政策支持、商业体育的发展上的投入②。

上至王室，下至偏远的山区部落，每个人都对足球有着极大的热爱和关注。无论是与阿拉伯国家的体育交流或是同非洲地区的足球体育赛事中，足球都被赋予了非同一般的政治期望和民族情感。2018 年，世界杯小组赛比赛期间，摩洛哥举国上下更是时刻关注着摩洛哥国家队的比赛赛况。10 年过去了，摩洛哥体育虽然仍处于初级发展阶段，但是体育发展的速度和开放度却一直在提升。

二 足球赛事

摩洛哥足球赛事由摩洛哥皇家足球联合会管理和运营。摩洛哥足球甲级联赛将职业足球联赛分为 2 个等级的比赛——甲级 GNF1 和乙级 GNF2。在联赛商业运营方面，摩甲在 2015—2016 年电视转播费达到 1.23 亿迪拉姆，覆盖全球 20 多亿观众。在 2017—2018 年赛季，摩洛哥甲级联赛的比赛平均上座率达 25363 人③。

从 1992 年起，摩洛哥足球甲级联赛商业化后，摩洛哥超级联赛的 16 个俱乐部中最出名的是卡萨布兰卡维迪德足球队、皇家部队协会足球队、卡萨布兰卡阿加得足球队、非斯马格里布足球队、阿加迪尔哈桑尼亚足球

---

① Mahfoud Amara, "Sportand Political Leaders in the Arab World", *Centre d'histoire de Sciences Politique*, Vol. 2, No. 1, February 2014.

② Mohamed Kaach, "Sport in Morocco: From Governance to Entrepreneurial Management, In New Sports Governance in Morocco, Major Issues and Challenges of Tomorrow", *GGC Publications*, Vol. 3, No. 4, April 2008.

③ Amina Azmi, "Strategies de Reconversion des Sports Professionnels: Cas des Footballeurs Marocains", *Moroccco Governance of Sport Organizations Conference*, Vol. 1, No. 3, June 2018.

队等摩洛哥一线足球俱乐部。

在2018年莫斯科世界杯上，摩洛哥国家队时隔20年重回世界杯，再一次在全世界兴起一股国足进世界杯的热潮。摩洛哥国家队在2018年莫斯科世界杯上虽然一场未赢，但是在最后一场小组赛以2∶2战平西班牙国家队，赢得了全世界的赞誉和认可。这带给其他国家的不仅是震惊，更是对体育发展认识不足的反思。摩洛哥国家队的成员包括了来自欧洲国家摩洛哥裔的数名国际球员。2018年，摩洛哥国家队全队平均年龄为27.1岁；2019年，摩洛哥国家队全队平均年龄在27.7岁。摩洛哥国家队成员更是为全世界10个不同的国家和顶级联赛的各支球队效力。在2019年4月4日的世界足球排名中，摩洛哥以世界排名第45名的成绩名列中上游队伍之列。

三　主要城市足球场馆概况

体育场馆设施是举办体育赛事的硬件保障，相较于临近摩洛哥的欧洲国家体育场馆设施，摩洛哥的体育场馆设施并不先进。但在数量上，摩洛哥体育场馆不会比欧洲发达国家少。近年来，摩洛哥社会各阶层中越来越多的人意识到：体育发展对于国家的精神建设有着推动作用。2018年11月2日穆罕默德六世宣布推动一系列大型体育场馆的建设，号召为摩洛哥的年轻人提供更多的体育活动场地——在马拉喀什更是耗资3100万迪拉姆修建室内奥林匹克级别的游泳池和运动场地。这些举措大力推动了摩洛哥青年体育培训的发展，普及社会体育设施建设。到2021年，在全国范围内将兴建832个社会体育设施场馆——覆盖各个地区的农村和城市郊区[①]。以2019年承办非洲运动会为标志，并通过一系列的体育投资和兴建，穆罕默德六世领导的体育发展运动不断深入全国各地[②]。

继2008年国王在全国体育事务会议上发表《国王体育书》之后，过去10年中，摩洛哥的体育建设取得了长足的进步。在申请2026年足球世界杯过程中，摩洛哥举国上下在体育设施上投入了巨大的财力物力，并制定了详细的体育场地设施构建计划，其体育场馆条件和管理水平也获得了

---

① 摩洛哥商业新闻：《摩洛哥推动体育基础设施建设》（https://www.business-standard.com/article/news-ians/morocco-enhances-sports-facilities-to-wean-away-youth-from-radicalisation）。

② 摩洛哥商业新闻：《摩洛哥将举办2019非洲运动会》（https://www.business-standard.com/article/news-ians/morocco-to-host-2019-african-games）。

有效的提升。摩洛哥最大的卡萨布兰卡足球场（可容纳 67000 人）在非洲排名第 7。摩洛哥相应的体育场馆设施也在不断地更新完善中。从场馆数量上（见表 III－8－7）来看，以 2018 年申请 2026 年足球世界杯的场馆报告为例：在提交 2026 年世界杯场馆规划报告时，摩洛哥公布了 14 座现有和即将规划建设的足球场地。

表 III－8－7　　摩洛哥申办 2026 年足球世界杯计划建造场馆一览

序号	场馆名称	场馆城市	场馆容积/人
1	瓦尔扎扎特体育场	瓦尔扎扎特	46000
2	乌季达大球场	乌季达	45600
3	得土安大球场	得土安	45600
4	阿加迪尔体育场	阿加迪尔	46048
5	伊本—白图泰球场	丹吉尔	65000
6	梅克内斯大球场	梅克内斯	46000
7	杰迪达球场	杰迪达	46000
8	非斯体育场	非斯	46092
9	马拉喀什体育场	马拉喀什	60071
10	穆莱—阿卜杜拉王子体育场	拉巴特	46500
11	卡萨布兰大大球场	卡萨布兰卡	93000
12	计划新球场	卡萨布兰卡	46000
13	纳祖尔球场	纳祖尔	46000

资料来源：摩洛哥 2026 年世界杯申请书：Maroc：voici tous les nouveaux stades de la coupe du monde 2026。《摩洛哥 2026 申办足球世界杯场馆规划》，https：//www. bladi. net/maroc-nouveaux-stades-coupe-monde. 2018-3-19。

从其他体育项目场馆来看，摩洛哥的体育场地设施在场地数量和场地大小上情况不一：据统计，摩洛哥在全国范围内部分统计登记在册的比赛级别体育场地（表 III－8－8）含足球培训中心、足球场地、汽车赛道场地、高尔夫球场①、手球场、橄榄球场、排球场，以及大学场地设施（如穆罕默德六世国际学院、摩洛哥田径学院）等。随着经济的发展，全国范围内的体育比赛场地设施将会不断得到改善，并投资修建新的体育设施。

① 《摩洛哥体育场地设施》（https：//www. business-standard. com/article/news-ians/morocco-enhances-sports-facilities-to-wean-away-youth-from-radicalisation-118110200259_ 1. html）。

表 III－8－8　　2018 年摩洛哥部分统计登记在册体育场地设施数量

体育项目场馆	体育设施数量
足球场	48
足球培训中心	5
汽车赛道场地	2
高尔夫球场	38
手球场	8
橄榄球场	1
田径场地	2
排球场	3
网球场	6
水球场	2
手球场	8

资料来源：转引自摩洛哥各体育俱乐部和青年与体育部官网数据。

第三节　国家体育职能部门

一　国家青年与体育部

2008 年，国王穆罕默德六世在全国体育研讨大会上发表《国王体育书》后，摩洛哥国家青年与体育部成立。在早期筹备国家青年体育的部门过程中，摩洛哥借鉴了法国体育部门的机构体系和职能部门，并在摩洛哥《宪法》第 33 条和 30－09 中以条文形式规定，努力将体育建设成为摩洛哥社会发展的一部分，为提升摩洛哥在国际体育舞台上的国家体育影响力而努力。

2010 年 10 月 25 日，摩洛哥国家青年与体育部颁布了《30－09 体育运动发展白皮书》，对摩洛哥体育发展阶段进行了自我定位：其仍处于初期转型期。在颁布的《30－09 体育运动发展白皮书》中，大致包含了 8 个章节和 118 篇体育发展条例（表 III－8－9）——主要涉及体育运动的发展、体育运动机构管理、体育训练中心、体育运动竞赛、商业体育、体育教育、体育协会、运动员培养等方面。《30－09 体育运动发展白皮书》成为摩洛哥体育职能部门的改革基本框架，体育政策的设计制定也是在《30－09 体育运动发展白皮书》的基础上进行修改或起草的新法案。

表 III-8-9 《30-09体育运动发展白皮书》内容比例

涉及条款数	主要内容	篇幅占比（%）
6	学校体育教育、体育协会条规、体育委员会负责人管理	0.5
41	体育民主、财务透明、职业联赛发展、运动员发展、体育执照法律化、体育协会法律化、以奥运会级别为标准发展摩洛哥体育事业，反对任何关于体育违法行为	37.9
7	发展商业体育，制定商业体育机构法律和卫生规范标准，通过政府主导商业体育发展。构建完善的商业体育俱乐部数据信息	0.6
14	完善运动员培养体系，制定统一规范的体育行业标准。加大对体育系统和体育从业人员入职要求。如：高水平运动员必须为国家体育做贡献，平衡运动员个人在商业体育和国家体育中的角色，所有运动员都必须参与运动兴奋剂测试，国家体育医疗服务人员不得与体育俱乐部有任何关系。国家体育部门的人不得与任何俱乐部协会有任何关系	12
11	以国家青年与体育部为体育权利中心，任何体育比赛举办部门只能是国家青年体育授权	10
11	鼓励商业体育和国家体育发展相融合，鼓励私人企业和政府机构对运动员的商业赞助。国家通过职业化培训，体育精英化培养，后备国家级、国际级体育人才输送。保证高水平运动员与社会相契合	10
10	制定完善的体育法律，如：体育公司或者协会不遵守法律，不购买保险等将会罚款50000—100000迪拉姆，如果一家体育公司管理人员拥有另外一家体育公司股份或者投资将会被处罚30000—50000迪拉姆和6—24个月监禁。关于协会和运动员违反体育法规的将视情况处以2000—100000迪拉姆罚款	9
7	每颁布一项新的体育法规或新政策，体育部门、协会、俱乐部有12个月的时间来调整适应。但军方体育的发展不受《30-09体育运动发展白皮书》限制	6

在对整部《30-09体育运动发展白皮书》内容进行大致分析后发现，其对体育法、体育民主、体育规范、体育赛事透明度部分更加注重，占总内容的54%。其次是体育俱乐部运营、体育人才培养机制、体育梯队建设、体育处罚条例部分，占总内容的32%。最后是关于学校体育（小学、初中、高中、大学）的发展建议和发展规划，占总内容的10.6%。

在摩洛哥体育政策改革中，摩洛哥体育政策法规明确表示——要发展体育事业以扩大摩洛哥青年参与体育活动的机会，并且体育发展也应该同摩洛哥经济发展同步。在摩洛哥《30－09体育运动发展白皮书》中，多次强调统筹城乡体育发展，主张同地域体育发展上的平衡。2011年11月4日，国家青年与体育部在新的《30－09体育运动发展白皮书》中首次加入了关于新的体育组织和体育工作统筹事宜。通过编撰和整合摩洛哥残疾人体育发展政策，进一步完善对于社会不同群体的体育发展扶持政策。强调社会与经济发展中的同时也更关注体育发展中不均衡现状，关注社会中不同的体育群体（残疾人、儿童、妇女等）挖掘体育在社会发展中的积极作用。不仅如此，《30－09体育运动发展白皮书》还提到了国家体育水平的发展对于提高公民社会认同感和爱国主义建设的积极作用①。

二　国家青年与体育部的主要职能

摩洛哥国家青年与体育部是主管整个摩洛哥体育事务和政策制定的国家部门，它是摩洛哥国家体育事务的核心管理机构。国家青年与体育部是以统筹国家体育事务、负责摩洛哥体育发展的政府直属部门，其主要职能包括：关注青年体育和竞技体育的发展，落实儿童青少年体育人才培养的政策，保障儿童和妇女平等参与体育活动的权利，协调体育各职能部门上的人力资源，制定相应的体育发展预算，并负责体育合作交流上的事务。

该部门在全国16个地区统筹70个不同级别的体育协会和俱乐部的工作。2008年摩洛哥国王穆罕默德六世在全国体育会议上发表了一封体育信，阐明了在全国范围内发展体育的新方向。在信中写道："在全国的城市、社区、村庄重振体育项目发展，进一步完善国家体育职能部门体系；鼓励商业体育公司参与到新的摩洛哥体育发展计划，制定新的体育战略，完善社会体育和商业体育运作体系；引导年轻人参与到体育建设当中来，完善体育产业链，给整个国家带来宝贵财富"。

在摩洛哥国家青年与体育部的官网介绍中，其主要的职能分为三

---

① Belabbes Loubna, Marrakchi Mohommed, "Sport et Développement au Maroc: Les Incidences de L'organisation du Sport sur le Développement Socio-économique Territorial", *Management et Communication du Sport*, Vol. 9, No. 4, April 2014.

部分：

1. 保障现行的体育事务在体育法框架内进行，严格规范体育法律法规，保障体育政策按计划推动；

2. 制定政策促进青少年体育发展、保护儿童和妇女的体育发展权利；

3. 完善各级体育组织职能体系，鼓励开展高级别、高层次的体育赛事活动。

以上职能具体体现在以下方面：

· 改善和推广青年和儿童的全国联合扶持项目；

· 协助发展与儿童、青年、妇女相关的体育政策，提高人们对体育在国民经济中重要性的认识；

· 促进社区体育发展，加大对青少年儿童体育人才的培养；

· 在国家不同机构中鼓励开展体育合作；

· 在全国范围内普及体育；

· 督促全国体育赛事活动的开展及推进；

· 提高全民对体育在国民经济发展中的重要性的认识，鼓励商业体育公司积极参与到体育发展事业中来；

· 支持各级体育协会和体育组织的工作；

· 管理、运作体育设施与医疗设施；

· 鼓励开展国家级别的体育政治事务合作；

· 国家奥林匹克委员会和体育联合会沟通协调，确保国家队更多地参与到国际体育比赛中；

除了政府部门内部系统之外，摩洛哥国家青年与体育部的工作还包括全国各地区体育部门之间的沟通协作。

第四节　“一带一路”时代背景下的中摩体育交流简述

一　基于中摩高层政治途径的体育交流

在“一带一路”全球战略的大背景下，中摩体育文化交流伴随着两国的政治、经济、文化交流。继摩洛哥国王穆罕默德六世于 2016 年 5 月对中国进行国事访问，两位国家元首共同倡议两国“在各种文化与新闻合作协定和相关执行计划框架内，深化文化、艺术、新闻、体育、广播影视方面的合作。并鼓励艺术团组互访，举办文化交流周等文艺活动。呼吁两国新闻媒体进行密切交流，开展体育领域交流，鼓励两国体育协会建立双边伙伴关系，提高在国际体育事务中的协调水平[①]”。通过各种形式展开中摩体育文化交流。早在 2001 年，时任摩洛哥中国友好协会主席马哈朱比·阿哈达尼（Mahazube Ahamdane）在推动中摩建交时就一度提出过在文体方面的深度交流拓展。而在 2008 年 3 月摩洛哥国王穆罕默德六世对中国进行私人访问时，更是在旅游和人文体育建设上提出了合作和交流意向。2010 年，在浙江嘉兴举行的长三角体育博览会上，摩洛哥也曾派出代表团参加。2011 年，国家体育总局党组成员、中纪委驻国家体育总局纪检组长、中国奥委会副主席吴齐在国家体育总局会见了摩洛哥青年与体育部监察长拉希德·马尼努（Rashid Maninu）一行，双方就两国体育事业合作发展进行了友好的会谈。2012 年，摩洛哥武术协会开始聘请中国武术协会的中国武术教练到摩洛哥讲学，传授武术知识和武术文化。现今，摩洛哥全国一共有 100 多个专门教授中国武术的武馆，摩洛哥青少年更是对中国武术抱有极大的热情。2013 年 6 月 1 日至 7 日，摩洛哥中国友好交流协会主席穆罕默德·哈利勒（Muhammad Khalil）率代表团应邀对中国进行了友好访问。代表团到访了北京体育大学、孔子学院总部、上海外国语大学。在访问期间，上海外国语大学体育教学部同卡萨布兰卡哈桑二世大学孔子学院签订合作协议：由上海外国语大学体育教学部派遣中国体育教师到摩洛哥进行传统体育教学工作。

在竞技体育交流方面，在征战 2013 年 U21 世界青年男排锦标赛时，中国青年男排第一次和摩洛哥男排在小组赛中相遇。在商业足球方面，中国恒大足球队 2013 年在摩洛哥征战世俱杯，促进了国人对摩洛哥足球世界的认识。其实，早在 1982 年第三届北京国际足球邀请赛中，中国队就邀请过摩洛哥国家队到北京参加比赛。而在 2004 年四国邀请赛中，摩洛哥队也参加了在广西举办的四国国际足球比赛，并获得了第三名。

---

① 新华社：《中华人民共和国和摩洛哥王国关于建立两国战略伙伴关系的联合声明》（http：//www. xinhuanet. com//politics. 2016-5-11）。

二 基于孔子学院与体育商业途径的体育交流

近几年，在官方其他的体育交流活动中，中摩的体育交流更多的是在国际体育赛事、访问团出访、中摩孔子学院等桥梁之上进行。如：摩洛哥卡萨布兰卡哈桑二世大学孔子学院每年都会在国家汉办的协调组织下，举行文化、艺术、体育、文艺等表演宣扬中国文化的文体活动。2012 年 10 月 19 日哈桑二世大学孔子学院正式开课后，一系列的中摩体育文化交流活动得以如期举办。在每年一次的“春节元宵联欢会”中，孔子学院还会邀请中摩两国的武术表演团登台进行武术表演。在平时，中国体育文化艺术传播公司会到访孔子学院，给其师生带来武术指导和艺术表演。中国的体育院校也会派遣访问学者到孔子学院进行授课或举办体育类讲座。2017 年 3 月 27 日，国家武术管理中心更是委派国家武术代表团一行 6 人参与到摩洛哥的武术教学和段位制考评工作中，帮助摩洛哥武术协会更好地学习拳种，并传授教学方法，帮助建立合理的评判考级制度。在众多的文化活动中，通过孔子学院面向摩洛哥广大学子的体育交流以传统武术为主。体育的交流长期受限于武术交流，而其他方面的体育交流项目较少[①]。2019 年 4 月 17 日，中摩举办了“一带一路”体育论坛，进一步肯定了体育在中摩间相互交流中的地位和模式。论坛结束时，中摩共同倡议构建更高水平的体育交流机制。

在体育赛事方面，摩洛哥和中国之间经常派遣各自国家的运动员们跨国参赛，如：2018 年 5 月，在摩洛哥举办的世界中学生运动会上，中国中学生田径运动员李贺在摩洛哥赢得了金牌；2018 年 8 月，在摩洛哥每年都会举办的汽车拉力赛上，越来越多的中国汽车俱乐部（如：中国吉利和长城公司）也都相继前来参加撒哈拉沙漠汽车拉力赛。摩洛哥等非洲国家的足球运动员在 20 世纪 90 年代开始就到中超部分球队效力，而在 2018 年世界杯决赛圈过后，越来越多的摩洛哥籍球员愿意加入中国足球俱乐部，如：1993 年出生的摩洛哥国家队足球运动员阿尤布・艾拉・卡阿比（Ayub-Ira-Kaabi）在 2018 年开始为河北华夏幸福足球俱乐部效力，并在 15 场比赛中每场都有进球。

---

① 哈桑二世大学孔子学院新闻（http：//ciuh2c. ma. chinesecio. com/2018-3-4）。

虽然中摩两国的体育交流日益频繁，但是仍然处于初级阶段，不及欧美国家同中国的体育合作交流频繁。然而，随着中摩体育交流机制越加完善，两国的体育交流肯定会越来越深入和丰富。

第五节　基层体育教育的发展问题

一　体育教育发展概述

在摩洛哥，一直存在着体育教育发展速度与经济发展速度不匹配的局面，其表现为：足球运动发展水平远远高过其他项目的发展。在足球发展过程中，商业足球占据国内体育市场资源的很大份额，篮球、排球、游泳等其他运动项目的发展却处于初始阶段。不匹配的阶段特征表现为除足球之外，其他体育项目场地设施陈旧、经济投入较少、国家重视程度较低、国民认可度较低。摩洛哥的社会体育教育发展总体趋于落后，体育教育发展形势不容乐观。此外，摩洛哥体育教育发展还受到国家政策（教育政策、体育政策）频繁更改的影响。通过访谈、调查和实地考察研究发现：一方面，从最北部城市丹吉尔到南部城市索维拉，虽然跨越了摩洛哥南北经济发展较好的地区，但在场地设施、经济投入、社会大众重视程度、国民认可度等方面的发展状况令人担忧。另一方面，学校体育发展的问题主要表现在：体育教师队伍人才储备不足、教师队伍水平差异较大、教师积极性不够高、教师待遇差、学校体育设施建设滞后、体育教学课程设置标准不统一、国家体育政策导向不清晰、体育资源分配不均等方面。

二　学校体育教育概况

（一）调查对象概况

在对摩洛哥学校体育教育概况进行田野调查的过程中，作者考察过的10个教育单位（见表III－8－10）学校体育发展现状如下（包括小学、中学、高中、大学）：

表 III－8－10 田野调查教育机构统计 N＝10

单位名称	地区
哈桑二世大学孔子学院	卡萨布兰卡
穆罕默德六世大学	本格里尔
摩洛哥国家青年与体育部	拉巴特
本姆西克文学院	本姆西克
哈桑二世大学科技学校	穆罕默迪耶
哈桑二世大学教育学院	卡萨布兰卡
阿加迪尔高中	阿加迪尔
扎卡娜私立小学	扎卡娜
卡萨布兰卡里昂私立学校	卡萨布兰卡
西地塞加马中学	阿加迪尔

通过实地调查，对一线教职工和政府教育机构职员进行访谈进一步了解到：摩洛哥的教育深受法国殖民教育体系的影响。在法国殖民时期，摩洛哥现代教育制度和教育系统逐一建立起来。摩洛哥独立后，其殖民时期的教育体系仍然继续影响着摩洛哥的教育发展。并且，摩洛哥体育教育发展水平与社会经济基础有着密切的联系，体育教育发展问题和社会发展问题相互交织。

在近 20 年教育系统改革过程中，摩洛哥教育界一直呼吁建立摩洛哥本国的教育体系。现如今的教育制度中仍然存在殖民时期遗留下来的问题，其范围涉及专业设置、教学体系、教材运用、教学管理等方面①。在对哈桑二世大学教育学院院长侯赛因·阿扎德杜教授（Housisine Azed-doug）进行访问的过程中，他提道："无论是在中小学教育还是高等教育，国家对于体育教育发展的支持力度（经济支持、政策保障）不够。第一，由于摩洛哥教育发展政策的不稳定，导致了现行的教育制度混乱。新教育政策的更新及颁布缺乏理论和实际调研的支持，不同地区之间的差异导致教育改革施行进度不一。第二，国内缺乏有力的领导者来主导教育改革，教育环境相对封闭，各级教育机构从业人员现有水平无法跟上改革的

① Aziza Zemrani, "Teaching Public Administration: The Case of Morocco", *Journal of Public Affairs Education*, Vol. 4, No. 5, May 2014.

步伐”。

在访问了不同地区的体育一线工作者访谈之后，我们得知：摩洛哥各地区的体育教育教学从业人员的水平和教学能力不统一。摩洛哥境内语言（法语、柏柏尔语、摩洛哥方言、阿拉伯语）跨度大，穆斯林深受传统性别观念的影响，各地区体育教学设施条件存在差异，加上不同地区的体育一线工作者的文化、经济、开化程度等方面的差异，给体育教育的发展带来了极大挑战，新的体育教育政策在全国范围内难以统一推行。

在对卡萨布兰萨（私立高中）体育教师访问的过程中，我们得知："摩洛哥高层频繁更换体育发展条例，国家在教育方面的政策更是几经更迭，教育政策变化幅度极大。很多的教育发展政策在颁布过后，并达到提高教学质量、发展学生学习积极性的作用。如果在短时间内没有看到显著的变化，摩洛哥教育机构或其他的附属教育职能部门就开始废除条例或者重新拟定条款。”虽然摩洛哥高层一直在努力做出改变，但在过去7年的教育改革过程中，摩洛哥体育政策仍然以《30－09体育运动发展白皮书》为主，体育政策的制定没有统一标准，不具有实效性和现实切合度。

（二）学校体育课程设置

摩洛哥小学学制为6年，中学学制为3年。国家教育部都规定无论是公立学校或是私立学校，每周必须达到2小时体育活动时间，每学期总体育课学时要达到10—12节。国家规定的体育课程授课内容以体能耐力训练和速度敏捷训练为主。我们在走访、调查中小学的过程中发现：因为地域与社会经济水平发展不平衡，不同公立学校的体育课程设置差别较大。

经济较好的城市及地区，公立学校基本都有体育授课和相应的体育课程设置，但每所学校的课程安排（课时、授课内容、授课地点、授课教师水平等）存在着较大的差异。其中，有相当一部分的公立学校取消了体育课部分，因为其辖区没有体育教师的资源，有的学校则在创立之初就没有设置体育教师的职位。

在我们走访的经济相对欠发达地区，只有部分市区中学开设有体育课，有的学校每周甚至只有一节体育课。城镇市区经济基础好的学校会聘请体育老师，但因其体育教学设施的局限性，多数学校的体育老师仅能利用现有的体育场地设施、教学资源因地制宜地进行体育教学。其中，大多数体育教师停留在最原始的体育教学模式（如简单的足球、篮球教学）

或是直接进行“放养式”的体育教学。

相较于公立学校，较好的私立学校会开设一些相应的体育课程。但即使是私立学校，体育课的授课内容也局限于篮球、足球、排球、羽毛球等基本课程。并且，几位体育老师需要负责上百名学生的体育教学。

在对摩洛哥部分教学单位实地走访考察后发现，摩洛哥的体育教学不受重视，无论是在政策方面还是在经济方面都得不到应有的支持。在一线教学岗位上，体育教学方法较为原始，体育教师数量严重不足。无论是私立学校还是公立学校，都缺乏体育运动项目的丰富性。而且，一名体育教师往往要同时负责多个班级的授课，学生最多可达 80—120 名。另一方面，摩洛哥学生的体育成绩对其申请大学没有太大影响，这使得体育在中小学得不到应有的重视。然而，相较于小学和中学阶段，由于摩洛哥的高中生体育活动意识降低、参与意愿小，以至于体育课程设置中更为简化，有的学校直接取消了高中阶段的体育课程教学。

在我们走访的教学单位中，超过 90% 的学校未曾举办过校级运动会或派代表参加过各级别的运动赛事。而在高等教育机构中，多数公立大学没有开设体育课。仅有条件较好的私立大学有能力组织师资开展体育活动和体育课程。摩洛哥体育教育发展的问题主要为：体育场地设施严重不足和管理上层对体育教育扶持力度不够。

（三）师资队伍建设

摩洛哥哈桑二世大学教育学院体育系主任穆罕默德·阿拉贡教授认为：“摩洛哥很多体育人士也已经意识到，体育教育发展对摩洛哥体育事业的重要性。但是学校体育发展取决于国家社会经济基础的状况。基于当下的摩洛哥体育教育发展水平，国家应该完善体育人才培养机制，发掘体育人才，加大在青年体育人才上的投入。但是这需要更高标准的体育组织和体育管理运营。”穆罕默德·阿拉贡教授结合了哈桑二世大学教育学院体育系专业实际情况解释道：很多在读的体育教育专业学生毕业即成为中小学体育老师，一部分的再读体育系学生立志成为体育老师。然而，相较于当体育教师，更多的学生却梦想成为一名健身俱乐部教练或者体育商业管理者。其主要原因在于：一方面，摩洛哥对于体育教育从业者的社会认同感较低，体育教师的社会地位低。体育教师薪资待遇不能满足生活所需，以至于人们更愿意从事商业体育方面的工作。另一方面，摩洛哥体育师资储备薄弱，以哈桑二世大学教育学院体育系为例：体育教育专业本科学制为3年6学期，全国招生规模不足60人。高层次的体育专业人才培养规模较小，培养机制不完善。难以满足社会对体育老师的需求，师资队伍建设层面的问题导致了摩洛哥体育教育事业发展的滞后。

三　相关人士的建议

摩洛哥体育联合会管理部长赛义德·莱布（Saied Laib）呼吁国家应进一步重视体育的发展。他认为，应当从国家层面着手，完善体育法律法规，制定强有力的体育法律，以保护体育政策的颁布和执行，推动摩洛哥商业体育法律的建设和完善，保障体育俱乐部和体育协会职业化标准化运营，提高各个体育协会俱乐部的执行能力。并且，继续加大对社区体育组织的支持，鼓励国民积极参加不同的体育运动，营造一个良好的社会体育发展氛围。

哈桑二世大学教育学院体育系主任穆罕默德·阿拉贡认为："国家应该加大对体育教育事业的经济投入，加大对体育产业等第三产业的投入，改变体育政策制度，保证学生有更多的时间参与到体育运动中来，通过运动项目的发展带动体育教育事业的发展。需要在招生、培养、就业方面完善高等体育教育人才培养机制，国家应该搭建地区、国家级的学生运动会和体育竞赛。让学生能够真正地有体育课上，有不同的体育项目比赛参加，构建更加完备的体育教育培养体系。在教师队伍建设上，应当增加不同的专业和项目的体育教师人数，提升体育教师的地位、薪资待遇，提供相应培训等。而体育教师应该自觉落实国家体育教育发展政策，关注体育发展动态，提升自身业务水平，重视发展学生的综合体育能力。"

由于摩洛哥被殖民的历史背景，其教育发展深受法国教育体系影响。摩洛哥的教育环境相对封闭，加之其作为一个多民族、多语言的国家，语言、宗教、地域等方面存在的矛盾成为教育改革发展的阻力，以至于摩洛哥体育教育发展缓慢。一方面，体育发展落后的原因主要表现在国家对体育教育发展的经济支持力度不够，学校体育发展在各级教育体系中没有得到应有的重视，导致体育教育中的体育课程设置、体育测评标准、体育教学内容等一系列问题。另一方面，学校体育发展问题还包括人才储备不够、体育教育从业者职业认同感较低、体育教师的社会地位低、体育教师的薪资待遇并不能满足生活所需等，以至于人们更愿意从事体育之外的工作。摩洛哥需要从高层开始重视教育的发展，关注教育发展中的平衡。尽最大努力保障教育与经济发展同步进行。中国与摩洛哥体育合作是两国人文交流的重要内容，丰富了中摩战略伙伴关系的内涵。

参考文献

一　中文类

（一）著作

陈敦德：《探路在 1964：周恩来飞往非洲》，解放军文艺出版社 2007 年版。

陈越洋：《阿拉伯文化在中国：以二十世纪为例》，宁夏人民出版社 2016 年版。

邓嘉：《北非花园摩洛哥》，天津大学出版社 2009 年版。

丁俊：《伊斯兰文明的反思与重构——当代伊斯兰中间主义思潮研究》，中国社会科学出版社 2016 年版。

金培：《大国筋骨：中国工业化 65 年历程和思考》，广东经济出版社 2015 年版。

李广一：《毛里塔尼亚西撒哈拉》，社会科学文献出版社 2008 年版。

梁琦：《产业集聚论》，商务印书馆 2006 年版。

林毅夫：《繁荣与求索：发展中国家经济如何崛起》，张建华译，北京大学出版社 2012 年版。

刘欣路：《中阿关系发展中的中国软实力研究》，光明日报出版社 2014 年版。

吕思勉：《吕思勉讲中国文化》，九州出版社 2008 年版。

孟昭毅：《丝路驿花：阿拉伯波斯作家与中国文化》，宁夏人民出版社 2002 年版。

米勒：《摩洛哥史》，刘云译，东方出版中心 2015 年版。

敏敬：《当代中东改革：沙特、土耳其、埃及、摩洛哥》，甘肃文化出版社 2015 年版。

纳忠、朱凯、史希同：《传承与交融：阿拉伯文化》，浙江人民出版社1993年版。
苏继庼校释：《岛夷志略校释》，中华书局1981年版。
孙德刚：《冷战后欧美大国在中东的军事基地研究》，世界知识出版社2015年版。
孙德刚：《美国在大中东地区军事基地的战略部署与调整趋势研究》，时事出版社2018年版。
孙德刚等：《冷战后中国参与中东地区治理的理论与案例研究》，社会科学文献出版社2018年版。
孙海潮：《中国和摩洛哥的故事》，五洲传播出版社2019年版。
肖克编著：《列国志·摩洛哥》，社会科学文献出版社2010年版。
于宏源：《战略资源政治与中国的应对策略》，上海人民出版社2016年版。
曾少军等：《中国海外重要战略资源获取策略研究》，中国经济出版社2016年版。
张殿军：《当代中国对外文化交流战略》，天津人民出版社2014年版。
赵可金：《人文外交：全球化时代的新外交形态》，《外交评论》2011年第6期。
中国银行公司：《摩洛哥》，社会科学文献出版社2016年版。
朱利安：《北非史：突尼斯、阿尔及利亚、摩洛哥》，上海人民出版社1973年版。
[法] 莫朗迪·布鲁诺，何漫译者：《摩洛哥》，上海书店出版社2006年版。
[法] 佩鲁东：《马格里布通史：从古代到今天的摩洛哥、阿尔及利亚、突尼斯》，上海师范大学马格里布通史翻译组译，上海人民出版社1974年版。
[法] 沙畹：《西突厥史料》，冯承钧译，中华书局2004年版。
[美] 德内拉·梅多斯、乔根·兰德斯、丹尼斯·梅多斯：《增长的极限》，李涛、王智勇译，机械工业出版社2013年版。
[美] 斯塔夫里阿诺斯：《全球通史：从史前史到21世纪》（上册）第7版，吴象婴等译，北京大学出版社2006年版。
[美] 约瑟夫·奈：《软实力》，马娟娟译，中信出版社2013年版。

［摩］伊本·白图泰：《伊本·白图泰游记》，马金鹏译，宁夏人民出版社2000年版。

［英］刘易斯：《穆斯林发现欧洲：天下大国的视野转换》，李中文译，生活·读书·新知三联书店2013年版。

（二）论文

郭晔旻：《怛罗斯战役与造纸术西传　杜环：第一个踏足非洲的中国人》，《国家人文历史》2014年第13期。

郝庆：《中国磷矿资源开发利用现状及建议》，《国情研究》2014年第5期。

胡英华：《摩洛哥丹吉尔港》，《环球港城》2009年第10期。

黄培昭、张梦旭：《开明国王，让摩洛哥避免阿拉伯之春》，《环球人物》2012年第30期。

金立鑫：《试论汉语国际推广的国家战略和学科战略》，《华东师范大学学报》（哲学社会科学版）2006年第4期。

鞠文：《支树平与摩洛哥农业和海洋渔业大臣签署质检合作协议》，《中国质量报》2016年5月13日第1版。

李安山：《中国援外医疗队的历史、规模及其影响》，《外交评论》2009年第1期。

李幼萌：《非洲西北部地区港口发展动态》，《集装箱化》2008年第12期。

刘阳、柯佑鹏：《21世纪全球主要物质战略资源研究》，《热带农业科学》2010年第6期。

刘中民、赵跃晨：《“博弈”穆兄会与中东地区的国际关系走势》，《外交评论》2018年第5期。

马吉宏、任虹等：《气候变化对摩洛哥农业的影响及其适应策略》，《安徽农业科学》2015年第7期。

潘蓓英：《摩洛哥的经济发展与政治改革》，《外交学院学报》2002年第2期。

潘蓓英：《摩洛哥农业发展初探》，《西亚非洲》1994年第3期。

邱树森：《摩洛哥旅行家伊本·白图泰的中国之行》，《历史教学》2001年第5期。

孙德刚、马雨欣：《阿拉伯人如何看待“一带一路”——基于对阿拉伯学者的采访分析》，《对外传播》2018 年第 6 期。

陶传友：《灌溉工程架起摩洛哥出口农业之桥》，《世界农业》2004 年第 6 期。

田德文：《解析欧盟中东北非战略》，《当代世界与社会主义》2016 年第 1 期。

文云潮：《摩洛哥的农业》，《世界农业》1984 年第 2 期。

吴传华：《摩洛哥与西班牙领土争端解析》，《亚非纵横》2012 年第 1 期。

徐方、E. L. Hajraoui Chams Eddine、郭立君：《摩洛哥矿产资源概况及矿业投资指南》，《国土资源情报》2012 年第 12 期。

许永璋：《古代中非关系史若干问题探讨》，《西亚非洲》1993 年第 5 期。

易小明：《转型时期的摩洛哥左翼政党》，《当代世界与社会主义》2017 年第 3 期。

苑生龙：《“一带一路”背景下中国与摩洛哥经济合作展望》，《中国物价》2017 年第 10 期。

曾爱平：《阿拉维君主制统治合法性分析》，《阿拉伯世界研究》2009 年第 4 期。

曾爱平：《国际学术界对摩洛哥政治研究概述》，《西亚非洲》2009 年第 11 期。

曾爱平：《君主制主导下的摩洛哥议会政党体制》，《当代世界》2009 年第 2 期。

张亮等：《全球磷矿资源开发利用现状及市场分析》，《矿产保护与利用》2017 年第 5 期。

张玉友：《当前摩洛哥国内政党形势：分裂与崛起》，《当代世界》2018 年第 4 期。

张玉友：《中国参与摩洛哥港口建设的前景与风险》，《当代世界》2017 年第 6 期。

张玉友、孙德刚：《摩洛哥政党治理的理念与实践》，《阿拉伯世界研究》2017 年第 5 期。

张玉友、孙德刚：《摩洛哥政治治理的议题设置与路径选择》，《国际论坛》2016 年第 6 期。

张玉友、王泽壮：《王权安全与联盟外交：摩洛哥结盟政策的国内根源探析》,《世界经济与政治论坛》2019 年第 2 期。
郑怡、刘烁、冯耀祥:《中企在摩洛哥投资情况调研发现:营商环境友好尚存五大投资障碍》,《中国对外贸易》2016 年第 4 期。

二　英文类

(一) 著作

Ashford, Douglas E., *Political Change in Morocco*, New Jersey: Princeton University Press, 1961.

Aslan, Nesem, *Nation-Building in Turkey and Morocco: Governing Kurdish and Berber Dissent*, New York: Cambridge University Press, 2015.

Boukhars, Anouar, *Politics in Morocco: Executive Monarchy and Enlightened Authoritarianism*, New York: Routledge, 2010.

EL – Katiri, Mohammed, *From Assistance to Partnership: Morocco and Its Foreign Policy in West Africa*, United States Army War College Press, 2015.

Fernandez-Molina, Irene, *Moroccan Foreign Policy Under Mohammed VI, 1999 – 2014*, New York: Routledge, 2015.

Feuer, Sarah J., *Regulating Islam: Religion and the State in Contemporary Morocco and Tunisia*, Cambridge: Cambridge University Press, 2017.

Geertz, Clifford, *Islam Observed: Religious Development in Morocco and Indonesia*, University of Chicago Press, 1971.

Gellner, Ernest and Charles Micaud, *Arabs and Berbers: From Tribe to Nation in North Africa*, Lexington-Toronto-London: Lexington Books, 1973.

Hamdy, A., and R. Monti eds., *Food Security under Water Scarcity in the Middle East: Problems and Solutions*, Greece: CIHEAM Press, 2005.

Jacques, Martin, *When China Rules the World: The End of the Western World and the Birth of a New Global Order*, London: Penguin Books, Second edition, 2012.

Jobbins, Guy and Giles Henley, *Food in Uncertain Future*, Rome: WFP Press, 2015.

Karshenas, Massoud and Nadereh Chamlou, eds., *Women, Work and Welfare in the Middle East and North Africa; The Role of Socio-demographics, Entre-*

preneurship and Public Policies, London: Imperial College Press, 2015.

Laroui, Abdallah, *The History of the Maghrib: An Inter-pretive Essay*, Princeton: Princeton University Press, 1977.

Maddy-Weitzman, Bruce and Daniel Zisenwine, eds., *Contemporary Morocco: State, Politics and Society under Mohammed VI*, New York: Routledge, 2012.

Maddy-Weitzman, Bruce, *The Berber Identity Movement and the Challenges to North African States*, Austin: University of Texas Press, 2011.

Maggi, Eva-Maria, *The Will Change: European Neighborhood Policy, Domestic Actors and Institutional Change in Morocco*, Berlin: Springer, 2016.

Miller, Susan Gilson, *A History of Modern Morocco*, Cambridge: Cambridge University Press, 2013.

Nejjar, Bassam, *Cultural Cooperation between Morocco and Sub-Saharan Africa: The Weigh of History and the Significance of National Interests*, London: Lap Lambert Academic Publishing, 2010.

Olimat, Muhamad S., *China and North Africa Since the World War II*, London: Lexington Books, 2014.

Pennell, C. Richard, *Morocco: From Empire to Independence*, London: Oneworld Publications, 2013.

Saqqaf, Abdulaziz Y., *The Middle East City: Ancient Tradition Confront a Modern World*, New York: Paragon House Publisher, 1987.

Segalla, Spencer D., *Moroccan Soul: French Education, Colonial Ethnology, and Muslim Resistance, 1912 – 1956*, Lincoln: University of Nebraska Press, 2009.

Shinn, David H., and Eisenmen Joshua, *China and Africa: A Century of Engagement*, Philadelphia: University of Pennsylvania Press, 2012.

Sun, Degang, and Liu Zhongmin, eds., *The New Frontier of the Middle East Politics and Economy*, Beijing: World Affairs Press, 2017.

Taylor, Ian, *China and Africa: Engagement and Compromise*, New York: Routledge, 2007.

Waterbury, John, *The Commander of the Faithful: The Moroccan Political Elite-A*

Study in Segmented Politics, London: Weidenfeld & Nicolson, 1970.

Yahia H. Zoubir and Louisa Dris-Aït-Hamadouche, eds., *Global Security Watch—The Maghreb: Algeria, Libya, Morocco, and Tunisia*, Santa Barbara: ABC - CLIO, 2013.

Yu, George T., "Africa in Chinese Foreign Policy", *Asian Survey*, Vol. 28, No. 8, 1988.

（二）论文

Aboussi, Mourad, "The Emigrant Political Participation in Morocco and Tunisia: Diasporic Civil Society and the Transnationalization of Citizenship in the Arab Spring Context", *The Journal of North African Studies*, 15 October 2018.

Abouzzohour, Yasmina and Beatriz Tomé-Alonso, "Moroccan Foreign Policy after the Arab Spring: A Turn for the Islamists or Persistence of Royal Leadership?" *The Journal of North African Studies*, 27 Mar 2018.

Akamatsu, Kaname, "A Historical Pattern of Economic Growth in Developing Countries", *Developing Economies*, Vol. 1, No. 1, 1962.

Atmani, Hmida, "Moroccan Fisheries a Supply Overview", Report of the Expert Consultation on International Fish Trade and Food Security (Casablanca, Morocco, 27 - 30 January 2003), *FAO Fisheries Report*, No. 708, 2003.

Basiri, Nasim, "Defining the Role of Women in the Future of Political Leadership in the Middle East", *Slovak Journal of Political Sciences*, Vol. 16, No. 2, 2016.

Bendourou, Omar, "Power and opposition in Morocco", *Journal of Democracy*, No. 7, Vol. 3, 1996.

Benstead, Lindsay J., "Differentiation and Diffusion: Shifting Public Opinion Attitudes Toward Foreign Policy in North Africa", *The Journal of North African Studies*, Published Online, 11 October 2018.

Ben-Meir, Yossef, "Morocco's Regionalization Roadmap and the Western Sahara", *Mediterranean Quarterly*, Vol. 21, No. 4, 2010.

Berahab, Rim, "Relations between Morocco and sub-Saharan Africa: What is the Potential for Trade and Foreign Direct Investment?", *OCP Policy Center*, February 2017.

Bergh, Sylvia I., "Governance Reforms in Morocco: Beyond Electoral Authoritarianism?", In Abbas Kadhim, ed., *Governance in the Middle East and North Africa: A Handbook*, London: Routledge, 2013.

Bogaert, Koenraad, "Urban Politics in Morocco: Uneven Development, Neoliberal Government and the Restructuring of State Power", *Ph. D. Dissertation*, Ghent University, 2011.

Cavatorta, Francesco, Raj S. Chari, Sylvia Kritzinger and Arantza Gomez Arana, "EU External Policy-Making and the Case of Morocco: Realistically Dealing with Authoritarianism", *Euopean Foreign Affairs Review*, Vol. 13, 2008.

Da Silva, Thomas Awazu Pereira, "Addressing the Youth Unemployment Challenge: International Lessons Learned that Can Be Useful for Morocco", *OCP Policy Center*, April 2018.

Dalmasso, Emanuela and Francesco Cavatorta, "Reforming the Family Code in Tunisia and Morocco: The Struggle Between Religion, Globalization and Democracy", *Totalitarian Movements & Political Religions*, Vol. 11, No. 2, 2010.

Darif, Mohammed, "Morocco: A Reformist Monarchy?" *Journal of the Middle East and Africa*, No. 1, Vol. 3, 2012.

De Larramendi, Miguel Hernando, "Doomed Regionalism in a Redrawn Maghreb? The Changing Shape of the Rivalry Between Algeria and Morocco in the post-2011 Era", *The Journal of North African Studies*, 23 Mar 2018.

Desrues, Thierry, "Authoritarian Resilience and Democratic Representation in Morocco: Royal Interference and Political Parties' Leaderships since the 2016 Elections", *Mediterranean Politics*, 05 November 2018.

Dimitrovova, Bohdana, "Re-shaping Civil Society in Morocco: Boundary Setting, Integration and Consolidation", *Journal of European Integration*, Vol. 32, No. 5, 2010.

El-Katiri, Mohammed, "The Institutionalisation of Religious Affairs: Religious Reform in Morocco", *The Journal of North African Studies*, Vol. 18, No. 1, 2013.

El-Said, Hamed and Jane Harrigan, "Economic Reform, Social Welfare, and

Instability: Jordan, Egypt, Morocco, and Tunisia, 1983 - 2004", *The Middle East Journal*, Vol. 68, No. 1, 2014.

Fatima Harrak, "The History and Significance of the New Moroccan Family Code", *The Roberta Buffett Center*, March 2009.

Fernάndez-Molina, Irene, "Morocco and the Middle East Under Mohammed VI", *Discussion Paper*, Durham University, 2014.

Franceso, Strazzari and Simone Tholens, "Tesco for Terrorists' Reconsidered: Arms and Conflict Dynamics in Libya and in the Sahara-Sahel Region", *European Journal on Criminal Policy and Research*, Vol. 20, No. 3, 2014.

Gagliardi, Silvia, "Violence Against Women: The Stark Reality Behind Morocco's Human Rights Progress", *The Journal of North African Studies*, Vol. 23, No. 4, 2018.

Gershovich, Moshe, "Democratization in Morocco: Political Transition of a North African Kingdom", *Policy Brief*, Vol. 7, 2008.

Hallward, Maia and Cortney Stewart, "*Challenges and Opportunities Facing Successful Women in Morocco*", *The Journal of North African Studies*, Vol. 23, No. 5, 2018.

Hart, David M., "The Berber Dahir of 1930 in Colonial Morocco: Then and Now (1930 - 1996)", *The Journal of North African Studies*, Vol. 2, No. 2, 1997.

Joffé, George, "The Arab Spring in North Africa: Origins and Prospects", *The Journal of North African Studies*, Vol. 16, No. 4, 2011.

Kalpakian, Jack, "Morocco and the United States: A Lobbying Opportunity", *South African Journal of International Affairs*, Vol. 11, No. 2, 2004.

Kelly, Sanja, "Hard-won Progress and a Long Road Ahead: Women's Rights in the Middle East and North Africa", in Julia Breslin and Sanja Kelly eds., *Women's Rights in the Middle East and North Africa: Progress Amid Resistance*, New York: Rowman & Littlefield Publishers, 2010.

Knowles, Warwick, "Two Decades of Liberalisation Reforms in Morocco: Successes and Failures", in Jane Harrigan and Hamed El-Said, ed., *Globalisation, Democratisation and Radicalisation in the Arab World*, Basingstoke:

Palrave Macmillan, 2011.

Lahcen, Achy, "Government Response to International Crisis: The Case of Morocco", *Carnegie Endowment for International Peace*, 24 March 2009.

Leveau, Rémy, "The Moroccan Monarchy: A Political System in Quest of a New Equilibrium", in Joseph Kostíner, ed., Middle East Monarchies: The Chanllenge of Modernity, London: Lynne Rienner Publishers, 2000.

Lewis, William H., "Morocco: The Impact of Social and Political Evolution on Foreign Policy", *Ph. D. Dissertation*, American University, 2006.

Maddy-Weitzman, Bruce, "A Turning Point? The Arab Spring and the Amazigh Movement", *Ethnic and Racial Studies*, Vol. 38, No. 14, 2015.

Maghraoui, Abdeslam, "Political Authority in Crisis: Mohammed VI's Morocco", *Middle East Report*, Vol. 218, 2001.

Maghraoui, Driss, "The Strengths and Limits of Religious Reforms in Morocco", *Mediterranean Politics*, Vol. 14, No. 2, 2009.

Miguel, Hernando de Larramendi and Irene Fernández-Molina, "The Evolving Foreign Policies of North African States (2011 - 2014): New Trends in Constraints, Political Processes and Behavior", In Yahia H. Zoubir and Gregory-White eds., *North African Politics: Change and Continuity*, London and New York: Routledge, 2016.

Mouhib, Leila, "EU Democracy Promotion in Tunisia and Morocco: Between Contextual Changes and Structural Continuity", *Mediterranean Politics*, Vol. 19, No. 3, 2014.

Pairault, Thierry, "Chinese Direct Investment in Africa: A State Strategy?", *Région et Développement*, L'Harmattan, n° 37 - 2013, 2014.

Paul Prettitore, "Ten Years After Morocco's Family Code Reforms: Are Gender Gaps Closing?", *MENA Knowledge and Learning Quick Notes Series*, No. 121, 2014.

Robert A. Mortimer, "Algerian Foreign Policy: From Revolution to National Interest", *The Journal of North African Studies*, Vol. 20, No. 3, 2015, p. 236.

Sakthivel, Vish, "Morocco's Move in Mali: What Rabat Gained in the Battle Against Islamic Extremism", *Foreign Affairs*, Vol. 14, 2014.

Salime, Zakia, "Embedded Counterpublics", *Frontiers: A Journal of Women Studies*, Vol. 37, No. 3, 2016.

Slenes, Rebecca de Faria, "Human Rights, Religion, and Violence: Strategies of Moroccan Activists Fighting Violence Against Women", *Procedia-Social and Behavioral Sciences*, Vol. 161, 2014.

Van Amersfoort, Hans and Anja Van Heelsum, "Moroccan Berber Immigrants in the Netherlands, Their Associations and Transnational Ties: A Quest for Identity and Recognition", *Immigration and Minorities*, Vol. 25, No. 3, 2007.

Vernon, Raymond, "International Investment and International Trade in Product Cycle", *Quarterly Journal of Economics*, Vol. 80, No. 2, 1966.

Wainscott, Ann Marie, "Religious Regulation as Foreign Policy: Morocco's Islamic Diplomacy in West Africa", *Politics and Religion*, Vol. 11, No. 1, 2018.

White, Gregory W., "Free Trade as a Strategic Instrument in the War on Terror? The 2004 US – Moroccan Free Trade Agreement", *The Middle East Journal*, No. 59, Vol. 4, 2005.

Willis, Michael and Nizar Messari, "Analyzing Moroccan Foreign Policy and Relations with Europe", *The Review of International Affairs*, Vol. 3, No. 2, 2003

Willis, Michael J., "Between Alternance and the Makhzen: At - Tawhid wa Al-Islah's entry into Moroccan politics", *The Journal of North African Studies*, Vol. 4, No. 3, 1999.

Zartman, Ira William, "Morocco's Saharan Policy", in Anouar Boukhars and Jacques Roussellier, eds., *Perspectives on Western Sahara: Myths, Nationalisms, and Geopolitics*, Lanham: Rowman & Littlefield, 2013.

Zoubia, Yahia H. and Karima Benabdallah-Gambier, "The United Sates and the North Africa Imbroglio: Balancing Interests in Algeria, Morocco, and the Western Sahara", *Mediterranean Politics*, Vol. 10, No. 2, July 2005.

Zoubir, Yahia H., "Algerian-Moroccan Relations and Their Impact on Maghribi Integration", *The Journal of North African Studies*, Vol. 5, No. 3, 2000.

Zoubir, Yahia H., "Stalement in Western Sahara: Ending Internacional Legality", *Middle East Policy*, Vol. 14, No. 4, 2007.

Zoubir, Yahia H., "Western Sahara Conflict Impedes Maghreb Unity", *Middle East Report*, No. 163, 1990.

三 法文类

Abouddahab, Zakaria, "La politique étrangère du Maroc: Diagnostic actuel et scénarios d'avenir", in Saloua Zerhouni, dir., *L'avenir se discute: Débats sur les scénarios du Maroc à l'horizon 2025*, Rabat: FES, 2006.

Abourabi, Yousra, "Diplomatie et politique de puissance du Maroc en Afrique sous le règne de Mohammed VI", *Ph. D. Dissertation*, Diss, Lyon, 2016.

Adimi, Pierre Afouda, "Nouvelle Offensive Diplomatique Du Maroc En Afrique Subsaharienne: Quel Regard?", *Paix et Sécurité*, *Internafionales-Revue Maroco-Espagnoles de Droit Internal et Relafions Internafionales*, No. 3, Janvier-Décembre 2015.

Belhaj, Abdessamad, La dimension islamique dans la politique étrangère du Maroc: déterminants, acteurs, orientations, Louvain: Press Universitaires de Louvain, 2009.

Benhaddou, Ali, *Les élites du royaume: enquête sur l'organisation du pouvoir au Maroc*, Riveneuve, 2009

Berramdane, Abdelkhaleq, *Le Maroc et l'Occident: 1800 – 1974*, Paris: Editions Karthala, 1987.

Brouksy, Omar, *Mohammed VI Derrière les Masques*, Paris: Nouveau Monde éditions, 2014.

Centre d'Etudes Internationales, dir., *Maroc-Algérie: Analyses croisées d'un voisinage hostile*, Paris: Éditions Karthala, 2011.

Cubertafond, Bernard, *La Vie Politique au Maroc*, Paris: L'Harmattan, 2001.

Cubertafond, Bernard, "Mohamed VI, Commandeur des croyants au secours de la laïcité?", *Confluences Méditerranée*, No. 4, 2004.

Dupret, Baudouin, Zakaria Rhani, Assia Boutaleb and Jean-Noël Ferrié, *eds.*, *le Maroc au Présent*: *D'une époque à l'autre*, *une Société en Mutation*, Centre Jacques-Berque, 2015.

Dafir, Amine, "La diplomatie économique marocaine en Afrique subsaharienne: réalités et enjeux", *Géoéconomie*, 2012.

Daguzan, Jean-François, *Le dernier Rempart ? Forces Armées et Politiques de Défense au Maghreb*, Paris: Publisud, 1998.

De la Serre, Françoise, "Les revendications marocaines sur la Mauritanie", *Revue française de science politique*, Vol. 16, No. 2, 1966.

El Houdaïgui, Rachid, "La politique étrangère de Mohammed VI d'une 'puissance relationnelle'", in Centre d'Etudes Internationales, dir., *Une Décennie de Réformes au Maroc*, Karthala, 2010.

Jamaâ Baida, "Le communisme au Maroc pendant la période coloniale (1912 – 1956)", *Proceedings of the Conference European Totalitarianism in the Mirrors of Contemporary Arab Thought*, 2010.

Jean Schmitz, "L'Islam en Afrique de l'Ouest: les méridiens et les parallèles, Afrique Noire et Monde Arabe: Continuité et Ruptures", *Éditions de L'Aube-IRD*, 2000.

Leveau, Remy, "Aperçu de l'évolution du système politique marocain depuis vingt ans", *Maghreb Machrek*: *monde arabe*, No. 106, 1984.

Leveau, Rémy and Abdellah Hammoudi, dir., Monarchies Arabes: Transitions et Dérives Dynastiques, No. 5158 – 5159, *La Documentation Francaise*, 2002.

Lugan, Bernard, Histoire du Maroc: des origines à nos jours, Ellipses Édition Marketing S. A., 2011.

Santucci, Jean-Claude and Habib Malki, dir., *État et Développement dans le Monde Arabe*: *Crises et Mutations au Maghreb*, Paris: CNRS, 1990.

Van Ruychevelt, Jérôme, *La Politique étrangère du Maroc envers Israêl*, *Acteurs et Facteurs Déterminants*: *une mise à jour théorique* (2000 – 2010), Louvain: Dictus Publishing, 2012.

Younés, Zakari et Abou El Farah Yahia, "La politique africaine du Maroc: Caractéristiques, Acteurs et Enjeux", in Mohammed Derouiche dir., *Maroc-*

Afrique: *Success-Story*, Fikr, 2014.

Yousra, Abourabi, "Les relations internationales du Maroc: Le Maroc ὰ la recherche d'une identité stratégique", in Baudouin Dupret, Zakaria Rhani, Assia Boutaleb et Jean-Noël Ferrié, Le Maroc au present, Centre Jacques-Berque, 2016.

Zouitni, Hammad, La politique ètrangère Marocaine: de Quelques étapes et repères, Imprimerie Info-Print, 2013.

四 阿文类

عنيس عبد الرحيم. السياسة الخارجية المغربية الشرق الوسطية. فاس: جامعة فاس 1221.

مارد جميل بن محمود. العلاقات السعودية المغربية انقطاع جغرافي واتصال تاريخي سياسي. الرياض السعودية: جامعة ملك عبد العزيز (ماجستير)،2009.

نخلي الصديق. متغيرات السياسة الخارجية المغربية وصنع القرار. وجدة (المغرب): جامعة محمد (الأول2009.)

الدبس سعيد. السياسة الخارجية في عهد محمد السادس- التغيرات واستمرار-. دار البيضاء: دار الحق، 2009.

الرمضان يماؤن .السياسة الخارجية دارسة نظرية. بغداد: دارالحكمة، 1221.

السماك محمد. التحولات المشرقية في السياسة المغربية. بيروت: دار النفايًس، 1221.

السويد ياسين. الوجود العسكري في الخليج. بيروت: مركز دارسات الوحدة العربية، ٢٠٠٩

ثروت. النظم السياسية. القاهرة: دار النهضة العربية، 1222.بدوي محمد طه. مدخل الى العلاقات الدولية. بيروت: دار النهضة العربية، ١٩٩٢.

بن فايز سعيد. العلاقات بين دول الخليج العربية ودول المغرب العربي الواقع والمستقبل. الرياض: دار الملك عبد العزيز، ٢٠٠٩.

بن منصور خالد. اثر العامل الجغرافي في التجمعات الدولية. الرباط: مطبوعات أكاديمية المملكة، 1220.

عواضة حسن. السلطة الرئاسية. بيروت: مركز دارسات الوحدة العربية، 1221.

مالكي محمد. الديمقراطية في المغرب. بيروت: مركز دارسات الوحدة العربية، مجموعة باحثين. أوروبا وامن الخليج. أبو ظبي: مركز الأمارات للدارسات والبحوث،٢٠١٢.

مارد جميل بن محمود. العلاقات السعودية المغربية انقطاع جغرافي واتصال تاريخي سياسي. الرياض: السعودية: جامعة ملك عبد العزيز (ماجستير)، ٢٠٠٩.

مرغيني محمد. نظم السياسية. القاهرة: منشوارت عين الشمس، ٢٠٠٩.

مهني محمد ناصر. الخليج ودارسات العلاقات الدولية. الاسكندرية: منشاة المعارف، ٢٠٠١.

نخلي الصديق. متغيرات السياسة الخارجية المغربية وصنع القرار. وجدة (المغرب): جامعة محمد الأول ٢٠٠١.

五　报告类

农业部国际交流服务中心编著：《非洲农业国别调研报告集》（第一辑），中国农业科学出版社 2012 年版。

中华人民共和国商务部、中华人民共和国国家统计局、国家外汇管理局：《2017 年度中国对外直接投资统计公报》，中国统计出版社 2018 年版

中国商务部：《对外投资合作国别（地区）指南·摩洛哥》，2017 年版。

"African Development Bank, 2012", *Morocco*: *Country Strategy Paper* 2012 – 2016.

OECD/CAWTAR, Women in Public Life: Gender, Law and Policy in the Middle East and North Africa, OECD Publishing, 2014.

Netherlands Enterprise Agency, "Business Opportunities Report for Morocco's Renewable Energy Sector", April 2018.

Morocco Ministry of Economy and Finance, "Summary of the 2018 Economic and Financial Report", January 2018.

Morocco Investment Agency, "Investment Opportunities and Business Climate in Morocco", 2013.

World Econimic Forum, "The Global Competitiveness Report 2017 – 2018", 2018.

The PRS Group, "Morocco Country Report", August 2015.

The Economist Intelligence Unit, *Report of Global Food Security Index 2017*, London: The Economist Group, 2017.

附　　录

一　中摩签署的主要协议一览表*

1958 年：签署第一个政府间《贸易协定》。

1975 年：签订长期贸易合同。

1975 年：签订建设摩洛哥拉巴特体育场地协议。

1975 年：签署中国向摩洛哥派出援助医疗队协议。

1978 年：签署中国向摩再派一批援助医疗队伍的协议。

1980 年：签署 1981—1982 年间的体育和青年领域的合作协议。

1982 年：摩洛哥通讯社和中国新华社签署有关电视和广播合作的文化合作协议。

1982 年 2 月：摩洛哥首相马第·布阿比德率团访问中国，同中国国务院总理赵紫阳签署《文化协定》。

1984 年 8 月：中摩再次签署 1984—1986 年间的文化协议，不仅包括原有的协议条款，还增加了在媒体、宗教事务和社会事务领域的合作内容。

1984 年 12 月：中国新华社和摩洛哥通讯社签订信息交流协议。

1992 年 6 月：签署中国和摩洛哥政府经济技术合作协定。

1993 年 9 月，签署新的医疗合作议定书。

1995 年：签署经济贸易协议、鼓励和保护投资协议，或称为新的

---

* 资料来源：参见中华人民共和国驻摩洛哥王国大使馆官方网站；《摩洛哥外交史》转引自阿卜杜·哈迪·高齐《从古代至今天的中国和摩洛哥》（阿拉伯文），《摩洛哥事务》第 18 期；《人民日报》检索词为“摩洛哥”的报道。

《经济和贸易协定》。

1996年：签署民事和商事司法协助协定、核能海水淡化前期研究协议书、中摩外交部定期政治协商协定、关于保留摩洛哥在香港特别行政区领事馆的照会交换协定。

1996年6月：摩洛哥出口促进中心和中国贸促会签署合作协议，主要内容是两机构间进行贸易和经济信息的交流。

1997年：签署中国公共监督（المراقبة العامة）和摩洛哥审计委员会间的合作协议。

1998年：两国签署《动植物检疫合作协定》《民用航空运输协定》。

2001年1月：签署促进中摩两国体育合作协议

2002年：签署中摩政府文化合作协定2002—2004年执行计划，签署《中华人民共和国政府与摩洛哥王国政府经济技术合作协定》《中华人民共和国政府与摩洛哥王国政府在社会发展、就业和职业培训领域的合作议定书》《中华人民共和国政府与摩洛哥王国政府环境合作协定》《中华人民共和国卫生部和摩洛哥王国卫生部卫生合作协议》《中华人民共和国政府与摩洛哥王国政府旅游合作协定》《中国广播电影电视总局与摩洛哥广播电视局合作协议》《中华人民共和国新华通讯社与摩洛哥马格里布阿拉伯通讯社合作协定》《中华人民共和国建设部和摩洛哥王国领土整治、城建、住房与环境部合作议定书》。

2003年12月：摩洛哥王国学院与中国社会科学院签署关于合作进行西亚非洲研究的协议。

2005年9月：摩洛哥磷酸盐集团与中国中化集团签署商业协议与谅解备忘录，以实现在摩洛哥建立生产磷酸盐的合资公司。

2006年4月：在国王穆罕默德六世和中国国家主席胡锦涛的见证下，中摩两国政府签署了涉及旅游、卫生、文化、经济、公共工程、科学研究与商业等领域的七个协议。

2007年11月：马格里布阿拉伯通讯社与中国新华通讯社签署交换信息、图片和数据等合作协议。

2008年3月：就创办穆罕默德五世大学孔子学院签署协议。

2009年3月：签署一系列技术援助合作协议，总金额达120万迪拉姆。

2010 年 7 月：签署 2000—2003 年文化合作协议，旨在加强两国在文化、出版、教育和伊斯兰事务等领域的合作。

2011 年 2 月：宁夏旅游局与摩洛哥旅游部代表签署旅游业战略合作协议。

2011 年 4 月：国家开放银行与摩洛哥外贸银行签订援助中小企业的谅解备忘录。

2012 年 12 月：摩洛哥外交学院与中国外交学院签署旨在加强外交职业培训合作的谅解备忘录。

2013 年 7 月：山东三建与摩洛哥电力水利局签署杰拉达燃煤电站项目合同。

2014 年 3 月：签署《中华人民共和国政府与摩洛哥王国政府关于互免持外交、公务护照人员签证的协定》。

2015 年 1 月：第一届“中国—摩洛哥经济论坛”期间，签署 20 多份合作协议。

2015 年 5 月：国家新闻出版广电总局局长蔡赴朝访摩，同摩签署影视合作协议。

2016 年 1 月 21 日：签署《关于在摩洛哥设立中国文化中心的谅解备忘录》。

2016 年 5 月：摩洛哥国王穆罕默德六世访华，签署《关于建立两国战略伙伴关系的联合声明》。

2016 年 9 月：中摩签署《中国孔子学院总部与摩洛哥阿卜杜·马立克·艾萨阿迪大学关于合作设立阿卜杜·马立克·艾萨阿迪大学孔子学院的协议》。

二 中摩高层互访统计一览表*

1964 年，摩洛哥王储穆莱·阿卜杜拉代表国王哈桑二世参加中国建

---

* 资料来源：参见中华人民共和国驻摩洛哥王国大使馆官方网站；《摩洛哥外交史》转引自阿卜杜·哈迪·高齐《从古代至今天的中国和摩洛哥》（阿拉伯文），《摩洛哥事务》第 18 期；《人民日报》检索词为“摩洛哥”的报道。

国15周年纪念活动。

1974年，摩洛哥国王哈桑二世特派大使阿卜杜·布阿比德访华。

1976年，摩洛哥特派大使艾哈迈德·布萨特访华。

1979年4月，中国外贸部副部长赵长春访摩。

1980年3月，中国外经部长陈慕华访摩。

1980年，摩洛哥青年与体育大臣阿卜杜·哈菲兹·卡迪里访华。

1981年3月，中国外贸部长李强访摩。

1982年2月，摩洛哥首相马弟·布阿比德率团访华。

1982年12月，中国国务院总理赵紫阳访摩。

1984年8月，摩洛哥文化事务大臣赛义德·贝勒巴希尔夫妇访华。

1984年10月，摩洛哥宗教基金部代表团访华。

1985年10月，国务院副总理田纪云访摩。

1986年，摩洛哥众议院主席艾哈迈德·以萨姆为首的议会代表团访华。

1987年，摩洛哥公主拉拉·玛丽娅和丈夫访华。

1987年3月，摩洛哥全国自由人士联盟主席艾哈迈德·奥斯曼一行代表团访华。

1987年7月，外交部副部长齐怀远访摩。

1987年11月，人大常委会副委员长王任重为首的中国人大代表团访摩。

1988年11月，外经贸部副部长李岚清访摩，主持召开中摩经贸混委会第三次会议。

1988年，穆罕默德·本·以萨率团访华，签署文化协议执行计划。

1990年，摩洛哥外交大臣阿卡杜·拉迪夫·菲拉里访华。

1991年11月，摩王储西迪·穆罕默德访华。

1992年4月，摩国外侨民大臣、摩洛哥国王特派大使拉非格·哈达瓦耶访华。

1992年6月，国家主席杨尚昆访摩。

1993年11月，全国妇女联合会副主席聂力率领中国妇女代表团访摩。

1994年，摩洛哥外交部长阿卜杜·拉迪夫·菲拉里访华。

1995年3月，外经贸部长吴仪访摩，召开中摩经贸混委会第四次会议。

1995年，摩洛哥国王顾问阿卜杜·哈迪·塔里布访华。

1995年10月，国务院总理李鹏访摩。

1995年，摩洛哥司法大臣阿卜杜·拉赫曼·阿马卢访华。

1996年，摩审计委员会主席阿卜杜·萨迪格·卡拉维访华。

1997年10月，外经贸部长助理高虎城访摩。

1997年12月，外经贸部副部长刘山在访摩。

1998年，摩洛哥首相尤素福访华。

1998年1月，国务院副总理兼外长钱其琛访摩。

1999年10月，国家主席江泽民访摩。

2000年5月，国务委员罗干访摩。

2000年11月，全国人大副委员长田纪云访摩。

2001年4月，全国政协主席李瑞环访摩。

2001年5月，中共中央政治局委员吴官正率中共代表团访摩。

2001年6月，摩洛哥众议院第一副议长穆莱·哈菲迪率代表团访华。

2002年2月5—7日，摩国王穆罕默德六世访华。

2002年3月，中国贸促会会长俞晓松访摩。

2002年5月，卫生部长张文康访摩。

2002年8月，中国政府总理朱镕基访摩。

2003年3月，中共代表、中共中央候补委员张宝顺一行访摩。

2003年5月，中央军委委员、中国人民解放军总参谋长梁光烈一行访摩。

2003年5月，摩洛哥国王特使、农业和乡村发展大臣安萨尔访华。

2004年3月，摩国务大臣法西访华。

2004年4月，教育部长助理郑树山访摩。

2004年5月，全国政协副主席王忠禹访摩。

2004年6月，科技部副部长邓楠访摩。

2004年7月，摩外贸大臣麦沙胡里访华。

2004年8月，摩卫生部秘书长福阿迪访华。

2004年10月，卫生部副部长马晓伟访摩。

2004 年 10 月，摩文化大臣阿沙里访华。

2004 年 11 月，人民银行行长周小川访摩。

2004 年 12 月，全国总工会副主席苏立清访摩。

2004 年 12 月，国家旅游局副局长孙刚访摩。

2005 年 1 月，国家文物局长单霁翔访摩。

2005 年 4 月，国务院副总理回良玉访摩。

2005 年 5 月，商务部副部长于广洲访摩。

2005 年 6 月，中联部长助理陈凤翔访摩。

2005 年 9 月，全国人大委员长吴邦国访摩。

2005 年 9 月，摩农业、农村发展与渔业部国务秘书穆罕默德·穆哈坦访华。

2006 年 1 月，文化部副部长郑欣淼访摩。

2006 年 4 月，摩外交与合作大臣级代表访华。

2006 年 4 月，摩水资源国务秘书扎胡德访华。

2006 年 4 月，中国国家主席胡锦涛访摩。

2006 年 5 月，摩外交与合作大臣本·伊萨访华，出席中阿合作论坛第二次部长级会议。

2006 年 6 月，摩王后拉拉·萨尔玛访华。

2006 年 7 月，水利部副部长周英访摩。

2006 年 10 月，外交部长助理翟隽访摩。

2006 年 10 月，摩住房、城建和空间整治大臣亚兹基访华。

2006 年 11 月，摩首相杰图访华，出席中非合作论坛北京峰会。摩外交与合作大臣本·伊萨，工业、贸易与经济改革大臣萨拉赫丁·迈祖阿尔随行。

2006 年 12 月，司法部副部长郝志勇访摩。

2006 年 12 月，全国政协副主席阿不来提·阿布杜热西提访摩。

2007 年 3 月，摩外交与合作大臣级代表费赫里访华。

2007 年 4 月，解放军总后勤部副部长王谦访摩。

2007 年 6 月，中共中央政治局委员张德江访摩。

2007 年 6 月，摩三军总监本纳尼访华。

2007 年 12 月，摩海军总监穆罕默德·巴拉达·格兹访华。

2008 年 3 月，中共中央政治局常委李长春访摩。

2008 年 5 月，摩外交国务秘书拉赫里夫访华，出席中阿合作论坛第三届部长级会议。

2009 年 4 月 8 日，摩进步与社会主义党总书记伊斯梅尔·阿拉维访华。

2009 年 5 月 4—5 日，摩住房、城建和空间整治大臣艾哈迈德·陶菲克·赫吉拉访华。

2009 年 10 月 12 日，摩洛哥外贸大臣马阿祖兹一行代表团访华。

2009 年 12 月 17—19 日，摩青年与体育大臣曼斯夫·巴拉赫耶特访华。

2010 年 4 月 13—14 日，中国外交部副部长翟隽在拉巴特参加第五届中摩双边政治磋商会议。

2010 年 6 月 19 日，摩文化大臣本·萨利姆·希姆什访华。

2011 年 1 月 16—18 日，摩工业、贸易和新技术大臣沙米访华。

2011 年 4 月 10—12 日，摩外交与合作大臣菲赫里访华。

2011 年 4 月 19—25 日，摩进步与社会主义党总书记纳比尔·本·阿卜杜拉访华。

2011 年 2 月，中国商务部长陈德铭访摩。

2012 年 4 月 18 日摩外交与合作大臣代表尤素福·阿姆拉尼访华。

2013 年 12 月 5 日，中国外交部长王毅访摩。

2014 年 10 月 16 日，互助、妇女、家庭与社会发展大臣巴西玛·哈卡维访华。

2014 年 11 月，全国政协主席俞正声访摩。

2014 年 11 月 28 日，摩洛哥企业联合总会同摩洛哥外交与合作部于北京丽思·卡尔顿酒店共同举办第一届“中国—摩洛哥经贸论坛”。摩外交与合作大臣迈祖阿尔、工贸部大臣穆莱哈菲德·阿拉米、旅游部大臣拉森·哈达德、设备部大臣阿齐兹·拉巴赫等参与。

2015 年 12 月，摩洛哥七个政党代表（以反对党为主）访华，其间走访了福州、上海和广水等城市。

2016 年 5 月，摩洛哥国王穆罕默德六世访华。

2017 年 4 月，中共中央政治局委员刘奇葆率中共代表团访摩。

2017 年 4 月，中国国家知识产权局局长申长雨访摩。

2017 年 8 月 29 日，摩真实性与现代党总书记伊利亚斯·奥马里率领代表团访华。

2017 年 11 月，摩外交与国际合作大臣布里达访华。

2018 年 7 月 3 日，摩洛哥王国最高司法权委员会主席、最高法院院长莫斯塔法·法拉斯访华。

2018 年 7 月 9 日，中共中央书记处书记、中央统战部长尤权率领中共代表团访摩。

2018 年 9 月，摩洛哥首相奥斯曼尼参加中非合作论坛北京峰会，并访问中国。

2019 年 3 月 7 日，摩洛哥独立党总书记尼扎尔·巴拉卡率领代表团访华。

三　《中华人民共和国和摩洛哥王国关于建立两国战略伙伴关系的联合声明》*

应中华人民共和国主席习近平阁下的盛情邀请，摩洛哥王国国王穆罕默德六世陛下于 2016 年 5 月 11 日至 12 日对中华人民共和国进行国事访问。

双方在友好、信任与相互理解的气氛中，就双边关系及共同关心的国际问题进行了深入会谈，并回顾了 1958 年建交以来双边关系的发展历程。会谈中，两国元首对双边关系的发展表示满意，愿进一步深化中摩世代传承的友谊这一宝贵财富。同时强调，虽然两国相距遥远，文化各具特色，但双方坚持构建合作和相互理解的桥梁，这种多样性是一个积极因素，有助于双方了解对方丰富的文明和人文传统。

习近平主席阁下和穆罕默德六世国王陛下都强调，应充分重视当前国际和地区形势发生的变化，加强双方间的协调，促进世界和平与发展。

为此，友好两国的领导人决定建立以相互尊重、平等互利原则为基础

* 新华社：《中华人民共和国和摩洛哥王国关于建立两国战略伙伴关系的联合声明》（http：//www. xinhuanet. com/politics/2016-05/11/c_ 1118849465. htm）。

的中摩战略伙伴关系，并达成以下共识：

一、政治

（一）加强和深化高级别政治对话，保持两国国家元首、政府首脑和政府各部门负责人互访势头，从而增进互信，拓宽战略合作领域。

（二）发挥两国外交部政治磋商机制的作用，就双边关系和地区、国际问题交换意见，并就战略性问题加强相互沟通和协调。

（三）开展两国立法机构、政党间的互访，加强在立法、治国理政和地方治理领域的合作并交流相关经验。

（四）双方强调，坚持尊重各国主权和领土完整原则。

（五）加强在多边领域的合作，尤其是在联合国安理会改革、中东和平进程、气候变化、可持续发展、打击跨国有组织犯罪等重大国际和地区事务中的协调与配合，坚持维护发展中国家的正当权益，从而推动国际秩序和国际体系朝着更加公正、合理的方向发展。

（六）中方高度赞赏摩洛哥王国在维护国家稳定、推动社会与经济发展方面取得的成就，并对摩方为促进地区和平、稳定与发展所作的努力表示赞赏。

（七）支持各方为维护其所在地区和平与稳定所作的努力，根据《联合国宪章》基本宗旨和原则以及国际关系的基本准则共同努力，呼吁寻求和平解决各种国际与地区危机和争端，反对干涉别国内政，尊重各国领土完整，不使用武力或以武力相威胁，谴责一切形式的恐怖主义。

（八）双方高度评价中国—阿拉伯国家合作论坛成立以来对中阿关系发展所发挥的引领作用，愿积极落实2014年6月在北京召开的论坛第六届部长级会议以及将于今年5月在多哈召开的论坛第七届部长级会议达成的各项成果，支持论坛机制建设，以加强中国与阿拉伯国家之间“全面合作、共同发展”的战略合作关系，密切各层次往来，增进文化与文明交流。

（九）双方对中非合作论坛为加强中非全面战略合作伙伴关系和支持南南合作作出的宝贵贡献深表满意，强调愿共同落实好论坛约翰内斯堡峰会成果，通过论坛不断推动中非关系发展，使非洲国家获得提高自身能力，改善自身政治、经济和社会状况的可靠方式与机制。

中方赞赏摩洛哥王国在中阿合作论坛和中非合作论坛中发挥的作用。

（十）双方高度重视保障双方公民和企业的合法权益，鼓励两国人员往来，商讨简化签证手续。

二、经济、贸易和投资

（一）中摩双方强调应加强、丰富和扩大两国间经济和贸易伙伴关系，充分利用中摩贸易、经济和技术合作联合委员会的作用，制定共同合作规划，梳理合作方式，通过谈判和友好协商解决合作中的问题。

（二）实现两国经济优势互补，深化两国在石油、矿产、磷酸盐、农业、环保、海洋捕捞、住房、基础设施建设、数字通信等领域的合作；拓展在可再生能源等新领域的合作；发展在工业、冶金、电子等领域的伙伴关系。

（三）扩大两国贸易规模，提升贸易流通便利性。为此，中方表示愿扩大进口摩洛哥产品，促进双边贸易平衡，欢迎摩洛哥企业在华宣介产品。双方愿鼓励企业家互访，并在中摩两国共同举办商业展览会。

（四）积极落实1995年3月27日两国签订的《中华人民共和国政府与摩洛哥王国政府关于鼓励和相互保护投资协定》内容，为此，中方坚持鼓励有实力、信誉好的中国企业赴摩洛哥王国投资兴业，摩方承诺为中国企业在摩洛哥市场开展业务提供各种形式的支持和便利。特别是2014年11月在北京举办中摩经济论坛并成功签署涵盖诸多经济领域的多项协议和谅解备忘录之后，中摩企业家和经济人士会面和研讨更为频繁，双方对此表示赞赏。

（五）鼓励两国金融监管当局建立监管合作机制，加强监管沟通与协调，支持双方金融机构在满足相关法律法规要求和审慎性基础上互设机构和开展业务合作。

（六）加强两国人力资源开发合作。中方将根据摩方人才培训的需求，适当加大对摩洛哥管理官员和技术人员培训的力度。

（七）中方愿一如既往地为摩洛哥王国经济发展提供力所能及的帮助，积极参与完善摩洛哥城市基础设施，摩方承诺为从事该业务的中国公司创造适宜条件并提供可能的便利。

（八）加强两国在相关国际经济组织中的合作与协调，捍卫发展中国家的真正代表性，进一步支持国际金融体系改革的方向，完善全球经济治理机制，反对各种形式的保护主义政策，共同推动建立完善、均衡、普惠、共赢的多边贸易体制。在此，摩洛哥王国对习近平主席阁下提出的建设丝绸之路经济带和21世纪海上丝绸之路的倡议表示赞赏，愿积极参与推动和丰富这一重大合作倡议。

（九）中摩双方愿在南南合作框架下进行经验和做法方面的交流和沟通。

三、文化、教育、卫生、旅游、体育、新闻

（一）双方赞赏近年来中摩文化交流与合作蓬勃发展。鼓励继续在相互尊重文化传统和文明多样性的框架内支持文化交往，鼓励双方互设文化中心。

（二）继续支持教育合作，鼓励学生赴中、摩大学深造，努力提高孔子学院的教学能力，改善汉语教学水平，鼓励两国高校在联合科研等领域签署伙伴关系协议。

（三）在各种文化与新闻合作协定和相关执行计划框架内，深化文化、艺术、新闻、体育、广播影视方面的合作。鼓励艺术团组互访，互相举办文化周等文艺活动。双方呼吁密切两国新闻媒体交流，开展体育领域经验交流，鼓励体育协会建立双边伙伴关系，提高在国际体育事务中的协调水平。

（四）提高医疗卫生领域的合作水平，中方继续派遣援摩医疗队，并加强在妇幼保健领域经验交流，推动卫生人员培训并提升其各方面医药能力。

（五）加强双边旅游交流与合作。双方承诺为两国公民旅游提供便利，并支持互办旅游推介活动，中方欢迎在京设立摩方旅游办事处。双方还承诺加强航空运输领域合作。

四、科技

根据2006年4月24日签订的《中华人民共和国政府与摩洛哥王国政府科技合作协定》内容，双方承诺加强两国科研领域机构、人员之间的交流与合作，便利相关信息交换。两国鼓励各自相关单位建立科技领域伙伴关系，并支持“中非科技伙伴计划”。

五、军事

双方承诺保持两国军事机构之间的高水平合作，加强在军事训练领域的合作，鼓励双方军事院校之间的交流，开展两国军舰互访。

六、民间及地方交往

（一）大力鼓励中摩民间人员往来。加强相互开放程度，为两国妇女、青年、工会和各类非营利组织之间的交往创造条件，增进相互了解。

（二）进一步加强中华人民共和国地方政府与摩洛哥王国地方机构之间的交流与合作，积极支持中摩城市之间建立友好关系。

摩洛哥王国国王穆罕默德六世陛下对中华人民共和国主席习近平阁下和中国人民给予国王陛下及其随行代表团的热情友好接待表示感谢。

本声明于二〇一六年五月十一日在北京签订，一式两份，每份均用中文和阿拉伯文写成。

中华人民共和国	摩洛哥王国
主席	国王
习近平（签字）	穆罕默德六世（签字）

四　摩洛哥《宪法》全文（2011 年版）①

序言

打造一个民主的法治国家是摩洛哥王国始终不渝的选择。摩洛哥以参与、多元化和良政等原则为基础，坚定地推动着巩固和整合现代国家制度的进程。在以保障公民的权利和责任为原则的法律框架下，摩洛哥形成了这样的社会图景：人人享受安全和自由，拥有平等的机会，公民的尊严和社会正义都能够得到尊重。

作为一个独立自主的伊斯兰国家，摩洛哥坚持维护国家统一和领土完整，同时致力于延续摩洛哥的丰富性和多样性，使其成为摩洛哥独一无二、不可分割的国家标志。团结统一的摩洛哥是由阿拉伯伊斯兰教徒，柏柏尔人［阿马齐格］和撒哈拉—哈桑族群的汇集形成的，受到了非洲文明、安达卢西亚文明、犹太文明及地中海文明的丰富和滋养。

摩洛哥人民拥有开放、温和、包容的价值观，致力于促成世界各文

① 摩洛哥政府网站：2011 年《宪法》（http：//www. maroc. ma/en/system/files/documents_page/bo_ 5964bis_ fr_ 3. pdf）。杜若瑜、张玉友译。

化、各文明之间的对话和相互理解。这与伊斯兰教赋予摩洛哥的优秀文化土壤是分不开的。为加强在国际舞台上的影响力，摩洛哥王国活跃在各个国际组织当中，坚持贯彻宪章和协定里的原则、权利和义务；拥护国际社会公认的人权，愿意为维护世界和平与安全献出一分力量。

建立在这些价值观和一贯原则上，怀着和其他各个国家加强友好、稳固、合作和建设性伙伴纽带关系的强烈意愿，为寻求共同发展、团结统一、主权完整的摩洛哥作为大马格里布联盟的一员，作出并遵循以下承诺：

· 推动马格里布联盟的建立，把它当作一个战略选择；

· 加深阿拉伯和伊斯兰共同体［乌玛］的纽带关系，并加强它和其他兄弟民族的团结友爱关系；

· 巩固和非洲各民族及各国的合作关系并与它们保持团结，尤其是和撒哈拉以南地区国家及萨赫勒地区的国家；

· 加强与欧洲地区和地中海地区邻国的合作关系、友好关系和伙伴关系；

· 扩展并发展多样化的友好关系，在人权、经济、科技及文化交流等方面与世界各国融洽合作；

· 强化南南合作；

· 保护并推广人权和国际人道主义法两项机制，在坚持不可分割性和普遍性的基础上推动其发展；

· 禁止歧视，与一切歧视行为作斗争，无论出于任何原因或怎样的个人境遇：包括性别、肤色、信仰、文化、社会出身或籍贯、语言、残疾；

· 在宪法法规和摩洛哥法律的框架下和尊重摩洛哥国家观念的前提下，遵守签署过的国际协定。经发表的国际协定高于国内法的效力，可以调和相应的国家法律法规。

序言是本宪法的主要部分。

第一篇 总则

第 1 条

摩洛哥是一个民主的、社会的、实行议会制和君主立宪制的国家。

摩洛哥宪政体制的基础为：分权、制衡与合作，公民参与民主；良政原则；落实责任，公开账目。

国家依赖于始终团结的集体生活，温和的伊斯兰信仰，各族群的团结统一，君主立宪制以及民主的选择。

摩洛哥王国实行分散式的领土组织模式。这基于摩洛哥高度区域化的国情。

第 2 条

国家采取直接和间接两种方式行使最高统治权：实行全民公投制度和代表制度。

国家通过举行自由、诚实和定期的选举活动在各社会机构中择选代表。

第 3 条

伊斯兰教是摩洛哥的国教，保障公民信仰自由。

第 4 条

国家的象征是中心印有一枚绿色五角星的红色旗帜。

国家格言是“真主、国家、国王”。

第 5 条

阿拉伯语是国家的官方语言。

国家致力于阿拉伯语的保护、发展和推广。

同样地，阿马齐格语［柏柏尔语］也是国家的一门官方语言，是所有摩洛哥人的共同遗产。

基本法确定了阿马齐格语字母的官方使用形式，以及它融入教学和公共生活优先领域的形式。因此，阿马齐格语应被准许发挥作为一门官方语言的作用。

国家尽力保存哈桑尼语，认可它是摩洛哥文化必不可少的一部分，同时保护哈桑尼语者及摩洛哥的实用文化表达。此外，它还以开放的态度面对不同的文化和当代文明，提倡学习和掌握世界范围内广泛使用的外语，把它们当作与其他社会沟通、融入和互动的工具，并及时调整语言政策和国家文化。

建立摩洛哥文化与语言全国理事会。该理事会负责保护和发展阿拉伯语和阿马齐格语，负责保护摩洛哥多种多样的文化表达。它们组成了摩洛哥的传统文化遗产和一个当代灵感来源。该理事会聚集了这些领域相关的机构。一项基本法规定了它的归属、组成和运作模式。

第 6 条

法律是国家意志的最高表达。所有自然人或法人，包括公权力，在法律面前一律平等，必须服从法律。

公权力应该为实现公民的自由和平等创造条件；更笼统地说，应该保障公民能够有序地参与政治、经济、文化和社会生活。

确立合宪性原则、分级原则、责任原则和司法条例发行原则。

法律没有溯及力。

第 7 条

政党的作用是对公民发出政治指示，组织公民、鼓励公民参与国家生活和公共事务管理工作。以双重投票和更替为基础，政党必须支持选民在宪政制度框架下采取民主方式表达意愿和行使选民权利。

在尊重宪法和法律的前提下，政党可以自由决定组织结构和党务活动。

仅有单一政党的政权是非法的。

政党不能建立在宗教、语言、种族或地域的基础上。广泛地说，不能建立在具有任何歧视色彩的基础上或背离人权。

政党的目标不能是损害伊斯兰教、君主立宪政体、宪政原则、民主基础、摩洛哥王国的国家统一和领土完整。

政党的组织和运作必须符合民主原则。

在本条款陈述的原则框架下，基本法主要明确了政党结构和政党活动相关的规定、国家特许财政资助标准及财政资助管控模式。

第 8 条

工会组织、职业协会和职业组织有助于保卫和宣传它们所代表阶层的社会经济权利和利益。在尊重宪法和法律的前提下，它们的行为活动不受约束。

这些机构的组织和运作必须符合民主原则。

公权力在法律创造的条件下致力于推动集体协商和鼓励签署集体劳务协议。

法律主要明确了工会组织结构和活动相关的法规、国家特许财政资助标准及财政资助管控模式。

第 9 条

政党和工会组织不能在没有公正裁决的情况下被公权力废止或解散。

第 10 条

宪法授予并保障议会反对党的应有权利，使其能够恰当地完成在议会工作或政治生活中被赋予的使命。

宪法主要保障反对党的以下权利：

·言论自由和集会自由；

·在官方媒体的节目播出时长以该反对党的代表所占比例为准；

·公共财政补贴依照法律法规发放；

·有效参与立法程序，尤其是在议会两院的议程中提交法律提案；

·有效参与约束政府工作，主要是通过谴责和质询的方式，和向政府及议会调查委员会口头提问的方式；

·参与提名宪法法院成员候选人和选举宪法法院成员；

·适当参与众议院和议会的内部活动；

·委员会主席负责主管众议院的立法工作；

·采取适当的方式承担其机构职能；

·积极参与议会外交，以捍卫国家的正义事业和重大利益；

·根据本宪法第 7 条规定，在政党工作中切实代表所属党派公民的利益；

·在本宪法规定的范围内，以民主更替的方式在地方、区域和国家计划中行使权力。

反对党应该为议会工作做出积极和建设性的贡献。

反对党行使上述权利的方式，根据具体情况，由基本法、各项法律以及议会中各议院的内部条例确立。

第 11 条

自由、诚实、透明的选举是民主代表制度合法性的基础。

公权力在面对候选人时应严格保持中立态度，不得歧视任何个体。

本宪法确立了保证公平接触公共媒体和充分行使与选举运动和投票活动有关的自由和基本权利的规则。组织选举的政府负责实施本规则。

本宪法根据公认的国际准则确立了独立观察和中立选举的条件和方式。

任何人违反选举的廉洁、诚实和透明原则，都将受到法律的惩罚。

公权力应采取必要措施鼓动公民参与选举。

第 12 条

民间协会和非政府组织在尊重宪法和法律的前提下，拥有人事任命和活动开展的完全自由权。

它们不能在没有公正裁决的情况下被公权力废止或解散。

对公共事务感兴趣的民间协会和非政府组织，在参与式民主的框架内，可以为制定、执行和评价当选机构和公共权力的决定和倡议作出贡献。这些机构和力量必须按照法律规定的条件和方式做贡献。

民间协会和非政府组织的组织和运作必须符合民主原则。

第 13 条

公权力致力于创建对话实例，以期将不同的社会行动者与公共政策的制定、实施、执行和评估联系起来。

第 14 条

公民在基本法规定的条件和方式下，有在立法事项上提出动议的权利。

第 15 条

公民有向公权力请愿的权利。

基本法决定了行使这项权利的条件和方式。

第 16 条

摩洛哥王国致力于保护居住在境外的摩洛哥公民的权利和合法权益，并尊重国际法和东道国的现行法律。摩洛哥致力于维护和发展他们与王国之间的人员交往，特别是在文化方面，并保护他们的国家认同感。

它期望加强境外公民对摩洛哥本土发展的贡献，期望他们促进摩洛哥政府与居住国及其公民之间的友好关系和合作。

第 17 条

海外摩洛哥公民享有摩洛哥公民的全部权利，包括选举权和被选举权。他们可以被提名为地方、地区及国家级选区的选举候选人。法律制定了选举资格及其适用性相关的具体标准，同时确定了在居住国有效行使投票权和候选人资格的条件和方式。

第 18 条

公权力致力于确保居住在国外的摩洛哥人尽可能广泛地参与宪法或法律所建立的咨询机构和良政机构。

第二篇　基本自由和权利

第 19 条

本篇和宪法的其他条款，以及摩洛哥正式签署的国际公约共同声明：在不违背宪法和法律，以及摩洛哥一贯原则的前提下，男性和女性平等地享有公民、政治、经济、社会、文化及环境性质的自由和权利。

国家致力于实现男女平等。

由此产生了一个追求平等、与一切形式歧视作斗争的政府。

第 20 条

生存权是所有人类最基本的权利。法律保护这一权利。

第 21 条

所有人都有权保护自己和亲属的人身安全及财产安全。

公权力在尊重所有人基本自由和权利的基础上，保障人民和国家领土安全。

第 22 条

无论在任何情况下，无论是在公共场合或私人场合，任何人的身体和道德操守都不容他人侵犯。

任何人不得以任何借口对他人施以残忍、非人道和有辱人格的行为，不得侵犯他人尊严。

任何人以任何形式实施的虐待行为都被视为犯罪，必将受到法律惩罚。

第 23 条

除法律规定的情形和方式外，不得逮捕、拘留、起诉和审判任何人。

随意或秘密拘留他人及制造他人失踪是最严重的罪行。实施者将面临最严厉的制裁。

任何被拘留的人都有权以他能理解的方式，立即得知他被拘留的原因和他的权利，包括保持沉默的权利。他还必须依法获得法律援助和与亲属进行沟通的权利。

无罪推定和获得公平程序的权利被保障。

任何被拘留者享有拘留的基本权利和人道条件。他必须被给予教学计划和重返社会计划。

禁止煽动种族主义、仇恨和暴力情绪。

种族灭绝和其他危害人类的罪行，战争罪行和其他严重地系统地侵犯人权的罪行都将受到法律的制裁。

第 24 条

任何人都有保护自己私生活的权利。

私人居所不容侵犯。进入私人居所搜查必须遵循法律规定的方式并满足相关条件。

任何形式的私人通信都是秘密。只有在法律规定的条件和形式下，司法部门才能授权查阅其内容、全部或部分泄密、或在其他人的要求下传票。

所有人在国家领土上流动、停留和离返的自由依法被保障。

第 25 条

保障任何形式的思想、意见和言论的自由。

保障文学、艺术、科学技术研究的创作、出版和展览自由。

第 26 条

公权力应通过适当的措施支持文化艺术创作和科学技术研究的发展，并推广体育运动。它们支持这些领域在民主和拥有专业技术的基础上独立组织和发展。

第 27 条

公民有权获取公共行政部门、民选机构和公共服务机关所掌握的信息。

信息权只能受法律的限制，其目的是确保保护一切涉及国防、国家内外安全和人民私生活的信息，防止侵犯本宪法所规定的基本自由和权利，以及保护法律规定的特定信息来源和领域。

第 28 条

宪法保障新闻自由。新闻报道不受任何形式预先审查的限制。

所有人都有权在法律明确规定的范围内自由表达和传播信息、想法和意见。

公权力鼓励新闻业在民主的基础上独立组织并确立相关的司法和道德准则。

法律确立了组织和管控公共传播渠道的规定。在尊重摩洛哥社会的语言、文化及政治多元化的基础上，宪法保障这些公共传播渠道的畅通。

根据本宪法第165条的规定，视听最高委员会应该尊重这种多元主义。

第29条

保障聚会、集会、和平示威、结社、公会和政治成员的自由。法律规定了行使这些自由的条件。

保障罢工的权利。基本法规定了行使罢工权的条件和形式。

第30条

所有成年公民都享有公民和政治权利，既是选举者也是被选举者。法律确立了有利于男性和女性平等获得选举职能的规定。

投票是每个公民的个人权利和国家义务。

受摩洛哥管辖的外国公民依法享有摩洛哥公民的基本自由。

其中居住在摩洛哥的外国公民可以依照法律、国际公约或相关互惠政策参加当地选举活动。

法律规定了引渡外国公民和给予庇护权的条件。

第31条

国家、公共机构和地方行政区域采取一切可行措施，努力为公民享受以下权利创造平等的条件：

· 接受健康治疗的权利；

· 获得社会保护和医疗保险的权利，以及获得互助保险和国家保险的权利；

· 接受现代化、高质量、无门槛教育的权利；

· 接受关于国家认同感和摩洛哥一贯原则的教育的权利；

· 接受职业教育及身体素质教育和艺术教育的权利；

· 获得体面住房的权利；

· 工作的权利和获得公权力在就业上的支持的权利；

· 根据个人能力进入国家职能部门的权利；

· 获得水和健康环境的权利；

· 可持续发展的权利。

第32条

建立在合法婚姻关系基础上的家庭，是社会的基本单位。

国家依法保障家庭受司法、社会和经济规划的保护，以维护家庭的和睦、稳定和完整。

它综合所有家庭的情况，确保对儿童给予平等的司法保护和平等的社会和道德考量。

接受基础教育是儿童应得的权利，也是家庭和国家的义务。

成立家庭和儿童咨询委员会。

第 33 条

公权力有责任采取一切适当措施，以期：

·激励和促使青年广泛参与国家的社会、经济、文化和政治发展；

·帮助年轻人形成积极向上、热爱社交的生活方式，并帮助他们克服在学术、社会和职业适应上遇到的困难；

·为年轻人接触文化、科学、技术、艺术、运动和休闲活动提供便利，为他们在这些领域充分发挥创造性和创新潜力制造有利条件。

为此，建立了青年和社交行为委员会。

第 34 条

公权力制定并执行为有特殊需要的个人和群体设计的政策。为此，它主要关注：

·预见妇女、母亲、儿童和老年人等弱势群体可能遇到的困难并提供帮助；

·帮助精神残疾及身体残疾人员恢复健康，并帮助他们融入社会生活和公民生活，确保他们能够行使公民的共有权力和自由。

第 35 条

保障公民的财产权。

如果国家经济和社会发展有迫切需要，法律可以限制财产权的范围和实施。征用公民财产只能在法律规定的情形和方式下进行。

国家保障创业自由和竞争自由。它致力于实现人类的可持续发展，同时巩固社会正义，保护国家自然资源和未来子孙后代的权利。

国家致力于保障所有公民机会平等，并给予社会弱势群体特别保护。

第 36 条

与利益冲突、知情不举有关的犯罪行为和其他破坏金融秩序的犯罪行为都将受到法律的制裁。

公权力应依法预防和惩戒公共服务机构在金融活动和金融监管中一切

形式的不法行为，主要在公共服务机构所控制资金的使用、资金转移和公共市场管理等方面。

影响力和特权交易，滥用支配和垄断地位等违背自由竞争原则和导致不公平经济关系的行为，都将受到法律的制裁。

建立关于廉洁、预防和打击腐败的国家机构。

第 37 条

所有公民必须遵守宪法和法律。所有公民必须怀着负责任和贯彻公民义务的精神行使宪法规定的权利和自由，并意识到行使权利和履行责任息息相关。

第 38 条

所有公民都应该为保卫祖国、抵御外敌入侵或威胁，以及为保护祖国的领土完整贡献出一分力量。

第 39 条

所有公民都必须按照以贡献能力决定的纳税比例承担国家公共支出。国家只能在现行宪法允许的前提下创造和分配公共支出。

第 40 条

所有公民都应该团结一致，以自己的方式依照比例分担国家发展需要的费用以及天灾人祸造成的费用。

第三篇　关于王室

第 41 条

国王穆罕默德六世陛下，作为信士的长官，保证尊重伊斯兰教。他是自由从事宗教信仰的守护者。

他负责主持乌里玛高级理事会，研究理事会向他提交的问题。

乌里玛高级理事会建立在伊斯兰教宽容的准则、戒律和宗旨之上，是唯一一个能够在宗教协商（法塔瓦）正式达成结果之前，就提出的问题发表评论的机构。

理事会的职能、组成和运作方式由诏书下达。

哈里发制度下的理事会授予了国王穆罕默德六世专属的权力：国王可以依照本条款下达诏书，行使其固有的宗教特权。

第 42 条

国王是国家元首，是国家的最高代表，是国家统一的象征，是国家永久性和连续性的保证人，是各机构之间的最高仲裁者，必须尊重宪法和司法机关的良好运作，保护公民的民主选择和民主权利，保护公民的自由和集体的自由，以及尊重摩洛哥王国的国际承诺。

他是国家独立和国家真实边界内领土完整的保证人。

国王依靠本宪法明确赋予他的权力通过下达诏书以完成这些使命。

除第41条、第44条（第2款）、第47条（第1款和第6款）、第51条、第57条、第59条、第130条（第1款和第6款）和第174条规定的情况外，诏书应由政府首脑会签。

第43条

摩洛哥的王位及其宪法权利是世袭的，通过直系的男性后代和国王穆罕默德六世的长子继承，由父亲传给儿子，除非国王在其有生之年指定除长子外的某个儿子为继承人。当国王没有直系男性后代时，王位继承权在最近的男性旁系中以相同的条件转移。

第44条

国王满十八周岁成年。在国王未成年期间，摄政委员会行使国王的权力和宪法权利，但不包括与修改宪法有关的权力和宪法权利。在国王年满十八岁之前，摄政委员会应作为国王的咨询机构发挥作用。

摄政委员会由宪法法院院长主持。此外，它由政府首脑、众议院议长、参议院议长、高级司法委员会主席代表、乌里玛高级理事会秘书长及十个由国王本人任命的成员构成。

摄政委员会的运作规则由基本法确立。

第45条

国王享有王室年俸。

第46条

国王本人不容侵犯，应该被尊重。

第47条

国王可查看众议院议员选举结果，并从领先的政党里任命政府首脑。

他根据政府首脑的提议任命政府成员。

国王可以在与政府首脑协商后，主动终止一个或多个政府成员的职位。

当有一个或多个政府成员提交个人或集体辞职申请的时候，政府首脑可以要求国王终止他或他们的职位。

政府首脑辞职后，国王关闭政府。

在新政府成立之前，被解除职能的政府应迅速处理完当前事务。

第 48 条

国王主持由政府首脑和大臣组成的部长会议。

部长会议应国王的倡议和政府首脑的要求召开。

国王可以根据部长会议的具体议定日程，将主席职位委托给政府首脑。

第 49 条

部长会议研讨解决下列问题和内容：

· 国家政策的战略方向；

· 宪法修正案；

· 基本法法案；

· 金融法法案的总体方向；

· 本宪法第 71 条第 2 款规定的框架法法案；

· 赦免法法案；

· 有关军事领域的法案；

· 宣布进入戒严状态；

· 宣战；

· 本宪法第 104 条规定的法令草案；

· 根据政府首脑和有关大臣的提名，任命以下民政部门官员：央行行长、大使、瓦里和地方长官，维护国家安全的行政部门负责人，以及公共战略机构和企业的负责人。基本法明确了这些战略机构和企业的清单。

第 50 条

国王在政府正式通过法律后的三十天内颁布该法律。

如此颁布的法律必须自颁布之日起不超过一个月，发布在摩洛哥王国的官方《公报》上。

第 51 条

国王可以在第 96 条、第 97 条和第 98 条规定的条件下，通过诏书解散议会两院或其中一院。

第 52 条

国王可以向全国和议会发表讲话。这些讲话将在两院前宣读，不得成为任何辩论的对象。

第 53 条

国王是皇家武装部队的最高领导人。他负责任命军事部门的官员，可以将这一权力委托他人。

第 54 条

成立高级安全理事会，作为协调国家内部和外部安全战略和处理危急局势的决策机构。同时，安全理事会致力于将良好安全治理准则制度化。

国王负责主持该委员会，并可根据具体会议议程，将主席职位委托给政府首脑。

除了政府首脑外，高级安全理事会还包括众议院议长，参议院议长，高级司法委员会主席代表，负责国家内政、外交，司法、国防等大臣，以及与国家安全事务高度相关的行政部门负责人，皇家武装部队的高级军官和其他任何对高级安全理事会工作有帮助的重要人物。

理事会的内部条例确立了其组织和运作规则。

第 55 条

国王任命摩洛哥驻外国大使和国际组织代表，并接受外国驻摩洛哥大使和国际组织驻摩洛哥代表的派遣。

他负责签署和批准条约。但是，和平条约、联盟条约，或者与边界划定有关的条约、贸易条约、与国家财政有关或者需要采取立法措施的条约，以及与公民的个人或者集体权利和自由有关的条约，只有事先经法律批准后，方可被国王批准。

国王在批准前可以向议会提交任何其他条约或公约。

如果国王或政府首脑或众议院议长或参议院议长或众议院六分之一成员或参议院四分之一成员要求宪法法院宣布包含与宪法相抵触条款的国际承诺，宪法法院只有在修改宪法后才能批准。

第 56 条

国王主持高级司法委员会。

第 57 条

国王通过诏书批准高级司法委员会官员的人事任命。

第 58 条

国王行使赦免权。

第 59 条

当国家领土完整受到威胁或发生妨碍司法机构正常运作的事件时，国王可以在咨询政府首脑、众议院议长、参议院议长以及宪法法院院长之后，向全国致辞，通过诏书宣布国家进入紧急状态。通过这项法案，国王有权采取措施保护国家领土完整，并在最短时间内恢复司法机构的正常运作。

国王在行使特别权力期间，不得解散议会。

紧急状态下依然应保障本宪法规定的基本权利和自由。

一旦没有了开启紧急状态的正当理由，应通过和开启紧急状态相同的方式终止紧急状态。

第四篇　关于立法权

关于议会的组织

第 60 条

议会由两个院组成，分别为众议院和参议院。议会成员受国家委托行使权利。议会成员的投票权只属于本人，不得委托他人。

反对党是两院的重要组成部分。它被赋予参与立法和监督的功能，特别是在本篇。

第 61 条

参众两院之一的任何成员，如在选举中以候选人的名义宣布放弃其政治从属关系，或以其所属的议会团体的名义宣布放弃其政治从属关系，即获解除其职务。

两院议长依照相关议院内部条例通过宪法法院宣布议员席位空缺，并依照该条例执行宪法法院提及职位空缺的时限和程序。

第 62 条

众议院议员由全国普选产生，任期五年。议员的立法职能在当选后第五年 10 月份的会议开幕时终止。

众议院成员数量、选举制度、选区划分规定、资格认定、不相容情况、授权累积的限制规则和处理选举纠纷的组织均由基本法确立。

众议院议长、主席团成员、常设委员会及其主席团成员，在立法会一开始时被选举产生，并在当选后第三年 4 月举行的会议中再次选举产生，其余时间选出其他立法机关成员。

主席团成员的选举按各团体人数比例进行。

第 63 条

参议院由至少 90 名，至多 120 名成员构成。成员由间接普选产生，任期六年。划分方式如下：

· 五分之三的成员代表当地集体。这一部分名额在兼顾各地区间平衡的情况下，根据人口数量占比分配给各个大区。其中三分之一的成员由当地市政局从各大区的议员中选出。其余三分之二由大区一级的选举团（由市镇委员会、省委和大省委员会成员组成）选举产生；

· 五分之二的成员由各个大区的选举团选举产生。选举团成员包括工会成员、最具代表性的雇主专业协会成员，以及从国家级劳动者代表选举团中选出的成员。

参议院议员数量及其选举制度、各选举团选出的人数、各区域的席位划分、资格认定和不相容情况、授权累积的限制规则和处理选举纠纷的组织，均由基本法确立。

参议院主席及其主席团成员和常事委员会主席及其主席团成员，在立法会一开始时被选举产生，在立法会的一半时再次被选举产生。

主席团成员的选举按各团体人数比例进行。

第 64 条

除非所发表的意见对国家的君主立宪制或穆斯林宗教形态构成挑战，或对国王有不尊重行为，任何议员在行使其职能时，不得因发表意见或进行表决而被起诉、调查、逮捕、拘留或审判。

第 65 条

国家议会每年举行两次会议。第一次会议在每年十月第二个周五举行，国王负责主持开幕仪式。第二次会议在四月的第二个周五举行。

当一次会议进行了超过四个月时，议会可以下达法令结束会议。

第 66 条

国家议会可以通过颁布法令举行特殊会议；在三分之一众议院议员或过半数参议院成员的要求下也可以举行特殊会议。

特殊会议根据一项具体议程举行。如果议程结束，特殊会议以法令宣布终止。

第67条

大臣可以进入任一议院和它的委员会。大臣可由指定委员协助。

除上一款所提到的常事委员会外，国王可以主动设立调查委员会。如果三分之一的众议院议员或三分之一的参议院议员要求，也可以设立调查委员会。调查委员会负责收集有关具体事项的信息或与公共部门、企业和机构的管理有关的信息，并把结论提交给有关议院。

如果有关事件已经被司法起诉，或起诉正在进行，就不能设立调查委员会。如果调查委员会已经设立，一旦针对该事件的司法调查开始，调查委员会的使命随之终止。

调查委员会具有临时性。当它把调查报告递交给相关议院及议院主席将调查事项转介司法程序后，调查委员会的使命终止。

相关议院保留一次公开会议，以讨论调查委员会递交的报告。

基本法确立了这些委员会的运作模式。

第68条

各议院的会议是公开的。辩论的完整记录发表在国家议会的公报上。

应政府首脑或三分之一政府成员的要求，任一议院都可以在秘密委员会占有席位。

国家议会各委员会的聚会是秘密进行的。议会两院的内部规章制度确立了允许委员会举行公开会议的情形和规定。

议会可以举行两院联合会议，特别是在下列情况下：

· 十月第二个星期五，国王主持召开议会会议，并向议会发表王室咨文；

· 根据第174条的规定通过宪法修正案；

· 政府首脑发表声明；

· 展示年度财务法法案；

· 外国国家元首和外国政府首脑发表讲话。

政府首脑同样可以要求众议院主席和参议院主席举行两院联席会议，听取有关重要国家性质事项的信息。

联席会议由众议院主席主持。两院的内部条例决定了举行这些会议的原则和方式。

除普通会议外，议会常设委员会可根据两院内部条例制定的原则，举行两院联席会议，听取有关国家重要性质事项的信息。

第 69 条

各议院制定并表决内部规章制度。但是，在宪法法院宣布该规章制度符合本宪法之前，不得实施。

议会两院在起草各自内部的规章制度时，都应该考虑到协调的必要性和互补性，以确保议会工作的效率。

内部规章制度主要规定：

·议会团体和子团体的组成、运作及隶属原则，以及反对党团体拥有的具体权利；

·成员有效参与委员会和全体会议工作的义务，包括缺席时适用的制裁措施；

·常设委员会的数量、职权和编制服从本宪法第 10 条规定，同时在这些委员会中至少保留一至两个主席席位给反对党。

关于议会的权力

第 70 条

议会行使立法权。

议会投票通过法律，监督政府作为，并评估公共政策。

授权法可授权政府在限定时间内通过下达法令采取措施（一般属于法律范畴）实现某个目标。这些法令一经公布立即生效，但必须在授权法规定的期限内提交议会批准。如果议会两院或其中一个被解散，授权法即失效。

第 71 条

除了本宪法其他条款明确提及的内容之外，以下事项也属法律范畴：

·序言和本宪法其他条款赋予的基本自由和权利；

·家庭和公民身份；

·医疗卫生系统的原则和规定；

·广播电视媒体和出版社各种形式的规章制度；

·赦免法；

·外国人的国籍和身份；

·违法行为的认定及其处罚措施；

· 司法编制和新管辖区的设立；
· 民事诉讼程序和刑事诉讼程序；
· 监狱条例；
· 公共职能的一般法规；
· 公务员和军人的基本保障条例；
· 维护治安部队和部队的地位；
· 地方行政区域制度及其划定管辖范围的条例；
· 地方行政区域选举制度及划分选区的原则；
· 税收制度和税收基数、税率以及征税方式；
· 货币发行的司法条例及中央银行的地位；
· 海关条例；
· 民事及商业义务条例，公司和合作社的相关法规；
· 物权和公共、私有及集体不动产所有权条例；
· 交通条例；
· 工作、社会安全、工商和职业疾病的关系；
· 银行条例、保险公司条例及互助保险公司条例；
· 信息和通信技术条例；
· 城市化及土地管理条例；
· 与治理环境、保护自然资源和实现可持续发展相关的法规；
· 地下水、林业及渔业管理条例；
· 确定教学、科研和职业教育的方向和总体安排；
· 公共机构和其他任何公法法人的创立；
· 企业国有化和私有化制度；

除上一款规定的事项外，议会还可以对有关国家经济、社会、环境和文化活动基本目标的框架法进行表决。

第 72 条

法律领域外的事项属于规章领域。

第 73 条

以立法形式取得的文本在移交给行使监管权的领域时，可在宪法法院统一意见后，通过法令进行修改。

第74条

戒严状态可以通过政府首脑会签过的诏书宣布，持续三十天。这一时限只能由法律延长。

第75条

议会在基本法规定的条件下，对优先交存于众议院的财政法进行投票。这决定了为丰富议会针对金融法法案的辩论所需信息、文件和数据的性质。

在发展领域，议会就实现政府制定的战略发展计划和多年计划所需的投资支出进行一次性投票。政府将计划内容通知议会。经批准的支出将在这些计划和项目的持续时间内自动履行。只有政府有权提交旨在修改上述框架内核准支出的法律草案。

如果，在预算年度结束时，财政法因适用本宪法第132条而在未被投票表决或未被颁布的情况下提交到宪法法院，政府将以法令的形式，根据提交审批的预算提案，为公共机构运作和完成使命提供必要的经费。

在这种情况下，继续按照相关现行法律和规章制度收税，但在金融法法案中被提议废除的税项除外。至于上述法案提出的减税，新的税项将被提出用来征税。

第76条

在上述财政法开始执行的第二个财政年度期间，政府每年向议会递交该财政法的清算法。清算法包含期末投资预算的资产负债表。

第77条

议会和政府应注意维持国家财政平衡。

如果议会议员提出的任何提案或修正案的通过可能导致财政法方面的公共资源减少或公共支出的项目或数字增加，政府有理由拒绝接受。

关于行使立法权

第78条

法律的倡议权同时属于政府首脑和议会议员。

法律法案优先由众议院主席团提出。但是，特别地，与地方行政区域、地区发展和社会问题相关的法律法案优先由参议院主席团提出。

第 79 条

政府可以拒绝接受任何法律范畴外的提案或修正案。

如有意见分歧，应议会两院主席之一或政府首脑的要求，宪法法院应在八天内作出裁定。

第 80 条

法律草案和提案应提交给各委员会审查。审查活动在会议之间进行。

第 81 条

经两院有关委员会同意，政府可在各届会议期间通过法令法，该法令法必须在议会下一次常会期间提交批准。

法令法草案由众议院主席团提出。议会两院的相关委员会依次审议，以期在六天内达成一致决定。如果不这样做，将由众议院相关委员会做出决定。

第 82 条

各议院议程由其主席团决定。议程包括法律草案和提案，依照政府确定的优先顺序排列。

每月至少为反对党审议法律提案保留一天时间。

第 83 条

议会两院成员和政府均有修正法律的权利。辩论开始后，政府可以拒绝审议之前未提交给相关委员会的任何修正案。

如果政府需要，议院针对一些文本开展讨论，对该文本或部分文本投一票决定，只保留政府提出或接受的修正案。相关议院可以在过半数成员的要求下反对该程序。

第 84 条

任何法案或法律提案都要经过议会两院的分别审议，以获得相同文本的通过。众议院首先讨论法律法案，接着讨论成员提出的法律提案；参议院也是首先讨论法律法案，接着讨论成员提出的法律提案。其中一个议院拿到另一个议院已经投票通过的文本，并针对文本内容进行讨论。

众议院最终通过审议的文本。当文本内容涉及地方行政区域、地区发展或社会问题时，该文本只有在众议院出席成员中绝大多数投赞成票的情况下才能被通过。

第 85 条

基本法法案和议案只有在众议院主席团存放十天后，才能送交众议院审议，随后履行第 84 条规定的程序。只有在上述议院绝大多数出席成员投赞成票的情况下，该法案和议案才能被通过。但是，当法案和议案涉及地方行政区域或与参议院有关时，也只能在获得大部分众议院成员的赞成票后才能通过。

与参议院有关的基本法必须在两院以相同的方式投票表决。

基本法必须经宪法法院裁定符合宪法规定，才可颁布。

第 86 条

本宪法规定的基本法法案必须在该宪法颁布后第一个议会任期内提交议会批准。

第五篇　关于行政管理权

第 87 条

政府由政府首脑和大臣组成，也可能包含国务秘书。

基本法主要确立了与政府的组织、政府工作开展及成员身份有关的规定。

它同时确立了与政府职能不相容的情况、与职能积累限制有关的规定，以及管理职能已经终止的政府处理事务的规定。

第 88 条

在国王任命了政府成员后，政府首脑在两院联合会议上展示并介绍其施政计划。该计划必须包含政府在国家各领域的行动领导方针，主要包括经济、社会、环境、文化和外交政策等领域。

议会两院针对计划展开辩论。随后由众议院成员投票表决。

众议院绝大多数成员投票通过后，政府获得众议院的信任票，计划被支持。

第 89 条

政府行使行政管理权。

在政府首脑的管辖下，政府实施政府计划，确保法律的执行、处理行政事务、监督公共事业和机构，并开展行政监督。

第 90 条

政府首脑实施监管权，并可以把部分权力委托给大臣。

政府首脑提出的监管法案需要被负责执行的大臣会签。

第 91 条

在不违反本宪法第 49 条的前提下，政府首脑任命公共行政部门的职员和公共事业、机构的高层人员。

他可以把该权利委托他人。

第 92 条

在政府首脑的任期内，政府理事会审议以下问题和内容：

· 在部长会议提出前的国家总体方针；

· 公共政策；

· 行业政策；

· 政府在众议院之前应行使的责任；

· 当前事务中涉及人权和公共秩序的问题；

· 提交给众议院主席团之前的法律法案，包括财政法法案（不得违反本宪法第 49 条）；

· 法律性命令；

· 监管法令草案；

· 本宪法第 76 条（第 2 款）、第 66 条和第 70 条（第 3 款）规定的法令草案；

· 提交给部长会议前的国际公约和国际协定；

· 签署协定；

· 任命公共行政部门的秘书长和总干事、大学校长、高等学校和研究院的校长和主管。本宪法第 49 条规定的基本法可以补充高级理事会的职位清单，并决定任命这些职位的原则和标准，主要包括机会平等、功绩、能力和透明化。

政府首脑向国王传达政府理事会的审议结果。

第 93 条

大臣在政府团结的框架下，为在各自领域执行的政府政策负责。

大臣完成政府首脑下达的使命。大臣向政府理事会汇报完成情况。

大臣可以把一部分权限委托给国务秘书。

第 94 条

在王国的司法面前，政府成员如在行使职权中犯罪，无论轻重均要负刑事责任。

法律规定了相关的问责程序。

第六篇　关于权力制衡

国王和立法权之间的关系

第 95 条

国王可以要求两院重新阅读任何法案或法律提案。

国王通过咨文下达重新阅读的命令。两院不得拒绝该命令。

第 96 条

在与宪法法院院长协商过并通知了政府首脑、众议院主席和参议院主席后，国王可以直接通过下达诏书解散议会两院或其中一个。

国王向全国发布咨文后，议会/议院解散。

第 97 条

解散议会/议院后的两个月内需重新选举新议会/议院。

第 98 条

旧议院解散后，接替的新议院在选举进行的一年后才可以被解散。除非新当选的众议院无法构成政府大多数。

第 99 条

如果部长会议决定宣战，应遵循本宪法第 49 条，在国王向议会通告后进行。

立法权和行政管理权之间的关系

第 100 条

各议院每周保留一次会议，优先讨论成员提出的问题及政府的答复。

政府必须在议会提出问题之日起二十天内给予答复。

涉及总体方针的问题由政府首脑答复。政府首脑每月为这些问题保留一次会议，并在问题递交给政府首脑的三十天内，在会议上对相关议院作出答复。

第 101 条

政府首脑主动或应三分之一众议院成员或多数参议院成员的要求，向议会提交政府工作总结报告。议会每年保留一次会议，供讨论和评估公共政策。

第 102 条

在相关责任部门大臣出席的情况下，议会两院的相关委员会可以要求听取公共事业单位和公共机构负责人的汇报。

第 103 条

宣布公共政策或投票表决法案文本时，政府首脑可以在众议院之前履行政府责任。

只有在众议院绝大多数成员反对的情况下，众议院拒绝投信任票或拒绝通过法案文本。

信任问题提出三个工作日后，投票方可进行。

拒绝投信任票将导致政府集体辞职。

第 104 条

政府首脑可以在与国王、众议院主席和宪法法院院长协商后，通过部长会议下达法令解散众议院。

政府首脑向众议院提交一份主要关于解散原因和解散目的的声明。

第 105 条

众议院可以通过表决一项谴责动议对政府问责。动议经众议院五分之一成员签署后生效。

只有在众议院绝大多数成员投票的情况下，谴责动议获得通过。

投票只能在动议提交三个工作日后进行。动议通过将导致政府集体辞职。

当政府被众议院以谴责动议问责后，一年内不接受任何谴责动议。

第 106 条

参议院可通过一项经五分之一成员签署的动议问责政府。投票只能在动议提交三个工作日后进行。众议院大多数成员投赞成票后，动议获得通过。

参议院主席立即向政府首脑宣读谴责动议。政府首脑有六天时间代替政府对参议院作出答复。随后进行辩论，不投票。

第七篇　关于司法权

关于司法独立

第 107 条

司法权独立于立法权和行政管理权。

国王是司法独立的保证。

第108条

审判长实行终身制。

第109条

禁止对提交审判的事项进行任何干预。法官在履行审判职责时，不得接受强制命令或指示，也不得受到任何压力。

每当法官认为自己的独立性受到威胁时，他可以将审判权移交高级司法委员会。

在不影响最终审判结果的前提下，任何违背法官独立和公正职责的行为都构成一次严重职业过失。

法律制裁任何企图非法向法官施加影响的人。

第110条

审判长只受法律约束。法官的判决建立在公正执法的唯一基础上。

检察官必须遵守法律，遵守上级权力机关合法的书面指示。

第111条

司法官员享有言论自由权，并与其保留权和司法权相兼容。

在尊重司法公正和司法独立的前提下和法律规定的条件下，他们可以参加或创立职业协会。

他们不能加入政治党派或工会组织。

第112条

基本法确立了司法官员相关的法规。

关于高级司法委员会

第113条

高级司法委员会致力于为司法官员提供保障，主要涉及司法官员的独立性、任命、晋升、退职和纪律。

高级司法委员会独立起草国家司法状态和司法系统报告，并针对有关问题提供适当建议。

在遵守保留原则和分权原则的前提下，应国王、政府或议会的要求，委员会可以对任何有关司法公正的问题提出实质性意见。

第114条

高级司法委员会的个人决定可能因越权（国家最高行政审判权）遭

到上诉。

第115条

国王负责主持高级司法委员会，它包含：

·作为最高法院院长代表的第一位院长；

·最高法院的王室检察长；

·最高法院第一分庭庭长；

·从上诉法院司法官员中选举出的四名代表；

·从第一级司法机关官员中选举出的六名代表；

·当选的十名代表中必须有女性，数量遵循法官总数中女性的比例；

·调停特派员；

·国家人权理事会主席；

·五个国王任命的知名人士，以出众的才能、公正、廉洁而闻名，或对支持司法独立、司法公正和法律至上有过显著功绩。其中一人由乌里玛高级理事会秘书长提名。

第116条

高级司法委员会每年至少举行两次会议。

高级司法委员会实行行政管理和财政自治。

在纪律问题上，高级司法委员会由经验丰富的司法官员监督员协助。

高级司法委员会的选举、组织和运作，司法人员的职业管理标准和纪律处分程序规则均由基本法确立。

在有关检察官的事项上，高级司法委员会参考其隶属等级机关所制定的评估报告。

人民享受司法公正的权利和司法运作规则。

第117条

法官负责依法维护个人或集体的自由和权利，维护司法安全。

第118条

依法保卫每个人的权利和利益，确保每个人都能获得司法公正。

行政事项中任何具有监管性质或个人性质的行为，都可以交由相关行政司法机构上诉。

第119条

任何被告人都应被给予无罪推定，直到司法审判后被定罪且判决生效。

第 120 条

所有人都有权要求公正的审判程序和在合理时间内下达的判决。

自卫权高于其他一切司法权利。

第 121 条

根据法律规定，对于没有资源和能力进行司法诉讼的人，司法是无偿的。

第 122 条

对于判决错误导致的损害，受害人有权利向国家要求损害赔偿。

第 123 条

听证会是公开的，除非法律有另外规定。

第 124 条

判决是以国王的名义依法作出并执行的。

第 125 条

每一条判决都应该在法律规定的条件下，在听证会上作出并当众宣读。

第 126 条

最终判决是施加给所有人的。

如果判决过程中需要，政府部门必须提供必要的协助。执行判决时，政府部门也应提供协助。

第 127 条

法律设立了一般司法权和特别司法权。

没有其他的司法权。

第 128 条

司法警察受政府公共部门和预审法官管辖，负责针对违法事件进行必要的问询和调查、抓捕罪犯及还原事实真相。

第八篇 关于宪法法院

第 129 条

设立宪法法院。

第 130 条

宪法法院由十二名成员组成，任期为九年。六名成员由国王任命，其中一名由乌里玛高级理事会提名。其余六名成员由众议院和参议院从各自主席团成员中投票选出三名。在无记名投票表决结束时，各议院应有三分之二成员在场且其中超过半数投票通过。

如果议会两院或其中一个没有在法律规定时限内进行成员换届选举，宪法法院将在实到人数达到法定人数时代替议院行使权限，完成选举。未连任成员不计在内。

每类成员每三年换届一次，每次换三人。

宪法法院院长由国王任命，从宪法法院成员中选出。

宪法法院的成员是从那些在司法领域具有丰富知识储备或有较高司法能力、理论能力或行政管理能力的著名人士中挑选出来的，他们已经从事了 15 年多的司法工作，并因其公正和廉洁而得到公众认同。

第 131 条

基本法确立了宪法法院组织和运作的规定、遵守的司法程序以及成员的地位。

它还确定了不相容的职能，特别是与自由职业相关的职能，确立了前两个三年任期换届的条件，以及被弹劾、辞职或在任期内死亡的成员的替代方式。

第 132 条

宪法法院行使宪法条款和基本法条款赋予它的权限。此外，它还负责监管议会议员选举性和公投的运作。

颁布前的基本法以及众议院和参议院的内部规定在实施前必须提交宪法法院，由宪法法院决定其是否符合宪法。

由于同样的原因，法律在颁布前，可由国王、政府首脑、众议院议长、参议院主席或五分之一的众议院议员或四十名参议会议员提交宪法法院予以上诉。

根据本条第二款和第三款，宪法法院应在接到要求审理的法案起一个月内作出决定。然而，在政府的要求下，如果有紧急情况，这一时限将减少到 8 天。

在此情况下，递交给宪法法院审议的法案将被推迟颁布。

从合法上诉期期满之日起的一年内，宪法法院负责监管议会成员选举。但是，如果上诉期或该状态依然存在，宪法法院可以自主延长监管期限。

第 133 条

当诉讼问题所依据的法律违背了宪法所保障的权利和自由时，宪法法院有权受理在诉讼过程中提出的违宪申诉。

基本法确立了实施本条的条件和方式。

第 134 条

在本宪法第 132 条描述的情形下被宣布违宪的条文不得予以颁布或实施。在本宪法第 133 条描述的情形下被宣布违宪的条文从宪法法院下达判决之日即刻废除。

宪法法院已经下达的判决不接受任何申诉。判决即刻施加在公权力、所有行政管理机构和司法机构上。

第九篇 关于各行政区及人口聚居地

第 135 条

王国的地方行政区划包括大区、省级市、省和市镇。

它们构成了公法的法人单位，民主地管理当地事务。

大区议会和市镇议会由直接普选产生。

其他任何行政区划均由法律设立。期满之后，由本条第一款提到的一个或几个行政区替代。

第 136 条

区域和领土的组织以自由管理、合作和团结为原则。它确保辖区内人口参与管理当地事务，并有利于为人类全面和持久发展作出贡献。

第 137 条

各区和其他行政区划通过参议会的代表参与贯彻国家总方针和制定领土政策。

第 138 条

各区议会主席和其他行政区划主席负责执行地区议会的审议权和决议。

第 139 条

对话和协调的参与机制由区议会和其他行政区划的议会实施，以支持公民和组织参与制定和实施发展计划。

要求参与议会议程的公民和组织可以行使请愿权。这是一个与公民权限相关的问题。

第 140 条

在团结原则的基础上，行政区划有自己的权限、国家共同分享的权限和国家转移的权限。

各区和其他行政区划在各自的权限内以及在其领土范围内，负责监管权限的行使。

第 141 条

各区及其他行政区划自主支配各自的财政资源和国家分配的财政资源。

国家转移给地区或其他行政区划的任何权限必须附带相应的资源。

第 142 条

为各区域的利益，在特定时期内设立一项社会改善基金，用于弥补人类发展、基础设施和设备方面的赤字。

此外，考虑到资源的公平分配，还设立了一项区域间团结基金，以减小各区域之间的差距。

第 143 条

任何行政区划都不得监管其他行政区划。

在制定和实施区域发展计划和区域管理计划时，各区在尊重各自权限的前提下及在区议会主席的监督下，应确保与其他行政区划建立良好关系发挥积极作用。

当实施一个项目需要几个行政区划的共同努力时，有关的行政区划自行决定他们的合作方式。

第 144 条

各行政区划可以组成互助小组，共享发展项目和方法。

第 145 条

在各行政区划内，大区瓦里（负责人）、省级市行政长官和省行政长官代表着中央权力。

它们以政府的名义保障法律的实施、贯彻政府条例和决议、行使行政管理权。瓦里和各行政区划负责人协助议会主席实施发展计划和发展项目。

在有关大臣的授权下，他们协调中央行政分权机构的活动，并确保它们的良好运作。

第 146 条

基本法主要确立了：

· 各区和其他行政区划对其事务进行民主管理的条件、其议会成员的人数、与议会成员资格有关的规定、不相容性和禁止连任的情形，以及选举制度和旨在确保妇女更好地参与这些议会的规定；

· 各区议会主席和其他行政区划议会主席根据第 138 条的规定执行上述议会的审议和决议的条件；

· 公民和法律团体根据第 139 条规定行使请愿权的条件；

· 根据第 140 条规定，各行政区划固有的权限、国家共同分享的权限和国家转移的权限；

· 各区及其他行政规划的财政制度；

· 第 141 条规定的各区及其他行政规划的财政资源来源；

· 第 142 条规定的社会改善基金和区域间团结基金的资源和运作方式；

· 第 144 条规定的互助小组的形成条件和形式；

· 有利于跨市镇发展的规定，以及旨在确保在这方面适应领土划分的机制；

· 与行政管理自由的良好运作、对基金和项目的管控、对政府行为的评估和账目有关的治理规定。

第十篇　关于审计法院

第 147 条

审计法院是监管国家公共财政的最高机构。宪法保障了它的独立性。

审计法院的使命是巩固和保护良政原则和透明度原则的价值，提供国家和公共服务机构的账目清单。

审计法院负责确保监管财务法的执行，确保监督各机关依法提交支出收据，并对其管理情况进行评估。如有违反上述操作的情形，造成了疏忽，审计法院将予以制裁。

审计法院控制并保证提交遗产申报，审计政党账目，并核实选举活动支出的正当性。

第 148 条

审计法院帮助国家议会控制公共财政。它回应与立法、控制和评估、议会行使的和公共财政有关的职能相关的问题和咨询。

审计法院对司法案件予以协助。

审计法院协助政府在有关领域内依法行使权限。

审计法院出版包括特别报告和审计决议在内的所有作品。

它向国王提交关于其所有活动的年度报告，并向政府首脑和议会两院的主席同时发送该报告。这篇报告发表在国家公报上。

法院的第一主席向议会提交对法院活动的评论。随后进行辩论。

第 149 条

地方审计法院负责确保对账目的控制，以及对各区、其他行政区划以及互助小组的管理。

如有违反上述操作的情形，造成了疏忽，地区审计法院将予以制裁。

第 150 条

法律确立了审计法院和地方审计法院的权限、组织条例及运作方式。

第十一篇　关于经济、社会和环境理事会

第 151 条

设立经济、社会和环境理事会。

第 152 条

政府、众议院和参议院可以就任何经济、社会和环境性质的问题咨询经济、社会和环境理事会。

它为政府提供与国家总体经济政策和可持续发展相关的意见。

第 153 条

基本法确立了经济、社会和环境理事会的构成、组织和权限，以及运作的方式。

第十二篇　关于良政

总则

第 154 条

组织公共服务机构要建立在以下基础上：对市民一视同仁、合理覆盖国家领土和提供持续的服务。

公共服务机构应该遵循关于服务质量、透明度、账目和责任的相关规范，并受宪法所赋予的民主原则和价值观的约束。

第 155 条

公共服务机构按照尊重法律、中立、透明、廉洁和维护公众利益的原则行使职能。

第 156 条

公共服务部门应该听取用户的意见，重视他们的意见、建议和申诉。

它们根据现行法律为公共资金的管理提供账目清单，并履行管控和评估公共资金用途的义务。

第 157 条

《公共服务章程》确立了与公共行政、区域和其他行政规划以及公共机关的运作有关的全部良政规范。

第 158 条

任何被选举或任命担任公职的人必须按照法律规定的方式，从职务开始起、在职务期间和结束时，直接或间接地对其持有的资产和银行存款作出书面声明。

第 159 条

负责良政的决策机构是独立的。它们享有国家机关的支持。如果必要的话，除了下文所提到的机构之外，还可以依法设立其他负责监管和良政的机构。

第 160 条

本宪法第 161 条和第 179 条所提到的所有机构和机关必须每年至少提交一次工作报告。

报告会成为议会辩论的对象。

保障人权和自由、良政、人类可持续发展及参与民主的机构和组织。

保障和推广人权的机构

第 161 条

国家人权理事会是一个多元化的独立国家机构，负责关注与保卫和保障人权和自由有关的所有问题，确保充分行使和推广公民个人和集体权利和自由，并在这一问题上严格遵守有关的国家及国际参照体系。

第 162 条

调停委员会是一个独立的国家专门机构。它的使命是在行政机构和使用者之间的关系框架内，维护权利，帮助加强法律的首要地位，传播正义和公平原则、道德观及行政机关、公共机构、行政区划和被公共权力赋予了特权的国家机构的管理透明原则。

第 163 条

摩洛哥海外共同体理事会主要负责就公共政策的方向发表意见，确保海外摩洛哥居民与摩洛哥身份保持密切联系，保障他们的权利，维护他们的利益，让他们为祖国的人类和可持续发展及摩洛哥的进步作出贡献。

第 164 条

根据本宪法第 19 条规定，政府负责维护平等，并与一切形式的歧视行为做斗争。它致力于维护该条说明的权利和自由，以及下放给国家人权理事会的权限。

负责良政和监督的机构

第 165 条

高级广播电视管理局负责在尊重文明的基本价值观和国家法律的基础上，尊重广播领域的意见流、思想流和信息权的多元表达。

第 166 条

竞争委员会是一个独立的机构，在组织自由和公平竞争的框架内，负责确保经济关系的透明度和公平性，特别是通过分析和监管市场竞争，控制反竞争行为、不公平的商业行为以及经济集中化和垄断的行为。

第 167 条

依照第 36 条，国家设立了关于廉洁、预防和打击腐败的机构，其使命主要是发起、协调、监督和确保以下预防和打击腐败的政策，接收和传播这一领域的信息，推动公共生活中行为的道德化，巩固善政原则、公共服务文化和负责任的公民价值观。

推广人类可持续发展和参与民主的机构

第 168 条

设立高级教育、培训和科学研究委员会。

该委员会是一个咨询机构，向公众提供关于以下问题的意见：所有公共政策，关于教育、教学及科学研究的涉及国家利益的问题，以及针对这些领域公共服务机构运作方面的问题。它同时负责评估这些领域的公共政策和公共项目。

第 169 条

根据本宪法第 31 条，设立家庭和儿童咨询委员会。该委员会的任务是确保关注家庭和儿童的情况，就与这些领域有关的国家计划发表意见，发起关于家庭政策的公开辩论，并确保人们关注国家各主管部门、机构和组织发起的国家计划的实施。

第 170 条

青年和社团活动咨询理事会，是以本宪法第 33 条为基础，关于保护青年和促进青年参与社团生活的一个咨询机构。它研究和跟踪这些领域的利益问题，并本着负责任的公民精神，就与青年有直接利益关系的经济、社会和文化秩序、社团活动、青年创造力的发展及青年参与国家生活等问题提出建议。

第 171 条

法律确定了本宪法第 161 条至第 170 条说明的机构和组织的构成、组织、权限和运作规则，以及由此产生的不相容情况。

第十三篇　关于修宪

第 172 条

修改宪法的主动权属于国王、政府首脑、众议院和参议院。

国王可以直接提交他提出的修正案，要求全民公决。

第 173 条

由两院之一的一名或数名议员提出的修改建议，必须经组成该修正案的议员三分之二多数投票通过，才算通过。

该修改建议提交给另一个议院，仍需要该议院三分之二成员的多数投票通过。

政府首脑提出的修改建议，经政府会议审议后，提交部长会议。

第 174 条

修正宪法的建议或法案由国王发布诏书提交全民公决。

宪法修正案经全民投票通过后生效。

国王在与宪法法院院长协商后，可以通过诏书向议会提交一份修正宪法某些条款的法案。

国王召开两院联席会议，三分之二议院成员中的多数投票通过了这项决议。

众议院的内部条例规定了本条的应用方式。

宪法法院负责监管修正宪法的程序并宣布结果。

第 175 条

任何修宪行为都不得违反与伊斯兰教、国家君主立宪政体、国家民主选择和本宪法明确的自由和基本权利有关的规定。

第十四篇　暂行及最终条款

第 176 条

在本宪法规定的议会两院进行选举之前，实际行使职权的议会继续行使职权，特别是在不违反本宪法第 51 条的前提下，对成立新议会所需的新法律进行投票表决。

第 177 条

在等待本宪法规定的宪法法院成立的过程中，实际行使职权的宪法委员会应继续行使职权。

第 178 条

在本宪法规定的高级司法委员会成立之前，实际行使职权的高级法官委员会应继续行使职权。

第 179 条

根据本宪法的规定，与第十二篇中所引用的现行机构和组织相关的文本，和与经济和社会委员会及高级教育委员会有关的文本，在被替代前依然具有效力。

第 180 条

在保留本篇提到的临时条款的前提下，废除在 1996 年 10 月 7 日通过第 1 – 96 – 157 号诏书颁布的修订版宪法文本。